U0744494

本书获暨南大学"华侨华人研究"

优势学科创新平台资助

《世界华侨华人研究文库》编委会

主　　编：曹云华

副 主 编：陈奕平

编委委员：（按姓氏笔画排列）

王子昌　　文　峰　　庄礼伟

吴金平　　陈奕平　　张小欣

张振江　　周聿峨　　高伟浓

曹云华　　廖小健　　潮龙起

鞠海龙　　鞠玉华

教育部人文社会科学重点研究基地
Key Research Institute of Humanities and Social Sciences at Universities

暨南大学华侨华人研究院
Academy of Overseas Chinese Studies in Jinan University

国家出版基金项目
NATIONAL PUBLICATION FOUNDATION

· 世界华侨华人研究文库 ·

清代华侨在东南亚

跨国迁移、经济开发、社团沿衍与文化传承新探

高伟浓 著

暨南大学出版社
JINAN UNIVERSITY PRESS

中国·广州

图书在版编目（CIP）数据

清代华侨在东南亚：跨国迁移、经济开发、社团沿衍与文化传承新探/高伟浓
著.—广州：暨南大学出版社，2014.12
（世界华侨华人研究文库）
ISBN 978 - 7 - 5668 - 1266 - 7

Ⅰ.①清…　Ⅱ.①高…　Ⅲ.①华侨—历史—研究—东南亚—1616—1911
Ⅳ.①D634.333

中国版本图书馆 CIP 数据核字（2014）第 254896 号

出版发行：暨南大学出版社

出 版 人：徐义雄
责任编辑：黄圣英　吴筱颖　齐　心
责任校对：卢凯婷　周海燕　徐晓俊

地　　址：中国广州暨南大学
电　　话：总编室（8620）85221601
　　　　　营销部（8620）85225284　85228291　85228292（邮购）
传　　真：（8620）85221583（办公室）　85223774（营销部）
邮　　编：510630
网　　址：http：//www.jnupress.com　http：//press.jnu.edu.cn

排　　版：广州市天河星辰文化发展部照排中心
印　　刷：深圳市新联美术印刷有限公司

开　　本：787mm×1092mm　1/16
印　　张：33.5
字　　数：657 千
版　　次：2014 年 12 月第 1 版
印　　次：2014 年 12 月第 1 次

定　　价：78.00 元

（暨大版图书如有印装质量问题，请与出版社总编室联系调换）

总　序

在 20 世纪，华侨华人问题曾经四次引起学术界关注。第一次是 20 世纪初关于南非华工的问题；第二次是"一战"后欧洲华工问题；第三次是五六十年代东南亚国家出现的"排华"问题；第四次则是 80 年代中国经济崛起与海外华侨华人关系的问题。每次华侨华人研究成为研究热点时，都有大量高水平研究著作问世，不胜枚举。

进入 21 世纪以来，随着全球化进程的加速和中国国际化水平的提升，海外华侨华人与中国的发展日益密切，华侨华人研究掀起了新一轮高潮。华侨华人研究机构由过去只有暨南大学、厦门大学、北京大学、华侨大学等少数几家壮大至目前遍布全国的近百所科研院校，研究领域从往昔以华侨史研究为主，拓展至华人政治、华人经济、华商管理、华文教育、华人文学、华文传媒、华人安全、华人宗教、侨乡研究等涉侨各个方面，研究方法也逐渐呈现出多学科交叉的趋势，融入政治学、历史学、社会学、民族学、教育学、新闻与传播学、经济学、管理学、法学等学科方法与视角。与此同时，政府、社会也愈益关注华侨华人研究。国务院侨办近年来不断加大研究经费投入，并先后在上海、武汉、杭州、广州等地设立侨务理论研究基地，凝聚了一大批海内外专家学者，形成了华侨华人研究与政府决策咨询相结合的科学发展机制。而以社会力量与学者智慧相结合的华商研究机构也先后在复旦大学、清华大学等地成立，闯出了一条理论研究与社会实践相结合的华侨华人研究新路径。

作为一所百年侨校，暨南大学在中国华侨华人研究中具有特殊的地位。暨南大学创立于 1906 年，是中国第一所华侨高等学府。华侨华人研究是学校重要的学术传统和特色。早在 1927 年，暨南大学便成立了南洋文化事业部，网罗人才，开展东南亚及华侨华人的研究，出版《南洋研究》等刊物。1981 年，经教育部批准，暨南大学在全国率先成立华侨华人研究的专门学术机构——华侨研究所，由著名学者朱杰勤教授担任所长。1984 年在国内招收首批华侨史方向博士研究生。1996 年后华侨华人研究被纳入国家"211 工程"1—3 期重点学科建设行列，2000 年获批教育部人文社会科学重点研究基地（华侨华人研究）。暨南大学于2006 年成立了华侨华人研究院，并聘请全国政协常委、国务院侨务办公室原副主任刘泽彭出任院长和基地主任。2011年，学校再次整合提升华侨华人研究力量，将华侨华人研究院与国际关系学系（东南亚研究所）合并成立国际关系学院/华侨华人研究院，继续聘请刘泽彭同志出任华侨华人研究院院长和基地主任，由华侨华人与国际问题研究知名专家曹云华教授出任国际关系学院院长兼华侨华人研究院执行院长。同时，学校还加大科研经费投入，努力打造"华侨华人研究优势学科创新平台"。研究院在加强自身科研能力的基础上，采取以研究项目、开放性课题为中心，学者带项目、课题进院的工作体制，致力于多学科和国际视野下的前沿研究，立足于为国家的改革开放和现代化建设服务，为社会服务，为政府决策咨询服务，努力将之建设成为世界一流的学术研究机构和人才培养基地。

值华侨华人研究在中华大地百花齐放、百家争鸣之际，为进一步彰显暨南大学科研特色，整合校内外相关研究力量，发掘华侨华人研究新资源，推动华侨华人研究学科的发展，学校推出"世界华侨华人研究文库"。本套丛书的著作多为本校优势学科的前沿研究成果，作者中既有资深教授、学科带头人，也有学界新秀。他们的研究成果从多学科视野探索了国内外华侨华人研究的一些新问题、新趋势，具有较高的学术价值和现实意义。

本套丛书的出版得到学校领导的大力关心与支持。学校从"211工程"经费中拨专款予以资助。国际关系学院/华侨华人研究院领导与部分教师也付出了艰辛的劳动，他们在策划、选题、组稿、编辑、校对等环节投入大量精力。同时，暨南大学出版社对丛书出版也给予高度重视，组织了最优秀的编辑团队全程跟进，并推荐丛书申报国家级优秀图书。在此，我们对所有为本丛书出版付出宝贵心血与汗水的同仁致以最衷心的感谢！

最后，我们期盼本丛书的出版能在华侨华人研究领域激起一点小浪花，引来国内外同行更加深入、广泛的研究，为学界贡献更多高水平的成果！

《世界华侨华人研究文库》编委会
2014年10月

目　录

下编　清代华侨社团与文化活动

导　言

一

从空间上说，中国人的对外移民，无疑是走向"四面八方"，虽然不可能每个方向都均匀。在不同的历史时期、不同的方向，总存在着移民规模大小之别。总体而言，东南亚是华侨①最早到达的地方，也一直是中国移民的主要流向，且在中国移民史的早期，还是中国移民唯一的最终居留地。只是到了近代，中国移民的触角向更遥远的地方延伸，东南亚成了很多移民的中转地。

在漫长的历史中，中国人一直把东南亚一带称为"南洋"。其实，在近代以前的中国人心目中，"南洋"在地理上并不全等于东南亚。东南亚，是"二战"以后才出现的概念，这里姑且将之引申为近代此界彼疆和行政区域的划分出现后形成的地理概念；南洋，则是一片边界模糊且广袤荒蛮的区域。瀚海、烟瘴、白骨，是一代代中国人对"南洋"口耳相传的记忆。清代中国人要去的"南洋"，是游走于这两个概念之间的"南洋"。对于自由的下洋人来说，他们的目的地多半是传统观念中的"南洋"；对于"契约华工"，特别是对于"猪仔"贩卖者来说，他们的目的地是"东南亚"。然而，对于近乎所有的下洋人来说，在气候上、在生活环境上，他们心目中要去的那个地方，还是传统的"南洋"。多少年、多少代，对于仕宦阶层而言，下南洋是不可思议的事。即使是中原的垄上耕夫，闻之亦会凋朱颜。唯有沿海及边境地区的商人和农夫，还保留着祖上遗留下来的翻山越岭、漂洋过海的胆识，敢于毅然决然而去。到了鸦片战争后，下南洋的中国人中，又多了一群"契约华工"的身影。

东南亚华侨史研究权威巴素认为，中国人移民东南亚，在近600年中（约自清代起），经历了三个阶段：一是土著王公统治时期，华人居地小，主要在一些城镇；二是欧洲各国建立殖民地时期，华人大批移入；三是19世纪最后25年开

---

① 为方便行文，本书对清代中国移民或居住在东南亚的中国人，一概称为"华侨"（按照晚清政府颁布的国籍法，他们的身份都是"华侨"）。引用他人著述中原有的"华人"字样，则依其旧。

1

始的欧洲人的殖民扩张，华人如潮水般涌到南洋。① 这主要是从移入地东南亚的角度来说的。然而从输出地中国的角度来说则不大一样。中国人下南洋的历史十分久远，明代以前暂不说，至明初郑和下西洋后，下洋潮曾一度达到鼎盛，此后时热时冷，人数时多时少，但始终络绎不绝，直到康熙二十三年（1684）清政府实行海禁后才长期陷于萧条。不过，中国民间的下洋潮是不可遏止的，越到后来，隐蔽地下南洋，就越是呈汹涌澎湃之势，时而还酿成"井喷"状态。可以看出，清政府对遏止这一现象越来越无能为力，只是喋喋不休地宣布出国者为背离"天朝"而不受保护的"奸民"和"弃民"，居心自是奸险歹毒，但也隐含着几分无奈。此后到19世纪60年代，清政府与英、法等国订约，允许华工出洋，进一步激起了华侨的出国热潮，并一发不可收拾。及至光绪十九年（1893）清政府正式宣布废除"海禁"，出国成为常态，出国人员骤增，且遍布世界上传统的和非传统的移民地。总之，在19世纪60年代以后的50年中，华侨除了涌入先前的传统谋生地外，他们的足迹还遍及前人没有到过的烟瘴之地。这个时期的下南洋，呈现出人数多、规模大、增速快和可持续性明显等特点。光绪十六年（1890），出使英、法、意、比四国大臣的薛福成称，每年到东南亚的华工有十余万人。② 光绪二十一年（1895），出使俄国的王之春说，每年去东南亚的华人有十五六万。③ 姑且不论王、薛两人的数字准确与否，但东南亚的华侨在逐年增多是不争的事实。就东南亚华侨总数而言，据说到光绪二十六年（1900）在东南亚的华侨有300万。④ 光绪三十二年（1906），更达到400万人。⑤

历史上的华侨主要是借由地缘与血缘关系而移居海外的，他们在移居地的谋生与发展也主要以地缘与血缘关系为基础。就清代东南亚的情况而言，华侨所赖以生存的经济活动有很多，几乎所有可以谋生的行业，都有华侨的身影，同时，他们的经济活动还可能派生出其他细分行业。一般来说，华侨在其居住地的经济活动是渐次开展的。开始时，都会集中在自身有一技之长且能较快发财致富的行业上。当某个行业的从业人员达到饱和状态时，一部分华侨会自然分流到其他行业中去，经过一段时间的调节，华侨的职业便会延及乃至覆盖当地所有允许华侨

---

① [英] 巴素著，姚楠等译：《东南亚之华侨》，见《中外关系史译丛》（第二辑），上海译文出版社，1985年。

② （清）薛福成：《出使英法义比四国日记》，孙溪校经堂光绪甲午年（1894）校刊本，此据福建师范大学历史系华侨史资料选辑组编：《晚清海外笔记选》，海洋出版社，1983年。

③ （清）王之春：《使俄草》，收（清）王锡祺编的《小方壶斋舆地丛钞》（再补编第三帙）。

④ 《薛福成通筹南洋各岛添设领事保护华民疏》，见陈翰笙主编：《华工出国史料汇编》（第一辑第一册），中华书局，1985年，第275页。

⑤ 《杨晟为南洋华人受虐请闽粤两督酌议办法呈外务部文》，见陈翰笙主编：《华工出国史料汇编》（第一辑第一册），中华书局，1985年，第460页。

从事的行业。从职业结构来看，有的地方以农业为主（农业中又有耕种不同的农作物之别），有的地方以矿业为主（分不同的矿种），还有的地方以经商为主，等等，不一而足。一言以概之，在清代的东南亚，华侨所从事的行业五花八门。无论是在哪个领域从业的华侨，都是筚路蓝缕，披荆斩棘，一步一脚印地艰难前行。

如果上溯到更久远的过去，例如在清初，华侨在居住地就可能要面对荒蛮的生存环境，不得不进行极其艰苦的原始开发，而这种开发，是人数本来就十分稀少的当地民族不愿意或无能为力进行的。他们的居住地，或是孤立的农耕点，或是小规模的垦殖场，或是有一定规模的"农业开发区"。一般来说，清代的华侨在东南亚尚可以自主地选择落脚地和耕垦之地，不会刻意也没有必要去挤占当地民族的经济活动空间。在不与当地民族发生共居关系的地方，华侨的经济活动更不存在经济空间划分的问题。在与当地民族相邻或交集的地方，华侨一般能够与之和睦相处，在和平的氛围下共享当地的生存与发展空间。其实，历史上东南亚的大部分地方，由于人烟稀少，荒蛮未开，包括华侨在内的周边外来民族的经济参与，对于当地的发展来说是功德无量的事情，一般来说会受到当地民族的欢迎。当然，历史上一些地方的华侨与居住地民族也发生过这样或那样的矛盾和摩擦，但这不是因为经济空间的冲突引起的，而是裹挟着别的因素。

话至于此，就不难明白，清代移民东南亚的华侨在到达目的地后，基本上是以一种孤立于当地民族的方式生存并谋求发展的。简言之，与当地主流社会保持相对的"孤岛"状态。在这种状态下，华侨一般保持两类居住模式：一是"聚落"形态，即一群人，无论人数多寡，通过各种各样的社会关系聚居在一片地方；二是"散居"形态，即数量极少的一群人，甚至是个体，采取一种游离于当地社会，也游离于华侨社会的"原始"居住形态。这种形态古已有之，清代犹存，但占少数。绝大多数人愿意采取的居住方式是"聚落"形态。不管是哪一类型的居住方式，华侨在到达东南亚目的地之初，乃至相当长的时期内，多半脱离于当地民族而独立生存发展。即使一部分人后来陆续离开了他们所居住的"聚落"，但还会有后来者不断补充进来。所以，从这个角度上说，在东南亚，华侨"聚落"是一种常态化的社会存在。

在清代的东南亚，华侨的"聚落"居住形态包括三种类型：一是农村社区；二是矿区；三是港口城市。本书所阐析的"华侨农业区"、"华侨矿业区"，属于前两种类型；居住在港口城市的华侨，则主要是商人。当然，港口城市的郊区地带，也可能会存在"华侨农业区"。

在清代，东南亚华侨以其居住地为基地的自成一体的经济行为，是相对独立的，具有高度的原发性，生产过程基本不与外界发生交集，一般来说也只有通过商品流通环节与外界产生联系。在居住地的这种经济行为，具有"开发区"的性质，但"开发区"本身不一定只是自给自足的，很多"开发区"的农产品已经进入流通领域。也就是说，华侨与当地民族的经济联系是通过商业渠道进行的。故从产品流向的角度来说，"华侨开发区"不可能不与当地民族经济发生不同程度的交集。因此，众多的"华侨开发区"也是当地经济的组成部分。一些比较发达地区的华侨经济，与当地民族经济密不可分。显然，华侨商人是与当地民族保持较为密切关系的华侨群体。

"开发区"是一个现代概念，一般是指在劳动地域分工基础上形成的不同层次和各具特色的地域经济单元，这里借用来描绘历史上东南亚各国曾经相对独立的华侨经济活动区域。这些"华侨开发区"往往具有以下几个特征：

其一是在区位上，"开发区"依托较好的交通干线、地理位置、自然环境等，并以之为发展轴，以轴上经济较为发达的一个或几个较大的市镇为核心，发挥经济集聚和辐射的功能，联结带动周围不同等级、不同规模的市镇的经济发展，由此形成点状密集、面状辐射、线状延伸的生产、流通一体化的带状经济区域或经济走廊。清代东南亚的华侨经济的区位特征主要表现在"发展轴"方面，而在"依托核心"和"辐射功能"方面的成效还很低。

其二是在发展水平上，"开发区"的生成和发展取决于生产力发展水平、劳动地域分工的特点和规模、专门化与综合发展结合的程度，并且是由低级向高级循序渐进的过程。清代东南亚的华侨经济的发展水平主要表现在劳动地域分工乃至专业化与综合发展的结合方面，而在生产力发展水平的提升方面，则很难一概而论，有的地方明显，有的地方不明显。

其三是在产业链上，"开发区"生成后，一般都存在着一种主要产业，同时存在着围绕主要产业的服务性产业，从而形成一个较为完整的产业链。但清代东南亚的华侨经济多处于原始开发状态，因而不可能存在高级的产业模式。一般来说，一个"华侨开发区"就是一个产业系统（例如农业、矿业），所以，一个"华侨开发区"便具体地表现为单一的"华侨农业区"或"华侨矿业区"。当然，在一个"华侨农业区"或"华侨矿业区"内部，可能会派生出一些分支行业（尤其是在涵盖范围较广的农业内部）以及为整个产业服务的后勤保障行业（特别是矿业内部），一些发达地方的"华侨开发区"还通过普遍存在的商业网络与外界发生联系。

"华侨开发区"的最典型形态是"华侨农业区"，其所从事的行业，包括原始耕垦、种植、经济作物栽植，还包括捕鱼等。有的"华侨农业区"只从事单一农业，有的则从事多种行业，不一而足。有的"华侨农业区"的前身是范围较小、耕作水平比较粗放、产量有限、商品化程度比较低、近乎自给自足的农业

耕垦点，后来因应各种需要而发展成为"农业区"；也有的农业耕垦点可能始终保持在开始的低层次；还有的"华侨农业区"从一开始就以较高层次的形式出现，比如，个别拥有较先进生产工艺和较高管理水平的"华侨种植园"。至于"华侨农业区"的成员，不一定全部是华侨，也可能有少量的第三国侨民。当这类侨民的数量超过华侨时，这个"农业区"就变成"外侨农业区"了。一般来说，从事多种行业的"华侨农业区"不比作物单一的"华侨农业区"少；但就"华侨矿业区"而言，一般都经营某个单一矿种，开采多个矿种的"华侨矿业区"几乎很难看到。这显然是因为从事矿业开发所需要的技术含量比从事农业所需要的技术含量高得多，由此也造成"华侨矿业区"的组织形式与"华侨农业区"大相径庭。不过应指出，原始开发性质的个体"华侨矿业点"在历史上应该存在，可惜不见记载，故本书所分析的"华侨矿业"，都是规模较大的"华侨矿业区"。

应该指出，无论是"华侨农业区"，还是"华侨矿业区"，虽然存在着发展层次上的区别，但在历史资料中尚很难找到可以区分彼此差别的明显元素。这里只能根据史料中若干模糊记载，例如人数、范围、经营条件等，判断其大致发展水平。有关这方面的进一步研究，尚需更多资料的发掘和钩沉。

众所周知，清代特别是鸦片战争后华侨出国的目的性较强，目的地很明确，对其在目的地所从事的职业也心中有数。往往是一群同乡在某地站稳脚跟后，通过往来的同乡带来更多新同乡，于是一个带一个、一批带一批，在东南亚很多地方形成一片片以地缘为基础组成的华侨同乡群体。由于农业和矿业的地盘比较固定，"华侨农业区"和"华侨矿业区"也就更多地具有同乡聚集地的性质（当然不一定一个地方只有一个地籍的同乡）。农业区和矿业区内，往往出现相应的地缘社团。华侨商人虽然游走四方，但他们的商业网络多与农业区和矿业区发生联系，因此，他们所归属的地缘社团往往是某个华侨农业区或矿业区内的同乡社团。

华侨是公认的经商能手，古今皆然，并因此而闻名于世。在清代东南亚华侨从事的所有行业中，商业是不可或缺的，也是华侨得到当地民族最普遍认可的领域。当然，在华商群体中，存在着不同的阶层，且不同阶层也存在着依次成长、依次递接的现象。绝大多数华商是小本经营的摊贩、行商、小商，富商只是少数，巨商更是屈指可数。一般来说，在有华侨足迹的地方，都会存在着华侨商业。可以说，华侨能把自己的商业触角伸展到所有有人居住的地方，而不管这个地方的人类尚处于哪一个社会发展阶段。因此，在东南亚的"华侨开发区"内，华侨商人不可能销声匿迹，只是不同的"开发区"的商业发展水平有高有低罢了。也可以这样说，在清代东南亚，大大小小的"华侨开发区"是通过一张巨大的四通八达的"华侨商业网"联系起来的。后来，一些商业网上还出现加速流通的华侨服务业，如包税制度、银行等。

"华侨开发区"是以"区块"形式存在的，而"华侨商业网"则是以"线性"形式存在的。在某一片地区，一般存在着一个或大或小、作为地区商业枢纽的商业中心。当然，清代东南亚各国的华侨商业网，没有、也不可能表现为现代的成熟形态，例如，不可能存在完善的按照流通环节进行分工的包括批发和零售的商业网，或者存在着按照经营商品分类的生产资料、生活资料、专门商品等商业网，或者按照服务方式分工的固定、流动或邮寄的商业网。时代注定了清代东南亚的华侨商业网是粗线条的，甚至是原始意味十足的。

清代东南亚的华侨经济已经具备了作为"开发区"的初级特征，也具备了"华侨商业网"的通常形态。不过，清代东南亚华侨经济明显是以殖民地的行政辖域为基础的，每一个"华侨开发区"和"华侨商业网"基本都出现在殖民地行政管辖的界野之内。故本书在分析清代的"华侨开发区"时，仍以当时的殖民地辖域为单位。应说明，并非所有清代的殖民地辖域内的华侨经济活动都已经研究无遗，有的国家（例如老挝）因为材料稀少，直到今天还无法详细窥知，只能留待补充，这里不能不留下遗憾。

清代东南亚华侨除了务农、开矿、经商外，还有从事工业、金融业、木材业、碾米业等。但华侨从事后几种行业的时间较晚，也并非东南亚所有殖民地的华侨都有条件经营，因此一般都是在前辈经过数十年乃至上百年的艰苦奋斗，经过筚路蓝缕的历程后，由少数华侨资本家顺应时代发展潮流插手经营起来的，有的行业则具有地域特色。总的来说，务农、开矿、经商是东南亚华侨的谋生基础，为各行各业的发展奠定了基础，也是东南亚华侨对当地经济发展贡献最大、后来最为居住地民族所称道的行业。

二

华侨在东南亚的神灵崇拜，是个广为关注的课题，但由于内容浩繁，本书不予赘述。这里只指出，华侨到了东南亚的居住地后，为了生存和立足，必须抱团取暖，守望相助，因而很早就建立了以地缘和血缘为基础的社团。一般来说，作为移民一族，华侨还会"移神移鬼"，把他们在家乡信奉的神祇带到居住地，供奉起来，同时，供奉和祭祀公认对华侨社会作出杰出贡献的人。这些人一般是杰出华侨领袖，生前是"人"，死后为"神"。这种"人—神"现象，不仅仅是生而为人死则为灵，更是中国传统思想中作为人生价值最高境界的"立功、立德、立言"追求的一种变异。

　　一般来说，大慈大悲、救苦救难、普度众生的观音菩萨，作为航海保护神的妈祖，扶正压邪、保境安民和保佑发财的关公，是所有地籍、所有族群的华侨都崇拜和供奉的"显神"，也是东南亚华侨心目中至高无上的"完神"。华侨还供奉一些从中原地区流进华侨家乡的神祇，但不同的神祇在不同地籍华侨中的受崇拜热度会有所不同。此外，华侨还会将在家乡自造的一些地方神祇带到东南亚居住地。在这方面，以福建籍华侨最为突出。在华侨筚路蓝缕的奋斗过程中，各种各样的神祇确实是华侨的重要精神支撑。应该指出的是，一些地方的华侨还秉承家乡的传统，把一些有功于民或品德高尚的官吏及各种杰出人物当作神灵来崇拜，创造了海外的本土神明，久之，这些被供奉者也成了神。华侨在海外制造本土神明，是一个值得重视的现象。在方法上，它来源于华侨家乡；在取材上，它来源于对当地华侨生存与发展作出重要贡献的杰出人物；在功能上，它完全服务于华侨在当地的精神需要。

　　在越南，保境安民的华侨先驱郑玖于1735年逝世后，后人在河仙创建郑公祠。每年农历二月廿四忌辰，当地都要在郑公祠举行盛大的祭祀活动，以缅怀他的历史功绩。明末将领陈上川率领"明香人"（华侨）开发南圻有功，其后裔在边和创建"新邻亭"，并尊其为"伯父"。在堤岸的水兵街、平阳县从政村、永清镇后江大洲都有陈上川的祠庙。再如，祖籍福州的郑怀德，于1788年考中阮朝进士，官补叙翰林院侍讲。死后享受国葬，入越南中兴庙奉祀。堤岸明乡会馆奉祀他的塑像，在河仙也有郑氏宗祠。有时候，华侨崇拜的海外本土神明中也有草根阶层人士。如1851—1861年被误杀的108位琼籍乡民，相传他们时常在大海中拯弱扶危，渔民感其德，奏国王，阮王便敕封他们为"昭应英烈一百有八忠魂"。

　　同样的现象也发生在客家籍华侨身上。客家籍华侨在马来半岛等地最早的生存方式是集体开矿。因此，他们在本地的造神现象，既与对先烈的英灵崇拜意识相关，也与华侨对矿区的开发意识相关。由此，形成了马来半岛等地华侨信仰的一大特点：几乎所有被当地华侨造出来的神明都源自矿区，都是开发过矿区的先烈。神灵信仰的影响和分香之处，也往往是邻近一带的小乡镇。只有一个例外：被槟城客家人看作开拓先驱的大伯公不是源自矿区。这显然是大伯公崇拜在槟城已经捷足先登的缘故。

　　但上述现象似乎不能简单地嫁接到闽语系的华侨身上。来自闽语系村子的华侨，移民时多喜欢把福建或广东潮州家乡的各种神明（包括在家乡早已造好的"人神"）顺道带过来，这既在心理上缩短了与家乡的距离，也在异国他乡构建了象征家乡文化、获得心灵寄托的形象。天长日久，华侨把他乡认作故乡，更把越来越多的"亲人"——家乡神明引进来，将它们的庙宇建得越来越大。总之，

7

闽语系的华侨似乎绝少在居住地采用华侨杰出人物造神。究其原因，应是家乡人所造的各类神祇已经足敷使用，用不着再在异国他乡多此一举。

东南亚地区的华侨社团，不能顾名思义地等同于中国原有的"会馆"。中国国内的流迁者，一般会在羁留地建立自己的社团（以同乡会馆居多），商人们还会成立自己的商会。但国内流迁者建立的同乡会馆主要是给士子或商人在旅途上暂居解疲，东南亚的同乡会馆则是为了保障有家难归、披荆斩棘的同胞在当地的养生送死、聚众维权、凝结侨心与闲话乡愁等活动。不过有一点倒是相同的，这就是模拟宗祠，供奉、祭祀家乡的神祇，包括在家乡故去的杰出"人神型"神主。

若以较为宽松的标准划分社团，则在东南亚地区的华侨社团发展史上，大体上存在着"总坟"（或"义冢"）、公司和会馆三种形式。虽然在东南亚各地的华人公共坟山可以找到不少"总坟"，但并非东南亚每个国家的华侨社会都曾存在这三种社团形式。在清代，有代表性的、比较完整地存在过这三种社团形式的地区，要算海峡殖民地和马来联邦地区。一般地说，"总坟"的修建时间要早于公司和会馆。可以这样理解："总坟"是没有片瓦、没有秩序化人群的组织。"公司"的出现稍晚，其成员就是一群有组织的人。这群人一般都是同乡，所以，"公司"从一开始就基本上是地缘性的。公司一般没有固定的建筑物作为其聚集地，但发展下去，会演变成为"会馆"。因为，一个公司要组织乡人，就得有一个方便其成员集散和遮风挡雨的场所。一旦形成了这样的场所，就是"会馆"的雏形。再发展下去，会馆就会变成一个既有秩序，也有建筑物作为聚会地点和领袖办公场所的社团组织。在这个意义上说，会馆是华侨社团发展的高级形态。在清代的东南亚，这三类社团形式都比较完整地存在过，一些社团还依次经过这几个发展阶段，但并非意味着每一个社团的演变过程都会逐一地经历这三种形式。有的地方华侨会馆成立的时间较晚，成立之后才开始筹建"义山"。

现在人们所说的社团，实际上是指上面三个概念中的最后一个——会馆。但会馆也有多种形式。上海社会科学院闽籍学者林其锬 1989 年 4 月在福建省漳州市召开的"纪念吴夲诞生 1010 周年学术讨论会"上，曾率先提出了"五缘文化"的概念。所谓"五缘"，指的是亲缘、地缘、神缘、业缘和物缘；"五缘文化"是对上述五种关系的文化研究。其中的亲缘，指宗族、亲戚关系，包括了血亲、姻亲和假亲（或称契亲，如义结金兰等）；地缘，指邻里、乡党等关系，即通常所说的"小同乡"和"大同乡"；神缘，就是因共同的宗教信仰、供奉的神祇而结合着的人群（早期的华人一般供奉中国民间信仰的神祇，但今天的华人所供奉的神祇已经扩大到其他宗教特别是基督教、天主教神祇）；业缘，指同学、同行之间的关系，有共同的利益和业务关系，有切磋与交流的需要和愿望，由此

组合而成的人群，其组织形式便是同学会、学会、协会、研究会等；物缘，就是因物（如土、特、名、优等产品）而发生的关系，因物而集合的人群，也会出现诸如行会、协会、研究会之类的组织。显然，"五缘文化说"是植根于五千年中华优秀传统文化基础上，吸取道家"六亲和睦"的观念，以儒家的"五伦"伦理为理论根据的。①

如果就"五缘"社团在海外华侨社会中立足的时间先后来看，则血缘社团最早；地缘社团稍后，或与血缘社团几乎同时；神缘社团也应该与两者同时，因为历史上的华侨有"移民"与"移神移鬼"同时进行的习惯；业缘社团的出现肯定在上述社团之后；物缘社团的出现时间则应更靠后。还应该指出，由于"五缘"中的"业缘"和"物缘"的内涵较广，故有的地方的华侨社会也可能出现在"业缘"或"物缘"基础上进一步细分的社团。这与不同国家经济发展水平和华侨的职业分布及规模大小息息相关。

总体上说，"五缘"社团中的血缘和地缘两类社团的出现时间一般最早，不会在其他"缘"的社团之后。原因是，血缘和地缘社团要担负起华侨移民在移居地立足和生存的最基本也是最重要的功能。由于初期创业者所从事的行业具有一定的规模，随后而至的亲友也在协助创业者的情况下，从事相同的行业。比如，闽南人多数从事橡胶业；广府人多数从事酒楼业；客家人多数从事锡矿业；潮州人多数从事米粮业；海南人多数从事餐饮及旅店业。由于各行业的规模和收入参差不齐以及人数众寡有别，使各地籍人民之间产生隔膜及出现排挤，故为求自保及加强团结，血缘性组织及地缘性组织便如雨后春笋般相继成立。

血缘和地缘社团在华侨社会中所担负的功能是"全方位"和"全过程"的。所谓"全方位"，是说它们要在华侨社会中所有涉及生存与发展的方面发挥作用；所谓"全过程"，是说它们发挥的作用是自始至终的。至少在清代，血缘和地缘社团在任何一个地方的华侨社会中都必不可少。不过，仔细来看，东南亚华侨的血缘和地缘社团其实是相辅相成的。血缘社团多半被限制在一定的地缘范围内。血缘社团的成员，一般是乡以内的亲属，最远是县以内的。其实，在清代的中国农村，真正的血缘或宗亲关系大多是同一个乡内的，在同一个县内已经是凤毛麟角了。所以，血缘社团和地缘社团的成员常常发生重叠。当时，除了血缘和地缘社团外，华侨社会中还有秘密会社（其在当时的华侨社会不被认为是罪恶的）。血缘和地缘社团的成员可以同时是秘密会社的成员，而华侨领袖也可以同时是三者的领袖，形成"三合一"现象。这样的组织结构，有利于当时华侨社团的功能实现"全方位"和"全过程"。

---

① 参吕庆华：《五缘文化说与福建旅游业的开发》，《北方经贸》2003 年第 9 期。

　　此外，在血缘和地缘社团发挥其功能的过程中，其他类型的社团也会发挥"协同"的功能。特别是涉及某些专门问题和专业领域时，相关类型的社团会走在前面，但离不开血缘和地缘社团的支持。当然，这种情况主要发生在其他类型的社团相继产生之后，且只能出现在多种"缘"社团齐备的华侨社会。如果一个地方的华侨社会只存在着血缘和地缘两类社团，那么，它们就只能发挥"全能"作用。所以，一个地方的华侨社团，不管其类型有多少，都离不开血缘和地缘两类。

　　顾名思义，血缘社团是按照血缘关系结成的较为稳定的社会共同体。华侨成立血缘社团的目的，除了加强团结、守望相助外，还负有照顾南来宗亲的衣、食、住、行，以及为新来的移民寻找工作的责任。血缘性组织除了以祠堂、堂号及公司命名之外，也有以公会、公所、宗亲会、联宗会、家族会社、家庙等命名。命名可以大致上反映出血缘性组织的活动内容及其肩负的功能。比如，以祠堂、家庙命名者多以奉祀祖神以及进行祭祀大典为主；以家族会社命名者只接收其同乡家族为会员，不同乡的同姓人属，不被接收，且其所推展的活动多以家族为主；以堂号命名者，则堂号所包括的姓氏都可入会。在东南亚，也有一些以地域命名的血缘性组织，但其余的以公所、公会、宗亲会、联宗会及社命名者，其活动内容和宗旨与一般的华侨社团没有多大分别。

　　近代以前的中国乡村，真正的血缘关系一般局限于半径有限的地域内（旧时乡村人家择偶时还很注重语言的相同或相近），与人们所说的天南海北的同姓关系是两回事（后者充其量只能算是宗族关系）。真正的血缘关系内部的亲疏程度是与血缘关系公认的"排序图谱"相对应的。血缘社团是华侨从中国带到居住地的，更具中国特色。因为中国传统社会是在宗族的基础上发展起来的，且传统社会中最大的血缘组织是宗族。宗族是同聚落居住的父系血缘按伦常建立的社会组织，通常拥有一些共同的财产和一定的共同文化，具有政治、经济和宗教等方面的较为完整的功能。华侨移居东南亚后，这些功能都不同程度地被保留下来。例如，宗族包括血缘关系的丁口，即亲戚成员，还要有显示这种关系的族谱、祠堂、祖坟、族产以及协调这种关系的族规和房长（族长）。

　　部分宗祠也指祖庙、家庙或祠堂，或在会所中安置始祖的灵位并将其作为膜拜祭祀的对象。在那里，始祖的来源及故事一代代地传诵着。在传统的中国，能够兴建家祠的，多为地方望族，或是有幸通过科举登榜的秀才、举人、进士，乃至解元、会元、状元等。宗祠的兴建不只是光宗耀祖，而且代表子孙对祖上感恩。在东南亚华侨居住地，虽然不可能有科举考试，但这些传统观念在不少华侨中依然世代相传。拥有宗祠的华侨子孙为表不忘本，都保留着慎终追远的礼仪，在其祠堂内安奉祖先灵位作为家神，并以跟神明同等的仪式举行祭祖礼。宗亲社

团在联络感情、崇尚礼教、敦宗睦族及关心子女教育方面也作出重要贡献。所有这些，充分体现了中华文化中饮水思源与认祖归宗的传统。

在东南亚华侨社会中，还存在着一类称为"宗族性团体"的社团（这里采用"宗族性团体"的概念，以区别于一般的"血缘性团体"）。这些"宗族性团体"只是将一些互有渊源的姓氏联合起来，组成数姓团体，如某某姓氏宗亲会等。此外，还有基于某种历史和传说因由而组成的多姓氏社团，如刘、关、张、赵结义社团等。这些"宗族性团体"是一些基于利益需要而寻找某些哪怕是牵强附会的理由建立起来的团体，其内部没有多少甚至全然没有血缘成分可言。它们与早期基本上来自同一地区的"血缘性团体"不一样。不过，不能因此否定它们对华侨生存和发展的历史作用。起码，属于这些"宗族性团体"的华侨，可以有不止一个帮助其生存和发展的"港湾"。

地缘社团以地缘为纽带，通俗而言，地缘社团即同乡人的社团，但同乡范围有大小之别。"乡"是指祖籍地，大到中国一个大地区，小至一邑，皆可称为"乡"。至于以多大范围作为同乡的基本单位，则视华侨居住地人数多少、业务需要和管理的合理性而定。在中国传统社会中，人们通常有着浓厚的乡土意识和同乡观念，同乡关系是最重要的人际关系之一。一般来说，身处异国他乡的华侨，具有血亲关系的人群数量通常很少，很多时候不足以结成一个血缘社团，而建立在同乡关系基础上的地缘组织则容易形成较大的规模，从而成为居住地中国人群体的合适社团形式。因此，地缘性社团及其所构成的社会网络，是东南亚华侨在异国赖以生存、发展的主要平台。

在早期东南亚华侨社会中，由真正血缘关系所组成的亲属圈并不多。同姓中，要么是相隔很多代，早已是亲不算亲了；要么就是无法追觅氏族源流的宗族关系。不过应注意，即使是很疏远的宗族关系，到了居住国后（特别是在创立基业的早期），也会迅速聚合成比在国内时亲密百倍的"血缘关系"。地缘关系即"同乡"关系，内部的亲疏程度多与其在中国故乡的半径长短有关。但到了东南亚后，即使是最稀疏的"同乡"关系，在找不到更亲密的关系的情况下也会变得亲密百倍。所以说，东南亚的华侨社团，基本上属于一种"二缘"（血缘和地缘）叠合的形态，研究者以"宗乡社团"相称，是很有道理的。但这"二缘"中，往往以地缘社团为主，血缘社团有时被"包裹"在地缘社团中。

早期的宗乡社团除了有祭神、祭祖的功能之外，也在为后来的移民安顿衣、食、住、行，甚至为他们找工作方面发挥作用。若是宗亲不幸客死异乡，宗乡社团则会助殓或助葬遗骸。华侨注重葬礼，在一个人死后，若无法举行一个像样的葬礼，则将被视为整个家族的耻辱。为此，宗乡社团常常义不容辞地为不幸逝世者治丧，组织会员捐予帛金，让死者入土为安。在他们看来，这是一件功德无量的事。在东南亚，经济能力较强的华侨宗乡组织为使亡故的乡亲能安葬在同一墓园，常不惜斥巨资购买义山，建立殡仪馆，为亡故宗亲做善后事宜。这不应简单地理解为丧事"做给活人看"，而是蕴含着凝聚乡亲、人文关怀的深刻意义。早期南迁华侨以男性为主，多是单身一人前来。宗乡社团是他们抵埠后投靠的唯一场所。在水深火热的环境中，华侨能守望相助；遇到困难时，华侨也可向宗乡社团求助。此外，对打算返乡定居的贫病老弱者，宗乡社团也会尽力协助。当然，各宗乡社团的活动内容也随着年轻人的喜好和社会潮流的变化而进行适当的调整，例如，活动项目、内容更加多元化，更加与时俱进，等等。这种情况早在清代就已出现。

正如人们经常描述的那样，早期的华侨组织仍保留着这样的特性：如有外侮，则其内部容易团结起来一致对外；如无外侮，就容易陷于内斗。而如果外侮和内斗兼存，那么情况就变得复杂：要么为外所用，操弄内部矛盾，使内斗越发严重，仇恨加深；要么洞悉外来阴谋，明察其奸，知晓利害，团结起来，一致对外。在华侨社会早期，情况相对来说简单一点。但到了一定的阶段，内外矛盾犬牙交错，就很难分得清哪是内，哪是外，加上外来势力居心叵测的挑拨，华侨社会逐渐陷入内斗不断、外侮不息、外侮渗入内斗以致内外矛盾交错的困境中。当然，这只是事情的一个方面，另一个方面是，早期各华侨地缘组织团结起来，一起争取共同权益。这是华侨社会最值得弘扬的一股正气。

业缘社团的出现一般比较晚。就东南亚地区而言，业缘社团的繁荣发展是在1890年后。那时的业缘社团不仅创建数量多，而且涉及行业多种多样。早期的业缘社团具有方言、地缘的色彩，也具有帮派主义的特点。后来，业缘社团顺应大联合的趋势，与清政府的鼓励相呼应，打破行业和帮派局限的各地中华（总）商会也因此相继成立。

东南亚各地中华商会或中华总商会的产生，是20世纪后华侨社团取得重要发展的标志，反映了华侨社会由私汇党，由各帮派、各地域的业缘社团过渡到超越地域、超越帮派、超越行业的统一的华侨经济社团，由分散的、各自为政的维护本行业局部利益的社团过渡到统一的、维护华侨整体利益的经济团体，标志着华侨在当地经营的工商各业力量的增强。各地中华商会（或中华总商会）成立以后，大大增强了华侨工商、农、贸等界的凝聚力及华侨在当地的声望与地位，成为华侨工商企业界与当地政府及其有关机构进行联络、协商和谈判的代表，成为华侨经济社团中最重要的领导力量。它们努力维护华侨工商业界正当合法权益，抗御各种歧视、不合理或不平等的政策与待遇，加强内部团结，共谋经济发展，共谋华侨福祉。与此同时，发展公益福利事业，兴办侨校、医院，加强华商与祖（籍）国政府或商会的联系。至于东南亚地区的中华商会，因为较晚出现

（有的在中华民国时期才成立），本书就不再一一述及。

清代东南亚的地缘社团基本上是按照福建和广东两省的不同分支地籍划分的。在这些分支地籍中，最重要的，无疑是"县"（"邑"）一级。祖籍的县，常常被海外华侨用作建立社团的最常用单位。故这里有必要将清代闽、粤两省的"县"（"邑"）的划分作一简要说明。

清代东南亚的福建人基本上是闽南人，从地域上来说，闽南包括厦门、漳州、泉州、龙岩。但从地域和文化等方面来说，清代东南亚的闽南籍华侨，特指厦门、漳州、泉州三地，不包括以客家文化为主的龙岩。东南亚闽南人的后代家庭大多使用闽南语（俗称学佬话、福佬话、河洛话、鹤佬话等），东南亚华人通称为福建话。

福建人还包括闽北的"福州十邑"，即旧制福州府所辖的十个县，包括闽县（属今天的福州市区）、侯官（属今天的闽侯县）、福清（包括今平潭县）、长乐、连江、罗源、闽清、永福（今永泰县）、古田、屏南。这十个县通行闽东语（福州话），其民都认为自己是福州人。不过"福州十邑"移民更多地居住在北美和南美一带。

清代的广东省辖有11个府，即广州府、惠州府、肇州府、潮州府、嘉应府、韶州府、连州府、高州府、雷州府、廉州府、琼州府。其中，高、雷、廉及琼州府都在广东南部，往往又被称为"四下府"。

广（州）、惠（州）、肇（州）三府相邻，都处于广东中部，交往比较密切，关系也比较深厚。这三府移民到东南亚后往往组成同乡社团，常被称为"广惠肇帮"。其中，广州府包括十四个县，即南海、番禺、东莞、顺德、香山（今中山）、清远、三水、从化、增城、龙门、新会、台山（旧称新宁）、宝安（1914年前称新安）和花县。惠州府位于广州西部，管辖了九个县和一个州。九县分别为惠阳、博罗、长宁（后改新丰）、永安（后改紫金）、海丰、陆丰、龙川、河源及和平，一个州指连平州。肇庆州旧名为端州，位处珠江流域的支流西江。肇州府共有十个县，为高要、四会、新兴、阳春、开平、恩平、广宁、封川、开建及高鹤（即前之高明及鹤山）。不过，肇州府开平、恩平二县与广州府的新会、台山二县的关系更为密切，在中华民国以前世界各地的华侨社会中，往往以"四邑"的面目出现（后来另加上鹤山称"五邑"）。

在东南亚，"客家帮"是个跨越闽、粤两省（以粤为主），其地籍归属相当复杂的群体。早在清朝嘉庆年间，惠州府丰湖学院的徐旭就在其撰写的《丰湖杂记》中指出，客家人从其"祖宗以来，世居数百年，何以仍称为客？……今日之客人，其先乃宋之中原衣冠旧族，忠义之后也。……西起大庾，东至闽汀，纵横蜿蜒，山之南、山之北皆属之。即今之福建汀州各属，江西之南安、赣州、宁都各属，广东之南雄、韶州、连州、惠州、嘉应各属，及潮州之大埔，广州之龙门各属是也"。有人认为，《永安县志》次志是最早记有"客家"称谓的文献史料。"客家"称谓出现的背景，是清初"迁海复界"引发的垦民潮。最先出现"客家"概念的地方是广州府、肇州府、惠州府的沿海地区，而且主要是广、肇二府。当时这一带的"客家"，就是当地操粤语的原住民对来自赣、闽、潮、嘉、惠等地客属移民的总体称呼。因此，"客家"称谓出现在客民历史上第四次大迁徙时期，其出现的最早时间当为颁布"复界令"的康熙二十三年（1684）之后。① 还有一个佐证是福州人蔡永兼（1776—1835）所著《西山杂记》中的记载："福建周时有七闽，其地域即泉郡之畲家，三山之蜑户，剑州之高山，邵武之武夷，漳岩之龙门，漳郡之南太武，汀赣之山粤，此七族称七闽。"《西山杂记》原稿载"汀赣之山粤"，后改定稿为"客家"。这一史实证明，蔡永兼所处的时代，正是"客家"一词出现的时代。

客家人由中原南迁后，多数居住在山区，历来有"逢山必有客"之说。由于居住环境差，只有团结互助才能克服困难，因此群体意识较强。他们移民海外后，"独在异乡为异客"，出于安全、互助、习俗的需要，以语缘、地缘为纽带的华侨会馆应运而生，因此客属华侨中较早出现会馆。但是，早期客民（或曰客侨）所成立的会馆，并不叫"客家"会馆，直到清代中叶，南洋及其他地区早期的客民会馆，其正式名称仍然是依他们在"唐山"时的州、县地名，后缀以"人和"、"仁和"等字样，再加上会馆二字。这说明两点：其一，可以看出客家人注重的是祥和，是团结；其二，可以表明当时客民还没有特别明确的"我是客家人"的观念，能使他们认同的，只是血缘、地缘与语缘关系。

在移民东南亚的地缘群体中，海南人相对较晚，他们在社团建设方面的一个重要特征是：先创建"天后宫"。这皆因天后宫主要祭拜海员的保护神——妈祖，其也是早期从海南岛（今琼州）来的讨生活者必定先祭拜的神。之后，会在天后宫内成立"海南会馆"，后来再改称"琼州会馆"。也就是说，海南华侨的社团一般都会经历天后宫与海南会馆两位一体的过程。当然，妈祖既非海南人首创，也非海南人的崇拜"专利"。在清代，东南亚沿海各地所建的古庙，大都是崇祀妈祖的航海者所创立的。奉祀妈祖最多的当然是福建人，其次才是海南人。但海南人似乎对这个航海女神更加虔敬，因为各地的琼州会馆都设有天后神位，并配祀水尾圣母。

清代东南亚华侨以闽、粤籍人为主。他们在建立自己的地缘社团的时候，大多以"县"（"邑"）作为最常见的单位。海外的华侨社团，有的以省为组建单

---

① 刘丽川：《"客家"称谓年代考》，紫金客家文化，2012 年 6 月 29 日。

位，有的以县为单位，还有的以镇甚至自然村为单位，但客观上说，以县为单位的，占了绝大多数。上面所罗列的闽、粤县（邑），便是清代东南亚华侨社团中最常见的地缘社团单位。当然，有的县出现的频率较高，有的县较低；有的社团只有一个县，有的社团则包含两县、三县乃至数县，不一而足。

由于岁月的流逝和资料的缺失，清代东南亚地区不少曾经存在过的华侨社团现在已找不到下落，还有的社团只剩下一个名称，史事飘散无踪。本书所出现的华侨社团，只能说是历史上东南亚曾经存在过的众多社团的一部分。本书旨在通过对它们的分析，发现清代东南亚各类华侨社团的若干运行轨迹、特点和基本规律。挂一漏万之处，还需要后来者不断补充完善。

三

历史上华侨移民东南亚，或为谋生，或为避灾，或探亲访友，或意外羁留，或全无目的，不管其初衷如何，最终总有人返归故里，也总有人落籍当地。若是后者，总得融入当地社会。融入当地社会是一个生产适应、社会适应和文化适应的过程。融入的路途不一而足，不同阶段所需的融入时间和完成整个融入过程的"耗时"总量有长有短，有的人在当世便可完成，有的人则需经过一代、两代，难以一概而论。只有一点是确定无疑的：凡属"落地生根"者，融入当地社会的过程是不可避免的。但在东南亚，无论是"落叶归根"的华侨还是"落地生根"的华侨，都视传承中华文化为己任，突出表现在积极开办华文学校和进行文化传播方面。

东南亚华侨一贯以热心办学、教育后代和传承中华文化而著称。清代海外华侨子弟所接受的教育，可概括为两大类型：一类是华侨在海外兴办的学校。这类学校所使用的教学语言是汉语，用现在的话来说，是在进行"华文教育"。另一类是当地殖民地机构所办的学校。一些华侨将自己的子弟送进这类学校，其所接受的教育基本上不属于"华文教育"（除了可能存在少量华文语言课程外，其他课程都使用非汉语作为教学媒介语）。在清代的东南亚，这两种情况都存在。不过，就现在所看到的材料而言，至少在清代以前，华侨兴办的学校，绝大部分都属于"华文教育"的范畴。

一般来说，华侨在居住地办学可以以19世纪与20世纪之交为分水岭，分成前、后两个重要时期。在前期，华侨热心办"义学"，在义学内实行私塾性质的教育，几乎全盘照搬国内的做法。义学规定学生要读《孝经》、"四书五经"等。学习"四书五经"时采用背诵的方法，灌输孔孟之道。塾师要先以礼仪进退应对教育学生，每逢朔望，要给学生讲圣谕和孝悌忠信的故事，让他们"心体力行"。后期，由于国内出现了新式学堂，这股风吹到了东南亚，华侨也跟着兴办学堂，私塾渐渐被学堂取代了。新式学堂使用新式教科书。虽然中文学校仍然占多数，但已出现了少数适应华侨在当地生存与发展需要的英文学校。

华侨保持了中国人的娱乐习惯，例如，广东华侨喜欢看粤剧，福建华侨爱听南音。毋庸讳言，由于华侨社会中缺少健康的文化娱乐，一些人沾染上赌博、吸食鸦片的恶习。有的华侨上层人物与当地权贵勾结，贩卖鸦片、开设赌场，并因而致富。光绪间的《游历笔记》谈到新加坡的中华街，"大小店铺、庙宇、会馆、戏园、酒楼、茶店，盛备其间"①。1893年出过洋的薛福成说，南洋华侨"虽居外洋已百余年，正朔服色，仍守华风，婚姻宾祭，亦沿旧俗"②，可证。

清代东南亚华侨社会的文化，一般以闽、粤华侨家乡的"小传统文化"为表现形式，但在"小传统文化"中，却蕴含和体现着中华民族"大传统文化"的方方面面。概括起来，包括以下几个重要方面：其一，乡族观念。认乡认宗，崇拜祖先，不忘家族。其二，神灵观念。华侨所笃信的神灵，包括中原地区传进来的"正统"神灵，也包括中国民间神话传说中的诸多善神、正义神，还包括华侨在家乡乃至在居住地自造的"人神"（以福建华侨最为典型）。华侨还热心建设祠堂和庙宇。庙宇里，各种各样的神灵杂处一室，其"座次"排位常常根据当地华侨的喜好而定，没有尊卑之分。不过，由于华侨普遍出身于中国农村下层，他们的民俗信仰中缺少宗教哲学，或者说，"唯灵是求"是他们最朴素的宗教哲学。其三，历史意识强烈，以古为鉴，崇拜古人，敬重祖先。从这一点来说，华侨与受过正统教育的中国传统士人没有什么区别。这与中国历史悠久和传统思想深厚息息相关。其四，恪守纲常伦理，尊崇天地君亲师，无论何时，无论何地，始终不动摇。在清代，事业成功的华侨还热衷于追求封赠、顶戴与职衔，甚至不惜斥巨资以求一封。无须讳言，华侨也践行男尊女卑、尊卑有别、上下有别的理念，讲求严格的等级、衣着品级和仪仗形式，维持家长统治的传统。当然，以上东南亚华侨所坚守的主要文化传统中，大部分是优秀的，但也有负面的甚至是糟粕的，对此人们不难鉴别。

华侨从中国带到东南亚的传统文明，主要起两种作用。一方面，在居住地争取生存与发展。华侨到了异国他乡，要站稳脚跟，就要靠自身的勤劳勇敢和互相帮助，与居住地主体民族的文明相磨合、相适应，需要有自身的群体意识，生产、商业知识和技能。中国丰富的古代文明，让华侨受到充分的滋润和哺育，帮助华侨在新的环境里奋斗与扎根。另一方面，华侨还通过中华文化影响着土著民

---

① 见（清）王锡祺编：《小方壶斋舆地丛钞》（第十一帙），杭州古籍书店，1985年。
② 陈翰笙主编：《华工出国史料汇编》（第一辑第一册），中华书局，1985年。

族，把中华文明的因子传播给当地社会。

　　显然，清代的东南亚华侨社会体现了中华文化的基本面，但并非全盘复制了中华文化的方方面面。毕竟，华侨生活在东南亚，其生活环境迥异于中国。华侨在维系传统文化的同时，也无时无刻不在接受当地文化的潜移默化。华侨在传承中华传统文化时，或不知不觉地，或有意识地加以改变。例如，在宗族观念上，同样是崇拜祖先，但国内强调族长的统治权，而华侨却不如此。又如，在国内，乱认同宗常为人所耻笑，但在华侨社会中，认同姓为宗，被视为当然。因为华侨在海外，往往是同宗族的人互相招徕，团聚在一地，但宗亲毕竟稀少，于是广泛觅认同宗，凡是同姓，就认作亲骨肉。这是由于难以遇到很多真正的宗亲，也出于扩大人际交往网络的需要。此外，在 19 世纪末，华侨对于中华文化的态度有所改变，一方面，由于清政府有意识地加强同华侨的联系，华侨又因长期受殖民地统治而深感祖国政府保护的重要性，因此加强了对祖国的认同意识；另一方面，一部分华侨看到了清政府的腐败，在接触西方文明、接受西方教育后，逐渐放弃中华意识，改变生活方式和宗教信仰。与此同时，华侨经济在居住地逐渐占有重要地位，但伴随着西方近代先进生产方式在东南亚的传播，华侨经济在当地受到排挤。这就迫使华侨（主要是土生的华裔）采取近代西方先进的工商业经营方式，为自己寻找经济出路，其表现在文化教育上，是进入当地学堂，或到欧美留学，接受近代教育，掌握近代文明知识技能。显然，这时候的东南亚华侨社会，已经发生了明显的变化，不再是当地华侨传统社会的延续，更不是祖国传统社会的翻版。①

　　此外，清代东南亚华侨的日常生活、社交、风俗习惯都与中国传统文明密切联系在一起。例如，在居住方面，华侨把中国建筑样式全盘或部分地移植到东南亚，住宅上雕刻着飞龙、彩云，悬挂匾联；富人家内有花园，有中国江南园林的假山、水池。华侨普遍重视大家庭、大家族以及祭祖的观念。成家立业者，多组成直系家庭，以代数多为荣。家庭内夫唱妻随，父慈子孝，同宗族的人建立家庙，各个家庭、宗族重视慎终追远，把家乡丧葬方式带到侨居地，逢年过节要祭祖，清明要扫墓，娶亲要拜家庙。每逢清明及中秋，便在宗亲会所举行祭神大典；每逢神诞，则簇拥着神明出游；每逢春节要召集宗亲共聚会所，举行新春大团拜。又如，在宗教信仰方面，东南亚华侨多来自闽、粤两省，崇信妈祖，建造祠宇拜祀。明清时期，中国人特别信奉观音和关羽，到处建有观音庙和关帝庙；同时，土地祠（大伯公庙）也遍及各个村庄。华侨喜欢修建寺庙，且不断重修，

---

① 参冯尔康：《晚清南洋华侨与中国近代化》，见林天蔚编：《亚太地方文献研究论文集》，香港大学亚洲研究中心，1991 年。

不少重要寺庙的建筑材料还要从国内运去。再如，在节庆方面，东南亚华侨与国内一样重视春节、端午、中秋、清明、中元、重阳等传统节日。春节的除夕要守岁，贴对联；元宵夜要提灯夜游；娶亲、做生日要搭喜棚，摆设象征吉祥的物件。此外，华侨大多使用汉语，沿袭汉文化的称谓。读书人喜作诗文，送往迎来也多保留中国人的习俗。至今在东南亚，仍可以发现华侨社会中保留着很多传统风俗。有道"礼失求诸野"，此语在今天的东南亚华侨社会中可以得到充分印证。清代很多华侨，特别是华侨富商，曾经通过投资和侨汇等方式，对祖国和家乡的建设作出了不可磨灭的贡献。由于篇幅和资料的限制，本书对上述这些内容无法详细论述，只有留待贤者完成。

在东南亚华侨史研究方面，前人已经取得了丰硕的成果，但由于东南亚华侨历史的内容极为丰富，研究资料还在不断发现和更新中，且前人对东南亚华侨问题的研究多有跟随时势变化的习惯，于基础研究多不愿涉及，以致整体的研究相当不平衡，对不少分支领域的研究十分薄弱。笔者深知，在东南亚华侨史研究方面，清代的历史是后来更加丰富多彩的历史的基础。目前对清代东南亚华侨历史的研究，还远未有穷期。

拙书是笔者在以前所搜集的资料的基础上写成的，前后断断续续地耗时数年。此书的出版，期待能为东南亚华侨史的研究添上一砖一瓦。笔者深感学养不足，在撰稿过程中，或会出现这样、那样的错误，有待读者的批评指正。在电脑使用过程中，出现非人为错误不是不可能的，虽然付诸印刷后已难以纠正，但笔者仍然愿意承担相应的责任。

本书在资料收集和整理的过程中，先后得到石沧金、张应进、程露晞等老师或同学的帮助。暨南大学国际关系华侨华人研究院文峰博士和暨南大学出版社诸位编辑也尽心尽力。在此，谨向所有为本书的撰写和出版提供过各种形式的帮助的人士，致以最衷心的感谢。

上　编
清代东南亚的华侨移民及其经济活动

第一章　越　南

越南人与中国浙江会稽之"越"、温州之东瓯，福建之闽粤（即越），广东、广西之南粤（即越）人，同属越族，即中国古代百越之一。在越南的传说中，其祖先是炎帝神农氏。《大越史记》载："我越之先，相传始君曰泾阳，炎帝神农氏之裔。"越南之地，在夏商周三代称为交趾。秦称为象郡（公元前214年置，辖境约今中国广西西部、越南北部和中部地区）。汉武帝平南越（汉人赵佗建立的"南越国"），于公元前111年置九郡，其中三郡在今越南，即交趾（今河内一带）、九真（今清化、义安、河静）、日南（今广南、平定、富安等七省）。三国时改名为交州，唐代改称安南。公元939年，即吴权执政期间（895—944），脱离中国五代的南汉政权独立，建立吴王朝，定都古螺，但尚未建国与使用年号。宋代，安南区内大乱，割地称雄者凡12处，俱号"使君"。州刺史安南人丁公著之子丁部领起而肃清群雄，成一统之业，并于北宋开宝元年（968）建立丁朝，曰"大瞿越国"，号太平，定都华闾（今宁平省宁平市），越南建国自此始。从此以后，中国人移居越南者可以称为"华侨"。在此之前的1000多年，越南是中国版图的一部分。从吴朝起，越南先后历经丁、前黎、李、陈、后黎、阮氏等王朝。

第一节　移民概况

中越两国山水相连，整体上说，越南是历史上中国对外移民密度最高的国家，也是东南亚地区最早出现中国移民的国家。历史上，中国人移民越南，既有通过水路的，也有通过陆路的。清人云，安南与中国的交通有三道：一由广西，一由广东，一由云南。"由广东则用水道，伏波以来皆行之，广西道宋行之，云南道元及我朝始开。"具体而言，广西道分为三：一从凭祥州由州南关隘入交之文渊州，一由思明府过摩天岭入鬼陵州，一自龙州经平而隘入七源州；云南道分为二：一由蒙自县经莲花滩入交州石陇关，一由河阳隘循江左岸入平源州。[①] 广

---

① （明）郑若曾：《郑开阳杂著》卷六《安南考》，《四库全书》，中华书局，1985年。

东入安南，则为水路，具体走向在相关研究资料中描述甚详，包括航站、日程等。这一切表明，到清代，中国与越南两国间的水、陆路线已经完全定型。在水、陆路两种移民路线中，水路短而快捷（一般循岸而行），去可保平安，回可求便捷，只在旬月之间，风险系数远没有到其他国家、地区那么高，免却许多漂洋过海葬身鱼腹之险，故成为中国人移民越南的主要路线。水路可直达越南南部，广东人和福建人都是通过水路直接移民越南南方的。

纵观清代到越南的中国移民，不仅人数众，类别多，骤发性强，而且居住地相对集中，在对居住地的开发中独居鳌头。他们对推动其时总体上落后于中国的越南经济发展与文化进步功不可没。一个突出特点是，在零星移民涓流不断的同时，大规模的、呈高度群体性定居态势的群体性移民偶尔出现。其分布的地点多是偏僻、边隅和荒蛮的待开发地带。这种分布，又呈高度的职业化特点，一个地方的中国移民，要么从事农业，要么从事矿业，因而形成了一个个高度集中且单一的"部门经济开发区"。后来，这些开发区的商业逐渐发展起来，华侨商人便捷足先登。至少在晚清，华侨商人的足迹已遍及越南各地。他们通过一条条商业连接线，把原来一个个块状大小不一的华侨"经济开发区"连为一体。

法属时期，越南分南圻、中圻和北圻三大地域，这是由于清道光十四年（1834），越南阮朝的圣祖仁皇帝阮福晈将越南分为三圻。宁平省以北各省统称为北圻（越南语：Bắc Kỳ），北圻以南至北纬20度之间的各省称为中圻（越南语：Trung Kỳ），中圻以南各省称为南圻（越南语：Nam Kỳ）。有关清代华侨人数的统计主要是以这三大地域为基础的。根据统计，19世纪下半叶到20世纪初移居越南的华侨人数有下列数据：

——清光绪五年（1879），南圻（包括六省）约有44 000人；[1]清光绪九年（1883），南圻有40 000人，北圻有25 000人。[2]

——清光绪三十二年（1906），中南半岛有华侨232 000人，其中包括南圻115 000人，中圻5 000人，北圻22 000人。[3]又，清光绪三十二年（1906）的南圻华侨中，明乡人有40 000；北圻华侨中，明乡人混血侨生有2 000。南圻明乡人比中、北圻明乡人越化得快，到20世纪初，南圻明乡人大多已越化。[4]

另外，根据清光绪十六年（1890）薛福成在其出使期间的记录：南圻，凡

① 杨建成：《法属中南半岛之华侨》，吴凤斌主编：《东南亚华侨通史》，福建人民出版社，1994年，第193页。另，本书的年份同列王朝年号与公元；涉及一段时期时，也采用"世纪与年代"字样；中华民国（1911—1949）及以后的纪元采用公元。

② 据吴凤斌主编：《东南亚华侨通史》，福建人民出版社，1994年，第193页。

③ 杨建成：《法属中南半岛之华侨》，吴凤斌主编：《东南亚华侨通史》，福建人民出版社，1994年，第193页。

④ 吴凤斌主编：《东南亚华侨通史》，福建人民出版社，1994年，第191~194页。

4 镇20 县，考其户口总册，越南人 167 万有奇，柬埔寨人 14 万有奇，华人 7 万有奇，洋人 4 000 有奇，苗番杂夷 2 万有奇。北圻户口约分 3 种：耕耨力田、佣工服役者多越人；通货贸迁、开矿采金者多华人；渔猎为生兼务农事者多蛮孟人。越人 1 000 万有奇，蛮孟人十二三万，华人 7 万有奇，共计北圻民数在 1 100 万之谱。①

此外，清光绪三十一年（1905），严璩在清驻法使馆任参赞期间，曾前往越南各处游历考察两个多月，有日记云，海防为东京商埠，户口 18 000 人，计欧洲人 1 000，华人 5 000。河内为东京首邑，居民 67 500 人，欧洲人 3 000，华人 2 500。安拜土人约 1 万人，华人旅居为商者约 70 人。南圻华人全数约 20 万人。②

从上面的数据可以看出，南圻是印度支那地区华侨的主要聚居地。当时的南圻，包括今越南南部、柬埔寨东南部的地区。法国殖民地时代，该地的法语名称是"交趾支那"（Cochinchine），首府是西贡。清咸丰十年（1860）起，南圻分 6 省（嘉定、边和、定祥、永隆、安江、河仙），西贡为其都会。③ 17 世纪到 18 世纪，明乡人、闽粤商民就聚居于此。具体来说，闽粤商民多居住在西贡堤岸地区。19 世纪后期到 20 世纪初，南圻成为世界稻米主要产区之一，更因其交通便利，贸易发达而成为吸引华侨移居的地区。因华侨定居南圻历史悠久，且与当地人通婚繁衍后代，故土生华人占有相当比例。

中国鸦片战争前，以聚居地划分，在越南北部的华侨以采矿为主，南部会安、堤岸一带以商贩为主，嘉定和清河、明乡等地从事种植业者较多，商贩次之。全越南华侨从事种植业、矿业、商业者大抵各占 1/3，其他少部分人是工匠或从事服务行业等。

清代越南华侨的两大来源——广东省籍和福建省籍华侨中，以广东省籍居多。越南北部矿工绝大部分是广东潮州、韶州、嘉应人；中圻顺化会安一带的商贩以闽人为主；南圻虽为粤人杨彦迪、陈上川、鄚玖等率众开发，但其部属中，闽籍人不少，清初前来的华商也以闽人为多，故南圻闽籍与粤籍（主要是广肇籍）的比例大致相当。

移民类型多，是清代越南华侨的一个突出特点。华侨所从事的职业之广，在

---

① （清）薛福成：《出使英法义比四国日记》，孙溪校经堂光绪甲午年（1894）校刊本。

② （清）严璩：《越南游历记》，自刊铅印本，福建师范大学历史系华侨史资料选辑组编：《晚清海外笔记选》，海洋出版社，1983 年，第 56 ~ 72 页。严璩，字伯玉，福建侯官人，严复长子。光绪三十一年（1905）春，在清驻法使馆任参赞期间，奉孙宝琦公使奏派，偕同该馆候选主事恩庆前往越南各处游历考察两个多月，写此日记。

③ （清）袁祖志：《瀛海采问纪实》，此据福建师范大学历史系华侨史资料选辑组编：《晚清海外笔记选》，海洋出版社，1983 年，第 16 ~ 17 页。

东南亚地区可谓首屈一指。可以说，当时举凡越南当地人从事的职业，几乎都可找到华侨的身影，如有到越南边隅地带从事有组织的农业开发的"军转农"移民；有自发前往越南边地从事耕垦的华侨农民；有到越南北部边地务农、经商，自食其力的中国边民；有到越南边地采矿因而在越南定居下来的移民；还有断断续续到越南各地经商者。这几类移民都是主动到越南去的。在清代，有中国民众和已流寓越南的华侨应当地招募而从事某种职业。有关这一类移民的记载较少，人数多少也难以定论，但他们多属群体移民。[①] 此外，也有华侨进入官场、军队等外籍人很难插手的领域。当然，他们在华侨群体中所占的比例肯定少之又少，也属不易，在越南官僚队伍中更是凤毛麟角。

史料表明，华侨还参与了越南中央政权控制经济命脉的活动，但向来为人们所忽略。最突出的例子是为政府铸钱，有两条记载为证：一是清乾隆十一年（1746），越南初铸白铅钱。先是肃宗时命铸铜钱，所费甚广，民间又多毁为器用，日益耗减。于是，"有清人黄姓（缺名）者，请买西洋白铅铸钱，以广其用。肃宗从之，乃开铸钱局于凉馆，轮郭字文依宋祥符钱式，又严私铸之禁，于是泉货流通，公私两便之。其后，增铸天明通宝，杂以乌铅，轮郭又浅薄，物价为之腾踊"[②]。二是清嘉庆十八年（越南嘉隆十二年，1813）正月，越南初铸嘉隆通宝白铅七分钱。北城有清人陈显周、周永吉，自请采买白铅铸钱，以铅钱百三十缗，换领官铜钱百缗。城官奏报后，嘉隆帝允其请，令其于城外西龙门设宝泉局（绍治元年改通宝局），以该奇张文铭为宝泉局大使，协总镇黎质兼领监督，依户部送式铸之。[③] 这两个例子表明，越南政府之所以允许华侨参与铸钱，是因为他们有更好的铸钱技术。华侨对越南货币制度发展的贡献，在史册上留下了不可磨灭的一笔。

就目前所知，上述情况也只存在于越南这样一个历史上与中国关系密切而特殊的国家。而由于其他各种原因流寓越南的华侨，则不可胜计。

① 例如，清乾隆四十年（1775），广东琼州文武禀报，在海上拿获夺船人犯洪阿汉等，并访获携带番妇回籍之李阿集等，经解省审究，李阿集等籍隶惠、潮二府，自乾隆二十四年至三十九年（1759—1774），先后附搭商船前往安南归倾地为贸易。及至乾隆三十六年（1771）西山政权立，招募兵勇士众，群相有从。闽、粤两省客民亦各应募投充，各个受职。后李阿集等事败逃回内地，被执杀。参《军机处录副奏折》，引两广总督昭信伯李侍尧、广东巡抚德保奏。该文摘自中国社会科学院历史研究所编：《古代中越关系史资料选编》，中国社会科学出版社，1982 年，第 656 页。
② 《大南实录》前编卷一〇，摘自中国社会科学院历史研究所编：《古代中越关系史资料选编》，中国社会科学出版社，1982 年，第 48 页。
③ 《大南实录》正编卷四六，摘自中国社会科学院历史研究所编：《古代中越关系史资料选编》，中国社会科学出版社，1982 年，第 663 ~ 664 页。

第二节　边隅地带的华侨农业区、外侨农业区与华侨农耕点

一、明乡人的归宿

中国历史上存在着大量的"政治性移民",即因中国国内偶发性的重大事件,例如王朝更替、战争等而引发的逃亡潮中出现的"难民型移民"。实际上,中国历史上的王朝更替期往往也是越南对中国移民的接收高峰期。明乡人是明末清初流亡越南的中国移民的主要组成部分。他们包括了下面将要介绍的杨彦迪等人率领的三批移民。

这一类逃亡潮在清代有两个时期是最为浩大、最为集中,影响也最为深远的。第一个时期是清初亡命越南的明朝遗臣遗民群体;第二个时期是19世纪60年代中期至80年代中期天地会会众移居越南。

第一个时期发生在明亡清兴之际,而这一轮向海外移民的高潮的首站便是作为中国传统移民接收国的越南。他们移居越南后,被越南当局组织起来从事边地原始的农垦开发及戍边,从而形成一个个"华侨农业区"。

16世纪以后,是越南的南北分治时期。南方是广南阮王(即阮潢)执政;北方是郑氏集团,即黎氏(后黎)为皇。郑氏(后黎大将郑松)执政时期,南北之间,打了半个世纪内战,也维持了近一个世纪的分治局面。广南阮王北拒郑氏的同时,极力向南扩张。当时广南阮氏疆土南邻占城,而占城的南邻是柬埔寨。明万历三十九年(1611),阮王派兵入侵占城,夺去了一部分土地,置富安府,辖同春、绥和两县。清顺治六年(1649),阮王再次派兵入侵,置永和、延庆两县。至此,占城仅剩下蕃郎江以南的一小块地方。清康熙三十二年(1693),阮氏政权又派兵入侵,夺取了占城最后一片土地,置平顺府。清康熙三十六年(1697),占城沦为阮氏广南王国属地(到1720年完全灭亡)。阮氏政权随即挥兵南下,占领柬埔寨的东浦(今胡志明市嘉定),于清康熙三十七年(1698)在东浦置嘉定府,辖福隆、新平等县,其势力迅速向湄公河三角洲扩展。

在论及清初三大军事建制的移民群之前,不能不提及越南对待明乡人的政策。越南当局对明乡人的安置始于清康熙七年(1668)前后。首先是在会安建立明香(Minh Huong)社以维持"明朝香火"。刚开始时,明香社寄希望于"反清复明",盼有朝一日回去朝天阙。但随着时光流逝,复明无望,而原先的明遗民

不断与当地越人及高棉人通婚，生出一代又一代混血儿，逐渐发展成一个土生族群。另外，明乡人还包括 17 世纪中叶后相继流亡到越南的明朝华侨。例如，明崇祯十三年（1640）顺化香江畔的香茶郡有"大明客铺"（或称"大明客属清河铺"）。清顺治七年（1650）会安有"明香社"；清康熙三十四年（1695）会安有"大唐街"；清康熙三十七年（1698）边和有"清河社"，嘉定有"明香社"。这些既是早期华侨聚居处，又是社团组织。清道光六年（1826），越南阮朝下令将"明香"改为"明乡"，此后，"明乡社"进一步增多。越南封建王朝对明乡人给予一些优待，如明乡人可以应试做官。祖籍福建的明乡人郑怀德、潘清简、陈养钝等，都曾任过尚书一类的高级官员。在胡志明市堤岸区的同庆大道上，有一座被越南政府列为国家保护文化古迹的建筑——"明乡会馆"，这其实是一座庙，正门口的对联为："明王治南天，天光日化；乡里居越地，地利人和。"明乡会馆正殿供奉的是中国明朝的历代皇帝（从明太祖朱元璋到明思宗朱由检）的神位，殿前的主对联为："明圣先王，越国亦闻声教；乡党宗族，亚洲同此冠裳。"正殿旁供奉的是明乡人的始祖陈上川等的灵位，灵位两边对联为："耻作北朝臣，纲常郑重；宁为南国客，竹帛昭垂。"值得注意的是，明乡会馆里还有许多明代文物，例如明代官员戴的布帽子、穿的布靴，明代士兵戴的坚硬竹编镶铁皮军帽等，它们都被完好地保留了下来。这一切强烈地昭示着，明乡人是一个忠君念祖的族群。

到清嘉庆七年（1802），越南的嘉隆王统一全国。清嘉庆十二年（1807），越南的嘉隆王下令在南、中、北圻设立"明香社"来管理这一个族群，于是他们被编入户籍。清嘉庆十六年（1811），对"北客住寓者"已称"明乡"。清康熙三十七年（1698）初，置嘉定府，因郑玖与杨彦迪、陈上川等部开发南圻有功，立明香社。其时又因清人来商居镇边者，立清河社。于是清商与明乡人悉为编户。①

第一代华侨融入越南的过程是复杂而痛苦的，其中包括强烈的文化碰撞和磨合，很多还需要经受"两头家（妻）"的考验。例如，一部分明乡人南迁前在中国已有妻室。到越南后，又在当地纳一华女为妻，遂出现"两头家"现象。第二代后，多数人又要接受在当地娶"两族妻"的考验，即一方面，娶华女或明乡人为妻，希望通过婚姻关系认可其祖国、祖宗为正宗；另一方面，其次房多纳越南当地人。"两族妻"既实现认归正宗的心理需要，又实现在当地定居生存的需要。但是，如此一来，若干代后，越南华侨与祖国、祖宗的关系便会渐渐疏

---

① 《大南实录》前编卷七，摘自中国社会科学院历史研究所编：《古代中越关系史资料选编》，中国社会科学出版社，1982 年，第 645 页。

远、淡薄。这是一个不以人的意志为转移的过程。最后，其正妻也为当地女子，到此时，华侨便完全越化了。显然，在融入当地的初始阶段，华侨都可以将群居的方式作为保留自己族群特征的主要手段和方式，但群居并未能系统地保留本族群从家乡带来的文化。经过当地文化一定时间的冲刷后，本族群的文化逐渐被"碎片化"，继而相互掺杂，慢慢消失于无形，华侨的文化特征也渐趋模糊。于是，最初的华侨移民群体最终成为当地民族大家庭中的成员。

明乡人与后来到越南的清人的待遇是有区别的。其时越南华侨有旧华侨（即明乡人）、新华侨（即清人）之分。明乡人在越南受到当地政府优待。新来的华侨则受到诸多限制，包括在指定地方居住和贸易，需登记入册，无证者得拘禁等；明乡人被视为已入籍的越南臣民，限制较少，且被获准应试科举，补用官场，免服劳役和兵役等。但明乡人也受越南政策约束，包括不许返回中国，不得杂入清人户籍，他们只能在当地通婚越化。明乡人的税收比越南人重，这也促使明乡人走向越化。

二、东浦与河仙：由华侨农业区到外侨农业区的演变

（一）军事建制的移民

清初前去越南的军事建制的三大移民群，其主角分别是杨彦迪、陈上川和鄚玖。他们在到达目的地后，被越南当局安置在边地参与原始开发并形成"华侨农业区"。应说明，这些中国移民被安置的地方在当时并非属于越南领土，但因为他们是越南当局安置的，所以还是放在这里阐析。

杨彦迪是明朝广东省镇守龙门水陆等处的地方总兵官（与其同行的副将为黄进），陈胜才（即陈上川）是镇守高、雷、廉等处的地方总兵官（与其同行的副将为陈安平）。他们几人与雷州海康人鄚玖先后率部进入越南，分别被安置在美湫（今前江省美萩市）、同耐（今属同奈省）和河仙。

上述地方都在今越南南方，时在阮氏政权统治下。当时的背景是，面对明亡后大批中国官民的涌入，北方郑氏与南方阮氏所采取的对策有所不同。郑氏政权因临近中国，怕大批接纳南移华侨会遭清朝干涉，故虽未明言拒绝华侨入境，但给予华侨的居留条件十分苛刻，华侨的生活和商业活动备受限制；阮氏政权为了增强国力，扩张疆土，遂采取"广招流民"的政策，对外国流民来者不拒，给予定居与经商之便，并设立特殊的华人村社——明香社，还允许华人在政府为官。这些应是杨彦迪、陈胜才和鄚玖愿意南投阮氏的重要原因。

1. 杨彦迪

关于杨彦迪，陈荆和认为，他就是清初广东著名海盗首领杨二，曾联合邓

耀、冼彪、杨三等纵横粤海，盘踞廉州、龙门多年，并与台湾的郑氏政权关系良好。龙门位于广东廉州府钦州南海岸钦江、渔洪江交汇处，地理位置险要，明清时期为对安南交通、贸易的主要孔道。杨彦迪长期以此为基地，握有十分有利的地理环境和经济条件。

根据李庆新的研究，[①] 杨彦迪等首先南航至安南海牙州，在当地得到妥善安置。安南为清朝藩属，广东当局乃派人与之交涉，但索之不得，清朝十分震怒，便兴兵相威胁，但安南当局没有把杨彦迪等解送清朝，也没有惩罚海牙州官潘辅国，由于清朝当时在东南沿海面临台湾郑氏政权威胁，无暇多顾，也可能由于不欲树敌太多，故不见其对安南有任何行动。往后数年，杨彦迪在安南保存实力。清康熙十一年（1672）十一月，平西王吴三桂在云南起兵反清，先后得多地响应（广东有平南王尚之信，福建有靖南王耿精忠，广西有将军孙延龄），占领云、贵、桂、粤、闽、湘、蜀等省及赣、浙、陕、甘、鄂等部。清康熙十六年至十七年（1677—1678），杨彦迪回师粤海，主动出击钦州、高州、雷州、廉州等沿海地区，攻城夺邑，使清军顾此失彼，东南沿海多地告急，"官兵不足分遣"。清康熙十七年（1678）十二月初三，琼州水师副将王珍领水陆官兵于山墩地方大败杨彦迪部。同年，吴三桂中风死去，台湾郑氏势力日见衰弱，反清复明力量大势已去，至此，才如越南《嘉定城通志》所载，杨彦迪、陈胜才等全军起拔，浩浩荡荡南走广南，另觅安身立命之所。阮氏顺化王朝与台湾郑氏有来往，杨彦迪等也曾在那里活动，这大概是促成杨彦迪投靠广南的主因。阮主将他们安置到高棉（柬埔寨）的东浦。阮主对"沃壤肥田，泽江卤海"的东浦早有兼并之心，此时杨、陈军兵前来投靠，正是求之不得，于是，阮主"仍准依原带职衔，封受官爵，令往农耐以居"。显然，阮主将杨彦迪所部看作一支可以利用的力量。杨彦迪、黄进率部开往雷猎大小海门，驻扎美湫，即后来的定祥镇；陈上川、陈安平则率部开往芹滁海门，进驻仝狔，即后来的边和镇，参下述。

杨彦迪、黄进等进驻美湫，在高棉（史籍作"绵"）引起恐慌，统治柴棍的高棉二王匿嫩逃匿山中。密切关注事态的暹罗王遣使赴高棉，劝说杨彦迪离棉归暹，遭拒。杨彦迪、黄进确实无意占取柬埔寨，不久与匿嫩"结为兄弟，岁修贡献"。

清康熙二十年（1681），杨彦迪率舰队出现在广东海域，攻陷琼州海口所城及澄迈、定安二县。三月十五日，杨部与清军大战，损失惨重，总督周胜、总兵陈曾被擒斩，战船100余艘被焚，30余艘被夺，县所三城复失，杨彦迪"势穷

---

① 参李庆新：《贸易、移殖与文化交流：15—17世纪广东人与越南》，第二届海外华人研究与文献收藏机构国际会议论文，2003年。

逃窜"。此后，杨彦迪的舰队再没有在广东海面出现。

高棉二王匿嫩与正王匿秋均向广南称臣纳贡，匿秋同时又向暹罗称臣，暹王视为卵翼，因之演变成暹罗与广南在高棉的对抗，杨部成为广南在高棉抗衡暹罗的支柱力量。而杨彦迪与二王匿嫩结盟，改变了广南、暹罗在高棉的势力平衡。匿嫩击败匿秋，占领其都城幽东。杨部在当地起房舍，建市镇，集华夷，同时不得不加强武装，防备暹罗攻击，过着农战结合的生活。康熙二十七年（1688）六月，杨部发生内讧，黄进发兵攻杀杨彦迪，后黄进也被阮氏政权所除。

2. 陈上川

陈上川，字胜才，广东吴川人。他不愿臣清而归义安南，征高蛮有功，又于柴棍建立铺市，招商客，受到越南人尊敬。陈上川原追随郑成功，活跃于粤西沿海。陈氏是否在清康熙四年（1665）与杨彦迪等一起南渡安南，不见史书记载。但可肯定的是，清康熙十八年（1679）四月，陈上川与杨彦迪等一同来到广南，进驻全犯。阮氏击灭黄进后，陈上川兼管龙门将卒，并被委为先锋，经略高棉。陈上川攻匿秋，陷碧堆、求喃、南荣三垒，屯驻湄公河口之工代马，后暂时撤出此地，高棉一时无战事。清康熙三十四年（1695），陈上川重返河口。清康熙三十七年（1698），阮主命礼成侯阮有镜统诸道兵入真腊，经略早为华侨所开发的东浦地区。翌年二三月间，阮军在碧堆、南荣连战皆捷，陈上川居功甚伟。高棉二王匿嫩之子匿淹出降，正王匿秋弃城走。四月，匿秋降，乞修职贡。清康熙三十九年（1700），阮军统帅阮有镜卒，阮师从牢堆退屯美湫附近之岑溪，柬埔寨丧失了位于富庶的湄公河三角洲的柴棍、边和、婆地（即巴地，今属同奈省）等地。广南以其地置嘉定府，设现建营。从此，原属柬埔寨的东浦地区正式纳入越南版图，先后移居该地的，包括华侨、外侨，也成为其编户齐民。时陈上川已位居总兵。这里的匿深乃匿秋之子，匿淹为匿嫩之子，真腊王室两派势力的对立在陈上川时代仍然持续。史载，匿淹为匿深所围，淹复求援于藩镇、镇边二营，"藩镇都督陈上川发兵过柴棍，镇边副将阮久富发兵驻雷腊，水军驻美湫，遥为声援"。陈上川不仅升任藩镇都督，而且备受阮主信赖，委以封疆重任。

陈上川坐镇柴棍，建铺招商，形成繁荣的农耐大铺。后来，因农耐大铺地甚宽广，颇为远阻，不便管理，复设归安、归化、景阳、天姥、菅草、黄蜡、三沥、把耕、新盛这九库场，"听民随便立邑开耕，以旁罗之"；复立庄、寨、蔓、耨"以收拾之"；"各随本业，供纳赋税，俾有统属，务使田野辟地利垦而已"。越南显宗乙未二十四年（1715）四月，陈上川病卒，以功追增辅国将军，春秋两祭，后人怀念陈上川功德，立祠祀之，在永清镇后江大洲、藩安镇新安社、边和镇邻村、平阳省从政村、高绵铁垒等处，皆有陈将军祠。陈上川之子陈大定领其将兵，与河仙郑氏联姻。清雍正十年（1732），陈大定被冤死，其子陈文芳走河

仙，不久在对暹罗战中阵亡，陈氏势力遂告消亡。

3. 郑玖

郑玖为雷州海康县黎郭社人，清康熙十年（1671），"因不堪胡虏侵扰之乱"，"越海南投真腊国为客"。郑氏"乡居而有宠，国王信用焉"。以财贿赂国王宠妃及幸臣，求往治芒坎地（即河仙镇），王许之，署为"屋牙"。该地"华民、唐人、高蛮、阇巴诸国凑集，开赌场征课，谓之'花枝'"。郑玖"又得坑银，骤以致富。招越南流民于富国、陇棋、芹渤、溱贪、沥架、哥毛等处，立七村社"。以所居地相传有仙人出没河上，因名河仙。玖遣其属张求、李舍上书阮主，求为河仙长。戊子七年八月，阮主乃以郑玖为河仙镇总兵。①

三角洲西部临暹罗湾的河仙在郑玖父子的开发建设下成为一个繁荣的港口城市，是阮氏政权最后要夺取的目标。郑玖在不得已的情况下，把这块尚属柬埔寨的土地七村社（包括富国、陇棋、芹渤、溱贪、沥架、哥毛等处）交给阮朝。越南的国土从北宋大中祥符二年（1009）李公蕴取代前黎朝建立中央集权王朝起，南边以横山（今义静省）为界，与占城国接壤，经过700多年不断向南扩张，至此，越南把占城全部和柬埔寨一半的土地纳入版图，疆域延伸至南端的金瓯角，国土面积增加了四分之三。②

郑氏经营之时，虽然接受阮王封赠，但在本地尚可自行其是，另建政制，长期保持相当程度的独立，这与杨彦迪、陈上川等主政边和、始终作为阮氏臣仆的情况大为不同。约在清康熙十八年（1679），暹罗恃其富强，发兵征讨真腊，河仙"乃沿海地面，可聚商生财，非用武之地"，所以无法抵挡暹罗战舰。郑玖为暹兵所获，送至暹罗，暹王"大喜悦而留之"。稍后，郑玖移侨暹属地万岁山海津，复徙陇棋。清康熙三十九年（1700）前后，郑玖重归河仙，"四方商旅远闻太公仁声德泽，皆慕来归"，河仙遂恢复昔日的繁荣。

清康熙五十三年（1714），郑玖去世，死后谥号"开镇上桂国大将军武毅公"。其子郑天赐继承其位，向阮主朝贡，受封为"钦差都督琼德侯"，成为广南的附属。郑天赐继承父业后，河仙的发展更快，不仅建立起一个长500公尺、宽100公尺的大长方形府城，而且在河仙周围出现了许多村庄。中国文人、僧侣受到郑天赐的厚待，设置"招英阁"，聘"十八英"，此是后话。

上述三彪军事建制式的移民，是清初最著名的向外移民的明朝遗臣、遗民代表。跟其他中国人移民群体的最大区别是，他们大部分没有地缘和血缘基础，其

---

① 以上参见戴可来：《〈嘉定城通志〉、〈莫氏家谱〉中所见17—19世纪初叶的南圻华侨史》，见戴可来、杨保筠校注：《岭南摭怪等史料三种》，中州古籍出版社，1996年，第290~291页。

② 李泰山：《越南漫笔》，中国文史出版社，2008年，第5页。

聚合力主要是靠军事化组织的强制力；其他中国人移民群体在到达居住地后的居住主要是靠地缘（也有血缘）的聚合力，但在安定下来后往往又因经济活动的需要而发生居住地的频繁变动。然而，不管他们如何流动，地缘因素是他们作为华侨群体的长久牵引力和黏合剂。

上述三彪人马属于典型的有组织的中国对外移民群体。这类群体在历史上虽非唯一，但不多见，一般来说属偶发性而非常态化。究其"始祖"，应是率数千童男、童女出海的徐福。这类型群体移民的目的地明确，一般是一站即达，不需中转。徐福如此，历代一批批有组织的移民也是如此。

这类有组织的移民群体甚至还得到目的地政府的安置，一般具有服务于开发性或生产性的目的，故其移民效果显著，对移居地的经济发展和社会进步贡献也较大，历史影响明显比蒲公英式的散落移民大。就如上述三彪人马，在居住地形成了事实上的"移民特区"。由于越南当局赋予他们的主要使命是在边远落后地带从事原始的农业垦辟（虽然越南当局同时带有秘而不宣的领土扩张意图），其居住地实际上也就成为一片片"开发特区"。在一个时期内，越南当局对"特区"的管治是松散的，只对整片区域实行"打包式"的管治。在"特区"内部，华侨的自治程度非常高。当然，这种自治决不意味着与世隔绝。"特区"内的移民可以通过不同方式与当地越南民众发生各种各样的联系。

这类移民"特区"的当地化可以用"一慢一快"来形容："慢"，是指在移民的第一代，由于他们的思乡情结和中华风俗根深蒂固，不容易融入当地，文化适应过程十分缓慢；"快"，是指移民进入第二代之后，由于他们对祖先的家国已无太大的情感上的依恋，中华文化的根已非常薄弱，与之相对应，第二代与当地越南民众的来往比第一代密切得多，因此很快便可融入当地。在第一代相继离世后，第二代融入当地所费的时间就不会很长。

然而，正是由于这一转变之快，华侨开发越南边隅地带所建立的功勋很容易被后人遗忘。这种遗忘严格来说并非是刻意的，而是由身份认识上的差异引起的。当第一代移民在越南从事集体性开发的时候，谁都知道那个边隅地带的开发者是"华侨"，是那些从中国过来的人。但是，光阴似箭，没过多少年，那里的"华侨"忽然间都变成了"越南人"，于是，在后人看来，那块地方便成了"越南人"开发的。可以相信，在这一身份转变之初，人们还会依稀记得当年中国移民的开发之功，只是当历史烟云飘远之后，人们脑海里"华侨"或者"中国人"的概念荡然无存之后，华侨的历史功绩就被轻而易举地忘记，当初的开发便被说成是"越南人"的历史功勋。这一认识上的殊异，其实只是缘于华侨的"身份"转换而已。

（二）流寓士人的移民

此外，在明末清初，还有不少不容于或不屑于效忠新政权的士人也卷囊流寓越南。这些流寓士人也属第一类移民，不同之处在于，他们是零散而无组织的，也一般不见于史籍记载。他们有的被越南当局抓捕后遭遣返，例如，清康熙九年（1670），越南南方的"广南国送还都司刘世虎，其护送者达三十六人，尽系江南等处人氏"①。可以相信，还有更多的流寓士人由于没有被抓捕到，也没有被记载下来，因而消失于历史的尘烟中。应该注意，清初对包括中越边界在内的沿海边界是严加封锁的，此即清顺治十八年（1661）开始的，在广东、福建、浙江、山东等地实施的"迁界"之举。按照"迁界"令，沿海居民内迁 30 ~ 50 里，尽烧居民船只，片板不许下海。此后，清廷还三令五申实行海禁。在这种情况下，中国民众任何对外移民之举都是大逆不道的。因此，当时包括移民越南在内，所有外迁民众都是通过"非法"渠道出境的，绝大多数的"非法"出境肯定不见于史籍记载。

这一类移民的一个重要特征是到越南的中国移民的"驿站情结"或曰"明乡现象"。不只清初如此，历代（尤其是在中原王朝更替期）亦多如是。中国移民中的很大一部分，开始时只是把近在眼前的越南当作避难、避祸的驿站，思量着有朝一日难去祸消后便打道回府，但他们却遭到历史的无情捉弄，年深日久而难不去、祸不消，于是，不得已在当地定居下来，到第二代后，便成为越南居民。这种情况以清初的明乡人最具典型性。这是历史上越南移民与其他国家移民的一大区别。

（三）华侨农业区与外侨农业区

冷静地看，越南南部更多的原始地带的开垦，并非仅依靠华侨完成，来自别的国家的侨民（外侨）也参与了这种原始开垦，所以，清代有华侨参与开发的越南"农业区"，可分为"华侨农业区"与"外侨农业区"两种类型。不过，在有其他民族的外侨（指华侨、越南人以外的民族）参与原始开垦的地方，华侨的地位一般都举足轻重。

所谓"华侨农业区"，顾名思义，其主要居民是华侨，另外可能有一小部分的外来民族和土著居民。"华侨农业区"与"外侨农业区"的主要区别在于，前者的主体居民是华侨，其他外侨人数少，在经济活动中只起辅助作用，最重要的

---

① （清）余缙：《大观堂文集》卷二《属国效顺疏》，摘自中国社会科学院历史研究所编：《古代中越关系史资料选编》，中国社会科学出版社，1982 年，第 643 页。

是，其管理者（"自治政权"）是华侨；而后者的民族成员则五花八门，华侨不占多数，其管理者一般是越南当局。

前一类型的突出代表，便是杨彦迪、黄进以及陈上川、陈安平率领的三千兵丁、家眷开发的东浦地区。他们根据越南当局的安排在东浦各地安居下来后，便在居住地紧锣密鼓地开始进行原始农业开发。随后，来自中国及西洋、日本、阇婆等地的商船凑集。华侨将东浦的荒地开辟成良田，不仅种稻、栽果蔬，而且从事林、牧、晒盐、渔捞等业，诸业并举。于是，"中华之风渐渍，东浦遂为'乐土'"，东浦发展成为一大都会。① 据《嘉定城通志》记载，其中的美湫屯，"旧为荒林虎豹窟穴，龙门兵至，起房屋、集华夷，结成廛里"。此处说的"龙门兵"，应是杨彦迪等人所率的兵丁、家眷。显然，这时候的东浦是一个完全的"华侨农业区"。

再说郑玖，他被命镇守河仙，遂在彼"建城郭，起营伍，具僚佐，置幕署，以延揽贤才，民日归聚，河仙遂成一小都会"。河仙的垦辟开发，"惟唐人为勤，而海网、江篓、行商、居贾，亦唐人主其事矣"②。这时候的河仙，亦为完全的"华侨农业区"，尽管存在着一定数量的外侨。

郑玖在河仙地区大力发展势力的同时，"招来海外诸国，帆樯连络而来"，于是流民丛聚，户口稠密，"声德大振"。法国学者保尔·布德指出：郑玖在其领地里建立了河仙市和许多沿海村庄，引来了许多广南、广义的游民、流犯及占族人。郑玖令新来的移民耕种田地，垦殖园圃，修建房屋，可泊港埠，来自中国、日本、暹罗等国的船舶从四面八方汇集于此，时安南人谓其"桅帆多得不可胜数"，因而有"小广州"之称，③ 可见其繁荣程度。这块人烟稀少的蛮荒之地，纵使未被郑玖建成一个人间乐园，但至少也已被改造成一块人烟辐辏的可居之地了。

不过，上述两大"华侨农业区"随着管辖权的变易而先后变为"外侨农业区"。从越南华侨历史发展的角度来看，这种变化是必然的。因为，两大"华侨农业区"都是在越南当局对明朝"遗民"进行安置的基础上发展起来的。"农业区"得到飞速发展，应拜领导开发的"华侨自治权"之功。"农业区"的发展，事实上也意味着"华侨自治权"的壮大。但是，经济离不开政治，华侨经济的

---

① 参《大南实录》前编卷五、《大南实录》前编卷六《陈上川传》，摘自中国社会科学院历史研究所编：《古代中越关系史资料选编》，中国社会科学出版社，1982年，第643、644页。

② ［越］郑怀德：《嘉定城通志》卷三《疆域志》、卷六《城池志》，见吴凤斌主编：《东南亚华侨通史》，福建人民出版社，1994年，第74页。

③ ［法］保尔·布德等：《阮朝的征占南圻和中国移民的作用》，《南洋问题资料译丛》1957年第4期。

发展很可能会导致"华侨自治权"独立性的增强。这是越南当局不得不严加防范的，尤其是考虑到他们不久之前还是一伙持枪带刀、能征善战的"武装人员"，说不定哪一天因为受到欺负揭竿而起，重操旧业。因此，"华侨农业区"日益发展壮大意味着主宰这个"农业区"的"华侨自治权"在酝酿着走向衰落。其重要标志便是越南当局对之一步步地"削藩"。"削藩"的手段既表现在政治上，也表现在经济上。政治上，逐渐改换"华侨自治权"里面的领导人物，削弱他们的权力；经济上，对"华侨农业区"内实施大规模"掺沙子式"的移民，既包括移进当地居民，也包括移进其他外来民族，从而使原"华侨农业区"里的民族构成越来越多样化。从经济角度来看，大规模移民的结果实际上也使原来的"华侨农业区"向"外侨农业区"转化，华侨比例逐渐被稀释。其实，当局的这种政治和经济上的考虑都可以轻而易举地实现。这是因为，这些"华侨农业区"都处于平原地带，华侨农民的耕垦工作并不太技术化，可以为当地居民和其他外侨所取代。像下面所说的"华侨矿业区"，由于当局对那些地区的管治能力相对薄弱，加上高度技术化的华侨矿工难以为当地居民和其他外侨所取代，故当地的"华侨矿业区"不容易实现"当地化"或"外侨化"，且参下述。

东浦"华侨自治权"的变易早在东浦垦地后不久就已经开始了。"东浦垦地之后六年，杨彦迪为黄进所杀。时柬埔寨有变，筑罗碧、求南、茶荣三堡以自守。越南命黄龙统兵进讨，上川率龙门余众随之。既诛黄进，柬人震慑。"[①] 到清康熙三十七年（1698）初，越南朝廷命阮有镜经略柬埔寨，阮有镜无疑是越南人，由他来"分东浦地"，是华侨移民由"高度自治"纳入当地政府管治的开始。其具体做法是：以鹿野处为福隆县（后升为府），建镇边营（即其后之边和）；柴棍处为新平县（后升为府），建藩镇营（即后之嘉定）。每营各设留守、该簿、记录及奇队船水步精兵属兵，斥地千里，得户逾四万。乃招募布政，以南方流民实之。又设立村社坊邑，区别界野，开垦田亩，定租用税例，攒修丁田簿籍。又以华商之居镇边者，立为清河社；居藩者立为明香社（亦称明乡）。由是清商、居人悉为编户。[②]

郑玖在河仙的"自治政权"虽然延续的时间较长，但最终也遭遇同样的命运。乙未春，柬埔寨的匿深引暹罗之兵侵河仙，郑玖拒之不克，乃走据陇棋，匿

---

① 《大南实录》正编列传初集卷三一《外国列传·高蛮》，摘自中国社会科学院历史研究所编：《古代中越关系史资料选编》，中国社会科学出版社，1982年，第644页。

② 《大南实录》前编卷七，摘自中国社会科学院历史研究所编：《古代中越关系史资料选编》，中国社会科学出版社，1982年，第645页。

深掠财物而去。鄚玖寻归河仙，筑堡远斥堠，为防守之计。①

河仙是三角洲西部的繁荣港口城市，濒临暹罗湾，实际上迟早是阮氏政权的囊中物。鄚玖卒后，清乾隆元年（越南肃宗皇帝十一年，1736）春，越南当局命鄚玖长子天赐（字士麟）为河仙镇都督，赐龙牌船三艘，免征其税。又准其开铸钱局，以通贸易。天赐乃分置衙属，练军伍，起城堡，广街市，诸国商旅凑集。先是柬埔寨曾因失地之故怨恨鄚玖，及至鄚玖卒，天赐初领镇节，柬埔寨之匿盆乃于清乾隆四年（越南世宗皇帝元年，1739）春举兵侵河仙，天赐率其部击溃之，由是柬人不敢窥河仙。② 显然，鄚玖管治的时间比较长，其子也得以继承父业，是因为其辖地为边防重镇，越南当局需要借助鄚玖父子的力量为其戍边。还有一个原因是，鄚天赐的越化程度较高，且对越南足够忠诚，于是越南当局对之尚可放心。直到斯时，河仙仍然算是一个"华侨农业区"。

鄚天赐继承父业后，河仙的发展更快。越南虽仍鼓励华侨从事农业开发，但已经逐渐将其辖地朝多民族居住的"外侨化"方向转变。这时河仙大长方形府城周围也出现许多村庄，如禄治、顺安、阳和、平治等，柬人、华人、马来人、占人都在那里定居，居民的民族构成越来越多样化了。清乾隆五十六年（1791），阮福映令，凡愿意屯田之"新旧唐人"如田器不足，由官府贷给，并免徭役。同时令其中两个府的"番民和唐人"进行"垦地屯田，岁征粟十五斛，后减五斛"③。这时，已经开始出现"唐番杂居"的局面了。到清嘉庆十六年（越南嘉隆十年，1811）八月，越南皇帝以河仙为要阃，乃遣熟悉边情的坚江管道张福教、定祥记录裴德缙分别为河仙镇守和协镇。"福教等到任，政尚宽简，不事烦扰，整军寨，招流民，设学舍，垦荒田，规划街市发展。并区别汉人、清人、柬埔寨人、阇婆人，使其各以类聚。河仙遂复为南升一都会。"④ 这时的河仙，已经完全变成一个"外侨农业区"。

实际上，上述"华侨农业区"的变化不是特例，而是越南当局对待所有移民越南的"清人"的总政策的一部分。清代中国人入越南之流寓者，被称为清人，或称北人、北客。相对于过去作为"老华侨"的"明乡人"，清人是"新华侨"，严格来说，清人入越也有早有晚，是故清人应有"新华侨"、"新新华侨"

---

① 《大南实录》卷八、《大南实录》列传前编卷六《鄚玖传》，摘自中国社会科学院历史研究所编：《古代中越关系史资料选编》，中国社会科学出版社，1982年，第645、646页。

② 《大南实录》列传前编卷六《鄚天赐》，摘自中国社会科学院历史研究所：《古代中越关系史资料选编》，中国社会科学出版社，1982年，第647页。

③ 《大南实录》正编第一纪卷三〇《世祖高皇帝实录》，此据吴凤斌主编：《东南亚华侨通史》，福建人民出版社，1994年，第14～15页。

④ 《大南实录》正编卷四三，摘自中国社会科学院历史研究所编：《古代中越关系史资料选编》，中国社会科学出版社，1982年，第663页。

之别。不过，越南当局对清人没有如此严格细致的划分，不管移居的时间早晚，都被看作"清人"，其居住、衣着和语言都受到限制。

中国内地人民流寓越南后，常与当地人民杂居。越南当局以"风俗混杂"为由，将其剔出另居。清康熙二年（1663）八月，令各处承司家属内有清人寓居者，随宜区处之，以别殊俗。[①] 清康熙三十五年（1696），又严饬清人之侨居越南者，言语衣服，皆遵越俗，违者罪之。[②] 清乾隆二十九年（1764），禁止清商杂居，违者押送境外。清嘉庆十五年（1810），又规定清商需有当地证明，方可居留和他往，擅去留者，坐以罪。税收亦较明乡人为重，且不断增加。清人只得走向定居，通婚融化，其所生混血儿即称明乡人，明乡人数遂不断增加。这是第一重限制。

越南当局对华侨还有第二重限制。这就是，在一般情况下，将华侨与其他外侨分别开来，使之各自群居。例如，河仙本是外侨杂居之地。清嘉庆十六年（1811）八月，越南嘉隆帝以坚江管道张福教和定祥记录裴德缙二人熟知边情，分别任为河仙镇守与协镇。二人到任后，"整军寨，招流民，设学舍，垦荒田，规划街市发展，区别汉人、清人、柬埔寨人、阇婆人，使其各以类聚"[③]。

三、星罗棋布的外侨农业区

（一）外侨农业区的开发

据《嘉定城通志》记载，17—19世纪的"外侨农业区"比比皆是。这些"外侨农业区"通常居住着两个以上的外来侨居民族，有的甚至达到四五个。不管外来侨居民族有多少个，但华侨肯定是其中之一，下面所引述的材料中，几乎每个地方都提到"华夷杂居"。不过，在一个"外侨农业区"里，当地民族（越南）并不见得有，或者人数很少。但华侨在"外侨农业区"的作用不可能跟"华侨农业区"相比，一般来说，华侨只能在"外侨农业区"的开发中发挥一般的作用。兹以藩安、定祥、永清、河仙四镇为例（此四镇原为柬埔寨之地，17世纪末为阮氏政权所吞并）。

1. 藩安镇

藩安镇，相当于今越南同奈省及头顿—昆仑特区，清康熙二十八年（1689）

---

① 《越史通鉴纲目》卷三三，摘自中国社会科学院历史研究所编：《古代中越关系史资料选编》，中国社会科学出版社，1982年，第619页。

② ［越］潘清简：《钦定越史通鉴纲目》，黎熙宗正和十七年（1696）秋七月。

③ 《大南实录》正编卷四三，摘自中国社会科学院历史研究所编：《古代中越关系史资料选编》，中国社会科学出版社，1982年，第663页。

阮府置镇边营，为南越重镇。清嘉庆十三年（1808），设边和镇。《嘉定城通志》提到的该镇的地方有：

——"平阳、新隆两县，民居稠密，铺市联络，梁家瓦屋，比比相望，多通福建、广东、潮州、海南（俗称琼州府）、西洋、暹罗诸国语。海洋船（俗称放洋，大船曰艚）船商卖往还，帆樯络绎，百货凑集，为嘉定一大都会，通国无比。"

——"寻龙津，高蛮与华民间居，林莽丛杂，已开垦者，皆成桑蔗之野。"

——"婆丁山，旁罗华夷村落，人民多资山林之利。"

——"光化江守所，华民、唐人、高蛮杂居生理，有巡司征收脚屯税利，防御边警。"①

2. 定祥镇

定祥镇，相当于今前江、同塔、槟榔等省。清乾隆三十七年（1772）阮府在美湫设长屯道，清乾隆四十六年（1781）改镇定营，清嘉庆十三年（1808）置定祥镇。该镇"自杨彦迪等屯驻下来后，其房舍，集华夷，结成廛里"。在《嘉定城通志》中，提到的该镇的地方有：

——"美湫，瓦屋雕甍，高亭广寺，洋江船艘，帆樯往来如织，繁华喧闹，一大都会。"

——"兴和江，华民、唐人、高蛮杂处。"

——"八㓼江，道前半里，华民、唐人、高绵杂聚，交易山林原泽土货物，有巡司所往收脚屯税课，十分收一。"

3. 永清镇

永清镇，即今九龙、后江、安江、明海、槟制等省。清雍正十年（1732）阮府置定远州，立龙湖营，后改弘镇营、永镇营。清嘉庆十三年（1808），升永清镇。《嘉定城通志》提到的该镇的地方有：

——"歌音山，华夷耕牧渔钓于其下。"

——"真森山，华人、唐人列屋比居，结村会市，以从山林川泽之利。"

——"富安江，西北有小市，华夷杂处，专力农亩，斩草插秧，筑堰捕鱼，用力少而得利多，随田休息，不事游荡。"

——"搭木荣江，在古江之西，有赵光复守御所，华夷杂处，铺市络绎，商船聚会，称海陬一大凑集。"

——"牙斌江，多华民新垦田园之地。"

——"泛交江，华民开垦田宅，后之林莽、高蛮所居溜栏。"

---

① 据［越］郑怀德的《嘉定城通志》卷二《山川志》、卷四《风俗志》、卷六《城池志》。

——"优昙江，华民田宅，后林为高蛮杂居之地。"

——"新江，华民高蛮间居。"

——"潭江，华夷杂处，草田初垦，民以蓄捕田鱼，卖鲜醃咸，晒干菹笋、伐竹以为生业。"

——"茶温江，市肆稠密，华民、唐人、高蛮会集之地。"

——"波忒海门，洋商船舶停泊之所，华民、唐人、高蛮杂居，街市络绎。"

——"月江西罡敲市，店舍连路，华夷间杂，晒红盐，货卖为业。"

——"安泰江，有守御所，华民、高蛮杂处。"

——"争堤海门，沿边江河灌莽丛杂，内皆土阜，唐人、高蛮多栽芬烟、罗卜、果瓜，殊甚美硕。"

——"美清海门西岸守所，华民、唐人、高蛮店舍稠密，栽植芬烟、瓜果。"①

4. 河仙镇

河仙镇地处今建江等省，清初郑玖入居该地，立七村社；清康熙四十七年（1708），阮主以郑玖为河仙镇总兵。清康熙五十三年（1714），郑玖以地献于阮府。② 据记载，"河仙镇，华夷杂处，专事商贾，其唐人、高绵、阇巴独多，沿海而居，地利未垦，人无土著，古迁徙不常。……胡同穿贯，店舍络绎，华民、唐人、高绵、阇巴类聚以居，洋舶江船往来如织，海陬之一都会也。……广东琼州船常来依泊海岛，网取海参、鱼脯，与我民间杂，帆樯相望"③。由此可以看出，这时的河仙已经变为一个没有当地居民而完全由外侨开发出来的"农业圈"。

在河仙镇中，《嘉定城通志》提到的地方有：

——"灵琼山，东南多田宅，汉土人参杂耕居，亦为膏腴之地。"

——"柴末山，在镇治之北，华夷杂居稠密。昔高绵人以郑氏占据其地，故积怨，屡来争夺。"

——"芹渤港，旧为绵潦旷地，华民流徙，聚成仙乡村落，唐人、高绵、阇巴，现今稠密。"

——"陇奇（亦名陇棋）江，郑玖初年南来，作高绵屋牙辰，开荒占地，召集华人、唐人、高绵人、阇巴人，会成村市之地。"

——"香澳海港，有华夷民居，聚成村市。"

——"泛椰江，华夷生聚日繁，垦地开田，已出于宣威道上。"④

---

① 据［越］郑怀德的《嘉定城通志》卷二《山川志》、卷四《风俗志》、卷六《城池志》。

② 参见戴可来、杨保筠校注：《岭南摭怪等史料三种》，中州古籍出版社，1996 年。

③ 据［越］郑怀德的《嘉定城通志》卷二《山川志》、卷四《风俗志》、卷六《城池志》。

④ 据［越］郑怀德的《嘉定城通志》卷二《山川志》、卷四《风俗志》、卷六《城池志》。

5. 越南当局建立的外侨农业区

除了《嘉定城通志》的记载外，诸如此类的例子还有很多。例如，清嘉庆二十二年（越南嘉隆十六年，1817）春，越南皇帝以朱笃堡土地肥饶，而人民稀少，又闻柬埔寨安抚叶会（本华侨）为人敏干，处事亦得人心，乃命其为朱笃管治该府。并令其召集汉民、土民及清人聚居之。令凡栽植、畜牧、商卖、陶冶者，各从其业；穷乏者，官府给贷。复诏谕嘉定城臣曰，自召集伊始，宜因民之所利而引导之，使各安其业。① 这是一个由越南当局直接建立起来的"外侨农业区"。

又如，清嘉庆二十三年（越南嘉隆十七年，1818）十一月，因朱笃堡为潦水浸决，城臣奏闻。越南嘉隆帝命发兵民修之。再增调四镇奇兵、威远屯兵各一百，协助前所派之弁兵驻守。嘉隆帝又以堡后地多闲旷，命永清镇臣召集唐人、（真）腊人、阇婆人居之，立铺市，垦荒芜，越南之民不得滋扰。② 显然，这也是个直接由越南当局建立起来的完全没有越南当地人参与的"外侨农业区"。

6. 堤岸

19 世纪后的堤岸可以看作一个大型"外侨农业区"。尤应注意的是，这个"农业区"有越南当时最发达的商业网络，这是上面提到的其他"农业区"所无法比拟的，也是堤岸"外侨农业区"的最主要特征。

堤岸，古称柴棍，又称柴郡、柴棍铺（闽侨称宅郡，粤侨称堤岸）。17 世纪中叶还是荒僻之地，由于明乡人定居而日益繁荣。至 19 世纪初叶，已蔚然成市。距嘉定南十二里，当官路之左右，是为大街，直贯三街。华唐杂处，长三里许。货卖有锦缎、瓷器、纸料、书坛、药铺、茶肆、面店、南北江洋，无物不有。大街北头，福州、广东、潮州三会馆分峙左右，大街中之西，天后庙，稍西温陵会馆。大街南头之西，有漳州会馆。③

（二）外侨农业区的行政归属和发展

上面列举的一个个"外侨农业区"，各自的起始时间有早有晚。另外，尚难确认在它们之中，哪些由"华侨农业区"转化而来，哪些从一开始就属于"外侨农业区"。当然也有个别是可以看得出来的，例如，定祥镇自杨彦迪等屯驻下来后，就已经开始"集华夷，结成廛里"。陇奇江，鄚玖初年南来时，就已经

---

① 《大南实录》正编卷五五，摘自中国社会科学院历史研究所编：《古代中越关系史资料选编》，中国社会科学出版社，1982 年，第 664 页。

② 《大南实录》正编卷五八，摘自中国社会科学院历史研究所编：《古代中越关系史资料选编》，中国社会科学出版社，1982 年，第 665 页。

③ 见［越］郑怀德的《嘉定城通志》。

"召集华人、唐人、高绵人、阇巴人,会成村市之地"。它们显然从一开始就已经具有"外侨农业区"的性质。不过这几个地方很小,当时可能只是作为"华侨农业区"的"附属"而存在。

还应该指出,上面列举的一个个"外侨农业区",各自的"边界"并不是泾渭分明的,也许很多"农业区"本来就连成一片,"边界"只是人们脑海里的模拟概念。但是,由于各地存在着明确的行政归属,故理论上的"边界"还是存在的。这些"边界"一般应该与其行政归属相一致。上面提到的各镇的每一个地方,可以看作一个个微型的"农业区"。

在各个"农业区"内,经济发展水平的差异性是存在的。虽然同属于一个"农业区",但因为所种植的作物不同,气候不一样,地理区位有别,各地的经济发展水平也存在差别。不过,这些差别都不是最重要的,最重要的差别是各个"农业区"的"商业化"程度。有的地方,其"商业化"程度较高,有的地方则很低。"商业化"程度主要取决于一个地方的对外联系,而对外联系的最重要标志是该地的商业港口。商业港口是一地"农业区"的血脉所在,具有不可替代的造血功能。

在清代,越南当局动员包括华侨在内的外来民族从事农业水利工程的能力是很强的。例如,清嘉庆二十二年(越南嘉隆十六年,1817)十一月,越南浚三溪江,皇帝以其地近柬埔寨,极目灌莽,江道所经,尽为泥草壅淤,舟楫不通,乃命镇守阮文瑞经理江道,调汉、夷民千五百人,官给钱米,使因故道而深广之,月余江成(横十余丈,深十八尺)。[①] 又如,越南嘉隆十八年(1819),皇帝令藩安镇守臣发动华侨 11 460 人疏通安通河及渡牺河,历时三月。[②] 仅嘉定一带华侨民工就有万余人,连同其家眷,总人口达四五万。[③] 这些农业工程动员的外侨民工之多,令人侧目。不过,尚未有史料能表明在这些工程完成后,参与工程的外侨民工被安置为当地的"垦民",因而促成了新的"外侨农业区"的形成。

清代在越南各地出现的"华侨农业区"和"外侨农业区"不断发展的结果是,不但促进了越南当地的经济发展和社会进步,也推动了当地农业经济的专业化。不少地方的农作物由华侨专营,因此,有的"华侨农业区"还是生产某种作物的专门"农业区",只是今天已难以找到这类"农业区"了。

蔬菜种植:越南南、北、中部市镇近郊菜园,多由华侨经营,以广、肇、潮州人居多。南越鹅贡及中越大呖两地为蔬菜产地,有菜种同业会组织。

---

① 《大南实录》正编卷五六,摘自中国社会科学院历史研究所编:《古代中越关系史资料选编》,中国社会科学出版社,1982 年,第 664~665 页。

② 张文和:《越南华侨史话》,黎明文化事业股份有限公司,1957 年,第 83 页。

③ 吴凤斌主编:《东南亚华侨通史》,福建人民出版社,1994 年,第 254~255 页。

胡椒栽培：除了一个法国公司外，全为华侨经营。产地为河仙、迪石、富国。从耕作、搬运到管理都由海南人负责，清宣统二年（1910）产量达900吨。

咖啡、橡胶：华侨咖啡产地在邦美蜀，橡胶则在西宁、边和一带。

种茶、牧畜：在北越边境、中越山地有少量华侨种茶。华侨牧畜则在嘉定、边和、平阳、龙川一带。

渔业、林业：集中在芒街先安一带。东京湾和暹罗湾一带盛产海参，捕捞者大多是华侨。华侨林业则在隆城、福隆、宣德一带。[①]

四、越南西北红河沿岸与十洲一带的华侨农业区

数量众多的"华侨农业区"是在中越边境。这些"华侨农业区"，有的是因华侨边民往越南境内定居谋生，或因中国农民自发前往越南边地从事耕垦而逐渐形成，更多的是因亡命军兵驻扎而形成。后者颇类似于郑玖等人率领的军事建制式移民，实际上是"军屯式农业区"。不过，出现于中越边境越方一侧的这些"华侨农业区"，除了"军屯式农业区"的规模较大外，其他的规模都很小，甚至接近于一个个华侨的"农业耕垦点"，但为阐述方便起见，这里还是通称为"华侨农业区"。

太平天国运动失败后，清政府调集重兵，围剿活跃于两广地区的各支天地会武装和太平军余部。为躲避清军剿杀，反清武装开始陆续通过中越边境的天然通道进入越南北部地区，成为新的华侨群体。从19世纪60年代中期至80年代中期，他们形成了清人迁移越南的第二次高峰期。这次迁移潮流一直持续到中法战争结束才告一段落。据粗略估计，中法战争前，仅活动在越北各地的天地会武装有153股，约以万计。[②]

这段时期入越的华侨，大致包括以下几类人群：

一是两广天地会武装。清同治三年（1864），清政府集中兵力从湖南、广东方向围剿在广西建立太平天国政权的天地会，两广天地会武装开始陆续通过中越边境向南退却。首先，吴凤典"带领余部数百人进入越南"，然后，各股天地会武装陆续退入越南北部：农秀业与黄守忠等人"捡拾细软，遂落安南"；刘永福"遂率二百余人"进入越南；黄崇英率余部退入越北，"踞守河阳（今河江市）"；梁天锡"率众窜宣"；"吴亚终部下及同党尽入越南地"。一时间，数以万计的起

---

① 张文和：《越南华侨史话》，黎明文化事业股份有限公司，1957年，此据吴凤斌主编：《东南亚华侨通史》，福建人民出版社，1994年，第132~134页。

② 徐舸：《越北游勇和广西天地会的重新崛起》，《印度支那》1989年第3期。

义民众在越北聚集。①

二是太平天国余部。清咸丰九年（1859），太平天国翼王石达开从湖南回师广西。石达开回桂发展两年半，在清军的围剿下，被迫于清咸丰十一年（1861）十月经湖南进军四川，其中部分义军没有随其入川而留在广西融入天地会，后退入越南。太平天国运动失败后，部分广西士兵逃回广西，也随天地会武装退避越南。

三是刘永福回国招募的兵勇和入越的黑旗军家属。刘永福曾经专门派亲信回粤东灵山招募土著 500 名以资调遣。在抗法的过程中，他又派人回国招过几次兵，叫地方乡亲们到越南"打老番"。仅在刘永福的家乡，"十八岁以上的后生哥几乎都去了"。中法战争结束后，刘永福奉命率领黑旗军回国，一部分人不愿回国，散落在越南各地，定居下来。黑旗军初到越南时没带家属，在阵斩安邺和屡败黄崇英之后，刘永福获得了越南朝廷的进一步信任，正式允许黑旗军"留保胜营生"，并准其在保胜（今老街）设关收税，"听依弛禁，俾永福得以抽丰之利，尽心办贼，而方民亦免受害"②。黑旗军有了可靠的根据地和生活来源，生活开始稳定，部分将士便回家将老婆、孩子接来。由于黑旗军几乎每个人都有老婆、孩子，因此入越人群中又增加了妇女和孩子。

四是冯子材裁汰的部分兵勇。冯子材在剿灭天地会起义时奉命招募大批兵勇，事成之后，遂将部分募勇裁汰。由于资金不裕，被裁士兵回到家后无以谋生，又流入越南"投入其党，相聚而居"③。

五是随李扬才叛乱入越的民众。李扬才（字达迁）为广东合浦人（今广西合浦），先是投效冯子材平剿广西内乱，多年来战功迭著。清光绪二年（1876），广西巡抚刘长佑委署浔州（今广西桂平一带）协副将时，李扬才交卸丢职，四处求职无门，走投无路之下遂于光绪四年（1878）秋以招抚入越农民军叶成林为名，变卖田产，在原籍灵山县及钦州等处募勇，携带家眷，"分股入越南"④。

作为一次大规模移民潮，清同治四年至光绪十一年（1865—1885）间进入越南的华侨，主要是在一个特定的历史时期内由政治、军事等强制性因素综合引起的。这类人口迁移，具有很强的拉动性，每一次重大移民潮都会拉动次生的移民流，同时拉长移民潮的时间，形成更大的移民人口增量。当然，这种增量移民并非无缘无故出现。例如，跟随上面所说的五次重大移民潮入越的，便是那些不得

---

① 张永兵：《1865—1885 年越南华侨的组成和分布探析》，《八桂侨刊》2007 年第 4 期。

② 《大南实录》正编第四纪卷五一，日本东京有邻堂影印本，1961 年。

③ 《申报》，1878 年 10 月 30 日，张永兵：《1865—1885 年越南华侨的组成和分布探析》，《八桂侨刊》2007 年第 4 期。

④ 张永兵：《1865—1885 年越南华侨的组成和分布探析》，《八桂侨刊》2007 年第 4 期。

已远走他乡谋生的两广散客。两广地区人口压力本来就大，加上官吏苛酷，人民多贫困无业，迫于生存压力，不得不出走他乡。

对绝大多数华侨来说，他们的移民是一次性的，或说是"单程"的，移民过程一般是由多次分段路程接驳起来的，迁徙是持续不断的，但一开始是没有具体目的地的。卢眉称："太原、宣光、兴化、高平、谅山、北宁、山西等省都是高山峻岭，方圆八百多里都布满森林、荆棘，是叛乱分子的渊薮。各地的山间小道，都是他们逃窜的踪迹。"① 由此可见，这些华侨入越后，足迹遍布越南的北部和西北部的谅山、兴化、太原、宣光、山西、北宁、高平、河内等省市。然而，这些地方只是入越民众到过的地点，很可能每一个地方都曾经是他们想象中的落籍地。但事与愿违，这些地方最终都没有成为大多数游走者的落籍地。他们只能一次次地游走下去，直至确定了自己定居、生活的目的地为止。一开始没有目的地，不断地放弃计划中的目的地，不断地产生新的目的地选择，这意味着移民分布地域不断延伸，变得广泛，也使一片地域上的移民人口分布变得相对均衡。这个过程是通过自然调节形成的。道理很简单，在可供选择的移民目的地还比较多的情况下，人们没有必要死盯着某个生存环境被认为"优越"的地方。人们会自发地把选择的目光转向另一个还可以接受的目的地，即使它的生存环境相对"下位"一点。最后，便形成了一个广泛的地域上移民人口相对均衡的布局。当然，移民落籍地的选择，最主要是看有没有可耕地。越北地区山势纵横，可耕地有限，极大地限制了华侨对落籍地的自主选择。同时，由于上述入越华侨的准武装力量性质，他们的移民行为具有群体性，故他们整个群体（或分为若干个次群体）的目的地选择，不可避免地具有"同地域性"。这种情况，跟清初三支明朝军兵亡命入越的情况迥然不同。清初三支明朝军兵入越后是受到越南当局的"安置"而取得落籍地的，但这时候的天地会武装和太平军余部在入越后，尚拥有不受越南当局干预的"自主选择权"。实际上，其时，越南当局为了开发越北，也乐得将旷地交与华侨，让他们建立农业区，前提是他们在居住地不生事、惹事。对于那些跟随天地会武装和太平军余部入越的两广散客来说，落籍地选择的自由更大。如，越南十洲（今越南莱州省）地区谋生较易，边境一带很多人一到十洲就定居在此。当然，必须看到，这个时期入越华侨的定居地选择虽然"自由"，却受非常恶劣的客观生存条件的限制。从客观后果来看，所有这些入越华侨，最终都在其落籍地上建立起自己的"华侨农业区"，并进行一定规模的贸易，对开发其时还十分封闭落后的越南西北部地区来说，是有积极意义的。

这类"华侨农业区"主要集中于以下两大区域：一是主要沿红河干支流两

---

① 张振鹍：《中国近代史资料丛刊续编·中法战争》（第三册），中华书局，1999年。

岸城镇、关卡分布，而不是集中于离红河较远的陆地城镇；二是以十洲为中心的区域。据史料记载，其后形成的各个"华侨农业区"基本上是以最初的武装组织为基础的。且举几例：

一是先以黄崇英、后以刘永福为首的"红河华侨农业区"。民众入越初期，以黄崇英为首的入越群体势力最大，拥众数万，以河阳（今河江市）为据点，分布于红河沿岸，水陆可通云南。而以刘永福为首的入越群体，仅偏居"保胜，不得河内"①。1875年黄崇英被剿灭后，以刘永福为首的一群，便成为越北最大的武装移民集团，其分布范围冲出保胜，"沿红河两岸至河内"② 皆是黑旗军垦荒种地之所，并"沿着这条水路建立了许多税站，对一切贸易征税"③，部众遍及保胜至河内。

刘永福率领的黑旗军所经营的"华侨农业区"范围很大，后经多年经营，生齿益繁，拓田愈广，计东西得地七百余里，各处屯田之所，悉成臣镇，烟户稠密，合数万家。④ 但这一带丛林多，狼虎为患，猴患也多，行人要结伴方敢往来。刘部在此屯田开发，设法警之，猴始绝迹。⑤ 刘部与越南当地民众和当局的关系都比较好，常常帮助越南老百姓种田，养猪、鸡等。⑥ 越南当局许以三年免税，并给予耕牛、种子。

二是黑水河至红水河之间的十洲一带众多的"华侨农业区"，包括叶成林、覃四娣、疤头梁等人率领的入越天地会武装。"十洲久为粤人啸聚，山峻水纡，席此可成为一小部落"，其中"黄旗党叶成林几全据其地"。⑦ 十洲到处是崇山峻岭，被认为是越西北自然条件最恶劣的地方。但这一带的"华侨农业区"比较多，其地理上的"碎片性"与封闭性更加明显，往往以一个个"部落"的形式出现。在这一带的"华侨农业区"还有来越北谋生的两广边民。

总的来说，天地会武装和太平军余部所建立的这些"华侨农业区"，多属蛮荒未开的旷土，是一片相对封闭的地理区域，河溪纷错，山峻林密，跬步皆山，人迹罕至，几乎无陆路交通可言。可耕土地主要分布在沿河谷两岸低地处，耕作

---

① 沈云龙：《近代中国史料丛刊·请缨日记》（第43号），文海出版社，1966年。
② 广西壮族自治区地方志编纂委员会编：《广西通志·侨务志》，广西人民出版社，1994年。
③ ［美］马士著，张汇文等译：《中华帝国对外关系史》（第二卷），生活·读书·新知三联书店，1958年。
④ 管斯骏：《黑旗刘大将军事实》，此据吴凤斌主编：《东南亚华侨通史》，福建人民出版社，1994年，第133页。
⑤ 管斯骏：《黑旗刘大将军事实》，此据吴凤斌主编：《东南亚华侨通史》，福建人民出版社，1994年，第133页。
⑥ 广西通志馆编：《中法战争历史调查记》（第三部分），此据吴凤斌主编：《东南亚华侨通史》，福建人民出版社，1994年，第133页。
⑦ 沈云龙：《近代中国史料丛刊·请缨日记》（第43号），文海出版社，1966年。

环境远不及清初三支亡命明朝军兵的落籍地。因此，这里建立起来的"华侨农业区"，只能是沿河两岸，择地而居，屯垦生产。

这些"华侨农业区"唯一的便利条件是，自然形成的河流较多，水路运输极为便利。红河干支流横贯东西，集中分布于红河干支流沿岸的"华侨农业区"，可以利用这种便利的水运条件发展民间贸易，并沿河设卡抽税，以利生计；而十洲一带的人群同样可以发展对外贸易，把山区的特产通过红河水路外销。实际上，当初天地会武装和太平军余部建立"华侨农业区"时，必也已考虑过水路贸易的因素。

五、中国内地农民在越南边地开辟的华侨农业区

在历史文献中，可以找到不少关于中国内地农民自发前往越南边地从事耕垦而形成"华侨农业区"的记载。例如，乾隆年间，有杨胜连等二十三家，计男、妇共一百余名，原系内地民人，因见越南江坪、芒街等地东西两岸可以耕种，乃携眷前往，历数十年。到清嘉庆六年（1801）四月十一日，杨胜连等因安南与农耐大铺发生战事，方逃回内地牛路等村躲避。此等因战乱逃回内地躲避，战乱过后复归原地耕种之事并不鲜见。[1] 又如，阮朝中期（19世纪中叶），中国地区部分客家民众迫于生计，穿过边界，在芒街、先安一带建立村庄，从事种稻和打鱼活动。[2] 由于人数比较少，故这类"华侨农业区"的范围一般比较小。

更多的例子是中国内地某个地方的农民，由一个有名望的族人带领，来到越南内地从事农业开发，最后形成一个以这个族人的名字或者开发者的来源地命名的"华侨农业区"。最典型的例子是广宁省。该省绝大部分地区山岭重叠，很少平原，两三百年前人烟稀少，一片荒凉。在沿海地区居住的少数越南人以陈旧简陋的捕鱼方式为活，很少从事农业活动。早在约300年前，就有讲山瑶话的中国人移居越南广宁省。随后，数以万计的汉族穷苦农民相继移居越南广宁省各地，移民最集中的是芒街、广河、先安、锦普等县。据说，直到越南解放初期，华侨已占这些县总人口的85%。而后，有些华侨农民相继入八者、横甫、兴安、东潮、鸿基等地。他们在居住地劈山开岭，从事农业开发。开垦者的姓氏、名字成为许多垦地和坝闸的名字是华侨开发当地经济之真实见证。如广河县马嘶南乡的吕六田，凌溪乡的陈晚田，付排山乡的唐九田和之摩闸（邓姓），大田农乡的权

---

① 《军机处录副奏折》，引两广总督觉罗吉庆等奏，摘自中国社会科学院历史研究所编：《古代中越关系史资料选编》，中国社会科学出版社，1982年，第661页。

② 此据吴凤斌主编：《东南亚华侨通史》，福建人民出版社，1994年，第132页。

德闸（赵姓），丁乡嘶农乡的芸芝闸（林姓），大来乡的灵山闸（即灵山县移去的人所开辟的），棠花乡的老刘闸、何尾闸、钟二毕围、何生基围、苏二共围、刘法摹围、老严基围等。① 此处之"围"，即有标志物作为边界的地方，也可以视为"华侨农业区"的别称。

当然，并非这一带的"华侨农业区"都是中国民众自发开发的，其中也有与越南当局有关系的。例如，苏国汉在清咸丰十年（1860）以前即受抚越南那阳种地。邓志雄系咸丰年经夷官招其平垦，授百户。② 钦州小董梁兰金（疤头梁）在越北左州一带开荒维生，常回广西招人前往耕田，很多人在那里落籍。③

六、华侨农耕点：在越南北部边地务农的中国边民

"华侨农耕点"是相对于"华侨农业区"而言的，两者都是华侨在异国他乡所从事的以农业为谋生手段的生活区，但两者有明显的区别："华侨农耕点"的从耕人数很少，多则十来人，少则两三人，且以家庭式的体力劳动为主，基本上没有商品活动，完全是为了满足自给自足的需求。从社会效果来看，它对推动当地的生产发展、技术提高和社会进步没有多大作用。"华侨农业区"则是有组织的较大规模的农业生产单位，已经大大超出了个体与家庭谋生自给自足的需要，生产收获大有盈余。当然，"华侨农业区"与外部的联系和商品化水平也有亲疏、高低之分。

与别的国家的"华侨农耕点"不同，越南的这类中国移民谋生地主要是在中越边境的越南一侧。在当时的历史环境下，这类移民来去自由，严格来说，他们很难算是人们观念上的"移民"（直到今天仍被称作"边民"）。但在清代，他们中的很大一部分人在越南一侧的居住时间比较长（短则一月数月，长则一年数年不等），年深日久，有的人便长住不归，成为真正的越南人。另外，由于两国边境贸易频繁，也导致一些中国边民在越南边地通婚定居。由于这些人具有移民的主要特征，这里也将之看作清代的中国移民，尽管大多数人是"多程往返移民"。

另一个特点是这类"华侨农耕点"的相对封闭性。一是务农者的封闭性。他们游离于家乡与越南边地之间，既很少与家乡联系，也很少跟当地百姓接触。当然，如下所述，也有人因久居他乡而与当地人通婚，且因僻处一隅而能无所拘

---

① 参何宗臣：《越南广宁的华侨农民》，《八桂侨刊》1987 年第 1 期。

② 《征南辑略》卷四，此据吴凤斌主编：《东南亚华侨通史》，福建人民出版社，1994 年，第 133 页。

③ 广西通志馆编：《中法战争历史调查记》（第三部分），此据吴凤斌主编：《东南亚华侨通史》，福建人民出版社，1994 年，第 133 页。

束地进行繁殖、生产，但这些情况无法改变这一类务农者的封闭状态。二是生产的封闭性。他们的劳动果实多是为了满足自给自足的需要，商品化程度不高。即使可以把中越边境这类移民看作一股"活水"，但充其量也只是落后地带上的一支"内陆流"。

不过，不可忘了务农者中有一部分亦农亦商者，还有一些专职的小商人。无疑，他们对务农者的劳动成果实现商品化起了正向的作用，但这一作用是微不足道的。因为通常是以物易物，交易方式是原始的，交易量也有限，所以这些小商人（无论是专职的还是亦农亦商的）的物品交易活动，只是帮助务农者把为数不多的剩余物变换为另一种消费物品。有关这类华侨小商人的情况，下面还要专门讨论。

可以肯定，在清代的中越边境两侧，这一类移民数不胜数。其实这也属于清代时中越两国特有的移民形态，虽然在史籍中的记载凤毛麟角。例如，由钦州之防城，三日程便可至交趾万宁州之江坪；由东兴街至江坪，陆路仅五里，间隔一小河；江坪与各省商贾辐辏，民多婚娶安居于斯。① 由此可见，从职业来看，这一类移民既有经商者，也有务农者，相信还有不少人属于亦农亦商者。

这一类移民融入当地的情况可以说是介于上述两类移民之间。由于他们来去自由，与当地民族的关系十分密切且和谐，因此他们融入当地基本上是自愿的，而自愿的前提是生存环境造成的客观需要。迄今没有资料表明这一类移民中有多大比例最终融入了当地，但可以猜测这样的个案不少。从常理推测，务农者由于居住时间久且稳定，融入当地的比例可能更高；经商者则由于经常来往于中、越两国，流动性大，融入当地的比例可能较低。也可以相信，融入当地的经商者多是那些为打开当地经营局面而娶了当地女子的人。

第三节　到越南北部采矿的中国移民与华侨矿业区

一、华侨矿业区的成因

华侨对矿业区的移民完全是民间的、自发的，但由于人数众多且有较强的持续性和抗压性，因此形成了一种常态化的移民趋向。

中国与越南山水相连。清代，广东有陆路可经廉州府所属的钦州到达安南之

---

① （清）魏源：《海国图志》卷五《粤中见闻》，摘自中国社会科学院历史研究所编：《古代中越关系史资料选编》，中国社会科学出版社，1982年，第668页。

地。据载,"廉州之西,有江曰古森,系两国天然边界,巡防严密。惟西南之东兴街及竹山村地方,均与安之砒碴、暮彩等处接壤。虽东兴街有清兵防守,但其地东西绵延三十余里,处处有路可通,河水甚浅,卷衣可涉。砒碴、暮彩多有内地之民在彼开铺煎盐,每日行旅如织"[①]。显然,因两国边界的这一地段涉及两国边民生计,很难禁绝边民往来,久而久之,便有中国民众滞留下来,以采矿、经商或务农为生,定居当地。这种移民越南的方式成为清代中国移民的常态。据记载,就采矿业而言,越南之边地厂矿人数,或数十,或数百不等,皆随厂之兴衰而增减。[②] 有人可能会问,既然越南边地一带多产五金,矿槽甚多,为什么越南当地民众不事开发而为中国民众所专?这主要是由于两者开采技术的高低而导致的。据报道,当地居民虽得地利之便,但不谙矿苗之浅深与砂气之厚薄,而中国内地技工能辨识之,故而前往开采,多能获利。各厂矿工几乎清一色来自中国内地,无一当地民人随同采挖。华侨矿工居彼既久,便将之当作事业。因此,很多人便投亲靠友,呼朋引类,挟带微资,以贸易为名前来,乃至有来无回。[③] 从这个角度来看,这类以采矿为生的中国移民,可以称为当时的"产业技术移民"。

就这一类移民来说,清政府与越南当局的态度是不一样的。

清政府基本上采取阻拦和限制的态度。清雍正九年(1731)七月,雍正帝谕:"广西道通交趾,闻该地方有无知愚民,抛弃家业,潜往交趾地方开矿。更有奸匪之徒,潜逃异域,以致追缉无踪者,似此违禁妄行,渐不可长。着广西巡抚、提、镇,悉心商酌,于往来隘口及山僻可通之处,拨兵添汛,饬令该管兵弁,加紧巡查,倘有私行出口之人,务押解原籍照例治罪,庶愚民不致流离异地,而奸徒亦不致远陋漏网矣!"[④] 清乾隆四十一年(1776),曾由广西经湖南等地一次性地将安南逃回之"厂徒"966名解往伊犁、乌鲁木齐;另有800名"厂徒"被解往江苏、安徽、浙江、河南四省。[⑤]

对华侨矿工的到来,越南当局虽然不会公开表示欢迎,但也不会直接阻拦,

① 《军机处录副奏折》,引乾隆八年(1743)十一月十一日署广东总督策楞等奏,摘自中国社会科学院历史研究所编:《古代中越关系史资料选编》,中国社会科学出版社,1982年,第647~648页。

② 《军机处录副奏折》,引乾隆四十年(1775)五月二十八日广西巡抚熊学鹏奏,摘自中国社会科学院历史研究所编:《古代中越关系史资料选编》,中国社会科学出版社,1982年,第652页。

③ 《军机处录副奏折》,引乾隆四十年(1775)两广总督李侍尧、广西巡抚熊学鹏奏,摘自中国社会科学院历史研究所编:《古代中越关系史资料选编》,中国社会科学出版社,1982年,第653页。

④ 《清世宗实录》卷一〇八,摘自中国社会科学院历史研究所编:《古代中越关系史资料选编》,中国社会科学出版社,1982年,第647页。

⑤ 《军机处录副奏折》,引两广总督李侍尧、广东巡抚李质颖奏,摘自中国社会科学院历史研究所编:《古代中越关系史资料选编》,中国社会科学出版社,1982年,第658页。

而是采取甄别性接收的态度。与上面所说的明朝遗臣、遗民不同，中国采矿工人在赴越之前一般是没有经过组织的（充其量也只是少数同村、同乡人的呼朋引类），但在到达了采矿地后，先是被居住地当局区别不同情况，或遣返，或准予留在当地采矿。例如，清乾隆三十二年（越南景兴二十八年，1767），越南当局根据清朝有"内地民无官给身照者，不得出口"的规定，移咨中国两广当局，查无给照者，一律遣返。而对无官给护照而愿留者，则听其留发易服，为本国编户。① 准予居留采矿者受越南当局管治，不过越南当局一般委托居住地的中国人头领负实际管理之责。根据记载，这些中国采矿工人虽是按照姓氏、籍贯即血源与地缘原则进行组织、管理的，但实际上处于高度"自治"状态。按照姓氏、籍贯进行管理，符合海外中国移民群体的通行做法，是一种比较便利的管理方式，主要是便于一个个地缘或血缘单位的内部管理。实际上，即使没有进行管理控制的"高层设计"，华侨内部也会自行形成一个个以地缘或血缘为基础的帮群。当时越南当局对采矿华侨的管治模式，可以看作对华侨内部业已存在的地缘或血缘帮群的认可和顺从。这一类没有经过组织的中国移民，跟上一类有组织的移民一样，到了目的地后，也是集中居住，形成居住"特区"和开发"特区"。不同的是，上一类移民的对外开放程度较高，与当地民族的接触也较密切，第二代以后很快就融入了当地；而这一类移民"特区"的居住环境相对上一类移民来说要封闭一些，不大容易与当地民族发生关系，事实上，很多人也只是把矿场当作临时居留地，等赚到可观的钱便打道回家，加上女性华侨十分稀少（如果不是零的话），故对很多这一类型的移民来说，几乎没有第二代的概念，只有周而复始的你来我去的"新面孔"，他们可能永远都是第一代，因而谈不上融入当地。

当然，并非所有这一类移民都是如此。在清代数百年间，多有中国内地滞留未归民众在太原送星厂"落籍世居，子孙繁息"，已经与当地之交趾人无异。他们均散居于富良江以北。"清朝奉行怀柔藩属政策，不禁通商，因之，出关脚夫各色人等，因穷困而流寓当地，成为矿工，厂衰则散，厂旺则聚。"② 中国内地客商因越南人招商而前往送星厂领牌开采，时常往返于两国。③

但对这类移民的管理方式存在严重弊端，最明显的是，容易形成"内聚外排"倾向，造成地缘或血缘单位之间的摩擦和矛盾。不同姓氏或不同籍贯之间，

① 《越史通鉴纲目》卷四三，摘自中国社会科学院历史研究所编：《古代中越关系史资料选编》，中国社会科学出版社，1982年，第649~650页。

② 《军机处录副奏折》，引乾隆四十年（1775）五月二十八日广西巡抚熊学鹏奏，摘自中国社会科学院历史研究所编：《古代中越关系史资料选编》，中国社会科学出版社，1982年，第652页。

③ 《军机处录副奏折》，引乾隆四十年（1775）三月十七日安南国王咨文，摘自中国社会科学院历史研究所编：《古代中越关系史资料选编》，中国社会科学出版社，1982年，第651~652页。

往往滋长矛盾，发生事端，诱发聚众械斗，以致影响其在当地的居住。

以送星厂为例。这里的华侨矿工因利益纠纷，不时发生斗殴之事。矿工各分山头，因利益纠纷，兵刃相见，滋生命案。清乾隆二十六年（1761）张德裕任客长雇工开采。清乾隆三十年（1765）有张任富与张南特开矿（前者越界开采并打死韶关工人古老二、古质禺二人，被缉拿）。[①] 清乾隆三十一年（1766）四月送星厂发生斗殴致九人死亡案。[②] 清乾隆三十三年（1768），送星厂有五千余众聚集滋事，本应押解回籍，但因人数众多，利之所在，均不愿归籍。[③] 清乾隆三十七年（1772）张德裕回厂与张万福合开，资本较大；另外有古以汤与李乔恩合开另一处，资本小。清乾隆三十九年（1774）张任富越界开采又引起争斗。越南当局借机镇压，将之逮捕法办。[④] 清乾隆三十九年至四十年（1774—1775），送星厂张德裕、李乔光二姓客民，各带本槽矿工械斗数次，皆有伤亡，逃回内地之民人甚多。[⑤] 清乾隆年间，越南有化韦侬人开采之矿，矿工为争槽口而每辄兴兵相攻，死者即投诸堑。[⑥] 对此等重大案件，两国政府均知会处理。

二、越南北部形形色色的华侨矿业区

越南五金矿藏丰富，主要集中在北圻。越南历史上对矿产资源的大规模开采，始于清康熙年间，延续到清嘉庆、道光年间，其中以乾隆年间最为兴盛。在此期间，受越南政府的政策鼓励，不少中国商人前往越南，向当地政府申请开矿权。他们一旦成为"矿主"，便大量招徕中国劳动力前来充当矿工。这种情况，就是上面所说的第二类中国移民。前往越南采矿与做佣工便成为这个时期华侨移民越南的特殊现象。于是，在越南北部形成了一个个"矿业区"。

应说明，这里所谓的"矿业区"是一个系统的概念，不只包括作为主体的采矿矿业本身，还包括后勤保障和服务等在内的一系列配套设施。以最著名的送星

① 《军机处录副奏折》，引乾隆四十年（1775）七月二十七日广西巡抚奏，十月初二、二十两广总督奏。

② 《明清史料》庚编第一本《军机处抄出两广总督李等奏折（移会抄件）》，摘自中国社会科学院历史研究所编：《古代中越关系史资料选编》，中国社会科学出版社，1982年，第649页。

③ 《军机处录副奏折》，引乾隆四十年（1775）三月十七日安南国王咨文，摘自中国社会科学院历史研究所编：《古代中越关系史资料选编》，中国社会科学出版社，1982年，第651~652页。

④ 《军机处录副奏折》，引乾隆四十年（1775）七月二十七日广西巡抚奏，十月初二、二十两广总督奏。

⑤ 《军机处录副奏折》，摘自中国社会科学院历史研究所编：《古代中越关系史资料选编》，中国社会科学出版社，1982年，第652页。

⑥ 《越史通鉴纲目》卷四三，摘自中国社会科学院历史研究所编：《古代中越关系史资料选编》，中国社会科学出版社，1982年，第649~650页。

厂为例，其厂内"随聚成市，饭店酒楼，茶坊药铺，极为繁凑。是得内地客人，于力作之处，自相贩易所致"①。

以清道光十九年（1839）为界，越南的矿业发展可分两个阶段。清道光十九年以前，越南矿业为华侨独办，只需向越南政府领取开采证和交纳税收；清道光十九年以后，越南政府收回矿区所有权。此后，华侨全都作为矿业劳动者继续在越南从事采矿。所以，清道光十九年以前华侨在越南所开发的矿区，是正宗的"华侨矿业区"；道光十九年以后华侨开发的矿区，因其资金来自外国人，故可称为"外资型的华侨矿业区"。

实际上，越南矿藏的开创者并非华侨。据说越南北部的少数民族，如岱依族、侬族，很早就用原始的方法开采了一些小规模的露天矿，并曾出现专门的矿户和矿村，不过，那时越南的矿藏只依靠原始方法进行开采，开采规模也不可能很大，严格来说，只能算"采矿"还不能算是"矿业"。随着社会经济的发展，原始开采方法已不能满足需求，引进先进的开采技术和专门人才成为必需。于是，中国人才纷至沓来，参与越南矿藏的开发。开始时，中国矿工还不能包办开采的全过程，一般是"（越南）土人起炉开采，内地客人前来并力合作，食力相安"②。所以，在早期的采矿活动中，华侨只是以"合作者"或"技术工人"的身份参与其中，尽管如此，大部分华侨还只能算是"佣工"，越南商人才是真正的矿主。当时的华侨"佣工"多是中国边民和小本商人，有的是两广和云南地区的农民。他们农闲时节到越南矿场找点副业做，赚些苦力钱，农忙时节再打道回国。③ 但是，随着越南采矿业的飞速发展，这种状况很快便改变了。

到清康熙五十六年（越南永盛十三年，1717），各镇金、银、铜、锡矿，多募清人采掘，群聚日众，矿场成林，华工成群。④ 清乾隆三十二年（越南景兴二十八年，1767），自锡厂盛开，监官多集清人来之，于是一厂佣夫至以万计，矿工、腊户结聚成群，其中多潮州、韶州人。⑤

在华侨执掌越南矿业期间，华侨矿业区的规模是相当大的。北圻的太原送星厂是这方面的代表。送星厂位于河内北面太原境内通州。此厂明代已有，清代开

① 《军机处录副奏折》，引乾隆四十年（1775）八月十八日安南国王照会，摘自中国社会科学院历史研究所编：《古代中越关系史资料选编》，中国社会科学出版社，1982年，第654页。

② 《明清史料》庚编第一本《军机处抄出两广总督李等奏折（移会抄件）》，摘自中国社会科学院历史研究所编：《古代中越关系史资料选编》，中国社会科学出版社，1982年，第649页。

③ 俞常森：《清代越南华侨矿业与矿工问题》，《华侨华人历史研究》2000年第2期。

④ 《越史通鉴纲目》卷三五，此据吴凤斌主编：《东南亚华侨通史》，福建人民出版社，1994年，第176页。

⑤ 《越史通鉴纲目》卷四三，此据吴凤斌主编：《东南亚华侨通史》，福建人民出版社，1994年，第176页。

采时间为清康熙元年至清乾隆三十九年（1662—1774），清乾隆四十年（1775）一度封闭，清嘉庆八年（1803）重开。此厂人数倍于他厂，矿工五千至三万，来自广西、江西、湖南、福建各省及广东嘉应、惠州、广肇和南韶等地者，十居其九。① 还有一说是清乾隆年间，仅在太原送星厂开采银矿的潮州、韶州人就达两三万人。②

由上述信息可以判断，送星厂应是一个完全的"华侨矿业区"，尽管这里也是"汉夷杂处"。③ 尚不清楚此处的"夷"是指当地民族（越南的少数民族）还是指其他国家来的外侨，但从客观情况判断，应该是指前者。不管怎样，这些"夷"应只是作为附属居住人口而存在，主要职责可能是为矿场提供后勤服务。

此外，还有很多大大小小的"华侨矿业区"，姑列之如下：

——交趾都龙银矿于清乾隆元年至六十年（1736—1795）间开采，中国商人彭五中负责经营，获总利润达数十万两。④

——兴化蝎嗡银厂于清乾隆三十九年（1774）开采。先是广东兴宁人黄恒有因在电白县贸易营生亏本，闻安南有矿，遂于清乾隆三十八年（1773）入越，次年二月领执照，岁纳金十四两，与赵国顺、黄永简、丘日松合伙开采，各处客民纷纷赴厂，多至300余人。⑤

——宣光银矿于清嘉庆八年（1803）开采，由谭琪珍、韦转葩等领头，岁输白金八十两。⑥

——清华银矿于清嘉庆十三年（越南嘉隆七年，1808）七月开采。矿在琅政州炉上、炉下、安姜三峒，内地人高宏德、黄桂清等请开采，岁输银一百两。⑦

——兴化呈烂（峒名，属水尾州）铜矿于清嘉庆二十一年（越南嘉隆十五年，1816）三月开采。此地产红铜，有内地申请人开矿纳税。北城地方官奏报越廷，获许。⑧

----

① 《军机处录副奏折》，摘自中国社会科学院历史研究所编：《古代中越关系史资料选编》，中国社会科学出版社，1982年，第651~652页。

② 吴凤斌主编：《东南亚华侨通史》，福建人民出版社，1994年，第84页。

③ 《军机处录副奏折》，引乾隆四十年（1775）五月二十八日广西巡抚熊学鹏奏，摘自中国社会科学院历史研究所编：《古代中越关系史资料选编》，中国社会科学出版社，1982年，652页。

④ 见同治时期的《桂阳直隶州志》卷二〇《货殖》的第17~23页。

⑤ 《军机处录副奏折》，乾隆四十一年（1776）七月三十日批。此处奏折记为"金砂"矿。《大南实录》正编第一纪卷三六中，记为"银矿"。

⑥ 《大南实录》正编第一纪卷三〇《世祖高皇帝实录》，此据吴凤斌主编：《东南亚华侨通史》，福建人民出版社，1994年，第177页。

⑦ 《大南实录》正编卷三六，摘自中国社会科学院历史研究所编：《古代中越关系史资料选编》，中国社会科学出版社，1982年，第662页。

⑧ 《大南实录》正编卷五二，摘自中国社会科学院历史研究所编：《古代中越关系史资料选编》，中国社会科学出版社，1982年，第664页。

——嘉定铁矿，在边和罗奔，又称铁邱，矿苗旺盛，清嘉庆十六年（越南嘉隆十年，1811）由闽商林旭三、李京秀开采，募华人、当地人成立铁场队，年缴税五十斤。① 因制作精工，得铁良好，获得厚利后携资回国。

——琅政州铜矿于清道光十年（1830）由华人梁昌申请纳税开采，获准。②

——越北的北宁、谅山、高平、宣光诸金矿于清道光十二年（1832）五月雇华人开采。③

——承天明浪有干赖铜矿，于清道光十五年（1835）由黄文历带领华工开采，设窑煮制。④

上列"华侨矿业区"的老板是华侨，大多数矿工也应是华侨。但也有例外，如开发上游诸矿场及山林桂皮被委予越南本国之化韦侬人开采，但这类矿场也可以近似地看作"华侨矿业区"。

清代越南的"华侨矿业区"一共有多少个，很难作准确的统计，不过可以看出，不同的"华侨矿业区"的规模相差甚大。

实际上，清代"华侨矿业区"的规模还可以更大，"矿业区"的数量也还可以增多，只是由于越南当局和清政府两方面的限制，其规模和数量才限于现在所看到的水平。后来，由于当时越南召华商开采本国矿场，人民来往，辗转贩易。同时，由于各镇的金、银、铜、锡矿场多募集中国内地民工采掘，群聚日众，越南当局恐生他变，乃于清康熙五十六年（越南永盛十三年，1717）十二月起，对各镇矿场实行限制，规定每矿多者三百，次者二百，少者一百，毋得超过。⑤ 清乾隆五十六年（1791），安南国王阮光分别在不同的厂、市设立厂长、市长，以行保护监督之责。⑥ 显然，在越南当局实行矿区"碎片化"的切割后，"华侨矿业区"在数量上大幅度增多，但单位规模却大大缩小，经济效益也大大下降。

清道光十九年（1839）越南政府收回矿区所有权以后，华侨矿工仍然大量存在，虽然昔日的"华侨矿业区"多已不复存在，但华侨的矿业开发开始向其他矿种转移。清咸丰六年（1856），华侨首先开采鸿基煤矿。初时或仍可称"华侨

---

① ［越］郑怀德：《嘉定城通志》卷二《山川志》；《大南实录》正编卷三七《铁邱》。

② 《大南实录》正编第二纪卷七〇《圣祖仁皇帝实录》，此据吴凤斌主编：《东南亚华侨通史》，福建人民出版社，1994年，第177页。

③ 《大南实录》正编第二纪卷七〇《圣祖仁皇帝实录》，此据吴凤斌主编：《东南亚华侨通史》，福建人民出版社，1994年，第177页。

④ 《大南实录》正编第二纪卷七〇《圣祖仁皇帝实录》，此据吴凤斌主编：《东南亚华侨通史》，福建人民出版社，1994年，第177页。

⑤ 《越史通鉴纲目》卷三五，摘自中国社会科学院历史研究所编：《古代中越关系史资料选编》，中国社会科学出版社，1982年，第646~647页。

⑥ 《明清史料》庚编第二本《礼部为内阁抄出两广总督福康安等奏移会》，摘自中国社会科学院历史研究所编：《古代中越关系史资料选编》，中国社会科学出版社，1982年，第598~602页。

煤矿"，到清光绪三年（1877），该矿便由法国鸿基煤矿公司经营，但仍使用华工开采。北越的锡、亚铅、铝、锌等矿，最初是由华侨开采的。例如，越南锌矿的发现，始于清光绪三十一年（1905）的东京强达矿；清光绪三十二年（1906），华侨发现南溪矿；清光绪三十三年（1907），发现覃英矿；清光绪三十四年（1908），发现召汀矿；清宣统元年（1909），发现焉陵矿。以上诸矿起初均为华侨开采。[①] 但是，由于矿区偏僻，开采艰巨，华工死亡不少。[②]

第四节　遍布越南国内的华侨商业网

一、越南主要城市的重要华侨商号

小商为商业中坐商性质的小零售商。在越南，华侨经营零售杂货店，举凡生活所需，各色俱全，受到当地人民的欢迎。当地华侨或越南人民一日三餐，可以随用随买。由于零售店多是夫妻店或家庭小店，家庭成员既是店主又是售货员，当地华侨或越南人民可随到随买；自高价至贱价的都有，任何时候去购买都有供应；对于经济拮据的顾客，还可以赊账。故他们对华侨开设的杂货店，十分称道。在堤岸，广府华侨被称为"馆仔"，有如中国的杂货店、小商店或夫妻店。

到了清末，华侨已在越南各地构建了一个十分发达的商业网络。这个网络既连通了越南国内的农业生产和民族市场，也连通了越南国内的"华侨农业区"和中国市场，对推动越南的经济发展发挥了重要作用。这个商业网络以一个个华侨商号作为节点，彼此连通。但是，网络中各个节点的地缘性质是十分明显的，若干个节点组成一个地缘性的"节点群"，一个个"节点群"的有机组合和有效运转，使整个华侨商业网在越南的国计民生中扮演着不可或缺的角色。下面且对史籍中记载的华侨商号按照地缘归属作一梳理。

（一）河内华商名单

1. 广帮

广帮的公司共有 77 个。细观广帮的名单，可以分为两类：一类标明"香港帮"或者"香港云南帮"（原籍贯应是云南）等字样；另一类没有标明。后者应

---

① 黄警顽：《华侨对祖国的贡献》，光明书局，1940 年，第 72 页，此据吴凤斌主编：《东南亚华侨通史》，福建人民出版社，1994 年，第 178 页。

② 上述各开矿事参吴凤斌主编：《东南亚华侨通史》，福建人民出版社，1994 年，第 176 ~ 178 页。

是来自广东各地，均按照行业分列。

标明是"香港帮"的公司有以下几个（包括公司与老板两部分，中间以冒号隔开，冒号前为公司名，冒号后为该公司老板名）：

生和泰：陈田（香港云南帮）　　　裕顺全：区学泉（香港云南帮）

亿生：吴旗彬（香港帮）　　　　　公泰隆：保记（香港帮）

永德利：许亦明（香港云南帮）

亚诗火柴公司：谭亚枝（原注：以上均纳双一等门牌税）

昆昌：河万祥　　　　　　　　　　东发：陈鸿翔

东泰：吴培宗　　　　　　　　　　广昌：何英广

公兴荣：温方渔　　　　　　　　　荣昌：杨叔箴

佳裕泰：林松　　　　　　　　　　广兴隆：刘逊臣

笔者注：在原文中，上面各公司的最后虽注有"以上皆香港帮"字样，但没有说明他们的业务范围。

和兴：陈昌　　　　　　　　　　　厚德：温厚兴

义兴祥：陈涵记　　　　　　　　　同兴顺：陈其

笔者注：在这4个公司之后，注有"以上皆绸缎布匹什货生理"字样。

远昌源：梁阁　　　　　　　　　　永昌隆：潘氏

笔者注：在这2个公司之后，注有"以上铁器建造"字样。

谦记栈：梁谦　　　　　　　　　　永祥：梁泰

笔者注：在这2个公司之后，注有"以上日本货物生理"字样。

厚和祥：关厚　　　　　　　　　　南安隆：黄羽记

顺福隆：梁心秾　　　　　　　　　丽源：吴达邦

杏隆堂：陈礼　　　　　　　　　　隆记：张隆

易和昌：亚邦　　　　　　　　　　吉兴祥：亚玉

笔者注：在这8个公司之后，注有"以上什货"字样。

生源昌：刘颂之　　　　　　　　　长安：陈占吾

笔者注：在这2个公司之后，注有"以上代办米谷"字样。

合昌隆：陈枯（云南帮）　　　　　南泰成：何国清（烟庄）

荣德：李荣德（玻璃货）　　　　　怡记：何鉴湖（玻璃货）

东兴园：钟闰（酒楼什货）　　　　祯祥：陆祯祥（新衣什货）

荣记：吕巨昌（新衣布匹）　　　　荣昌：李文耀（新衣布匹）

宝生祥：陈耀记（新衣布匹）　　　安和堂：郭成记（药材）

祥春堂：朱三记（药材）　　　　　广和昌：吴世坊（会安什货）

利安：周起（首饰）　　　　　　　南兴：陈云翘（首饰）

同安泰：关权（洋货）　　　　　　胜兴号：谭垲廷（洋酒）

大丰：黄汝泉（印字）　　　　　　生记：梁叶（日本货件）

利南昌：张湛记（什货）　　　　　广兴：陈松贵（铁器）

生隆泰：陈生隆（铁器）

笔者注：在这 21 个公司之后，注有"以上均纳一等门牌税"字样。

志兴和：冯智　　祥茂：卢为芝　　利丰：许乐卿　　福生：张福

大昌：符肇九　　天合：李炳记　　钟寿记：钟寿　　怡安：陈可敬

华昌：梁伯皋

笔者注：在这 9 个公司之后，注有"以上什货"字样。

成记：鲍毓堂　　罗致记：罗子乔　　成和：刘财存　　顺泰：黄顺演

笔者注：在这 4 个公司之后，注有"以上洋酒什货"字样。

元利：张永（饼饵）　　　　　　　普生堂：黄万（药材）

广生堂：关杰卿（药材）　　　　　德生堂：关意记（药材）

燕芳楼：岑恩（酒楼）　　　　　　生和昌：黎曾（新衣、什货）

祥兴：刘其祥（灯泡、玻璃）　　　怡和：黄镛（西贡帮）

永合成：郭藻元（生药、什货）　　新昌泰：甄明（洋衣）

源泰：甄璧（洋衣）

笔者注：在这 11 个公司之后，注有"以上均纳二等门牌税"字样。①

2. 闽帮

闽帮的公司共有 29 个，因为绝大多数做"洋酒"生意，故不按行业而按

---

① （清）严璩：《越南游历记》，自刊铅印本，福建师范大学历史系华侨史资料选辑组编：《晚清海外笔记选》，海洋出版社，1983 年，第 56~72 页。

"纳门牌税"的税等分列（共分四等），跟广帮不一样。

新成锦：郑启昌（洋酒）　　长安：陈占梧（米粮）
笔者注：在这2个公司之后，注有"以上均纳双一等门牌税"字样。

合兴：陈友藤　　　　瑞成：洪允渊　　　　裕泉：洪宗泉
建隆：洪志教　　　　盛永：洪允全　　　　合成：梁祖挺
芳裕：郑裕　　　　　成春：郭洙□（笔者注：原缺一字）
福荣：郑昌降　　　　源隆：郑敬惜　　　　福永昌：洪思齐
长裕：王梁　　　　　成德：蔡淑　　　　　永芳：张九老
瑞隆：洪允湖　　　　成和：郑昌状　　　　合春：郭旭
永兴：洪志尧　　　　益兴：洪志前
笔者注：在这19个公司之后，注有"以上皆洋酒生理、纳头等门牌税"字样。

长茂：王仟　　　长美：王温　　　成安：蔡淑
福升：郑昌降　　联茂：郑蓝田　　长兴：王梁
笔者注：在这6个公司之后，注有"以上亦皆洋酒生理、纳三等门牌税"字样。

联记：郭汀　　　柏华：洪溪
笔者注：在这2个公司之后，注有"以上亦皆洋酒生理、纳四等门牌税"字样。①

（二）安沛华商名单

福兴：郑英豪（广东　洋酒生理）　　聚泉兴：钟连润（广东　苏杭什货生理）
华英祥：李杰（广东　苏杭什货生理）　周华：周缵华（广东　税务）
天和堂：潘佳（广东　生熟药材）　　　滋寿堂：梁学才（广东　生熟药材）
叙乐居：董礼（广东　包办酒席）　　　瑞意居：彭焕廷（广东　包办酒席）
吴荣昌：吴兰廷（广东　客寓生理）　　义泰：李长石（广东　什货、酒、米生理）
致中和：彭能彬（广东　洋酒、什货生理）　　江树：江树记（广东　烧腊生理）
董耀：董耀（广东　洋酒生理）　　　　任俊英：任俊英（广东　什货生理）

---

① （清）严璩：《越南游历记》，自刊铅印本，福建师范大学历史系华侨史资料选辑组编：《晚清海外笔记选》，海洋出版社，1983年，第56～72页。

黎济泉：黎济泉（广东　什货生理）　　致和：郭善球（广东　领车仔税）

刘培：刘培（广东　什货生理）　　永合：陆德贤（广东　皮鞋生理）

梁略文：梁略文（广东　什货生理）　　李仕昌：李仕昌（广东　什货生理）

关根：关根（广东　什货生理）　　黎柱：黎柱（广东　什货生理）

陈六：陈六（广东　洋烟生理）　　瑞合发：蔡增添（福建　洋酒生理）

荣春：蔡荣春（福建　洋酒生理）　　建益：洪志道（福建　洋酒生理）

福隆：洪泽诚（福建　洋酒生理）　　蒋伯荣：（广西　代理云贵帮货物）

周本堂：（广东　代理云贵帮货物）　　池大标：（广东　代理云贵帮货物）

关闰林：（广东　代理云贵帮货物）　　郭启廉：（广东　代理云贵帮货物）

黎福廷：（广东　代理云贵帮货物）　　梁芳廷：（广东　代理云贵帮货物）

关逸升：（广东　孖地打仔地办房）　　李佐臣：（广东　安兴公司办房）①

（三）法属南圻六省酒商名单

西贡：有万联、郑昭明两家，为福建帮

富春：有万和成、郑昭明两家，为福建帮

堤岸：有万昌、王成两家，为福建帮

边和：有福合盛、洪志正两家，为福建帮

秃禄：有乃福长、王绍两家，为福建帮

摆草：有万建源、王乞两家，为福建帮

茶荣：有万成源、蔡古两家，为福建帮

守德：有悦来、陈芬两家，为广东帮

新安：有茂和、赵炳两家，为广东帮

沙□（笔者注：原缺一字）：有杏花村、曾良两家，为广东帮

□栵（笔者注：原缺一字）：有泰昌、张泰两家，为广东帮

朱笃：有聚源、林福济两家，为潮州帮

隆富：有福春源、陈彬两家，为潮州帮

薄寮：有双合兴一家，为潮州帮

金区：有海利一家，为潮州帮

茶荣：有新同昌、林庚两家，为嘉应州帮

丐□（笔者注：原缺一字）：有广合祥、回春堂两家，为嘉应州帮

---

① （清）严璩：《越南游历记》，自刊铅印本，据福建师范大学历史系华侨史资料选辑组编：《晚清海外笔记选》，海洋出版社，1983 年，第 56～72 页。

茶温：有广德安、谢章两家，为嘉应州帮①

笔者注：据作者云，"法属南圻各省酒商原有四十六家，嗣经法人陆续购回。其故由于酒商获利厚，而法人按西法酿制者销售不多。至1903年法政府出令酒力不足四十度者不准发售，又每百理脱（公升）之酒加厘五分，合前之已有之税计洋三角，华商亦勉强听命。未及一年，而法中印度政府又有所有各酒须经政府一手发沽，华人所酿之酒，均须定价售与政府之说。酒商郑昭明以所动成本过巨，此议若成，必至覆业，乃托人在巴黎藩部斡旋，并电察出使法国大臣孙，求向法政府力争，以保全应有权利。闻法人自知其曲在彼，颇有前议作罢之意"②。

（四）堤岸机器米磨公司九家名单

1. 福建帮五家

万裕源：总理陈和成　　　　　　万德源：总理吴钟焕

万益源：总理谢妈延　　　　　　万顺安：总理陈和成

建芳成：总理邱衡雪、应彖

2. 广东帮二家

万昌源（即南隆）：总理刘蔼春　　怡昌：总理李泽祥

3. 德商二家

查堤岸一埠，华商最大商务莫如机器米磨公司，即德商二家亦有华股，每家须股本两三百万元。刘蔼春、李泽祥二人，业经公举为南圻商会副董。

笔者注：19世纪80年代中，越南已形成一批有实力的华侨商人。从其时华侨缴税情况可见一斑：

河内埠广帮身税名数：头等税82人，每人每年缴92.4元；二等税90人，每人每年缴31.5元；三等税1 470人，每人每年缴7.35元。

超等招牌税每年缴550元，计5家；一等税，每年缴350元，计17家；一等税，每年缴150元，计35家（笔者注：两个均为一等）；二等税，每年缴80元，计28家；三等税，每年缴60元，计54家；四等税，每年缴45元，计26家；五等税，每年缴22元，计11家③。

海防身税及招牌税与河内同。

---

① （清）严璩：《越南游历记》，自刊铅印本，福建师范大学历史系华侨史资料选辑组编：《晚清海外笔记选》，海洋出版社，1983年，第56～72页。

② （清）严璩：《越南游历记》，自刊铅印本，福建师范大学历史系华侨史资料选辑组编：《晚清海外笔记选》，海洋出版社，1983年，第56～72页。

③ （清）严璩：《越南游历记》，自刊铅印本，福建师范大学历史系华侨史资料选辑组编：《晚清海外笔记选》，海洋出版社，1983年，第56～72页。

唯西贡、堤岸两埠法人以其为华商最发达之区，故一切税较河、海二埠为重，即如回国应纳之出口税，华商在西、堤二埠者则纳洋16元，较之河、海二埠三倍。①

上面所列，是清末在越南的主要华侨商号清单，不可能完整无遗，但有影响的知名华侨商号应该名列其中了。虽然今天已经不可能详细了解每个商号的运作情况，但从这个清单仍然可以看出，华侨商业的范围很广，涵盖了越南民众日常生活的方方面面。这些商号集中在越南的大、中城市，但这些城市只是它们的基地，它们的商业范围，犹如一根根血管，接通了越南全国城乡，为越南各地的经济发展输送血液。从这份清单中，不难感受到华侨商人奔波的身影。

上面把越南的华商明确地归属为某个"帮"，与法属殖民地政权当时将所有华侨划分为几大帮的做法是一致的。应看到，越南的"帮"有深层含义。它不仅是行政意义上的帮，而且是名副其实的"商者之帮"，是集地缘、商贸、宗教和伦理于一体的组织。如果是福建、广东和潮州的商帮，还要加上方言的因素。也可以说，清代越南的商帮，是真正的"全元素"组合的商帮。他们的地缘鸿沟非常明显（如广东商帮、福建商帮等），但各自内部的聚合力也更为牢固。他们说同样的话，一起打拼，同甘苦，共患难，一起赚钱，一起分红，一起拜自己信仰的神，乃至一起分享自己帮的商业地盘和商业领域。例如，上述的闽帮就垄断了洋酒领域。

二、中越边境贸易中的华侨

清代中国与越南的贸易，既有海路，也有陆路，但海路贸易额大于陆路，原因是海路便捷，载运量大。当时的海路经粤东海道，"自潮州以西，迤至琼南三千里，闽粤放洋船只，处处有航道通往越南"。根据粤海关税簿记载，中国商船每年都到交趾置备锡箔、土香、色纸、京果等物。置办完毕，从交趾回广州时，则运带槟榔、胡椒、冰糖、砂仁、牛皮、海参、鱼翅等物。是故，越南的土产与清廷所需货物，悉从海道往来，十分通畅。②

中国与越南的陆地边境贸易包含云南和广西两段，但是不正常，官方时放时禁，故贸易量时大时小。"陆路商民赴安南贸易，所带货物有绸缎、布匹、鞋袜、

① （清）严璩：《越南游历记》，自刊铅印本，福建师范大学历史系华侨史资料选辑组编：《晚清海外笔记选》，海洋出版社，1983年，第56～72页。
② 《军机处录副奏折》，引两广总督李侍尧、广西巡抚熊学鹏奏，摘自中国社会科学院历史研究所编：《古代中越关系史资料选编》，中国社会科学出版社，1982年，第596～597页。

纸张、颜料、灯油、茶叶、白糖、槟榔、糖果、烟筒并寻常药材之类，进关带来之货只砂仁、薯莨、白铅、竹木等项。此外一切违禁之物，偷漏出口，例禁森严。"① 然而，"内地商民，带货私越隘口到彼贸易，牟利甚多"②。

云南边境与安南接壤处系临安暨开化二府所属地方。雍正八年（1730）起，清政府于云南开化之马白关设立税口，驻有同知在彼经理。凡遇商贩出关，给与司颁印结，并印烙腰牌，注明年貌、籍贯，照验放行。回日将牌照呈缴，照例收税。③ 此后通市不断。

清乾隆九年（1744），两广总督马尔泰奏请开放由村隘口，以通商旅客货，出入由宁明州给发印票，明江同知验给腰牌。其明江管辖之五十三寨的无业贫民、挑担营生者，亦准予为商或受雇。每月逢五、逢十，验放所有商民出入。④ 从前在越南置有产业而不愿回籍者，听其自便。令吏官查明凡无故逗留者，或货物销售已尽者，以半年为限，应陆续驱唤回原地。又，娶有番妇、生有子女者，或与越南人结婚、置有庐墓田业并甘愿落籍越南者，则听其安插彼处，但永不许其回国。此奏获准。于是，民趋利如鹜，乃至有民人呼朋引类，循非正常途径偷越国境。自是，此类案件越来越多。⑤

清乾隆四十年（1775）四月，两广总督李侍尧奏，自开放由村隘口，听商民出入后，路途便捷，络绎往来。但商民本无恒业，易于犯法作奸，若不立法防范，内地"匪民"频频前往外藩滋事，殊属不成事体。故他奏请嗣后给照出入者，只限于"殷实良民挟有资本者"，由平而、水口两关验照放出，按月造册报查。由村一隘，仍行封禁。单身小贩以及挑抬脚夫，向来给照验放之例，则永行停止。⑥ 根据李侍尧此奏，亦鉴于张德裕等在送星厂仇杀之案，更因其时安南国王发来要求停止两国边境互市的咨文，清乾隆四十年（1775）十一月，乾隆帝严

---

① 《明清史料》庚编第二本《礼部为内阁抄出两广总督福康安等奏移会》，摘自中国社会科学院历史研究所编：《古代中越关系史资料选编》，中国社会科学出版社，1982 年，第 598 ~ 602 页。

② 《明清史料》庚编第二本《礼部为内阁抄出两广总督福康安等奏移会》，摘自中国社会科学院历史研究所编：《古代中越关系史资料选编》，中国社会科学出版社，1982 年，第 602 ~ 603 页。

③ 《军机处录副奏折》，引乾隆四十六年（1781）十一月，署理云贵总督印务、署云南巡抚刘秉恬所奏，摘自中国社会科学院历史研究所编：《古代中越关系史资料选编》，中国社会科学出版社，1982 年，第 598 页。

④ 《军机处录副奏折》，摘自中国社会科学院历史研究所编：《古代中越关系史资料选编》，中国社会科学出版社，1982 年，第 595 ~ 596 页。又参《明清史料》庚编第二本《礼部为内阁抄出两广总督福康安等奏移会》，摘自中国社会科学院历史研究所编：《古代中越关系史资料选编》，中国社会科学出版社，1982 年，第 598 ~ 602 页。

⑤ 《军机处录副奏折》，摘自中国社会科学院历史研究所编：《古代中越关系史资料选编》，中国社会科学出版社，1982 年，第 595 ~ 596 页。

⑥ 《军机处录副奏折》，摘自中国社会科学院历史研究所编：《古代中越关系史资料选编》，中国社会科学出版社，1982 年，第 595 ~ 596 页。

饬沿边文武员弁巡察稽查，毋许一人出口，并饬永远遵行；同时令此次查禁之后，设有"匪徒"，潜行偷越至越南逗留者，该国可即行查拿，呈送清廷处治。① 因此，自清乾隆四十年至五十六年（1775—1791），平而、水口两关及由村一隘封闭。② 其余各属隘口，俱也封禁。③

清乾隆五十六年（1791），经过十余年的兵工和禁市后，越南安南国王阮光平吁请开关通市。清乾隆帝令福康安将开关通市事宜与阮光平妥议并施行。经双方商议，平而、水口两关来商于高凭镇牧马庯立市，由村隘来商于谅山镇驵驴庯立市，分设太和、丰盛二号，以粤东商民为一号，粤西及各省商民为一号，仍区别厂市，于厂内置厂长一人，保护一员。市内置市长一人，监当一员，攒造名册，给发腰牌。货物随其所售，也随其所宜。其在越南的交易，由越南当局自为稽查办理。并商办细则如下：

一是商民前赴安南贸易，先由原籍地确查给照。因内地赴安南贸易者，多系广西之南宁、太平、镇安等府及广东之韶州、惠州、嘉应州等州民人，或单身，或合伙，置货出口，需先赴本籍地方官呈报，查明实系殷实良民，取具保邻甘结，将该商姓名、年貌、籍贯填给印照。其从平而、水口两关出口者，将印照呈报龙州通判查验明确，给予腰牌。如从由村隘出口者，将印照呈报宁明州知州验明，给予印票，俟行至明江，由该同知验明，换给腰牌，仍由驻扎关隘营弁督率兵勇验放。倘有年貌不符，人数、货物不对者，一经关隘厅州查出，即行逐回，不许出口，仍将滥绝印照牌票之原籍地方官及沿途厅州分别查参议处。

二是赴安南贸易之商民，多小本经营，货少人多时，往往纠约多人，托称合伙生理。若遇此种情况，不许原籍地方官滥给其照。

三是商民出口船只、人夫，应在龙州、宁明州雇觅。

四是令龙州通判及宁明州知州慎选老成殷实良民数名充作当地客长，立设会馆。

五是牌照应令厅州各员当堂换给，以杜勒措诸弊。

六是商货出入关隘，应令守口营弁随验随放。

七是商民出入关隘，应分别定以限期。

八是出口商贩遇有疾病事故，应就近报知该国镇目转报内地以便稽查。

九是内地商民潜入安南场厂，应责成该国镇目查逐之。防止内地商民借开关

---

① 《清高宗实录》卷九九七，摘自中国社会科学院历史研究所编：《古代中越关系史资料选编》，中国社会科学出版社，1982年，第597~598页。

② 《明清史料》庚编第二本《礼部为内阁抄出两广总督福康安等奏移会》，摘自中国社会科学院历史研究所编：《古代中越关系史资料选编》，中国社会科学出版社，1982年，第598~602页。

③ 《军机处录副奏折》，摘自中国社会科学院历史研究所编：《古代中越关系史资料选编》，中国社会科学出版社，1982年，第603页。

通市之机，一至该处，或借称访叙同乡，带同书信，因而潜入场厂，此往彼来，潜至合本开采。

十是商贩买卖货物，应听其随时自便。

十一是水陆商贩出入，应令大员综理稽核。

十二是奸徒私越，应申明定例严禁。

十三是违禁货物，应先期刊刻晓示。如果私行夹带，查出从重究惩。

十四是出口商贩，应即出示招徕，以使远近商民周知，俾其源源出口，"以仰副皇上柔远惠商至意"①。

清乾隆五十八年（1793）八月，"经署理两广总督、广东巡抚郭世勋奏准，平而、水口两关中国商人在越南的高凭镇牧马庯开市，由村隘来商在谅山镇的驱驴庯开市。后越南地方又另于谅山镇属之花山地方添设铺店，招徕从平而出关的内地商民。因从平而关出口之商，由水路先抵花山，计程仅二百余里，而花山附近村庄稠密，添设行铺，是使两国商民两便"②。又据郭世勋奏称，越南添设花山市场后，商民益增踊跃。旋署龙州同知王抚棠则称，由平而、水口两关出口之客民，原定四个月内转回。但未及五旬，便纷纷回至内地。经询，是中国的出口货物易于销售之故。③可见，中国的商货在越南很受当地民众欢迎。

应指出，参加陆路贸易的还有中国内地民工。他们中的很多人其实就是在越南边地采矿的民工，来来去去，顺道做点生意，虽然规模不大，但在一定程度上促进了边境贸易。据清乾隆四十年（1775）两广总督李侍尧、广西巡抚熊学鹏调查平而、水口等水路海关的出口记录，"中国出口，不过油豆、零星药材并鞋帽等件，供内地在外矿工使用，并非为满足越南民众所需。是以中国口岸，只有带货出口，鲜有置货进口者"④。

三、越南对外贸易中的华侨

越南中部的会安和南部的堤岸为清代华侨经营对外贸易的最重要基地。两地华侨主要是做中越贸易，也做越南与其他东南亚国家的贸易。

---

① 《明清史料》庚编第二本《礼部为内阁抄出两广总督福康安等奏移会》，摘自中国社会科学院历史研究所编：《古代中越关系史资料选编》，中国社会科学出版社，1982年，第598～602页。

② 《清高宗实录》卷一四三四，摘自中国社会科学院历史研究所编：《古代中越关系史资料选编》，中国社会科学出版社，1982年，第607、608页。

③ 《军机处录副奏折》，摘自中国社会科学院历史研究所编：《古代中越关系史资料选编》，中国社会科学出版社，1982年，第608页。

④ 《军机处录副奏折》，引乾隆四十年（1775）两广总督李侍尧、广西巡抚熊学鹏奏，摘自中国社会科学院历史研究所编：《古代中越关系史资料选编》，中国社会科学出版社，1982年，第653页。

早在明朝初年，闽粤人就随郑和下西洋到了占城，一些人在那里居留下来，后来居留的人越来越多，久而久之，生聚繁衍，成为一大侨民群体，其中不乏华侨大族。其时，开发会安的有朱、丁、伍、莫等十大姓，今会安明乡会馆尚有碑文记其事迹。明代中叶，闽粤人赴越经商者日众。起初，在越南北方，以云屯为中国船的贸易港，后来因越南发生南北纷争，北方的郑氏开兴安铺，南方的阮氏则辟会安为市。当时，福建商人乘"大眼鸡"帆船趁东北风南下，运货抵越。到翌年春夏，便载稻米乘西南风北归。这种运粮船称艚船，华侨商人则被称为"艚人"。① 明万历五年（1577），福建船有十三四艘到达顺化。明天启二年（1622），有福建船抵达南越的藩朗、藩里。《霞亭东房颜氏族谱》记载："玺，字道节，号西泉，生明正德乙亥年（1515）六月二十日，隆庆丁卯九月十三日卒于占城。"《有耕堂柯氏族谱》记载："兆火晋，字心荣，号润予，乳名寅。生万历壬寅年（1602）正月初五寅时，卒于清顺治辛卯年（1651）九月初七辰时，公三十岁往安南遂家焉，葬安南清夏。"②

清初，在越南中部的会安，华侨社会已经形成。"盖会安各国客货码头，沿海直街，长三四里，名大唐街，夹道行肆比栉而居，悉闽人，仍先朝服饰，妇人贸易，凡客此者必娶一妇以便交易。"③ 到 17 世纪末，会安之旁屋为数约 100 户，除四五家为日本人外，均为华人所居。日人往日曾为会安的主要之居民，且为港口之管理官，但后来人口削减，至此时一切贸易为华人所经营。从日本、广东、暹罗、高棉、马尼拉及巴城，每岁至少有 10~12 艘中国戎克船航至此交易。④ 会安遂发展成为中圻最重要的商港，沿河长街三四里，名大唐街，夹道行肆比栉而居，悉闽人。⑤ 闽广商人，每岁往来贸易。⑥到 18 世纪中叶，估计会安华侨达 6 000 人。⑦

西贡—堤岸为越南南方商业经济中心，也是越南华侨最集中的地区。西贡人口中，当地人最多，华人次之，法国人最少。华侨又分广肇、潮州、漳泉、客家、海南五帮，各有正、副帮长。华侨中，大都为闽粤人，他们世代保持中华衣

① 华侨志编纂委员会编：《越南华侨志》，华侨志编纂委员会，1928 年，第 33、36、40 页。
② （清）大汕著，余思黎点校：《海外纪事》卷四，中华书局，1987 年。
③ （清）大汕著，余思黎点校：《海外纪事》卷四，中华书局，1987 年。
④ 陈荆和：《南洋学报》第十三卷第一辑《清初华舶之长崎贸易及日南航运》，引康熙三十四年（1695）访问广南会安之英人保衣亚于 1696 年 4 月 30 日致马度拉斯英印公司评议会之函，摘自中国社会科学院历史研究所编：《古代中越关系史资料选编》，中国社会科学出版社，1982 年，第 644~645 页。
⑤ （清）大汕著，余思黎点校：《海外纪事》卷四，中华书局，1987 年。
⑥ （清）徐继畬：《瀛环志略》，"安南"条。
⑦ 张文和：《越南华侨史话》，黎明文化事业股份有限公司，1957 年，第 29 页。

冠风俗不改。[①]

在西贡—堤岸两埠做生意的，大半为华商，统计华侨达 6 万余。[②] "堤岸市肆，皆闽广人之侨寓贸易者。华人所居甚富丽，如欧洲屋式。"[③] 清同治五年（1866）五月，斌椿奉命前往外国游历，途中在西贡所闻，闽粤人居此贸易者有五六万人。当地人也用汉文。有"中国城"（当地人所称），华人居之，各货聚集如中土市廛。[④]

西贡与堤岸两埠毗连，岁产米稻，运粤销售约八九百万石。[⑤] 一说全年出口米可达 1 800 万石。[⑥] 谷业、米业亦因而成为南圻一大支柱产业。华侨在西贡—堤岸两埠经营谷业、米业的历史很悠久，是当地华侨经济的重要标志。时法国人谓南圻"舍粟米无出产，舍华人无生意"[⑦]。华侨米商在经营外销中国的越南大米时，先在越南农村收购谷物，再由华侨小商贩来往经营。[⑧] 据清同治五年（1866）二月张德彝在西贡所见，当地有华侨能解英、法、安南语。往粤贩卖越南米粮，又自粤运货在此售卖，如此往来，得利甚重。[⑨] 由此可见，越南对中国的大米出口是越南对华贸易的重要组成部分，而当时越南对中国的大米出口基本上操纵在华商手里。

谷业、米业必定带动碾米业的发展。堤岸的碾米业始创于清光绪四年（1878），到清朝末年发展至鼎盛。大型的华侨碾米厂有十几家，每日碾米各在300 吨以上；万益源、万裕昌、万德源、万丰源、义昌成、南丰成、万泰成、怡昌、思明等家，总产米额日达 5 000 吨以上。西堤的碾米厂中，以万益源为首创，该厂初为法国人经营，后为华侨刘增所有。至于规模最大者，则以广东南海西樵人张泰所创办之万泰成，日产额达千吨，在越南南部可算是最大的碾米厂。[⑩] 碾米厂的资本，除了当地的华侨资本外，来自新加坡的华侨投资也不少。如新加坡华商

① 邹代钧：《西征记程》，（清）王锡祺编：《小方壶斋舆地丛钞》（第十一帙五），杭州古籍书店，1985 年。

② （清）张荫桓：《三洲日记》，光绪丙午年（1906）冬月上海石印本。

③ （清）曾纪泽：《使西日记》，江南制造总局光绪癸巳年（1893）本。

④ （清）斌椿：《乘槎笔记》，善成堂同治七年（1868）本，此据福建师范大学历史系华侨史资料选辑组编：《晚清海外笔记选》，海洋出版社，1983 年，第 1～2 页。

⑤ （清）张荫桓：《三洲日记》，光绪丙午年（1906）冬月上海石印本，此据福建师范大学历史系华侨史资料选辑组编：《晚清海外笔记选》，海洋出版社，1983 年，第 26 页。

⑥ （清）薛福成：《出使英法义比四国日记》，孙溪校经堂光绪甲午年（1894）校刊本。

⑦ （清）薛福成：《出使英法义比四国日记》，孙溪校经堂光绪甲午年（1894）校刊本。

⑧ （清）斌椿：《乘槎笔记》，善成堂同治七年（1868）本，此据福建师范大学历史系华侨史资料选辑组编：《晚清海外笔记选》，海洋出版社，1983 年，第 1～2 页。

⑨ （清）张德彝：《航海述奇》，（清）王锡祺编：《小方壶斋舆地丛钞》（第十一帙一）。

⑩ 越南中华总商会编：《越南华侨商业年鉴》，越南中华总商会，1953 年，第 21 页。

邱正忠（邱菽园之父）和陈金钟等都是有名的大米商，在西贡有庞大的碾米厂。① 仅在堤岸一地，在20世纪一二十年代米商就有百家。这些商人的资本一般都是自己的，通过谷贩，建立收购联合商号，并且拥有帆船，运至各地出售。

华侨在西贡—堤岸经营的出口品，除以米为大宗外，次则鱼干、豆蔻、燕窝；进口以中国食物杂货为大宗，次则绸匹、药材。西商行店除法国轮船公司、银行外寥寥无几，其余洋货店及华人杂货行、木作店合有数百家。堤岸铺屋两千余家纯是华式，皆属华侨产业。②

越南北圻的东京、凉山也是华侨通商之地，有不少华侨聚居。这些华商既做越南国内的生意，也做对华贸易。论规模，无法与越南南方诸市特别是与西贡—堤岸相比，且其贸易也只发生在清越双边之间，不可能像西贡—堤岸那样进行多边的贸易。

---

① ［新加坡］宋旺相著，叶书德译：《新加坡华人百年史》，新加坡中华总商会，1967年，第92页。

② （清）张荫桓：《三洲日记》，光绪丙午年（1906）冬月上海石印本，此据福建师范大学历史系华侨史资料选辑组编：《晚清海外笔记选》，海洋出版社，1983年，第26页。

第二章　柬埔寨

第一节　清末华侨移民大势

中国同柬埔寨已有将近两千年往来的历史。到唐宋时期，从福建、潮州、广州出发的航道已成为中国与外部世界联系的主要航道。在宋代，潮州更成为海外交通贸易的重要港口地区，潮州港、凤岭港和揭阳港等商贸港口也成了重要的海外贸易基地，越来越多的华侨离开家乡，移居柬埔寨等地。

但在宋代以前，中柬之间的往来人员仍只限于使节、僧徒和商人。有史可稽的柬埔寨华侨历史始于南宋。元代元贞二年至大德元年（1296—1297），随元朝使者访问真腊（今柬埔寨）的温州人周达观说他曾经在真腊见到一位姓薛的同乡。周达观在《真腊风土记》中写道："余乡人薛氏，居番三十五年矣。"据此推算，薛氏是在南宋景定二年至三年（1261—1262）即南宋理宗景定年间移居真腊的。不排除这位居柬 35 年之久的周达观同乡是因为回乡殊艰而滞留于彼的。可以相信，在清代以前，到柬埔寨的华侨多数为零散移民或个体移民。在一片尚未开发的土地上，多半只是个体或小群体的艰难谋生而已。他们举目无亲，有家难回，也很难盼得后续移民前来。由于移民人数少，居住分散，早期华侨在异域的足迹很快就被茫茫的历史烟瘴遮盖。

柬埔寨华侨以潮州籍为主。他们最迟在明朝嘉靖、万历年间已经来到柬埔寨。据柬埔寨出版的《柬埔寨华人史话》记述，潮州人有的是从水路经过暹罗、安南来到柬埔寨的，有的则是徒步从越南北部经过寮国（老挝）、暹罗，然后来到柬埔寨的。①

柬埔寨华侨人数的迅速增长始于明末清初，当时中国国内民不聊生，民间起义时有发生。为避战乱，多有国人向外迁移，也有明朝遗臣、遗民亡命海外。他们的其中一个落脚点便是柬埔寨。这类移民虽然不多，但估计已具备一定规模，也有一定程度的组织性，故他们在柬埔寨已能表现出一定的经济开发能力。

1840 年鸦片战争以后，中国的对外移民潮愈演愈烈，柬埔寨则处于泰国和

---

① 杨锡铭主编：《海外潮人史话》，中国文史出版社，2009 年，第 37 页。

越南两个强邻的争夺与蚕食之中。1863 年，柬埔寨成为法国的"保护国"。柬埔寨华侨人数也随着柬埔寨国家地位的改变开始增多。当时法国殖民当局为解决开辟橡胶和胡椒种植园劳动力不足的问题，对华侨移居柬埔寨持欢迎态度，华侨人数遂迅速增多，光绪十六年（1890）总人数已达 13 万。20 世纪初，由于担心华侨支持孙中山领导的革命运动，法国殖民当局开始限制中国人入境，华侨移居柬埔寨转入低潮。

这一期间移居柬埔寨的华侨之所以增多，是因为已走上了殖民地经济发展道路的柬埔寨需要大量的劳动力。这样，怀着不同动机的华侨便纷纷移居柬埔寨。可以说，柬埔寨真正有群体性质的移民潮是这个时候才开始出现的，从华侨经济的角度来看，这个时候的柬埔寨华侨史才有了可以跟其他国家进行类比的意义。

群体性质的华侨移民潮的首要判断标准自然是移入人数，关于这一点，史籍记载有二：

一是蔡钧之说。他说，柬埔寨华侨有 30 余万。① 蔡钧是被清政府派遣出洋的，启程时间是光绪七年（1881），故其记载中关于柬埔寨有 30 余万华侨的时间应是 1881 年。

二是薛福成之说。薛福成也是被清政府派遣出洋的，启程时间是 1890 年，其记载中关于柬埔寨华侨的时间是光绪十七年（1891），比蔡钧晚十年。薛福成在出访期间写的日记中说到柬埔寨的华侨人数，"法属西贡暨南圻（越南南部，亦称交趾支那）六省，共有华民五万余人。而柬埔寨一国，华民就有十六万之多"②。对比两人所说的柬埔寨华侨人数，早十年的蔡钧的数字反而是晚十年的薛福成的数字的近两倍，差异太大，具体原因难以一语廓清。但至少可以说，到清末之时，柬埔寨的华侨人数已有 10 多万。③

群体性质的华侨移民潮的另一个判断标准是移民居住的相对密集和有组织。关于这一点，史料没有直接的记述，但薛福成提供了柬埔寨华侨的地区分布以及华侨与当地其他主要民族的比例，可作间接印证。他说："柬埔寨居民分为四种：一曰柬民；二曰华民；三曰越民，即越南流寓之民众；四曰'杂夷'。陆有'苗蛮'，来自北境。水有'岛夷'，来自南洋。四种居民总数约为一百八十万，华民约占十分之一强。"（笔者注：按照此说，则华侨人数与他上面所说的 16 万大

---

① （清）蔡钧：《出洋琐记》，沔阳李氏铁香室本，此据福建师范大学历史系华侨史资料选辑组编：《晚清海外笔记选》，海洋出版社，1983 年，第 15 页。

② （清）薛福成：《出使日记续刻》卷二，光绪十七年辛卯七月十一日记，见《庸庵全集》，光绪十三年刊本，此据陆峻岭、周绍泉注：《中国古籍中有关柬埔寨资料汇编》，中华书局，1986 年，第 248～249 页。

③ 一则消息说，1890 年柬埔寨的华侨华人有 13 万人。见杨锡铭：《柬埔寨的华侨华人》，《人民日报》（海外版），2003 年 4 月 3 日。

略相当）根据薛福成的说法，努邦（柬埔寨首都，即金边）华民有九万有奇，居都城者二三万，余居沿江村庄。汉埠省华民有二万五千人，剐阶省华民有二万人，其余各省华民有五六千人。努邦居民有五十万有奇，占全国人数的1/3。[①]

按照薛福成所说，华侨只是当地几大民族（柬民、华民、越民、"杂夷"）之一。相对于柬埔寨的主体民族——柬民来说，华侨肯定属"少数民族"，但相对于其他民族来说，华侨便成了"多数民族"。薛福成把华侨列在第二位，似乎暗示华侨比越南人多。故从"外侨"的角度来说，华侨应属第一外来民族。这可能是柬埔寨的华侨地位较高，能与当地主体民族和谐相处的重要原因之一。

柬埔寨华侨的来源地虽多，但以潮州人为主。当时的柬埔寨华侨中，以潮州籍最多，广肇籍次之，其他为客家籍、闽籍、海南籍，比例不等。[②]

这里且以潮州人为例作一说明。历史上的潮州，包括今天的潮汕地区。柬埔寨的潮州人之所以多，得益于以樟林港为标志的潮州对柬埔寨贸易的发展。潮州沿海居民开始大规模地投入海上商业冒险活动大约是在明朝正德年间（1506—1521）。当时大批潮州人与船为伴，涌向茫茫大海。在这个时候，澄海的樟林港也在历史上崭露头角，为后来潮州人大量移居柬埔寨奠定了基础。清代，随着海上商贸活动的繁盛，人员交流不断增多，形成潮州人向东南亚移民的第一次高潮。据史料记载，清乾隆、嘉庆、道光、咸丰四代皇帝约一个世纪间，从樟林港乘坐红头船漂泊到暹罗的潮州人有150万之多。潮商海外的足迹最先遍及东南亚，依托东南亚潮州人社会的经贸网络，长期掌控着"汕（头）—香（港）—暹（罗）国际贸易圈"，形成了以暹罗为中心的近代潮州人商帮。柬埔寨也在这个国际贸易圈内。

第二节　华侨的农业开发与商业网

一、农业开发

当时柬埔寨华侨从事何种职业？薛福成说："华民多来自南圻，多属耕耨佣工；富商不及十之一二，大半也来自南圻，随时贸迁，未尝久居。至欧洲商人，

---

① （清）薛福成：《出使日记续刻》卷二，光绪十七年辛卯七月十一日记，见《庸庵全集》，光绪十三年刊本。

② 《柬埔寨华侨分志》，第24~26页，参吴凤斌主编：《东南亚华侨通史》，福建人民出版社，1994年，第267~268页。

则不满二百。然柬埔寨的社会事务多操于华、越商人之手。"① 显然，当时柬埔寨华侨的主要职业有二：一是为人打工的农民，即"耕耨佣工"；二是商人。

柬埔寨出现华侨打工农民，应与当时柬埔寨成为法国殖民地后出现的种植园制度有关。薛福成说得很清楚，这些华侨打工农民多是从南越迁移来的。不过笔者认为，薛福成这里所说有以偏概全的成分。因为，不可能所有的柬埔寨华侨农民都是"耕耨佣工"，应还有一部分是从事自由耕垦职业的华侨农民。至于两者之间的比例，则很难说。实际上，蔡钧所说的土生土长的柬埔寨华侨，便应是从事自由耕垦职业的华侨农民。蔡钧说，华侨"居其地者，三十余万，子孙居田园，有历至数代者"②。从事自由耕垦职业的华侨农民也会有贫有富，属家境殷实者应只占一小部分。

从当时柬埔寨的经济发展水平来看，柬埔寨的华侨农民应该多半只是自给自足的劳动者，包括个体劳动者和以家庭为单位的劳动者。"耕耨佣工"基本上应属人身自由受到一定限制的个体劳动者，但他们的佣工身份应是短暂的，他们在那里做佣工，只是初从越南来到柬埔寨后的过渡或跳板，在其佣工身份终止后，他们就会变为有完全人身自由的个体劳动者；以家庭为单位的劳动人口，主要是"子孙居田园，有历至数代者"。

至于当时的柬埔寨有没有像其他地方那样有一定组织和规模的华侨农业区，从现有材料还看不出这一点。即使有，也应很少，且规模不大，极可能是由那些土生土长、世居于此的华侨地主在经营。如果是这样，华侨农业区就是华侨农庄。

二、华侨商业网

柬埔寨的华侨商业网包括国内商业网（简称"内网"）与国外商业网（简称"外网"），前者指华侨在柬埔寨国土之内的商业存在，后者指华侨与国外的商业联系。

（一）国内商业网

华侨商人基本上是从南越过来的。华侨商人跟南越来的华侨农民不同，表现在：华侨农民作为来自南越的新移民，属于长居性或永居性居民；而商人则"随时贸迁，未尝久居"，只把柬埔寨当作一个货站，或批发站，或转运站。之所以

---

① （清）薛福成：《出使日记续刻》卷二，光绪十七年辛卯七月十一日记，见《庸庵全集》，光绪十三年刊本。

② （清）蔡钧：《出洋琐记》，沔阳李氏铁香室本，此据福建师范大学历史系华侨史资料选辑组编：《晚清海外笔记选》，海洋出版社，1983 年，第 15 页。

如此，显然与当时柬埔寨作为"殖民地（越南）的殖民地"这一卑微的地位相关。在这种环境下，柬埔寨商业落后，民众消费水平低，很多稍为高档的商品都从越南等地运进，而从柬埔寨运出的主要是原材料和土特产之类的货物。

不过，客观而论，不可能全柬埔寨所有的华侨商人都是来自南越的"随时贸迁"者。他们肯定只占华侨商人中的一小部分，所谓华侨"富商不及十之一二，大半也来自南圻"说的就是这个意思。再仔细推论，大部分的华侨商人应是长居当地的中介商，他们是联系"随时贸迁"者与当地生产者（包括华侨与居住在当地的其他民族）的桥梁。只有存在着这样一个从业结构，一个商业网络才可能建立起来，才可能合理运转。当然，当地的华侨中介商也是分层次的，有具体分工的。他们应包括流动摊贩、固定摊贩和小商等。

华侨商人主要居住在城市，特别是集中居住在首都金边。有无名氏的记载说，居住在柬埔寨首都金边的华侨比例极高，说那里"华人居半"。[1] 说首都"华人居半"，或许有夸张之嫌，但表明华侨比例肯定很高。这些居住在首都的华侨，应基本可以肯定属于商人，包括来往于南越和柬埔寨首都之间的"随时贸迁"者，以及当地的流动摊贩、固定摊贩和小商。从地区商业布局来看，当时柬埔寨的首都是个高度发达、人口（特别是商人）高度密集的城市，处于鹤立鸡群的地位。这是一种畸形的经济布局，但商业上的畸形并不意味着商业上的唯一。除了首都外，柬埔寨的其他城市也必定有一定的商业存在，包括具有地方特色的商业分工，与之相对称的商业从业人员，等等。华侨商人虽然高度集中于首都，但在其他城市也应有一定数量。

顺便说明，从南越过来的商人还有越南人，他们的从业结构和社会分工也应作如是观。以当时柬埔寨的商情而言，华侨商人不可能一家独大，他们的力量跟越南商人相比，应该更有优势，因为柬埔寨的华侨总人数比越南侨民多，华侨在柬埔寨更有人脉。除了经商外，华商还跟越商一道，插手当地的社会事务，这是另一个问题，这里不论。

（二）国外商业网

入清以后，随着南方政局的安定，潮州人再次掀起海外贸易的高潮。康熙二十三年（1684），清廷放松海禁，潮州人纷纷集资，造船出海。雍正五年（1727），内地各商援照闽省之例，开始与南洋进行贸易。[2] 时闽、浙等省及江南

---

① 阙名：《金边国记》，小方壶斋舆地丛钞本，此据陈显泗、许肇琳、赵和曼、詹方瑶、张万生主编：《中国古籍中的柬埔寨史料》，河南人民出版社，1985 年，第 236～237 页。
② 故宫博物院文献馆：《史料旬刊》（第二十二期），京华印书局，1931 年。

地区前往南洋贸易的船只，均自广东省之虎门峡，经由老万山（注：老万山，即鲁万山）一岛出口。① 广东商人的回航路线，必经七洲大洋（海南岛东部一带洋面）到鲁万山（在广东珠江口外伶仃洋上），再由虎门（在珠江三角洲东南侧）入，计程7 200里。而从柬埔寨到厦门，计水程170更（一昼夜分10更，每更合60里）②。按照这一航线，每当冬春时节，浙、闽、粤省的商人便前往柬埔寨互市。后来，还携丝绸往贸易，及至夏秋始归。③ 据说，"福建商舶所至，大都为旧水真腊之地。④ 经厦门的出洋货物，有漳州的丝绸、沙绢，永春窑的瓷器及各处所出产的雨伞、木屐、布匹、纸扎等。但福建所出产的茶和铁，则严禁出口"⑤。而"柬埔寨华侨中的经营出色者，被推为巨擘。其所贩中国土产，较诸欧洲所贩华物，便宜约达十倍之数"⑥。又据说，"其地所产为鱼、盐，每岁春夏之交，必发洪水，一、二月间水始退，满地皆鱼，民收而贩之外埠，以敷一年食用。今粤人所食咸鱼，盖多由金边国来者"⑦。在柬埔寨与中国的贸易往来中，潮州占十分重要的地位。据载，18 世纪 20 年代清廷准许与暹罗进行大米贸易后，潮州樟林港的远洋航海事业便应运而生，由原来的渔业港转为商业港。为了方便管理，雍正元年（1723）清廷规定各省商、渔船的标识，并进行审批、登记、发牌，随时派兵船巡海稽查。按规定，广东商船大桅杆上部及船头均涂红漆，是为"红头船"的由来。造船人再在涂上红漆的船头画上两只圆圆的大眼睛，浮在水面犹如一条大鱼畅游于海上。第一艘红头船就是从樟林港扬帆起航的。随着第一艘红头船的起航，以红头船为特征的潮州商帮也逐步形成。

当时潮州的海上交通主要有两条：一条是西南行，经南海诸岛，可抵马来半岛与新加坡；一条是东北行，经福建、江浙直达天津。因此，当时樟林港北通闽沪杭、台湾等地，南达越南、泰国、马来亚、印度尼西亚等地。

营运大米是红头船最初的专业。不过这项生意获利甚微，于是，精明的船主们从南洋把奇珍异物（如象犀、珠宝等）、贵重药材（如犀角、肉桂等）、各类物产（如暹绸、胡椒、香料、番藤等）、高级木料（如柚木、桑枝、铁梨木等）

---

① 故宫博物院文献馆：《史料旬刊》（第二十二期），京华印书局，1931 年。

② 《清朝文献通考》卷二九七《柬埔寨》。

③ 《清朝文献通考》卷二九七《柬埔寨》。

④ 周凯等：《厦门志》卷八《番市略·柬埔寨》，道光刻本，此据陈显泗、许肇琳、赵和曼、詹方瑶、张万生主编：《中国古籍中的柬埔寨史料》，河南人民出版社，1985 年，第 238 ~ 239 页。

⑤ 周凯等：《厦门志》卷五《洋船》，道光刻本。南洋，明代中叶郑若曾的《海运图说》即著录此名。

⑥ 阙名：《金边国记》，小方壶斋舆地丛钞本，此据陈显泗、许肇琳、赵和曼、詹方瑶、张万生主编：《中国古籍中的柬埔寨史料》，河南人民出版社，1985 年，第 236 ~ 237 页。

⑦ （清）蔡钧：《出洋琐记》，沔阳李氏铁香室本，此据福建师范大学历史系华侨史资料选辑组编：《晚清海外笔记选》，海洋出版社，1983 年，第 15 页。

运入潮州市场，又把中国南方的产品，如潮州的陶瓷品、潮绣、雕刻、蒜头、麻皮、菜籽等特产，以及中国北方的人参、鹿茸、兽皮、丝绸等极品运入南洋市场，从中赚取厚利。从17世纪末到19世纪五六十年代的一百多年里，樟林港的海运处于全盛时期，南北航线同时繁荣，成为中国海上丝绸之路的重要港口，樟林港也因此在国际上享有盛誉，且在光绪元年（1875）英国出版的世界地图上占据一席之地。海外华侨无论在什么地方，只要在邮包上写上"中国樟林"，邮包便可顺利寄达家乡。

为了联络乡情，寻求归属感，也为了潮州人在侨居地更好地发展，各地纷纷成立潮州人、潮商组织。随着潮商的蓬勃发展，各地的潮州人组织在当地都产生了广泛的影响。康熙四十七年（1708），潮商在苏州重建规模宏大的潮州会馆，乾隆皇帝七下江南就有两次到苏州潮州会馆，这证明潮汕红头船商人在300多年前已经有了完善的商帮组织和巨大的影响力。

从柬埔寨的特殊商情来看，"内网"包括了柬埔寨与越南（基本上是越南南部）的商业联系，"外网"基本上只与华侨的祖国——中国有商业往来。有趣的是，柬埔寨的"内网"与"外网"并不匹配：作为一个长期处于完全自然经济状态的国家，柬埔寨的商业"内网"起步较晚，发展也慢；与之相反，"外网"则起步极早，柬埔寨早在唐宋时期就通过华侨与中国建立了商业联系，且"外网"一直很发达，可以通过许多转运网通达东亚各地。

似乎可以肯定的是，柬埔寨的"外网"跟"内网"是脱钩的，连接中国的商业"外网"只是中国与东南亚庞大的商业网络中一个不大起眼的支点，只与柬埔寨沿海个别地方发生联系，在历史上并没有深度促进"内网"的形成与发展。

第三章　缅　甸

第一节　不同时期各类移民概观

在东南亚，缅甸跟越南一样，是一个与中国接壤且华侨、边民跨境往来频繁的国家。纵观整个清代，除了清初的桂家外，大多数常态化移民是到缅甸寻找生计的中国民工，其中以务农、采矿和经商者为主。他们在缅甸从事的经济活动，形成了一个个"华侨农业区"、"华侨矿业区"和"华侨商业网"。所有这些缅甸华侨的经济活动空间，在地理上与中国云南一带若隐若现地连成一片，形成一个广袤而松散的"经济圈"。

第一节　不同时期各类移民概观

缅甸与中国山水相连，自元以后，代有移民。清代以前，最著名的中国移民群体要数敏家，他们入缅不归，世代居留，成为华裔。关于这一群体的情况，人们多口耳相传，不过也有通过口耳相传得来的文字记录。如元代时，传有福建泉州商人从中国来到下缅甸白古（勃固）一带，人数约3 000。因生活容易，贩其地者十去九不还。① 他们与缅女通婚，繁育后代，到十七八世纪时，形成一大势力，是为敏家（也作闽家）。一说"滇人争传桂家、敏家，故永明入缅所遗种"②。此说不全对，永明入缅所"遗种"只有桂家，敏家入缅早得多。由于敏家移民的时间较早，他们身上的华人特色也退化得比较早，中华文化遗存比较少。当然，由于他们中很多人在缅甸一直以群体的方式生存，故其身上的华人特色就可能退化得慢一点。此外，历史上还有断断续续的零散移民，则难以尽述，但可以肯定零散移民的华人特色很快就退化净尽。

清代移入缅甸的华侨大致可分为两部分：一部分是因特殊历史事件而入缅的"官族"和军人，从时间上看，主要发生在清初；从移民路线来说，是通过滇缅之间的陆路。另一部分就是来自民间的自由移民，从时间上看比较晚，主要发生在19世纪中期以后，主要来源地为广东和福建等中国南方省份；从移民路线来

---

① 见云南腾冲和顺乡《李氏族谱》，第364页。
② 参曹树翘：《滇南杂志》卷一七，华文书局，1969年。

说，他们既是通过滇缅之间的陆路，也是通过海路，但以海路为主。通过海路到缅甸的移民，既有从中国直接到达的，也有从中国移民到东南亚其他地方（如马来半岛）后再移民缅甸的。通过海路来到缅甸的华侨，一般多在缅甸南部，以经商、务农为生。

桂家（Gwe Chia）应是清代华侨史上影响较大的移民缅甸的华侨群体，即清初跟随南明桂王（即永历帝朱由榔）入缅的"官族"，包括文武官员及随从，其后裔也自称"贵家"。① 不过其后之桂家，也包括李定国、白文选等所率领的入缅勤王的南明军中流落缅甸的余部。

关于桂家的入缅过程，历来无大异议，大略是清顺治十六年（南明永历十四年，1659），永历帝率随从 1 470 人，分水、陆两路入缅避难。② 陆行者至亚哇城（即阿瓦，今曼德勒）对河屯驻。缅王恐其作乱，便将其分散到各村庄居住。永历帝率领随从由水路至者梗（亦名井梗、赭径，今实阶），建草房十间，权且栖身，实际上形同囚禁，备受虐待凌辱。同年，明遗将李定国、白文选等率大军数万人入缅"救驾"，到清康熙元年（1662），先后转战于滇西、缅北和暹罗北部一带，卒"救驾"未果。缅王莽白（缅名 Pye）篡位后，即在咒水加害永历帝一行，其时被杀者达数百人，永历帝被囚禁，史称"咒水之祸"，时为清顺治十八年（南明永历十六年，1661）七月。到十二月，吴三桂率清兵至阿瓦，要缅方交出永历帝。缅王无力抵御，执永历帝以献。同年，永历帝被绞杀于昆明。"咒水之祸"所余 340 人，多逃散于缅甸北部各地，逐渐演变为桂家；而随李定国、白文选部入缅官兵中，流落缅北及滇缅边境者甚众，百余年后，生聚日盛，自成部族，亦为桂家。③例如，清光绪六年（1880）前后统治了果敢地区并开始了果敢80 多年的世袭土司制度的杨氏，据其家谱记载，先世祖籍南京应天府上元县柳树湾大石板，明初随西平侯沐英征南，落籍于云南顺宁。始祖杨高学于明末随桂王朱由榔辗转入缅，桂王死，率众逃隐于果敢火烧寨，是为杨家一世祖。

桂家十分类似于越南的"明乡"。他们羁留缅甸之初，复明之心未泯，便于缅甸建望乡台，定期纪念，以示不忘宿志。然而，时移岁易，随着桂家与当地人通婚并在此定居，日渐融入当地，为求生存，他们在当地务农、经商，久而久

---

① 《清史稿》卷五二八《缅甸》，第 14661 ~ 14662 页，此据余定邦、黄重言编：《中国古籍中有关缅甸资料汇编》（中），中华书局，2002 年，第 437 页。

② 陈炎：《中缅文化交流两千年》，载周一良：《中外文化交流史》，河南人民出版社，1987 年，第 28 页。另说，随行有马 940 匹。参朱杰勤、黄邦和主编：《中外关系史辞典》，湖北人民出版社，1992 年，第 279 页。

③ （清）吴楷：《乾隆腾越州志》卷一〇《边防》，《缅考》。另一说，李、白等入缅勤王将士三四万人，其余部至 1662 年尚有 25 000 人。参吴凤斌主编：《东南亚华侨通史》，福建人民出版社，1994 年，第 194 页。又，清廷档案中，常有"鬼家"之称，即桂家。

之，便渐渐失去明臣之实。①且以果敢为例，此地的汉族系桂家部下的后裔，当初为躲避清兵而入山，因该地山多林密，交通不便，便与当地少数民族杂处。云南边境官员把他们当作"化外之人"，不予究问，因而得以生存繁衍。到18世纪后期，才由木邦土司收管（果敢周围多为木邦领地），成为一个大伙头管辖地。每年除征收应缴纳的赋税外，其他一概不予过问。果敢早年属木邦坐把辖下的一个"茅扎"（意小土司），于清末正式划归英国统治，但自19世纪中叶起，已成为"汉多夷少"的地区。

按理，多代之后的混血儿，虽然身上还流着祖先的血，也许还残留着中国文化的某些"碎片"，对祖（籍）国的感情应该是日趋淡薄了，但历史资料表明，多代混血儿之后的桂家依然有着很浓的故国情结。话说到晚清时，曾有云南人到缅甸勃固经商，见颇多村居。"村人见滇客，惊喜之，曰吾老家人也，延至其家，饮食待之。村中闻有老家人至，也各具馈招待，黄发垂发者，争以得见老家人为乐。问其故，云，昔祖上数千人从桂家至此，见地旷无居人，乃分散居之。此间乐，不复思老家。然见老家人来，辄相爱留数日始听客去，其他客至，亦如是。"② 这种不逝的故国与家乡情结，可能与其长期作为外来群居移民，同时没有受到外来的"去中华化"压力有关。

不过到了乾隆二十四年（1759），情况发生了变化：缅军洗劫了波龙银矿。到乾隆二十七年（1762）宫里雁被害后，桂家和敏家双双遭受厄难，遂散居各地。敏家与克伦族通婚融化，桂家则与掸族联姻，成为缅甸掸族的拉裕支系。约在宫里雁之时，桂家在缅甸已有许多新、旧华侨华裔，后统称为中缅混血儿。但由于语言相通，血脉相连，生活习惯相同，加上互通婚姻与生意往来，他们与中国的民间交往仍然非常密切。可以说，在缅甸与越南这两个在清代同时出现"遗臣遗民式"华侨的国家，他们的命运和结局大异其趣。

缅甸还有一小部分华侨移民是通过战争这种特殊形式留居下来的。清朝与缅甸曾爆发过两次战争，一次在乾隆十二年（1747），另一次在乾隆三十四年（1769），清军两次号称"征缅"，均无功而返。因和谈时战俘问题未获解决，被俘以及失散的士兵数以千计，便在缅甸居留下来，成为华侨。③ 他们在当地以种植或其他工艺为生，并与缅女通婚。其后裔称"胞波"，意亲戚也。

把缅甸的移民现象与越南稍作比较就不难发现，两国都发生过中国前朝遗臣遗民逃离本国从而成为华侨的现象。缅甸有桂家，越南有鄭玖、杨彦迪与陈上川

---

① （清）师范：《滇系·典故》，光绪丁亥重刻本，第43~50页。
② （清）曹树翘：《滇南杂志》卷一七，申报馆排印本，第14~15页。
③ 其中在阿瓦的战俘有2 500人（据哈威：《缅甸史》）。参吴凤斌主编：《东南亚华侨通史》，福建人民出版社，1994年，第135页。

等率领的明朝军人及其家属；他们都属于有组织的、偶发性的非常态化移民群体，来到目的地后以群体中的地缘、血缘关系为基础散居下来。不同的是，缅甸的桂家较少受到当地政府的约束，大体上长期处于自治状态；越南的明朝军人开始时尚处于相对较高的自治状态，后来便处于当地政府的有效管治之下。历史所安排的结局也富有戏剧性：缅甸的桂家长期以族群的形式生存下来；越南的明朝遗臣遗民则在一两代后，便已完全融入当地社会。

就祖籍地的文化演变而言，缅甸的桂家和越南的"明乡"有相似的结局：由于他们从祖籍地带来的文化在新的居住地处于"孤岛"状态，难以与祖籍地产生互联，相反与新居住地的文化发生交融，因此，他们从故国带来的文化便在交融中产生裂变，在经过数代之后，祖籍地的文化便逐渐"当地化"，只有某些文化因子以"碎片"的形式留存下来。

其次是以广东籍和福建籍华侨移民为主的民间自由移民。

作为一个跟越南一样与中国存在着共同陆地边界的国家，缅甸也有源源不断的往返于两国之间的民间矿工与民间商人，其中的留缅不归者，便成为"单程移民"。实际上，到缅甸去的矿工属于当时的"产业技术移民"，他们的移民方式跟越南的同类移民异曲同工，即从中国移出时是非组织的，而到了目的地，则是高度组织的——主要通过地缘关系组织起来。他们的移民过程，没有政府推动的因素。由于经济利益的驱动和社会发展的需求，这一类移民的行为事实上是常态化的。

早在明代中期以后，到缅甸定居的华侨商人和手工业者就开始增多。他们多聚居于当年元朝军队屯兵的八莫一带。明万历年间成书的《西南夷风土记》写道："江头城外有大明街，闽、广、江、蜀属货游艺者数万，而三宣六慰被携者亦数万。"[1]江头城，即今八莫东南 40 公里处的老官屯，明朝所置之蛮莫土司即在此。

清代流入缅甸的这一类型的移民基本上是涓流式的，虽个别时候流量骤增或骤减，但从未中断过。其中最引人注目的是广东籍和福建籍华侨。

广东华侨以四邑人最多，其中台山（光绪三十年即 1904 年前称新宁）人占大多数，此外还有中山人、梅县人、广州人等。现仰光市中心的"广东大街"（英殖民地时代称 Dalhousie 街，缅甸独立即 1948 年后改为 Maha Bandoola 街）就是因为广东人多、广东会馆多而得名。

台山人以到美国淘金和修铁路而闻名，实际上他们早在 16 世纪就成批地移民东南亚，缅甸是他们到东南亚的移民路线的重要落脚地。据说，缅甸华侨称呼

---

① （明）朱孟震：《西南夷风土记》，商务印书馆，1936 年。

台山籍华侨为"马交人"。"马交"，即澳门（Macao），是葡萄牙人对澳门的称呼。因台山籍华侨早年多从澳门登船去缅甸谋生，故有此称。缅甸华侨称台山华侨为"马交人"具体始于什么时候，今已难以查证。葡萄牙人在明嘉靖三十二年（1553）入居邻近台山的澳门后，就有不少台山人从澳门乘船到马来亚的槟城，再到缅南的丹老（墨吉）、毛淡棉，最后到达仰光。台山话曾经是粤侨中的主要通用语言。中山人、梅县人、广州人、福建人都可以讲流利的台山话，有少量缅甸人、印度人也可以讲简单的台山话。台山人居住在仰光的最多，其次是第二大城市曼德勒（华人称瓦城），此外还有缅南的勃生市、毛淡棉市，缅北的东枝和腊戌市等数十个中小城市。初到缅甸的台山人以木匠、铁匠为主，之后转到土木建筑业，所以缅甸首都仰光市"广东大街"的建筑物与广州、台山的有相似之处。台山人后来遍及饮食、五金、运输、机械、制革、中医等各行各业。①

来自福建的华侨主要为商贩，他们多集中在缅南。福建华侨移民缅甸南部比较集中的一段时间是在三次英缅战争期间（1824—1885）。其时英军为了建筑官署、营房、住宅及公路、桥梁，需要大批工匠，便从马来亚招雇了大批华侨技工。因此，在这段时期内，除了从马六甲、槟榔屿移居缅甸的福建华侨外，闽南一带相率渡海到缅甸南部的土瓦、丹老谋生者也日益增多，后扩展到毛淡棉和仰光。② 在 19 世纪中期，到缅南各埠经商的中国帆船大多是闽帮青头船。③ 但在英国人统治了缅甸后，海峡殖民地很多闽籍华侨大量移入下缅甸，他们先到仰光，再转赴缅南各地，少数闽商深入上缅甸。

19 世纪中期后，虽然上缅甸华侨仍然多来自陆路，下缅甸华侨多来自水路，但上缅甸华侨在全缅华侨中的比例已大为降低；反之，下缅甸华侨的比例大为上升。究其原因，一方面是由于下缅甸开发较快，华侨增多；另一方面是因为以前数万华工聚集在北部采矿，后来矿厂逐渐衰落，清政府又许进不许出，致使矿工日渐减少。与此同时，聚居在八莫的华商也因英商的竞争日益加剧而减少。

福建华侨中最值得一提的是南洋著名华侨企业家、报业家、慈善家和被称为南洋华侨传奇人物的胡文虎。他是客家人，出生于泰国仰光华侨家庭，祖籍福建省永定县下洋镇。10 岁时奉父命回国学习中文，4 年后返回仰光，料理永安堂药行业务，并学习中医。随着药行事业的发展，他开始聘请中西医师，苦心研究中

---

① 许云：《台山侨代会上的缅甸归侨》。此文于 2007 年 9 月 5 日在香港第四届世界缅华同侨联谊大会上宣读，2007 年 9 月 24 日在澳门《乐报》发表。该文说，1962 年之前的两百余年，台山人移民到缅甸从没间断过，1963 年后缅甸政府不接受新的移民，台山人移民缅甸也就画上句号。据学者后来估计，在缅甸的华侨每 6 人之中有一个是台山人。据非正式统计，目前在缅甸的华侨华人在 130 万～150 万。

② 福建省地方志编纂委员会编：《福建省志·华侨志》，福建人民出版社，1992 年，第 100 页。

③ 《缅甸华侨志》，第 101 页，参吴凤斌主编：《东南亚华侨通史》，福建人民出版社，1994 年，第259 页。

外医理，采择中、缅古方，最终研制出功效卓著的中国膏、丹、丸、散良方成药百余种，制成万金油、头痛粉等良药，畅销中国和东南亚各国，同时也风行欧美各国。他从继承父亲在仰光的一家中药店开始，便在制药方面崭露头角，以虎标万金油等成药致富，号称"万金油大王"。他发家后，以大众之财，还诸大众，热心于兴办慈善事业和赞助文化教育事业，因而也是有名的大慈善家。

概而言之，自清中叶以后，旅居缅甸的华侨已经遍布全国。19世纪中期以后，移民流量大增。光绪十七年（1891），缅甸已有华侨37 000人。宣统三年（1911），缅甸政府的户口调查结果显示，全缅华侨人数为12.2万。[①] 一说，咸丰十一年（1861）缅甸有华侨1万人，光绪二十七年（1901）增加到43 000人，年平均增加1 100人。宣统三年（1911）达到12.4万人，即自光绪十七年（1891）以来，年平均增加4 000余人，[②] 可见增长趋势在加快。

缅甸华侨的特点可以归结为：从地籍，同行业，娶缅女。因为华侨多来自云南、广东、福建等省，各从籍贯群居，并占据某地之某一行业。[③] 漾贡（仰光）一地，华侨皆纳缅妇为室，未见中土女人。[④] 娶当地妇女为妻，属于世界各地早年华侨社会的普遍现象，缅甸华侨社会中的这一现象可能更突出。华侨娶缅女无疑会加快他们融入当地社会的步伐。

第二节　华侨个体农业与华侨农业区

缅甸与中国相邻，华侨在缅甸的经济开发一定程度上受中国云南一带经济发展的带动。也可以说，缅甸的经济开发是云南经济发展在地理上的延伸。从产业上说，这种延伸既表现在农业和矿业上，又表现在商业上。

缅甸也是东南亚地区一个有大批量华侨从事农业的国家。缅甸地广人稀，政府对农业包括华侨农业采取鼓励政策，只缴纳少量地租即可随意耕种，因而缅甸的华侨农业十分发达。但缅甸的华侨农业中，有华侨个体农业与集体性的华侨农业区之别。

---

① 《南洋年鉴》，第167～168页；《缅甸华侨志》，第111～112页。据吴凤斌主编：《东南亚华侨通史》，福建人民出版社，1994年。

② 人口数字见 B. Φ. 瓦西里耶夫：《缅甸的华人村社》，转录自《外国学者关于中世纪华侨史的研究》，《中国史研究动态》1988年第10期。

③ 参（清）王芝：《海客日谭》，广文书局，1970年。王芝，云南人，1871年经缅甸、印度到英国。

④ 参（清）黄懋材：《西輏日记》，（清）王锡祺：《小方壶斋舆地丛钞》（第十帙），杭州古籍书店，1985年，第418页。黄懋材，1879年经缅甸赴印度。

一、华侨个体农业

华侨在缅甸从事农业劳动的历史很悠久，最迟在明代就已开始。清初，随明永历帝逃入缅甸的部分随从人员，随李定国、白文选入缅"迎驾"的部分官兵，随吴三桂到阿瓦城执获永历帝的部分官兵，以及其他入缅未归人员和失散兵士在留居缅甸后，便以农业为生，或种田，或打鱼，或两者兼而为之，或亦农亦商。乾隆年间的清缅战争结束后，大批战俘羁留缅京，或事种植，或事工艺。[①] 此外，在缅甸务农者，还有各省私自入缅的民众和不同时期从其他地方入缅者。到乾隆年间，华侨已经遍布全缅，因此其中之务农者也已遍布全缅。据1783—1808年在缅甸传教的意大利人、天主教圣基曼努神父在其所著《缅甸帝国》一书中说，从云南、广东和其他各省来的中国人，以及从马来半岛来的华侨，已繁衍遍布全缅，许多村落中的巨室都是华侨。[②] 但从上述描述还看不出缅甸的华侨农业是否已经形成了农业区的规模，尽管华侨在缅甸务农者甚众，分布也广及全国。这里姑且将之看作分散的个体农业或以一家一户为单位的家庭农业。基曼努神父说的许多村落中的巨室，倒透露出华侨个体自耕户的信息：他们是富户。

二、华侨农业区

在缅甸毛淡棉，也有华侨农民在丘陵东岭顶以种果树和蔬菜为生。华侨还种马铃薯，传系得自印尼，种于珊邦火荷及旺板等地，称为"珊邦千谷"。英国占领缅甸后，开始大量种植。此外，还种茶、花卉、树胶，畜养牛、羊、猪、鸡、鸭、捕鱼、伐木及采珠等。顺便指出，在缅甸，大米是该国主要输出的大宗商品，碾米业极为发达。因此，华侨也投资绞米厂的生产。[③] 虽然很难对从事蔬菜和水果种植的缅甸华侨农业区做精确的统计分析，但可以肯定，这一类型的农业区数不胜数。据史料所载，下面的华侨农业区肯定存在过，可以作为清代缅甸的华侨农业区的代表：

（1）乾隆四十年（1775）前，居住在仰光唐人坡一带的华侨多为船户，在江岸建有码头，被称为"中国码头"。此外，尚有以种菜、养猪为业者。[④] "中国码头"显然已经成为一个"商标"。既然这个地方冠以"中国"二字，说明居住

---

① 哈威著，姚枬译，陈炎校订：《缅甸史》，商务印书馆，1947 年，第 52 页。
② 参吴凤斌主编：《东南亚华侨通史》，福建人民出版社，1994 年，第 135 页。
③ 参吴凤斌主编：《东南亚华侨通史》，福建人民出版社，1994 年，第 396 页。
④ 华侨志编纂委员会编：《缅甸华侨志》，华侨志编纂委员会，1967 年，第 10 页。

在这里的华侨甚众，华侨农业区的性质一目了然。在其下，各业并举，包括蔬菜种植、牲畜饲养等，但既然多为船户，很可能以捕鱼为主业。

（2）19世纪以来，中国人已在缅甸北部进行甘蔗种植和加工。① 道光三年（1823），在距阿瓦数英里处，有中国人的甘蔗园，能制出极好的红糖，可与最好的古巴糖媲美。② 虽然从这里的描述不大能看得出是否为个体农业，但甘蔗种植和加工的集体化程度极高，因此这个（些）甘蔗园应被看作专业的华侨农业区了。

（3）在缅北，萨尔温江两岸河谷中有近十万华侨从事耕种、畜牧与山道贸易。华侨开发了大量荒地，建立村镇，畜养牛、羊、马等。③ 虽然这些不能说明这一带华侨农业的组织程度（不排除其中很多是个体农业户），但是，近十万华侨从事多种经营，且建立起自己的村镇，已足可以被看成华侨农业区了。

应该指出的是，缅甸的华侨农业区没有封闭和停滞的迹象。到了晚清，随着缅甸殖民化的加深，与世界联系的加强，农产品特别是水稻产品被纳入国际市场，由此也带动了华侨农业的发展，越来越多的个体农业点和华侨农业区不断产生。粤侨是最先在缅甸经营米业的，1869年苏伊士运河通航后，缅米可输往欧洲，华侨船只可以直驶至下缅甸三角洲购米。于是，很多上缅甸人和华侨南迁下缅甸辟地耕垦，下缅甸的华侨农业呈欣欣向荣景象。

除了水稻种植外，蔬菜和水果种植也是华侨农业一个十分重要的方面。因华侨较易得到蔬菜专卖权，很多华侨便从事蔬菜种植。华侨在缅京种植的蔬菜有芹菜、韭菜、油菜、荞头、蚕豆等。水果则有荔枝、红枣、枇杷、梅子、桃子、柿子等。这些蔬菜、水果均从中国传入。缅甸人在其前面都加上缅语"德田"（意即"中国"），或直接借用汉语音译命名，成为缅甸文的新词汇。不过，有关清代缅甸华侨蔬菜和水果种植业的生产形态——华侨个体农业与华侨农业区的分布情况，还可以继续探讨。

---

① 陈义性（译音）：《上缅甸的华人》，《南洋问题资料译丛》1982年第2期，第27页。
② 参吴凤斌主编：《东南亚华侨通史》，福建人民出版社，1994年，第136页。
③ 华侨志编纂委员会编：《缅甸华侨志》，华侨志编纂委员会，1967年，第259~260页。

第三节　多种矿种开发与华侨矿业区

一、华侨入缅开矿因由分析

清代以前，缅甸已经存在零散的华侨矿业，但清代缅甸的华侨矿业开发明显增多，缅甸国内的华侨矿业区也明显增多。从中国方面来看，这与清军入驻云南密切相关。正是因为清兵在云南的长期驻扎，才推动了云南的矿业发展，又连锁性地推进了缅甸的华侨矿业发展。这种情况，与清军入滇使一批明朝遗民在缅甸落户从而催生了缅甸的华侨农业一样，两者有异曲同工之妙。

清兵入关后一段时期内，云南相继被南明永历帝和吴三桂占据，成为反清基地，战争连绵。康熙二十年（1681），清军入滇，云南境内的战乱很快被平息，于是，云南便处于清政府的直接统治之下。这造成了两方面的后果：一是清王朝在云南留驻了大批绿营兵，需要军饷开支；二是随着国内市场的发展，需要大量货币作为市场交换的媒介。铜币的缺乏严重影响了商品经济的发展。在这种情况下，云南丰富的铜矿资源得到了开发。康熙二十一年（1682），云贵总督蔡毓荣上了著名的《筹滇十议疏》，其中一疏提到了解决财政困难的办法，最主要的就是"广鼓铸"和"开矿藏"。[1] 广鼓铸就是多铸钱以收余息（即铸币税）。值得注意的是，当时的中国，除了云南享受矿业开发的特殊政策外，其他地方的矿业都还没有开禁，全国范围内的解禁要到乾隆初年。[2] 雍正四年、五年，原属四川的东川府和乌蒙、镇雄两地先后归属云南，[3] 后二者经过改流，设昭通府和镇雄直隶州（不久镇雄又改为散州，隶昭通）。很快，这一地区的矿业就因为云南鼓励开矿的政策和"改土归流"扫清了障碍而飞速发展起来，带动了清代云南矿业走向极盛，成为清代云南，乃至全国最主要的铜产区。[4] 云南矿业的发展为这一产业从地理上延伸到缅甸创造了重要条件。

当然，清代云南所开的矿跟华侨在缅甸所开的矿不同，云南主要采铜，缅甸则主要采银和锡，不同的矿藏，在采矿条件、成本等方面是不一样的。没有记载

---

[1]　（清）蔡毓荣：《筹滇理财疏》，贺长龄：《皇朝经世文编》卷二六，1887。
[2]　参看韦庆远：《关于清代前期矿业政策的一场大论战》，见韦庆远：《档房论史文编》，福建人民出版社，1984年，第70～148页。
[3]　参看倪蜕：《滇云历年传》卷一二，云南大学出版社，1992年。
[4]　杨煜达：《清代中期（公元1726—1855年）滇东北的铜业开发与环境变迁》，《中国史研究》2004年第3期。

说明缅甸华侨的采矿条件与成本，但不妨以云南的情况为例作一说明。据分析，在云南采铜所需的主要材料，一是炭（用以炼矿为铜），二是油（供矿洞照明用），三是镶木（即洞中用以支撑的木料，耗量甚大），四是铁（为开矿用的工具），五是盐（用以和泥搪炉），六是树根（用于煅矿）。①另需柴薪，除日用外，开矿时亦需用。这些消耗中，最主要的是炭的消耗。此外，由于当时技术条件落后，在采矿中遇到坚硬岩石时，必须使用火烧再泼水冷却的传统方法来处理；成品铜要运往外地，外地的米、油、炭、木材等要运往矿区，这意味着数以万吨的物资需要马、骡和牛来驮运。这就要求新修和扩建道路，包括在山势陡峭的地方劈山修路。据记载，其时每采炼 100 斤铜，矿民要亏损一两多银子，每年千万斤以上的官铜收购量，矿民要亏损十多万两，这还不包括官吏的陋规和贪污中饱。尽管如此，仍有一些矿民因采到高品位、易炼制的矿而发财。不过，这也意味着多数矿民是亏损的。因此，当时即使有官府预支铜本，也很少有人愿意来冒险。其实，清代云南铜矿业能维持长时间的高产，对投资开发的矿民来说至少在平均水平上是不亏损的。那么，不足的部分从何而来？就是私铜。私铜之市场价格，远高于官铜。私铜的来源大致有两种：一种是"小厂之收买，涣散莫纪也……每以一炉之铜，纳官二三十斤，酬客长炉头几斤，余则听其怀携，远卖他方"②；另一种则是大厂之厂员、厂民相互默契私卖以牟利。③

根据上述情况，可以对缅甸的采矿情况进行推理：其一，缅甸华侨所采之矿虽与云南不大一样，但矿业的高投入与专业化，矿工的艰辛，必与云南大同小异。其二，云南矿业，既有公营，也有私营，一般是"公亏私赚"，两者相抵，总体持平。公营之亏，主因是官府盘剥等，私营没有了这一层，因而绝对赚钱。缅甸的华侨矿业纯属私营，没有官府盘剥，故赚钱是没有疑问的，由此就可以解释为什么华侨对到缅甸开矿趋之若鹜了。当然，即使是在缅甸，最主要的赚钱者，仍然是"矿头"老板、承包商和各级中介商，下层矿工不过分得一点蝇头微利罢了。

文献记载："云南省山多田少，地鲜恒产，但产五金，滇民遂以之作为生计，江、广、黔等省民众，亦多来滇开采。采矿之业，也因而延至缅甸。然缅甸虽富矿产，民却不谙冶炼，故多中国内地人前往开采，食力谋生，缅人亦乐与分享其利。清政府虽然定例禁止内地民人潜越开矿，但边地土司及徼外的一切食用货

---

① 见（清）吴其浚：《滇南矿厂图略》卷上，"用"条，《续修四库全书》编纂委员会编：《续修四库全书·史部》（第 880 册），上海古籍出版社，1996 年。

② （清）王太岳：《论铜政利病状》。

③ 杨煜达：《清代中期（公元 1726—1855 年）滇东北的铜业开发与环境变迁》，《中国史研究》2004 年第 3 期。

物，或由内地贩往，或自外地贩来，彼此相需，是故，向来两地间贸易，不在禁例，只查有无违禁之物，便可放行。贸易商民若遇资财损失而欲归无计，也不得不在缅地从事矿业谋生。因之，在缅甸打槽开矿及厂际贸易者，常达万人乃至数万人之众。其平常出入两地，常携带货物，故在缅甸的矿工与商贾无异。因涉及万人衣食，同时以缅地之余，也有利于补内地之不足，故边境当局对此状况从不断然禁止。边境内外各矿厂，除发生战事，从无不宁。"① 这样，云南的矿业开发便与缅甸连成一片，华侨参与其中，从开采到运输、销售，在地理上连为一体，形成一条潜在的滇缅华侨矿业经济带。

有清一代，多有源源不断往返于两地的内地矿工与商人，其中的矿工则参与各类矿藏的开采。在北缅甸，形成了诸多矿业区，其中最著名者数波龙银矿区、茂隆银矿区、缅北宝石矿业区和缅南土瓦锡矿区。

二、两大华侨矿业区——波龙银矿与茂隆银矿

缅甸有两大华侨矿业区——波龙银矿与茂隆银矿，下面分别做一简单描述。

波龙（Bowtwin），今译包德温，亦名波顿、波童，缅文意银矿，位于腊戌西北。其地层峦叠嶂，高峻异常，道旁树木丛杂。所过村寨，皆在山谷。② 明永乐十年（1412），中国人始开采之。③ 雍正元年（1723），因故停歇。④ 乾隆元年（1736），经桂家杰出人物宫里雁重新整顿后，渐达兴旺。

宫里雁，李定国部下宫氏的后裔，祖籍江宁。其妻囊占（一作囊古）为掸族，是当地孟良土司之女。⑤ 18 世纪上半叶，宫里雁年轻时，见销售棉花可获厚利，就把各自独立的采购商组织起来进行经营，并大获成功。又以积累下来的资财用于振兴波龙银矿。

在宫里雁的主掌下，波龙银矿逐渐发展壮大，成为一个显赫的华侨矿业区。首先，从银矿的规模、矿工的构成和人数来看，相当可观。据记载，前来波龙以

① 《清高祖实录》卷二六九，第 30~32 页，此据余定邦、黄重言编：《中国古籍中有关缅甸资料汇编》（中），中华书局，2002 年，第 437 页。

② 周裕：《从征缅甸日记》，"波龙山"条，中华书局，1991 年。

③ H. L. Chibber, The Mineral Resource of Burma, MacMillan, p. 16；陈序经：《南洋与中国》，西南社会经济研究所，1948 年，第 55 页；〔日〕铃木中正、荻原弘明：《贵家宫里雁与缅甸华侨》，中外关系史学会编：《中外关系史译丛》（第三辑），上海译文出版社，1986 年，第 16 页。

④ 《乾隆七年五月二十日署云南总督巡抚张允随奏折》，朱批奏折，工业类，中国第一历史档案馆。

⑤ 俞正燮：《缅甸东北两路地形考》，据吴凤斌主编：《东南亚华侨通史》，福建人民出版社，1994 年，第 195 页。

采银矿为生者，多为内地贫民，来自江西、湖广及云南大理、永昌等地。① 波龙银矿分老厂、新厂，民居延数里，矿工达四万之多，② 商贾云集，比屋列肆，俨然一大镇，富甲诸邦。③ 其次，从银矿的运作来看，则完全由华侨自行管理。因当地人不习冶炼之法，故任由中国人开采，彼只管收税。计波龙银矿人均获利达三四十两银，则岁常被带回内地之银有一百余万两。④ 当然，上述描述只是整个银矿大体系里的主体部分。一个如此大型的银矿，还必须包括相应规模的后勤和服务体系。所有这一切，构成了一个庞大的华侨矿业区。由此可见，作为相对独立的经济单元，波龙银矿是一个由清一色华侨组成的矿业区，其独立程度极高，基本上不受缅甸当局的控制。其实，这也是缅甸所有的华侨矿业区的基本特点。

波龙银矿还有一个突出特点是其组织的半军事化。据记载，当时的矿工均被编成军队式自卫组织，平时采矿，战时打仗。北缅甸的新旧华工、华商、华裔（包括从中国出逃的罪犯），均团结在宫里雁旗下，此外还集合了下缅甸的敏家（Gwe Karen），形成缅甸当时一大势力。时北缅甸还有其他矿厂，常受欺辱，因亦喜邀桂家力量为之御，每请必往。⑤

有趣的是，像波龙银矿这样一个显赫一时的华侨矿业区的兴衰，却系于一个当地强人——宫里雁身上。宫里雁的人身安危直接影响到波龙银矿的命运。乾隆二十七年（1762），宫里雁在与清朝统治者的斗争中被害。波龙银矿遂一蹶不振，矿工大多散去，以后又遭战火洗劫，成为废址。18 世纪末，波龙银矿曾一度复兴，到 19 世纪上半叶，矿工尚有一两万人，⑥ 新旧锡矿窿洞达数十个。光绪十一年（1885）英国占据缅甸后，重新勘探波龙山，组织缅甸公司，购置机器，于光绪二十四年（1898）再度开采，矿工仍为华侨。初创时无甚获利。至民国后第一次世界大战爆发，铅银价高涨，乃大获其利。前时华侨所遗弃的矿渣（含铅、锌、铜、锑、镍等），亦被重新熔炼成铅条，售往欧洲，获利匪浅，此是后话。

茂隆银矿（厂），缅文意"大银厂"，又名募龙（隆）银矿、炉房银厂，位于云南西部班洪地区，明代业已开采。它是另一个跟波龙银矿有着异曲同工之妙的华侨矿业区。最突出的一点是，茂隆银矿的兴起同样有赖于一个当地强人——

① （清）王昶：《征缅记略》卷一，（清）王锡祺：《小方壶斋舆地丛钞》（第十帙），杭州古籍书店，1985 年。

② （清）赵翼：《平定缅甸略述》，《粤滇杂记》。王之春：《国朝柔远记》卷五记载波龙厂矿工有数十万。

③ （清）周裕：《从征缅甸日记》，（清）魏源：《圣武记》，世界书局，1936 年。

④ （清）赵翼：《平定缅甸略述》，《粤滇杂记》。

⑤ （清）师范：《滇系》（第四册）《典故》，光绪丁亥重刻本，第 43～50 页。

⑥ ［日］铃木中正、荻原弘明：《贵家宫里雁与缅甸华侨》。

吴尚贤。吴尚贤为云南石屏人，乾隆初，他因家贫，出走滇缅间之葫芦国。① 乾隆八年（1743）元月二十二日，吴尚贤与葫芦国蚌筑王签订租让矿场协定，"任凭厂主设官开采"②。吴尚贤乃招收大量华工前来开采。乾隆十年（1745）六月，开获堂矿，厂地大旺。③ 乾隆十一年（1746），吴尚贤说服蚌筑以其地葫芦国归附清朝，以交纳矿税作为贡赋。清朝接受之，并任命吴尚贤为茂隆厂课长，继续开采。

作为另一个纯粹由华侨组成的矿业区，茂隆银矿的规模也非常庞大。其矿工人数在茂隆改属清朝后大为增长，乾隆十一年（1746）仅二三万人，④ 到乾隆十六年（1751），即已达数十万，他们多为内地贫苦民众。茂隆银矿因产量高而闻名遐迩。⑤ 在吴尚贤主掌期间，茂隆银矿总产银 228 900 两，其中成本与工资 105 294 两（占 46%）；购买土地 89 271 两（占 39%）；支尚贤乾隆十四年（1749）捐四川遵化县通判一职（官名吴枝）支 20 601 两（占 9%）；其他开支 13 734 两（占 6%）。⑥

同样有趣的是，吴尚贤也把茂隆银矿变成既是生产组织又是军事组织，即平时生产，战时打仗的模式。厂内无尊卑之别，皆以兄弟相称。大爷主厂，二爷统众，三爷主兵。⑦ 矿工多骁勇善战。一有警，则兄弟全出。尚贤虽身形小，然临阵辄先。⑧ 同波龙银矿一样，茂隆银矿也因一人之兴而兴，因一人之衰而衰。实际上，清朝早有将吴尚贤从茂隆厂撵走之意。乾隆十六年（1751），云贵总督硕色等奏请：吴尚贤非安分之人，难任久居徼外，当即选人更替，并任之以滇省最简之缺，俾其不能潜往茂隆。茂隆厂现有之二三万名矿工，酌筹渐次解散之法，可加紧口隘稽查，许入不许出，待其渐次渐少。后有大学士献谋，待吴尚贤陪同缅使来京后，回程另派人送行，而让吴尚贤居住省城，安分守法，倘或显违约束，即拘禁办理。此议得到乾隆帝批准。⑨ 是故，当乾隆十六年（1751）吴尚贤

① 葛绥成：《中国人在南洋之伟绩》，《南洋研究》1994 年第 11 卷第 2 期；《殖民南洋十五伟人事略》，《南洋研究》1928 年第 2 卷第 3 期，第 140 页。
② 《吴尚贤与蚌筑立开矿木楔原文》，方国渝：《滇西边庄考察记》，《炉房银厂故实录》，1943 年。
③ 乾隆十年十一月三日兵郡为内阁抄出云南总督张允随奏移会。亦参中央研究院历史语言研究所编：《明清史料》庚编第七本，商务印书馆，1936 年，第 602~603 页。
④ 《大清高宗纯皇帝实录》卷二六九，乾隆十一年元月甲午，第 30~31 页。
⑤ 《大清高宗纯皇帝实录》卷二六九，乾隆十一年元月甲午，第 30~31 页。
⑥ "国立"故宫博物馆图书文献处文献科编：《乾隆十七年三月云贵总督硕色奏吴尚贤不法情形折》，《宫中档乾隆朝奏折》（第二辑），"国立"故宫博物馆，1982 年。
⑦ 宁超：《桂家、敏家及其与乾隆年间的中缅之战》，中国东南亚研究会编：《东南亚史论文集》，河南人民出版社，1987 年，第 327 页。
⑧ （清）师范：《滇系》（第四册）《典故》，光绪丁亥重刻本，第 43~50 页。
⑨ 《清高宗实录》卷三九三，第 6~8 页。

再度陪同缅甸阿瓦王使者访问中国时，吴尚贤即被云南地方官员诱执入狱致死。茂隆厂自此走下坡路。[①] 之后，清朝曾试行改变茂隆银矿管理方式，但最终仍实行"课长制"。[②] 先后任课长者，有唐启虞（原在厂商人，湖南衡州府人）、王朝臣（云南楚雄府人）、杨公亮（云南顺宁府人），均三年一更换。[③] 时茂隆厂矿工日渐减少，亦因清朝严控矿工出国，许进不许出之故。茂隆厂从此渐至衰落，到嘉庆五年（1800）关闭。

波龙银矿与茂隆银矿得以长期经营，首先，源于其人数众多，力量强大，当地酋长无力控制，反而对其首领宫里雁、吴尚贤非常敬畏。[④] 其次，南缅甸的勃固政权与阿瓦的东吁王朝及其后的雍籍牙政权长期征战，各方都无暇征伐清缅边境的华侨武装经济集团。华侨社会的自治权甚至不需要获得当地政权形式上的承认。波龙银矿与茂隆银矿的衰落是清朝统治者构陷宫里雁、囚禁吴尚贤的结果。[⑤]

三、缅北众多的华侨宝石矿业区

缅甸向来以产宝石闻名于世，也有悠久的华侨开采宝矿的历史。13世纪以降，中国人就在缅甸开采宝石。[⑥] 到清代，开采者仍络绎不绝。缅甸政府对宝石矿管制甚严，每年只准开采一处。为策安全，免遭袭击，中国商人常组成大商队在两国间运输货物，并请当地人带路，货物包括宝石等。由此可见，清代以降，缅甸就已存在开采、运输和销售一条龙的华侨宝石矿业区。有趣的是，这类矿业区每年只开一个，是缅甸官方宏观上予以控制的结果。也就是说，宝石矿业区与上述两个银矿区不同，宝石矿业区掌控在缅甸政府手中，而银矿区则由华侨头领掌控。不过，按照所载材料来看，虽然宝石矿业区每年只许开一个，但并非开一个就关一个，旧有的还会继续开下去。这样，实际上是每年增开一个，矿区的总数就越来越多。据说乾隆三十八年（1773）缅都阿摩罗补罗的中国观音寺庙石碑上，刻有中国玉石商人和采玉工人名字5000个。[⑦] 这样看来，华侨矿工和商人在缅甸还是很受尊重的，至少在缅甸民间是这样。究其原因，应是华侨矿工和商

---

① 《殖民南洋十五伟人事略》，《南洋研究》1928年第2卷第3期，第140页。
② "国立"故宫博物馆图书文献处文献科编：《乾隆十六年七月十七日云贵总督推荐茂隆厂课长人选折》，《宫中档乾隆朝奏折》（第十辑），"国立"故宫博物馆，1982年。
③ 《清高宗实录》卷四〇〇，第4~6页。
④ 李棍源：《永昌府文征》卷二〇，"茂隆、波龙两厂事略"条，1941年。
⑤ 李棍源：《永昌府文征》卷二〇，"茂隆、波龙两厂事略"条，参吴凤斌主编：《东南亚华侨通史》，福建人民出版社，1994年，第74~75页。
⑥ 夏光南：《中印缅道交通史》，中华书局，1949年，第46页。
⑦ 参吴凤斌主编：《东南亚华侨通史》，福建人民出版社，1994年，第182页。

人给缅甸人民带来了财富。

史料记载的缅甸有名号的华侨宝石矿业区就有：

其一，孟密诸矿区。所属有销脚（又名三角城）、宝井、碧霞洗矿和鸦青矿等。这可以理解为一个个的华侨矿业区名号。孟密地区是缅甸最大的宝石产区，故矿区也多。

其二，孟拱矿区。孟拱属密支那地区，据说，在孟拱西部的宝石矿区，矿工数以千计，大部分来自滇、贵、湘、桂、粤、贡（笔者注：疑应是赣）等省。仅云南商人在缅从事宝石开采、加工和贩卖的就有千余家，年产量达千余担。[①]

其三，户拱矿区。在户拱河谷，此区产琥珀。19世纪30年代，中国人每年常到这里采购琥珀。道光十六年（1836），有中国船自孟拱的蛇纹石矿场运走大批琥珀石，大者要三人方能举起。[②] 同年，到户拱宝石矿的中国人有480名。中国人需付船税10%、运走矿物估价税10%，还须付1.5~2.5铢的进矿场税。[③]

其四，怕敢矿区。此处位于野人山内，以产绿翠玉闻名。其时怕敢称旧山，开采已久。每年一至三月为采矿旺盛期，出资商达百余家，采掘工人逾万，以滇侨最多。但采掘成功率很低，每掘百处，有玉石者仅八九处。每采玉石千盾，需纳税三盾。每挖一窿孔，需工人三四名。通常每个工人月给米一箩（三十斤），另给菜钱若干，每月共给五六盾。工人挖得玉石后，与出资者均分。[④] 20世纪初，始施行人力与机器并用。

其五，会卡矿区，又称新山。此处也位于野人山内，距怕敢十六英里。其地所产之玉多且大，然常有水患。开采者需先购地。中国经营者有昆昌、宝济、和同、宝利、隆障等数家。旺盛之时，工人达数千。工人按日轮值，利润全归资方。英国如打公司于20世纪初亦来经营，因使用炸药，人力大省，采得玉石，则用骡马驼载往孟拱。[⑤]

其六，抹谷矿区。此处位于曼德勒北部，四面环山，中有平地，即红、蓝宝石产区，开采于19世纪中叶，光绪十一年（1885）后，归英国管辖。经营者以缅人及滇粤侨最多，工人以滇侨为多。光绪二十六年（1900）后，英国组织公司对抹谷平地进行挖掘，成为一个大湖，矿产遂衰。

---

① 勃朗：《缅甸玉石贸易》，《广西师范学院学报》1982年第1期。

② 此据吴凤斌主编：《东南亚华侨通史》，福建人民出版社，1994年，第183页。

③ 波柏顿：《韩莱由阿瓦京都赴阿撒母东南边界的户拱河谷琥珀矿的路径记录摘要》，参［英］巴素：《东南亚之华侨》，"国立"编译馆，1974年。

④ 王忠敏：《玉石厂调查记》，《缅甸华侨年鉴》，此据吴凤斌主编：《东南亚华侨通史》，福建人民出版社，1994年，第183页。

⑤ 王忠敏：《玉石厂调查记》附有怕敢玉石产地图二幅，此据吴凤斌主编：《东南亚华侨通史》，福建人民出版社，1994年，第74~75页。

四、乌土地区的华侨矿业区

缅甸以银矿与宝石闻名于世，但也产锡、铁、钨等矿，故除了华侨银矿区、宝石矿业区外，也有开采其他矿藏的华侨矿业区，如乌土诸矿区（含锡、铁、钨等）。

乌土是一个地名，其属邑有佗歪（即土瓦）。实际上，这里的矿区应不止一个（一般来说，每一种矿至少有一个矿区）。

乌土开矿的历史不算晚，乾隆末年已有粤人在此居住。① 据英国档案记载，道光四年（1824），曾从槟榔屿招募华工来此开发锡矿。道光四年至六年（1824—1826）的丹那沙林区档案也记载，土瓦锡矿工多来自槟榔屿。矿工以粤侨最多，尤以香山人为最。以后香山人乃在土瓦建香山会馆，甚是堂皇。据1885—1886年人口调查显示，其时土瓦有中国人1 020名。后从开采锡矿发展至开采铁矿、钨矿，全盛时矿工逾万。② 这一带华人资方经营者有十余家，大半为闽粤侨。因当地气候较热，劳动条件也较差。

据说，从事锡、铁和钨开采的华工比从事银、玉石开采的华工更为辛苦。英国哈明吉统一锡矿公司介入开采后，实行计件制，工人疲于奔命。采锡华工宁愿每开采一担锡给予资方若干。③ 工人日工资一盾多。有烟、赌、嫖等不良嗜好者，耗费尤巨。④

第四节 华侨商业网与"伊洛瓦底沿江市场体系"

伊洛瓦底江（Irrawaddy River），中国古称大金沙江或丽水，清代华侨亦称大金沙江，为缅甸最重要的河流，长2 288公里。上游分两支，东支称恩梅开江，起源于中国西藏察隅；西支称迈立开江，起源于缅甸克钦邦，在缅甸密支那以北汇合后，从北到南贯穿缅甸，在仰光附近流入印度洋孟加拉湾。在清代，中国西南边民和华侨就已经在伊洛瓦底江从事贸易活动，形成了一个华侨商业网络，或曰"伊洛瓦底沿江市场体系"。

清朝早期，就有少数华侨通过缅甸经营跨国贸易，但亦只限在缅甸和暹罗等

---

① （清）谢清高：《海录》，"乌土"条，湖南科学技术出版社，1981年。
② 《缅甸华侨志》，第102~103页，黄绰卿：《大光城夜话》，《新仰光报》，1962年12月1日。
③ ［英］巴素：《东南亚之华侨》，"国立"编译馆，1974年。
④ 黄泽苍：《英属缅甸华侨之概况》，《南洋研究》1928年第2卷第4期，第142~159页。

国中进行。除进出滇缅边境的矿工、商人稍有携带外，通过边境而专事贸易者很受限制。[①] 当时，伊洛瓦底江已经成为中缅两国进行民间贸易的天然管道。史载，"缅甸的蛮暮、新街一带，向为贸易之所。沿江而下，缅甸设有税关，交易之货甚多"[②]。

两国民间贸易是在乾隆年间两次清缅战争后才活跃起来的。在两次战争期间和之后很长一段时间内，各关隘禁人外出，两国通过滇缅边境的贸易更是雪上加霜。"新街、蛮暮一带，经兵火后，已成废墟，无人到彼贸易。但内地商民偷越前往贸易，或边外土司潜赴经商之事，则非个别。"[③] 这说明，战争虽然给两国的民间经济往来造成了很大伤害，但两国民间要求恢复贸易的呼声仍然甚为高涨。据载，时缅甸的玉石等物，在云南、广东两省多有销售，皆由内地派出关外办事者，在入关时，因执勤士卒见系官差公务，放松其随身行李搜查，因而夹带而进。乾隆四十二年（1777），李侍尧在广东省时，见外洋脚船进口，全载棉花。因而与监督德魁严行饬禁。后来他到云南后，又闻缅甸的宴共（今仰光）、羊翁等处为洋船收泊交易之所，始知缅甸棉花悉从海道运进内地。[④] 虽然清朝当局随后在粤东海口严行查禁，但因海路出洋，处处可通，缅甸的棉花仍可从他省偷入。然而，随着两国的关系在战后逐渐正常化，边境恢复开关通市，云南边境贸易饬禁，沿海各省的棉花进口也不再禁防。[⑤]

从进出口商品来说，则两国互通有无。起初，缅地赖以通商之物，多仰给中国内地，主要为钢铁、锣、锅、绸、缎、毡、布、瓷器、烟、茶等。黄丝、针线之类，所需尤亟。缅甸所产之珀、玉、棉花、牙、角、盐、鱼，则为内地商民所购买，往来俱需交税。[⑥] 交税之说表明，这种民间交易对清缅双方来说都是合法的。当时由中国前往缅甸从事贸易者，为中国内地行商，其中多为云南腾越州人。[⑦]

① 《清高宗实录》卷一二七一，第 13～14 页；参《清高宗实录》卷一三○一，第 22～23 页。此据余定邦、黄重言编：《中国古籍中有关缅甸资料汇编》（中），中华书局，2002 年，第 659～660 页。

② 《清高宗实录》卷八○八，第 18～20 页，此据余定邦、黄重言编：《中国古籍中有关缅甸资料汇编》（中），中华书局，2002 年，第 548～549 页。

③ 《清高宗实录》卷八○八，第 18～20 页，此据余定邦、黄重言编：《中国古籍中有关缅甸资料汇编》（中），中华书局，2002 年，第 548～549 页。

④ 《清高宗实录》卷一○三一，第 11～13 页，据余定邦、黄重言编：《中国古籍中有关缅甸资料汇编》（中），中华书局，2002 年，第 649～650 页。

⑤ 《清高宗实录》卷一○三三，第 14～15 页，据余定邦、黄重言编：《中国古籍中有关缅甸资料汇编》（中），中华书局，2002 年，第 651～652 页。

⑥ 《清高宗实录》卷八○八，第 18～20 页，据余定邦、黄重言编：《中国古籍中有关缅甸资料汇编》（中），中华书局，2002 年，第 548～549 页。

⑦ 《清高宗实录》卷八○八，第 18～20 页，据余定邦、黄重言编：《中国古籍中有关缅甸资料汇编》（中），中华书局，2002 年，第 548～549 页。

另外，英国人为了征服缅甸，在道光四年至光绪十一年（1824—1885）间先后发动了三次英缅战争。英国人发动战争当然是出于殖民征服的目的，但客观上也带动了战后的交通和商业发展。因为战争不仅是纯粹的军事行动，同时也是各类军用物资的调运过程，在当时十分滞塞的自然条件下，实际上还为战后的商道拓展发挥了清道夫的作用。因此，善于经商的华侨便利用战时拓通的商道和战后飙升的商业机遇积极开展贸易活动。道光四年（1824）第一次英缅战争爆发，英军在仰光登陆时，其军事地图上就标有"China Whart"（中国码头）字样。码头上停泊的都是中国帆船，中有大路，直通瑞光金塔，大路右边还有一个唐人坟场。由此可见，在英国人到来之前，仰光以及与之相通的水路贸易经过华侨的长期经营，已经得到长足的发展。英国人将仰光辟为商港后，闽侨向唐人坡的后路仔（第24条街）及江滨街一带发展。后来缅甸华侨还曾运载大量暹罗、缅甸大米救济广东、福建两省粮荒。① 三次英缅战争期间（1824—1885），英军极需物资和劳力，在马来亚槟榔屿的福建侨商便利用这一商机，运载大量货物到仰光销售，供应英军。

到了晚清，两国民间贸易明显发展，薛福成说，"缅甸尤多珍稀物产，如伊洛瓦底江之西，有孟拱的琥珀；江之东，有孟密的宝石；波龙厂、茂隆厂的银矿等，多在缅甸腹地土司境内。其境广民殷，以省腻（即木邦）为第一；然江东、慕乃（即猛乃）、锡卜、耸泽、稳祚（可能是稳祚，也可能是沮佐）、摩谷、勒洽、泽抓、南坎九土司，均为富庶冲要之地"②。又说，"孟拱、孟养、木邦、蛮暮诸地，为玉石百宝精华所萃，内有红宝石矿、蓝宝石矿、翡翠矿、琥珀矿，种种不可胜计。缅属掸人地区，相传有九十九土司，因华人经商于其地甚众，民情与中国亲近，山中物产亦多"③。

清缅边境民间贸易的发展非常快，推动了晚清缅甸的华侨商业的勃兴。"缅甸物产繁多，夙称富庶。时人谓，南洋诸岛产之，而缅所出尤多，取之不竭。伊洛瓦底江为商人运货出入之枢纽，赋税之旺，虽不如印度，犹胜于新加坡等处。"④ 于是，到了晚清，缅甸与中国的贸易已经形成了"一江多港"的格局：

"一江"，就是指伊洛瓦底江，"自北贯通于南，入印度洋，与缅甸南部海岸港口通过水路连通。伊洛瓦底江沿岸大小商埠星罗棋布，各个与缅甸内陆墟镇、

---

① 福建省地方志编纂委员会编：《福建省志·华侨志》，福建人民出版社，1992 年，第 100 页。

② （清）薛福成：《出使日记续刻》卷三，光绪十八年二月十一日记，岳麓书社，1985 年，第 512 ~ 513 页。

③ （清）薛福成：《出使日记续刻》卷一，光绪十七年五月五日记，岳麓书社，1985 年，第 375 ~ 376 页。

④ （清）张煜南辑：《海国公余杂著》卷一《推广瀛环志略》，光绪富文斋版，第 9 页。

山地连通。自仰光乘舟入伊洛瓦底江约六天可抵首都阿瓦，又约两天可抵新街（八募）"①。

"多港"，包括伊洛瓦底江沿岸各个区段的多个主要贸易港口。

一是缅甸南部区段，据薛福成说，这一区段包括三大港口，"一曰暮尔缅（即毛淡棉），一曰德瓦（一名吐瓦），一曰丹老"。

二是仰光区段，薛福成写道："漾贡（仰光）可控南部三大港口。光绪十二年七月，两广总督张之洞派王荣和、余瓗出洋访察华民商务。十三年七月，王、余回到广东后，向张之洞面陈，缅甸仰光有华侨三万余众。其贸易出口，以米为大宗，玉石、牛皮次之。"② 三万余华商、华工中，闽商居三分之一，生意较大。粤人虽多，而生意次之。仰光粤商以新宁人（即广东台山人）为最多，建有宁阳会馆。但华商的势力不及英国和德国商人。由仰光坐浅水轮船溯流而上，六七日可到华城（即阿瓦），又陆行三四日可到新街，又逾野人山不过三四日，可抵腾越。③

三是白古区段，薛福成写到，白古，一曰百古，扼诸蕃之会，商舶合辏。其民沿海而居，驾筏盖屋，闾巷相通，人烟连接，远望几如城市，实为浮家泛宅。其俗，聚族筏居，仰商贾之利，不事耕，故沃土成为旷土。近时滇商贾缅，至其地。④

四是蛮暮区段，"蛮暮，通商之要津，其城濒江，长三里许，广半里许，居民四五千人。新街亦称汉人街，临近江岸，袤延八九里，滇商数百家居中区；其街之首尾，则掸人居之；稍进五里许有高阜，相传为武侯故垒。滇商运货至蛮暮，棉花为多，绸缎、羊毛次之。又蛮弄（亦作蛮陇）即西人所称老八募，在蛮暮之东，野人山之西口，大盈江之右岸。由蛮暮至蛮弄，轮船约行二小时；由蛮暮至滇边，陆路凡五日程"⑤。

此外，在"金多眼东三十里，有谙拉菩那城，滇人居此者四千余家，闽、广人百余家，川人才五家。而金多眼距杳缪不及二十里，西临大金沙江，商船丛泊。金多眼有财神祠，为华侨所建造"⑥。

---

① （清）薛福成：《出使日记续刻》卷四，岳麓书社，1985年，第678页。

② （清）王彦威辑：《清季外交史料》卷七四，1932年，第22~23页。

③ 原编者注：加剌吉打总督，即驻加尔各答的英印总督。（清）薛福成：《出使英法义比四国日记》卷三，岳麓书社，1985年，第176~177页。

④ （清）曹树翘：《滇南杂志》卷一七，申报馆排印本，第14~15页，此据余定邦、黄重言编：《中国古籍中有关缅甸资料汇编》（下），中华书局，2002年，第1095~1096页。

⑤ （清）薛福成：《出使日记续刻》卷四，光绪十八年四月十一日记，岳麓书社，1985年，第512~513页。

⑥ （清）王芝：《海客日谭》卷二，光绪丙子石城刊本，第1~4页。

在伊洛瓦底江的中国一侧，也有很多贸易口岸，其中最重要的是腾冲（腾越）。清代的腾冲是滇西政治、经济中心和边防重镇，辖南甸、干崖等七土司地，与缅甸接壤，是南方丝绸之路的枢纽，也是中缅边境商业重要的集散地。清政府设腾越厅、迤西道于此，又是腾越镇总兵署驻地，成为滇西政治、经济中心和边防重镇。

就整条伊洛瓦底江沿江的贸易布局来说，薛福成有两段话是十分重要的：

其一，关于港口布局，"缅甸海口之埠凡三处，而仰光扼其要；沿江之埠二十二处，小者二十九处，而阿瓦与新街扼其要"。就商人的地缘布局而言，"海口商务，闽商主之；沿江商务，滇商主之。粤商，生意之大不如闽，人数之多不如滇，等诸自郐以下而已"①。

其二，关于从业人员布局，"各海口华商约二万四五千人，闽商多于粤商。而沿江各埠，则基本上为滇商所操控。轮船停泊，装卸货客之大埠二十三个（笔者注：与上说差一），小埠二十九个。滇商之众，首数阿瓦，约一万二千人；次则新街、孟拱，不下五千；其余各数十百人。至行商货驼，年常二三万人，秋出春归"②。

此外，离江之外，在缅甸腹地的深山中，薛福成还说有商埠不下数十处。滇商同时也散布于山中各埠，几与缅商相垺，在十万人左右。③

薛福成的记载肯定是根据当时人的传说，具体数字未必准确，但应有一定的依据和可信性。根据这一记载来看，当时伊洛瓦底江的贸易规模是十分惊人的。

首先，大小港口计达41～42个，数量不可谓不多，分布不可谓不密，也可推知货物运输量之大。今天已经不可考辨这些港口的所在，有的可能很小，在今人的概念中，无非是一两间草房、三四条木船、五六个脚夫、七八个过客，但作为贸易要津，意义却非同小可。还应注意，这些商埠不只分布在沿江两岸，还可以通过马帮（即薛福成所说的"行商货驼"）延伸到腹地，乃至人迹罕至的深山之中。由此不难感受到当时华商的贸易触角之广，以及华商所主导的伊洛瓦底江贸易给当地民众，特别是深山里与世隔绝的少数民族带来的好处。

其次，从贸易从业人员来看，单华商就有2万多人（应指专职商人），起服务功能的外围华侨从业群体的人数应该更多。从这个意义上说，当时居住在伊洛

---

① （清）薛福成：《出使日记续刻》卷一，光绪十八年二月十一日记，岳麓书社，1985年，第512～513页。

② （清）薛福成：《出使日记续刻》卷三，光绪十八年二月十一日记，岳麓书社，1985年，第512～513页。

③ （清）薛福成：《出使日记续刻》卷四，光绪十八年四月十一日记，岳麓书社，1985年，第678页。

瓦底江两岸的华侨堪称"全民皆商"。此外，常识告诉我们，单靠华商做当地生意，是不可能实现的，必须有当地人的密切配合。当地贸易需要多方面的要素，硬件要素如货物、市场、运输手段、从业人员等自不必说，软件要素如语言、风俗、信誉等也不可或缺。很多软件要素是华商所无法具备的，必须假手于当地人（特别是当地商人）。只有熟习当地市场需求、民情风俗的当地人，才可能把华商运进来的货物，或通过零售，或通过批发，转卖给当地消费者，从中赢利，同时从当地消费者那里得到闽、粤、滇等外地商人所需要的当地商品，如土特产等。贸易从来就是一个"共赢"的平台，不可能由一方商家包打天下，跨境贸易更是如此。可见，伊洛瓦底江所牵动的从商总人数和贸易量是十分可观的。

再次，从华商的贸易分工来看，华商主要分为三大地缘群体，即闽商、粤商和滇商，各有分工，各守一方，也互相配合。有一点是十分有趣且合乎情理的，这就是云南商人控制了伊洛瓦底江沿岸商埠，而散布于山中的商埠也有云南商人的足迹。显然，这是因为滇商有地缘上和语言、风俗习惯上的优势。而福建商人和广东商人主要从事岸上和内陆的商业操作。福建商人比广东商人多，则是因为伊洛瓦底江贸易属于航运贸易，其中枢无疑是南部诸大港口，主要货物均通过这些港口运送。而南部港口的贸易早就为福建商人所主宰。当然，来自云南的物产也可南运到沿江各口岸进行交易。

综上所述，清代缅甸的华侨商业已经形成了一个颇具特色的"华侨经济网链"。实际上，支撑这一"网链"的是缅甸的华侨农业和华侨矿业。这个"网链"在地理上与中国陆路相连，在某种程度上也可以称为"滇缅经济网链"。在这个"网链"之内，双方人员和货物的流动十分频繁。虽然清政府禁止来自中国各个省份的民工和商人进入缅甸，也禁止人员和货物往来，不过，说是禁止，充其量只是控制，且这种控制的象征意义大于实质意义。因为中缅边界线很长，很多路段荒无人烟，清兵很难进行巡逻缉捕。而对于边民来说，边界上的路径自是烂熟于胸，他们祖祖辈辈都行走于这条边界上，来去自由，清政府充其量只能对少数关卡实施定点控制和管理。来自中国内地的民工和商人不难通过当地边民的关系，轻而易举地绕过这些关卡进入缅甸。至于缅甸方面，则对缅中边界的管理更加宽松。是故，两国人员的往来（主要是中国人员进入缅甸）一直堪称顺利。人员往来的便利是货物往来的必要条件，清政府也对来往于两国的货物严加控制，但实效不大。

说到这里，顺便指出，中国和缅甸之间的边界自古以来便是一条颇为特殊的边界。究其原因，是边界两侧存在着一条由一个个大小土司组成的"隔离带"。上引薛福成云"缅属掸人地区，相传有九十九土司"之语，也说明中缅边界两侧土司之多。两侧的土司们在自己的地盘内坐地称王，竟称"夜郎"，他们的国籍归属意识十分模糊，对中国或缅甸政府多采取"墙头草"、"两边倒"的态度。因山高皇帝远之故，两国政府对这些土司也难以实行有效的管理，只能采取怀柔、慰抚与"羁縻"政策。两国间这种边界现实，是清代中国民工和商人得以比较自如地进出的重要原因，也是这一"经济圈"得以形成的有利条件。

在缅甸国内，"华侨经济网链"形成了一个相互分工、相互依赖的共存局面。一方面，无论是农产品还是矿产品，各自都存在着种植、采集、加工、运输、销售的系统。事实上，农矿产品的形成过程都是以市场为导向的。另一方面，缅甸"华侨经济网链"的市场渠道比较完善。"伊洛瓦底沿江市场体系"便是重要标志。还必须指出，所谓"伊洛瓦底沿江市场体系"不应只是一个单一的缅甸对华贸易体系，它还与东南亚乃至东亚其他国家相连通。

第四章　暹　罗

第一节　潮州移民

　　清代以前，中国人就已断断续续地移居暹罗（1939—1945 年改称泰国，1945—1949 年复称暹罗，1949 年后又改称泰国），但暹罗华侨的大量增加则是在清代以后。同东南亚大部分地区一样，当时的华侨基本上来自闽、粤两省。在清代，中国的这两个沿海省份人口激增，冲突频发，下层民众被迫地、自发地出国，一方面，在客观上起了缓解两省人口压力和社会矛盾的作用；另一方面，对于地广人稀的暹罗来说，则是一个借助外来侨民进行大开发的历史性机遇。当时的暹罗可以为华侨提供充足的生存发展空间，因而对华侨极具吸引力。于是，与闽、粤两省水陆交通十分便利的暹罗，便成为两省移民的重要流向地。

　　应该指出的是，暹罗之所以能够吸引华侨，除了有大量荒芜的土地可供开发之外，更突出的移民拉力是暹罗具有远近闻名的国际贸易机会。暹罗王室十分重视国际贸易，特别是对清朝的"朝贡贸易"。18 世纪以后，暹罗与南洋各地间的贸易迅速发展，国内商务也因之水涨船高。在此背景下，在经商方面技高一筹的华侨，便纷纷到暹罗来一显身手，暹罗王室也十分器重他们。那时，无论是在对外贸易领域，还是在国内商务领域，到处都可看到华商的身影，华商在暹罗内外贸易中扮演着不可或缺的角色。移民暹罗的华侨人数遂迅速增长，其中很大一部分是商人或潜在的商人。

　　据 19 世纪初英国人克劳福说，其时一只戎克船一次送 1 200 个华人到曼谷，每年到曼谷的华人至少有 7 000 人。克劳福还估计，1821 年暹罗已有华侨 70 多万。《蒙固王》的作者弗兰克福特说，1820—1850 年间，由中国南方前往暹罗者每年达 1.5 万人。美国人埃德蒙·罗伯特 19 世纪 30 年代曾作为专使多次到过暹罗，据他的医生兼历史学家罗司辰伯格估计，道光十六年（1836），曼谷的华侨有 40 多万。英国人约翰·保灵估计，咸丰七年（1857）暹罗有 150 万华侨。法国博物学家亨利·莫霍的估计也是 150 万。①

---

　　①　以上数据据吴凤斌主编：《东南亚华侨通史》，福建人民出版社，1994 年，第 250～252 页。

中国人移民暹罗由来已久，且一开始就以经商作为主业。在阿瑜陀耶王朝后期泰人坤奎哈瓦的著作中提到，当时暹罗华人占全国人口的1/4强，主要居住在六个地区：一是木头公下游的越登溪口市场；二是越他腊佛寺市场，此街共有二层式排屋16间，一层作店面，二层住人；三是米线街区的米线市场；四是乃介区；五是三马区；六是坤拉空猜溪口市场。可以看出，当时中国移民应多是商人。一般来说，这些中国商人应主要来自福建和广东。

中国人的移民情况到18世纪中叶以后发生了明显变化。表现在：到暹罗从事商业贸易与农业开发的两部分中国移民中，后者的人数增长多于并快于前者。颇为有趣的是，与这一变化相对应，闽、粤两省各自移民暹罗的华侨人数在18世纪下半叶也发生了明显的变化。在18世纪60年代以前的暹罗华侨中，闽籍华侨人数远远多于粤籍华侨人数。而到了18世纪60年代以后，粤籍华侨人数至少已逼近闽籍华侨人数。粤籍华侨人数是陡然增长起来的，他们主要来自潮州，即今天的潮汕平原地区。具体来说，主要来自潮安、潮阳、澄海、普宁、揭阳和饶平这六个县（清初的潮州除此六县外，还有惠来、大埔二县，合共八县，乾隆三年增设丰顺县）。

导致这个变化发生的最重要的历史界碑是乾隆三十三年（1768）潮籍华侨郑信（即郑昭）成为吞武里王朝国王。他在位的14年间，重视发展与清朝的关系，大力招徕祖籍地的潮州移民前来暹罗，从而导致粤籍华侨人口迅速增加。今天潮汕籍华人之所以成为泰国华人的第一大群体，很大程度上应归因于郑昭在位时在招徕祖籍乡亲方面的格外关照。郑昭去世后，曼谷王朝多位国王及其王室继续奉行鼓励中国移民的政策，华侨纷纷南渡暹罗。由于暹罗的华侨已是潮籍居多，因而导致潮侨人数多上加多。这是由于中国移民多喜欢移往有乡亲的地方的缘故。

在郑昭之后的曼谷王朝，华侨与王朝上层继续保持良好关系。拉玛一世（1782—1809）登基后，在吞武里对面另辟新城，继续向中国招收熟练工匠前来建城，大量的潮州人是这个时候来到暹罗的。他们建起了吞武里城、曼谷城，包括融合了中国建筑风格的宫殿、寺庙、桥梁、城墙和护城河等。值得注意的是，在曼谷王朝之初，王宫、佛寺、贵族官僚的府第，以及一般的民居和商业中心，都是沿河而建且延河伸展的，这反映了当时华侨主导的以水运为特征的暹罗商业的需要。拉玛三世时期（1824—1851），持续多年的暹缅战争结束后，暹罗需要劳动力。于是，中国的南方人特别是潮州人便大量涌进暹罗，形成了潮州人聚居区。拉玛四世时期（1851—1868），为适应曼谷居民人口增长的需要，曼谷大力开凿河渠，将王城分别向东方、东北方和东南方扩张。咸丰四年（1854），暹罗与英国签订《鲍宁条约》，随后又与其他国家签订了类似条约，打破了作为暹罗官方收入主要来源的华商对产品的垄断以后，中层华商作为代理商或中间商、零

售商参与了与西方人的贸易，导致越来越多的华侨移居暹罗。与此同时，暹罗的农业生产也需要大量劳动力，于是大批中国人相继来到暹罗。当时英国的曼谷轮船公司用轮船直接到汕头把潮州人接到曼谷，平均每周一班。拉玛五世时期（1868—1910），开始大力修建马路，曼谷开始进行大规模的市政建设。所有这些，主要是依靠华侨完成的，其中占华侨人口绝大多数的潮州华侨是建设的主力。有一组数据表明，到鸦片战争前，东南亚华侨总数约为150万，其中暹罗华侨占60%。他们主要是潮州籍人，有50万以上。鸦片战争前夕暹罗的近百万华侨中，闽籍华人占20%～25%，主要集中在曼谷（曼谷的闽籍华侨人数过全市总人数之半）；潮州人则占了一半以上，有45万～50万；其他为广肇、海南、客家籍华侨，各占5%～10%。另一组数据表明，自光绪八年（1882）起，每年大约有一万名华侨来暹罗定居，其中大部分是潮州人。据1882—1917年暹罗海关统计，这期间直接从汕头来到暹罗的华侨共有940 930人。至宣统二年（1910），暹罗总人口是830.5万，其中华侨约79.2万。华侨，特别是潮籍华侨，绝大多数居住在曼谷。据暹罗在佛历2453年（1910）进行的曼谷王朝129年户籍调查显示，华侨占曼谷总人口的34.76%，其中的47.96%是潮州人。[①]

　　为什么潮州会成为暹罗华侨的主要来源地？清代潮州的社会经济发展是主要因素。据记载，清代的潮州人稠地窄，"土田所入，虽有大年，不足供三月粮"。在生齿日繁、物力渐耗的情况下，人们只得泛海为生，从而形成"耕三渔七"的局面。在相对和平的年代，人们出海除了事"渔"之外，还进行贸易，贸易之路早已通到东南亚各国。康熙二十三年（1684）废止海禁准许民众出海贸易后，潮州民众出海贸易更是习以为常。值得注意的是，潮州地区频繁的自然灾害加剧了这种现象。据《潮州府志》不完全统计，即使在清朝康、乾、嘉的"盛世"年间，潮属各县共发生水灾102次，风灾16次，蝗灾10次，瘟疫7次，地震33次。如康熙三年（1664）的潮阳县，"是岁苦旱，潮属饥荒，米价昂贵，穷人采野苗树根充食，卖妻弃子，饿殍载道。无法挨饿，自寻死者很多，十之八是被迁徙的沿海居民。也有千百成群逃荒到江西建昌、南安等府的，逃出而能回乡者很少"[②]。康熙六十一年（1722），康熙皇帝听暹罗使节说"其地米甚饶裕，价钱亦贱，二三钱银即可买稻米一石"[③]，为了解决闽、粤两省的粮荒，乃鼓励到暹罗贩运大米。由于暹罗的柚木也很便宜，许多人便在暹罗买木造船，载米回国，一举两得。此后，潮州人与暹罗更是结缘日深。当时到暹罗去的潮州人，既

------

① 杨锡铭主编：《海外潮人史话》，中国文史出版社，2009年，第28页。
② 广东省汕头市地方志编纂委员会编：《汕头市志》，新华出版社，1999年。
③ 据康熙六十一年（1722）《康熙实录》。

有殷实大户，又有破产农民和城镇无业贫民。

清代潮州人去东南亚的主要港口是樟林港。当时从樟林港出发的"潮之海客，舟往暹罗，云水程百零六更，更六十里，是六千三百六十里也"。每年九、十月间，潮州人乘红头船趁东北信风出发，顺风一个半月方抵暹罗。明朝，潮州的主要出海口是饶平县的柘林，此外南澳岛的后宅也是另一处海船停泊点。但明代的柘林"倭寇"和"海寇"为患，官兵征剿仍频，无法形成正常的贸易港。入清以后，樟林逐渐兴起，成为粤东海运贸易的中心，取柘林而代之。到康熙中期，更发展成为"通洋总汇之地"①，揭开了 18 世纪后半期到 19 世纪前半期中国海外贸易和中国海外移民的新篇章。故这时候暹罗华侨的增加，很大程度上得益于樟林港的兴起。大批潮州人，正是从这里走向暹罗和其他国家的。直到 19 世纪 60 年代汕头正式开埠，樟林才逐渐为汕头所取代。随着汕头的开埠，以及契约华工的出现，再加上潮汕地区多次发生灾情，潮州人日趋贫困，民不聊生，大批民众不得已登上红头船漂洋过海，于是，一波又一波的移民浪潮持续发生。据《汕头海关志》记载，同治三年至宣统三年（1864—1911）的 40 多年间，潮汕地区约有 294 万人背井离乡，远涉重洋谋生。② 同时也应指出，到咸丰十年（1860）汕头开港后，从这里出海的人中，还有一部分是"猪仔"华工，但他们主要是到新马一带。那时从家乡到暹罗一个半月的漫长水程中，潮州人少不了要祈求海神的护佑。潮州人的主要护佑神为妈祖、风伯和关帝，合称"南洋三神"。

此外，其他籍属的华侨在清代也纷纷移民暹罗。例如，史料记载，从 18 世纪开始，客家人就陆陆续续地漂洋过海来到暹罗。《惠州府志》载，"清乾隆五十一年（1786），惠州府大旱，大饥荒，有二千多人秘密逃荒渡海往暹罗曼谷，成为流寓之所"。当时移民曼谷的华侨，除了惠州籍的以外，还有潮州籍人。他们经过多年的开辟垦殖，使这个在 1872 年还是杂草丛生的地段，逐步成为一个生机勃勃的居民点。到曼谷王朝拉玛三世（1824—1851）时，来到这里居住的惠州籍人已增加到 3 000 人，他们聚居在三聘一带，在居民点里设货摊做生意，经营从中国运来的货物。三聘街也因此成了一条历史悠久的唐人街，是曼谷最繁华的商业街市。鸦片战争后，归善县饥荒，迫使更多人移居暹罗。《归善县志》载，"清咸丰七年（1857）春、夏，归善县大饥荒，斗米千钱，途多饿殍，哭声遍野，有二千多人逃荒漂洋过海，流寓暹罗湄南河流域垦殖"。当时暹罗湄南河三角洲一带，荆棘满目，一派荒凉。自从归善县 2 000 多人来到此地后，与当地人一起劳动，披星戴月，把昔日的荒芜之地开垦为富饶的良田。华侨还把中国的

---

① 嘉庆年间编：《澄海县志》。（清）吴道镕纂：《嘉庆澄海县志》，上海书店出版社，2003 年。
② 张俊才、邹锡兰、陈舟奇：《潮商：第三次勃兴》，《中国经济周刊》2005 年第 26 期，第 14～19 页。

农业生产技术和经验传授给当地人，改良农业，发展稻谷生产，后来暹罗之所以成为有名的产米国和大米出口国，也凝结着华侨的一份贡献。广东后来还因粮食不足而进口暹罗米，据载从光绪十九年到廿三年（1893—1897），每年进口米粮9 万~12 万石。其时经营暹罗大米业务的，主要还是暹罗华侨。

暹罗是个热带国度，适宜种植橡胶。早在曼谷王朝拉玛三世（1824—1851）时就信赖华人到暹罗开辟橡胶园，华侨遂成为橡胶种植园劳工的主要来源。鸦片战争后，惠州府归善人"迫于饥寒，出洋谋生者，接踵而行"，时有翁式亮（字文史）、邓汉封、陈伯贞、陈鼎刚等 8 000 客家人来到曼谷、呵叻、合艾、吁隆、彭世洛、宋卡府、勿洞、南邦、清迈、罗勇、洛坤、乌汶、索辇等地从事开荒垦殖，办农场种橡胶，生活十分艰苦。[①]

乾隆三十四年（1769）郑昭成立吞武里王朝时及其曼谷王朝期间潮州籍人口的大量增加，不仅影响了暹罗一国华侨来源地的人口结构，还影响了整个东南亚华侨来源地的人口结构（主要是指闽地与粤地华侨的籍贯比例）。据统计，明末海外华侨绝大多数为闽人。到 18 世纪中叶，虽粤人出国日多，但仍以闽人为主。

据史金纳推算，大约在 19 世纪 20 年代，每年从中国移入暹罗的人数有 3 000 多，到同治九年（1870）左右逐渐增加至 7 000。暹罗海关的统计数字表明，在光绪八年至十八年（1882—1892）间，中国移至暹罗的人数年平均超过 7 100；光绪十九年至三十一年（1893—1905）间，年平均 14 900；光绪三十二年至四十三年（1906—1917）间，年平均为 15 000。[②]他们流入曼谷后，再分布到暹罗各地。在这个漫长的移民过程中，华侨逐渐遍布暹罗各府，但多数聚居在以曼谷为中心的下暹罗湾一带，以潮州籍人最多。华人常杂居于暹罗人之中，但暹罗政府豁免了华侨的劳役与兵役负担，本国平民则必须为王室服役。[③]

从籍贯看，暹罗的潮州华侨大都从事种植业，福建同安人做船夫和商人，海南人则大多是小贩和渔夫。早期居住在曼谷的华侨多半是福建人，主要从事贸易和航运。而在鸦片战争以前，南洋华侨从事种植业者最多，约占 40%，其中绝大多数是潮州籍暹罗华侨。[④]

---

① 据《惠州华侨志》编辑委员会编：《惠州华侨志》，惠州市侨联出版社，1998 年，第 106 页。

② 史金纳：《泰国华侨社会：史的分析》，《南洋问题资料译丛》1964 年第 2 期，第 19~20 页。暹罗的华侨人口估算向来出入最大，以政府估计的差别最大。主要原因是暹化了的土生华人没有计算在内。据估计，潮州人移居暹罗的人数，1782—1868 年为 150 万，每年为 1.75 万；1900—1906 年为 24 万，每年 4 万（香港《华人》1974 年第 4 期）。见吴凤斌主编：《东南亚华侨通史》，福建人民出版社，1994 年，第 69、268~270 页。

③ ［俄］尼·瓦·烈勃里科娃著，王易今、裴辉、康春林译：《泰国近代史纲》（上册），商务印书馆，1974 年，第 139 页。

④ 参吴凤斌主编：《东南亚华侨通史》，福建人民出版社，1994 年，第 258~259 页。

应该指出的是，相对于到其他国家的华侨来说，移民暹罗的华侨表现出一定的"高技术化"趋势。当然，这里所说的"高技术化"，是相对于当时暹罗当地民族的谋生技巧较为低下而言的。例如，叻达纳哥信皇朝时，国家建设工程建筑需要大量华工，佛历2380年（1837）挖掘华日到挽巧那港，后又挖掘盛色港，一直到建宫殿和寺庙等永久性建筑物，主要是华侨移民中部分有熟练技术的工匠或者是有专门技术知识的人员承担。又如，暹罗三世皇时期，由福建同安移民的客家华侨，是各种各样的技术工匠。他们都是政府当局十分需要的技术人员，如泥水匠、木匠，以及制砖、造船、行船和制糖等行业的技术人员等。①

暹罗华侨与暹女通婚所生的中暹混血儿称为"洛真"（Luk Chin 或 Lukjin）。在东南亚，"洛真"现象应属一种最彻底的融入现象，表现在两个方面：

其一，几乎没有任何原先的文化符号留存下来。改变本民族文化符号的过程是一个既循序渐进又顺理成章的融入过程。暹罗华侨对本民族符号的改换是十分彻底的。这里最值得提及的是作为民族文化符号最主要特征，也可以看作最后象征的姓氏。在其他地方，即使华侨在面部上、体质上的种族特征消失了或已经不明显了，但作为"最后标记"的姓氏仍然会被保留下来，后人至少还可以根据这个姓氏，知道他当初是个华侨，或者他祖上是个华侨。但是，暹罗华侨乐意改用当地姓氏，不在意作为"最后标记"的姓氏的消失。

其二，暹罗华侨在融入当地的过程中，看不到一个明显的缓冲阶段，而是通过散居、杂居的方式，甚至是水银泻地的方式迅速地融入当地，因而融入的速度比较快。一般来说，短则两三代，长则五六代，便基本上完成了融入当地社会的全过程。还有一点，在他们融入当地社会后，基本上不存在被当地民族认为是外来民族的问题，不像有些地方，在很长的一段历史时期内还被当地民族认为是"外来民族"。人们还不难发现，在清代暹罗，上至王室，下至平民，都非常尊重和善待华侨。王室对清廷朝贡时，船上从水手到船长乃至贡使，华侨都可以担任。此外，对暹罗社会、经济和政治进步有杰出贡献的华侨，还常常得到王室的褒奖，例如封王、加爵等。在暹罗，原先的华侨移民在融入当地后，十分和谐地与当地民族一道生活。融入当地后的华侨没有把自己当成中国人，当地民族也没有把他们看作中国人。当然，暹罗的情况有其特殊性：由于华侨曾经在当地总人口中占有的比例过高，区分是不是华侨就没有多大意义。当人们说一个居住区里的人基本上都是华侨的时候，同时也就意味着他们基本上都不是华侨。

中国人南来通常不带家属，与暹罗人通婚，便与当地产生血缘关系。随之改

---

① ［泰］暖塔蓬·如曼咪著，社夫译：《三世皇时期华人"大兄"焚城暴乱事件》，（曼谷）《泰中学刊》2012—2013年第17～18期，第81页。

变信仰和风俗习惯，直到改变姓氏。[①] 有些人和暹罗人联姻后，甚至改变衣着，遵从暹罗人的宗教仪式，剃掉发辫，变成一个"十足"的暹罗人。[①] 暹化过程都是自愿完成的。与此同时，暹男与华女通婚也不断发生。很多华裔女儿被泰族上层阶级娶为妻子。[②] 暹罗曼谷王朝部分王室和大半朝臣有中国血统。[③]

华侨与暹女通婚历史由来已久，从元代至明代，来自闽粤地区的个别案例不断。时北大年为华侨之聚居地，甚至有华侨到此地为官。明万历二十八年（1600）左右，北大年女王处有三位华侨（漳州人张姓、李桂、林隐麟）任要职。明末清初，许多中国人纷纷南移暹罗，尤以潮州人和闽南人为多。潮州人到春武里一带，闽南人则到宋卡一带。当地人也敬重中国人，任之为官，理国政，掌财赋。[④] 但华侨定居通婚后，即逐渐融入暹罗当地，因其国无姓氏，华人流寓者，始从本姓，一再传其本姓便逐渐消失。[⑤] 此一通婚暹化过程可以郑镛、吴让、许泗漳和海南云氏家族为例。

郑镛，广东澄海华富村人，因破产，年少不得志，乃于雍正元年至十三年（1723—1735）南渡暹罗谋生。初在阿瑜陀耶城贩卖水果，惨淡经营。后任大城筹饷官，包揽赌税，渐至发达，封官为爵，娶暹女洛央为妻，于雍正十二年（1734）四月十七日生下郑信，由郑信养父昭披耶却克里（财政大臣）取名，并抚育成长。郑信13岁为王宫侍卫，21岁按暹俗出家为僧，三年后还俗。后擢升大城军政长官，封披耶侯爵。外族入侵时，率众驱逐之，被拥为王，称郑昭（"昭"为"王"的译音）。郑信生于华人家庭，长于泰人家庭，从小受贵族传统教育，精通华语和泰语。

吴让（阳），字士侃，海澄县山塘乡西兴村人，乾隆十五年（1750）时34岁，来到宋卡，后娶博他仑人庄氏淑慈，生子3人。乾隆三十四年（1769）被任命为宋卡内湖四岛、五岛燕窝税吏，乾隆四十年（1775）为宋卡城主，封子爵。乾隆四十九年（1784）后由其后裔代代继位，历8任宋卡太守，长达129年。一世吴让和二世吴文辉还保持中国习俗，讲中国话，当地语言只作为第二语言。吴让纳暹女庄氏只是作为次室，死后按中国仪式埋葬。其身为暹官，仍保留中国传统习俗。然其第二、三世已经暹化，妻、妾均为暹女，家庭以讲暹语为主，中文只作为第二语言，且是当地小乘教徒。死后办暹式葬礼，同辈死后都火化（只是

---

① （清）魏源：《海国图志》卷七，岳麓书社，2011年。
② 史金纳：《泰国对华侨的同化政策》，《南洋问题资料译丛》1957年第3期，第4页。
③ ［英］鲍尔宁：《暹罗王国及人民》卷一，1857年，第65页；《南洋问题资料译丛》1962年第2期，第122页；林俞：《暹罗的双重国籍》，《太平洋事务》1936年第9卷第2期。
④ 陈伦炯：《海国闻见录》上卷《南洋记》，成文出版社，1983年。
⑤ 黄衷：《海语》卷一，"暹罗"条，中华书局，1991年。

仍把骨灰葬在中国式坟墓里）。三世时姓名也开始暹化，使用中国和暹罗双姓名。第三、四世以后已不讲中国话，甚至没有中国名字。到第六世已完全用暹名，还出现族内通婚或越代通婚。在姓氏上，吴让的子与孙两代还用吴姓。但其曾孙辈已自称为那（纳）宋卡，并以此受封地为姓。[①] 从吴让开始，此家族传至十代时，子孙已几千人，十之八九均已暹化，家族许多成员成为政府和商界显要人物。或曰，吴氏在一二世开始暹化，三世大变化，四五世后已完全暹化。

许泗漳，龙溪霞写社人，家贫，嘉庆十五年（1810）时 13 岁，南来槟榔屿做苦工，道光二年（1822）25 岁时，到暹罗南部攀牙经商。1845 年封为郎州壬，组织锡矿公司开采锡矿。1854 年加封为郎州伯（拍）。1862 年擢升为郎郡侯（丕雅）。许泗漳有两个妻子，一为中国女子，一为暹罗女子。生子心正、心广、心泉、心钦、心德、心美等。[②] 许泗漳卒，子心广继其位，袭侯爵，后有功，又受封加爵。许泗漳其他儿子均受封。心美功绩最著，初为董里子爵，后为侯爵、普吉总督，被誉为"泰南有史以来最杰出的统治者"。心美子许裕利亦封侯爵，为暹罗驻新加坡总领事。许氏家族的暹化亦于第一代许泗漳通婚受禄开始。第二代心美于光绪二十七年（1901）在曼谷观礼时以剪发入籍方式正式改换其国籍。仪式在内务部部长官邸里举行，他在一大群亲王和官吏面前剪下辫子。在第三代即许泗漳孙辈中，除了回到槟榔屿的仍为中国人外，在暹罗的如许裕利等都成为暹罗人。许氏家族都已改姓，采用那·拉廊人姓氏。

云氏家族是暹罗政坛赫赫有名的华裔"部长家族"，其祖籍在海南文昌县龙马新村。这里仅以云氏家族的第一代琼侨云崇对为例。云崇对，字策臣，年轻时为生活所迫，只身出洋谋生，在新加坡做短暂居留后转至暹罗。相传他初抵异邦先是挑货担做大米买卖，接着在曼谷哒叻莲改做饼干生意。由于云崇对聪明伶俐，为人忠厚，豁达大度，不久便奇迹般地赢得了泰女娘坎·赞达军的爱情，娘坎是当时曼谷哒叻市场主人乃炳与娘混的大女儿，为泰京名门闺秀。云崇对和娘坎共生育过十个子女，七男三女。云崇对经营有方，又有岳父、岳母和妻子的鼎力支持，很快就独资经营了初具规模的冷冻厂和其他产业，在当时的琼侨中已颇有名望。他为人敦笃，对乡亲慷慨帮助，深得乡亲们的拥戴，成为旅暹琼侨的杰出侨领。他是旅暹琼籍华侨最早的社团——琼州公所（今泰国海南会馆）的主要创建人和最早的主要负责人。光绪初年，他和广大琼侨在暹罗建造昭应庙，用

---

① 在拉玛五世以前，暹罗人和滇西中国人一样，都是有名无姓，即使有名亦往往随时更改，有少年、成年和老年时代的名，有做不同官员的名。五世皇规定每人须有姓后，父子仍不一定同姓。直到 1912 年颁布《姓氏条例》后，暹罗才普遍使用姓氏。

② 《许泗漳碑文》："光绪九年……孝男心广、心钦、心德、心美暨孝孙曾孙等立石"，见杨建成主编：《华侨史》，中华学术院南洋研究所，1985 年，第 170 页。

以拜祭琼侨先灵"一百有八兄弟公"，筹组会文社。云崇对曾被清洁授奉政大夫、候选同知。

上面几个家族的遭化都从第一代通婚开始。相对于其他国家的华侨，原先一贫如洗的暹罗华侨迅速在居住地发迹致富，从而成为经济上、政治上的显赫望族的例子更多、更突出。其迅速发迹致富的原因也甚异于他国。暹罗华侨一个最明显的特点是娶当地女子为妻，通过女方家族的渠道打通当地各方面的关系，经营某一行业，时来运转，便可迅速致富，然后再进军其他领域，在侨社内成为一方侨领，涉足当地政坛，于是势力长盛不衰。

第二节　华侨农业区与华侨个体农业

暹罗原先地广人稀的情况特别突出，由于待开发的荒芜土地多，华侨前来择地耕垦可谓轻而易举，因此，暹罗的华侨农业开始得很早，约在元明之际已有华侨农业存在。不过，冷静地看，那时的华侨农业估计应属单家独户的零散农业，人来了便有农事，人一走，水土充足的垦地便野草再生，田园复归荒芜，是故这类农作不会在地表上，也不会在历史上留下什么痕迹，更谈不上农业开发区了。

暹罗第一个有史可稽的华侨农业区，要算明万历六年（1578）林道乾率众在北大年建起的华侨聚居区，当时他们"攘其边地以居，号道乾港"[①]。据《明史》记载，这批流寓于此的华侨达2 000人，虽然不清楚他们以何种组织方式群居并从事农业生产（还可能兼事商业），也不知道他们的结局如何，但这么多外族移民聚集于一个人生地不熟的荒蛮地方，只能生产自给，因而必然会形成一个农业开发区。原先的军事化组织形式，也有利于他们在到达居住地后迅速转化为适应农业开发的组织形式。

继林道乾之后，类似的例子还有：

（1）明末有两群逃难移民，一群为到春武里的潮州人，另一群为到宋卡的闽南人，均在定居地垦殖，建立起自己的华侨农业区。

（2）乾隆十五年（1750），福建漳州府海澄县山塘乡西兴村人吴让到了宋卡。当时宋卡为马来人城邦之一，大城时期降服暹罗。早先有个叫苏丹素黎曼的马来人在宋卡筑有碉堡，挖掘壕沟。吴让刚来，宋卡一片荒凉，他白天开荒种蔬菜，晚上住在废弃的碉堡里。第二年，吴让迁至乍纳府的童阿旺村居住，继续开垦园地种植栳叶，乾隆十八年（1753），吴让又返回宋卡胶井区銮波里乐普村建

---

① （清）张廷玉等撰：《明史》，《鸡笼传》，中华书局，1974年。

房子，雇用四户渔人从事捕鱼业，他自己成了小渔业主，后来发迹。吴让先后经营的这两个谋生之地或亦渔亦农，或以渔为主，规模较小，可以看成袖珍型的华侨农业区。乾隆三十四年（1769），吞武里王朝郑昭率军南下征服洛坤一带，驻扎宋卡。吴让趁机列其所有财产、妻子、奴户、红烟50箱呈献给郑昭，请准宋卡上端四岛及五岛的燕窝专采权，愿每年纳税银50斤。郑信准其所请，并封为子爵。是则，标志着吴让的华侨农业区的范围和经营权的扩大。

（3）道光二十五年（1845），许泗漳被封为拉廊王，随后招得千户至数千户华民开矿，华民边开矿边种植农作物。时攀牙有华人村落，牧猎植菜，安分守己。这是个兼事矿业的综合型华侨农业区，颇有特色。

以上所列的华侨农业区的一个共同点是，都存在过一个有号召力的华侨领袖。在他的带领下，整个华侨农业区具有组织性，生产效率高。但这些华侨农业区能否长久存在仍是一个问题，特别是在华侨移民无法得到补充而这个华侨小社会内部的性别比例极端不平衡从而导致华侨的"族外"婚姻频发的情况下。一般来说，在第一代华侨领袖故去后，一个华侨农业区可能很快会烟消云散。但吴让是个例外。乾隆四十年（1775），他被郑昭封为昭孟，意为宋卡城主，从此开始统治宋卡，开创了宋卡吴氏家族的百年基业。乾隆四十九年（1784）吴让因病去世后，他创立的"吴氏王国"还世袭了八代，历129年，直至光绪三十年（1904）英国人侵占马来半岛时才灭亡。当然，后来的"吴氏王国"实际上已经成为一个地方自治政权，而不仅仅是一个华侨农业区的性质和规模。

虽然大多数的华侨农业区最后都不可避免地消失在历史的云烟里，但它们对当地的经济发展所建立的历史功勋是不应被遗忘的，对后来的新农业区的陆续建立也会产生一定的影响。还应看到，相对于一般的华侨个体农业来说，华侨农业区的生产力发展能量要大得多。

然而，在当时的暹罗，有一定组织的华侨农业区应属少数，更多的华侨只是几家几户联营，或者一家一户自给自足，甚至单枪匹马地进行个体农业劳动。在暹罗，华侨个体的或家庭式的农业劳动尚可适应当时暹罗水土丰美的自然经济，也很容易与当地民族产生融合。具体表现为，娶当地女子为妻，共同从事农业劳作，在经过一代或数代之后，华侨便完全融入当地社会，连华侨个体农业的形式也不复存在了。在暹罗历史上，华侨融入当地社会的速度一般比其他国家的华侨快，往往在融入当地后连本人姓氏这个最重要的民族符号也不予保留。这样一来，华侨个体农业就会像流星般匆匆一现。到19世纪初，已有相当数量的中国人在暹罗中南部、东南部和西南部农村定居，并与暹女结婚，种植胡椒、甘蔗、烟叶、槟叶、棉花、果树和蔬菜，也种稻谷。后来许多人成为种植园园主，其中

大多数是最初定居的华侨与暹女所生的子孙。① 这些在当地农村定居的中国人，所从事的就是华侨个体农业，通过婚姻形式融入当地后，就慢慢转化成当地民族的个体农业了。

应指出，不管是相对集中的华侨农业区，还是分散于当地民族中的华侨个体农业（不一定是从事单一的经济作物种植），暹罗高品质的经济作物，一般是由华侨种植，大部分农产品还进入市场。总体上说，暹罗的经济作物（胡椒、甘蔗、棉花、茶叶、荔枝、龙眼及蔬菜等）大都由华侨引进、种植和经营。正是华侨农业，使暹罗农业经济逐渐由单一性向多样性转变。

当然，一个华侨农业区或者某个华侨农户，也不一定都要从事多种作物经营。某个华侨农户或某个华侨农业区，有可能从事某一种作物的专业化生产。下面就此问题试再举例说明：

（1）胡椒：自古为暹罗重要物产。17 世纪末，暹罗已产胡椒，种植者为柬埔寨人和暹罗人。到 19 世纪初，胡椒种植已成为华侨经营的重要事业。胡椒主产地为东南部玄武岩质火山带的尖竹汶、桐焱以及南部董里、沙敦，种植者多为潮州人。光绪十六年（1890）胡椒产量达最高峰。在胡椒种植中心的黄土地带，聚集了一万名华侨。后来，由于伦敦市场胡椒价格下跌而衰退。但到 20 世纪初，胡椒仍是需要使用相当数量中国劳工的少数农产品之一。

（2）棉花：19 世纪上半叶，在暹罗西南部已有小规模棉花种植。到六七十年代，海南人在中部和北部开辟丛林，种植棉花，逐渐形成中心，产品供应中国市场。到 19 世纪末，棉花生产因市场竞争激烈而没落。

（3）烟草：烟草种植的最早记载是在 19 世纪 40 年代。时华侨在暹罗东南部和西南部种植烟草，主要供当地和马来亚。光绪元年（1875）后，由于暹罗人已养成抽外国烟的习惯，本国烟草种植遂走向衰落。

（4）蔬菜：华侨种菜主要在首都附近和其他主要都市附近。华农一般都以废菜养猪，以猪粪作蔬菜肥料。19 世纪 70 年代，因城市对劳力的需求激增，种植园农业减少。故到光绪二年（1876）时，只有最贫苦的中国移民在住下来后才愿意从事农园劳动和建筑工作，但菜园没有衰退，到宣统二年（1910），曼谷仍有数千华侨经营菜园。暹罗华侨传来农园分秧、移种等技术，重要菜种及橘柑等籽苗也自潮州移来。

（5）养猪：暹罗人由于宗教信仰而不养猪，故养猪业几乎全由华侨经营，从业者以广府人和客家人居多。宣统二年（1910），曼谷一天约杀猪 300 头，猪也主要销往东南亚和中国，鸭、鹅则主要由潮州人饲养。

_____

① 史金纳：《泰国华侨社会：史的分析》，《南洋问题资料译丛》1964 年第 2 期，第 130 页。

（6）养鸡：主要是当地人，华侨饲养者少。他们多是琼州人，输入中国种鸡作小规模饲养。暹罗人不杀家禽而将其卖给华侨，再向华侨购肉食用。

（7）橡胶：光绪三十四年（1908）后华侨才从马来亚移入橡胶，开始在南部及东南部种植，后形成华侨的小胶园。

（8）渔业：19世纪90年代初，有人访问暹罗时，发现河口的万达邦和巴底尤两地乡村的渔民多半是中国人。春蓬府沿海渔村多数是华侨，北揽是一个渔村，也多半是中国人。华侨渔民以潮州人最多，次为广府人。

（9）甘蔗：甘蔗的商品种植始于19世纪20年代，是19世纪暹罗华侨最重要的经济作物。嘉庆十五年（1810）左右，定居在暹罗的潮州人就把甘蔗作为商品作物传入暹罗东南部。在大约10年的时间内，蔗糖成为暹罗的主要出口商品，最大的甘蔗种植园在万佛岁、北柳、佛统诸府。19世纪五六十年代，蔗糖生产达到高峰，甘蔗园和炼糖厂内的中国人数以千计。仅佛统一地就有30多家炼糖厂，每家糖厂雇用200～300名中国人。到了19世纪八九十年代，由于华侨种植园劳工工资日益提高，难以在世界市场上竞争，甘蔗种植园因此日趋衰落。光绪十五年（1889），蔗糖出口停止，仅少量供应国内。①

以上列举了华侨在暹罗经营的主要经济作物。毫无疑问，在一些地方，曾经形成过以专门种植某一种经济作物的华侨农业区，例如，在胡椒种植中心的黄土地带聚集了一万名华侨，实际上便形成了一个专门种植胡椒的华侨农业区。另外，一个个大小甘蔗种植园，实际上就是一个个专事甘蔗种植的华侨农业区。

这里尤应对当时专事甘蔗种植的华侨农业区做一描述，从中可以看出当时暹罗的华侨农业区的典型面貌。据研究，当时制糖业主要是在夜功河和他真河流域，主要城市有他真河流域的龙仔厝、坤西施，夜功河流域的夜功、叻丕府等。这些地方土地肥沃，十分富饶，适宜种植各种粮食作物，是椰子糖和棕榈糖的原产地。由于蔗糖生产程序较复杂，所以操作者都是技术熟练的华工。当时约有90家糖厂。② 无疑，当时的夜功河和他真河流域是由分割为一个个但今天已经不可能准确统计的甘蔗园组成的华侨糖业区。不过，当时糖厂的数量是90家，似乎透露出华侨糖业区的数量。可以猜测，一个糖厂可能就是一个华侨糖业区。

这些华侨糖业区有以下主要特征：其一，单民族性，即从业人员基本上是华侨。其二，技术性，制糖技术非当地人可以胜任，技术人员都是华侨，实际上当时的制糖技术是华侨从家乡带来的。其三，商业性，所有的甘蔗种植园都与专业

---

① 参吴凤斌主编：《东南亚华侨通史》，福建人民出版社，1994年，第412～413页。

② ［泰］暖塔蓬·如曼咪著，社夫译：《三世皇时期华人"大兄"焚城暴乱事件》，（曼谷）《泰中学刊》2012—2013年第17～18期，第81页。

制糖厂挂钩，所有的制糖厂都与市场挂钩。当时的制糖业主要是满足国际市场的需求。据记载，佛历 2353 年（1810）二世皇时期，蔗糖出口量是 6 000 担。到佛历 2369 年（1826）三世皇签订《尊尼·莫尼安条约》，蔗糖生产量逐年增加。当时国际市场需求量很大，如佛历 2378 年（1835），蔗糖出口达到 11 万担，主要买主是英、美两国。其四，政府主导性，政府除了支持生产发展外，还定期派人监督检查甘蔗的种植面积和产量，以估计出较准确的生产数字。① 这几个特征，也可以看作暹罗华侨农业区的主要特征。

第三节　华侨矿业区

暹罗锡矿比南洋其他地方的锡矿更早被华侨开发。谢清高 18 世纪八九十年代到南洋时见到暹罗国土产金、银、铁、锡。华侨到大呢国（北大年）的淘金者，船多泊吉兰丹港。② 槟榔屿开拓者莱特在乾隆五十二年（1787）说，中国人 1786 年以前已在养西岭（时属暹罗）开采锡矿。道光二年（1822），福建平和壶嗣北门社人吴福星、吴万利父子到北大年开采锡矿，继而创办出入口商行"金利号"。其后，吴万利当上北大年第一任海关监督，吴氏族人纷纷前来，故暹罗锡矿区多闽人。③同华侨农业区一样，这里的每个华侨矿业区也有一个华侨领袖统一管理，所以，一个华侨领袖名下，基本上就是一个华侨矿业区。

整个 19 世纪，南暹罗锡矿几乎全部由华侨经营。锡矿分布地区主要有二：

其一为普吉岛，该岛南北长 45 公里，东西宽 18 公里，锡产于岛内和半岛间海底。同治九年（1870），普吉府有中国人 28 000 人，1884 年达 40 000 人以上，绝大多数在锡矿区工作。④ 光绪二十三年（1897）普吉岛的华侨下降到 12 000 人。

其二为半岛地区之董里南部，从海边到六坤一带。打考（打瓜巴）矿区在茂密的森林深处，开采困难，然每年仍出锡六七百吨。六坤以前由暹罗人开采，华工于道光二十年（1840）始至。19 世纪 90 年代，此处有 350 名中国人在开矿，大多数是广东、广西和海南人，分 5 个公司。弄旋矿厂多半在山谷中。开矿方法原始，矿工们需一锤一锤地把矿石敲打出来。

上述两大锡矿开采带中，很难判断其分为多少个华侨矿业区。不过粗略地

---

①　［泰］暖塔蓬·如曼咪著，社夫译：《三世皇时期华人"大兄"焚城暴乱事件》，（曼谷）《泰中学刊》2012—2013 年第 17～18 期，第 81 页。

②　（清）谢清高：《海录》，"暹罗国"、"大呢国"条，湖南科学技术出版社，1981 年。

③　参吴凤斌主编：《东南亚华侨通史》，福建人民出版社，1994 年，第 86 页。

④　史金纳：《泰国华侨社会：史的分析》，《南洋问题资料译丛》1964 年第 2 期，第 129 页。

看，一个公司应该就是一个华侨矿业区。有资料显示，一个采矿带的华工人数不多，或数十人，或百来人，也有达900人者。比较大的采矿带分成一个或数个公司。这样说来，每一个以公司为基本单位的华侨矿业区的规模都很小，都是小型矿区。

之所以如此，主要是为了适应采矿业的特点。华侨矿业区跟华侨农业区不同，由于农业劳动的自然经济特性，组织管理比较松散，华侨农业区的范围可以很大；而华侨矿业区的规模则不宜太大，因为大了不便于对华工进行管理。一般来说，华侨矿业区组织管理的严格程度比华侨农业区高得多。矿业区华工要分组工作，住在矿业主供给的房子里。到19世纪50年代，暹罗锡矿业已经得到较大发展，但是华工劳动条件差，重活多且累，淘锡砂过分繁重，露天工作，致矿工多死于热病，不死者也多患肝脾肿大病。新客中死亡率往往超过60%，在到达矿区之前或工作之后逃跑者甚多。[1]在如此残酷的环境中，华工还要承担如此繁重的体力劳动，一个大型矿区的确不容易管理。

清代暹罗华侨中的大小矿业主多数也是从贫苦农民群体脱颖而出的。最突出的例子当首推龙溪人许泗漳。许泗漳于1810年来槟榔屿时一无所有。初做苦工，稍有积蓄后，乃于道光二年（1822）到暹罗攀牙经商，往来于槟城与泰南之间。道光二十四年（1844）以每年交16 060斤精锡为条件，从暹王拉玛三世处谋得泰南拉廊一带的采锡权。[2]1845年受封为郎州（拉廊）王，招华工前来开采锡矿。时郎州四周荒凉，住户仅70家，经修桥铺路，建房舍，开采锡矿，居民增至千户，此后仍不断增加，政府收入随之增加，当地也日渐繁荣。从规模来看，千户以上的矿区，应该不算小了。也可以说，所谓郎州王，实际上就是拉廊锡矿厂主。咸丰四年（1854），这位拉廊锡矿厂主被加封为郎州伯，同治元年（1862），又被加封为郎郡侯，复晋升为拉廊总督大郡侯。这是古代暹罗的习惯，有了出色的业绩并与国王关系密切者可以封爵号，但其拉廊锡矿厂主的实质不会有多少改变。这个拉廊锡矿厂主管理下的矿区，可以看作一个统一的范围较大的华侨矿业区。

到了许泗漳子孙的时候，仍然因开采锡矿而有功受封。长子心正，封子爵；次子心广，袭拉廊侯爵；三子心泉，封子爵；四子心钦，封克拉子爵；五子心德，封弄旋伯爵；六子心美，封董里子爵，后升侯爵。心美子许裕利，封侯爵，曾任暹罗驻新加坡总领事。[3]这些封爵也一样不会改变他们作为矿厂主的身份，

---

[1] 参吴凤斌主编：《东南亚华侨通史》，福建人民出版社，1994年，第86页。

[2] 参吴凤斌主编：《东南亚华侨通史》，福建人民出版社，1994年，第86页。

[3] 《许泗漳碑文》，见杨建成主编：《华侨史》，中华学术院南洋研究所，1985年，第170页。

但他们有没有另易锡矿厂，史无详细记载。可能仍然是继承许泗漳当年开发的矿厂，只是范围有所转移或扩大。如果是多个子孙同时经营锡矿开采的话，则除了其中一人继承许泗漳原来的矿厂外，其余的子孙就要另开矿厂。合理的推论是，到许泗漳的子孙时，如果每个人的采矿事业都做得很大，就不大可能集中在一个采矿地带里了；如果一个人的采矿业分散在多个地理上互不粘连的地带，就可以说他领有多个华侨矿业区。这样，既往"一人一矿区"的经营格局就会改变。

许氏三代主要经营暹罗的锡矿开采，为当地的经济发展作出杰出的贡献。华侨受其吸引，纷纷前来。道光四年（1824），泰南有华侨5 000人，19世纪50年代达40 000人。①这么多的华侨到来，除了做矿工外，还应有相当一部分人从事农业等其他行业，或者从事为矿区服务的工作。也就是说，许氏的采矿业连锁性地带动了泰南的经济发展。

20世纪以来，因西方资本投入，锡业得以发展，华工也有所增加。光绪三十三年（1907），普吉的澳大利亚公司首先采用挖泥机。但中国矿区仍用露天采锡或即筒吸锡砂法，因而显得落后。1907年，暹罗有一半锡由中国人开采和冶炼，但这些公司和矿区15年后几乎全部倒闭，但华人矿工仍占多数。②不过，这类矿区已非传统的华侨矿业区了。

第四节　华侨商业网系

如同其他国家和地区一样，华侨农业区与华侨矿业区是当地民族经济的重要组成部分，表现为空间上的"区块"形式。而华侨商业则不同，它不是以空间上的"区块"形式表现出来，而是表现为"网络"结构。一方面，这个网络串通了华侨农业区与华侨矿业区以及当地民族经营的农、矿业区；另一方面，这个网络内部也形成一个畅通的循环系统。这样一个蜘蛛网式的商业网系，是清代东南亚各地的基本商业形式，但暹罗有所不同。暹罗的华侨商业网系构成，还包括其他华侨行业，如服务业、金融业，它可作为整个华侨商业网系的重要润滑剂；还有一些实业性的行业，如绞（碾）米业、火锯业等。

---

① ［泰］沙拉信·成拉波尔：《清代中泰贸易的演变》，哈佛大学出版社，1977年，第171页。

② 杨建成主编：《泰国的华侨》，此据吴凤斌主编：《东南亚华侨通史》，福建人民出版社，1994年，第167页。

一、国内小商网系

王室控制对外贸易，是清代暹罗经济的一大特色。然而在清代，暹罗王室控制的对外贸易却是由华侨居间主掌的。

暹罗华侨人数的增加，首先加强了暹罗王室的对华贸易。从17—19世纪中叶，远东地区的贸易仍以中国为中心。东南亚各国的对华贸易分两大渠道，一是表现为"朝贡"形式的官方贸易，中国政府以此维系其与东南亚各国的全面关系；二是以民间商人为主角的海商贸易。

暹罗王室垄断了整个国家的贸易，包括暹罗的国际贸易和国内贸易。在多方位的国际贸易中，打着"朝贡"旗号的对华贸易是主轴。但对这种贸易却是各说各话：清廷说是"朝贡"，暹罗王室在清朝官员面前也承认是"朝贡"，但在其内部看来则完全是在跟清朝做生意。尽管清廷那一套刻板的"朝贡"制度可能给暹罗造成名义上的不平等，但暹罗毫不介意，依然岁岁"上贡"，年年"来朝"。在清廷三番五次对暹罗的"朝贡"次数和"朝贡"货物数量进行限制时，暹罗仍然千方百计地增加"朝贡"的次数和每次"朝贡"的货物数量。暹罗这种现实主义的贸易行为不仅从清廷那里赢得了"恭顺"的美名，更重要的是为自己争得了许多经济实惠。事实上，清政府在处理"朝贡"时，向来都奉行"厚往薄来"之道，即对"朝贡"国带来的货物（通常是特产）给予价值上数倍乃至十数倍、数十倍的回赠（即所谓"赏赐"）。"朝贡"者表现得越"恭顺"，通常获得的"赏赐"越多。也就是说，这种"赏赐"总是表现为反向的贸易不平等，在世界贸易史上颇为新奇。在东南亚各"朝贡"国中，暹罗往往表现得最为"恭顺"，"进贡"最多，因而所获得的贸易实惠最为可观。关于这一点，学界均有共识。

有趣的是，在如此巨大的经济利益面前，暹罗王室总是"君子动口不动手"，它不仅不亲赴外国经理商务，也不经办国内港口的具体交易，而是假手他人，自己坐享其成。事实上，暹罗王室也无法在国内臣民中找到适合承担贸易重任的人，因为暹罗平民需定期服劳役。既然如此，最好的代理人自然是华侨。一者，华侨是自由之身；二者，华侨是公认的贸易行家，拥有贸易知识、理财才干、雄厚资本与航海技能；三者，华侨熟悉中国国情，与中国联系密切。是故，暹罗王室乐意让华侨担任负责国内外商务的官员，乃至委以重任，赋予种种贸易特权，为王室服务。例如，大城王朝的泰沙王曾任命一名华侨为王库昭披耶，掌

管暹罗外贸大权。① 通过这一制度，华侨掌控了暹罗王室的对外贸易，也主掌了暹罗的对华贸易。暹王郑昭的父亲郑镛曾出任大城筹饷官一职，朝廷对他宠信有加，他经常出入宫廷，结交王公大臣。1750 年到暹罗谋生的海澄人吴让曾出任暹南燕窝税务官，后被封为宋卡太守，大泥、赛武里（吉打）、丁加奴俱受其节制。吴氏世袭宋卡太守，历八代凡 129 年。② 据曼谷王朝拉玛三世时期统计，税官中有 68.06% 是华侨。③ 而历朝出任中国的贡使或贡使团成员则不计其数，几乎每一艘驶往中国的贡船都有华侨，甚至水手、舵工、船员与船长清一色都是华侨。此外，华侨还被委任为港口管理官、征税官等。至咸丰五年（1855），挂暹罗国旗的方帆商船，有五分之四为华侨所掌控。光绪十六年（1890），英国领事馆记载，据关税调查，曼谷地区的贸易额 62% 属于华侨，26% 和 8% 分属英国人与印度人。④

咸丰五年（1855）《英暹条约》签订后，暹罗国王对贸易的垄断特权被打破。欧洲人在南洋的贸易迅速发展，致使华侨在暹罗对外贸易中的地位显著下降。这是暹罗政府不愿意看到的，更是华侨不愿意看到的。但时势如此，他们也不得不承认现状。因此，暹罗华侨便着力发展暹罗的国内贸易。其时受自由贸易刺激，暹罗国内稻米生产及其他产业逐渐商业化，交通也日益发达，华侨在暹罗国内经济舞台上开始扮演新的角色，商业势力日渐庞大。⑤

毋庸置疑，从事暹罗与中国间的"朝贡"贸易和暹罗国内主要港口、重要货物贸易的华侨，都是与王室有着特殊关系的华商，那么，他们与暹罗国内的华侨小商贩之间有没有业务上的联系？迄今没有足够的资料说明这一点。但从理论上说，暹罗国内的华侨小商贩与那些跟王室有着特殊关系的华侨巨商应该一同构成整个暹罗内外贸易网络体系。所谓富商与小商贩，只是在这个体系中分工不同而已。从事"朝贡"贸易的那一部分华侨，由于其所得的"赏赐"物用途的特殊性，致使他们的贸易范围和渠道十分有限，因此他们只是华侨富商群体中的一小部分。华侨富商群体中更大一部分应该是来自潮州地区专事民间贸易的华商，他们可能跟从事"朝贡"贸易的华商只存在某种有限的联系，但他们肯定跟广大的华侨小商贩存在广泛而密切的业务联系。他们之间，一荣俱荣，谁也离不开谁。

移民暹罗的中国人一开始就以经商作为主业。在阿瑜陀耶王朝后期泰人坤奎

---

① 中山大学东南亚历史研究所编：《泰国史》，广东人民出版社，1987 年，第 92 页。
② 吴翔麟：《宋卡志》，台湾商务印书馆，1968 年，第 72～74 页。
③ （泰国）《文化与艺术》1984 年第 2 期，转引自《中国东南亚研究会通讯》1985 年第 3 期。
④ 参吴凤斌主编：《东南亚华侨通史》，福建人民出版社，1994 年，第 82～83 页。
⑤ 杨建成主编：《泰国的华侨》，中华学术院南洋研究所，1986 年，第 9～11 页。

哈瓦的著作中提到的 6 个居住区都是商业区：①木头公下游的越登溪口是个市场。②越他腊佛寺市场的街头有打铁店和鞋店。③米线市场有卖束干货店类，有作饼、云片糕、糕点和米线出售。④乃介区特大市场的马路两旁，华人屋宇、商店林立，华人和暹罗人经营中国帆船用的器具、铜器、银器、白金、瓦片、瓷碟及由中国舶来的各色丝绸、铁器和各种工具等，应有尽有。店里还出售来自中国的各种食品和水果，朝夕销售猪、鸡、鸭、咸水鱼和淡水鱼、螃蟹、贝类等品种繁多的海鲜食品。⑤三马区的华人在这条街中建起了制饼厂和各式各样的糕点厂，还制造各种型号的桌子、床、柜子、椅子和家私，以及木套环、铁套环的大小木桶，有打铁厂制作各种铁器并出售，还承接市民定制的各式铁器。⑥坤拉空猜溪口市场颇大，近水路和陆路，华人商店林立，所售卖的多为中国货。市场尽处还有一座中国庙。从这里的描述可以看出，当时中国商人已经在暹罗建立了一个比较完整的、销售适合市民生活需要的、供应各种大小商品的市场体系，而且连通了与中国和其他地方的供货渠道。由此还可推测，暹罗的货物也已作为交易产品回销到供货之地。

曼谷是暹罗华侨小商贩的集中地。19 世纪上半期，曼谷是水上城市，华侨小商贩很多。《曼谷纪事》记载，当时曼谷销售进口货是在三聘街（Sampheng）和湄南河。大部分中国商船一到曼谷，就变成零售商店，船舱两旁架起临时货摊，陈列中国商品，琳琅满目。19 世纪 20 年代，每年的 2—6 月，大约有 70 艘帆船停泊在河里，船头朝下流方向，分列两行，每一行都挤满乘小船来购物的顾客。曼谷所在河流的两旁，一年到头都排有长达四公里的水上商店。还有无数华侨小船在河里划来划去，出售当地出产的食物，特别是鲜猪肉。大部分零售交易都在水上进行。①是故，曼谷有"东方威尼斯"之称。有人认定，当时曼谷的零售业是中国人垄断的行业。到 19 世纪 80 年代，水上居民逐渐从河流两岸迁居陆上，帆船贸易遂成往事。19 世纪末到 20 世纪初，曼谷大规模公路修建计划实施，水上商店宣告结束。之前在水上居住的华侨商人，都迁到新街道两旁一排排的双层商店，华侨经营的零售业（小商贩）继续加强。19 世纪下半期，暹罗其他港口及暹罗湾诸市镇的情况也是如此。②

航运业无疑是暹罗庞大的国内外贸易网系的血管，地位至关重要，同样牢固地掌握在华侨手中。到 20 世纪初，南洋地区投资航运业的除林秉祥外，较著名的要推暹罗的郑智勇。他承包花会（彩票）致富后，于光绪三十一年（1905）

① 史金纳：《泰国华侨社会：史的分析》，《南洋问题资料译丛》1964 年第 2 期，第 27 页。

② 史金纳：《泰国华侨社会：史的分析》，第 127 页，参吴凤斌主编：《东南亚华侨通史》，福建人民出版社，1994 年，第 345 ~ 346 页。

组织华暹轮船公司，拥有 8 只轮船，分别航行于暹罗、新加坡、马来亚、荷属东印度、越南以及中国香港、厦门、上海，在暹华航运史上起积极作用。①

二、包税（饷码）和金融业

19 世纪后半叶，暹罗光是对鸦片、酒、彩票、赌博四个项目课税的垄断征收承包额，便占了政府财政收入的 40%～50%。② 承包税收是华侨的一种商业活动，也是其资本积累的重要来源。承包人大部分是华侨中的中上层人物，也有许多是华侨秘密会社的领袖或华侨商人。暹罗华侨中因承包税收而发财致富的有曼谷的郑智勇等。③ 郑智勇原籍广东潮安县凤塘区，原名郑义丰，别名二哥丰，咸丰元年（1851）出生于贫农家庭。父早逝，与其母、兄沦为乞丐。同治二年（1863）到暹罗，同治五年（1866）加入洪门，不久被推为二哥，坐上暹罗天地会第三把交椅。④ 20 世纪初，暹罗政府举办"花会"（彩票），承包给郑智勇，每年赢利不下数十万铢，不几年成为百万富翁。⑤ 郑智勇又将资本投入航运、出入口业、绞米、银庄、当押、报社、印务局等，成为 20 世纪初南洋潮侨中的首富，⑥ 亦为 19 世纪末至 20 世纪第二次世界大战前暹罗华侨秘密会社的著名领袖、暹罗华侨近代公益事业的主要开拓者。

暹罗华侨经营金融业比新加坡和巴达维亚华侨迟。暹罗第一家金融企业是光绪三十年（1904）华侨创办的尧盛兴钱庄。光绪三十四年（1908）改组为正式银行，拥有资本 300 万铢。⑦ 光绪三十一年（1905）成立了规模较小的源发利华侨银行。光绪三十四年（1908）成立了华通银行，以雄厚的碾米厂商作为后盾，为新开办的华侨航运业提供资金，也为孙中山的革命活动提供经费。⑧ 同年，新加坡四海通银行在曼谷设立分行，该行为潮籍华侨合资经营。光绪三十四年

① 王绵长：《二哥丰传奇》，《华夏》1985 年第 3 期，第 28 页，参吴凤斌主编：《东南亚华侨通史》，福建人民出版社，1994 年，第 420 页。

② 游仲勋：《东南亚华侨经济简论》，此据吴凤斌主编：《东南亚华侨通史》，福建人民出版社，1994 年，第 383 页。

③ 王绵长：《二哥丰传奇》，《华夏》1985 年第 3 期，第 28 页，参吴凤斌主编：《东南亚华侨通史》，福建人民出版社，1994 年，第 382～384 页。

④ 华侨志编纂委员会编：《泰国华侨志》，华侨志编纂委员会，1959 年，第 189 页。

⑤ 王绵长：《二哥丰传奇》，《华夏》1985 年第 3 期，第 28 页。

⑥ 华侨志编纂委员会编：《泰国华侨志》，华侨志编纂委员，1959 年，第 189 页，参吴凤斌主编：《东南亚华侨通史》，福建人民出版社，1994 年，第 386～387 页。

⑦ ［泰］赖特、布里克斯·皮尔编：《有关暹罗历史·民族·工商业和天然资源的二十世纪观感》，1908 年，第 118 页。

⑧ ［泰］赖特、布里克斯·皮尔编：《有关暹罗历史·民族·工商业和天然资源的二十世纪观感》，1908 年，第 118 页。

（1908）在曼谷还开设一家顺福成银行，由潮侨郑大孝、郑舜之合办，资本100万铢。[1]

由于潮汕华侨心系家乡亲人，于是就出现了叫"侨批"（俗称"番批"）的侨汇方式，实际上是一种由华侨汇集成批，并由专人带回国内、以汇款为本的家庭书信，是一种民间自发的金融邮信形式。当时办理华侨附有信件汇款业务的私人金融机构，称侨批局、民信局、汇兑庄、批局等。在现代银行业尚未出现的时候，侨批业有着相当丰厚的利润。据说，在光绪十七年至二十年（1891—1894）间，曼谷约有批局20处。到宣统三年（1911），批局增加到58处，每年寄批银780万元。如果按照每个回国者随身携带40元来计算，则1911年回国60 797人，总数约240万元。[2]

三、绞（碾）米业和火锯业

在南洋各地工业部门中，碾米业是华侨资本最普遍的投资对象。暹罗是主要产米国之一，也是南洋华侨在碾米业中投资最早和最多的国家。咸丰五年（1855）暹罗门户开放前，大米已是该国主要出口商品。19世纪60年代后，随着商品经济的发展，中介商人数增多，特别是大米初级加工（碾米）和出口的发展，促使更多的华侨商人卷入收购稻谷、碾米、储藏和销售的经济活动中。暹罗国内商业以大米贸易为主，华侨商人在其中占据了绝对优势。暹罗第一家华侨经营的碾米厂是潮州澄海县人高妈和19世纪60年代创办的元盛绞米厂，日仅碾米十余吨。后又创办元发盛绞米厂，日碾米百余吨，获利甚丰，遂成巨富。其子高晖石，本系清举人，于光绪年间南来继承父业，曾被泰五世皇封为子爵，为暹罗中华总商会创办人（任会长六届共十二年）及天华医院创办人。继之而起者，先后有潮州饶平县籍华侨陈氏、潮安籍华侨卢氏。[3]

1858年，美资公司建起了采用蒸汽动力的碾米厂（碾米厂在暹罗称为"火砻"），至同治三年（1864），已有3家机器碾米厂。同治六年（1867），已有5家欧美资本经营的机器碾米厂。暹罗人和中国人在农村经营的手工业式的碾米厂受到机器碾米厂的冲击。欧美在暹罗建立碾米厂的同时，华侨也开始投资机器碾米厂。据英国驻暹罗领事报道，早在同治九年（1870），已有几个华侨船主向英国订购以蒸汽为动力的碾米机器。光绪十五年（1889），暹罗的华侨机器碾米厂

---

① 华侨志编纂委员会编：《泰国华侨志》，华侨志编纂委员会，1959年，第68页，参吴凤斌主编：《东南亚华侨通史》，福建人民出版社，1994年，第422~423页。

② 据《侨团：漂泊华人的一艘船》，《南方日报》，2006年11月21日。

③ 华侨志编纂委员会编：《泰国华侨志》，华侨志编纂委员会，1959年，第59、186页。

已有 17 家，光绪二十一年（1895）有 23 家，1912 年已达到 50 家，几乎全为潮州籍华侨所经营，外国人的碾米厂只剩下 3 家。[①]

暹罗华侨火砻（碾米）业的发展，首先，与华侨对碾米机的改造与修理直接相关。光绪十六年（1890），有华侨发明了一种加工法，能碾出比装运出口米更令人满意的白米。几年后，西方人的碾米厂也仿效华侨碾米厂的加工法。到光绪三十一年（1905），曼谷几乎所有的碾米厂都安装了这种机器，生产的净白米在国外市场能卖得较高的价格。19 世纪末，碾米厂机器要雇用西方工程师来操作。后来，一台山籍华侨马棠政仿照英、德两国碾米机器，制造出一整套包括铸件在内的碾米机，成为有名的机械师。[②] 马棠政出生于台山白沙上朗村。8 岁时只身来到暹罗谋生，当机械工。他聪明好学，刻苦求知，积数年学徒经验，终于成才，成为暹罗火砻机械技师，后为暹罗培养了数以百计的火砻机械技术人才。当年，曼谷的大火砻多由他设计、承建。而后自创振盛火砻，日产大米 500 吨，居全暹罗同行大米日产量之冠。光绪末年，曼谷各大碾米厂都雇用他为工程师。他热心社会公益及侨社事业，是暹罗华侨社会的著名领袖。其次，与全暹罗的米业（包括收买谷子、碾米、出口）都操于华侨手中相关。此外，暹罗大米的国外市场主要在新加坡、中国香港等地，其大米输入商大部分也是中国人。到光绪六年（1880），华侨碾米厂有的已直接向海外输出大米。到光绪三十三年（1907），曼谷有一家中泰碾米公司，开始通过伦敦将大米直接销售于欧洲市场。[③]

木材和米一样都是暹罗的重要出口商品，暹罗的锯木业（华侨称火锯业）仅次于碾米业。19 世纪末，南洋各地建筑业迅速发展，对木材的需求量增加。华侨纷纷投资木材加工业、伐木业或锯木业，其中以暹罗的华侨资本势力最大。19 世纪七八十年代，英商拥有在暹罗砍伐森林的特权，火锯业操于他们之手，设厂伐木，制板运输出口，获取巨利。而后，华侨也投资火锯厂。最先创设火锯厂的华侨已不知是何人，仅知海南籍华侨林公记约创办于 19 世纪末的火锯厂规模较大。其后创办的大小型火锯厂，又不下数十家，大多数也为海南人所经营。[④] 光绪二十年（1894），外国人的火锯业与华侨的火锯业比例为 3∶1，到光绪三十四年（1908），为 7∶4。[⑤]

[①] 参吴凤斌主编：《东南亚华侨通史》，福建人民出版社，1994 年，第 394 页。

[②] 史金纳：《泰国华侨社会：史的分析》，《南洋问题资料译丛》1964 年第 2 期，第 125 页。

[③] 参吴凤斌主编：《东南亚华侨通史》，福建人民出版社，1994 年，第 393~394 页。

[④] 华侨志编纂委员会编：《泰国华侨志》，华侨志编纂委员会，1959 年，第 156 页，参吴凤斌主编：《东南亚华侨通史》，福建人民出版社，1994 年，第 397 页。

[⑤] 史金纳：《泰国华侨社会：史的分析》，《南洋问题资料译丛》1964 年第 2 期，第 105、215 页。

在东南亚，清代暹罗华人经济圈是比较发达的，集中地表现为华侨贸易网系的发达。华侨很早就通过深度介入暹罗王室的对外贸易（特别是"朝贡"贸易）获得了暹罗对外贸易的主导权，尽管华侨对暹罗对外贸易的主导权后来由于英国人的到来而部分被夺走，但是，其中的对华贸易（包括"朝贡"贸易和民间贸易）部分仍然牢牢地控制在华侨手中。暹罗国内的贸易（主要是小商贸易）也主要由华侨承担。暹罗最发达的国内贸易网系集中在湄公河流域，以首都曼谷为中心。这一带的小商品贸易基本上是华侨的天下，以此为中心，渗透全国各地，华侨小商贩的足迹也随着货物延伸到各地。

随着暹罗国内商业的发展，华侨零售商分散到全国各地定居，无论是农村、山区还是海岛，都可以发现他们的踪迹，有说，"没有什么偏僻地方是他们不能去的"。19世纪上半叶，暹罗各地城镇出现了许多华侨街区和地方市场，华侨的经营也带动了这些地方的繁荣，当时出现"无华不成市"的盛况，"有的城市住的全是中国人"。这些中国人中，大部分是潮州人。19世纪50年代，以潮州人为主体的暹罗华侨已在该国商业中占据举足轻重的地位。在城镇地区，他们从事进出口业、批发业、零售业，或做小商贩；在农村地区，他们充当中介商和土产商，在生产者和消费者之间扮演中介人的角色。① 正是他们把偏僻农村的暹罗农民和商业市场联系起来，也把华侨农业区与暹罗市场联系起来。他们是暹罗发达的华侨贸易网系中一根根连接各种类型的华侨农业区和华侨个体农业的网线。如果暹罗没有发达的华侨贸易网系，暹罗的华侨农业区难免只是一个个自给自足的"孤岛"。有了这个网系，各地的华侨农业区就变成一个个活水之源。华侨农业区的作物也走向适应市场需要的商品化生产。

从华侨农民的角度来看，他们来到暹罗后，起先只是为了生计而种植一些满足糊口需要的作物，在接通了华侨贸易网系后，便开始种植和生产适应市场需要的作物，后来种植的作物逐渐多样化，这是华侨农业区与市场接轨的必然结果。再到后来，华侨农业中的一些作物高比例地进入市场，成为华侨开展贸易的货物来源。当一些作物的市场化程度较高时，其行情往往随着国际市场的变化而起落。例如黄土地带的胡椒产量曾一度达到高峰，后来由于伦敦市场胡椒价格下跌而衰退。棉花种植从小规模种植兴起，产品曾供应中国市场，后来因市场竞争激烈而没落。主要供当地和马来亚的烟草后来也由于暹罗人改抽外国烟而走向衰落。一些农业领域的衰落，并不意味着华侨农业区的衰落，因为华侨可以因应市场的变化，改种其他作物。华侨农业区的市场化，也带动了当地市场经济的发展，促进了当地社会的进步。

---

① 杨锡铭主编：《海外潮人史话》，中国文史出版社，2009年，第63页。

　　相对于华侨农业区来说，华侨矿业区卷入华侨贸易网系的程度没有那么高。暹罗的华侨采矿业一直是在恶劣的环境中艰难挣扎。作为华侨经济的重要组成部分，它没有与华侨经济的其他领域形成链接，最后因无法抵挡国际资本主义采矿先进技术的挤压而走向衰落。原先存在的一个个小规模的华侨矿业区，要么走向衰亡，要么易主成为外侨矿业区。

　　就目前所收集的材料而言，以潮州籍为主体的暹罗华侨所从事的职业范围是比较广泛的。他们在清代从事的行业有以民生日用为主的锯木厂、制糖厂、榨油厂、酿酒厂、砖瓦厂、织造厂、家具厂、陶瓷厂、五金厂、铸造厂等加工制造业，以及经营畜牧业和渔业等。① 这些行业，作为暹罗庞大的商业网系的组成部分，繁荣了国内商品市场，实际上也是市场流通的有效润滑剂。当然，进入民国以后，华侨的职业向更高级化方向发展，诸如银行、碾米出口、保险、珠宝首饰、纺织、酿酒、典当、咸杂、土产、木材、橡胶、书店、中医药、肉铺等行业，以及商业、加工业、航运业、金融业等领域，此是后话。

---

　　① 　杨锡铭主编：《海外潮人史话》，中国文史出版社，2009 年，第 63 页。

第五章　海峡殖民地

第一节　海峡殖民地三地的华侨移民态势

海峡殖民地（Straits Settlements），是英国自道光六年（1826）至1946年对位于马来半岛的三个重要港口和马来群岛各殖民地的管理建制。清道光四年（1824），马六甲为英国所占领。道光六年（1826），英国将槟榔屿、威斯利、马六甲、新加坡几个殖民地合并为海峡殖民地，首府设在槟榔屿。道光十二年（1832），首府移至新加坡，海峡殖民地管辖权属孟加拉总督。当时，当地华侨称海峡殖民地为"三州府"或"叻屿呷"。同治六年（1867）四月一日，英国政府殖民地部正式接管海峡殖民地，并将其划入直辖殖民地（Crown Colony）之列，总督驻守新加坡。与此同时，印度洋上的圣诞岛和科科斯群岛也划归海峡殖民地，海峡殖民地总督兼任英国驻马来亚和文莱这两个英国"保护国"的高级专员。同治十三年（1874），随着《邦咯条约》的签订，天定和附近岛屿被纳入海峡殖民地的范围。光绪三十二年（1906）十月三十日，北婆罗洲沙巴的纳闽港也划归海峡殖民地。但本书所说的海峡殖民地，专指马六甲、槟榔屿和新加坡三地。

马六甲、槟榔屿和新加坡三地在英国人1786年来到前还是未开发的土地，但华侨移民这三地的时间更早。英国于1786年在槟城设立第一个自由港，继而在此区域扩展，实际上也为华侨移民海峡殖民地乃至东南亚开了一个新纪元。英国在槟城、新加坡和以后的马六甲实施自由贸易政策是吸引华侨移民至此发展的主要原因。在东南亚华侨定居的三种模式——港口城市、矿区和农村社区——中，海峡殖民地是典型的港口城市模式。这种模式使居住在那里的华侨可以更快地获取更多的外界信息，更容易与外界接触，更密切地与其家乡保持联系，也使他们自己得到更多自由流动的机会。

一、马六甲

马六甲为15—16世纪初马来人建立的王国。其版图包括马来半岛南部和苏

门答腊东部。明初郑和下西洋时，曾在马六甲建"官厂"（仓库），并作为重要中转站。明正德三年（1508），葡萄牙殖民者（中国史籍称"佛郎机"）占领马六甲。明崇祯十四年（1641），马六甲易手于荷兰。

马六甲历史上一个引人注目的事实是，建国之初，前三位国王曾五次亲自率团访华。其中，国王拜里米苏拉率领的访华代表团人数竟多达540人，估计国中所有皇亲国戚、高层公职人员、富商巨贾都已"倾巢而出"。

马六甲在历代中国史籍中，每被作"词条"式的记述，每个词条都大同小异，皆因历代辗转传抄之故。所有词条中，有一点给人印象殊深，这就是"海盗国"之说。此说应是始于《嘉庆重修一统志》："风俗：淘沙取锡，捕鱼为业。俗善邀劫，商舶稀至。性情机巧，器用精致。"① 但实际上，在海峡殖民地所辖的三地中，马六甲历史最悠久，繁荣程度一度最高，后来被槟榔屿和新加坡赶上，主要原因是马六甲的商业无法与此二地比拼。自从海峡殖民地建立后，槟榔屿和新加坡迅速崛起，马六甲就渐渐风光不再。再到后来，竟跌落到"人谓之为耆老退居之所，非商贾所萃"的境地。②

不管后来如何，马六甲王国作为中国、印度和东南亚早期的货物交换转口港，曾吸引了一批商人来此停留和进行贸易。华侨社区领袖曾被苏丹任命为四人之一的港务官员（Shah Bandar），协助管理外商。华人港务官的任务大概是管理华侨居民的商业活动，使他们遵守法规，也成为政府处理华侨人口的代理。③

马六甲移民的一个最重要的特征就是所谓"峇峇现象"。"峇峇现象"主要出现在以马六甲为圆心的马来地区，集中在当时的海峡殖民地和马来联邦内。这里集中做一阐述。

"峇峇现象"起源于华侨男性与当地妇女通婚。当时绝大多数华侨定居当地后，因缺少华侨妇女，便多与当地女子通婚，尽管很多华侨下南洋前已经家有发妻。他们在他国再娶"番婆"（广东等地人对外国妻子的俗称，无贬义），更多地是为了借助当地妻子及其家族的关系打开谋生局面，是一种十分现实的考虑。但因此产生一个后果，就是生下了被称为"峇峇"（Baba）的"半唐半番"的后代。普遍的说法是，华侨与马来女通婚所生子女，一般经过三代就会成为"峇峇"。这不是一个人或少数人的问题，而是华侨的普遍问题，故谓之"峇峇现象"。"峇峇现象"是一种文化现象，因为涉及两大民族的跨代文化掺杂。

---

① （清）穆彰阿：《嘉庆重修一统志》卷五五七《麻六甲》，第1～2页，此据余定邦、黄重言等编：《中国古籍中有关新加坡马来西亚资料汇编》，中华书局，2002年，第173页。

② （清）薛福成：《出使英法义比四国日记》续刻卷四，岳麓书社，1985年，第551～552页。

③ 参林水檺、何国忠、何启良、赖观福编：《马来西亚华人史新编》（第一册），马来西亚中华大会堂总会，1998年，第5页。

马来半岛华侨的通婚由来已久。《闽都记》载，明永乐时有福州华侨阮、芮、朴、樊、郝等姓来到马六甲，定居"娶番生子"，久之连姓氏也忘记，变成远、裔、飘、盆、哮等姓。《东西洋考》记载，马六甲男女"肌肤黑漆，间有白者，华人（种）也"①。《明史》也记载，马六甲男女，发上均打髻，但有些肤色比较淡薄者，是华人的后裔。② 由此可知，华侨与马来女所生的混血儿的肤色与马来夫妇所生的子女有明显不同；另外，在此"峇峇"与彼"峇峇"之间，肤色上也存在着微妙的差别。

混血儿肤色的改变属于人种问题。人种特征固然是"峇峇现象"的重要特征，但更重要的是文化上的特征，其主要标志则是语言。一般认为，是客观现实使"峇峇"们形成了这一特征。华侨与马来妇女通婚后，华侨们忙于生计，无暇顾及后代，便主要交由其马来妻子进行养育。由于马来妇女不懂汉语，而孩子日夕与母亲生活在一起，便学会了马来语。久而久之，产生了一群讲马来话的华侨。"峇峇"们所讲的马来话，又绝非纯正的马来语，而是夹杂着华语的马来语。这样的"峇峇语"，便成了自成一格但仍然属于马来语体系的独特语言。由于父亲多为闽南人，所以，"峇峇"嘴里夹杂的汉语实际上多为闽南方言。此外，"峇峇语"也改变了许多马来语的发音。就混血儿外表（以肤色为主）和"峇峇语"两者而言，"峇峇语"的族群标识作用或许更明显。

说"峇峇语"是这一族群最重要的文化标识，并不意味着否定"峇峇"的其他文化标识，包括信仰上主要信仰伊斯兰教。社会习俗上亲母方而轻父方，对所生子女，多重女轻男；衣着上穿马来装；日常生活上，食不用箸，以右手代之（左手授礼或接物，则斥为无礼）；保留着中国人的风俗习惯和宗教；对中国有隔膜，亲近于当地，等等。"峇峇"在衣着上的特征也值得一提。男子"峇峇"大多穿西服，女子（称"娘惹"，Njonja，Nyonya）穿马来服，但略有不同。马来女上衣前后对襟一样长，平常无装饰，颜色多黑色、红色或其他深色；而娘惹服则前长后短，前多绣花纹，颜色多浅、淡、雅，下身则用马来裙（纱笼）装束，纱笼乍看似中国古装。③

"峇峇现象"在马六甲最为典型。在马六甲，华商多要趁季风而经常来往于南洋与家乡之间。在他们回国期间，当地之妻就代他们处理商务。在长时期内，华侨与其当地之妻对自己的婚育子女实行"分类"处理：男的被带回中国，女的仍留在当地，称"土生女"，但不许与当地男子结婚，只许与华侨或新来华侨

---

① （明）张燮：《东西洋考》卷四。对照费信《星槎胜览》所载"间有白者，唐人种也"，可知此文中缺一"种"字。

② （清）张廷玉等撰：《明史》卷三二五，中华书局，1974年。

③ 《槟榔屿之华侨妇女》，《南洋研究》1930年第3卷第1期，第125页。

婚配。① 没有资料说明为什么华侨们这样处理他们与马来妻子共造的"合资产品"，但可以猜测这是基于中国传统的男尊女卑的思想，且儿子要继承"父统"，自必带回家乡，莫使染上"蛮夷"之气。槟榔屿的情况与马六甲大抵相似。

上述情况说明，"峇峇现象"产生和延续的基础是当地的娘惹，通俗地说，是娘惹对男华侨的忠诚与固守。因是之故，消除了"峇峇"族群"水土流失"与血统迅速稀释之忧，使"峇峇"族群得以维持下来。还有一点应予指出，娘惹对"峇峇"族群的固守并非仅仅是"本地化"的，她们也会从更广阔的空间维护"峇峇"族群的"水土流失"。例如，马六甲女性"峇峇"会嫁为海峡殖民地他埠的华侨为妻，因为英国开辟槟榔屿和新加坡港后，华侨人数增加，华侨男女比例也因此而严重失衡。②

还有一点值得注意，"峇峇现象"并不只限于华侨与马来民族之间，也发生在华侨与暹罗人之间。据记载，英国开辟槟榔屿后，华侨人数因而增加。华侨与马来女、暹女通婚，尤其是与"参参人"（Orang Sam Sam——受马来人涵化的土生暹女）通婚。参参人与华侨通婚后，其儿女被华侨同化。③"土生华人生聚于此日久，多入英籍，在此购田产，育子孙，世代相承而不回中国，惟其衣服、饮食、文字、语言尚如其旧。"④

总的来说，"峇峇"出现最早也最多的地方是马六甲，马来联邦地区很少，虽然马来半岛华侨的通婚由来已久。到19世纪，马来联邦的华侨与当地民族通婚者已比较多，主要是与非伊斯兰教徒的巴厘人、暹罗人和巴达人等通婚。在吉兰丹，华侨多与当地暹女通婚，该处"禁妇女嫁中华人，故闽粤人至此鲜娶者，有妻皆暹罗女也"⑤。

有一种情况可能仅为马六甲所有，就是此地的华侨妻子，可能出身于奴隶，因为直到19世纪，马六甲还存在着奴隶买卖。被带到马六甲的武吉斯人和巴厘

---

① 李长傅：《南洋华侨史》，商务印书馆，1937年，第46页。

② 据卜烈尔氏《马六甲海峡英属地统计表》中所显示的数字，1823年新加坡华人有3 327，其中男2 966，女361，男女比率为8∶1；1850年华人有27 988，其中男25 749，女2 239，男女比率为12∶1。见〔英〕巴素：《马来亚华侨史》，第60页。另，布克莱在《逸事史》中认为，1837年前，中国女性还不曾从中国南来新加坡。据报纸报道，仅有两位真正的中国女性出现在新加坡，她们是小脚女人，数年前在英国伦敦"展览"过。

③ 陈志明：《海峡殖民地的华人——峇峇华人的社会与文化》，林水檺、骆静山编：《马来西亚华人史》，马来西亚留台校友会联合总会，1984年，第174~175页。

④ 王韬：《弢园文录外编》卷二，中华书局，1959年，第53~54页；刘锡鸿：《英轺私记》，岳麓书社，1986年，第53~56页。

⑤ （清）谢清高：《海录》，"吉兰丹"条，湖南科学技术出版社，1981年。

人，大都被华人、印度人和马来人买作妻妾。① 华人中买妻妾、家仆者当为富商。华人以当地奴隶为妻妾，只会稳固当地的"峇峇"族群。

二、槟榔屿

槟榔屿（Pulau Penang），中国史籍也作布路槟榔、槟榔士等。乾隆五十一年（1786），英国人与吉打苏丹订约，将槟榔屿辟为商埠，并招徕商贾，渐致富庶。② 其实，槟榔屿与马六甲一样，没有什么土特产。后来槟榔屿之所以"渐致富庶"，是依靠其商业转运港的优势。

嘉庆五年（1800），英国人与苏丹签订新约，得到槟榔屿岛对岸长 18 英里、宽 3 英里的土地，并将其命名为威斯利省。道光六年（1826），英国将槟榔屿、威斯利、马六甲、新加坡几个殖民地合并为海峡殖民地，首府设在槟榔屿。道光十二年（1832）迁至新加坡。首府的搬迁不仅意味着槟榔屿政治中心转移到新加坡，而且意味着槟榔屿的商业中心也转移到新加坡。

槟榔屿开埠前已有 58 名中国人和马来渔民，为野兽出没之地。但槟榔屿的华侨史一般以乾隆十年（1745）广东大埔人张理、丘兆进和福建永定人马福春等50 多人抵埠为始。当时张理一行本欲乘船从汕头往巴城谋生，途中遇风，漂到槟榔屿。船既被毁，他们只好在岛上伐木架屋，以物品向当地人换取粮食和种子，开荒种地，以渔农为活。铁匠丘兆进用破船烂铁制造农具，马福春率众伐木烧炭，开辟田园。一行中只有张理有文化，能教人识字、采集中草药治病。另不少人还与当地人通婚。他们是开辟槟城的先驱。后来张理被称为大伯公，丘兆进为二伯公，马福春为三伯公。此说一直被视为信史。

实际上，包括华侨在内，后来槟榔屿的岛上居民主要为英国殖民者所输进。槟榔屿开港不久，英国人即运来首批中国人，有泥水匠 10 名，工人 1 名，他们的任务是建筑港口货栈。当时英国人急欲将之建成中西交通的中心。中国的廉价劳动力，向为英国人所钟。有嘉庆九年（1804）的记载说，自从英国东印度公司于 1786 年占领槟榔屿以来，每年都收到从驻广州的公司商馆经手招雇并用公司船装运来的中国工匠和工人。③ 此后岛上人数不断增加，其中包括华侨和其他人

---

① 克尼尔·辛格·桑杜：《华人移居马六甲》，《中外关系史译丛》（第三辑），第 194 页；林水檺、骆静山编：《马来西亚华人史》，马来西亚留台校友会联合总会，1984 年，第 174~175 页。

② （清）谢清高：《海录》卷上，湖南科学技术出版社，1981 年。

③ H. B. 马士：《1635—1834 年东印度公司对华贸易系年纪事》，（H. B. Morse, *The Chronicles of the East India Company Trading to China*, 1635–1834），1926 年。

种。到 1792 年前后，每年 1 月份进港人数就有 1 500～2 000。① 1794 年，莱特致孟加拉总督的函中称，槟城华人"男女儿童人口约占三千"（时槟榔屿人口为 2 万）。② 嘉庆二十三年（1818），华人有 7 858，1830 年达 8 963。③ 光绪七年（1881），寓居此地的居民共 100 597 人（含华人 67 820，其中居槟榔屿 45 135，威烈斯烈 22 219，颠顶 466）。④ 槟榔屿人口增长很快。同治辛未年（1871），为 133 000 有奇；到光绪辛巳年（1881），达 195 000 有奇；又至辛卯年（1891），增至 227 000 有奇。⑤

华侨是槟榔屿最重要的建设者。如上述，开港后不久，从中国运来的首批工人中有泥水匠 10 名，工人 1 名。尔后中国工人陆续前来。他们在岛上砍掉千百年老树，清除荆棘，夷平蚁穴，开辟出一块块可耕之地。开埠第一年（1787），英国基德上校说，槟榔屿市内全属中国人，仍在不断增长中。故中国人称之为"新埠"。⑥ 后槟榔屿分别于 1789 年和 1808 年遭两次大火，华侨在废墟中重建市镇。他们是木匠、泥水匠、铁匠、砖瓦工、码头工、修路工，在市镇道路、桥梁建设中流血洒汗，被称为"最有价值的人"。⑦ 据一般常见的人口史料，如巴素《马来亚华侨史》"引言"中所引，1820 年槟岛华人总人口才 8 270，而 1830 年则是 8 963；1820 年威省华人人口才 325，而 1877 年为 951。

居住在槟榔屿的华侨，有福建籍、海南籍、客家籍、广府籍、潮州籍人，也有土生华人，各籍人数不等；居威烈斯烈华侨亦包括以上各籍。⑧ 然而，槟榔屿华侨中，仍以闽、粤两帮实力为大。闽侨以财产多著称，粤侨则以人多闻名（其

---

① 书蠹：《槟榔屿开辟史》，第 119 页，此据吴凤斌主编：《东南亚华侨通史》，福建人民出版社，1994 年，第 119 页。

② 华侨志编纂委员会编：《马来亚华侨志》，华侨志编纂委员会，1958 年，第 82 页。

③ 陈志明：《海峡殖民地的华人——峇峇华人的社会与文化》，林水檺、骆静山编：《马来西亚华人史》，马来西亚留台校友会联合总会，1984 年，第 174～175 页。

④ （清）力钧：《槟榔屿志略》，此据福建师范大学历史系华侨史资料选辑组编：《晚清海外笔记选》，海洋出版社，1983 年，第 48～56 页。力钧，福建永福（今永泰）人，1891 年到东南亚游历。在新加坡见到左秉隆总领事所著的《海南群岛纪略》，他"借钞录帙，资为先路，每至一处，参以见闻"，写下笔记若干种。现只见其中《槟榔屿志略》一卷，为他在那里逗留 3 个月匆匆写成，回闽后于同年冬交付集字排印。另，1876 年任出使英国大臣的郭嵩焘在回国后所著的《伦敦与巴黎日记》卷二中云，时槟榔屿"闽广人十万有奇"；黄懋材《西辏日记》亦云："全岛华人共有十数万众。"二说所云显为概数，未可尽信。

⑤ （清）薛福成：《出使英法义比四国日记》续刻卷九，岳麓书社，1985 年，第 872～874 页。原文为中文数字，现改为阿拉伯数字。

⑥ （清）谢清高：《海录》，"新埠"条，湖南科学技术出版社，1981 年。

⑦ ［英］巴素：《东南亚的中国人》，《南洋问题资料译丛》1958 年第 2～3 期。

⑧ （清）力钧：《槟榔屿志略》，此据福建师范大学历史系华侨史资料选辑组编：《晚清海外笔记选》，海洋出版社，1983 年，第 48～56 页。

中又以潮籍人数最多)。[①] 如是说来，应是福建人从事的职业较为赚钱，而广东人从事的职业不大赚钱。据莱特记载，其时华侨从事各种职业，主要以各类工匠为主，其次是小商贩。[②] 如果从这两种职业猜测，则可能福建人多为小商贩，广东人多为工匠。

福建海澄人邱忠波（字如松），是其时槟榔屿华侨的杰出代表，对发展东南亚与中国内地的商业网络作出了卓著贡献。他15岁就来到槟榔屿，60岁逝世，终老海外。他的一生，以商扬名，曾有誉云："海外商务之大，忠波为最。"其商业网络远及上海、宁波、厦门、香港、汕头；海外则达新加坡、马六甲各埠，甚至经营吉隆坡、白蜡（霹雳）的锡矿，西贡和仰光的舂米机器等行业。中国人购轮船始自忠波，时拥有轮船十数艘，手下供役者多达四千人，其他仰食人众则不计其数。他一生未忘家乡与故国。曾为清政府海防赈捐，被授予候选道加三品衔。[③]

三、新加坡

嘉庆二十四年（1819），新加坡开埠，其时岛上仅有嘉庆十六年（1811）移入的约150名马来人和种植甘蜜的华侨。[④] 但4个月后，全岛人数就猛增至5 000，他们主要是中国人。[⑤] 到同治十年（1871），岛上华侨人数达50 098，到光绪二十七年（1901），又增至164 041，[⑥] 再到宣统三年（1911），则升至222 655。

说到新加坡的开埠，必提到曹亚志，这位1819年一月最先登上新加坡的广东台山人。实际上，跟莱佛士一起登上新加坡岛的，还有一位福建人，他叫辜国材，祖籍福建同安，时为莱佛士的随员之一。其父辜礼欢，曾被委任为吉打的甲必丹。辜国材在历史上之所以没有曹亚志那样赫赫有名，是因为他后来回到了吉打。道光元年至二十一年（1821—1841）吉打被暹罗控制时，辜国材被委任为吉打港口府尹。

---

① 戴鸿慈：《出使九国日记》卷一二，岳麓书社，1986年，第522~525页，此据余定邦、黄重言等编：《中国古籍中有关新加坡马来西亚资料汇编》，中华书局，2002年，第369~372页。
② 吴凤斌主编：《东南亚华侨通史》，福建人民出版社，1994年，第257~258页。
③ （清）力钧：《槟榔屿志略》，此据福建师范大学历史系华侨史资料选辑组编：《晚清海外笔记选》，海洋出版社，1983年，第49~50页。
④ W. Bartley, Population of Singapore in 1819, *Journal of the Malayan Branch of the Royal Asiatic Society*, Vol. 16, 此据吴凤斌主编：《东南亚华侨通史》，福建人民出版社，1994年。
⑤ ［英］巴素：《东南亚的中国人》，《南洋问题资料译丛》1958年第2~3期。
⑥ 据吴凤斌主编：《东南亚华侨通史》，福建人民出版社，1994年，第354页。

有趣的是，最早登上新加坡岛的，既有广东华侨的代表曹亚志，也有福建华侨的代表辜国材。后来，清代新加坡的华侨史几乎成了闽、粤两省的华侨史，不过福建人数把广东人数远远抛在后面。新加坡华侨中，闽籍人约占 7/10，粤籍人约占 3/10。这种排位刚好跟槟榔屿相反。因华侨擅长贸易，故新加坡绅商富户甚多，中华街、大小店铺、庙宇、会馆、戏园、酒楼、茶店兼备。19 世纪中叶后，新加坡成为东南亚华工的集散地。

海峡殖民地号称是西方殖民者统治下最"文明"的地带，但还有另一面，那就是"最阴暗"的角落，因海峡殖民地是契约华工的输送地。

契约华工制是社会发展史上一种特殊的历史现象。"猪仔"华工的职业是矿工、农业工人、一般小工、木工、技工、工匠、家仆、店工、水手、渔民等，人数多寡不一。按其历史进程可分为五个阶段：一是 17—18 世纪末，为契约华工制的萌芽时期。1683 年后随着大量欠费"新客"出洋，标志着契约华工制的产生。二是 18 世纪末至 19 世纪中叶，为契约华工制的成长时期。契约华工已作为商品在马来亚市场上出现。三是 19 世纪 40—70 年代，为契约华工制的发展时期。以具有"一拐二卖三为奴"的"猪仔"贸易为特点，契约华工被大批贩卖。四是 19 世纪 70 年代至 20 世纪初，为契约华工制的下降时期。此时"猪仔"买卖开始受到约束和限制。五是 20 世纪 10— 40 年代，为契约华工制的衰亡时期。随着 1914 年马来亚契约华工制的废止，荷属东印度也采取措施逐步不使用契约华工，直到终止。

进入马来半岛的契约华工总数以万计，主要通过新加坡、槟榔屿两地，以新加坡为多，也有进入马六甲的，但远比另两地少。进入马来半岛的华工，主要从事热带种植园的工作和锡矿的开采。从 20 世纪初的情况来看，从事农业的契约华工约占总数的 1/3，从事矿业的占 1/4 弱，从事小工的将近 1/4。[①]

英国人在 1786 年占领槟榔屿后，中国的廉价劳动力即成为其猎取的对象。其时要在中国招雇劳力，一是通过英国东印度公司直接进行，并用公司的船只运载；二是以中国人作为代理人回国招诱。槟榔屿副总督 R. T. 法库哈爵士在 1804 年 6 月 11 日的信中透露，曾以绝对保密的方式借给槟榔屿华人甲必丹一笔款，让他返回中国招募大批中国人前来。[②] 英国殖民当局鉴于使用英国东印度公司船只装运中国人出洋易被中国查获，乃转而使用中国船只，由华商作代理人，到澳门或厦门等地去招诱工人出洋。

---

① 吴凤斌主编：《东南亚华侨通史》，福建人民出版社，1994 年，第 290 ~ 299 页。

② H. B. 马士：《1635—1834 年东印度公司对华贸易系年纪事》，（H. B. Morse, *The Chronicles of the East India Company Trading to China*, 1635 – 1834），1926 年。

到槟榔屿的中国人除少数是自备旅费者外，多数是欠费者，要在一定契约合同期限内以出卖劳动力来偿还，此即契约工。他们多数是被拐骗、贩卖而来的，一运到槟榔屿，就像商品一样被拍卖掉。嘉庆五年（1800）在槟榔屿市场上转卖的契约华工，一年契约期限者，售价为西班牙银洋 30 元（折合为 6 金镑），① 比原来一人垫借总旅费（20 元）增加了半倍。钱由雇主垫付，苦力须做工 6 个月，不给工资，只供伙食，或做工一年，雇主从其工资中扣还。② 后来价格不断提高。

嘉庆十年（1805），槟榔屿成立移民组织机构，遂很快成为贩运契约华工的中转站。从嘉庆十年（1805）到二十年（1815），每年有五六百或 1 000 名契约华工从澳门运来，再从槟榔屿转运出去。在 19 世纪三四十年代，每年来槟榔屿的"新客"有两三千人，"新客"成为当地的主要货品。③

英国于嘉庆二十四年（1819）占据新加坡后，大力招募中国人进行开发。道光元年（1821），开辟了厦门到新加坡的直达航线，契约华工遂源源而来。由于劳力供不应求，对华工的拐贩、诓骗、虐待现象不断增加。为此，莱佛士于道光三年（1823）五月一日颁布一项法令，规定从中国前来没有支付船费能力的人，可提供一个期限的服务为补偿。但是旅费须以 20 元为限，而作为补偿的成年人服务期限不得超过两年。④

新加坡开港后，因地处中西交通要冲，很快成为转贩华工出洋的中心。不仅南洋各地的华工要从新加坡转运，且澳洲、非洲、美洲等地华工也以此为中转站。在 19 世纪 30 年代的前几年中，每年一月和十二月输往新加坡的华工，从未少于 6 000 人。⑤ 这些中国人中绝大多数一无所有。在 19 世纪 40 年代中期，每年有一万名华工来到新加坡，时航程要三四十天。这些人在新加坡劳动三四年后能够回国的，只有 1/10。有人要熬五六年，也有的熬八年、十年。而绝大多数在新加坡劳动了 20 年，并死在那里。据新加坡《自由报》统计，仅在 1848 年头几个月，就从华南开来 108 只帆船和 11 只横帆楼船，共运来 10 475 名"新客"。⑥

19 世纪 70 年代，随着苏门答腊种植园的迅速发展，马来半岛拐骗、贩卖苦

---

① 《槟榔屿史料》，《印度群岛公报》，1854 年，温雄飞：《南洋华侨通史》，东方印书馆，1929 年，第 221 页。

② 瑞天咸：《英属马来亚》，第 233 页，此据吴凤斌主编：《东南亚华侨通史》，福建人民出版社，1994 年。

③ 吴凤斌主编：《东南亚华侨通史》，福建人民出版社，1994 年，第 285 ~ 286 页。

④ W. L. 布莱司：《马来亚华人劳工史略》（Historical Sketch of Chinese Labour in Malaya），（新加坡）《南洋文摘》1972 年第 13 卷第 11 期，第 752 页。

⑤ 姚贤镐：《中国近代对外贸易史资料》（第一册），中华书局，1962 年，第 463 ~ 464 页。

⑥ 陈翰笙、卢文迪、陈泽宪、彭家礼编：《华工出国史料汇编》（第七辑），中华书局，1984 年，第 86 页。

力的活动亦日益猖獗。不仅在那里曾当过苦力的人脱身后被再骗去日里当苦工，而且在新加坡和槟榔屿的自由移民也会落入"猪仔"贩子的圈套。他们采取诸如甜言蜜语、酒、赌博、女色等手段，诱惑其前赴苏门答腊。1876 年，槟榔屿警察监督芬凯特指出，槟榔屿经常发生拐骗案件。有一大批没有正经职业的人四处横行，捕捉苦力送往日里和苏门答腊其他地方。[①] 新加坡拐骗华工案件屡见不鲜，有登岸即被拐骗者，有上街被拐骗者。拐来的华工用屈打成招的手段，逼令改名换姓"自愿"卖与外岛。其时新加坡客栈苦力有多少很难统计，因为操纵苦力贩卖的秘密帮会，常常不把苦力收容在客栈内，而密藏于港内帆船中，或岸上的大本营内，或其他秘密地方，且又互相串通，默而不宣，故警察难以侦查。

光绪六年（1880）英国制定条例，要求所有收容华工的客栈注册登记，挂上明显的招牌，以便华民护卫司随时派人检查。用四角招牌者即新客客栈（"猪仔"馆），用六角招牌者为一般客栈，用八角招牌者为老客客栈。这个条例自然受到阻挠和抵制，所以到光绪二十八年（1902），新加坡领有执照的新客客栈只有 6 家。光绪三十二年（1906），代理新加坡总领事孙士鼎给清廷外务部的呈件中提到，新加坡计有新客馆六间，旧客馆七间。初次骗拐来者为新客，曾来埠者为旧客。六间新客栈是：广泰和、广合源、琼海昌、广福泰、连兴和万泰昌；七间旧客栈是：源泉兴、振源昌、新成昌、广顺昌、锦和隆、新合顺和振南昌。这些仅是指公开挂牌者，实际上还有未按条例挂牌的客栈，如源城、广顺、广福安、邱广源、广发和顺和泰等，这些客栈分布在木吉吧梭、牛车水、海山街、妈子宫、厦门街、豆腐街、戏园街一带。尽管英国方面曾予以整顿，但招工客馆作奸欺骗之事，尚难杜绝。[②] 在英国华民护卫司（后改为政务司）检查监督下的客栈，并没有比以前的"猪仔"馆好多少。

鸦片战争后，因中国廉价劳动力一批批地被贩卖出国，新加坡和槟榔屿先后设立了以赢利为目的的苦力介绍所（即卖人行，或称"猪仔"馆）。时从香港到新加坡的航程约 20 天（每年 10 月至次年 3 月）或 45 天（每年 3 月至 9 月）。起初，马来半岛的卖人行与中国各口岸的卖人行联系不多。但随着贩运华工的发展，竞争进一步加剧，逐渐形成了一个垄断"猪仔"买卖的机构，有经常性联系和市场行情报告。它们根据新加坡和槟榔屿的市场需要，派人携巨款赴闽、粤各地招诱。每招募一名华工可得 1 ～ 2 元介绍费，由华工以做工偿还。1876 年，赊单船票为 7 ～ 12 元，付现船票为 5 ～ 8 元。其时即使上船当场付清旅费的工人，

---

① 《海峡殖民地特别委员会报告》，槟榔屿，1876 年，第 4 号，《华工出国史料汇编》（第四辑），中华书局，1984 年，第 259 页。

② 有关新加坡的"猪仔"华工情况，参吴凤斌主编：《东南亚华侨通史》，福建人民出版社，1994 年，第 290 ～ 299 页。

客头亦必多方诱骗，使其囊金尽罄，甚至下船之后设赌局骗之，务使其负债在身，立欠钱字据，不由自主地成为"猪仔"。"猪仔"往往在下船出洋后始知受骗，是故到马来半岛时常有伺机逃遁之事。苦力经纪人为防范"猪仔"逃走，乃雇用马来亚秘密会党人武装押送上岸，每名收中人保护费 3~4 元。"猪仔"处境极为凄惨，时有被迫害致死者。若有企图逃走者，则施以毒刑，每有半夜击毙者。久之，秘密会党成为操纵贩卖契约华工的一大势力。1876 年，槟榔屿大伯公会长丘天德即为殖民者贩运廉价劳动力并垄断"猪仔"买卖的头子。此等人拥有装运"猪仔"的船只和囚禁苦力的"猪仔"馆，操纵"猪仔"市场买卖的价格，并在新加坡和槟榔屿等地进行拐骗、贩卖苦力活动。"猪仔"经纪人，常以多载"猪仔"来攫取高额利润，甚至在仅合法装运 300 人的船上装进 600 人，即使死掉小半亦可赢利。[1]利润还可使经纪人随意撕毁原订合同。若槟榔屿市场的苦力价格高，则把整船苦力运到槟榔屿，而不管原来的目的地是否为此。1876 年，英国特别委员会报告中就提到有 70 个持有新加坡船票的"新客"苦力被运到槟榔屿出售。反之，若别埠更有利，就运往别埠。除了契约华工可被随意转卖外，还有出洋自由移民被劫卖为苦力者。

第二节　华侨农业区

一、马六甲和槟榔屿的华侨农业区

迄今史料所记载的马六甲和槟榔屿的华侨农业，基本上都是以华侨农业区的朦胧面目出现的。《马来纪年》载，明初郑和船队到马六甲后，当地人结束了在海上架木为屋的历史，迁居陆上，并向华人学习耕种新法。马六甲有中国山、中国溪、中国村和明初华侨古墓、石碑，表明华侨曾在当地定居垦殖。"中国村"应就是一个华侨农业区，它由最初的华侨农耕点发展而来。

明崇祯十四年（1641）荷兰占领马六甲后，令留城华人店主、工匠及农夫（三四百人）负责垦殖居留地的田地。又令郊外已毁田园，务宜租予荷兰人、葡萄牙人和华人垦殖，以供城市需要。荷兰殖民者认为，为使农业免于凋落，留居此处 800~1 000 华人，至为有用。[2]从规模和耕作方式来看，这是一个不算小的

---

[1]　参吴凤斌主编：《东南亚华侨通史》，福建人民出版社，1994 年，第 290~299 页。

[2]　1641 年荷兰斯考顿（Justus Schouten）马六甲报告书，见华侨志编纂委员会编：《马来亚华侨志》，华侨志编纂委员会，1958 年，第 76~77 页。

华侨农业区。

乾隆二十二年（1757），福建永春丰山人陈臣留到马六甲谋生。因善于用中草药治病，并治好当地苏丹妻子的不治之症，获得大片山芭的开垦权。陈臣留遂先后招引宗亲戚友数百人前往垦殖。[1] 显然，这是一个华侨农业区。到 19 世纪中叶以前，马六甲华侨以种植（胡椒、甘蜜等）为多数，其次是商贩。[2]

在槟榔屿华侨中，广、潮两郡之人多在山谷耕种。[3] 岛多沃壤，土客之民，居间种蔗种稻。[4] 华人多居平地，深山邃谷，其足迹多所未到。[5] 岸边，华侨与土人所置之来往附近各埠的轮船和夹板帆船林立。岛上有承顺兴公司糖厂，拥田千顷，遍植甘蔗、椰树，雇工数百，华侨占十分之六七，皆有工头管领。[6] 土人甚贫苦，悉仰食于华人。[7] 这里所描述的，是一幅由不止一个华侨农业区组合而成的画面，里面多种经营方式并存，且组织化程度很高。

这时候的槟榔屿也出现了类似于华侨农业区的外侨农业区。里面的成员，不仅有华侨，还有来自其他地区的侨民。包括华侨在内的所有外来侨民组织在一起，形成一个"外侨"群体，共同发展农业生产。这样的外侨农业区可以《槟榔屿游记》中谈到的一处外侨农业区为例。他写到，那里"有田千顷遍种蔗、椰二物，雇用园工数百人，印民十之一，华民十之六七，皆有工头管住"。显然，这个外侨农业区以华侨为主。

二、以种植园形式出现的华侨农业区

种植园是南洋地区组织化程度较高的华侨农业区形式，种植园园主一般都是欧洲人，有时也有华侨富商。员工多是华侨，有时也杂有当地人。华侨员工多是以契约劳工的身份招来的，因此，以种植园形式出现的华侨农业区往往给人印象不好，被认为是变相的奴隶制。但这只是一方面，还应看到这类华侨农业区的生

---

① 永春《留安刘氏族谱》，此据吴凤斌主编：《东南亚华侨通史》，福建人民出版社，1994 年，第 119～120 页。

② 吴凤斌主编：《东南亚华侨通史》，福建人民出版社，1994 年，第 257～258 页。

③ （清）黄懋材：《西辁日记》，录自（清）王锡祺编：《小方壶斋舆地丛钞》（第十帙），杭州古籍书店，1985 年，第 430～431 页。

④ 阙名：《槟榔屿游记》，录自（清）王锡祺编：《小方壶斋舆地丛钞》（第十帙），杭州古籍书店，1985 年，第 475 页。

⑤ 王韬：《漫游随录》，岳麓书社，1985 年，第 70～74 页。

⑥ 阙名：《槟榔屿游记》，录自（清）王锡祺编：《小方壶斋舆地丛钞》（第十帙），杭州古籍书店，1985 年，第 475 页。

⑦ （清）吴广霈：《南行日记》，录自（清）王锡祺编：《小方壶斋舆地丛钞》（再补编第十帙），杭州古籍书店，1985 年，第 5～7 页。

产效率高，对当地经济发展贡献大的一面。一般来说，种植园多为专业性生产基地，即专种某一种经济作物，但也有种植园是从事多种经营的。

马六甲曾有木薯种植园，那里的华侨工人是从海南岛招来的。光绪十四年（1888），在马六甲登岸的海南岛苦力有 2 578 人，1889 年有 3 970 人，1890 年有 3 303 人。[①] 他们都被雇到附近的木薯种植园做工。种植园规模较小，据光绪二十八年至三十一年（1902—1905）马六甲木薯种植园调查：冷都园有工人 34 人，比哥园 12 人，布劳疏邦园 7 人，克曼都园 7 人，野新园 7 人，士兰斗园 16 人，马里毛园 19 人，精精园 20 人，武吉亚沙汉园 6 人。这些工人都订有契约，按约做工。但雇主违约，不给合同副本，不给足够的衣、食和住宿，也不给蚊帐。受尽折磨的工人死的死，逃的逃，因而工人日渐减少。[②] 不过尚不清楚这么多木薯种植园是不是同属于一个种植园园主，抑或是各自独立的小种植园。

橡胶是 20 世纪以来南洋地区销往世界市场的一种最主要的经济作物。早在光绪二年（1876），橡胶（时南洋华侨称"树胶"）被从巴西引进马来半岛。光绪二十年（1894），林文庆首先成立公司在新加坡试植，然南洋最先种植橡胶者，为新加坡侨领陈笃生的曾孙陈齐贤。陈齐贤经林文庆医生介绍，接受了新加坡植物园园长李特礼的建议，毅然在马六甲武吉冷当园拨出 42 英亩地栽培橡胶，大获成功。光绪二十三年（1897），陈齐贤向马六甲政府申请得到土地 5 000 英亩，投资 20 多万元，其中 2 000 多亩垦作橡胶园，后来竟以 200 多万元的高价卖于英商，获利 10 倍。消息不胫而走，陈嘉庚乃抓住时机，从陈齐贤园内购得 18 万粒树胶种，在新加坡实里打福山园种植，后大获成功，成为华人橡胶之王。早期南洋出现不少著名的华人橡胶业主，其中马六甲有曾江水。[③] 至 20 世纪初，橡胶供不应求，价格猛涨，人们争相购地种植橡胶，新、马两地华商更是踊跃投资，马六甲成为橡胶种植中心之一。郑成快是马六甲著名的华侨橡胶业主，此时在柔佛纳美士开辟种植园，面积千余亩，不久又在附近的丁郎（Tenang）创办泉兴山和泉成山两大橡胶园，面积 7 000 英亩。[④]

槟榔屿本无土特产，闽、粤籍华侨到此地种胡椒始形成农业。乾隆五十五年（1790），莱特在槟榔屿开发了一个占地 400 英亩的胡椒园，由华侨种植。1795 年前，闽粤人到此种植胡椒者万余人，[⑤] "每年出胡椒二万石"[⑥]。当时南来华侨

---

① 参吴凤斌主编：《东南亚华侨通史》，福建人民出版社，1994 年，第 121 页。

② 参吴凤斌主编：《东南亚华侨通史》，福建人民出版社，1994 年，第 121 页。

③ 参吴凤斌主编：《东南亚华侨通史》，福建人民出版社，1994 年，第 121 页。

④ 张礼干：《郑成快传》，《商洋学报》1941 年第 2 辑，第 179～182 页。

⑤ （清）谢清高：《海录》，"新埠"条，湖南科学技术出版社，1981 年。

⑥ （清）力钧：《槟榔屿志略》卷九，第 19 页。

受雇做工，资方给一部分钱供造屋购农具之用，每月 2 元生活费，三年期满，耕地一半为工人所有，资方一半耕地又租给耕种者，五年期满即全部耕地给工人。种植胡椒，一年可得胡椒 1/8 磅，二年 1/4 磅，三年 1 磅，四年 3～3.5 磅，五年 8～10 磅。①

甘蜜和胡椒被称为新加坡和柔佛的"兴邦之母"。新加坡在开埠前，天猛公已准许华人与马来人伐木垦地，开辟甘蜜园。② 其时华侨王端、陈银夏、陈亚路等在实利己山一带有 20 多片甘蜜园、胡椒园，还种有粮食、果树、硕莪（西米）等作物。

莱佛士登陆后，欧洲因拿破仑战争结束，对甘蜜、胡椒的需求量增加，大大刺激了潮籍华侨来新加坡从事甘蜜、胡椒种植的欲望。甘蜜和胡椒种植的成长期长，所需劳动力多，而政府颁布的土地法令不利于种植家投资，故欧洲人都裹足不前。从事种植甘蜜和胡椒的几乎清一色全是华侨。至道光十六年（1836），华人从事种植甘蜜、胡椒的已达 250 人，耕种面积达 2 350 英亩，成为当时岛上的重要经济作物。至道光二十一年（1841），园丘数量又增至 500 座，种植面积达 5 000～6 000 英亩。此后，华侨又进一步将园地扩展至新加坡的内陆地区。至 1848 年，甘蜜种植面积增至 24 220 英亩，胡椒为 2 614 英亩，整个内陆地区几为甘蜜园和胡椒园所占有；总共有园丘 800 座，其中 200 座已荒废，600 座还在生产。从这一年起，新加坡华侨甘蜜与胡椒种植进入鼎盛时期。当时全岛总耕地面积为 35 435 英亩，而甘蜜和胡椒种植面积占 76%。种植地点主要是实利己山西侧，史丹福山西面、西南面和东南面，里巴巴利路一带，武吉知马路，淡申路，双口鼎，东陵区等地。在鼎盛时期，以潮州华侨居多（占 90% 以上，约万人），广府人次之，约 400。专门经营甘蜜和胡椒的商人，潮州人约有 200，福建人约 100。当时新加坡有甘蜜店百家，贮藏所 200 处，分布在皇家山脚水仙门与新巴刹一带，且有甘蜜和胡椒公会之组织。

19 世纪 50 年代末期和 60 年代，甘蜜与胡椒种植业稍受挫折，但此后又告复苏。至 80 年代，园丘遍布岛之西部和北部，光绪十六年（1890）种植面积有 11 000 英亩。至 20 世纪初，华人种植家的兴趣已转移到黄梨与树胶的栽植，甘蜜与胡椒种植业遂一蹶不振。③ （甘蜜与胡椒的）种植面积到光绪三十三年

---

① ［英］巴素：《马来亚华侨史》，此据吴凤斌主编：《东南亚华侨通史》，福建人民出版社，1994 年，第 121 页。

② 引自黄成仁：《新加坡的甘蜜和胡椒种植业》，（新加坡）《新社季刊》1970 年第 3 卷第 1 期，第 33 页。

③ J. C. Jackson, *Planters and Speculators*, University of Malaya Press, 1968, p. 49.

（1907）减至 6 000 英亩，1912 年降至 600 英亩，随后降至零。[1]

新加坡"甘蜜王"佘有进，嘉庆十年（1805）出生于广东海澄月浦乡（现汕头市郊区），其父曾任普宁县史。自幼入学读书，能书能算，能文能诗。道光十二年（1832），只身南来新加坡，初在轮船上理账，得到赏识。为华侨中南来新加坡的第一个知识分子。5 年后，他受聘为一大商行瑞金号司账，经几年奋斗，积累了一些资本后，自己开行郊，专与寥内、苏岛、马来半岛船商交易。

19 世纪 30 年代初，佘有进投资地产生意，大卖地皮，成为当时岛上的大地产主，后又大量投资甘蜜、胡椒的种植和贸易，被誉为"甘蜜王"。除了种植甘蜜外，还经营棉织品及茶叶。佘有进做了不少公益事业，曾任陈笃生平民医院总务、莱佛士学院董事，道光二十五年（1845）九月担任新加坡潮侨公墓泰山亭委托人。咸丰元年（1851）后常任政府的陪审员，咸丰四年（1854），潮、闽二帮因米粮争执而械斗，他与闽帮侨领陈金声出面调解。同治三年（1864）被委任为新加坡首席陪审员，同治十一年（1872）被封为太平局绅，同年加任名誉理事、助理司法行政。光绪九年（1883），佘有进在新加坡去世，享年 68 岁。[2]

第三节　华侨矿业区

海峡殖民地的华侨矿业区似乎并不多，现在只发现马六甲有这样的矿业区。

早在明永乐年间（1403—1424），已有闽粤人到满剌加（马六甲）采锡。[3]到 18 世纪下半叶，闽粤人至此采锡及贸易者甚众。[4]乾隆三十五年（1770），马六甲锡矿华工被招到霹雳去开采。乾隆五十八年（1793），华人在距马六甲 11 英里的提灭·阿卡尔开采锡矿。

嘉庆二十二年（1817），奥菲尔山（勒当山）有华工二三十人开采锡矿和金砂。1848 年，该地采金华人增加到 250 人，每年约生产 24 斤黄金。道光二十年（1840），吉生港矿区有华工 2 200 人，榴琏东加、南加宁和亚逸帕纳斯有华工 1 100 名，每年产锡 4 277 担。道光二十七年至二十八年（1847—1848），马六甲有 200 家采锡厂，矿工六七千人，出口锡 23 500 担（包括森美兰地区）。然而，

---

① 黄成仁：《新加坡的甘蜜和胡椒种植业》，（新加坡）《新社季刊》1970 年第 3 卷第 1 期，第 33 页，参吴凤斌主编：《东南亚华侨通史》，福建人民出版社，1994 年，第 402 ~ 403 页。

② 参阅邱新民：《新加坡先驱人物》（第二辑），《星洲日报》、《南洋商报》印行，第 39 ~ 46 页。参吴凤斌主编：《东南亚华侨通史》，福建人民出版社，1994 年，第 410 页。

③ （清）魏源：《海国图志》卷九，岳麓书社，2011 年。

④ （清）谢清高：《海录》，"麻六甲"条，湖南科学技术出版社，1981 年。

马六甲锡矿很快枯竭。同治十年（1871），只剩下 5 个采锡厂，工人 29 名，产锡 237 担。到 1917 年，只有津津和吉生 4 个锡矿区，产量仅 50 担。[①]

第四节　华侨商业圈：海峡殖民地三个 "物流中转地" 的商业竞争

在谈海峡殖民地的华侨商业圈之前，先来看看作为华侨市场基础的三地的工业发展情况。

一、新加坡

19 世纪新加坡的黄梨制造业，几乎全由华侨创办。先是林贵英（章芳琳之女婿，初作鸦片承包商）以自南公司商号经营黄梨厂，获利甚巨。[②] 以后，陈大喜的德发号黄梨罐头，一度闻名全球。佘连城（佘有进之子）也与友人合资创办振春黄梨罐头厂，出产商标黄梨罐头，畅销曼谷。光绪二十七年（1901），由其子佘应泰等大力发展，雇用工人 250 名，每星期生产 4 万箱，闻名欧洲和东南亚市场。[③]

东南亚华侨早期经营的工业，还有罐头制造业、建筑工业、肥皂工业、木棉工业、椰油工业、咖啡厂、冰厂、饼干厂等。

在新加坡，华侨开设制冰厂始于咸丰四年（1854），创始人为胡亚基。道光十年（1830），胡亚基从广州南来，帮助其父经营黄埔公司，专营牛肉、面包、蔬菜之业务。为了保持肉类之新鲜，遂设冰厂，但日耗量不多，旋告关闭。[④] 迨至光绪二十六年（1900），因社会生产需要，华商徐垂青再筹资设立制冰厂。[⑤]

光绪二十四年（1898），吴文光与吴文灿兄弟在新加坡创设当地较大的和和饼干厂，采用机器生产，日产约 4 000 磅，主要销往爪哇及马来各邦。光绪二十

①　克尼尔·辛格·桑杜：《华人移居马六甲》，《中外关系史译丛》（第三辑），第 201～202 页，参吴凤斌主编：《东南亚华侨通史》，福建人民出版社，1994 年，第 168 页。

②　[新加坡] 宋旺相著，叶书德译：《新加坡华人百年史》，新加坡中华总商会，1967 年，第 204 页。

③　[新加坡] 宋旺相著，叶书德译：《新加坡华人百年史》，新加坡中华总商会，1967 年，第 204 页，参吴凤斌主编：《东南亚华侨通史》，福建人民出版社，1994 年，第 400 页。

④　[新加坡] 宋旺相著，叶书德译：《新加坡华人百年史》，新加坡中华总商会，1967 年，第 5 页。

⑤　[新加坡] 宋旺相著，叶书德译：《新加坡华人百年史》，新加坡中华总商会，1967 年，第 406 页。

八年（1902），因产品优良，在越南河内展览会上获奖，声名远扬。①

20 世纪初，华侨对南洋各地工业的投资日益增加，资本规模也不小。如新加坡林秉祥和丰公司属下的和丰油厂，大量产品销往东南亚和欧美各地。和丰油厂在光绪三十四年（1908）有雇员 75 人，和丰碾米厂也有 50 名职员。②

二、马六甲

如上所述，马六甲本来土产不多，唯一的商业优势是其地理区位。但自从海峡殖民地建立后，马六甲便失去了其"独生子"的地位，与另两地相比，每况愈下，好景不再。特别是与嘉庆二十四年（1819）开埠后的新加坡相比，更是相形见绌。新加坡因其地理条件优越，商务发达，于是华侨多涌向此地。就自然禀赋来说，马六甲只宜种稻麦，罕矿产，出入口货物仅及新加坡之十一，遂被新加坡远远抛在后面。但上苍毕竟怜惜马六甲，其他地方的物产仍然经由马六甲转运，"故此地仍显繁盛，高阁连云，颇有泰西景象"③。从清代说起，自雍正七年（1729）后，华商与马六甲通市不绝。④ 到此地经商者，多闽粤人。⑤ 虽然以前的进出口情况不大详明，但直到光绪六年（1880），马六甲仍然"进口货值二千零三十万余佛郎，出口货值一千九百二十六万余佛郎"⑥，堪称"落日余晖"。

马六甲虽然在商业竞争方面渐居下游，但在宜居与休闲方面，却享有"富豪家园"的美称。有足够的证据表明，马六甲是最早的海外华侨富豪区，这源于马六甲的华侨基本上都是商人，马六甲毕竟还算是国际性的商埠，在这里经商发了迹的华商，便就地广置豪宅，甚至在此定居下来，久居不返，乐不思蜀，娶妻生子，一两代后，便完全当地化了。因此，马六甲也是海外较早产生土生华人且其比例较高的地方。显然，马六甲之所以成为"富豪家园"，并非诸如"环保"、"海滩"、"宜居"之类的"现代"因素，而因它是最早的华人商埠的"附属性产物"。若从"现代"因素来说，今天的新加坡和槟榔屿或许更胜一筹。

虽然清代华侨前往马六甲贸易仍然不绝如缕，还有获利者呼朋引类而去，但大批到此定居的华侨始于何时，则难以论定。粗略估计的话，至迟在 18 世纪中

---

① ［新加坡］宋旺相著，叶书德译：《新加坡华人百年史》，新加坡中华总商会，1967 年，第 321 ~ 322 页。

② 吴凤斌主编：《东南亚华侨通史》，福建人民出版社，1994 年，第 400 页。

③ （清）薛福成：《出使英法义比四国日记》续刻卷四，岳麓书社，1985 年，第 551 ~ 552 页。

④ 清官撰：《清朝通典》卷九八，第 2741 页，此据余定邦、黄重言等编：《中国古籍中有关新加坡马来西亚资料汇编》，中华书局，2002 年，第 174 页。

⑤ （清）谢清高：《海录》卷上。

⑥ （清）薛福成：《出使英法义比四国日记》续刻卷七，岳麓书社，1985 年，第 743 ~ 744 页。

期到这里经商定居的华侨就已如过江之鲫。例如，乾隆二十二年（1757），福建永春丰山人陈臣留到马六甲经商，获利后回乡，率引亲友百余人前来。[①] 到18世纪八九十年代，华侨居此已历200余年，中之豪富多置田园，[②] 其数世皆已入英籍。[③] 说到马六甲的时候，人们不应忘记，它是"峇峇"的发源地。这里最早有华侨常住，也最早有华侨与当地女子结婚生子，乃至这样的华侨越来越多，很多人甚至世代在此定居。

在一个社会中，富豪阶层永远都是宝塔尖上的一小群，但富豪阶层的形成必然会有作为宝塔基座的一大群人提供基础服务。所以，马六甲华侨人数的增长，便可以从另一个角度印证华侨富豪阶层的事实。明崇祯四年（1631）英国人占领马六甲时，当地华侨仅三四百名，后来迅速增加。到咸丰十一年（1861），马六甲有华侨 10 039 人（男 7 037 人，女 3 002 人），1881 年达到 15 721 人（男11 701 人，女 4 020 人），1902 年达到 18 864 人（男 14 477 人，女 4 387 人）。[④]在这个庞大的华侨群体中，肯定不是每一个人都是商人，但可以肯定这里已经形成一个服务于商业运转的社会职业系列；也肯定不是每一个人都是富豪，但不可否认，在这个华侨群体中，包含着一个比例颇高的富豪阶层。

颇令人感兴趣的是，马六甲的华侨富商的故乡情结并不浓。近代名商郑观应曾与马六甲华商有直接接触，据其六："（二十八日）早膳，同舟者排坐，互相问答，均属英籍华商。余此来，欲劝南洋华商急公好义，出奇制胜。无如富者皆入英籍数世，不思故乡，间有心者无力，有力者无心，未能遂成志愿，扫此妖氛，愤懑无已。"[⑤]一般来说，过去华侨在海外打拼，筚路蓝缕，人人都想尽快赚到更多的钱早日荣归故里，过上乡人羡慕的体面日子。老一辈华人在海外总是思念家乡，每当忆及那故乡的风、故乡的云，就会泪流满面。这是第一代华侨的爱乡情结，但两代或数代后的土生华人就未必如此了，当年马六甲的华侨便是一例。当时，华侨侨居马六甲已经 200 多年，已经产生了数代华裔，故对祖（籍）国感情比较淡薄，也在情理之中。

三、槟榔屿

槟榔屿也是转运港，其商业的繁荣与衰退自然与此息息相关。华侨商业每因

---

① 颜文锥：《永春华侨出国原因和对侨居地的贡献》，《福建论坛》1982 年第 5 期。
② （清）薛福成：《出使英法义比四国日记》续刻卷四，岳麓书社，1985 年，第 551～552 页。
③ 郑观应著，夏东元编：《郑观应集》（上册），上海人民出版社，1982 年，第 971 页。
④ 林水檺、骆静山编：《马来西亚华人史》，此据吴凤斌主编：《东南亚华侨通史》，福建人民出版社，1994 年，第 207 页。
⑤ 郑观应著，夏东元编：《郑观应集》（上册），上海人民出版社，1982 年，第 971 页。

过境物货之多寡而损益。道光六年（1826），槟榔屿与新加坡、马六甲合而为一后，其转运中心的地位几易：先是槟榔屿成为中心，致马六甲益衰，新加坡渐兴。未几，南洋各埠以新加坡为中心，槟榔屿因之亦日渐衰落。[①]

如上所述，在槟榔屿经商的华侨主要为闽、粤籍人。他们在槟榔屿经营酿酒、贩销鸦片、开赌场等业，年榷税银十余万两。[②] 因是，富商巨贾也几乎全是闽、粤籍商人。此外，还有云南人居此以贩珠宝等为业。[③] 有闽人王文庆经商槟榔屿，兼司招商局事。[④] 华侨殷商虽不事读书，但因其办事信实，故能发迹。[⑤] 富商皆各建宅第、祠堂、衡宇相望，俨然成一村落。[⑥] 市面风景、人物装饰与中国内地无异。[⑦] 槟榔屿岛上长街数里，尽属华肆。[⑧]

新加坡开埠后，吸引了大量华侨，因为此地地理条件优越，商务发达，华侨多趋之若鹜。新加坡的发展速度因之大大超过海峡殖民地的另两埠。新加坡开埠前，是个海盗出没、虎蛇为患的荒岛。但是，新加坡依靠华侨的艰苦开发，迅速发展为南洋地区的一个商业中心，郊区也出现蔡厝港、林厝港、杨厝港、曾厝港、刘厝港等城镇。是故，闽、粤人称之为"新州府"。[⑨] 中英鸦片战争前，马来半岛沿海的土邦境内有两万名华侨商贩和矿工。其时马来半岛的锡矿还未大规模开发，矿工人数极有限，故这两万名华侨主要是商贩。新加坡开埠后，各项建设工程及服务行业需要大量劳力、手工匠及部分商贩，开埠过程基本完成后，新加坡华侨小商贩仍然很多，开埠后的新加坡迅速发展成南洋的转口贸易中心。西方国家的工业品，印度的谷物、麻袋，中国的生丝、陶瓷与茶叶，南洋各地的锡、胡椒、甘蜜，以及各地的土特产，都先运至新加坡，然后再转运各地。在货物交易过程中，华商扮演了中介商的角色，因此进出口贸易都由华侨经营。19世纪80年代奉清政府命出洋的蔡钧在其书《出洋琐记》中说，新加坡的闽、粤华人，计约十万。殷实富盛之家，如潮人陈姓、黄姓，闽人余姓，皆拥资三四百

① （清）薛福成：《出使英法义比四国日记》续刻卷九，岳麓书社，1985 年，第 872～874 页。

② （清）谢清高：《海录》卷上。

③ （清）郭嵩焘：《伦敦与巴黎日记》卷二，第 37～44 页，此据余定邦、黄重言等编：《中国古籍中有关新加坡马来西亚资料汇编》，中华书局，2002 年，第 256～260 页。

④ （清）郭嵩焘：《使西纪程郭嵩焘集》，辽宁人民出版社，1994 年。

⑤ （清）马建忠：《南行记》，录自（清）王锡祺：《小方壶斋舆地丛钞》（再补编第十帙），杭州古籍书店，1985 年，第 6～7 页。

⑥ 戴鸿慈：《出使九国日记》卷一二，岳麓书社，1986 年，第 522～525 页。

⑦ （清）黄懋材：《西辅日记》，录自（清）王锡祺：《小方壶斋舆地丛钞》（第十帙），杭州古籍书店，1985 年，第 430～431 页。

⑧ （清）钱德培：《欧游随笔》，录自（清）王锡祺：《小方壶斋舆地丛钞》（第十一帙），杭州古籍书店，1985 年，第 431～432 页。

⑨ （清）谢清高：《海录》，"新埠"条，湖南科学技术出版社，1981 年。

万。而游览各处，所见贸易市廛，负贩于道路者，皆中土人。①

在南洋定居的华侨商人，初出国时毫无资本，但比当地的小生产者较早地从土地的束缚关系中摆脱出来，且在当地长期经商，有较丰富的从事国内商业和海外贸易活动的经验。因此，中介商和包买主以及批发商多由华侨商人充当，华侨商人也利用这些职业进行资本原始积累。部分人有了积蓄后，便做摆摊小贩，开设零售店，而后发展到经营二盘商、中介商、批发商。有了较多资本后，才投资矿厂、农业种植园乃至兴办近代大型工业或金融业。19世纪，新加坡华族的领导层大部分来自商人阶层。他们多数出身贫寒，但刻苦节俭，富有干劲，善于经商。② 例如，新加坡侨领陈笃生，早期以贩卖蔬菜、水果和鸡鸭为生，后来才从事炒地皮活动，经营生意，发了大财；余有进从汕头南来，初期曾在几家商船上担任书记，后来因经营甘蜜和胡椒生意而发展成巨富；胡亚基在1830年南来新加坡时，年仅14岁，先在其父的店里当学徒，运送牛肉、面包、蔬菜到船上和城里售卖，其父业务之成功，使胡亚基一跃成为当地著名商人；陈志生在成为新加坡一名大商人前，曾在廖内、槟城惨淡经营；出身于贫苦家庭的颜永成，17岁时在英商直利公司当学徒，后来成为地产商兼劳工承包商。③

在海峡殖民地，多有华侨投资轮船公司，其中以新加坡华侨较为突出。

1819年新加坡开埠后，迅速发展成为南洋的转口贸易中心。为了转运货物，有些华侨出入口商已拥有自己的船只，或已组织船务公司，穿行于新加坡与南洋各地，甚至远至中国沿海各港口。19世纪中叶，在南洋主要口岸，已有华商经营出入口贸易。他们拥有商船，穿行各地，并在他地设立分行。如新加坡华裔刘三经常到曼谷经商，拥着汽船万荣盛号，运载货物来往二地。④ 19世纪60年代，星洲华侨船务公司已有很大发展。据宋旺相《新加坡华人百年史》一书记载，同治八年（1869）议会法令下注册的178艘船只中，属华侨所有的就达120艘，其余58艘分属欧洲人、印度人和马来人。其中一些华侨商人拥有多艘船只，有的甚至拥有一二十艘。如著名的黄敏船务公司属下的船队就超过20艘船。光绪十四年（1888）该公司成为新加坡最大的船务公司，穿行于北婆罗洲、菲律宾、荷属东印度群岛及英属马来亚与中国华南各商港，其船队还直接参与中国华侨移民的运载，经常穿行汕头、厦门与香港等地。⑤ 光绪十六年（1890），新加坡海峡

① 吴凤斌主编：《东南亚华侨通史》，福建人民出版社，1994年，第347页。

② 参柯木林、吴振强编：《新加坡华族史论集》，南洋大学毕业生协会，1984年，第37页。

③ ［新加坡］宋旺相著，叶书德译：《新加坡华人百年史》，新加坡中华总商会，1967年，第13、273页。

④ 吴凤斌主编：《东南亚华侨通史》，福建人民出版社，1994年，第418~420页。

⑤ 参杨进发：《民族资本家林秉祥与和丰公司》，见杨进发：《战前星华社会结构与领导层初探》，商洋学会，1977年，第104页。

轮船公司创立，名义资本 1 000 万元，在七位董事中，华侨有陈若锦和陈恭锡二人。①

20 世纪初，新加坡华侨航运业巨子首推林秉祥。林秉祥于光绪三十年（1904）创立和丰轮船公司，资本 500 万元。全盛时代的和丰轮船公司至少有 8 艘以上的船只是排水量数千吨以上的远洋轮，行中南、新缅等航线。其中吨位较大的有"丰庆"（5 284 吨）、"丰茂"（3 910 吨）、"丰远一号"（3 230 吨）、"丰美"（3 229 吨）等。和丰轮船公司也拥有 20 余艘小型轮船，穿行于荷属东印度群岛及英属马来亚各港口。和丰轮船公司对南洋地区的贸易，尤其是中南、新加坡与南洋的贸易贡献甚大。②

四、华侨对其他服务业的投资

（一）承包当地税收（饷码）

南洋华侨要完成华侨资本积累过程，承包税收是一条重要途径。在南洋各地，承包税收原叫饷码（意承包人，得自英文 Farme）。南洋的承包税收制度广泛实行于荷属殖民地，但在英属殖民地也十分流行。

税收承包可分三类：一为税收承包，殖民政府对当地人民及华侨实行的税收（如人头税、屠宰税、米税、鱼税、市场税）通过投标由承包者承包；二为专卖承包（如鸦片、酒、烟、赌、盐及典当），项目或经投标承包，或由西方殖民政府委托华人官员（如甲必丹、雷珍兰）、华侨商人专卖或专营；三为村社承包，由承包人承包某一村社的各种捐税（主要指荷印统治时期的爪哇地区）。殖民者通过承包来征税，大都每年投标一次，也有两三年投标一次的，显然于己有利。商人在投标中互相竞争，会大大提高原税收额，增加殖民政府的收入，而承包者也可从中获利。

承包人大部分是华侨中的上层人物，其中不少是担任过玛腰、甲必丹或雷珍兰等职务的，也有许多是华侨秘密会社的领袖或华侨商人。19 世纪，新加坡十多名显赫的华侨领袖中就有两名是烟酒承包商：一为福建籍章芳琳，承办鸦片和烟饷，经营房地产和航运业务；一为潮州籍陈成宝，兼营鸦片及烟的专卖生意。③

章芳琳，原籍福建长泰人，在新加坡出生。父章三潮，原经营鸦片、烟、酒

---

① 崔贵强：《战前新加坡华族史的特征》，《星洲日报》，1973 年 5 月 22 日。
② 参杨进发：《民族资本家林秉祥与和丰公司》，见杨进发：《战前星华社会结构与领导层初探》，商洋学会，1977 年，第 107～108 页。
③ 杨进发：《十九世纪新加坡华族领导层》，见柯木林、吴振强编：《新加坡华族史论集》，见杨进发：《战前星华社会结构与领导层初探》，商洋学会，1977 年，第 36 页。

等土产致富。设店于新加坡大坡直落亚逸街，名长越号。芳琳承继父业后，改"长越"为章芳琳公司，后来又改为"苑生号"，专门向新加坡政府承包烟酒专利权，获巨利，遂成为当地富商大贾。① 芳琳发家后，对华侨社会公益事业极为热心，为新加坡社会作出了贡献。新加坡芳林公园，是他于同治六年（1867）出资 3 000 叻币兴建的，还捐资创办苑生英文高校等，新加坡的芳林公园、章芳琳街、章生苑、芳林码头、芳林市场以及新加坡选区——芳林区等，都是后人为纪念他而命名的。②

陈成宝，原籍广东潮安，霹雳甲必丹陈阿汉之子。生于怡保，为当年新加坡第一号华侨领袖余有进之妻舅。后去新加坡经商，并向政府承包税收而发家，被称为新加坡潮侨四大富（即余有进、陈旭年、陈成宝、黄金炎）之一，筑巨厦于新加坡陆佑街，为新加坡四大厦之一，曾任新加坡市政委员会委员，光绪元年（1875）为该会主席，又荣任太平局绅士及名誉推事。③

（二）投资地产与建筑业

新加坡华侨自开埠之初就已在当地投资地产与建筑业。例如，本身是一个中介商与工程承包商的陈浩盛，应是继 King An（新加坡最早被封为甲必丹的华人）后被法夸尔委任的另一位华人甲必丹，他的名字最早出现于《海峡殖民地档案》第 L6 卷，记录了道光二年（1822）五月十日的数张地产买卖交易文件。在第一张文件里，提及华人甲必丹处理这宗交易。④

19 世纪，新加坡是自由港和新兴城市，华商多投资地皮与建筑业。早期投资之佼佼者莫过于张利（张永福之父）。他拥有许多地皮，有"土地之子"之称。其他如章芳琳、陈笃生、颜永成等也都是拥有广大地产的资本家。⑤

（三）投资金融业

早期华侨对南洋金融业的投资，以新加坡最为突出。早在嘉庆二十四年（1819）新加坡开埠时，英国有利银行、渣打银行、汇丰银行以及荷兰小公银行已相继成立。但 19 世纪初期和中期南洋各地的金融业几乎为外国垄断资本独占和控制。20 世纪初，由于新马通货制度确立，华侨经济急速发展，华侨企业家迫切需要成立自己的金融机构。接着由于币制更换，原来流通的墨西哥货币、英

① 苏孝先编：《漳州十属旅星同乡录》，1948 年，第 61 页。
② 杨庆南：《世界华侨名人传》（第一册），古晋华侨工商职业学校基金会，1984 年，第 15～17 页。
③ 吴凤斌主编：《东南亚华侨通史》，福建人民出版社，1994 年，第 384 页。
④ 庄钦永：《新加坡华人甲必丹》，（新加坡）《亚洲研究》1987 年第 9 期。
⑤ ［新加坡］宋旺相著，叶书德译：《新加坡华人百年史》，新加坡中华总商会，1967 年，第 33 页。

镑等皆被废除，改以海峡货币（叻币）为法定通货。因此，在光绪二十九年（1903）以后，华侨银行一家家地创办起来。

清代新加坡华侨创设的银行有广益银行和四海通银行。民国后有华商银行和和丰银行。

光绪二十九年（1903），粤侨黄亚福创办的广益银行，为南洋华侨银行之嚆矢。早在19世纪末，黄亚福就私自发行货币流通于自己创办的种植园之间。广益银行集资40万叻币，初期营业状况良好，放款深受华侨欢迎。但由于管理经验欠缺，加上银行条例规定不够严谨，以致发生对该行董事不正常放款的事件。1913年11月宣告破产，黄亚福个人蒙受巨大损失。

光绪三十二年（1906），潮籍华侨黄松亭、兰金升、廖正兴三人创办的四海通银行（全称为"四海通银行保险公司"），资本100万叻币，后来增资为200万叻币。该行主要务商业金融，兼行外汇兑换和买卖、汇款，业务发展顺利，四五年后，增设曼谷和香港两家分行。①

---

① The Ee Leong, Chinese Banks Incorporated in Singapore and the Federation of Malaya, T. H. Silcock ed. , *Readings in Malayan Economics*, Eastern Universities Press Ltd. , 1961, pp. 454, 458 – 459.

第六章　马来联邦

第一节　华侨移民态势

在清代，虽然海峡殖民地、马来联邦和北婆罗洲都属英国的殖民地，但这三大块地方各自的独特性远大于其同一性，华侨在这三块地方的移民、生存与发展也呈现出不同的特点。

英国人染指马来半岛内陆的时间很晚。16、17 世纪之交，英国人的势力才进入东南亚地区。明万历二十八年（1600），英国东印度公司成立。万历三十年（1602），其船队到达万丹，并在此开设商馆。万历四十年（1612），在北大年和阿瑜陀耶各设商馆，但因荷兰人的武装骚扰，不得不于明天启二年（1622）撤离。清顺治四年（1647）才又在缅甸塞林姆开设商馆，但到康熙十八年（1679），却因荷兰人的竞争而不得不关闭。而到康熙二十三年（1684），也被迫撤出万丹。至此，英国在东南亚尚无甚作为。

一直到 18 世纪下半叶，已完成工业革命、国力充盈的英国人才卷土重来。乾隆五十一年（1786），英国人莱特率一小队人马在槟榔屿登陆。乾隆六十年（1795），英舰驰抵马六甲，兵不血刃地从荷兰人手中取得统治权（后归还荷兰，不久复得之），随后相继占领荷属东印度多地（不久复归还）。嘉庆五年（1800），英国人得槟榔屿岛对面之威斯利省。嘉庆二十四年（1819），英国人莱佛士率众登陆新加坡，建商馆。至此，英国殖民者方才雄霸南洋一方。道光六年（1826），英国将槟榔屿、威斯利、马六甲、新加坡几块殖民地合并为海峡殖民地。所以说，直到 1826 年，英国人才最终在新马地区最重要的几块殖民地中站稳脚跟。同治十三年（1874）初，开创了英国以驻扎官的方式在马来半岛各邦进行殖民统治的所谓"驻扎官制度"的《邦咯条约》的签订，标志着马来亚各土邦开始成为英国的保护国，马来半岛开始了逐步沦为英国殖民地的历程。光绪二十二年（1896）七月，英国将霹雳、雪兰莪、森美兰和彭亨四邦正式合并成立"马来联邦"，首府设在吉隆坡。各土邦此后得到较快的发展，未加入马来联邦的吉打、吉兰丹、丁加奴、玻璃市和柔佛五邦，被称为"马来属邦"。宣统元年（1909），英国与其时统治暹罗的曼谷王朝签订《曼谷条约》，曼谷王朝将马来半岛北部的吉打、玻璃市、吉兰丹、丁加奴四个马来土邦的宗主权、保护权、行政权和管辖权都让予英国，4个土邦从此处于英国的保护下，英国人在4个土邦设置了英国顾问官。到1914年，柔佛苏丹被迫接受英国人派遣的顾问官，柔佛也成为英国的保护邦。[①] 至此，英国人对马来半岛内陆的全面开发才真正开始。而在此之前，华侨早已在这些地方居住与开发。虽然马来半岛内陆地区的名称几经变化，但为行文方便起见，以下把除了海峡殖民地以外的马来半岛内陆地区统称为马来联邦地区。

马来联邦地区原先的经济发展水平不一，与海峡殖民地相比，更是天壤之别。不过在英国人到来后，马来各土邦在拉近其与海峡殖民地的距离方面的发展势头确实还是很明显的。到了19世纪最后二三十年，马来联邦地区与海峡殖民地的发展差距大为缩小。不过，马来各土邦间的发展水平也不平衡。

马来联邦建立后，马来联邦地区才有了较为具体的人口统计。光绪十八年（1892）英国统计光绪十七年（1891）各地的人口数字是：海峡殖民地的新加坡为184 500人，槟榔屿及邻宁一带为253 000人，马六甲为92 000人。土邦的白蜡（霹雳）214 000人，石兰莪（雪兰莪）81 000人，芙蓉23 600人，拿吉里士美兰（尼格利桑比郎）41 600人，彭亨64 000人。以上总数953 700，较之十年前增多88 958人。[②] 人口的增加反映了马来诸土邦整体上的进步。

至于华侨人口，光绪十九年（1893）有以下统计：

（1）柔佛的居民115 000人，内有华民75 000人，巫来由人（马来人）40 000人；

（2）彭亨居民50 000人，华民不过二三百人，皆做矿工；

（3）白蜡（霹雳）居民214 000人，内有华民94 000人，而西人只有600余；

（4）石兰莪（雪兰莪）居民97 000人，内有华民73 000人，巫来由人（马来人）21 000人，西人150余；

（5）松盖芙蓉（双溪乌戎）居民25 000人，内有华人18 000人，余皆巫来由人（马来人）；

（6）吉兰丹居民65 000人，内有华人15 000人，余皆巫来由人（马来人）；

（7）丁噶奴（丁加奴）居民六万，皆暹罗及巫来由人（意即无华人）。[③]

---

① 另一说法是，同年（1914），英国人将柔佛、吉打、玻璃市、吉兰丹、丁加奴五邦合并组成"马来属邦"，派遣总顾问官进行统治。至此，英国最终完成了对马来半岛的全部占领，马来半岛地区完全殖民地化。（清）薛福成：《出使英法义比四国日记》续刻卷二，岳麓书社，1985年，第421~424页。

② （清）薛福成：《出使英法义比四国日记》续刻卷四，岳麓书社，1985年，第583页。

③ （清）薛福成：《出使英法义比四国日记》续刻卷七，岳麓书社，1985年，第738~739页。

从华侨的籍贯来看，福建籍华侨主要居住在海峡殖民地；广、肇籍华侨主要在四州府（霹雳、雪兰莪、森美兰、彭亨）和新加坡；潮州人则散居各地，以海峡殖民地及北马吉打为多；客家人主要分布在海峡殖民地和四州府，以锡矿区尤甚；海南籍华侨大多在丁加奴、柔佛和新加坡。[①]

由上可看出，在马来联邦地区内，华侨人口分布极不平衡，有的地方华侨比当地人（主要是马来人）还多，如柔佛、雪兰莪、双溪乌戎；有的地方华侨稍少或偏少，如霹雳、吉兰丹；有的地方则不成比例，如彭亨；有的地方无一华侨，如丁加奴。这种情况显然与有没有华侨产业，特别是有没有大规模的华侨产业（如柔佛的甘蜜、胡椒和橡胶种植，霹雳的采锡业）密切相关。若细加观察，便不难发现，凡有华侨聚居的地区，必然形成华侨的经济开发区，开发区与其拉动的地带必是半岛发展较快之地。

第二节　马来联邦各类华侨开发地

一、华侨农业区

（一）早期零星的华侨农耕点

马来半岛内陆的华侨农业经济主要是农垦经济，在部分沿海地区也有渔业经济。

资料表明，马来半岛内陆的华侨农垦经济有着悠久的历史。早在15—18世纪英国人还没有到来之前，就有华侨在马来半岛内陆各地从事农业劳动。那时的华侨农渔业开发地基本上是在沿海或交通比较便利的内陆地区，还没有深入交通不便的偏僻地区。例如，明末清初曾有避乱南来的中国人在丁加奴浮罗巴味登陆定居，从事农牧生活，主要为种植胡椒、甘蔗和养猪。浮罗巴味、猪莪、蔗铺等地名一直沿用至今。华侨渔民在明末清初已出现于马来半岛各地。有人初到马来半岛就见到吉打有华籍渔民数十人。[②]

总的来说，早期马来半岛的华侨移民零星而分散，华侨的农业行为基本上限于个体小生产的方式，主要是为了满足自身的生存需要。一个生产单元，一般只是一个农业开发点，远谈不上具有农业开发区的规模，对周边地区的农业示范作用十分有限。且一个生产单元的人数很少，往往边农边商（如果有商业存在的

---

① 参吴凤斌主编：《东南亚华侨通史》，福建人民出版社，1994年，第271~272页。
② 据吴凤斌主编：《东南亚华侨通史》，福建人民出版社，1994年，第120页。

话）。所种作物无法形成规模，劳动所得也仅供糊口。每一个生产单元很可能是孤立的，不会跟别的地方的生产单元发生联系，这就决定了他们的劳动产品的商品率极低。他们在半岛内陆的农业存在的最大意义在于为他们的后继者——新的华侨农民的批量到来以及华侨农业区的形成打下了基础。应注意的是，早期马来半岛华侨农耕点的农民应是从中国大陆或东南亚其他地方移民来的自由农民，与后来经过契约劳工阶段而自由赎身的农民不同，后者人数更多，更有组织，因而更加适应大面积的华侨农业区的开发。

（二）华侨农业区的成形与扩展

后来，随着内陆华侨人数的增多，居住地点的密集化和相互联系的紧密化，华侨在有些地方的垦作才逐渐走向规模化和集约化，半岛内陆的华侨农业区性质才越来越明显。例如，乾隆末年吉兰丹已有数百闽人居埠头，贩卖货物及种植胡椒。[①] 又如，18 世纪初，柔佛城内定居的华侨有千余户。他们中应有一小部分种植工。到 18 世纪末，华侨已在柔佛内地辟野开田，种植胡椒和甘蜜，出现新山、笨珍、麻坡等华侨聚居区。[②] 华侨在上述几个地方的农业开发情况不甚详明，但已经隐约可见华侨农业区的雏形。不过，在 19 世纪 50 年代马来半岛锰矿大开发以前，马来亚各土邦境内的华侨数量还是不多，稍为集中的华侨居住区是在柔佛。

马来半岛华侨农业的发展是这一半岛地带走向国际化与市场化的产物。英国于乾隆五十一年（1786）占领槟榔屿，以及嘉庆二十四年（1819）占领新加坡后，不断招收大批中国劳力种植马来半岛的热带作物，以供英国及国际市场需要。故此从事农业劳动的华侨人数大量增加，种植作物亦随国际市场的供求情况而变化。受国际化与市场化潮流的影响，马来半岛加快了农业开发区的形成步伐。例如，在《葛尔氏游记》一书中，有关于威斯利省华侨农业分布的精准描述：

"沿山脉一带是华人的菜园，栽种椰子、生果和香料；巴东浦附近，有许多华人和马来人种禾；在巴眼鲁牙，有华侨约百人，多数为渔民；在北赖港口，有许多华人种蔗和蔬菜；诸鲁有 300 英亩华人菜圃；巴都交湾有华人蔗园。"

若把《葛尔氏游记》描述的这幅画面中的每个地方都看成大小不等、分工不一的华侨农业区，应不是想象而是事实。从画面的规模来看，作者笔下的巴眼鲁牙和北赖港口还是一个小型的华侨农业区（分别经营渔业和种植经济作物），而占地 300 英亩的诸鲁华人菜圃则是一个面积相当可观的华侨农业区。当然，就

[①]（清）谢清高：《海录》，"吉兰丹"条，湖南科学技术出版社，1981 年。

[②]《马来亚华侨志》，1958 年，第 86 页，此据吴凤斌主编：《东南亚华侨通史》，福建人民出版社，1994 年，第 253 页。

市场化程度来看，两者是有区别的：巴眼鲁牙和北赖港口的商品化程度很低，应还属于自给自足性质；而诸鲁华人菜圃的产品应是供应市场需要的，是一个上了层次的华侨农业区。诸鲁华人菜圃生产单元的人数比较多，且更有组织性。他们中的大多数人应是作为契约劳工移居当地的，原在英国人经营的种植园和矿厂劳动，获得人身自由后，多靠种植胡椒、甘蜜、木薯、甘蔗、烟草、蔬菜等经济作物为生。他们之所以成为华侨农业区的成员，是通过同乡之间组合而来的。

总的来说，跟以前不同的是，这时候华侨所从事的种植活动基本上已属于较大面积的规模生产，它们在满足自身需要的同时，也面向市场，而不像以前的农业耕垦点那样，仅仅是为了满足自身糊口的需要。当然，上述华侨农业区无论从规模来看，还是从商品化水平来看，都远不能跟后来马来半岛大开发时代的华侨农业区相比。

（三）遍及马来半岛内陆的经济作物种植、"换季"与各色华侨农业区

18世纪80年代以后，马来半岛大开发的时代来临了。在大开发时代，整个马来半岛内陆的农业发展大体上可划分为几个阶段，而每个阶段的发展都几乎覆盖了半岛一大片地方，每一片地方都有若干种主要经济作物，流行某种主要的生产方式。这样，某个阶段的某一大片地方分布着一个个华侨农业区。一个个华侨农业区连在一起，可以看成一个超级华侨农业区。在其内部，形成一个分层次的、互补的生产与流通系统。

（1）第一阶段：乾隆五十一年至咸丰十年（1786—1860）。从种植的作物来说，以种植胡椒、甘蜜为主，甘蔗、丁香、豆蔻为次。从开发方式来说，则是著名的"港主制度"。"港主制度"的实施主要是在柔佛地区。

从历史来看，柔佛华侨聚居的时间较早。明崇祯十四年（1641）荷兰人从葡萄牙人手中夺走马六甲后，实行垄断贸易，华商不堪其苦，就纷纷迁往对外较为开放的柔佛港。18世纪初，柔佛城内定居的华侨已有千余户，主要从事陶器、茶叶和烟草的买卖。此外，还有更多的往返不定的华商。乾隆五十一年（1786）英国人占领了槟榔屿后，许多华侨在岛上种植胡椒和甘蜜。道光三十年（1850）前后，由于当地找不到更多适合种植的土地，于是大量的华侨便纷纷南下至半岛的南端，继续胡椒和甘蜜的垦殖。18世纪末，华侨在柔佛内地辟野开田，种植胡椒和甘蜜，出现了新山、笨珍、麻坡等华侨聚居区，[①] 实际上已经形成了不同层次、不同分工的华侨农业区。但这些华侨农业区的开发规模跟后来"港主制度"下的华侨农业区相比，却是小巫见大巫。

---

① 据吴凤斌主编：《东南亚华侨通史》，福建人民出版社，1994年，第253页。

"港主制度"是柔佛苏丹推行的,即通过向开发者发放开港证的方式来开发柔佛。柔佛也因在近代东南亚推行了这一别出心裁的农业开发制度而名载史册。道光五年(1825),年轻的德门公依布拉欣继位,他在继位16年后取得实权,为了抗衡英国人的强势经济活动,便于道光二十四年(1844)在柔佛州颁布了"港主制度",竭力鼓励星洲华人北迁柔佛开垦。

所谓"港主制度",简言之就是把通行于商业经营上的"包税制"(饷码)移植到土地开发上。商业经营上的"包税制"的执行者是华侨,实际上"港主制度"的执行者也是华侨。其时,华侨种植者选择一条河流边上的荒地,向柔佛统治者天猛公申请一份叫"港契"(Surat Sungai)的开港证,由天猛公颁给他一大片土地使用。[①] 实际上还管理鸦片和赌场,包括了当铺、卖酒、宰猪和卖猪的专利。可以说,"港主制度"可以使开发基地的决策权和执行权、资金的筹措权和使用权得到高度集中,从而使开发的效能得到最大程度的发挥,可以说在当时的历史条件下不失为一种可行的、跨越式的发展路径。"港主制度"条件下的华侨农业区跟以前各华侨农业区的最大区别是,"港主制度"体现了经营者权力的高度集中,以致人们几乎把"港主制度"想象成近代的"奴隶制"。

这一制度之所以能在柔佛实行,是有深刻的历史渊源的。柔佛在18世纪时,还多为森林处女地,全未开发,荒蛮至极。如若按照常规开发,柔佛要想旧貌变新颜,不知要等到何年何月。从区域发展的角度来说,柔佛的开发可以使新加坡这个后来居上的国际商港得到一个广阔的腹地,城乡一体,互相依托,从而使新加坡得以可持续发展。当时的华侨富豪多集中在海峡殖民地,特别是新加坡,离柔佛咫尺之遥。柔佛实行"港主制度",对于柔佛和新加坡来说都有益,必然得到海峡殖民地的华侨富豪特别是新加坡富商的支持。当然,柔佛的开发更应归功于成千上万的华侨劳动者。

柔佛的"港主制度"正式开始于道光十三年(1833)。这一年,柔佛苏丹开始发放开港证,即"港契",鼓励在港内种植胡椒、甘蜜。有关的发放细节不详,只知道至咸丰八年(1858),已发出"港契"20多张;至同治元年(1862),天猛公依布拉欣向华侨发出70多张种植甘蜜和胡椒的"港契";直到1917年,柔佛苏丹才废止"港主制度"。这一年,柔佛苏丹颁布《港主权益废止条例》,以100万元的赔偿额(相当于每港最后3年的收入总和)收回所有"港契"和给予港主的特权。自此,伴随义兴公司走过70余年漫长岁月的"港主制度"终告结束。不久后,柔佛苏丹也在英国统治者的授意下,令义兴公司解散。

据记载,19世纪70年代柔佛开发了29条港,10年后又增多一倍,巅峰时

---

① 许云樵:《柔佛的港主制度》,见《马来亚丛谈》,新加坡青年书局,1961年,第148页。

达 138 条港。成千上万的华侨，涌向各个港脚，挥洒汗水，把柔佛建设成马来亚最繁华的一州。而就柔佛苏丹所发放的这 138 条"港契"而言，即划定了 138 个华侨农业开发区。当时的华侨习惯把支流流入主流的地方称作"港"，港口附近称为"港脚"（Kangkar，意即"村落"），开港者称为"港主"，直译就是"河流之主"，一条"港"的地理范围，通常是在一条河的支流和另一条河的支流之间。所以，一条"港"的所辖范围，其实就是一片特定的开发区域，也就是一个特定的华侨农业区，河流就是开发区的天然边界。以"港主制度"的方式经营华侨农业区，无疑大大地提高了农业区内部的生产效率。

据调查，柔佛境内当年的 138 条港中，现在查知有港名者 109 条。详见下表。

柔佛开港港主名称一览表

港　名	港主姓名	籍　贯	地　区
陈厝仔港	陈开顺	潮州	新山
张厝港	陈开顺	潮州	新山
招港		潮州	新山
义兴公司		潮州	新山
金顺港		潮州	新山
德华兴港	陈敬堂	潮州	新山
黎保成港	陈敬堂	潮州	新山
杨厝港		潮州	新山
刘厝港		潮州	新山
洪厝港		潮州	新山
李厝港		潮州	新山
巫许后港		潮州	新山
谢厝港		潮州	新山
郑厝港		潮州	新山
天顺港		潮州	新山
黄厝仔港		潮州	新山
义和港		潮州	新山
恒顺港		潮州	新山
老砂陇港	陈旭年	潮州	新山
德兴港	陈二弟	潮州	哥打丁宜

（续上表）

港　名	港主姓名	籍　贯	地　区
新德兴港	林亚相	潮州	哥打丁宜
新和林港	林亚相	潮州	哥打丁宜
和兴港		潮州	哥打丁宜
洪厝港		潮州	哥打丁宜
泽水港		潮州	哥打丁宜
和盛港	叶世湄	潮州	哥打丁宜
和平港	陈亚翰	潮州	哥打丁宜
水丰隆港		潮州	哥打丁宜
和成港		潮州	哥打丁宜
洱发港		潮州	哥打丁宜
和祥港		潮州	哥打丁宜
福顺港		潮州	哥打丁宜
顺成港		潮州	哥打丁宜
素里里港	杨吉兆	潮州	哥打丁宜
素里里吉舌港	陈新福	潮州	哥打丁宜
永泰港	陈新禧	潮州	哥打丁宜
和信港		潮州	哥打丁宜
大兴街场		广府	兴楼
新长兴港	林亚相	潮州	兴楼
茂盛港		广府	兴楼
丰盛港	黄福	广府	
逐港		广府	
沉香港		广府	
帝问港		潮州	帝问岛
巫许前港		潮州	龟咯
德盛港	陈德润	潮州	龟咯
黄厝港		潮州	龟咯
老文律港	陈武力、陈四	潮州	龟咯
小笨珍港	李进利	潮州	龟咯
新地文港	陈寿添	潮州	龟咯

（续上表）

港　名	港主姓名	籍　贯	地　区
老地文港	陈寿添	潮州	龟咯
永平港	巫鲁许	潮州	永平
永平新港	巫鲁许	潮州	永平
财顺港		潮州	峇株巴辖
广平港		潮州	峇株巴辖
三合港（彼咯）	谢松泉	潮州	峇株巴辖
世发港		潮州	峇株巴辖
谢厝港仔		福建	峇株巴辖
顺天港		潮州	峇株巴辖
张厝大港		潮州	峇株巴辖
合春港（株）		福建	峇株巴辖
永顺利港		潮州	峇株巴辖
晚喽新港		潮州	峇株巴辖
晚喽港		潮州	峇株巴辖
周德港		潮州	峇株巴辖
三春港		潮州	峇株巴辖
张厝港仔		潮州	峇株巴辖
和盛港		广府	峇株巴辖
头条港	林忠亮	福建	麻坡
二条港	刘三发	福建	麻坡
三条港	陈维贵	福建	麻坡
三条新港		福建	麻坡
四条港	蔡九	福建	麻坡
四条新港			
五条港	陈裕源	福建	麻坡
六条港	佘任发	福建	麻坡
七条港	陈自然	福建	麻坡
八条港	巫三妗	福建	麻坡
九条港	巫鸿恩	福建	麻坡
十条港	陈亚良	福建	麻坡

（续上表）

港　名	港主姓名	籍　贯	地　区
十一条港	刘才源	福建	麻坡
十二条港	陈亚三	福建	麻坡
十三条港	杨亚大	福建	麻坡
刘厝港	许淑孝	福建	麻坡
老巫许港	林忠亮	福建	麻坡
新巫许港		福建	麻坡
刘厝新港		福建	麻坡
吧冬港	许必恭	福建	麻坡
利丰港	张亚合	潮州	麻坡
玉射港	袁财源	潮州	麻坡
长发港	佘云亭	潮州	麻坡
和丰港	黄福	广府	麻坡
班卒港	姚直臣	潮州	麻坡
佘廷章新港	佘廷章	潮州	不详
双兰港	端清	潮州	不详
仁和港			
老东顺港			
新东港			
老纪港			
成和港			
新南港			
天吉港			
永丰港			
鸟水港	陈武力	潮州	
亚逸依淡港			
龙引港			峇株巴辖
新和兴港	林亚相	潮州	
源发港			
新东港			

资料来源：潘醒农：《回顾新加坡柔佛潮人甘蜜史》，见汕头华侨历史学会编：《汕头侨史论丛》（第一辑），汕头华侨历史学会，1986年，第169~173页。

各条被开放的"港"里所种植的经济作物主要是胡椒和甘蜜。在"港主制度"下，胡椒和甘蜜这两种古来并不起眼的经济作物，这时却发挥了无穷的神效，可以使一个荒无人烟的地方在短时间内一跃成为繁荣的都市。例如，新山便是得力于甘蜜和胡椒，在短短数十年间繁荣起来的。因此，甘蜜和胡椒被称为新加坡和柔佛的"兴邦之母"。据说在胡椒、甘蜜生产的最盛时期，柔佛新山有3 000口鼎，每年出产甘蜜60余万担，胡椒20余万担。[①] 但甘蜜种植的缺点是对土壤的侵蚀大，故甘蜜园要不断地迁移，另垦新地。[②]

推行"港主制度"，实际上就是推行华侨富豪（商）主宰下的华侨农业区开发。毋庸讳言，柔佛这一特殊形式的农业开发，其过程是极其艰辛甚至是残酷的，充满了资本原始积累的血腥。结果是，一方面极大地加快了柔佛的开发，使这片荒蛮地带后来居上；另一方面也造就了一批以"港主"名义出现的华侨超级富豪。此外，雪兰莪等地也有华侨种植的甘蜜园和胡椒园，每10人要种50英亩，也被看作小型的华侨农业开发区。

在柔佛新山开港的主要是从新加坡迁来的潮州人，有"小汕头"之称，如陈旭年、陈开顺等人都是潮州人，都是著名的大港主、大种植家，较大的港如陈开顺的陈厝仔港、陈旭年的老砂陇港等；其次是福建人，如刘三发的二条港、林忠亮的老巫许港等。就参与原始开发的华侨来说，不同的港地按照不同的地籍划分。闽籍华侨多在麻坡开垦，那里也有广府人，如黄福的和丰港等。种植园内的工人也绝大多数是潮州人，占90%以上；其次才是福建人、广府人和海南人。咸丰十年（1860）柔佛有1 200个甘蜜、胡椒园，华工15 000人。[③]

因麻坡境内土地肥沃，宜于垦殖，且离马六甲较近，故马六甲闽人多到麻坡开港。他们在麻河东南岸开辟头条、二条至七条港，在麻河西北岸开辟利丰、长发、玉射、新巫许等港。麻坡除少数是潮籍华侨开港外，绝大多数是闽侨所开港（约有十七处）。

柔佛华侨富豪开港，有独资经营的，也有合作开发的，均以自己的店号或姓氏为港名。港主在其港地之内，俨然是一个小王国，拥有政府行政权、林矿采伐权，以及经营赌场、当铺，贩卖烟酒、猪肉及鸦片等各种特权；同时，还可以抽取输出的甘蜜、胡椒以及输入米粮的佣金。[④] 每一个港脚的居民大都是港主的雇员。拥有特权的港主，每年只要奉纳一些金钱给柔佛苏丹即可。这些甘蜜和胡椒种植园的"港主"，几年后大都发了财，成为大资本家。

① 潘醒农：《马来亚潮侨通鉴》，南岛出版社，1950年，第41页。

② 《柔佛略述》，（清）王锡祺：《小方壶斋舆地丛钞》（第十帙）卷五二，杭州古籍书店，1985年。

③ 彭家礼：《英属马来亚的开发》，商务印书馆，1983年，第25页。

④ 凌云：《柔佛及其港主制度》，（新加坡）《南洋文摘》1965年第6卷第8期，第29~31页。

　　道光二十四年（1844）潮州潮阳、揭阳等地爆发"双刀会"反清运动，失败后，众多参与者南逃新加坡，其中就有后来的义兴首领陈开顺。同年 10 月，陈开顺取得了柔佛州的第二张港契，成为陈厝仔港的港主。道光二十六年（1846），义兴另一首领陈德海在新加坡以"掌玺大臣"名义反对英国政府对种植业的苛捐杂税，号召四千垦殖民从星洲进入柔佛，构成了柔佛史上第一批开拓者的生力军。陈厝仔港在陈开顺及其义兴帮弟兄的辛勤开垦下日益繁荣。当时居住于新加坡的德门公依布拉欣，授他们以实权管制税收及维持地方秩序。陈开顺对柔佛的开发功绩卓著，因而受封为第一位华人甲必丹。咸丰九年（1859），陈开顺继子陈清煌接任陈厝仔港港主，并受封第二位华人甲必丹。他任内遭陈开顺另两名继子对其合法地位的频频挑战，不厌其烦，终于于同治九年（1870）把港契出售给名为 Ja'far Hj Mohd 的 Dato' Bandar Johor（第一任柔佛州务大臣，Dato' Onn先父），本身买棹长归故里。同年，士古来港主佘泰兴出任第三位华人甲必丹。[1]

　　陈旭年，又名陈毓宜，1827 年出生于广东潮安县上莆金砂乡。年轻时在家乡当过油贩，后南来柔佛，以贩布为生。他经常在直落布兰雅（Telok Belanga）皇宫一带活动，与年轻的天猛公阿武峇卡结为至交。同治元年（1862），德门公阿武峇卡继位，同治五年（1866）一月一日，Iskandar Putri 正式定名为新山（Johor Bahru）。光绪三年（1877），阿武峇卡统一了柔佛并于 1885 年接受英国保护，晋号柔佛苏丹。到 19 世纪 50 年代，陈旭年已成为收购胡椒、甘蜜的殷商。这期间他联同章芳琳和陈成宝成为星洲、廖内乃至马六甲一带大烟和私酒业收益的主要操纵者。时柔佛州内正实行"港主制度"，已成为柔佛苏丹的阿武峇卡便将柔佛内的第一至十条港的开港权租给陈旭年。咸丰三年（1853），陈旭年与陈万泰联名取得了马西贡贡一带的港契，成为柔佛的一名港主。同治二年（1863）九月，他在一周内连续取得从柔佛河左岸沿工匠岛（今巴西古当）至哥打丁宜以南包括南亚港至今迪沙鲁一带的大片土地的港契，成为柔南的主要港主。同年，他受时为柔佛大君（Maharaja）阿武峇卡之委任，成为新山唯一的税收管理人。同治五年（1866），39 岁的他成为柔佛州最大的港主，其生产甘蜜、胡椒，数柔佛州内最多。陈旭年除种植甘蜜外，还设有广丰、宜丰、宜隆、谦丰四间商店，专门经营甘蜜、胡椒生意。另在新加坡市内购置店屋，与华侨章芳琳等在新加坡、柔佛等地合伙经营，并获得鸦片及酒类之专卖权。同治九年（1870）前后，苏丹封陈旭年为柔佛州境内华侨头人，授予宰相衔，为柔佛新山开埠以来华人得到的最高荣誉封衔。陈旭年 75 岁时在故乡去世。光绪二十一年（1895），苏

---

　　[1]　参《新山中华公会简史》，据新山中华公会网站。

丹依布拉欣爵士继承皇位。这期间，华裔陈杞柏及其子裔陈嘉庚等所引进的树胶和黄梨，取代了胡椒和甘蜜的大量种植与生产，使柔佛州成为异常富裕的一州。①

林亚相，原籍潮州潮阳，童年偷渡去新加坡为人佣工，后移居柔佛新山，从事甘蜜种植。在哥打丁宜拥有新德兴港、新和林港及兴楼的新长兴港的甘蜜园，并获柔佛州柴山开采特权。在这些港脚内，也享有开赌场、设当铺、售卖酒、专卖鸦片数项特权；同时，在出口甘蜜和胡椒及输入米粮时还可抽取佣金。这些特权使林亚相富甲一方。林亚相不识字，其特长是经营赌场。早期的新山，建有海岸矗立的浮脚楼，即林亚相经营的赌馆。鼎盛时期，林亚相在哥打丁宜拥有一间火锯厂，并拥有五大片土地及房屋。在新加坡开有店铺，经营仿木生意；仅兴楼一地，就有枋廊 13 座，伐木工人千余名，舯舡 20 余艘；哥打丁宜建置房屋 30 余间，另外还辟有胶园千余亩。② 林亚相是继陈旭年之后，19 世纪末新山显赫的华侨代表人物，同时也是当年新加坡华人秘密会社义兴公司的第二号领袖人物。64 岁殁于新加坡，灵柩运回柔佛新山安葬。柔佛政府派军乐队伴奏出殡，当地休业半天，以示哀悼。③

（2）第二阶段：咸丰十年至光绪三十年（1860—1904）。此时以种植甘蔗为主，木薯、咖啡、可可、椰子等为次。这个阶段在马来半岛的经济作物种植中，甘蔗取代了甘蜜、胡椒。究其原因有二：一是因为灾难性虫害使胡椒、甘蜜大批夭折，豆蔻、丁香也大部分枯死；二是因为世界用糖量增加，食糖供不应求。

比之其他经济作物，甘蔗种植更容易在陆地平面形成种植区块。首先，甘蔗要在平原或丘陵地带种植，且不能分散种植，必须连成一片。其次，甘蔗收获后必须马上进行加工变成糖块进入市场，而蔗糖加工必须集中进行，一个榨糖厂一般要专管一大片甘蔗种植地带，实际上甘蔗种植区若太分散也不利于甘蔗收获后的运输加工。与上述特点相适应，甘蔗种植业一般要形成"一条龙式"的高度集中化的生产与加工流程，包括种植区块的集中化和经营管理的集中化，以及收获与加工的高度衔接。衔接的紧密程度明显高于其他经济作物，因为，甘蔗一旦收获，就必须在第一时间内进行加工，不能长时间堆放，尤其是在甘蔗加工处理技术还十分落后的近代。因此，一个蔗糖加工厂就基本上可以串联起一大片甘蔗种植区。

资料表明，马来半岛在这一阶段以甘蔗作为主业是有技术的强有力支撑作为后盾的。道光二十年（1840）后，欧洲人已经在马来半岛经营糖业，但当时欧洲

---

① 参《新山中华公会简史》，据新山中华公会网站。

② 潘醒农：《回顾新加坡柔佛潮人甘蜜史》，见汕头华侨历史学会编：《汕头侨史论丛》（第一辑），汕头华侨历史学会，1986 年，第 180 页。

③ 吴凤斌主编：《东南亚华侨通史》，福建人民出版社，1994 年，第 411～412 页。

人所使用的还是古老的炼糖方法。咸丰十一年（1861），欧洲人的蔗园已占威斯利省的3/4，并采用新式蒸汽推动机方法炼糖，淘汰了古老的炼糖方法。使用新式蒸汽推动机方法炼糖能加快甘蔗的加工，也可以缩短甘蔗从收获到加工的对接时间。

马来半岛变成甘蔗生产大基地后，也形成了一个个的华侨甘蔗种植区。不过，华侨在马来半岛种植甘蔗要早得多。史载，乾隆五十年（1785）前，便有潮州人在威斯利开辟大片森林种甘蔗，以后逐渐发展。道光十五年（1835），该省蔗田达900英亩，用水牛推磨房方法炼糖，每年提炼600～700吨。[①] 因资料不全，据此无法判断当时华侨甘蔗种植区的具体状况。不过可以推测，由于那时还使用古老的炼糖方法，效率较低，限制了从种植到加工的高时效对接，故一个华侨甘蔗种植区的规模可能很小。

光绪十四年（1888），霹雳已有糖厂35个，华工5 700人。既然有35个糖厂，估计就有35个华侨甘蔗种植区。光绪二十四年（1898），威斯利省有蔗园50 000多亩，华工9 000人，每年出口糖100万吨以上。光绪十六年到三十一年（1890—1905），马来半岛的甘蔗种植园面积达6.5万英亩，出口糖3.57万吨，产值达200万元以上，[②] 成为世界上主要产糖地之一。甘蔗产量的增大，间接说明了华侨甘蔗种植区的增多。

至于木薯的种植，是以木薯园的形成进行的。木薯园显然是单位化的生产形式，若由华侨来经营，一个木薯园便会成为一个华侨木薯种植区。木薯从南美洲传入，咸丰五年（1855）马六甲开始种植，以后扩展到整个马来半岛。20世纪初，森美兰木薯园面积已超过10万英亩。马来半岛木薯园在19世纪末有16万英亩，年出口达200万吨。直到20世纪20年代，木薯仍是马来亚重要出口商品之一。

（3）第三阶段：1904年后，以种植橡胶为主，菠萝、硕莪、油棕等为次。橡胶生产对马来联邦经济具有特别重要的意义。自光绪二年（1876）起，已从巴西带到马来半岛种植，但作为马来半岛与新加坡兴起的新行业，橡胶业的迅速兴盛是在19世纪末20世纪初。当时种植橡胶者都获得巨额利润，吸引了许多人加入这个行业。橡胶业由是迅速发展，在20世纪初取代锡米成为马来半岛与新加坡最重要的出口原产品，是东南亚销往世界市场最主要的经济作物。但由于橡胶主要供出口外销，深受国际经济行情影响，价格容易大幅波动，以致从事橡胶业者常常饱饮风霜，不善经营者往往蒙受巨大损失。陈嘉庚的经历就是最好的例

---

① 据吴凤斌主编：《东南亚华侨通史》，福建人民出版社，1994年，第123页。
② 据吴凤斌主编：《东南亚华侨通史》，福建人民出版社，1994年，第123页。

证。他在 1925 年凭着胶价的暴涨，将自己的财富推到顶峰，可惜好景不长，1929 年因世界经济不景气，胶价跌落，他的公司蒙受惨重损失，最终于 1934 年收盘。

橡胶种植跟上述其他经济作物种植的最大区别在于，它是纯粹的工业品，这与其他作为人类食物的经济作物不同。因此，这就要求橡胶种植必须实行园区化。只有实行园区化，才可能集中种植、集中护理、集中收获（割胶）、集中运输，进而进入加工程序。一句话，橡胶种植的园区化，是其作为工业用品的必然要求。华侨参与橡胶种植园区化的结果，自然会形成华侨橡胶种植区。但是，由于橡胶种植的高产业性和高技术性，华侨橡胶种植区不是一般的下层华侨可以胜任的。其经营者，必须有相对雄厚的资金，他们一般是通过打工或在其他低技术、高风险行业赚得足够资本后，才投入橡胶种植行业的。当然，华工数量也是必不可少的。也就是说，一个华侨橡胶种植区，其经营者是华侨，相当一部分工人也是华侨。

华侨投资橡胶种植业与当时国际上的需要和橡胶价格的升降密切相关。有关资料显示，光绪三十一年（1905）马来亚的橡胶种植面积只有 3.8 万英亩，到光绪三十二年（1906）骤增至 10 万英亩，1914 年又增至 50 万英亩。[①] 这主要是由橡胶价格的猛涨而引起的。这种巨大的利润驱使当时许多欧洲资本家和华侨从事橡胶的种植。

当时，马来半岛从事橡胶种植的工人多从印度和中国招来。宣统三年（1911），马来亚各大胶园有华工 4 万人，1917 年激增至 18 万多，其中马来联邦大胶园有华工 5.52 万人；马来属邦、海峡殖民地有华工 3 万人，小胶园华工则为 10 万人。华工以海南人居多，广府人和客家人次之，再次为福建人和潮州人。华工大部分是赊单新客，订有一年契约。可见，当时马来半岛的橡胶种植园很多，有的规模大，有的规模小，可惜不清楚其中有多少个种植园属于华侨橡胶种植区。

华侨资本在大种植园和小农园都有投资。光绪二十年（1894），林文庆首先成立联华橡胶种植有限公司在新加坡杨厝港辟地试植，后被一些华侨富商不断扩大种植。马来半岛（含海峡殖民地）的橡胶园在光绪二十三年（1897）只有 345 英亩，宣统二年（1910）激增至 547 250 英亩，1920 年多达 2 206 750 英亩。光绪三十一年（1905）产量还不到 200 吨，1914 年达 48 000 吨，超过巴西，居世界第一。1920 年为 177 000 吨，占世界产量的一半。

南洋最先种植橡胶的华侨是新加坡侨领陈笃生曾孙陈齐贤。陈齐贤等种植橡

---

① 吴凤斌主编：《东南亚华侨通史》，福建人民出版社，1994 年，第 415 页。

胶成功后，有力地促进了马来亚华侨橡胶种植业的兴起。20世纪初，橡胶供不应求，价格猛涨，中外企业家争相购地种植树胶，新马工地华商更是不落人后，踊跃投资，以新加坡、马六甲为中心，扩展到吉打、雪兰莪、森美兰和柔佛等地。光绪二十二年（1896），陈齐贤同陆佑、林文庆合资开辟了马来亚第一块橡胶园，大获成功。

陆佑也是一个大橡胶园园主。他开采锡矿致富后，把目光投向橡胶种植业。陆佑在鹅雁、箕筛、文冬、巴生、和丰、雪兰莪等地开垦了很多橡胶园，最大的橡胶园由吉隆坡伸展到彭亨，呈带状绵延100多公里。橡胶业的发展使陆佑的财富滚滚而来，并得到"橡胶大王"的美称。陆佑还办起了巴生咖啡园、丹戎马林胡椒园、雪兰莪港口椰子园及北根椰子园。在工业方面，陆佑兴办了东兴隆红毛灰（水泥）厂、罗臣铁厂、雪兰莪港口椰油厂等。其中以椰油厂规模最大，左右了当地市场。

这里应该指出的是，华侨橡胶种植园的出现，大体上只是种植作物的改变，而非种植园面积的扩缩和生产方式的变化。华侨原来种植甘蜜、胡椒、甘蔗、咖啡等作物，都是小园主。宣统二年（1910）橡胶种植高潮掀起后，这些小园主便纷纷改种橡胶，有的全部改种，有的部分改种（同时兼种他种作物）。这样看来，这时候的橡胶种植园多半就是原来其他作物的种植园，改种橡胶后，本身的面积不会有多大变化。不过，从马来半岛橡胶种植的总面积来看，肯定比原来其他任何一种作物的种植面积要多。因为，橡胶种植高潮出现后，人们还新增了一些土地用来种植橡胶。例如，有的华侨新辟了橡胶园地，有不少华侨小园主拿出自己的一些积蓄购买土地，用来种植橡胶。这些小胶园的面积为25～50英亩。①

还应指出，当时的华侨种植园并不是田园牧歌，而是充满了恐怖和血泪，特别是每个阶段的种植园的开辟都异常艰苦。如第一阶段在胡椒、甘蜜种植园垦地过程中，要开辟瘴疠肆虐、虎蛇为患的荒山野岭，往往死者累累。如某山场招中国苦力50人开发，不到半年仅存2人。复招50名，经半年垦完荒、种上胡椒后，仅存14人。再招中国苦力30名，则人心汹汹，要求他遁。② 由于甘蜜园、胡椒园一直位于森林边缘，老虎出入无常。咸丰十年（1860），每天平均有一劳工成为老虎之餐。③ 华工因水土不服、劳动生活艰苦而死者不可胜数，很多中国苦力因而逃亡。第二阶段的甘蔗种植要15个月才能收成，还要开荒垦殖新地，

---

① 福建省地方志编纂委员会编：《福建省志·华侨志》，福建人民出版社，1992年，第51页。

② 温雄飞：《南洋华侨通史》，此据吴凤斌主编：《东南亚华侨通史》，福建人民出版社，1994年，第122页。

③ 潘醒农：《回顾新加坡柔佛潮人甘蜜史》，此据吴凤斌主编：《东南亚华侨通史》，福建人民出版社，1994年，第122页。

不少华侨在开辟种植园的过程中死去。据光绪十三年（1887）槟榔屿殖民政府年度报告中说，在一家英国公司经营的甘蔗种植园中，工人死亡率高达 93%，另一家公司工人死亡率则为 63% 弱。

橡胶园里的工人劳动量大，技术性高。对橡胶园华工的劳动管制很严格：晨 5 时，闻鼓声起床，列队点名、派工。上工时间绝无休息，收工前重行点名一次，方能回家。种植橡胶应先选好环境，开山辟林，栽好苗圃，再移植、截顶、除草、剪枝、除虫害、间作，直到割皮采乳。橡树要生长七八年后，待树长到周长 20 英寸时才能采乳。割皮时不得伤及形成层，宽度不超过一英寸的二十分之一。不过客观地说，当时的华侨橡胶种植园之所以充满了恐怖和血泪，很大程度上是在大自然原始开发阶段难以避免的，并非完全是资本原始积累的人为产物。

二、各类华侨矿业区

华侨矿业也同样经历了个体开发阶段。19 世纪中叶前，马来土邦内的华侨的采矿很分散。采矿虽然艰苦，但由于利润高，还是吸引了华侨纷纷前来踏足这一行业。19 世纪 20 年代，克劳福援引一友人估计，在马来土邦从事贸易或金矿和锡矿开采工作的华侨约有 2 万人。[①] 这应是指沿海商埠和矿区的华侨总数目，还应包括马来半岛内地从事垦殖的华侨。

采矿业跟农业有所不同，农业可以一人单干，可以一家一户（包括男女老幼），也可以合伙；采矿的技术要求和劳动强度相对较高，单干基本上是不行的，最起码是合伙。对于马来半岛早期的华侨采矿形式，史籍记载不详，不过可以确信，少数人合伙是一种开采形式。这种形成只能被看作一个开发"点"，而非开发"区"。据载，道光二十年（1840）以前，马来土邦内华侨矿工尚少。19 世纪后期的大矿区（如霹雳的拿律、森美兰的双溪乌戎）在 19 世纪上半叶也只有少数矿工。[②] 1824 年霹雳只有 400 名矿工和商人，其中拿律锡矿有 200 名，1828 年双溪乌戎有 100 名矿工。[③] 总的来说，19 世纪 50 年代马来半岛锡矿大开发以前，马来亚各土邦境内的华侨为数不多。虽然尚无证据表明这些华侨是不是少数人合伙进行分散式开矿，抑或已经形成有组织的群体开矿，即已经形成了华侨矿业区，但综合各方面情况来看，19 世纪 50 年代以前马来半岛内陆的华侨或华侨与当地合营的矿区基本上都属于前者。

---

①　据吴凤斌主编：《东南亚华侨通史》，福建人民出版社，1994 年，第 251 页。

②　温广益编：《华侨名人传》，广东人民出版社，1988 年，第 39 页。

③　据吴凤斌主编：《东南亚华侨通史》，福建人民出版社，1994 年，第 253 页。

（一）华侨采锡区

马来半岛锡业生产经历了如下几个发展阶段：①第一阶段：在 19 世纪中叶以前，马来亚的采锡都是小规模开采，工人是马来人和中国人，以前者为主。采矿方法是手锄肩挑进行露天开采。②第二阶段：道光三十年至光绪八年（1850—1882）为大规模生产和华人包办锡业时代，每个矿厂工人多则 300 人，少则数十人。契约华工大量输入和拿律富矿的开采使锡矿生产大大发展。③第三阶段：光绪八年（1882）至 1912 年为华人锡业鼎盛时代。华人的技术革新、蒸汽泵的使用和选矿装置的普及，使五分之四的锡出自华人之手。④第四阶段：1912 年以后英国人取代华人资本时代。随着表层锡矿挖尽，采用最新技术的"铁船"淘汰了华侨的旧式生产方法。经过以上几个阶段后，锡矿成为马来亚的重要财源，吉隆坡、太平、怡保等经济中心的发展与华侨的采矿活动分不开。尤为值得注意的是，19 世纪中叶以后，锡矿业在马来半岛发展成大规模企业，而锡矿开采是南洋采矿（锡、金、煤、锌）工业中唯一有大量华侨资本的行业。

华侨锡矿区开发的第一阶段基本上被看作分散的、小规模的华侨锡矿点。第二阶段以后即 19 世纪 50 年代以后马来半岛内陆的锡矿业已经采用华侨锡矿区的方式进行开采。原因是，其时马来半岛土酋林立，华侨一般不能自行划地开采。但是，如果某个酋长在其辖区内发现了锡矿，便乐意鼓动华侨前往开采。华侨只需与管辖该地的酋长议定纳税数额后即可划地开采。这样，便形成了一个个的华侨锡矿区，当然，这类华侨锡矿区是在当地酋长的管辖之下的。不过，如果当地酋长势力衰微，矿权就归属华侨所有。这时候就要看华侨内部的势力谁大谁小了，按照"丛林规则"，自然是谁大谁就占有矿权。

华侨锡矿区里也有这样的情况：初期，锡矿主是马来地方苏丹，矿厂由华人承租开采。当地苏丹则向工人出售高价大米和鸦片，同时低价收购锡，把锡的专利权控制在自己手里。以后由于华人开采锡矿增多，开始允许把锡卖给商人，苏丹则设关卡，专收关税、锡税、鸦片税、酒税和赌博税等。①

当然，上述情况除在海峡殖民地存在外，下面各州的华侨锡矿区也有出现。

1. 霹雳州的华侨锡矿区②

一是近打矿区。此矿区位于怡保的近打河流域，乾隆三十五年（1770）开始开发。这一年，霹雳苏丹从马六甲招来 60 ～ 70 名华工到近打河谷采锡。光绪十

---

① ［日］山田秀雄：《十九世纪后半期马来亚锡矿业的发展》，《南洋问题资料译丛》1986 年第 2 期。
② 据吴凤斌主编：《东南亚华侨通史》，福建人民出版社，1994 年，第 169 页。

三年（1887），近打有华工 25 000 人。近打流域是光绪六年（1880）发展起来的重要锡矿区，此处锡矿的开发造就了后来的锡都怡保。

二是近打西部的端洛矿区。此地的突出标志是一个旧矿坑，位于一个长 633 米、宽 170 米、深 50 米的石灰岩大沟内，体积有 306 万立方米。这个矿区除了使用水泵外，没有使用其他机器，采掘全靠华工双手完成。

三是拿律矿区。嘉庆二十一年（1816）霹雳 400 多华人中，只有一些人采锡，显然仍然属于零散的采矿点。道光二十八年（1848），霹雳的拿律地区发现锡矿，华侨乃蜂拥而至。当年拿律只有 3 个华人，到同治元年（1862）已增至 20 000 人，而到同治十一年（1872）已超过 40 000 人。矿工大多数是广东人，其中北区为广府人，南区为客家人。光绪十三年（1887），霹雳有华工 80 000 人，其中拿律有华工 40 000 人。

拿律的华侨锡矿区因历史上发生过长达 11 年的拿律战争（1862—1873）而留下了阴暗的一页。战争是开矿山过程中因统治者之间发生矛盾而引起的。而惨遭祸害的却是分属秘密会社"义兴"（广府人为主）和"海山"（客家人和闽南人为主）两派的华侨矿工。战争过程中，双方为了独占拿律锡矿，多次大打出手。霹雳苏丹先是在海山派力量较大时支持海山，后来看到受到英国人支持的义兴派得势，又同义兴派讲和，最后又同突袭义兴派成功的海山派站在一起。械斗中，许多无辜矿工被杀。战后，矿工减至 4 000 人，后逐渐恢复。光绪三年（1877），太平矿区有华工 9 000 余人，1882 年增至 50 000 余人。[①]

2. 雪兰莪的华侨锡矿区

雪兰莪的锡矿区很多，据光绪十三年（1887）统计，雪兰莪大的锡矿区有 103 个。光绪十年（1884），雪兰莪锡矿区华工总计 28 000 人，锡产量从光绪四年（1878）的 42 300 担增至光绪十六年（1890）的 174 500 多担。[②]

一是鲁葛（又译卢滑、卢骨）矿区。嘉庆二十年（1815），已有华侨在当时属雪兰莪的鲁葛采锡。道光四年（1824）鲁葛 1 000 居民中有华工 200 人，道光十四年（1834）增至 300 人。后嘉应客家人来到涧清采锡。

二是新街场。此地最著名的是一个旧矿地，长 3 000 英尺、宽 1 200 英尺、深 125 英尺，共挖去 1 600 万立方码的泥土，都是由工人用锄头挖的。新街场还有一个大而平坦的窟洞，在鸿发矿区附近，计 310 英尺深，共挖去 3 000 万立方码的泥土，被称为"资本主义世界上人工挖成的最大矿坑"。

三是暗邦矿区。咸丰七年（1857），在雪兰莪卢骨地区采锡发财的拉者·朱

---

① 据吴凤斌主编：《东南亚华侨通史》，福建人民出版社，1994 年，第 169 页。
② 据吴凤斌主编：《东南亚华侨通史》，福建人民出版社，1994 年，第 169～170 页。

拉马特与其弟巴生酋长拉者·阿都拉一起鼓动马六甲华侨富商徐炎泉、林西河两人集资 3 万元，组织一批华工到巴生河上流采矿，在暗邦地区发现锡苗。这些华工都是惠州客家人。开发森林时，首批华工 87 名由于热病流行和虎患，两个月后仅剩下 18 名，不得不再招 150 名华工来补充。以后华侨群聚采锡，暗邦附近逐渐形成市镇，即今天马来西亚首都吉隆坡前身。同治十年（1871），雪兰莪华工 12 000 人，每月产锡 3 000 担。暗邦锡矿区在开采过程中，叶亚来、张昌、黄三及当地一些土酋之间曾为争夺矿区而开战。雪兰莪苏丹任由他们争夺，不予干涉，只承认最后的胜利者。叶亚来在这场锡矿战中获胜。其经营的锡矿日益发展，并改进生产技术，以蒸汽机为动力，提高了生产率。他经营的锡矿在整个马来亚的锡矿业中占有重要地位。[①]

3. 森美兰的华侨锡矿区

森美兰的华侨锡矿区情况不大详明，只知道道光八年（1828）在森美兰宁宜河的双溪乌戎和亚沙地区锡矿华工有 1 000 人，他们分属九个公司，都由一个头家管理。如此看来，整个双溪乌戎和亚沙地区应被看作一个华侨锡矿区，其下 9 个公司，则属 9 个分矿区。森美兰的华侨锡矿业曾经每况愈下。嘉庆二十五年至道光十年（1820—1830），雪兰莪和森美兰两邦每年产锡只有 200 吨。其间，不少华工因不堪压迫而逃走。道光十年（1830）全森美兰只剩 400 名华工。这一颓势直到 30 年后才有起色。咸丰十年（1860）这一区域的双溪乌戎有华工 5 000 人，同治十三年（1874）增至 15 000 人。光绪十六年（1890）日叻务有华工 18 000 名。自此，锡矿业才日益兴旺。这时候的双溪乌戎应就是一个华侨锡矿区。[②]

4. 彭亨州的华侨锡矿区

有关彭亨州锡矿开发的资料不多，可能在光绪二十七年（1901）到宣统二年（1910）英国人才开始开发。当时英国对马来亚的锡矿投资迅速增加，超过 200 万英镑，并在矿区大量采用新技术开矿，因而出现了一些重要的新矿区。例如，英国彭亨联合矿业公司自光绪十四年（1888）以后持续投资开采了世界最大地道锡矿林明矿。该矿区在关丹内陆 30 英里；矿井愈开愈大，竖井深达 530 米，地下坑道长 300 余公里，有工人 3 000 多人。[③] 尚不清楚其中华侨的人数比例如何，但华侨肯定占有一定比例。

上面所列举的是若干个重要的华侨锡矿区，其经营者都是华侨。从经营权来

---

①　据吴凤斌主编：《东南亚华侨通史》，福建人民出版社，1994 年，第 169 ~ 170 页。

②　据吴凤斌主编：《东南亚华侨通史》，福建人民出版社，1994 年，第 170 页。

③　据吴凤斌主编：《东南亚华侨通史》，福建人民出版社，1994 年，第 171 页。

说，马来半岛内陆的锡矿开采可以 19、20 世纪之交为时间界碑分为两个时期：在此之前为华资主导时期；在此之后为英资主导时期。当然，即使在前一时期，也有外资参与。但在 19 世纪中期，由于外国对锡矿的经营不善，投资规模尚小，所以马来亚锡产 95% 皆出于华侨经营的矿业中。若从采矿权的角度来看，20 世纪初以后英资主导后，半岛内陆就很少有华侨锡矿区了。但若从从业员工的角度来看，两个时期的半岛内陆的锡矿基本上都还属于华侨锡矿区，因为不管在哪个时期，矿工基本上都是华侨。

华侨锡矿区的资金、技术与管理也值得注意。

从上面的分析不难看出，华侨之所以在相当长的一段时期内能够在马来半岛内陆的锡矿业中占据龙头地位，首先得力于华侨资金。具体来说，是得力于一批有实力的华侨资本家的投资。在他们的旗帜下，更容易集纳越来越多的以地缘和血缘为基础的华侨同胞前来开锡矿，从而形成一个又一个的华侨锡矿区。

华侨资本投资的矿区主要在霹雳、雪兰莪、彭亨和森美兰等地。根据调查，光绪二十七年（1901）马来联邦共有 30 万华侨，其中 16.3 万人或半数以上以开矿为业，其余为矿区服务，如经营杂货店和茶室等小生意。光绪十三年（1887）在雪兰莪州内的大锡矿便有 103 个。①

这一时期，华侨投资锡矿业者为数不少，出现了一些因经营锡矿而致富的巨商。

胡子春，又名胡国廉，原籍福建永定，同治十一年（1872）只身南往槟榔屿，7 年后移居霹雳之太平。胡子春投资锡矿，成绩卓著，被称为"锡矿大王"。胡子春经营锡业致富及其对华侨社会的影响，引起清朝政府的注意。光绪三十四年（1908）后，胡便被召回国，清政府曾就闽、粤、滇的矿业开采向其征询意见。同年，他向农工商部申请拓展海南岛的农矿业，终获批准。②

张弼士，早年在印尼爪哇和苏门答腊经商，拥有椰子、橡胶、胡椒、咖啡和茶业种植园，创办日里银行，成为当地一位富商。19 世纪 80 年代把商业扩展至马来半岛，先以槟榔屿作为他在马来半岛的基地，设立东兴公司，投资文冬和巴生的锡矿生产，并且开辟了一新商业城镇。19 世纪末成为东南亚最富有的华侨大资本家之一。

姚德胜，原籍广东平远，生于农家，受中文旧式教育，因家贫，南渡马来亚谋生。起先做矿工，后来开杂货店，略有所积，便开始投资锡矿，获得成功。随

---

① 骆静山：《大马半岛华人经济的发展》，林水檺、骆静山编：《马来西亚华人史》，马来西亚留台校友会联合总会，1984 年，第 243～244 页。

② 转见崔贵强：《十九世纪新加坡的华族巨商》，《叻报》，1908 年 4 月 16 日，崔贵强：《星马史论丛》，新加坡南洋学会，1977 年，第 13 页。

后，与当地富有的矿商如郑景贵、陆佑等合资购买霹雳和雪兰莪的矿山。他也承包鸦片、酒的税收与承建土木工程等，并向霹雳州政府承建怡保市 300 间店屋，从而一跃成为马来亚富有的华侨资本家之一。①

此外，如叶亚来、陆佑、李广霖、陈端连等也都是马来亚华侨有名的锡矿商，同时对华侨社会有所贡献。如陆佑经营的鸿发矿务有限公司开创了华侨锡矿厂使用电动机之先例。②

19 世纪马来半岛的锡矿，很多后台老板都是新加坡的华商。财雄势大的余东璇，在霹雳与雪兰莪境内投资经营大规模锡矿。另一名叫林烈的华商，也在马来亚拥有许多锡矿。③

但是，还应该看到，华侨资金虽然是马来半岛内陆华侨锡矿业发展的重要因素，但不是唯一的因素。还有一个不可忽略的因素是华侨掌握了推动锡矿业发展的技术。

道光三十年（1850）以后蓬勃发展起来的华侨锡矿区相对于此前的零星锡矿点来说，是有明显的技术进步的。早在 19 世纪 20 年代，荷属班加岛的华籍矿工就采用了露天开采系统。他们在土地上挖掘一个长方形的土坑，深度为 15 ~ 25 英尺进行开采。④ 后来，华侨采矿继续采用这样的方法。华侨还从家乡带来其他新技术，主要表现在两个方面：一是华侨带来了先进的水车、水泵，解决了矿区的排水问题。一场暴雨后，矿区每每淹没成湖，华侨从华南一带带来水车，经过改良，用于锡湖抽水。于是，马来亚矿区长期以来无法解决的一大难题遂迎刃而解。二是改善锡矿开采技术。华工在矿区劳动过程中创造了各种采锡方法，如利用地形筑坝阻水、引水冲洗矿床的水力采锡法，用木盘盛锡泥在水中淘洗的洗琉琅法等。特别是水泵采矿法，利用水泵喷水冲击矿泥沙，再吸到木制洗矿槽上进行淘洗。此法普遍使用于马来半岛。华侨矿工所采纳的熔锡方法也比马来人的来得先进。他们使用不同种类的熔炉，有便宜制造的，也有一些不惜成本用砖块建造的。好的熔炉是用中国陶土建造的，可直立在地上，其较低部分是一个旋塞洞，让溶化了的锡流入一个在地上挖掘出的空"浮筒"。木制风箱的一块活塞的木会引起一阵冲击，火热的炭使浓化的锡在浮筒保存着流体的形状。当浮筒存积

① 参见颜清湟：《新马华人社会的阶级结构与社会地位流动（1800—1910）》，见林水檺、骆静山编：《马来西亚华人史》，马来西亚留台校友会联合总会，1984 年，第 215 页。
② 杨庆南：《世界华侨名人传》（第一册），华侨工商职业学校基金会，1984 年，第 18 ~ 21 页。
③ ［新加坡］宋旺相著，叶书德译：《新加坡华人百年史》，新加坡中华总商会，1967 年，第 332 ~ 333 页；参吴凤斌主编：《东南亚华侨通史》，福建人民出版社，1994 年，第 415 ~ 418 页。
④ 林水檺、何国忠、何启良、赖观福编：《马来西亚华人史新编》（第一册），马来西亚中华大会堂总会，1998 年，第 24 页。

足够的锡后，锡将被舀成沙的模子而这个已固化的金属就可上市出售。[①]　其实，技术进步也是一段时期内华侨锡矿业得以在马来半岛内陆迅速发展和独占鳌头的法宝。19世纪下半叶，华侨刻苦耐劳，采用水车抽水之法取代了落后的生产方法，成为马来亚锡的主要生产者。从道光三十年到光绪八年（1850—1882），华侨几乎包办了半岛内陆的锡矿业。

华侨采用的上述技术虽然对马来半岛内陆地区的锡矿业作出了不可磨灭的贡献，也由此奠定了华侨锡矿区的技术基础，但是，时代在不断进步，从历史发展来看，华侨锡矿区的上述技术也不可避免地为更好的新技术所取代。19世纪最后十年，马来锡矿业开始从露天表层开采的原始方式过渡到用机器生产的挖掘方式。机器生产是一大技术飞跃。自20世纪初起，外国公司拥有雄厚资本，并于1912年开始使用梭泥采矿机（俗称铁船）的生产技术，不到20年，便取代技术落后、资金短缺的华侨，取得了在锡矿业的支配地位。华侨锡矿业成为外国垄断资本的兼并对象和附庸。例如，光绪二十三年（1897），华侨李清河曾在槟榔屿建立一家炼锡厂。至光绪三十三年（1907），该厂即转移到英国东方冶炼公司手中。[②]

一般人们很少注意到，马来半岛的华侨矿区可能是南洋所有华侨矿区中唯一实现"打包"式商品买卖的矿区。有"锡矿大王"之称的陆佑就是一个"锡矿买卖大王"。1868年，陆佑只身来到霹雳邦拿律镇甘文珍锡矿厂，同五邑籍矿工一起劳动，并经营货运，兼做为英军供应粮食的生意。后来，他便以小本钱买下已被废弃的旧龙口锡矿，从而开始了他的传奇人生。上苍让他捡了个富锡矿，顷刻间成了暴发户。之后，陆佑来到吉隆坡，在台山邑侨赵煜的扶助下开设了典押店，并通过为殖民当局承办鸦片、烟、酒、赌博和典押等饷码而致富。他除了经营自己的矿厂外，还收购濒于破产的小矿厂。由于经营有方，数年间便拥有新街场、锡米山、双文丹、暗邦、叻思、古毛、万挠、关丹、文冬等多处锡矿厂，雇工数千人，成为当地的大矿主。据记载，光绪二十四年至二十六年（1898—1900），马来亚每年产锡约4万吨，95%为华侨矿厂生产。其中陆佑经营的矿厂年产量达数千吨。十多年中，他至少获利1 000万~2 000万元。矿区的"打包"式商品买卖，有利于有实力的矿业主（如陆佑）的开发经营，也有利于华侨劳动力的重新配置。

华侨锡矿区的管理制度也值得注意。早期华侨锡矿的经营方式各不相同，劳

---

① 参林水檺、何国忠、何启良、赖观福编：《马来西亚华人史新编》（第一册），马来西亚中华大会堂总会，1998年，第24页。

② 西莫尼亚：《东南亚地区华人资产阶级的形成及一般特征》，《南洋问题资料译丛》1960年第2期，第110页。

动组织也各异。但一般来说主要有两种：一是"公司制"，二是"合份制"。

"公司制"由土地所有者、财东、头家和工人组成。收入所得，前三者各取十分之一，剩下的由工人分配；也有由企业主抽十分之一后，剩下的由财东、头家和工人二七分。一般是半年分配一次。

"合份制"是大家合伙生产，进行承包。承包地点大都是经过勘探认为无大规模生产价值的地方。这种承包是自负盈亏的，收入时多时少，年终结账进行分配。合份制的工人都是老客。公司制的工人起初大都是由头家向乡亲招引来的自由工人，但随着生产的发展，公司制的组织也发生变化，特别是头家积累了资本后，也开始雇用契约工，原来头家与工人地位平等的情况也逐渐变化。大量契约工实际上是头家的奴隶，备受剥削，包括多种超经济的剥削。英国人侵占了马来半岛后，在海峡殖民地推行计件包工制。随着锡矿业生产的发展和英国对锡矿的攫取和控制，矿区也都逐渐采用这一制度。

在锡矿工作的华工都订有契约合同，不同地区的契约合同不尽相同。1885年英国霹雳当局公布劳工契约，其要点为：①每年工作 360 日，年工资 42 元。②预支银按月扣还。③雇主供给吃、住，每日食料包含米、咸鱼、蔬菜及调料，供给每人内衣一件、短裤两条、蚊帐一顶、冲凉巾两条、遮日帽一件、靴一双。④劳工有疾病供给医药。劳工病超过三十日，应按其患病之日数补工；逃走捉回者，所有医药费均须赔偿。⑤旷工者按旷工月数扣还预支银。⑥每日工作 10 小时，紧急时得延长之。[1]

在当时的历史条件下，马来半岛内陆锡矿业的管理制度是一把双刃剑。一方面，它促进了华侨锡矿业的发展；另一方面，这种发展是以广大华侨矿工的血泪与辛酸为代价的。华侨矿区多是露天开采，早期锡矿区的开发是异常艰苦的，全凭手锄肩挑，矿工劳动的时间很长。劳动时，华工身穿粗棉布的短裤，腰缠毛巾，光膀赤足，头戴斗笠。南洋长年酷热，天天汗流浃背。挖土的要不停地挖，深处挑土，要沿着一个斜的木制跳板把一百多斤土一担担挑到地面上来。稍有懈怠，即遭工头斥骂和鞭打，华工受不了非人待遇，自尽者有之，逃亡者有之。同治十二年（1873），有拿律矿主说，每年从中国来拿律的苦力有两三千人，在开拓新森林时，有 10%～20% 的苦力死于热病。当矿山开始开采，已有 50% 死去了。[2]

矿工的生活待遇很差，住的是简陋茅草屋，苦力集中住在一起，一人一床一

---

① 此据吴凤斌主编：《东南亚华侨通史》，福建人民出版社，1994 年，第 171 页。

② W.L.布莱司：《马来亚华人劳工史略》（Historical Sketch of Chinese Labour in Malaya），《南洋问题资料译丛》1957 年第 2 期，第 23 页。

席。天天吃的是咸鱼、青菜和粗米饭。不少人因饮食不佳、工作繁重得了胃溃疡而毙命。工人得病都不能得到很好的治疗。热带丛林毒蚊很多，疟疾病流行，初期还没有特效药，死亡率极高。华工易患痴狂病、痴呆病，此病大半是由于受虐待生活苦闷而酗酒、抽鸦片和赌博引起的。矿主又有开赌、卖酒的特权，常以酒、肉赊给矿工，华工因而负债，长期受奴役。①

不可否认，华侨为马来半岛内陆的锡矿业发展作出了重大的贡献。由于马来半岛在世界锡矿业中处于不可替代的地位，故华侨的重要贡献实际上也是对世界锡矿业的重要贡献。以下数字就可以说明：光绪二十五年（1899），马来亚出口锡 26 000 吨，光绪三十年（1904）达 51 733 吨。② 从 20 世纪初叶始，马来亚锡产量占全世界锡产量的一半以上，可能这是最高峰时的比例。另有资料说，光绪三十一年（1905）以后，马来亚的锡产量经常占世界总产量的 1/3 左右。

（二）华侨淘金区

吉兰丹和彭亨是清代华侨在马来联邦地区采金最主要的地方，由是形成了最重要的华侨金矿区。其中最重要的华侨金矿区是波赖。

先是有一名叫张伯才的华侨到吉兰丹采金，后来，他于 18 世纪上半叶率众逃至吉兰丹的波赖"据地自雄，其后华人前往当地金矿开发者日众"。矿区在深山丛林中，匪徒很多，开矿者多组织武装自卫。嘉庆五年（1800），苏丹穆哈末之弟为波赖华工所杀，招致苏丹屠杀华人，但华侨前往淘金者，仍然络绎不绝。③ 波赖无疑是一个华侨金矿区。

莱因汉所著《彭亨史》记载，道光十八年（1838）马来人阿布杜拉曾驾舟溯彭亨河而抵达华人村北干巴鲁探视矿区。他看见几百名马来人和华侨，浑身武装在岸上严阵以待；该地财务大臣盘陀柯罗正在华籍工头的协助下，在波赖开采金矿。华人村住的是客家籍人。直到光绪十三年（1887）克利福派兵远征为止，外界知道彭亨有金矿的人还极少。④

18 世纪下半叶谢清高的《海录》记载道："（吉兰丹）其地名双戈及呀喇顶等处皆产金。由吉兰丹埠头入内河，南行二日余，西有小川通太呢阿罗帅，又南行日余，双戈水会之，又南行十余日，则至呀喇顶，与邦项后山麻姑产金处相

---

① ［英］巴素：《马来亚华侨史》，此据吴凤斌主编：《东南亚华侨通史》，福建人民出版社，1994 年，第 173 页。

② D. G. E. 霍尔著，中山大学东南亚历史研究所译：《东南亚史》（D. G. E. Hall, *A History of South-East Asia*），商务印书馆，1982 年，第 657 页。

③ 宋哲美：《马来西亚华人史》，中华文化事业公司，1963 年，第 64 页。

④ 此据吴凤斌主编：《东南亚华侨通史》，福建人民出版社，1994 年，第 174 页。

连。河中巨石丛杂，水势峻厉，用小舟逆挽而上，行者甚艰。中国至此者岁数百，闽人多居埔头，粤人多居山顶。山顶则淘取金砂，埔头则贩卖货物及种植胡椒。凡洋船到各国，王家度其船之大小，载之轻重，而榷其税。"①

这期间华人继续开采金矿，并拥有铸造锭币的特权，每年铸造四次，限定一定数量。华人在关丹、立巴、思门丹及北干拉麻诸地设有铸造厂。华人特权一直保持到光绪十九年（1893）。② 20世纪以来，有澳大利亚金矿公司在彭亨河源头劳勿（Raub）采用矿苗采集法开采金矿，也有少部分采用冲积竖坑采集法，矿工几乎全属华人。英国慕娘公司也在彭亨使用现代化采金法采矿。

华侨胡文虎与胡重益也在彭亨立卑（Kuala Lipis）经营金矿，年可产金千余两。③

三、华侨商业网

（一）马来半岛内陆的华侨商业

马来半岛内陆的华侨商业无疑比其沿海地带的华侨商业发展滞后。沿海地带的华侨商业最发达的地方，无疑是后来被称为海峡殖民地的马六甲、槟榔屿和新加坡。海峡殖民地虽然在后来发展程度达到最高，但并非是沿海地带发展最早的地方。早在明代，华商就在马来半岛各沿岸的土邦地区进行贸易。据历史记载，"在彭亨，舟抵海岸，国有常献，国王为筑铺舍数间，商人随意广狭，输其税而托宿"④。北大年更是华商辐辏之地。北大年国王（1598年登位）允许华商运货入口免税，对华商礼遇有加。华人流寓甚多，接踵而来。货卖彼地，不征税。⑤而荷兰人到北大年售货则要纳税。

西方殖民者来到东南亚后才改变了马来土邦内华侨商人的分布。葡萄牙人占领马六甲后，对华商横征暴敛，又常劫掠往来商船，实行垄断贸易，华商不堪其苦，纷纷逃离，马来半岛的土邦苏丹趁机招徕华商。在柔佛，华人贩他国者多就之贸易，时或邀至其国。⑥ 18世纪初，柔佛城内定居的华侨有千余户。此外，还有更多的往返不定的华商。柔佛"用汉人理国事，掌财赋"，应更有利于华侨前往贸易。

---

① （清）谢清高口述，杨炳南笔录：《海录校释》，《咭兰丹国》（1782—1795年），商务印书馆，2002年。

② 此据吴凤斌主编：《东南亚华侨通史》，福建人民出版社，1994年，第174页。

③ 此据吴凤斌主编：《东南亚华侨通史》，福建人民出版社，1994年，第174页。

④ （明）张燮：《东西洋考》卷四，中华书局，1985年。

⑤ （明）张燮：《东西洋考》卷三，中华书局，1985年。

⑥ （清）张廷玉等撰：《明史》卷三二五，中华书局，1974年。

　　总的来说，到 19 世纪 50 年代马来半岛锡矿大开发以前，马来各土邦境内的华侨为数不多，较为集中的华侨居住区是柔佛，他们中以商人居多。有人估计，19 世纪 20 年代，在马来土邦从事贸易或金矿和锡矿工作的华侨约有 2 万人。① 这应指沿海商埠和矿区的华侨人数，不包括在马来半岛内地从事垦殖的华侨。他们也应多是华商。

　　在马来半岛内陆，华侨商业网的出现是华侨农业分流的结果。如前所述，华侨移民从最初在荒山野岭中搭窝棚、种杂粮和经济作物的个体耕垦到大小农业区的集体耕作，风餐露宿，披星戴月，生活之贫困艰难，难以想象。后来，他们中极少数劳动能力强、有技术且运气较好的人，积蓄了一定的本钱，便转而经营小商品买卖，或者作为中介商，翻山越岭，走村过巷，挨家串户，收购农副产品，或为欧洲商人推销日杂百货。一方面，他们替英商向市民和老百姓推销来自西方国家的日用百货；另一方面，他们收购土产和原料，转卖给英国人的大商行。总之，他们多是充当中介商的角色，开始参与跟转口贸易相联系的经济活动。个别华侨越做越大，最终成为远近闻名的富商。但大多数华侨小商人仍然是收入不多，聊以度日。还应该看到，华侨商店主、伙计等，不是宗亲、同族，就是同乡，管理方法难免是家长式的，管理水平当然难以与欧洲商人相比，因而发展水平比较低。尽管后来马来半岛内陆也出现了华侨富商，但相对于海峡殖民地来说，无论人数或者资本量，都难以相提并论。

（二）华侨包税（饷码）

　　华侨包税（饷码）是马来半岛内陆的一大特色。马来联邦华侨因承包税收而发财致富的比比皆是。上述柔佛的"港主制度"实际上就是一种税收承包。此外，著名的承包商诸如吉隆坡的叶亚来与陆佑，霹雳的陈亚炎与郑景贵，柔佛的黄亚福、林亚相等。

　　叶亚来是开辟吉隆坡的功臣。税收承包是他累积资本的主要来源。叶于道光十七年（1837）出生于广东惠阳县淡水镇周田乡，1854 年抵马六甲谋生，先后做过杂货店伙计、矿工、厨师，也开过小店铺，经营生猪以及收买锡米的业务，后来在甲必丹盛明利部下当副总巡。咸丰十年（1860）叶亚来帮助雪兰莪苏丹平定内讧有功，苏丹"拟以吉隆坡与之，使治其地"。叶亚来不肯受，声称"只要求矿区一大段，为其管理，及自收矿税，苏丹不再重征而已，苏丹允之"。叶亚来承包矿区税收后，于其矿区之内，纵横数十里，所有税收，如鸦片、烟、赌、

---

　　①　此据吴凤斌主编：《东南亚华侨通史》，福建人民出版社，1994 年，第 253 页。

典押之类，皆为其管理。① 因此发财，成为双溪乌戎华侨甲必丹。同治八年（1869），他又成为吉隆坡华人甲必丹，使地方秩序井然，矿业与商业得到发展，为吉隆坡的繁荣奠定了基础。

陆佑也是因承包税收而发家致富的典型代表，道光二十五年（1845）出生于广东新会，13 岁赴新加坡，为人雇工。约四年，积银 99 块，自营小商店"兴隆"号于新市场街，经营境况平常。后至霹雳拿律经营锡矿，为期 15 年，稍稍富裕。最后，承办霹雳政府饷码之事，使之一跃为百万富翁。② 他在霹雳承包税收前后 6 年，利益丰盈，溢息无算。③ 承包地区初为霹雳一州，以后扩展至马来联邦各州；所承包税收的种类，包括酒、典当、烟、赌数项；承包税收范围之广，及于马来联邦各州。陆佑与黄福（台山人）、张弼士（广东大埔人）并称为"三大码王"。

除新加坡的兴隆号老铺外，陆佑还在马来亚各地先后开设了 10 多间东兴隆分店，统称"七州府庄口"，总公司设在吉隆坡。吉隆坡茨厂街整条街的店铺都是他个人的产业。1913 年陆佑做大股东的广益银行在吉隆坡创办，经营的全盛时期，当地政府批准东兴隆庄自己发行银票，各地流通，与政府发行的钞票具有同等效力。此种银票，用英文印上"东兴隆陆佑"、"东兴隆第×号银毫伍圆，任随时兑换"以及"光绪×年×月×日发单"等字样。这种情况在南洋并不多见，足见陆佑的地位与实力非同一般。据说，陆佑去世后，这种银票仍一直流通，直到第二次世界大战日军占领马来亚时才被日本军票取代。

综上所述，18 世纪以后，东西方贸易日益发展，世界资本主义商品市场扩大，南洋各国的社会商品经济迅速发展。当地人习惯于自然经济的生产方式，主要从事粮食生产。早期采矿业（特别是金矿、锡矿）、种植业（丁香、胡椒、烟草、橡胶）几乎全依赖于华侨的劳力、资金与管理。当地土著统治者常用招徕、承包等方式鼓励华侨开辟荒野，掘采矿物。对于华侨来说，承包也是一个资本积累的过程。后来，承包制发展成税收承包。在南洋各地，承包税收叫饷码。直到 20 世纪前，南洋各地才广泛实行税收承包制度。

不难看出，在东南亚地区华侨移民后所发展起来的华侨经济圈中，马来半岛是个更为成熟、更加多样化和深度发展的地区。作为后期发展的前提和潜能，华侨在马来半岛有较为悠久的居住与生存的历史，有较为广泛的地域经济开发基

---

① 温雄飞：《南洋华侨通史》，东方印书馆，1929 年，第 251～252 页；杨庆南：《世界华侨名人传》（第一册），华侨工商职业学校基金会，1984 年，第 53～58 页。

② 温雄飞：《南洋华侨通史》，东方印书馆，1929 年，第 251～252 页；杨庆南：《世界华侨名人传》（第一册），华侨工商职业学校基金会，1984 年，第 53～58 页。

③ 温雄飞：《南洋华侨通史》，东方印书馆，1929 年，第 275～276 页。

础。尽管在半岛大规模开发之前这　基础仍然是十分薄弱的、粗放的、零散的，但在英国人到来后的大开发时期，其已经形成的潜能得到有效而迅速的利用和释放。在短短的百来年内，华侨与当地民族一道，通过自身的艰难创业，使马来半岛得到了空前的发展，其发展水平和速度远远超过了其他华侨参与开发的地区。从开发层次与发展深度来看，马来半岛华人经济圈也明显高于其他地区的华人经济圈。

马来半岛华侨经济圈有别于其他地区华侨经济圈的首要特点是种植经济因应当时全球化的资本主义经济分工的需求，进行了多轮遍及全半岛的刷新。第一轮种植经济的主角是胡椒、甘蜜，配角是甘蔗、丁香、豆蔻等；第二轮种植经济的主角是甘蔗，配角是木薯、咖啡、可可、椰子等；第三轮种植经济的主角是橡胶，配角是菠萝、硕莪、油棕等。从时间上看，第一轮种植经济持续了七八十年，第二轮持续了 40 来年，第三轮则持续到清代以后，也有数十年之久。从种植作物来看，每一轮种植经济都有一两种可以引领半岛发展的主要经济作物。此外，还有其他经济作物。这样一来，整个半岛的发展就在很大程度上避免了单一经济所带来的诸多弊端。可以看出，每一轮种植经济的始终都深化了整个半岛的经济发展，使整个半岛的经济跃上了新的台阶。财富的积聚，集约化程度的提高，生产关系的变革等，都是半岛发展的重要表现。当然，发展也带来贫富差距的出现和扩大，以及伴随经济发展而来的不可避免的各种负面因素的出现和增长。

马来半岛华侨经济圈的另一特点是采矿业的迅猛发展。半岛的采矿业主要集中在锡矿的开采上，也有淘金业。不过，前者是英国人到来后在其鼓励下发展起来的，而后者则早在英国人到来前就已经存在，因而前者始终是在英国殖民当局的控制下发展，而后者基本上是华侨自己的采矿业领地，英国人难以真正插手。马来半岛采矿业的发展是与种植业的发展相辅相成的，两大产业既是马来联邦殖民地经济的重要组成部分，也是支撑马来半岛华侨经济圈的主要骨架。两大华侨产业已经成为整个半岛华侨经济圈的两个巨轮，相伴而行，推动着华侨经济圈向广度和深度发展。

参与马来半岛开矿的华侨主要是客家人、广府人和福建人。不同来源地的华侨，在马来半岛表现出不同的特点。马来西亚至今仍流行着一句顺口溜："客家人开埠，广府人旺埠，福建人占埠。"这里所说的"埠"，就是开矿过程中产生的城市。此说不一定很准确，但在一定程度上形象地说明了华侨矿业区开发的基本特点。不妨对这句顺口溜进行一个粗浅的演绎。首先，半岛各地最初的开拓者多是华南的客家人。他们中很多人在中国时就已经开过矿，掌握了较为先进的职业技术。马来半岛、北婆罗洲和苏门答腊等地出现矿业后，他们从广东港口出海来到这些地方重操旧业。他们吃苦耐劳，对在炎热的东南亚山区开矿也无所畏惧，此谓之"客家人开埠"也。其次，当时客家人的衣食所需，均仰仗于其他方言群各行业的工匠以及其他方言群的菜农。久而久之，凡是矿区之间的乡镇，几乎都是广州商人和工匠的天下，是这个华侨群体兴旺了当地的市镇，此谓之"广府人旺埠"也。最后，市镇初步成形后，福建籍华侨便进来从商，他们或也引进了竞争对手，且各籍贯、各方言群与原有地缘和业缘纽带相结合，把持了某个区域、某些特定行业的经济利益，此谓之"福建人占埠"也。其实，所谓"占"，不过是商业竞争而已。这句话实际上反映了不同的华侨群体在矿业时代不同的开发阶段的不同角色担当。

包税制虽然不是马来半岛华侨的专利，但可以说它在马来半岛经济发展中实行得最为彻底，成效也最为显著。也可以说，在马来半岛这一时期的跨越式发展中，包税制所起的作用是巨大的。

马来半岛的包税制并没有在整个半岛推行，且这个制度并非只在某一个经济领域实施，也并非起始于和终结于某个特定的时期。实际上，马来半岛的包税制包括原始开发时期的包税制和经济起飞时期的包税制两种形式，因而，笼统地谈论这一地区的包税制是不合适的。原始开发时期的包税制指的是柔佛地区的包税制。它使柔佛从马来半岛最落后、最荒蛮的地区，一跃成为半岛发展最迅速的地区，成为连接马来半岛的经济桥头堡——新加坡与半岛内地的桥梁。是故，后来整个马来半岛经济相对均衡的发展离不开柔佛开发的作用，也离不开华侨的贡献；从另一角度来说，是离不开华侨包税主在其中的贡献。

当然，这些华侨包税主是没有多少原始财富积蓄的包税主，与后来经济起飞后的包税主不同。前者的包税更像是一场以身家性命为赌注的"豪赌"，更需有破釜沉舟的勇气和信心，因而他们后来的成功使其形象涂上一层"暴发户"的色彩。原始开发过程中大自然所强加给开发者的特有的牛马不如的遭际，都毫无例外地转化为包税主的开发行为，因而历史让包税主们在享受成功的喜悦的同时，也承受当时人给予他们的贪酷无情的骂名。但是，随着半岛的经济发展，这些通过包税迅速跨过原始积累门槛的包税主，在后来的经济起飞时期，又摇身一变成为新时期的包税主和开发商。历史也开脱了他们的"原罪"。

经济起飞时期的华侨包税主，已非昔日原始开发时期的包税主可比。他们已经是腰缠万贯的富人，有经济基础，有政治地位，也有发展眼光。不管他们是否受过良好的教育，他们都是有充裕财富积蓄的华侨富商，因而他们的包税更具有投资的性质。既然是投资，当然要有回报。经济发展给他们提供了投资与回报的机会，虽然后来的成功使他们自己给自己戴上了"暴发户"的帽子。

毋庸置疑，以包税主面目出现的投资商与名正言顺的投资商，是马来半岛经济发展水平迅速提升的主要条件和标志。

第七章　北婆罗洲

第一节　华侨移民概况

北婆罗洲的位置处于加里曼丹（婆罗洲）岛的东北部，在地理上，指的是今天的东马沙巴州一带。但在历史上，北婆罗洲曾经是英国的殖民地，称英属北婆罗洲，但其辖域却不只今沙巴州，还包括砂拉越、文莱、纳闽和东婆罗洲等数处。在晚清光绪八年至宣统三年（1882—1911），作为英国的保护领土，英属北婆罗洲由一个叫"北婆罗洲特许公司"的殖民机构控制（1882—1946）。[①]而明代以前在中国声名显赫的文莱，在清代却不为人所知，原因是它在清代已不再向清廷朝贡，但清代到此经商和垦殖的闽、粤华侨仍然络绎不绝。直到现代，文莱方复以历史上的名称出现。

就东南亚海岛地区而言，华侨来到北婆罗洲的历史可能最早。在唐代渤泥国（今文莱）时，甚至在更早的时候，该地就可能已有华侨居住。福建晋江《安海志》载，唐代南安石井地区人林銮仙，造船通渤泥（今文莱一带），又有王尧从渤泥载运木材来石井为造船之用，说明了其时两地海路交通已经十分通畅。1972年德国傅吾康教授在文莱发现的700年前的宋代华侨坟墓表明，当时此地已有常住华侨。明初郑和船队曾两次到达婆罗洲，渤泥国国王亦两次访问明廷，虽然这只属于两国的"高层往来"，但也间接反映了其背后的民间往来已经十分频繁，因为频繁的民间往来必然与移民产生密切的关联。历史上几乎所有的官方往来（特别是水路往来），都是以民间往来为铺垫的，越是高层的往来，其背后的民间往来越是成熟和频繁。但冷静地看，明代以前在北婆罗洲的华侨，多属分散或零星居住（含定居）。他们主要是进行以个体为主的农耕，也有小规模的集体农耕，或者进行稍有规模的商业活动（主要是在中国和当地民族间进行以土特产为主的物物交易）。华侨的活动范围极可能只局限于沿海地带，相信很难深入加里

---

① 北婆罗洲更早时候是"美属"而非"英属"。1865年，美国驻文莱领事查理·摩西斯从文莱苏丹手中获得北婆罗洲的10年租约；但在后来的南北战争时期，美国方面决定停止在亚洲地区的殖民活动，所以摩西斯就将他所得到的租约权转让给以香港为中心的美利坚贸易公司。

曼丹内陆地带。在内陆地带，那时还只活动着一些零星的、尚处于原始社会发展阶段的人类。有一个历史事实是不可否认的，就是到了清代，若要在婆罗洲稍为深入的内陆地区进行有组织的大规模开发（如下面所说的黄乃裳等人），尚且难于上青天，更不用说在此之前的几百年间基本无组织的原始开发了。不难明白，拥有较早华侨移民历史的北婆罗洲，同时也是一块开发得比较晚的处女地。

直到 19 世纪中期北婆罗洲得到大规模开发之前，这一地区的大部分地带，尚属荒蛮地带，野兽出没，人烟稀少，古木参天，荆棘丛生，烟瘴掩目。有趣的是，华侨若欲到这里从事不超过人类极限的原始开发，却是比较自由的。如下所述，在道光二十年（1840）之前，已有零零星星或三五成群的华侨来到北婆罗洲，在原始状态下进行仅可维生的农业开发，在一方"世外桃源"创建自己的临时家园。当时从事这种农业开发的华侨，人数稀少且分散，来去自由，难以稳定居住，人数也无法稳定增长。所以，数百年来，北婆罗洲基本上是烟瘴依旧、莽野不改。

只是到了 19 世纪 40 年代，詹姆士成为砂拉越第一代拉者并颁布吸引华侨的新政策后，华侨移民才开始迅速增加，不过具体人数难以考实。到咸丰七年（1857）发生"石隆门事件"时，华侨人数已经很多，且在一些地方稳定地居住下来。此一事件起因于拉者千方百计要管制不合作的金矿公司。由于管制不得法，导致当年爆发了华族矿工的武力反抗事件。他们进攻古晋的政府大厦，烧毁了一些政府住屋，杀死了一些英国官员。拉者本人则死里逃生，渡河逃走。矿工占领了古晋几天，最终还是被拉者镇压下去，不少矿工被活活杀死。据说经过这次事件后，留下来的华人从此便过着平静的生活，没有继续反抗。不过拉者却是多了个心眼，此后对华侨移入砂拉越变得小心翼翼，不允许大规模移民。直到第二代拉者在同治九年（1870）继任后，新的移民浪潮才又重新出现。[1]

同治九年（1870）新的移民浪潮出现后直到清末，砂拉越的华侨移民可分为前后两个阶段。

前一阶段为同治九年至光绪十五年（1870—1889），华工主要来自新加坡。先是在同治八年（1869），一个在砂拉越的叫慕娘公司（Borneo Co. Ltd.）的英国私人垄断组织，为了开采矿砂，在得到拉者同意的情况下，从新加坡输入了大约 2 000 名华工，此为这一阶段华侨移民之先声。拉者这时候却对栽种园丘式的经济作物（特别是胡椒和甘蜜）感兴趣，便想吸引一批新加坡资本家来砂拉越投资，发展栽培业。于是，同治十一年（1872），他颁布一个新的土地法令，给

① 饶尚东：《砂捞越华族的移民和经济活动 1870—1890》，见《砂汶沙地理论文集》，婆罗洲出版有限公司，1975 年，第 13 页。

予种植者许多优待（见下述），吸引了一些新加坡华侨进来垦殖。这样，拉者和慕娘公司的利益便结合在一起，彼此都对劳工的需求感到很迫切。当时慕娘公司买下了政府的"效忠号"轮船，并与公司本身的"拉者布洛克号"一道组成砂拉越轮船公司，负责前往新加坡招募劳工。华侨劳工都是通过人口贩子并签下"契约劳工"合同才来的。从光绪二年（1876）初开始，每月输入的华工有150~200人，但很多华工进入砂拉越后就因体弱不适而无法进行生产劳动。虽然每个月均有不少劳工输入，但劳工短缺的问题依然存在。因此，在光绪八年（1882），经拉者同意，砂拉越轮船公司决定向新加坡劳工提供免费进入砂拉越的船票。消息一公布，许多商人和非劳工人员便冒充劳工进入砂拉越，企图从中牟利。于是，砂拉越第一省省长麦士威尔下令，凡是冒充劳工而免费进入砂拉越的人，一经查出，将被罚款15元，如拖欠不还，将入狱三个月。非法进入的情况才受到抑制。[①]

从光绪六年（1880）开始，华工又大量地涌入砂拉越。这是1850年后的第二次华侨大移入，但砂拉越政府与新加坡政府在移民问题上的矛盾时起时伏。早在光绪六年（1880），砂拉越政府就针对两方面提出申诉。政府一方面对新加坡劳工贩子说，从新加坡移入的华工多数体质太弱，不适合从事农业或矿业生产，认为劳工贩子应负责任；另一方面又抱怨新加坡华民政务司没有尽责检查送出去的劳工的健康状况。到光绪十五年（1889）时，砂拉越政府还将抵达的12名有病的劳工遣送回新加坡。第一省省长麦士威尔同时写了一封强烈的抗议书，责备华民政务司忽视了此事，并要求新加坡劳工贩子担负赔偿责任。劳工贩子否认第一省省长的指控，说这些劳工在离开新加坡前健康状况良好，华民政务司亦表同意，并拟通过不再向新加坡输出劳工的方式来杯葛砂拉越。拉者心有不服，认为新加坡的劳工制度很不公平，同时对待劳工又很残酷。这样，从光绪十五年（1889）起，新加坡的华工输入便中断了。到光绪六年（1880），砂拉越政府终于决定放弃从新加坡输入劳工，转而向中国招募劳工。于是，从1880年起，华侨对砂拉越的移民便转入后一个阶段。

实际上，光绪六年（1880）不过是一个标志性的年份而已。在此之前，从中国直接流入的劳工已经出现了涓流。同治九年至光绪六年（1870—1880）间，已有小部分中国移民进入砂拉越，而砂拉越政府在光绪十一年至十二年（1885—1886）间也开始把这个问题提上议事日程。当时已在砂拉越从事栽培经济作物的华族"老板"，需要大批劳工从事耕作，政府也知道，没有足够的劳工，这些园

---

① 饶尚东：《砂捞越华族的移民和经济活动1870—1890》，见《砂汶沙地理论文集》，婆罗洲出版有限公司，1975年，第14页。

丘是很难开发的。但政府同时也考虑到,从中国移入大量劳工会带来一些问题,其中最头痛的应是经费问题。当时经营一个有 300 名劳工的大园丘,最少得先花上 3 000 元,这笔钱又需要相当长的时间才能偿还(主要是因为劳工死亡和潜逃的现象经常发生)。在当时劳工短缺的情况下,政府还是在光绪十一年(1885)十二月制订了一个移民计划,正式大量从中国招募劳工来砂拉越。其时从中国直接输入的劳工,健康条件很好,拉者政府亦很满意,曾在光绪十五年(1889)提议要和华族商人及大园丘的主人联合处理劳工人口问题。除了经常派遣船只到中国外,还提供免旅费,并免伙食费给所有想要来砂拉越的人。可以说,在还需从新加坡输入华工的条件下,拉者政府的上述行动,也为光绪六年(1880)后直接从中国输入劳工打下了基础。

有关砂拉越的华侨人口增长情况,可以说全靠估计,但仍不乏参考价值。咸丰七年(1857)华工事件发生后,巴林顾特氏估计全砂拉越只有华侨 4 000 名。同治十年(1871),拉者主持了一个简单的人口普查。据统计,当时的华侨人口已增加到 4 947,占总人口(128 679)的 4%。在这 4 000 多人中,其中 3 467 人居住在古晋,807 人在巴当鲁巴,62 人在加拉加,45 人在拉让,119 人在木加,77 人在明都鲁,等等。从此可以看出,这时除了古晋外,其他地区已有不少华侨在进行垦殖了。光绪二年(1876),同样的人口调查在第一省举行。在 36 993 总人口中,华人有 2 742 人,比同治十年(1871)少了 700 人左右。其中 2 251 人居住在古晋,250 人在伦乐,146 人在砂隆,95 人在三马丹。至于在砂拉越河上游地区的河口村落,三马拉汉河附近则没有华侨的统计数字。当时的县长克洛克曾对这个结果提出疑问,因为根据他的资料,当时在第一省应该有 3 823 名华人。拉者在光绪二年(1876)的一篇演词中曾提及当年有 2 000 名移民进入砂拉越,其中绝大部分是华人。翌年(1877),圣约翰估计全砂拉越已有 7 000 名华人。这或许可以证明当时只有 2 700 多名移民的官方统计是低估了。[①]

在这个时期,能找到的其他年代的官方调查数字是在光绪十五年(1889)对伦乐和三马丹县所统计的人口数。在总人口 4 100 中,华侨占了 947(占总人口的 23%),这说明了华侨已经开始向古晋以外地区移入了。另外,按照薛福成的说法,19 世纪 80 年代,英国人拉者布洛克统治下的砂拉越的华侨人数已超过 2 万。[②] 到了宣统元年(1909),巴林顾特氏估计,在全砂拉越已有 45 000 名华

---

① 饶尚东:《砂捞越华族的移民和经济活动 1870—1890》,见《砂汶沙地理论文集》,婆罗洲出版有限公司,1975 年,第 15 页。

② (清)薛福成:《出使英法义比四国日记》,孙溪校经堂光绪甲午年(1894)校刊本,此据福建师范大学历史系华侨史资料选辑组编:《晚清海外笔记选》,海洋出版社,1983 年,第 38 ~ 40 页。

人，但他没有说明这些华侨在各县的分布详情。①

砂拉越的华侨因受咸丰七年（1857）发生的事件影响，曾经有很长一段时间不为政府所关注，有关他们的活动也很少被人提及。但第二代拉者即位后，就执行了一定的宽松政策，华侨才又在农业、矿业和商业活动方面扮演相当重要的角色。这些活动对促进砂拉越的经济发展和社会繁荣来说是应该肯定的。

砂拉越拉者政府一直鼓励华侨前来从事耕垦和务农。1898—1912 年，当时砂拉越统治者查理士·布洛克为了发展经济，更加重视农业发展，加之种植树胶、胡椒、硕莪、甘蔗等农作物，劳力缺乏，因此他鼓励华侨移民到砂拉越务农。随后大批先侨从福建、广东来到诗巫、古晋等地。他们开拓荒地，建立垦场，战胜重重困难，顽强地生存下来，并在那里繁衍生息。同时，他们带来了先进的农业文明，促进了当地农业的发展。特别是 20 世纪初黄乃裳等人组织的三次大规模的华侨移民潮后，越来越多的华侨在当地定居下来。于是路道通畅，商业繁盛，新的市镇（准确来说，是相对集中的人口居住点）不断出现，诗巫发展成为婆罗洲的重要商贸中心。至此，北婆罗洲才"鸟枪换炮"，令世人刮目相看。

华侨之所以能够在北婆罗洲站稳脚跟生存下来，基本上也是效法土著民族的生存方式。当时的土著过着部落式的生活，集居在河流的两岸高地，一是便于取用食水，二是便于出海捕捉鱼鲜，三是便于进入森林捕猎禽畜。闽、粤两省南来的同胞，都遵照这一原则寻觅栖身之地。

不同的是，华侨群体远渡重洋来到异国他乡就是为了征服自然，客观上能够适应异常恶劣环境下的原始开发，所以具备了较好的心理和技术素质。当地的达雅人还不愿意放弃他们长久经营的迁移农业去从事大园丘式的经济作物耕作。至于马来人，也比较习惯于自给自足的捕鱼生活，有些则种植稻米和做些小生意，对种植作物不感兴趣。马兰诺人的生活相对过得好些，种点硕莪果腹已很知足。从这个角度来看，当时要发展砂拉越经济，也确实非华族劳工莫属。

这里应特别提及砂拉越华侨商业的发展，这从华侨商人的地位就可以反映出来。华侨商人在商业活动上得到政府的资助，但也受到一定的法律限制。凡是经商的人士，必须申请执照。至于在古晋以外的一些小地方，开设商店也要得到当地省长的批准。另外，政府亦帮助华商促进贸易的发展，如建立码头、改良巴刹等。邮政服务也在光绪十三年（1887）建立，这对经商者来说是一大方便，因为

---

① 饶尚东：《砂捞越华族的移民和经济活动 1870—1890》，见《砂汶沙地理论文集》，婆罗洲出版有限公司，1975 年，第 15 页。

当时除了政府部门外，华商也迫切需要良好的邮政服务。[1]

但总的来看，北婆罗洲的商业发展十分缓慢。早在19世纪30年代前后拉浦湾开埠后，华侨就来到此地与土人贸易。[2] 到19世纪80年代，华侨已有数百人，商铺很多，但生意未甚兴旺。[3] 此处设立赌税，应为华侨所承包。光绪七年（1881）东婆罗洲山打根之地开埠后，华侨也到此地谋生，中有经商者。开埠不过数年，便已有华人数百，板壁铺户200余家，但生意未见繁盛。[4]之所以如此，显然与这里恶劣的生存环境密切相关。至于这里的华侨文化教育，更是落后。

谈到英国人治下的北婆罗洲，不应漏掉孤悬于文莱外海的纳闽。纳闽时被称作拉浦湾，或拉畔湾。约19世纪30年代，华侨就来到此地与土人贸易，标志着华侨的足迹开始出现。之后，华侨人口逐渐增长。但因为海岛环境与面积的限制，华侨人数一直不多。到19世纪80年代，定居于埠内的华侨已有数百人，另有散处内地为工者千余人。这时英国人在此设立华侨甲必丹进行管理。[5]

第二节　从零星耕垦点到华侨开发区

北婆罗洲的华侨开发地，可以分为人口相对集中的开发区和只有零星人口的开发点两种形态。

明代以后，零零星星的华侨到北婆罗洲贸易和定居，栽种胡椒并进行胡椒贸易。可以相信这时候华侨在北婆罗洲的"农业存在"，基本上是"点状"分布，即以原始垦殖为主，他们的耕垦活动只是为了自给自足；同时也可以肯定，当时的北婆罗洲也正在经历着从量变到质变的缓慢改变中。

从华侨开发的角度来看，北婆罗洲的华侨历史可分几个阶段，下面试分述之。

---

① 饶尚东：《砂捞越华族的移民和经济活动1870—1890》，见《砂汶沙地理论文集》，婆罗洲出版有限公司，1975年，第14~18页。

② （清）薛福成：《出使英法义比四国日记》，孙溪校经堂光绪甲午年（1894）校刊本，此据福建师范大学历史系华侨史资料选辑组编：《晚清海外笔记选》，海洋出版社，1983年，第38~40页。

③ 张荫桓：《三洲日记》卷二，光绪丙午年（1906）冬月上海石印本，第46~47页，此据余定邦、黄重言等编：《中国古籍中有关新加坡马来西亚资料汇编》，中华书局，2002年，第324~325页。

④ （清）薛福成：《出使英法义比四国日记》，孙溪校经堂光绪甲午年（1894）校刊本，此据福建师范大学历史系华侨史资料选辑组编：《晚清海外笔记选》，海洋出版社，1983年，第38~40页。

⑤ 张荫桓：《三洲日记》卷二，光绪丙午年（1906）冬月上海石印本，第46~47页，此据余定邦、黄重言等编：《中国古籍中有关新加坡马来西亚资料汇编》，中华书局，2002年，第324~325页。

一、原始垦殖型的华侨农业区

第一阶段是 1840 年之前，也就是第一代拉者詹姆士·布洛克（James Brooke）统治砂拉越之前，当时那里华侨不多，移民的现象也不常发生。根据历史的记载，最早进入砂拉越定居的华人可能是刘志。他和一些朋友，在道光十年（1830）直接由中国乘船来到第二省成邦江，后来移居古晋，以种菜为活。1830 年后，渐渐地，有不少客家矿工从荷属的西婆罗洲移入石隆门，组成和西婆罗洲一带一样的有悠久历史的公司，这是石隆门聚落以后慢慢扩大的基础。这时期华侨在砂拉越定居下来的人数不多。[①]

从华侨农业区的角度来说，第一个阶段为雏形阶段。华侨农业区是作为一件新生事物走进历史舞台的。有资料表明，在道光二十年（1840）英国人詹姆士成为砂拉越第一代拉者之前，北婆罗洲已经出现少数尚处于初级状态的华侨农业区，尽管其数量很少、规模不大、水平也不高；另外还有一部分零星的华侨垦荒点。下面是道光二十年（1840）以前几个见诸史籍的初级华侨农业区。

一是道光十年（1830），有刘直等人从广州到古晋以务农为业，具体情况不详。如果这批人集中居住、集中开发，便可形成一个袖珍型的、起点很低的华侨农业区。

二是道光十年（1830）后，有广东嘉应州的客家人从西婆罗洲来到石隆门，从事开矿及种植业，并组织了"三条沟"公司。此中从事种植的那一部分，便可看作华侨农业区，很可能规模不大；而从事矿业开发的那一部分，便形成华侨矿业区。

三是道光十九年（1839）詹姆士来到拉让河口时，看到有 30 个中国人和 5 个华马混血妇女，开辟了很多亩土地，种上稻谷、栳叶、甜薯和玉蜀黍等农作物。[②]这 5 个华马混血妇女仍应被看作华侨，因此，这 35 人便在拉让河口垦辟了一个小型华侨农业区。

据说后来詹姆士成为砂拉越第一代拉者后，曾到古晋考察过华侨种植园。虽然今天尚不知道当年詹姆士考察过的华侨种植园有多大、开发水平如何，但华侨种植园这一信息本身可以让人坚信，到道光二十年（1840），作为开发原始地带的有效方式的华侨农业区，已经是一种客观存在。

---

① 饶尚东：《砂捞越华族的移民和经济活动 1870—1890》，见《砂汶沙地理论文集》，婆罗洲出版有限公司，1975 年，第 13 页。

② ［英］巴素：《东南亚的中国人》，此据吴凤斌主编：《东南亚华侨通史》，福建人民出版社，1994 年，第 110 页。

那么，当时这种华侨农业区的发展水平如何？是否仍然停留在原始耕垦状态？据说当时詹姆士考察华侨种植园时对华侨开发利用土地的能力非常赞赏。这一信息的价值不可轻视。它说明，当时华侨所从事的农业劳动已经脱离了刀耕火种的最原始状态，上升到新的层次，最重要的标志是，它已经具有一定的农业技术含量。实际上，这也是农业开发区脱离了原始农业耕垦形态的重要标志。

严格说来，詹姆士考察过的华侨农业区仍然处于雏形状态，上面提到的其他几个华侨农业区更是如此，均属于低级组织的、小规模"集体化"的，却有一定的技术含量。这类华侨农业区的意义是不可低估的，它们的诞生意味着华侨已经在北婆罗洲开创了一种新型的开发模式，是这一地带发展走向质变的标志。

综上所述，道光二十年（1840）以前华侨在北婆罗洲的开发，主要是零零星星的单人或以一家一户为单位的个体开发，此外，也存在着一些初级的规模很小的华侨农业区。不管哪种情况，均还属于原始农业开发的范畴。原始农业开发的结果是商品程度极低。这些零零星星的华侨农业耕垦点和少数小规模的华侨农业区，就如一个孤岛，处于四周尚未开发的荒蛮地带中。

二、"港主制度"下迅速发展的华侨农业区

第二阶段从道光二十年至光绪七年（1840—1881），为"港主制度"下的华侨农业区阶段。这一阶段的开始，恰好是砂拉越第一代拉者詹姆士统治的开始。道光二十年（1840），文莱苏丹国将砂拉越让渡给英国人詹姆士。据说詹姆士非常喜欢华人，主动地欢迎他们到砂拉越来。他曾说过："一些新的移民来到砂拉越（尤其是华人），将会巩固他的统治地位。"他对当时华人所组织的公司，虽然有些害怕，但也很佩服他们独立顽强的毅力。詹姆士在砂拉越的统治权巩固之后，华侨才开始大量移入。侨领王长水的父亲也在1846年由新加坡来到古晋经商，同时期一批潮州移民也进入古晋附近种植甘蜜，后来不少人又转去古晋从商。[①]

道光三十年（1850），大量的华人从荷属的三发逃入石隆门，他们大多数是种植胡椒的农民，曾经支持荷兰殖民者镇压蒙脱拉度（即鹿邑大港）矿工的反抗斗争。这批难民大约3 000人，大多数到达石隆门后加入了公司，有些则迁往伦乐和丹加河一带地区去。在古晋经商的华侨以及在第一省从事农业生产的华人并没有对拉者构成威胁，但石隆门的金矿公司则不同，常采取和拉者不合作的态

---

① 饶尚东：《砂捞越华族的移民和经济活动1870—1890》，见《砂汶沙地理论文集》，婆罗洲出版有限公司，1975年，第13页。

度，最终在咸丰七年（1857）酿成"石隆门事件"。事件之后，没有大规模的移民出现。直到第二代拉者继任后（同治九年即 1870 年），新的移民浪潮才又重新出现。虽然华侨在第一代拉者詹姆士统治期间移民砂拉越经历了一涨一落的过程，但总的来说，在这个阶段，移民砂拉越的华侨数量还是大幅增加了，为华侨农业区的加快出现和质量提升奠定了必不可少的基础。

在华侨移入砂拉越的同时，拉者颁布了各种土地法令和条规，推进了各种经济作物，尤其是作为拉者政府主要税收来源的甘蜜和胡椒在砂拉越的广泛种植，同时促使了大量的华侨移民（不论是资本家还是劳工）进入砂拉越，形成了一个个新的华侨农业区。显然，土地法令和华侨移民人数的多寡是有密切关系的。法令的制定在第一代拉者统治时就已开始，在第二代拉者上台后得到继承和发扬。

早在同治二年（1863）六月十一日第一任拉者就提出了一个土地法，名为 Land Law of 1863。第二任拉者查理士·布洛克（Charles Brooke）上任后（同治十年即 1871 年）加以修正和补充，其中如：①砂拉越的土地，除了卖出者和由拉者授予外，其他土地皆为国家所有；②土地可以租让，为期九百年。如果连续缴交每亩地租一元，三年后可以申请购买土地；③如发现土地未被合理利用，政府有权收回；④国家保有全国矿产的开采权；⑤擅自占据公地的非法居民，不能享有该地地权。[①]

这项法令是冲着甘蜜和胡椒的种植来的。在查理士上任后不久，他已对在砂拉越广泛种植甘蜜和胡椒大感兴趣。因为，其时这两种作物已在西马来西亚的柔佛州成功种植，这使他吃了一颗定心丸，加上胡椒在砂拉越也有一段颇长的种植历史，而它又是西方殖民者喜爱的香料之一，有的是市场，剩下的事情就是等着赚钱了。还有一层技术问题是外人不知道的：如果同时种植甘蜜和胡椒的话，胡椒的枯枝、枯叶还可作榨取甘蜜的燃料，而甘蜜的糟粕是种植胡椒的好肥料。两者的"垃圾"都可以为对方作贡献。

同治十一年（1872），有几位新加坡的资本家来到古晋视察投资种植甘蜜和胡椒的可能性，受到拉者的热忱招待。他们免费乘船到砂拉越河上游一带巡视，结果颇为满意。为了能够实现新砂联合起来投资种植这些作物，拉者特别在 1872 年宣读了新的土地法令 Plantation Law of 1872，给予华族投资者相当宽松的优待。其中如：①一切投资者可得免费土地种植；②政府立法规定劳工一定要遵守合约服务；③设立"港主制"，由拉者委任华人"甲必丹"代理拉者处理各港种植事

---

①　饶尚东：《砂捞越华族的移民和经济活动 1870—1890》，见《砂汶沙地理论文集》，婆罗洲出版有限公司，1975 年，第 13 页。

务；④在头六年内，免抽取甘蜜和胡椒的出口税；⑤在头六年内，允许甘蜜和胡椒的种植者获得免税的香烟和食盐；⑥政府将设法替园主找回逃跑之劳工及尽力帮助园主解决在各方面可能遭遇的困难。① 这个法令无疑大大促进了华侨在砂拉越的经济活动和他们的地位。

到光绪元年（1875），在拉者的帮助下，已经有三间由新加坡人投资的大公司在砂拉越成立了。同年12月，为了进一步鼓励华人种植甘蜜和胡椒，拉者附加了一新的土地法令，主要包括：①种植者每人可得土地6 000平方尺，其中1 800平方尺一定要在第一年内种植作物，其他分为几年完成，如土地无法耕作，政府将取消一切优待；②新加坡的投资者和劳工可免交通费进入砂拉越，从事耕作；③园主和劳工的合约要注册，合约不能超过十五年，同时劳工可以用耕作的作物和老板交换必需品；④作物收成四年内，不必缴交出口税；⑤种植者在六年内可免税输入一切东西。饶尚东认为这个法令的修订并不是有意取代同治二年（1863）的老条例，在某方面更显得宽松些。从这些条例中可以看出，在经济发展上，当时拉者是在欢迎外地华侨进来投资和发展的。②这新法令一传到新加坡，便得到非常良好的反应。不少对种植有兴趣的华侨，纷纷乘船到古晋，其中有些还转往土地肥沃的伦乐县去垦殖。大部分是和上面提及的三大公司没有关系的，新的园丘也因此而增加不少。在实行这个法令后，拉者还在光绪五年（1879）和光绪八年（1882）再次进行了修订，主要是给予园主很大的权利捕捉那些没有完成合约就逃跑的劳工。从字面上来看，上面法令没有提到"港主制度"，但法令的内容，特别是固定合约的规定，无疑与"港主制度"契合。

如上所述，詹姆士成为第一代拉者后，曾考察了华侨种植园。更重要的是，考察之后对华侨的土地开发能力印象深刻的詹姆士采取了鼓励华侨入境投资的措施。他与中国侨领订约，直接从中国招募华工。另外，他还设立"港主制度"，由拉者委派甲必丹全权处理垦区事务；鼓励种植获利丰厚的甘蜜、胡椒，免抽其出口税六年。③

谈到"港主制度"时，人们一般都以马来半岛内陆为例。实际上，当时与马来半岛内陆同时实行"港主制度"的，还有北婆罗洲。由于马来半岛内陆几乎与北婆罗洲一样荒蛮未被开发，所以这两大片地区都属于英国殖民地。在同时实行"港主制度"的形势下，很多"港主"便可以在两地间选择他们认为有利

---

① 饶尚东：《砂捞越华族的移民和经济活动1870—1890》，见《砂汶沙地理论文集》，婆罗洲出版有限公司，1975年，第14页。

② 饶尚东：《砂捞越华族的移民和经济活动1870—1890》，见《砂汶沙地理论文集》，婆罗洲出版有限公司，1975年，第15页。

③ 饶尚东：《第二代拉者统治下的砂捞越华族移民和经济活动》，《星洲日报》，1972年1月1日。

可图的处女开发地,其所属籍贯的华侨也喜欢跟随其"港主"自由移民。例如,那时就有大批福建移民跟随"港主"涌入北婆罗洲的诗巫。应该承认,"港主制度"有利于加速在原始开发地带形成更为独立和区块化的华侨农业区。因为,在"港主制度"下,华侨农业区实行高度统一和集权的经济管理,整个农业区的人员分布与流动、土地的开发与扩张,都处于相对有序的状态下。广袤的原始土地,为每个华侨农业区提供了充足的生存与开发空间,彼此间也可以相安无事,"井水不犯河水"。

客观地说,詹姆士实行的这些措施是颇为石破天惊的,对于华侨农业区的大量出现更是起了推波助澜的作用。此后,华侨纷至沓来,北婆罗洲进入了全面开发的新时代。在某种意义上,也可以说进入了"华侨开发"新时代。于是,华侨农业区如雨后春笋般出现。不夸张地说,当时北婆罗洲的开垦非华侨莫属,没有了华侨,任何开发都是纸上谈兵。从北婆罗洲农业这个阶段的基本模式来看,大部分农业都已实行集体的种植园式的耕种和管理方式。

华侨一开始便大量地种植甘蜜和胡椒。这两种作物是在第二代拉者统治时期最主要的税收来源,这可从以下的数字证明:光绪元年(1875),158 435 元;光绪六年(1880),229 718 元;光绪十一年(1885),315 264 元;光绪十二年(1886),346 661 元;光绪十三年(1887),350 813 元。这些税收全由华侨提供,每年平均 20 万元。在十年内国家靠这方面的收入增加了一倍,到了光绪六年(1880),大约有 9 548 亩的耕地种植了甘蜜,大部分是在第一省内。[①]

拉者除了鼓励甘蜜和胡椒的种植外,也对其他农作物感兴趣,这时期他曾鼓励华人种植甘蔗和葛粉。同治十年(1871),华侨的蔗园在史达波建立起来,拉者本人是赞助人,并经常到园地巡视。1871 年以后,由于各种优待,新加坡资本家纷纷到砂拉越开设甘蔗园,同时,华侨也创建了葛粉园。但对十分迫切的稻米的种植(当时大部分还要依靠外地输入),华侨没有怎样介入,而只是进行稻米幼苗栽培,然后卖给马来人去种植。[②]

属于这一阶段的华侨农业区在史籍中不乏记载,姑允列之:

道光二十一年(1841),已有少数潮州人在成邦江开荒,从事农业和经商。当时的首任华人甲必丹是潮安刘陇人刘己卯。之后,有礼阳村人郑宋兴、郑胜钦、郑林典等相继出任甲必丹。由于历任华人甲必丹多由礼阳村人出任,故潮安

---

①　饶尚东:《砂捞越华族的移民和经济活动 1870—1890》,见《砂汶沙地理论文集》,婆罗洲出版有限公司,1975 年,第 16 页。

②　饶尚东:《砂捞越华族的移民和经济活动 1870—1890》,见《砂汶沙地理论文集》,婆罗洲出版有限公司,1975 年,第 16 页。

礼阳村人来此落籍人数逐年增多，并有"礼阳村"之称。① 这个事例清楚地表明，华侨农业区很早就存在着来自同一祖籍地的华侨共同开发的个案，如果还无证据说从一开始就存在着这样的个案的话。无疑，在当时情况下，地缘因素有利于相互合作，因而有利于华侨农业区规模的稳定和扩大。

道光三十年（1850）前后，刘建发从中国带来一批潮州人到了古晋，在朋里逊路（老路）、巴株卡哇及巴科一带种胡椒和甘蜜。他带来的这些农民是得到拉者许可的。一说刘建发首先是资助这些农民，农民也定期清还贷款（附有利息）。刘建发也做生意，他创立了义顺公司，不久成为巨富，并成为管理潮籍华侨的首领，与当时两位华侨首领成为当地华侨社会的"三巨头"。② 可以判断，刘建发带领的这群农民所种植的地方，实际上是一个高度商品化的华侨农业区。

同治四年（1865），有 62 名华侨从香港前来；同治五年（1866），英船载来一批华工到婆罗洲，其中男 135 人，女 39 人，童男 18 人，童女 2 人；同治九年（1870）英船从香港运载华工 70 人到婆罗洲。③这三批华人的去向不明。在当时的情况下，最大的可能是各自创立了一个华侨农业区，从事集中农耕，特别是带有妇女、童男、童女一类移民群体，前来创立了华侨农业区的可能性更大，但商品化程度可能较低。

光绪元年（1875），有三家新加坡投资公司在砂拉越投资胡椒、甘蜜种植。虽然没有说这三家新加坡公司招收什么人为雇工，但可以肯定所招收的雇工是华侨农民，砂拉越这三个胡椒、甘蜜种植园无疑也是三个华侨农业区，从种植的作物来看，应是高度商品化的。

从光绪二年（1876）初开始，每月有 150~200 名华工从新加坡运来，安排在古晋地区种植。可以想象，他们基本上都是在当时通行的种植园式的耕种和管理方式下劳作的，亦即在华侨农业区里从事集体劳动。

光绪六年（1880）颁布"拉让移植区"奖励办法后，当年就有 500 名华人到拉让江一带垦荒种植。④ "移植区"实际上就是华侨农业区，其商品化程度是不可置疑的，不清楚的只是他们所经营的这种华侨农业区有多少个而已。

如前所述，此时的北婆罗洲混沌初开，可以自由开发的处女地多的是，所以在不同时间以不同规模前来的华侨移民，一般都是尽可能挑选最合适的地方建立

---

① 王义源：《成邦江潮人概况》，《砂捞越古晋潮州公会百周年纪念特刊》，古晋潮州公会会刊，1966 年，第 105 页。

② 杨锡铭主编：《海外潮人史话》，中国文史出版社，2009 年，第 69 页。

③ 粤海关档、香港理船厅：《华工出国史料汇编》（四），第 535~539 页。

④ 林水檺、骆静山编：《马来西亚华人史》，马来西亚留台校友会联合总会，1984 年，第 147~148 页，此据吴凤斌主编：《东南亚华侨通史》，福建人民出版社，1994 年，第 114 页。

自己的"地盘"，从事规模不等的农业开发，或自给自足，或进行商品化经营。在这个阶段，他们一般不会也没有多大可能跟当地民族合伙开发，因为地大物博，后来的华侨移民更可能是自立门户而不大可能渗入先来的华侨群体中去。这样，一群群移民建立起来的华侨农业区的规模一般都有限，因而也限制了各自的开发水平，特别是商品化水平。

在这一阶段，更多的是来自同一祖籍地的华侨共同开发的华侨农业区。这里且举几个广东四邑华侨经营的农业区为例。这些农业区后来都发展成为一方集镇，实际上是一方商品集散地。值得注意的是，在这些华侨农业区发展的同时，都伴有商业开发，也就是说，到这时，商业已经初步分离出来，成为一个独立的产业了。

一是开平籍华侨对婆罗洲沙巴艮地咬的开发。当时开平波罗乡华侨周道积由亚庇来到马利，越过崇山峻岭抵达沙巴艮地咬开荒辟地，是为开埠先锋。随后周孚、冯信也步行到达，周厚昌、周柏贤、冯炳源接踵而至。他们用当地的木材建"鸭挞屋"（即亚答屋），做小生意。以后，四邑籍人陆续来到这里垦荒开发，建设艮地咬埠，使之逐渐发展成为一个交通发达、风景秀美、经济繁荣的小城镇。今天，该埠业商之人，70%是四邑籍人（其中以开平最多），有"四邑埠"之称。

二是开平人对婆罗洲吉打毛律埠的开发。最早开发这块处女地的是开平人龚庆煜、林德伦、黄胜瑞、周炳昌、杨新君等人。他们从亚庇步行而至，披星戴月，艰苦劳作，后来经营小生意，市场繁荣起来，此地逐渐发展成为一个兴旺的小商埠。还值得一提的是，四邑人改变了这里土著的原始风俗，使之走向文明。其时这里的土人穿着十分落后，无论男女，均只以一块土布遮掩下身。华侨于是教会他们缝制衣服。杨新君是一位裁缝高手，他耐心向土人传授剪裁及缝制技术。杨新君去世后，至今每逢春秋两季，当地人仍对他顶礼膜拜，纪念他的恩德。毋庸置疑，商品化程度高的华侨农业区，是当地经济发展与社会进步的推动力。

三是台山等地籍华侨对砂拉越中部达斗地区的开发。当时达斗是一片原始森林，荆棘丛生，毒蛇猛兽出没其间，人烟稀少，只有部落民族达斗族集居于此，过着刀耕火种和狩猎的原始生活。台山华侨丘正援（笔者注：一作丘正媛，应是丘正援为妥），是达斗的开发者，但他的开发是先以经商打开突破口的。他少年时代跟随乡人南来，初抵新加坡，在洋人的公司当侍应生。后来到砂拉越古晋，再到民都鲁。他从土人那里了解到，离民都鲁不远处有一地方，称阿纳港，土特产甚丰，可惜无人收购。他便在土人的帮助下，来到达斗收购土产，经营起杂货生意。境内盛产木材，尤以盐木最为有名，其他土产如树胶、胡椒、蜜糖、燕窝等也极负盛名。同治元年（1862），丘正援在达斗开设瑞源号，用帆船专营古晋至达斗间的土特产贸易，很快发迹。之后，丘正援的两个弟弟丘正观、丘正彬也携眷来此创业。丘正援还将当地产的盐木出口到中国，其运输工具是帆船，靠风力行驶，大者可载三四百吨，小者可载两三百吨。台山人朱瑞也到此开设瑞成号。再后来才是潮州籍人士许长发创设万发号。四邑人和潮州人遂逐渐地多了起来。① 虽然没有资料提到达斗的华侨农业开发情况，但常识说明，大量华侨包括眷属的到来，在一个混沌初开的地方不可能仅仅从事商业，相当一部分人应该同时兼事农业开发。可以说，由于有高度商业化的物质基础和人才作为前导，这样的华侨农业区的发展速度是原始形态的华侨农业区难以比拟的。

三、北婆罗洲四省时期的华侨农业区

第三个阶段为光绪七年（1881）到 20 世纪初，为英国统治的北婆罗洲四省连成一片、专业化经营的华侨农业区阶段。1881 年，在把北婆罗洲三省之地割归英国的同时，英国与苏禄王商定，将东婆罗洲山打根之地，划归英国的殖民公司开埠、种植，每岁纳苏禄王 5 000 元作为地租。于是，北婆罗洲四省相连。②

这一重大举措的背景是，经过数十年华侨农业区形式的经济开发，北婆罗洲已经走出荒蛮阶段，虽然并非每一寸土地都已经沾染了近代的气息，但一个个发展起来的华侨农业区已经把荒蛮地带压缩到很小，到处都有人烟，鸡犬之声相闻。北婆罗洲四省相连的意义在于，华侨可以在一个连成一片的更广泛的区域里从事农业开发。据记载，"华侨始到此地谋生。此地生活条件恶劣，尚有瘴气，华侨入山，多为伐木工等，多患脚患"③。由此可见，北婆罗洲四省统一管理后，很多华侨便把农业开发的触角伸展到那些从未被开发过的荒蛮之地。在这一阶段的开发空间扩大运动中，最成功的案例是山打根，该地"开埠不过数年，那里便已华人数百，板壁铺户二百余家"④。"铺户二百余家"所传递的信息十分模糊，读者不清楚这两百个铺户是通过什么方式进行合作和从事农业开发的。但这条消息也折射出，在山打根这个新开发带已经形成一个或若干个华侨农业区。

这个阶段主要是在第二代拉者的时期。第一代拉者詹姆士逝世后，第二代拉

---

① 引自《五邑侨风》，江门新闻网，2004 年 9 月 29 日，第四章第二节"在亚洲诸国"。

② （清）薛福成：《出使英法义比四国日记》，孙溪校经堂光绪甲午年（1894）校刊本，此据福建师范大学历史系华侨史资料选辑组编：《晚清海外笔记选》，海洋出版社，1983 年，第 38～40 页。

③ 张荫桓：《三洲日记》卷二，光绪丙午年（1906）冬月上海石印本，第 46～47 页，此据余定邦、黄重言等编：《中国古籍中有关新加坡马来西亚资料汇编》，中华书局，2002 年，第 324～325 页。

④ （清）薛福成：《出使英法义比四国日记》，孙溪校经堂光绪甲午年（1894）校刊本，此据福建师范大学历史系华侨史资料选辑组编：《晚清海外笔记选》，海洋出版社，1983 年，第 38～40 页。

者查理士接任（1870—1917）。查理士是詹姆士的侄子。在查理士的统治下，砂拉越的领土进一步扩展，并在 1905 年建立了现在的疆界。更重要的是在这个时期，华侨人口有了进一步的增长，他们除了继续开采金矿外，有不少在拉者的鼓励下，来到砂拉越垦荒，建立了许多农村聚落，华侨的商店也纷纷在各处开设，推进了新市镇的发展。

查理士承认华侨对砂拉越发展的贡献。同治五年（1866），即"石隆门事件"发生后九年，他就肯定了华侨任劳任怨的优点。所以在他统治砂拉越时，非常鼓励华人移入。同治十三年（1874）八月初一的《砂拉越宪报》（*Sarawak Gazette*）写道："我们（政府）认为，婆罗洲未来的发展只有靠华人才能完成，这点是不应该有所怀疑的。"同时，在同一年的政府宪报中（12 月 1 日）有下列一段叙述："把华人介绍进入一个新的国家，它的价值在砂捞越特别显示出来了，古晋以及其他许多地方用砖瓦筑成的漂亮的巴刹，全由华人建造。我们应该感激华族苦力劳工，技工，还有那些热心于贸易、对发展国家的资源贡献很大的华人，他们比苏格兰人更有进取心……"光绪九年（1883），拉者也承认，"要是没有华人，我们什么也不能做"。拉者的副官克罗克（William Manuder Crocker）也曾说过："鼓励勤劳的华人移入人口稀少的砂拉越，不但能够保证国家继续发展，同时这些人对国家也是有益的……"

光绪六年（1880）十一月二十九日，拉者又制定一新的通告，称《拉让移殖区通告》（"Notification of Rejang Settlement"），它对砂拉越的发展来说是一个新的转折点。拉者的主要目的是希望华人能到拉让江河谷一带去垦荒。他准备同所有华人团体谈商，只要他们能够带领不少于 300 名的华族人士到拉让江流域去垦殖，将会得到各种优待，其主要内容有下列几点：①给移植者足够的免费土地种植；②政府将建造临时住屋安置这些种植者；③政府免费供给食米和盐一年；④政府保证提供船只来往古晋和拉让江一带地区，载货取费亦相当低廉；⑤建立警察局，保护居民的安全；⑥华人可永久居住在砂拉越。

光绪七年（1881），英国的渣打公司取得了沙巴（当时称北婆罗洲）的管理权。这公司也需要大量劳工来开发沙巴。因此，从这年开始，拉者和渣打公司在争取劳工上开展了一场颇为激烈的竞争。当年一位游历了这两个国家的旅行家究里麦特（Guillemard）曾经这样说："假如一个种植家要在砂拉越和沙巴选择一个地点投资的话，许多理由说明了他将会喜欢砂拉越。"事实上，这个时候的沙巴才开始开发，而砂拉越在农业发展上，已有了一定的成就，这也是种植者比较喜欢到这里来的原因。

光绪九年（1883），拉者对同治十年（1871）的土地法令提出修正，这新法令主要是针对古晋市周围的土地而定的。除了允许土地可以转让外，同时政府有权利在私人土地上筑路，重申政府可收回未被利用的土地。

到了光绪十四年（1888），甘蜜和胡椒园丘已经在砂拉越各地建立起来了。主要的种植区是第一省，尤其是伦乐区，因土地肥沃，是理想种植区，因此，为了更快地发展这区的农业，拉者在光绪十四年（1888）六月特别制定了《伦乐土地法》（*Lundu Land Law of* 1888）鼓励华人来此开垦，该法令有以下规定：①有意种植者，可得五百亩的土地，领得土地后六个月内一定要开始种植作物；②财产非经政府同意不得转让；③如种植者不履行合约，政府有权收回土地。

以上这些法令的制定，是为了照顾真正想从事种植业的华侨，同时也限制了一些投机者想从中取得丰厚的利润的机会。事实上，政府曾一度答应供给真正想种植的华侨每人1 500亩耕地，只要他们不把这些土地转卖出去。因为这样一来，耕地便不能集中在一两个大投机者手中了。这是一百多年来拉者统治砂拉越时的农业发展政策，也是在此期间砂拉越不可能发展成大园丘的原因。这些土地政策，吸引了成千上万的华工进入砂拉越来垦荒，促进了砂拉越农业经济的发展。

在这一阶段，华侨农业区至少在管理模式上转型升级，最突出的表现是实行公司化运作。光绪七年（1881），英国人成立了一个北婆罗洲特许公司。但公司在对付恶劣环境下的农业开发方面显然也无能为力。光绪九年（1883）四月，北婆罗洲特许公司从香港招来96名客家人运往古达，被分派到深山密林、瘴气弥漫之地开荒种植。这无疑是一个具有公司名号的华侨农业开发区。公司名号虽然比较"时髦"，但所面对的还是荒蛮地带，大自然依然无情，结果到年底，死亡及逃逸者大半，只有极少数人留下。且不管当时像北婆罗洲特许公司这样的开发机构在管理形式上是徒有其名还是名副其实，但它至少说明，英国人这时在北婆罗洲的农业开发已经走向正规化和规模化。这是与19世纪80年代后北婆罗洲的大开发形势相适应的。

在北婆罗洲大开发的形势下，这一地区的农业主要是在已经开垦的土地上转向经济作物的种植。因此这个阶段农业经营的理念，便是专业化经营。在这个理念下，先后出现的华侨农业区逐渐走向专业化。也就是说，在此之后新出现的华侨农业区，一般都是根据市场的需要，主种一种经济作物。光绪十一年（1885）后，整个北婆罗洲的烟草种植被统一化，把华侨农业区的专业化推向登峰造极的地步。

到光绪十一年（1885），英国人在北婆罗洲试种出公认的可与世界上最好的雪茄烟媲美的烟草后，急于在此大量种植。因此时只从香港招收劳力已远不够满

足需求，于是到光绪十二年（1886）招收了 27 家中国人到古达，1889 年再招 13 家。[①] 但劳力仍然不足，于是又向新加坡招收，到光绪十三年（1887）招到 390 人，到光绪十六年（1890）则招到 7 223 人。[②] 此时，荷兰人、德国人等，亦招诱了许多华工来北婆罗洲马鲁都海湾及东海岸各河川上游等地经营烟草种植。许多客家人在古达、山打根一带垦殖。到光绪十六年（1890），北婆罗洲烟草种植达到顶峰。从产业发展的角度来说，烟草种植业是开发北婆罗洲的重要催化剂，同时也产生了很多专业化（烟草种植）的华侨农业区，如古达、山打根等地的华侨烟草种植区。只是这时期究竟出现了多少个这样的华侨农业区，至今已不可能廓清了。

不过，华侨农业的专业化，乃至全北婆罗洲烟草种植的划一化，都没法成功地使全北婆罗洲"去荒蛮化"。由于莽林未开、疾病流行、园主凌虐，甚至鞭打刑罚，华工中死亡者甚众。到光绪十六年（1890）在烟草种植园的 8 061 名华工中几乎有 2 000 名不到年底就死去。到光绪十七年（1891）在 21 个种植园中，华工平均死亡率超过 20%，有几个种植园的死亡率甚至超过 40%，在塞加马河附近的一个种植园死亡率达 38%。[③] 华侨的血汗换来了当地经济的繁荣。

全北婆罗洲烟草种植的划一化浪潮持续了十多年。到光绪三十三年（1907），随着世界市场对橡胶的迫切需要，全北婆罗洲又出现了另一个浪潮——划一化地改建橡胶园。于是，华侨农业区出现了作物栽植上的划一化转型。1907 年，有橡胶园 30 个（华侨农业区），工人 10 467 名，其中华工 5 856 名（除 181 人外，其他都签订了为期三年的契约合同）；宣统二年（1910）华工增至 10 600 人，占劳工总数（17 600 人）的 60%；宣统三年（1911），英国决定于 1914 年起废除马来亚契约华工制，采用卡甘尼募工制，北婆罗洲招募华工制度也随之改变。

冷静地看，上述三个阶段的农业开发，对于改变北婆罗洲这一大片广袤的原始地带来说，仍属杯水车薪。一个个华侨农业区，尽管其开发水平有所提高，仍不过是在北婆罗洲莽野上划下了一个个"疮疤"。资料表明，到 19 世纪 80 年代，北婆罗洲英国殖民者管辖下的"四省"之地，尚甚荒芜。例如，砂拉越系英人拉者布洛克之地，华人逾两万，仅种甘蜜、胡椒，所开不及十分之一。[④] 所以，与其说华侨在上述三个阶段的开发改变了北婆罗洲的面貌，不如说催生出华侨农

---

① 林水檺、骆静山编：《马来西亚华人史》，马来西亚留台校友会联合总会，1984 年，第 15 页，此据吴凤斌主编：《东南亚华侨通史》，福建人民出版社，1994 年，第 114 页。

② 坎贝尔：《中国的苦力移民》，此据吴凤斌主编：《东南亚华侨通史》，福建人民出版社，1994 年，第 114 页。

③ 特里冈宁：《特许公司统治下的北婆罗洲劳工问题》，《南洋问题资料译丛》1963 年第 2 期。

④ （清）薛福成：《出使英法义比四国日记》，孙溪校经堂光绪甲午年（1894）校刊本，此据福建师范大学历史系华侨史资料选辑组编：《晚清海外笔记选》，海洋出版社，1983 年，第 38 ~ 40 页。

业区这种比较务实地部分改变北婆罗洲荒蛮面貌的开发模式。

四、黄乃裳等人领导的拉让江垦荒

第四个阶段开始于20世纪初，一直到20世纪10年代，与第三个阶段的时间重叠。在这个阶段之末，清政府已经寿终正寝了。在这个阶段的北婆罗洲华侨开发史上，最著名的要算20世纪初三次有组织的大规模华侨移民垦殖。每一次移民垦殖，都形成了一个颇具规模的华侨农业区。此后，砂拉越经济特别是种植业才迅速发展起来，商业也随之繁荣起来，新市镇不断出现，诗巫发展成为婆罗洲的重要商贸中心。[①]于是，越来越多华侨才在当地定居下来。

一个问题是，黄乃裳等人是不是最先来到拉让江流域的华侨？黄乃裳的开发有没有先侨打下的基础？事实上，早在光绪六年（1880）之前，就已经有华侨在拉让江一带活动和居住，尤其是在加拿逸和诗巫一带。同治十年（1871）的人口统计就已估计有45名华人居住在当时的拉让省内，这数字可能低估了，因为在1871年的一篇报告中，曾经叙述了诗巫巴刹的情景。当时已经有60间店屋，大部分属华人所有，同时华商正进行建造另外10间新的店屋。这儿还有一间华侨的庙堂，证明了该处有不少华侨在此定居。报告书中还提及有40名广府人从事伐木业，准备将木材输往香港。其中有一段这样的叙述："已经有不少华人深入内陆寻找一种野生的古搭波树胶，他们当时要求在生命和财产上能够得到保障，尽量想办法鼓励华人到诗巫和加拿逸去，这两地已成为贸易中心了……"

这里应注意的是，作为黄乃裳的同乡，福建籍华侨也已经来到这里。但他们只是在加拿逸开店经商，全心全意地把注意力集中在商业上，而对土地的开发不太感兴趣。所以拉让江流域一带的土地，19世纪末期并没有被大量利用。据估计，在光绪六年（1880）的通告公布后，当年有500名华人移居到下拉让江一带去。

事实上，黄乃裳并非来到拉让江流域的第一人，在他之前，已经有零星的华侨来到这里。黄乃裳本人后来追忆道："吾乘小舟溯拉让江而上，至诗巫，有漳（州）、泉（州）、潮（州）、嘉（应州）人士二十余家。"[②] 显然，这是些小规模的华侨农垦点或农耕小区，但是没有资料表明他们后来是否加入由黄乃裳领导的华侨农业区中去。如果有人加入的话，可能只有闽籍华侨加入。

---

① 吴凤斌主编：《东南亚华侨通史》，福建人民出版社，1994年，第83～84页。

② 引自《诗巫潮州公会史略》，《砂捞越古晋潮州公会百周年纪念特刊》，古晋潮州公会会刊，1966年，第107页。

大规模的华侨农业区可举以下几个为例。

第一次是黄乃裳开辟新福州。光绪二十六年（1900），闽清孝廉黄乃裳获知砂拉越招工开垦之事，得其女婿林文庆之助，由砂拉越华人甲必丹王长水介绍，与当地拉者订立二十年免税垦殖合约，招福建华工千余人前来生产。当时双方达成协议，签订十七款条约。十七款的原文不详，大意为：待吾农人与英人一例，所垦之地有 999 年之开发权；廿年之内，每英亩纳税洋银一角；英方如需华侨已开垦之地，须照时价估买；华侨有往来自由、信仰自由、言论自由、出版自由、设立公司商业自由、购买枪械自由、航业自由诸权利；无纳丁税、无服公役、无当兵义务；凡违反民事在五元以下罚金之件，港主有自治之权。将其地改名为新福州，由英方通告各国邮政，以便通信诸条。

黄乃裳以港主身份，成立新福州开垦公司。他一面筹办公司，一面数度回国，到闽侯、闽清、古田、永泰、屏南、福清等福州十邑，招募以农民为主，同时包括各类工匠、商人、医生、牧师等共计 1 118 人，组成垦殖团体，分三批到达诗巫。第一批 72 人，于光绪二十七年（1901）二月二十日到达；第二批 535 人，由乃裳亲自率领，于 1901 年 3 月 16 日到达诗巫；第三批 511 人，也由乃裳带领，于光绪二十八年（1902）六月初七抵达。他们带农具、种子，携妻子儿女一同南来，在诗巫新珠山垦荒种植。从此以后，黄乃裳与垦民们"食与共席、睡与同榻、凡平生所未偿之苦楚，无弗尽尝"。初开垦时，要变大片森林为农田，困难重重。拉让江下游为沼泽地，蛇虫孳生，疟疾和热病流行，两三年内数十人病死。他们从家乡带来的农业技术多不适合于热带的诗巫低地。农作物又常被鼠、雀、野猪、野鹿侵害，雨季则被淹，成为泽国。蛇群也常爬出来危害家畜。有不堪耐苦而返国者百余人，往新加坡、苏门答腊者百余人，剩下六百余人转种橡胶、胡椒，奋斗五载，始获成效，[①] 后发展为十多个地方。

这里应注意新福州开垦公司所开辟的华侨农业区的作物变化。华侨初来时，只种植一些短期作物，如番薯、树薯、蔬菜和稻米等。虽然首先是为了自给，多余的才拿到市场上去卖，但是，当时人人都种这些作物，有点"一窝蜂"，结果收成后供过于求，即使贱价也卖不出去，鲜有人问津。到光绪三十年（1904），黄景和牧师在诗巫下游的三河村试种橡胶获得成功。当时胶价高昂，光绪三十三年（1907）橡胶出产时每担约值 700 叻币，被形容为"摇钱树"。此后，福州同乡效法黄牧师，纷纷种植橡胶。由于种植橡胶用地广，诗巫地域不敷应用，导致垦殖区陆续扩展到加拿逸、泗里街、民丹莪、加帛、木胶、实巴河、卢兜、民都

---

① 刘子政：《黄乃裳与新福州》，此据吴凤斌主编：《东南亚华侨通史》，福建人民出版社，1994 年，第 112 页。

鲁、林梦等地。后来，福州人还从事胡椒种植业。橡胶和胡椒一度成为砂拉越的经济命脉。由此可见，华侨种植的经济作物的变化，既带来了华侨农业区自身作物的单一化，即一个农业区基本上只种植一种作物，同时也带来了华侨农业区面积的扩大。这也意味着华侨对婆罗洲这个亘古荒蛮地带开发的深入。

第二次是邓恭叔开辟广东港。光绪二十七年（1901），广东三水孝廉邓恭叔闻黄乃裳之举，前来诗巫考察后，与江峄琴等集资 22 万元，组织新广东农业公司，并与砂拉越拉者订立合约，在诗巫上游兰南地区垦殖，名为"新广东垦场"。原拟招 5 000 名工人，分十次前来，后因情况变化，人数大减。到宣统三年（1911）共来了 281 人，以后仍有人陆续前来。他们在兰南新广东垦场种植胡椒，拉者给每名移民 5 元津贴，以及土地永久豁免租税权，唯移民需认真种植，否则政府可随时收回。在邓恭叔的带动下，另有多批广东人集资前来经营。前几批移民来时，因工程艰巨、水土不服、气候不适、食住粗劣、管理不善等诸多原因，事倍功半。他们开辟出兰南港、沙临港、成兴港并种上胡椒、橡胶后，又遇上 1908—1909 年胡椒价格大跌，导致一包胡椒只换得一包番薯，垦殖公司遂倒闭。民国后始有转机，广东农民陆续南来开港垦殖。

第三次是蒲鲁士开辟诗巫兴化垦场。宣统三年（1911），兴化（莆田、仙游）传教士、美国人蒲鲁士（W. N. Brewster）与李长水牧师来诗巫，与拉者合约，在诗巫下游依干河两岸亚越开辟兴化垦场。其开垦是在民国后，历 20 余年始有大发展。

由于这一时期砂拉越很多地方的商业已经发展起来，故有的华侨农业区就没有必要从农业开垦做起，而是一开始就涉足商业，甚至以商业作为参与开发的引擎。砂拉越第二省的实巴荷就是这样的例子。实巴荷是潮州人最先参与开埠的市镇。最早来到这里的是祖籍潮州澄海玉浦乡的林亚崎。光绪二十八年（1902），他用蓝布船来到实巴荷湾，与巫人进行乡村贸易，当时该地只有 300 人，出产菨粉、亚答糖、橡胶、赤壳、打马士、日罗冬等土产。之后，随着华侨逐渐增多，商店也逐渐增多，实巴荷逐渐形成市镇。林亚崎后来被委任为当地第一位侨长。[①] 尚不清楚当时潮州人在多大程度上参与了实巴荷的农业开发，如果参与了的话，程度也应是很低的。但潮州人与当地巫人结成了很好的"商农联盟"，则是可信的。

顺便指出，孤悬于文莱外海的纳闽可以看作一个天然的华侨开发区。自从 19 世纪 30 年代华侨来到此地与土人贸易后，华侨参与开发并建立某种开发区，

---

① 陈坤炎：《实巴荷开埠史略》，《砂捞越古晋潮州公会百周年纪念特刊》，古晋潮州公会会刊，1966 年，第 107 页。

已经是万事俱备，只欠东风了。道光二十八年（1848，一说三十年即1850年），文莱将之割予英国，英在此设驻扎官。到光绪七年（1881），北婆罗洲"岛主"与英方议定，将北婆罗洲三省之地割归英国的殖民公司，任从开埠及种植，每岁纳北婆罗洲"岛主"15 000余元作为地租。[①] 19世纪80年代，定居于埠内的华侨已有数百人，另有散处内地为工者千余人。英国人设立华人甲必丹进行管理。[②] 可见，纳闽岛存在过华侨农业区，同时，它也有对外商业往来。

还应说明，在19世纪80年代后，华侨农业区的一个显著特点是与华侨矿业区作为"双胞胎"同时存在。也就是说，一地若出现华侨矿业区，则必有华侨农业区，往往华侨农业区的出现还先于华侨矿业区。两种"区"相互依存，缺一不可。在东南亚其他地方，两种"区"可以独立存在，没有必然的因果关系，但在北婆罗洲，两种"区"却形影相随。究其原因，主要在于农业是北婆罗洲华侨生存的"命根子"，不管他们在这里打算从事什么职业，都离不开农业。婆罗洲西部石隆门发现金矿后，中国人大批前往开采。一个新客抵达当地，在尚未加入公司或自行采掘之前，多是先寻找或租赁一块荒地种植稻谷、蔬菜，或种植胡椒、甘蜜等热带作物，然后再去探测和挖掘金矿。不论是个别采矿，还是公司之大规模采矿，农业都占据重要地位。各公司均有专人种植稻谷和蔬菜，饲养家畜。

第三节　"石隆门事件"与华侨矿业区

婆罗洲的金矿开采业本是由华侨经营发展起来的，历史非常悠久。自唐代以来，便有华侨在古晋砂拉越河口及山都望古港湾一带进行贸易和铸铁。[③] 但估计那时的规模很小。历史上北婆罗洲最重要的华侨矿业区要数石隆门。这里姑且以其为例作一剖析。

石隆门（笔者注：一作石龙门）今日已成古晋省内陆重镇之一，与印度尼西亚西婆罗洲隔界，离古晋约25英里车程，19世纪为华侨移民重地，其实是因后来成为淘金区而闻名于世。

---

① （清）薛福成：《出使英法义比四国日记》，孙溪校经堂光绪甲午（1894）校刊本，此据福建师范大学历史系华侨史资料选辑组编：《晚清海外笔记选》，海洋出版社，1983年，第38～40页。
② 张荫桓：《三洲日记》卷二，光绪丙午年（1906）冬月上海石印本，第46～47页，此据余定邦、黄重言等编：《中国古籍中有关新加坡马来西亚资料汇编》，中华书局，2002年，第324～325页。
③ 陈约翰：《沙捞越华人史》，此据吴凤斌主编：《东南亚华侨通史》，福建人民出版社，1994年，第145页。

石隆门矿区是个金矿区，为北婆罗洲最有影响的矿区之一，缘起于道光三年（1823）砂拉越上段地区发现锑矿，到道光六年（1826），文莱苏丹下令开发。因该处靠近三发，遂很多华工从三发移往石隆门，遂使石隆门成为19世纪上半叶砂拉越华侨移民最为集中之地。从19世纪开始，以石隆门为中心，包括比历、烧炭岗、短廊、沙南坡一带的华侨移民，皆属三发管辖领土内的华工公司，即三条沟公司的矿工。砂拉越华侨矿工人数最多时有万余人，砂拉越著名产金地有莫佳因、深石罅、大巴列、三千等。① 这样说来，石隆门（金）矿业区便是众多华侨矿业区的组成部分，只不过是石隆门矿业区与其他矿业区不能等量齐观，石隆门是"龙头老大"，处于鹤立鸡群的地位。

道光二十一年（1841），砂拉越苏丹与三条沟公司订立联合开矿协定，由后者派出华工到砂拉越组织分公司开采金矿。金矿分布在石隆门一带，开始开采时甚为艰难。

从道光十年（1830）开始，三条沟公司时常受到另一势力强大的大港公司的进攻，90%以上的矿工曾前后分三次迁移到石隆门一带。到了19世纪50年代，移入的华工约4 000人。

道光三十年（1850），三条沟公司溃散，刘善邦带领3 000多名客家人越境来到石隆门一带，重建原来的公司制度。当地大部分移民都成为该公司成员。抵达石隆门后，他们仍组织公司实行自治，民间称为"大公司"，又称义兴公司，后来改称十二公司，首领为刘善邦和结拜的义兄义弟刘大伯和王三甲。公司的生产活动是淘洗黄金，种植粮食作物、胡椒、甘蜜等，出现了如同上面所述的农业区与矿业区相互依存的局面。从所谓"大公司"、十二公司这些称呼来看，这可能是个统一管理、由多个农业区与矿业区分工合作的多功能经济体。到了19世纪50年代，公司拥有了几乎所有石隆门一带的金矿场，总部设在石隆门的帽山。除了外出到北历等地采金的矿工，其余人，包括妇孺老少多聚居在公司总部的范围内，因此石隆门俨然就是中国式的农村社会。

刘善邦被公认为石隆门的开拓功臣。此外还有一些小规模公司和独自采金者。咸丰七年（1857），约有四千华工在石隆门矿区。② 太平天国起义失败后，很多人来到石隆门一带，以采矿、农耕为生。③这些后来者要不加入原已存在的农业区或矿业区，要不自立门户另建新区。

---

① 黄耀明：《沙罗越风土记》，此据吴凤斌主编：《东南亚华侨通史》，福建人民出版社，1994年，第146页。

② 观沧译：《沙劳越华侨外史》，《南洋研究》1936年第6期，第79～81页。

③ 凯特：《东印度群岛访问记》，《南洋研究所集刊》，1958年，第55页，此据吴凤斌主编：《东南亚华侨通史》，福建人民出版社，1994年。

再回到道光二十一年（1841），当詹姆士·布洛克建立砂拉越王朝时，领土范围从丹绒拿督一直延伸到三马拉汉河之间，即当今的沙州第一省，石隆门自然也归于拉者布洛克的统治之下。砂拉越王朝境内的经济生产活动以这批华工所开发的地区最为发达，古晋及沿海渔村的马来甘榜、河流沿岸及内陆山区的达雅场屋，经济活动则乏善可陈。拉者布洛克需要经济收入来维持政权，石隆门华工的生产成为他虎视眈眈的对象。倘若让十二公司以传统的纳税进贡方式来缴付金钱或财物，则无法满足拉者布洛克，他想借着取消十二公司的自治来掌控经济权。当十二公司的势力越来越强大时，拉者消灭其的决心就更坚定了。

与此同时，印度尼西亚婆罗洲的荷兰殖民统治者也一改过去对待华工公司的政策，采用军事行动彻底消灭公司的组织。拉者布洛克颁布了一些志在获取更多利益的法令和措施，要华工遵守，包括不准公司私自与外界直接进行国际贸易，鸦片、酒及生活必需品的进口或生产品的出口都需通过古晋布洛克王朝的海关，以便抽取税收。公司若要购买鸦片、酒等必须向布洛克指定的商号购买。拉者布洛克亦宣布十二公司只能属商业组织，不能成为持有政权的自治组织，拉者与十二公司之间的矛盾遂日渐尖锐。

石隆门一带拥有丰富的矿产，除了黄金，也有煤、锑等矿物。随着布洛克王朝的建立，其他英国人也注意到石隆门这块肥肉。咸丰六年（1856），英资的慕娘有限公司在古晋成立，布洛克允许它在砂拉越河上游一带开采煤、锑等矿物，华工公司对土地的使用与占有权受到限制，这为咸丰七年（1857）二月石隆门华工攻占古晋的行动埋下导火线。

咸丰六年（1856）十月，布洛克以发现石隆门华工私下进行鸦片买卖为由，对公司进行罚款150英镑。此时正值中英鸦片战争之后，南方一带的人民反抗英国侵略运动还未停息。这年，英海军被逼从广东撤退，这消息给东南亚的华族移民带来极大的鼓舞。在天地会的宣传下，新加坡于咸丰七年（1857）一月发生华族移民反英事件，这一行动也给石隆门华工打了一支强心针。所以，在十二公司缴付罚款的同时，也暗中部署用武力推翻布洛克王朝。

咸丰七年（1857）二月十八日，石隆门并没有节庆气氛。约600名全副武装的十二公司华工在刘善邦和王三甲的率领下，从公司大本营帽山出发，自短廊乘船顺着砂拉越河而下，深夜抵达古晋后即兵分两路。一支扑向河流左岸布洛克的王宫与其他政府建筑物，目标是捉拿或杀死拉者布洛克；一支则到河流右岸的古晋市镇，准备占领政府的建筑物。根据记载，由于华工的目的只是打倒拉者及其官员，所以并没造成多大伤亡，只有5名欧洲人被杀，马来甘榜与华人菜市场并没有遭受严重的干扰。隔天早上，当华工队伍占领古晋后，首领向基督教主教法兰西斯麦陀尔表明华工旨在消灭布洛克王朝，而非反对所有欧洲人。当天下午，华工领袖在法庭建筑物内召见马来首领拿督班达、主教法兰西斯、慕娘公司经理鲁必及英国商人鲁贝尔，寻求他们的支持，并委任拿督班达治理古晋、鲁必及鲁贝尔处理外交事务。

刘善邦误以为拉者布洛克已被杀死，华工队伍在古晋逗留三天就撤退回石隆门。后来得知布洛克逃出生天，投靠其外甥查理士·布洛克，驻守在鲁巴河流域。刘善邦写了一封信给拉者布洛克，声明彼此河水不犯井水。

当华工队伍撤退到新尧湾友兰肚的山丘地带驻扎时，拉者布洛克与其外甥已部署反击行动。他们通过利诱和挑拨手段，唆使色加冷及西里伯斯的达雅人及砂拉越河的部分马来人，联同攻打石隆门华工公司。

拉者布洛克亲自担任指挥，乘着慕娘公司提供的蒸汽船，带领数百名武装队员沿砂越河而上，先消灭了在友兰肚山丘内的华工，刘善邦及其近卫就在现在的刘善邦庙址处被杀，新尧地区有300多名华族移民被杀戮。拉者布洛克沿河直上石隆门一带，他纵容其军队血洗十二公司的总部帽山和周围，帽山终于被踏平，逃入石洞（今称鬼洞）的妇孺被烟火活活熏死，躲藏在树林中的华工则被乱刀砍死。一个原本拥有近4 000人的繁荣矿区和乡镇，一夜之间尸横遍野，据说一里之外也能嗅到暴晒在烈日下的尸体发出的臭味，当地原住民因此将石隆门称为"Bau"（臭味）。砂拉越河的河水被染得鲜红。当时，加里曼丹的荷兰殖民政府也协助布洛克王朝，将逃入境内的华工杀戮。据后来石隆门一些父老描述，当时只有极少数华人逃过此劫。这段血腥历史是华族移民在砂拉越的开发史中最大的惨剧。根据布洛克王朝一名英籍官员的调查，到了咸丰十一年（1861），石隆门只剩下4户人家。至今居住在石隆门一带的华侨主要是"灭族"事件发生十年后才从加里曼丹或直接从中国或马来半岛过来的移民的后裔。①就这样，一片由多个华侨农业区和华侨矿业区组成的经济开发带，就因为华侨与殖民者的血腥纷争而辄然消失。多少年间，繁华的石隆门又回归荒蛮，一直到光绪二十五年（1899）才恢复正常。

金矿是第二代拉者统治期间最流行的矿业。第二代拉者统治期间，砂拉越的金矿开采虽受咸丰七年（1857）的"石隆门事件"的影响，但还能保持一定的水平。在同治九年（1870）左右，一家客人的金矿公司在马鹿成立，工作成员（包括家眷）共有450人之多，规模可说不小。另一公司在同治十一年（1872）于实文然成立。为了方便政府管制这些金矿公司，同时为了进一步保证政府能得到税收，在光绪六年（1880），拉者颁布了金矿开采条例，要求所有开矿者应向第一省省政府申请开采权。开采准证每年要换新，除了第一年外，以后每年都要

---

① 周泽南：《石隆门几许辉煌几许悲怆》，《南洋商报》，2001年9月10日。

缴交若干准证费，一旦金矿开采完毕，土地得归还政府。

此后从光绪二十四年（1898）起，英国慕娘公司在石隆门组织大规模金矿开采，人数达 3 000 人。其验矿、炼矿和地质勘探均为英国人，机工多为广府人，矿工则多为客家人。[①] 该公司采用先进的精化法提炼黄金，每星期可得金砖十余块，每块重约 50 磅，且稳定产量达十余年之久。光绪二十五年（1899）至 1921 年间，为黄金盛产时期。[②]这时慕娘公司的石隆门金矿开发区已经具有更高程度的集约化管理，虽然矿工多为华侨，但已很难称作华侨矿业区了。

到 19 世纪 80 年代，随着北婆罗洲的进一步发展，当地已经出现开采煤矿、煤油的开发区，其工人仍然是华侨。煤矿是 1873 年在砂隆得到开采后才显得重要起来的。光绪六年（1880），查理士在纳闽设招工代理处，通过新加坡和纳闽两地代理商招收华工开采沙郎河边的沙郎（Sadong，又名沙塘、沙隆、沙东）和布洛克顿两地煤矿。矿工悉是华侨，也有契约华工。[③] 到 20 世纪初，英国组织亚细亚石油公司，招集华工开采米里（又名火水山）。[④]

---

①　许聪思：《英属婆罗洲年鉴》，此据吴凤斌主编：《东南亚华侨通史》，福建人民出版社，1994 年，第 147 页。

②　黄耀明：《沙罗越风土志》，此据吴凤斌主编：《东南亚华侨通史》，福建人民出版社，1994 年，第 147 页。

③　杨自修：《南洋砂朥越国志略》，《南洋研究》1931 年第 3 卷第 5 期，第 99 页。

④　杨自修：《南洋砂朥越国志略》，《南洋研究》1931 年第 3 卷第 5 期，第 99 页。

第八章　荷属东印度群岛

　　自古至今，学界都有"马来世界"的概念，但古代的马来世界与今天的不同。在中古，马来世界是指一个由印度尼西亚沙璜延伸至摩洛瓜里的区域，它包含了今天的苏门答腊岛、加里曼丹岛沿海地区、苏拉威西岛（除了西北地区）、马来西亚的马来亚半岛和砂拉越州等地区以及新加坡和文莱两个国家。在现代，马来世界（印尼语：Nus Ntara）是指印度尼西亚、马来西亚、泰南、菲南群岛、新加坡岛、文莱和东帝汶等几个传统南岛民族生活的地理文化区域，有时候也会包括科科斯（基林）群岛和新几内亚岛在内。如果单从陆地面积来看，马来世界当以清代的"荷属东印度群岛"地区为大。

　　荷属东印度群岛约相当于当今的印度尼西亚群岛，包括苏门答腊和邻近岛屿、爪哇及马都拉、婆罗洲（沙巴、砂拉越、文莱除外）、苏拉威西等广大的区域，由太平洋和印度洋之间的 13 700 多个大小岛屿组成。荷属东印度群岛（亦称尼德兰东印度群岛）从嘉庆四年（1799）至 1949 年 12 月，一直为荷兰的殖民地（其中在拿破仑一世的战争期间由英国人占领并管理）。荷属东印度群岛与中国交往最频繁的苏门答腊、爪哇等岛屿，自古以来便是中外远洋航线必经之地，也是东南亚海岛地区最早出现华侨移民的地方。在清代，不少地方出现了华侨农业区、华侨矿业区，同时，华侨还建立起广泛的商业网。不过，荷属东印度群岛面积如此之广，发展差异如此之大，即使今天仍然有很多地方没有得到开发甚至处于荒蛮状态，那么，就可以想象在清代，华侨农业区、华侨矿业区这种多少带点集约型的经济发展区就显得十分势单力薄了。

第一节　华侨移民态势

　　荷兰联合东印度公司是在明万历三十年（1602）成立的，到嘉庆四年（1799），荷兰联合东印度公司便宣告结束。在公司存在的近 200 年间，荷兰殖民者把主要力量放在征服印度尼西亚群岛上面。顺治五年（1648）前后，科尼利斯·范·德莱在担任公司总督时期，在印度尼西亚群岛范围内西自马六甲海峡起，东至马鲁古群岛，形成了一个广大的殖民势力范围。从嘉庆五年（1800）开

始，公司的殖民地由巴达维亚共和国统治。巴达维亚共和国正式宣告荷兰联合东印度公司结束，并由国家接管。荷印统治时期正式开始，印度尼西亚各岛从此成为正式的殖民地。到19世纪70年代，荷兰人已把印度尼西亚群岛各重要岛屿和城市、港口都置于自己的控制之下，只有苏门答腊的东北部，尤其是亚齐地区，统治权还未确定。到19世纪90年代，荷兰在印度尼西亚外岛进行了广泛的扩张，印度尼西亚已经完全沦为荷兰殖民地。但是，在西加里曼丹岛的大地上，直到20世纪初，荷兰实际上仍然很少行使主权，直至它后来被逐出。

巴达维亚（巴城）是荷兰殖民统治的中心，也是华侨聚居的中心。巴城开埠后，华侨人口的增长特别明显，17世纪后，它已成为当时爪哇华侨的集散地。华侨世居在那里，新来的人也是在那里登岸，或是就地向亲友同乡寻求栖息之地，或是由此前往邻近乡间进行垦殖。① 荷兰总督曾用高额工资招引在万丹的中国人，而且对移居到巴城的华商课以轻税，并奖励华侨招引同乡来巴城。这些华侨一旦获得能够自立的资产，便在巴城安家落户，并与被送到这里做奴隶的巴厘女子通婚，华侨人口因此不断增长。此外在巴城增加的人口中，还有劫掠来的"契约劳工"，且参后述。

从18世纪初到乾隆四年（1739），中国帆船到巴城空前增多，每年有15～20艘。18世纪二三十年代，中土之人在巴城经商耕种者，共有十余万。② 莱佛士统治爪哇时，曾于嘉庆二十年（1815）进行人口调查。这一年巴城华侨人数为52 394，全爪哇华侨人数为94 441。而据《荷印地理及统计辞典》的记载，咸丰六年（1856）巴城华侨人数为40 806，全爪哇人数为135 749。③

在19世纪中叶以前，在爪哇的中国人中，以福建籍的商人和工匠占优势，讲闽方言者多。④ 侨生也以闽籍后裔多。以后新来华侨不断增加，光绪二十六年至二十九年（1900—1903），每年注册平均数有3 454人，1912年到1915年每年有7 907人。⑤

就整个荷属东印度的华侨移民来说，据荷兰当局的人口统计，咸丰十年（1860），华侨人口不过221 438，同治九年（1870）为259 560，光绪六年（1880）为343 793，光绪十六年（1890）为461 189，光绪二十一年（1895）为

---

① J. Th. Vermeulen：《十七、十八世纪荷属东印度有关华人的司法行政》，《南洋学报》第12卷第2期。

② （清）陈伦炯：《海国闻见录》。

③ 此据吴凤斌主编：《东南亚华侨通史》，福建人民出版社，1994年，第252页。

④ （清）徐继畬：《瀛环志略》卷二，"噶喇巴"条。

⑤ 史金纳：《爪哇的中国人》，《南洋问题资料译丛》1963年第2期，第27～28页。

469 524，光绪二十六年（1900）为 537 316，光绪三十一年（1905）为 563 449。[①] 可见，从咸丰十年至光绪三十一年（1860—1905）的四十五年间，华侨增加了约 342 000 人，即增长了 1.54 倍，平均每年纯增加 7 600 多人。

荷属东印度群岛各籍华侨中土生华人比例存在着巨大的差别，主要是因为契约华工大批移入。例如在鸦片战争前，爪哇的闽人占华侨总数的 80% 以上。鸦片战争后，大批出国华工便转到以广东各属府县为主（占 70% 以上，闽属各府县不到 30%）的地方。这样，以粤籍为主的契约华工便大批进入荷属东印度群岛，而闽籍华侨因为新客比例减少，则转向以土生华人为主体。

契约华工的大量增多是清代荷属东印度群岛华侨移民的一大特点，他们大部分是经过海峡殖民地来到这里，所以荷属东印度群岛的契约华工与前面海峡殖民地的契约华工在统计上有重叠之处。其时到巴城充当劳动力的中国人，既包括被掳掠出卖的奴隶（奴隶买卖），也包括被掳掠而来的契约工和自愿前来的因赊欠旅费而被典当的契约劳工。契约华工与自由华工或在当地招雇的华工比较，明显区别在于：契约华工的出国船费和伙食住宿费是赊欠的，不是自费的；他们必须按照契约合同为雇主做满一定期限的劳动，以补偿雇主所预垫的旅费；在合同期间内没有选择职业的自由和人身自由；雇主可以通过少给生活费、加强劳动强度和超经济剥削等方式从他们身上榨取更多的超额利润。

在荷属东印度群岛，巴达维亚、苏门答腊是吸纳契约华工最多的地方。通过这几个地方的契约华工情况，我们大略可以窥见其时整个荷属东印度群岛的华侨人口的增长特点。

巴达维亚的契约华工的数量情况与荷兰人不遗余力地招募和劫掠密切相关。荷兰东印度公司在明万历四十七年（1619）占领巴达维亚后，一面向外招募劳工，一面以武力进行人口劫掠，这样的招募和劫掠进行了很多年。康熙二十二年（1683）清朝统一台湾后，依然不断有中国人南来。例如，康熙二十五年（1686）就有 11 艘来自福建的中国商船（其中 8 艘来自厦门）开到巴达维亚，载来 800 名劳动者。[②] 新来劳动者被称为新客，大多身无分文，中国船把他们带来巴城，由当地雇主或亲友代垫其所欠旅费，承诺做工偿还。这种欠旅费入境的人被称为"农奴"。最初专门从闽南甘蔗产地招来的新客，绝大部分用作蔗糖业的雇工。据估计，18 世纪中期到南洋各地的新客华工，年平均有 1 万 ~ 1.2 万

---

① 荷印政府中央统计局：《1935 年统计年鉴》，第 41 页，此据福建省地方志编纂委员会编：《福建省志·华侨志》，福建人民出版社，1992 年，第 30 页。这些数字应该包含西婆罗洲。

② ［荷］包乐史：《东印度公司时期中国对巴达维亚的贸易》，《群岛》1979 年第 18 卷，第 207 页。

人。1805 年，新客华工已占荷属东印度人口总数的一半。[①]

苏门答腊的契约华工多且悲惨，后来苏门答腊成为契约华工最集中的地方。本来，在 19 世纪初，荷印华侨主要移往爪哇和西婆罗洲。但在 19 世纪中期以后，随着邦加、勿里洞锡矿的大规模开采和日里烟草业的发展，大批契约华工便进入苏门答腊。从 19 世纪 70 年代起，每年有 3 000 ~ 4 000 名华工进入苏门答腊。光绪十六年（1890）到 20 世纪初，每年进入苏门答腊的华工均达万人。[②]与之相对应，在苏门答腊的华侨人数持续增加的过程中，西婆罗洲的华侨人数则不断减少。

到苏门答腊的契约华工一是到日里种植园，从 1864 年开始输入。[③] 日里种植园的契约华工的来源地是华南。他们是到了槟榔屿和新加坡订立劳动契约后再转到日里来的。到 19 世纪 70 年代后，在新加坡、槟榔屿的许多失业者均赴苏门答腊的日里、色丹等地当苦力。此后到日里的契约华工猛增，有以下数字为证：同治十三年（1874），从海峡殖民地运到日里华工仅 48 名。光绪元年（1875）突增至 1 088 人。继后年年增加，每年有三四千的华工流入北苏门答腊，到光绪十六年（1890）达到 10 414 人。[④] 光绪十六年后，每年仍有 10 000 人左右进入苏门答腊。1911 年辛亥革命后，往日里的华工才显著减少。

光绪三年（1877）马来亚成立了华民护卫司后，日里种植园园主就与槟榔屿或新加坡华民护卫司签订招募华工合同，不再通过马来亚华人客头去招募。新成立的华民护卫司与原来操纵"猪仔"贩卖的华人客头，在贩运华工上展开了激烈竞争，各出"奇招"，加上华工家乡招工头的种种拐骗，结果是华工成为砧板上的肉，任由宰割，处境越来越悲惨。

到苏门答腊的契约华工的另一个目的地是邦加。在 19 世纪，邦加锡矿契约华工是从华南各口岸订约卖身，再经新加坡辗转出卖，往往数易其手。[⑤] 有林八记，又叫林阿八，三代任甲必丹，荷兰授以专利之权，与新加坡客馆联合，势力最大。[⑥] 林阿八与香港广义栈订有合同，与新加坡广福泰等也有密约，还在邦加经营胡椒园、橡胶园和文岛商店八间。此外还有其他在邦加替荷兰当局经办"猪

---

　　① 彭家礼：《历史上的华工出国》，《近代史研究》1989 年第 6 期，第 149 页；陈翰笙：《"猪仔"出洋——七百万华工是怎样被拐骗出国的》，《百科知识》1979 年第 5 期。

　　② 参吴凤斌主编：《东南亚华侨通史》，福建人民出版社，1994 年，第 322 页。

　　③ 卡德：《中国人在荷属东印度的经济地位》（续），《南洋问题资料译丛》1963 年第 4 期，第 130 页。

　　④ 坎贝尔：《中国的苦力移民》，《华工资料汇编》（四），第 265 ~ 266 页。

　　⑤ 代办新加坡总领事孙士鼎呈件，光绪卅二年八月初二，中国第一历史档案馆，侨务招工，3125 号。

　　⑥ 引自《南洋猪仔实况》，《华侨杂志》1914 年第 2 期，第 6 页。

仔"的"猪仔头",如黄光贤（三代甲必丹）、温庆武（二代甲必丹）、钟燧垣（二代甲必丹）及陈安益、陈梦丁父子等。从往中国内地去拐骗，到中国各口岸押送"猪仔"到新加坡，再到新加坡办理买"猪仔"，再到专门管押"猪仔"，每个"猪仔头"都各有一套人马。19 世纪末日里种植园从中国直接贩运契约华工后，邦加锡矿矿主除继续从新加坡方面获得转贩而来的苦力外，也从中国直接贩运苦力。

到苏门答腊的契约华工还有一个目的地是勿里洞。勿里洞锡矿最初由荷兰私人资本海牙勿里洞公司开采，咸丰元年（1851）招来华工 60 人，咸丰二年（1852）招来华工 388 人。这些华工均是从新加坡劳动力贩卖市场买来，并把其当作犯人一样来对待。咸丰三年（1853），勿里洞公司派出范·海登办理招募华工事务。他与矿区秘书冯宗顿一起到香港和黄埔招来 254 名新客，此为勿里洞首次从中国口岸招募贩运华工。此后数年中，经常有新客搭乘运货的"大眼鸡"船（在帆船两边加上两个大轮，有风驶风，无风则驶大车轮）前来，皆为自费。顺风半个多月可到，不顺风则要几个月甚至半年。据说，也有些华工是乘竹排前来的。咸丰十一年（1861）玛纥富矿开采后，生产剧增，还开发了发电照明设备。同治五年（1866），有 106 名新客自费前来。同治四年到五年（1865—1866）间，勿里洞已发展到有矿区 79 个，华工 2 081 人。光绪七年（1881）又有 800 名自由劳工流入工作条件较好的玛纥地区；条件较差无发电照明设备的武冷和丹绒班丹矿区则劳力缺乏。勿里洞后形成三大矿窑，即新路三合矿窑、岸党同茂矿窑和丹绒帝骨矿窑。

光绪十六年（1890）前后，勿里洞公司在香港设立招工机构，直接在中国口岸招工。该公司以香港孚通行为总机关，郭再麟为经理，与香港三益栈、公昌隆、八记以及汕头宝华兴、广应春等客栈互相联络，招纳新客。被招华工多是粤东兴、梅和潮汕地区人。进入勿里洞锡矿的华工，在咸丰二年至同治二年（1852—1863）间，每年只有数百人；同治三年（1864）后，每年开始以千计；光绪十年至十一年（1884—1885）以后每年以 5 000 人以上计，光绪三十一年（1905）后开始以万计，1912 年民国建立后以 15 000 人以上计。[①]

在谈到荷属东印度群岛地区华侨移民情况时，必须注意他们与当地民族通婚的融合问题。总体上看，荷属东印度群岛所在的某些地区如爪哇、苏门答腊等岛屿的华侨，应是东南亚海岛地带最早与当地民族通婚融合的华侨。到明初，荷属东印度群岛地区华侨与当地民族通婚融合已经不是猜想，而是确凿无疑的历史事实。当时苏门答腊巨港、爪哇泗水、锦石、三宝垄、下港等地华侨均各有数千

---

① 据吴凤斌主编：《东南亚华侨通史》，福建人民出版社，1994 年，第 312～315 页。

户，他们在当地定居通婚，多有从回回教门受戒持斋者。[1] 许多华侨在那里通婚定居，卒后葬该地。

进入清代，这种现象有增无减，甚至越来越多。荷属东印度群岛地区华侨与当地女子通婚的情况甚类似于海峡殖民地的"峇峇"，所生的混血儿称为"伯拉奈干"（Paranakan），意为土生的人，后用以专指土生华人。还有个别他称男性土生华人叫"峇峇"（Baba），女性土生华人已婚者叫惹娜（Nyonya），未婚者叫诺娜（Nona）。华侨的第一代若与当地女子结婚，第二三代甚至四五代后还会保留中国名字和风俗习惯，但以后各代就很难说了。

在荷属东印度群岛，由于华侨移民的历史较早，故华侨融入当地的问题尤其值得注意。

在爪哇北部三宝垄等沿海地区，华侨与当地人通婚繁衍已久，许多印尼原住民同中国人样子非常相似。[2]

在盛产香料的摩鹿加群岛的安汶岛，从 16 世纪下半叶到 18 世纪末，尽管华侨人数渐趋减少，但与当地女子通婚数量却不断增加，所生下的混血儿数量也在剧增。安汶华侨亦按当地风俗改信基督教。

华侨多属自由通婚，但也有小部分（以华商居多）采取"买奴为妻"方式。在 16 世纪以前一般是买妻一人或两人，到离开时又把妻卖出，子带回。17 世纪以后有所变化，若华人死去，其妻妾被卖掉，只留一个死者最宠爱的为正室。此类情况不多，在康熙十六年（1677）巴城数百名华侨男子中，最多只有 20 人买奴为妻。华人买回的女奴多为来自巴厘岛的马来女，供自己使唤，可以随意与之同宿，被买者也可以自由外出露面。巴城甲必丹颜二观（1638—1648 在任），娶巴厘女颜二雅（又名奶二官）为妻。二观逝世后，奶二官继其职任甲必丹（1648—1655 在任）。她未生过孩子，虽是文盲，但有才干，每事都亲自参加讨论和处理，左右了商业界，自己还拥有几只船。[3]

入清后到荷属东印度群岛华侨虽然连续不断，但跟以前一样，华侨移民的群体性现象不多，因而肯定加快了华侨融入当地的速度。但是，影响华侨融入当地的更重要因素显然是华侨女性人口的稀少。荷属东印度群岛女性华侨极少的情况，直到清代开始近 200 年后仍复如是。据记载，在嘉庆二十年（1815）三宝垄几百名华侨中，也只有两位裹小脚的中国妇女。[4] 在中国妇女极少出洋的情况

---

① （明）马欢：《瀛涯胜览》，中华书局，1985 年。

② 引自《印尼华裔少数民族问题译文专辑》，《南洋问题资料译丛》1963 年第 3 期，第 66 页。

③ 参吴凤斌主编：《东南亚华侨通史》，福建人民出版社，1994 年，第 212 页。

④ ［印尼］林天佑著，李学民、陈巽华译：《三宝垄历史：自三保时代至华人公馆撤销（1416—1931）》，暨南大学华侨研究所，1984 年，第 122 页。

下，华侨为了在当地生存立足，只能与当地女子或侨生女子结婚。乾隆四十八年至五十八年（1783—1793）在爪哇任私塾教员的漳州人王大海，在其所著《海岛逸志》中说："闽广之人，扬帆而往者（指爪哇），自明迄今，四百余载，留寓长子孙，奚止十万之众。"[①]

荷兰在统治初期，几任总督对华侨采取鼓励政策，对华侨和爪哇人也无严格区分，使得华侨与当地女子可以自由通婚。但到了18世纪，华侨一度遭到屠杀。荷兰人对华侨实施种族隔离政策，强迫外来移民必须居住在华人村、吉宁人村和阿剌伯村等特别区里。嘉庆二十五年（1820）荷兰人重申对华人居住、旅行的限制，道光元年（1821）实行通行证制度，道光四年（1824）禁止租借土地法令，道光十年（1830）实施强迫种植制，荷兰殖民者对华侨的统治步步强化。限定地区居住制度使得华侨与当地女子结婚所生子女，只能住在华人村里，即和父亲住在一起，长大后与同族华人子女通婚。随着这类通婚不断增多，逐渐产生了一个侨生群体。另外，从中国新来的移民又不断与当地女子通婚，混血侨生群体也不断壮大，伯拉奈干群体社会因此逐渐形成。

土生伯拉奈干通用商场马来语。这种商场马来语原为马来语和福建方言的混合语，最初在爪哇北海岸地区形成，以后发展到全爪哇。一般侨生第三代后就不熟悉中国语言，而采用当地爪哇语或巽他语。在信仰上，伯拉奈干皈依伊斯兰教或基督教。与华侨不同，改变信仰的伯拉奈干不留辫子，改穿当地服装，并改变姓名，取用印度尼西亚人名或阿拉伯伊斯兰教的名字，甚至行当地古怪风俗。

土生伯拉奈干族群的形成并没有使之成为一个稳固的群体，最重要的原因是其自身文化的逐渐流失。就土生伯拉奈干族群来看，主要表现为宗教信仰的改变。而其宗教信仰的改变在很大程度上是通过华侨通婚融化的方式表现出来的。例如，17世纪，巴城只有6个中国人信仰基督教。[②]乾隆五年（1740）后，华侨中信仰伊斯兰教者大大增加，到乾隆三十一年（1766），信仰伊斯兰教的中国人众多，以至于得由另一个甲必丹管辖。乾隆五十一年（1786），在巴城甲汶芝禄路建立了一个清真寺，专供信仰伊斯兰教的中国侨生祈祷之用。[③]王大海在《海岛逸志》中也说："华人有数世不回中华者，遂隔绝声教，语番语，食番食，衣番衣，不屑为爪亚（爪哇）而自号曰息览，奉回教，不食猪犬，其制度与爪亚无异。"[④]

---

① （清）王大海：《海岛逸志》，见《小方壶斋舆地丛钞》（第十帙）。
② H. G. 米利斯：《荷属东印度的中国人与基督教》，《南洋问题资料译丛》1956年第1期，第89页。
③ 甫榕·沙勒：《荷兰东印度公司成立后在印尼的中国人》，《南洋问题资料译丛》1957年第3期，第11页。
④ （清）王大海：《海岛逸志》，见《小方壶斋舆地丛钞》（第十帙）。

第二节　各种类型的华侨农业区

苏门答腊和爪哇等地很可能是东南亚地区最早有华侨农业区的地方。华侨较多选择以务农为业的主要原因，乃是社会经济的不发展、商品交换少。一直至 19 世纪末，自然经济基本上是处于支配的地位。这与荷兰殖民者允许、鼓励华侨从事农业生产相关。在 18 世纪末之前，居住在爪哇的华人可以自由获得土地从事甘蔗、胡椒、蔬菜、水果以及水稻的种植。

一、多种经营的华侨农业区

从现有资料来看，苏门答腊和爪哇等地的华侨农业多以农业区的形式出现。当然，现有资料不可能涵盖历史事实之全部，苏门答腊和爪哇等地不可能从来就只有华侨农业区而无分散的个体华侨农业。横向地看，一个时期某一带的华侨农业区的数量比较多，影响比较大，且其所在地也是引人注目的地方，以至人们忽略了此带相对偏僻的其他地方的比较分散的个体华侨农业的存在，因而没有被记载下来；纵向地看，某一带分散的个体华侨农业一开始还比较多，但由于华侨移民多且居住密集，他们又多喜欢按照地缘、血缘聚居，因此，分散的个体华侨农业很快便融进或者扩展为一个个集约经营、规模更大的华侨农业区。不过，即使是这样，应该仍然存在着一些不为人知的分散的个体华侨农业点，特别是在比较偏僻的地方。

从荷属东印度群岛的情况来看，并非所有历史悠久的个体农业户的最终归宿要么消失在历史的尘烟里，要么融为一个或数个规模化的华侨农业区，也有规模偌大的分散的个体农户长期存在的例子。明末巴城的个体农户便是这样。明万历四十七年（1619）巴城开埠后，彼得逊·昆招收大量华侨前来开发，包括华侨商人、工人、农人、园丁及渔民，华侨担任的工作是酿酒、割草、伐树、挑水、烧窑、制砖、打铁、制造木具、种植蔬菜和培植牡蛎等，且华侨经营的各个行业都要收税。[①]

从这里的描述很难看出这是一个居住地域相对集中的华侨农业区，只是看到一个各行各业各司其职的巴达维亚版的"清明上河图"。巴城是当时荷印地区最发达的城市。如上所述，巴城的华侨移民有多种途径，其中之一是在开埠之初，

---

① 参吴凤斌主编：《东南亚华侨通史》，福建人民出版社，1994 年，第 104 页。

荷兰总督曾用高额工资招引万丹的中国人，而且对移居到巴城的华商课以轻税，并奖励华侨招引同乡来巴城。这一政策极为成功，中国来的大帆船运来了大量中国移民。上述各种华侨应该就是这样来的。他们自立门户，在巴城内的华侨多数从事商业活动，形成了一个完整的商业网；同时也从事其他农渔业和杂工。这样，作为散户的他们，可以获得充足的维生资源，也可以自主地与当地民众发生经济联系，就没有必要像其他地方那样，抱成一团，以华侨农业区的方式谋取生存和发展。相信后来，他们中的大部分人会朝着从流动小贩到固定摊贩，再到零售商和批发商的个体谋生方向发展。

当然，在南洋地区，荷印的华侨农业区是比较典型的，表现在三种形式：一是多种经营的华侨农业区，二是专业性的华侨农业区，三是以种植园形式出现的华侨农业区。

下面是几幅颇为恢宏的多种经营的华侨农业区画面：

其一，明初苏门答腊出现的几大华侨农业区。当时有陈祖义、施进卿、梁道明等居此，各有户数上千。他们中，"多广东、福建漳泉人"[1]。每一支人马都可以看作一个有高度集权的华侨头领掌舵的农业开发区。其中的梁道明这一支记载最详："三佛齐分裂为三，为爪哇所灭，众推广东南海人梁道明为首领，久居其国，闽粤军民泛海从之者数千家。"[2]显然，这几个华侨农业区并非单纯的生产单位，它们同时也是武装割据集团，居住在里面的"村民"亦农亦兵。苏门答腊具有农业开发的优越条件，是个十分宜居宜耕之地，堪称一个海外的"天府之国"。史载，三佛齐"地土肥美，谓一季种谷，三季收稻。有牛、羊、猪、犬、鸡、鸭、蔬菜、果等"[3]。还可以推测，这里的华侨农业区也可能有个体华侨农业开发的久远历史。明初，在苏门答腊有三佛齐国，与中国的贸易往来十分密切。久而久之，便有中国人因各种原因移民于此，成为华侨。很多华侨在当地勤劳耕作，此后世代务农者不乏其人。他们很可能就是个体华侨农户。

其二，明初爪哇的新村华侨农业区。其时在爪哇，中国人居杜板（厨闽）者户千余，新村是华侨的称呼，史籍亦称革儿昔。故地即今印度尼西亚爪哇岛东北岸泗水附近的锦石，在 15 世纪以后为爪哇重要商埠。其时此地有华侨"户千余，居苏鲁马益（泗水）者户千余"[4]，是个规模相当大的华侨农业区。同时，他们又均系广东、漳、泉等处人。[5] 他们大多有一些园地种蔬菜、瓜果，养家

---

① 《明史·外国列传》，"三佛齐"条。

② 《明史·外国列传》，"三佛齐"条。

③ （明）巩珍：《西洋番国志》，中华书局，1961 年，"旧港国"条。

④ （明）黄省曾：《西洋朝贡典录·爪哇国第三》。

⑤ （明）马欢：《瀛涯胜览》，中华书局，1985 年，"爪哇国"条。

禽，以供食用或出售。该地出现华侨农业区毫不奇怪。据《瀛涯胜览》和《明史·外国列传》的描述，其地"商舶辐辏，贸易繁盛"。一方面，华侨因经商而聚居这里，年深日久，越聚越多，其中多有从事农业者，逐渐形成农业开发区。另一方面，这里的华侨农业区也可与该地十分发达的商业网（含华商网）"联网"，形成一个互相依托的华侨经济网链。

其三，明末万丹华侨农业区。万丹是 16 世纪后期至 19 世纪初期统治爪哇西部的伊斯兰教王国的首都。《明史·外国列传》"爪哇国"条和张燮的《东西洋考》称万丹港为下港。明万历三十年（1602），艾得曼·斯各特在万丹看到："中国人种植和采集胡椒，也自己耕种稻米。""其地有新村，约千余家，村主为粤人。"[1] 万丹华侨不但忙于经营商业，而且勤于经营农业，种植胡椒和酿酒，这也是一个多种经营的华侨农业区，人们在这里或商或农，或边农边商，显然也与当时万丹发达的经济产生互联。16 世纪下半叶以后，万丹经济获得巨大发展，这是该地出现华侨农业区的基础。万丹港曾是东南亚的重要贸易港口，一度取代马六甲的地位。当时来此港贸易的有土耳其、波斯、古吉拉特、孟加拉、勃固、中国以及印尼群岛等的商人；葡萄牙人也来此贸易。更重要的是，万丹统治者还重视兴修水利，努力发展农业生产，为万丹的经济发展打下牢固基础。

其四，明末的安汶华侨农业区。安汶以盛产丁香、豆蔻等香料著称。早在元代就有"唐舶每岁贩其地"，但当时华侨是否已经移居该地从事丁香、豆蔻种植，这条记载语焉不详。不过，传教士西巴斯疆·丹克尔特（Sebastiaen Dancket）1621 年到该岛时，看到该处有 40 家中国人，或经商，或拖运木材，或作石工，或烧砖瓦，或捕鱼，或耕种以及从事其他行业，等等。[2] 这一记载便明白无误地说明了这个华侨农业区的存在。而且还可以看出，这是一个包括农、商、渔等多种经营的华侨农业区，该处有 40 家中国人，即使以每家 3 人算，也有 100 多人。在元代，这个农作群体的规模已不算太小。今天的安汶虽然已是印度尼西亚东部最大的城市，但在当时却还十分荒芜，华侨已经在那里建起了农业开发区。这也是史料记载中最远最偏的一个华侨农业区，尤为值得注意。

其五，清末的日里裕兴公司与签旺公司的华侨农业区。两个公司的创始人都是张弼士。张弼士是广东大埔人，他于光绪元年（1875）在日里创建裕兴公司种植胡椒，以后又与梅县人张鸿南建签旺公司，种植橡胶、咖啡、茶、稻米、椰子等作物，又开鱼塘 200 余处，养淡水鱼，招收中国工人，发展华侨农业。显然，

---

① 参吴凤斌主编：《东南亚华侨通史》，福建人民出版社，1994 年，第 105 页。
② 参吴凤斌主编：《东南亚华侨通史》，福建人民出版社，1994 年，第 105 页。

裕兴公司是个专业的华侨农业区;而签旺公司则是一个多种经营的华侨农业区,也是目前可以检索到的唯一一个以著名华侨富豪为名号的华侨农业区。

二、专业性的华侨农业区

再来看专业性的华侨农业区。可举的例子有:

其一,清代巴达维亚专事甘蔗种植的华侨农业区。巴城华侨的甘蔗种植起源于明万历四十七年(1619)后发展起来的华侨蔗糖业。虽然在巴城发展糖业有许多不利条件,但到康熙五十年(1711),巴城已有131间糖厂,糖厂厂主84人,其中中国人有79人。其时有7 900名华侨农民种蔗,他们来自南中国,特别是闽南同安一带有种植甘蔗经验的农民。[①] 他们在城郊大抹脚、茄泊、顺达洋、和兰营、干冬墟、望茄寺、十二高地、支亚无、落奔、走马、丁脚兰(文登)、鲁古头诸处开荒种蔗,使用牛拖或水力推动石磨方法来压榨甘蔗,使产量有很大提高。顺治五年(1648)糖产量为24 500磅,顺治六年(1649),增至598 221磅,顺治九年(1652)达到1 464 000磅。[②] 以后华侨糖业走下坡路,乾隆十五年(1750)糖厂只有66家,嘉庆二十年(1815)仅有31家。道光六年(1826)后荷兰看到发展糖业有利,大力发展荷兰资本,华侨糖业日益受到排挤。

其二,卡里加韦的华侨渔业区。康熙十七年(1678),荷兰海军大将施贝尔曼到达三宝垄时,看到一个名叫卡里加韦的小渔村。虽然没有进一步的资料说明这个渔业区的详情,但三宝垄是重要的华侨聚居地,完全可以推断这个渔业区当时可以与三宝垄农产品市场对接。

其三,巴眼亚比的华侨渔业区。此地是苏门答腊岛中部马六甲海峡的一个沿岸城镇。滨罗干河口东岸,所在地为半岛形沼泽地,红树林广布。清朝同治年间(1862—1874),福建同安洪厝人洪思返、洪思良等11人到苏门答腊巴眼亚比落户、筑草庐、捞捕海产,以后发展成为东南亚著名的渔业中心(一般的说法是光绪六年即1880年开始成为重要渔业基地)。后来渔场面积达1 600平方公里,出产鲜、干咸鱼,虾,虾酱,蟹子等。开始时,此地全是中国人,福建人居多,其次是潮州人。

虽然上面所列的华侨农业区经营形式多样,有的规模不小,但基本上是为了满足内部需求,商品化程度不高。直到鸦片战争前,荷印的华侨农业区大抵还是

---

① 《葛喇巴传》,见《小方壶斋舆地丛钞》(第十帙)。

② [日]长冈新治郎:《十七八世纪巴达维亚的糖业与华侨况》,《南洋问题资料译丛》1983年第3期。

以维持自身生活所需为主，只有少部分产品在市场出售，包括与当地民族进行交易。鸦片战争后，由于资本主义商品经济的发展和大批契约华工的输出，华侨农业也有了很大的发展和变化。华侨农产物大多在市场上转变为商品，甚至连劳动者本身也成为商品了。

三、以种植园形式出现的华侨农业区

南洋的种植园，无疑都是殖民地时代的产物，但人们印象中的种植园园主，都是来自欧洲殖民地国家的富可敌国的大资本家，种植园园工都是奴隶，如果他们是华侨的话，则都是契约华工。一般来说，这没有错。这类种植园园主虽然不是华侨，但如果里面的绝大部分种植园园工是华侨（包括契约华工），则这类种植园仍应被看作一类华侨农业区。

一般人印象中的殖民地种植园都是殖民者的杰作，华侨即使拥有种植园，也只是拾殖民者的"牙慧"。但荷属东印度的种植园史表明，事实并非如此，至少并非全部如此。荷属东印度的种植园是殖民者在华侨垦殖的土地上"翻修"而成的。先是华侨开辟了一小块一小块的土地，18 世纪末到 19 世纪初，荷属东印度公司便从华侨手中夺下了各小块的土地，将之辟为经济作物种植园。这些华侨出卖耕地和作物后，便改营商业。① 因此，被殖民者"翻修"后的种植园，也就是换了新主人的华侨农业区，大多也仍保留了原先的"小块"性质。不过，有的华侨大资本家经营的华侨农业区，就令人刮目相看，如先前说的张煜南（1851—1911，字榕轩）和张鸿南（1861—1911，字耀轩）兄弟所经营的烟草种植园。

19 世纪六七十年代，荷兰在苏门答腊日里地区建立了大批烟草种植园，招募大批中国工人进行大规模种植。同治九年（1870），在整个苏门答腊东北海岸地区 4 000 名劳工中，除了 150 名是爪哇人外，其余都是华工。随着种植园经济的发展，在 19 世纪七八十年代中每年有三四千名中国劳力来到这里劳动。到 19 世纪末进入北苏门答腊的中国劳力每年有一万多名。光绪十四年至三十四年（1888—1908）仅从汕头运往日里的华工就达 132 187 人。② 照上述情况来看，这些烟草种植园多属于园主为非华侨但园工为华侨（契约华工）的一类。虽然无法一一赘列这些烟草种植园的名称，但可以肯定其数量不少。

张榕轩是活跃在 19 世纪末 20 世纪初的华侨实业家。他与弟弟张耀轩合作修

① 福建省地方志编纂委员会编：《福建省志·华侨志》，福建人民出版社，1992 年，第 32 页。
② 据吴凤斌主编：《东南亚华侨通史》，福建人民出版社，1994 年，第 107 页。

筑潮汕铁路，从而开创了中国近代史民营铁路先河的事迹，早已众所周知。作为著名慈善家，他在国内捐资修公路、铺桥梁、赈灾民、建学校等诸多善举，人们也耳熟能详。清政府与民国政府先后授予张榕轩四品和三品的荣誉官衔，并聘任其为中国政府驻槟榔屿副领事、南洋商务考察钦差大臣、农商部高级顾问，还授予其三等嘉禾勋章等事，也为人们所津津乐道。但是，张榕轩在棉兰的事迹，人们却知之甚少。

18 世纪末 19 世纪初，棉兰的名称还叫日里，土地肥沃，但处处是典型的荒蛮瘴疠之地。在这块有 9 条大小河流纵横的 2 000 余平方公里的大平原上，人烟稀少，只有一个一两百人的小村庄。荷兰人占领苏门答腊岛后，就打起了开发棉兰的算盘，但苦无开辟之策。就在这时，在巴达维亚与槟榔屿商场上拼搏了三年多的其时尚 20 多岁的客家人张榕轩来到了棉兰。他紧紧地抓住了这一机遇，于光绪四年（1878）成立了万永昌公司，在离今棉兰市区十多公里的地方，租借了一大片土地进行开垦。他从家乡梅县招来了一批乡亲，并在本地招募了一批原住民，边开垦边种植甘蔗、烟草和橡胶等经济作物。仅两三年工夫，张榕轩就在棉兰掘得了第一桶金。光绪五年（1879），他把 18 岁的弟弟张耀轩从家乡招到棉兰。兄弟俩先后投资数百万荷兰盾，在日里平原上开辟了七八座橡胶园和茶叶、油、糖等加工场，占地面积 100 多平方公里，职工人数数千，最多时竟有一万多人。张耀轩还买下一处荷兰人经营不善的大种植园。在他们的种植园与加工场的职工中，有华人、马来人、爪哇人、马达人等，其中绝大部分为当地的原住民。到这个时候，在日里地区，张榕轩兄弟旗下的种植园已有 30 多个。它们的最大特点是种植园里的工人来自多个民族，既有华侨，也有外岛民族，但以原住民为主。另外，30 多个种植园组成了一个大种植园，委托一个荷兰人为其总管，而整个大种植园却归张耀轩所有。张榕轩兄弟的经济活动不仅促进了棉兰地区的开发，还为棉兰地区提供了大量的就业机会。种植业的发展，带动了市场的繁荣。各国种植园园主纷纷前来棉兰投资。除了中国人外，还有荷兰人、印度人、美国人、英国人、德国人、瑞士人、法国人、波兰人、捷克人、比利时人等。

此时的张榕轩独具慧眼，除了继续发展种植业外，开始进军房地产业。不仅如此，为了适应市场发展需要，张榕轩还投资铁路、公路、电力、自来水、煤气等公用事业建设；创办万永昌商号，经营各种商品；还从家乡引进了各种蔬菜种子与淡水鱼鱼苗到棉兰种植与养殖，拓展了棉兰种植业、养殖业的范围，满足了当地人民日常生活的需要。

张榕轩还与当时南洋华侨首富张弼士一起，集股创办了日惹银行，以调剂棉兰全市的金融；集股创办了广福、裕昌两家远洋轮船公司，航行于棉兰、槟榔屿、新加坡、中国香港、上海各埠，大大拓展了棉兰与各商埠的联系。张榕轩兄

弟这一举措，使棉兰"地利日兴，商务是盛"，华夷工商辐辏，人称，"只二十年间……已达十余万众，遂俨然一大都会"。又经过十几年的努力，张榕轩的资产已达千万荷兰盾，成了印度尼西亚乃至东南亚叱咤风云的商界人物。鉴于张榕轩兄弟在当地华侨中的崇高威望，荷印当局先后授予张榕轩兄弟雷珍兰、甲必丹、玛腰的职位，让他俩管理棉兰的华社事务。在张榕轩兄弟的力争下，荷兰当局许多对华侨华人苛刻虐待的条例得以废止。荷印当局为表彰张榕轩兄弟的贡献，先后授予他们"阿兰惹拿苏"勋章，并聘为荷印政府的"高级顾问"。荷印当局还把棉兰一条最繁荣的街道，命名为"张榕轩街"。经日里苏丹的推荐，张耀轩还当了棉兰市市政委员。日里苏丹还特别赠给张榕轩一块 1 200 平方英尺的土地修建住宅（今榕荫堂所在地）。

据统计，光绪九年（1883），苏门答腊东部种植园的中国工人有 21 136 人，爪哇工人数量为 1 771；光绪十九年（1893）中国工人数量为 41 700，爪哇工人数量为 18 000；光绪二十四年（1898），中国工人数量为 50 846，爪哇工人数量为 22 256；光绪三十二年（1906），中国工人数量为 53 105，爪哇工人数量为 33 802；1913 年，中国工人数量为 53 617，爪哇工人数量为 118 517。[①] 这些种植园多是烟草种植园。从这些数字来看，苏门答腊东部种植园数量比邦加多得多，只从园工人数就可以看出来，而且，苏门答腊东部的种植园数量还在迅速增加。但仔细看来，苏门答腊东部的种植园园工分为华工和爪哇园工两部分，华工的比例在减少，而爪哇园工的比例在增加。姑且不论其原因，这至少说明苏门答腊东部的种植园的"华侨色彩"在逐渐淡化。

橡胶种植园是继烟草种植园后出现的另一类华侨农业区出现于 20 世纪初。当时国际市场上橡胶价格看涨，一些烟草种植园便改种橡胶。例如，日里橡胶园于光绪三十一年（1905）初开办，到宣统二年（1910），由于橡胶价格暴涨和烟草价格下跌，于是 60 000 英亩（约 24 281 公顷）烟草园突然被改造成橡胶园。

此外，还有胡椒种植园，这类种植园主要是在邦加岛。19 世纪中叶，华侨开始在邦加岛种植胡椒，到宣统二年（1910），已有华侨胡椒园 587 个，占地 12 000 公顷，椒农 3 346 人，以后规模不断扩大，到 1933 年，种植面积达 2 万公顷，这里以盛产白胡椒著称于世，椒农大多数是客家人。[②] 笔者对胡椒园的知识了解不多，但从这几个数字粗略计算，则可知一个胡椒园所需园工不是很多，平均五六人就可以了。

---

① ［日］奥田彧：《东印度农业经济研究》，1943 年日本外政协会发行，第 302 页，参吴凤斌主编：《东南亚华侨通史》，福建人民出版社，1994 年，第 377 页。

② 参吴凤斌主编：《东南亚华侨通史》，福建人民出版社，1994 年，第 108 页。

第三节　华侨锡矿业区

一、邦加锡矿区

邦加（Bangka）岛在苏门答腊东南，面积 11 340 平方公里，锡矿丰富，矿产遍布全岛。邦加岛锡矿发现于康熙四十九年（1710），最先由原住民开采，不久由巨港苏丹任命华侨管理锡矿开采。这样，整个邦加岛就成了一个庞大的华侨矿业地带。其实，邦加细分的锡矿区数以百计，逐年增加的情况不得而详。但据统计，宣统二年（1910），邦加有锡矿场（区）361 个，宣统三年（1911）有锡矿场（区）366 个。有材料说，宣统二年的工人平均数为 19 823，宣统三年的工人平均数为 21 292。如此算来，宣统二年每个矿区的工人平均数为 55 左右；宣统三年则为 58 左右。从矿区规模来看，应该不算大，但仍然属劳动密集型产业。

不过，一个华侨矿区所使用的工人数应该是随着年代的推移而逐渐减少的。有资料说，19 世纪和 20 世纪 10 年代，在勿里洞矿区的劳动是手锄肩挑的笨重劳动。苦力劳动都花在挖土和挑土上面。矿深有几十米以至百米的。同样，要阶梯式地往下挖，为防止倒塌，每一层要有七八十人砍树并打上木桩。锡湖有水时，要用“水车”一次接一次地把水抽到地面上来。据此可知，此时一个矿区的人数就比 20 世纪 10 年代的时候多，劳动强度也更大。

邦加的锡矿开采进程应是华侨启动的。先是华人甲必丹阿生带领中国人来到邦加，在矿业上进行有系统的组织，并对开采方法进行重大改进。此时起邦加锡矿差不多全部由华人掌握。康熙五十九年（1720），荷兰开始购买邦加锡矿，两年后取得锡矿贸易专利权，但锡矿权仍归巨港苏丹所有。其时，统治者们已经知道中国矿工的专长和技术，便派专人到中国南部招收工人。自 18 世纪以来，每个矿区基本上都有中国人。[①] 1782 年谢清高记述说：“日港国（即三佛齐）多处皆产锡，闽粤人采锡者甚众。”[②] 他所说应包括邦加的华侨锡矿区。乾隆五十年（1785）后，邦加遭到强盗和瘟疫袭击，华工死去不少，矿区一度停顿。嘉庆十七年至二十一年（1812—1816），英国从巨港苏丹中取得邦加锡矿权，大招华工进行开采，邦加锡产量遂大大增加。当时还有一部分锡矿操纵于华侨之手。嘉庆二十一年（1816）荷兰从英国手中接管了矿产权，仍采用中国人的技术开采。道

---

① 据吴凤斌主编：《东南亚华侨通史》，福建人民出版社，1994 年，第 148 页。
② （清）谢清高口述，杨炳南笔录：《海录》，“旧港国”条。

光二十年（1840）邦加人口有 24 000，其中华侨有 10 000，内有华工 6 000。[1] 鸦片战争和太平天国运动失败后，许多中国人出洋。大批契约华工特别是客家人的到来，使邦加锡产量从道光三十年（1850）的 5 000 吨，增加到光绪十六年（1890）的 100 000 吨。据荷印政府公布的统计数字可知，光绪十九年（1893）邦加华侨 28 363 人，其中矿工 11 446 人，锡产量为 119 513 担，光绪二十一年（1895）增为 169 197 担，光绪二十六年（1900）为 202 728 担，宣统二年（1910）为 261 146 担（每担 61.76 公斤）。[2] 又据统计，光绪二十六年（1900），邦加有 361 个锡矿场的产量为 16 686 吨；宣统三年（1911）有 366 个锡矿场的产量为 15 471 吨。[3] 就邦加锡矿区华工的地籍来源来看，以广东人最多，广西人次之，福建、湖南、江西、湖北、贵州人也有。从语言来看，绝大多数是客家人。

二、勿里洞锡矿区

勿里洞（Billiton）在邦加岛的东邻，纵横 80 多公里。乾隆十年（1745），荷兰人范·因霍夫（Van Imhoff）下令在勿里洞开采锡矿，但未实行，只带一些中国人进行了探测。道光五年（1825），荷兰当局派出代表带 20 名中国苦力重新勘探勿里洞锡矿后，于道光七年（1827）由荷方哈斯（Hease）事务官与华侨陈鸿奎（Tan Hang Kwee）签订开发合同，规定一切经费由陈鸿奎负担，锡卖给荷兰。当时中国采用土法即洗炼法采矿，规模小，到咸丰元年（1851）时，岛上只有 28 个中国人。这一年，荷兰私营海牙勿里洞公司，承包开采勿里洞锡矿，在新加坡劳动市场招募了 60 名华工进行开采。咸丰二年（1852），又招华工 388 人，分别在 10 个矿区开采。咸丰三年（1853），勿里洞公司首次到香港和广东黄埔招募 254 名新客，华工总数已达 700，分别在 20 个矿区采锡。开采之初，碰到的困难难以想象，产量不高，华工死亡率却很高。

咸丰十年（1860），海牙勿里洞公司进一步扩大投资规模，成立勿里洞锡矿公司。这年有华工 686 人，分别在 38 个矿区劳动，产锡 4 000 担。同治四年（1865），有 2 081 人在 79 个矿区内劳动，产锡 17 873 担。同治十二年（1873），有 4 300 人在 113 个矿区内当苦力，产锡 50 980 担。光绪十二年（1886），有 6 591 人在 92 个矿区当苦力，产锡 89 193 担。到光绪十八年（1892），有华工 8 681 人在 92 个矿区当苦力，产锡 106 246 担。华工每年不断地流入使产量大

---

① 卡德：《中国人在荷属东印度的经济地位》（续），《南洋问题资料译丛》1963 年第 4 期，第 119 页。

② 据吴凤斌主编：《东南亚华侨通史》，福建人民出版社，1994 年，第 150 页。

③ 参吴凤斌主编：《东南亚华侨通史》，福建人民出版社，1994 年，第 150 页。

增。1860 年勿里洞锡矿公司资本仅 100 万盾，而到了 1892 年，32 年中获利达 5 400 万盾。[①]

光绪十八年（1892）后，荷兰政府开始控制勿里洞锡矿，派三个代表驻勿里洞进行管理。勿里洞锡矿公司仍掌有锡矿所有权，但要向政府交 5/8 净利润。为了多招收华工采锡，光绪二十二年（1896），荷兰勿里洞锡矿公司试开汕头到勿里洞直达航线，从汕头运来华工 183 人。这年勿里洞华工 8 280 人，在 82 个矿区劳动，产锡 92 449 担。但招收华工不易，光绪三十四年（1908）又开香港与勿里洞直达航线，航程 7 天。这年勿里洞华工有 13 678 人分布在 81 个矿区劳动，产锡 66 685 担。

勿里洞锡矿劳动的华工在咸丰二年至同治二年（1852—1863）间，每年保持在数百人左右。同治三年（1864）后每年开始以千计，光绪十年至十一年（1884—1885）间每年以五千以上计。华工数字仅指每年在矿区劳动的人数，不包括每年更换劳动力而进入和辞退以及伤亡的数字。早期开发勿里洞锡矿的契约华工，死亡率是很高的，后来华工的死亡率虽逐年下降，但华工的人数从 19 世纪 50 年代的几百人发展到 20 世纪以后的上万人，所以，华工的绝对死亡人数并没有减少多少。

新及岛（Singkep）是苏门答腊东部廖内群岛中的一个岛。锡矿开采较晚，光绪二十五年（1899）荷兰当局授予海牙勿里洞私营公司开采新及锡矿特许权，有几个华人企业家经营该岛锡矿。到宣统二年（1910），产量才 405 吨；宣统三年（1911），为 469 吨。以后各年产量都在数百吨。[②]

那么，荷属东印度公司各华侨矿业区是如何进行内部管理的？据 1890 年出生、1909—1910 年在邦加烈港 10 号为矿工的傅世茂的口述资料，荷兰锡矿总公司下设分公司，邦加岛有 8 个港口（汶港、南榜、勿里洋、烈港、流石、槟港、高木、沙横），共有 8 个公司。每个分公司下辖各个"巴力"，各个"巴力"都编有号数（民国以后由荷兰殖民者编号）。[③] 这里，如上所述，每个"巴力"都属于一个独立的锡矿开采区，而"巴力"的负责人都是由华侨担任，故可以把一个"巴力"理解为一个华侨矿区。

关于每个巴力的开采过程，大约经过以下两个步骤：一是计划。荷兰锡矿各分公司每年的 12 月都召集各"巴力头"（矿区负责人）开会，研究锡矿事宜，议定下一年生产计划。荷兰殖民政府有预先钻探好的锡矿分布图，对各地区锡矿

---

① 常习之：《勿里洞华工事迹》，1963 年，第 4 页，此据吴凤斌主编：《东南亚华侨通史》，福建人民出版社，1994 年，第 154 页。

② 参吴凤斌主编：《东南亚华侨通史》，福建人民出版社，1994 年，第 152～163 页。

③ 黄重言等：《邦加烈港锡矿工傅世茂访问录》，厦门大学南洋研究所，1980 年，第 37～38 页。

的好坏和锡床深浅都了如指掌。"巴力头"若挖完一地锡矿要转移到他地时，由荷兰殖民政府再行分配。荷殖民政府则派出荷兰人到划定的地区，一边测量，一边计算，测量队长是荷兰人，队员则是华侨。此时"巴力头"也得想办法收买钻探工人和测量工人，了解该"巴力"蕴藏锡矿等情况，否则所得矿区就会产锡量不够，不仅无奖励甚至亏本。二是订约开工。巴力头欲开一矿区，要与荷兰"泰格米西"（音译）订立合同，由"泰格米西"统一发给米粮和工具，按人数拨给。米在每月的 20 日发放，锄头一人一把，编上号码，坏了按号码领取，遗失要赔偿。①

　　关于每个"巴力"的管理。首先，每个"巴力"都有一个"巴力头"。"巴力头"由华人充任。"巴力头"从带工中提升，也有"猪仔"出身的。荷兰殖民者给"巴力头"以较高的待遇。这是荷兰殖民者采取的"以华制华"政策的典型体现。但是，"巴力头"赚钱都没有超过三代，原因是"巴力头"所赚的钱都被其子孙花光。其次，每个"巴力"内的工作和人员由"巴力头"安排。"巴力头"之下有大工头（亦称"挂沙"，KUASA）、二工头（亦称"副挂沙"）、小工头、财库、烂脚曼律等人。他们应是非直接生产者，人数在各个时期不同。再者，"巴力"的顶头上司，即管理各"巴力"的负责人由荷兰殖民政府安排，他们叫"鸭信勒"，每一个"鸭信勒"管两三个"巴力"。他们每天都乘车前往矿区检查和视察，有时晚上也来。"巴力头"每天向他报告锡产量。然后，"鸭信勒"再把了解的情况上报"泰格米西"。"泰格米西"又向最高的被称为"锡王"的荷兰矿主报告。"泰格米西"每两个月或每一季度到矿区来巡视一次，"锡王"到矿区则更少。"鸭信勒"和"泰格米西"都由荷兰人充任。② 从上述情况来看，荷兰人对华侨锡矿区的管理是十分苛刻的，甚至是奴役性的。实际上，华工劳动没有星期天休息，一月只许放假两天。1900 年后开始用老式机器，1915 年才使用水力采矿法和老式铁船。

　　除了"巴力"这种面积比较大的华侨锡矿区外，荷兰殖民政府还组织私人开采，包括"巴力仔"和"做份"两种形式。私人开采的锡矿充其量只能算作华侨锡矿开采点，因为其面积很小。"巴力仔"一般都是不能进行大规模开采的，深度一般只有一二米，最深不过五米。开采时用手锄肩挑，没有机器；"做份"工人则自由组合，一般由二三十人凑成，少则十人八人，人人（包括工头）平等，一年分红，故规模自然很小。③

---

① 黄重言等：《邦加烈港锡矿工傅世茂访问录》，厦门大学南洋研究所，1980 年，第 37～38 页。
② 黄重言等：《邦加烈港锡矿工傅世茂访问录》，厦门大学南洋研究所，1980 年，第 37～38 页。
③ 黄重言等：《邦加烈港锡矿工傅世茂访问录》，厦门大学南洋研究所，1980 年，第 37～38 页。

第四节　华侨工业投资

一、华侨糖厂

荷印公司在巴城建设规模基本完成后，就采取措施吸引华侨前来，以发展制造业，特别是糖业。顺治五年（1648），公司宣布降低华侨人头税，希望趁清兵入关、中国政局动荡之际，诱使华人到巴城种植大米和甘蔗。①17世纪后期至18世纪前期，南洋华侨尤其是印尼华侨虽已建立了一些制糖业，但最终被荷兰资本排挤。荷兰东印度公司入侵印尼后，看到经营糖贸易可以获取巨利，就鼓励华侨在巴城亚承包制糖作坊，使华侨糖坊发展迅速。顺治七年（1650），巴城附近有糖坊20家，到康熙四十九年（1710），已发展到130家，其中华人经营的就有126家。但到了18世纪末，糖的国外市场扩大，由于荷兰商人从荷印殖民政府得到某种特权，在爪哇便出现了荷兰人制糖工业排挤华人制糖工业的现象。乾隆四十四年（1779），印尼的糖厂有55家，其中属于荷兰人制糖工业的有24家，华人只有26家，另外几家属荷印政府直接经营。②

在19世纪中叶以前，东南亚华侨虽然积累了一些资本，但由于历史条件的限制，华侨资本还没有完全转化为产业资本，只能对当地农民的农产品和出口经济作物进行加工，因而只是经营一些工场手工业和小工厂而已。例如康熙四十九年（1710），爪哇巴城地区的制糖作坊已达130间，分属84家，其中4家属欧洲人，1家属爪哇人，其余则为中国人，③一共有7 900名中国人在糖坊劳动。④

制糖工业是华侨在东南亚最早的一种工业。在十七八世纪，华侨曾一度独占经营爪哇的制糖作坊。荷兰人自19世纪中叶以后，就建立许多采用强迫劳动的大糖厂，华侨投资的糖厂地位便被挤垮。

东南亚华侨制糖工业，以荷属东印度群岛黄志信创办的建源公司规模最大。黄为福建同安人，因参加闽南小刀会起义失败，咸丰三年（1853）逃往三宝垄，受雇于华侨小商店，后逐渐发迹。同治二年（1863），他以300万盾的资本创立

---

　　① 《巴城布告集》卷二，第123页，转引自黄文鹿等：《荷属东印度公司时期巴城华侨人口分析》，第73页。

　　② 吴凤斌主编：《东南亚华侨通史》，福建人民出版社，1994年，第372页。

　　③ 见莫尔斯贝尔根：《荷属印度史》（第四部分），第43页，此据吴凤斌主编：《东南亚华侨通史》，福建人民出版社，1994年，第381页。

　　④ 见韩振华：《荷兰东印度公司时代蔗糖业的中国雇工》，《华侨历史论丛》（第二辑），1985年，第79页，此据吴凤斌主编：《东南亚华侨通史》，福建人民出版社，1994年，第381页。

建源公司，开始经营农副产品（文烟、甘蜜）等土特产及进出口生意。同治九年（1870），荷印殖民政府公布糖业法和土地法后，该公司开始种植甘蔗，加工制造精糖等业务。光绪十六年（1890），黄志信之子黄仲涵接管建源公司。他除经营糖业出口外，还经营橡胶、咖啡、椰干、木棉、茨粉、茶叶、胡椒等出口贸易。1894 年该公司添进巴基斯（Pakies）糖厂机器，进行机械化制糖生产，后来又陆续兴建及购进里约阿贡、丹古郎经、木奈及克莱贝四间糖厂。其糖厂及甘蔗种植园共占地 17 500 英亩，年糖产量约 101 500 吨。[①] 后来荷兰资本利用糖业法令及特权，对华侨糖业展开竞争和排挤，不少中小型华侨糖厂纷纷倒闭，唯独建源公司得以生存并获得发展。

二、华侨对其他行业的投资

（一）木材业

在荷属东印度群岛，早期华侨木材业的兴起，与新加坡经济发展紧密相关。苏门答腊森林资源丰富，距新加坡又近，因此为华侨发展木材业（苏门答腊华侨叫梆垄）及向新加坡出口木材提供了有利的条件。早在光绪六年（1880）左右，在苏岛东岸的一些小岛如凌加、新及及孟加丽，华侨就创办了木材业。当时经营木材业的人数不少，仅孟加丽一地，在光绪二十二年（1896）就有 84 家，光绪二十四年（1898）发展至 131 家，业主资本多属新加坡华侨。如在 1898 年孟加丽岛上的 131 家木材业中，仅两家属于荷属印尼华侨，其资本也是从新加坡获得的；128 家属于新加坡华侨，一家属于槟榔屿华侨。[②] 每个伐木场规模不大，工人数目一般是 25～40，极少在 60 以上。1898 年伐木工人仅孟加丽一地就有 3 400 人。木材业加工的木材，主要为新加坡的造船厂、锯木厂和家具厂等提供原料。[③]

（二）纺织业

南洋的纺织业，由于外国棉织品廉价进口，大量倾销，没有获得应有的发展。同时，南洋各国存在着生产当地棉织品（如沙笼、帕侬之类）的手工业和工场，华侨则通过这类产品的销售领域（收购人）投资和建立自己的工厂，并在这一生产部门起着相当重要的作用。

荷属东印度群岛华侨投资的纺织业，主要是花裙制造业。花裙，印尼语称

---

① 转见温广益等编：《印度尼西亚华侨史》，海洋出版社，1985 年，第 377 页。
② 卡德：《中国人在荷属东印度的经济地位》，芝加哥大学出版社，1936 年，第 219 页。
③ 吴凤斌主编：《东南亚华侨通史》，福建人民出版社，1994 年，第 399 页。

"巴泽"（Batik），布面印有各种图案和色彩，是荷属东印度妇女的喜爱物。19世纪末后，华侨逐渐掌管了花裙手工业。不少华侨开设了花裙工场作坊和花裙厂。尤以巴城附近的加烈、红牌及巴由兰区为花裙厂的集中地，厂主多是福建籍华侨。同时一些华侨商人为荷属东印度花裙业的手工业生产者提供原料，并购买其成品，到本国各地销售或输出国外。

（三）卷烟业

卷烟业是早期南洋华侨（尤其是印尼、菲律宾华侨）经营的一种工业。19世纪60年代荷兰及西方资本在荷属东印度群岛创办烟草种植园，并附设大型出口制烟厂。在此以前，当地民族及华侨创设的则都是小型及家庭手工业式的卷烟厂。卷烟厂是用玉米皮或棕榈叶将烟裹上，内放丁香，吸起来味道香辣，为荷属东印度人所钟爱。光绪六年（1880），中爪哇已成为这种卷烟的制造中心，最初归当地人经营，后来华侨也开始经营，大部分是小型工厂、工场作坊或家庭手工制造。华侨经营的卷烟厂多在中爪哇的北加浪岸、文池兰、巴突、马吉冷、新埠头一带。

（四）其他工业

在荷属东印度群岛，大米虽是主要输入商品，但在爪哇的一些产米中心，印尼华侨经营的绞米业比重也很大，55%～60%为华侨所经营。爪哇加拉营、芝甘北一带是主要的稻谷产区，也是爪哇华侨碾米厂的主要集中地。在70家碾米厂中，有67家为华侨所有。[①] 当时经营米厂的多为漳泉华侨（主要是当地出生的峇峇）。

华侨还在荷属东印度群岛投资一些工业，如在三宝垄、巴达维亚、井里波投资爆竹厂，在梭罗、谏义里投资石灰窑，在爪哇等几个大城市投资制冰厂，还投资雪茄厂、香烟厂、饼干厂、汽水厂、印刷厂、修配厂等。[②]

第五节　华侨商业网

一、小商贩

荷属东印度群岛华侨到东南亚历史最久，人数最多，华侨小商贩在不同的历

---

① 卡德：《中国人在荷属东印度的经济地位》，《南洋问题资料译丛》1963年第3期，第56页。
② 参吴凤斌主编：《东南亚华侨通史》，福建人民出版社，1994年，第400～401页。

史时期均占有一定的比重。早在西方殖民者来到南洋以前，华侨小商贩就在东印度群岛进行经营。14—16 世纪，荷属东印度群岛的华侨小商贩已在沿海城市进行贸易活动。他们多半来自贫困的中国乡村，到东印度群岛后，受雇于富商，往来于东印度群岛与中国之间。其时每年从中国到印度尼西亚的小商贩约为 1 000人。其中一些人定居下来，在万丹、占卑等地经商，繁衍后代。郑和下西洋时，在爪哇的杜板、苏鲁马益、革儿昔等地已住有闽粤人。

明万历四十七年（1619）荷兰人占领巴城，土著居民随酋长逃到万丹，巴城几乎成为空城。巴城总督库恩（Jan Perszoon Coen）一心想打开对华通商之门，并急于把巴城建成贸易大本营，而当务之急，是充实巴城人口。库恩双管齐下，一方面，尽力招徕华侨；另一方面，动员荷兰平民移居巴城。后一计划很快搁浅，很少荷兰平民愿意到位于热带而又未经开发的巴城。少数到来的荷兰平民，按库恩说法，只是些"素质最恶劣的荷兰公民"。因此，库恩将开发巴城的希望全寄托于华人身上。

库恩允许万丹的华商逃来巴城后可得到贷款，并帮助华商从万丹出逃。早在17 世纪初，繁盛的万丹港就活跃着华商。万丹王厚待华侨，利用华商参与管理对外贸易。明万历三十七年（1609）到过万丹的德国人约翰·威尔根（Johan Verken）记载，万丹的华人经营着全印度未曾见过的盛大贸易，有几千人在那里居住，其中大部分人很富有。荷兰人开发巴城后，极力招徕万丹的华商。巴城开埠初期的大华商杨昆（Jan Con）和继苏鸣岗后成为甲必丹的林六哥（Lim Liucon），原都是万丹王室的座上客，但为荷兰人所挖走。后来杨昆、林六哥还充当非正式外交使节，负责与万丹王的谈判，达成暂时休战条约，使荷兰人赢得时间来建设巴城。[①] 库恩又训令公司舰队和商馆，招徕南洋各地区商埠的华商。明万历四十七年至泰昌元年（1619—1620）间，他四次致函北大年荷兰商馆，要全力劝诱居住在那里的华人（特别是木匠）前来巴城。如若其不愿意来，可以公司名义雇用他们，发给高工资，且欢迎他们携带妻儿一起来，其眷属一样可以得到工作维持生活。他同时还命令前往占卑、北大年、平户等地的船队要大量招徕中国人，特别是木匠、伐木工和渔民。库恩甚至于明天启二年（1622）训令公司派到中国沿海的舰队司令莱尔森占领澎湖，建立商馆，开拓与福建的贸易。如果与中国开战，就尽可能地掠夺中国男、女儿童，充实巴城、安汶和万丹。荷印公司不但在巴城草创时期尽力招诱华侨，在该城建设规模基本完成后，仍采取措施吸引华侨前来，发展各项事业。

由于荷船因中国禁令不能到中国沿海直接贸易，荷印公司乃极力招诱华船到

---

① 吴凤斌主编：《东南亚华侨通史》，福建人民出版社，1994 年，第 58 页。

巴城，以获得渴望已久的中国商品。帆船是早期华侨出国的主要工具，华船来巴城，常带来大量华侨。尽管中国政府严禁华民移居国外，但并非可以全部禁止。巴城华侨仍与日俱增。明万历四十七年（1619），巴城华侨只有 300 余人。顺治十八年（1661），迅速增长到 5 000 余人。[①] 华侨人数迅速增加，使巴城各项建设和贸易走向正轨。华侨几乎承建了所有的城堡、城墙、运河、房屋，连主要建筑原料，如木料、石灰、石材也由华商供应，蔗糖生产、零售业也几乎由华侨承包。甲必丹苏鸣岗、林六哥都是有名的承包商。大华商杨昆更几乎承包了全部城墙建筑及数条运河的挖掘，他还伙同苏鸣岗承包赌税、人口税等税收。

16 世纪末，荷兰人德霍特曼率船抵达万丹时，就见到有穿着伊斯兰教教徒服装的华侨小商贩，也有头戴纺织物方巾、身穿广袖、淡黄色中国服饰的华裔小商贩。[②] 16 世纪 90 年代，荷属印度华侨有 20 多万人，而华侨小商贩就有 25 927 人，当时中国人分布在 3 000 个以上的爪哇乡村中，几乎大部分的乡村都有华侨在那里经营，且多数华侨商贩的经营很成功，营业额较大。

荷属东印度公司原先为了垄断贸易尤其是香料贸易，曾于明万历三十四年（1606）宣布除荷兰东印度公司以外，禁止其他公司私自与印度尼西亚东部贸易，并使用武装舰只封锁这一地区。中国商船经常被荷人掠夺，船上所有中国商人包括华侨小商贩被掠劫。这种海盗行径一直扩展到中国沿海。为确保香料贸易的垄断地位，康熙六年（1667），东印度公司规定华人收购胡椒的 2/3 必须按限定价格出售给该公司。康熙五十三年（1714），公司禁止华人船只到巨港等地的胡椒产区去运载胡椒。乾隆十一年（1746），公司禁止中国商船直接由中国到望加锡、马辰和东部沿海各地港口停泊，所有船只除持有特别证明外，一律必须先到巴达维亚港口等。这使原先经营海上贸易（包括对外贸易和岛际贸易）的华侨商人（包括华侨小商贩）乃逐渐定居在沿海城市及地区。因而，华侨商人的海上贸易功能逐渐衰退，华侨小商贩的活动得到加强。

据估计，从 17 世纪 20 年代至 30 年代，平均每年就有 5 艘中国商船抵达巴达维亚，顺治十二年（1655）后，平均每年有 10 艘。[③] 他们大多是小商贩，有的上岸后肩挑中国瓷器到处叫卖。[④] 另有华侨小商贩随船到荷属东印度群岛的其他岛屿。

---

① 《巴城布告集》卷二，第 123 页，此据吴凤斌主编：《东南亚华侨通史》，福建人民出版社，1994 年，第 57 页。

② 转引自《南方年鉴》（日文），《南方年鉴刊行汇编》，1943 年，第 104 页。

③ ［荷］包乐史：《东印度公司时期中国对巴达维亚的贸易》，《群岛》1979 年第 18 期，第 204 页。

④ 黄文鹰等：《荷属东印度公司统治时期巴城华侨人口分析》，厦门大学南洋研究所，1981 年，第 38 页。

从 17 世纪 70 到 80 年代再至乾隆五年（1740）巴城"红溪惨案"发生前夕，居住在巴城市区的华侨不少从事商业，其中大部分是零售小商贩，包括在市场上或者街边摆小摊者、肩挑货物来往城乡的叫卖者，以及开设小店铺固定摆摊者。另据估计，在 18 世纪中叶，巴城华侨从事商业者占华侨总人数的 22% ~ 26%。到 19 世纪 70 年代，荷兰殖民政府在荷属东印度群岛推行自由经济和门户开放政策时，西方资本的大量涌入，当地工农业的发展，商品市场的扩大，也促进华侨小商贩人数猛增。据统计，明万历四十七年（1619）巴城市区华侨只有 300 ~ 400 人，崇祯元年（1628）增至 3 000 人，康熙三十九年至四十八年（1700—1709）间，巴城市区华侨已有 429 人（占市区总人口 21%），郊区华侨 5 256 人（占乡区总人口 11%），合计 9 548 人。另据统计，光绪十九年（1893）荷印地区的华侨商业人口为 38 890，占其就业总人口的 20.8%，其中小商贩为 25 927 人，占从事商业人数的 2/3。①

爪哇地区华侨小商贩的比例跟其他地区不一样。鸦片战争前，在爪哇地区的华侨人数中，巴城约占一半。乾隆七年（1742），巴城华侨从事种植业（主要是甘蔗）和手工工匠者约占了 77%，从事商业者不到 23%。这一比例到 19 世纪初并没有多大变化。在爪哇其他各埠的华侨中，小商贩的比例应大于巴城，至少占 40%，其次仍是种植业和手工业。②

一些华侨零售商喜欢走乡串村，赊售国外进口的布匹、小五金和日用百货，待农民在作物收成时，以烟叶、椰干、胡椒等土产偿还。另外，华侨商人还充当殖民者收购土产和倾销工业品的中介商。因此，一般的侨商经济活动，仅限于传统小种植业、零售商和中介商的范围。在荷印时期，福建侨商多是靠经营土特产起家的，在当地流通领域一直占有重要地位。而福建侨商大多数是小本微利的中介商和零售商，一些较大的商号也多是以家庭为中心进行经营，因此发展得比较慢。

在荷属东印度，华侨小商贩存在着流动小贩、固定摊贩和小商之别。

流动小贩为最低级的经营形式，都是小本经营。诸如肩挑或用小推车（或用自行车）装载百货、蔬菜等日用品的货郎担及走街串巷叫卖和深入农村收购土特产的小贩等。其经营形式多种多样，有专门从事叫卖的，有专门从事收购土特产的，也有售卖和收购同时并行的，这在南洋各地都普遍存在。在荷属东印度群岛，最常见的一种是沿街、沿村叫卖的华人小贩，称为克郎当（Kerongton）。

固定摊贩，多设在政府当局指定的集市地点，与各族小商贩混杂一起，设摊经营，一般都有固定的摊位和营业时间。早期的下港（万丹），是当时爪哇最大

---

① 参吴凤斌主编：《东南亚华侨通史》，福建人民出版社，1994 年，第 342 ~ 344 页。
② 参吴凤斌主编：《东南亚华侨通史》，福建人民出版社，1994 年，第 256 ~ 257 页。

的港口，华侨居民约有 2 000 人。① 据记载，下港日中开有三个地方的市场，交易着各种商品。第一市场按照国王的命令，开设在首都东部的广场。每天日出，就来了葡萄牙、阿拉伯、土耳其、中国、基陵、庇固、马来、孟加拉、古遮拉特、马拉巴尔、阿比西利亚以及印度等各地人，随他们各自所好的地方，把商品陈列交易。第一市场一般进行到上午 9 时为止。第一市场闭市后，第二市场就在王宫广场开市，贩卖各种日常用品。在这里土人也把胡椒卖给中国人。第二市场一般进行交易到中午为止，有时也继续下去。下午市场就在唐人街开市，也贩卖着各种日用品，山羊和鸡也在这里出售。这个市场一直从下午开到夜半。② 在张燮《东西洋考》一书中，中国人的市场街在"大涧西"。市场上有许多摊贩。

小商，即具坐商性质的小零售商。在荷属东印度群岛，华侨小商称为"亚弄店"（Warung）。

南洋华侨小商贩有很浓厚的乡帮色彩。小商贩经营活动，依其地域不同而有所区分，且世代相传。在荷印地区，闽南华侨主要经营与输出贸易、土特产、鱼产品有关业务；客家人大多数做与工业品进口有关的零售商品的生产；福清人经营布匹的为多；而广府人则经营与酒楼、餐馆、旅馆、洗衣店有关的行业。这种行业的区分不很绝对，不过各帮有所侧重则极其明显。

在华侨从事的经商活动中，也有少数发财致富者。在爪哇万丹的华侨中，有被称为阿姆斯特丹人的雇主的陆美（Lakmai）；有经营胡椒与檀香木的沈树安（Simsuan）；有皈依伊斯兰教的林哥（Limco）；有乾隆五年（1740）在"红溪惨案"中遭到荷兰殖民者抢劫达 10 万资产的华侨甲必丹连富光；还有三宝垄华侨甲必丹因为"煮海为盐，文田为租，皆其所有，得膺其职，富逾百万"，以及建有蛰园别墅的富侨黄梁峰等。③

为什么华侨原先多选择以务农为业，而到了 19 世纪末 20 世纪初华侨小商贩人数会大量增加，活动区扩大？除了适应客观社会经济发展变化的原因外，还和殖民当局的改革有着直接的关系。诸如：

其一，禁止华侨拥有土地。华侨出国大部分是脱离了土地的农民和失业的手工业者，到南洋后，只要能谋生，还是愿意与当地的土地发生关系的。但到了 18 世纪末，荷印殖民当局在西爪哇开始禁止华侨拥有土地，而禁止华侨拥有土地的法令在 19 世纪初正式颁布，并作为一项固定政策。于是，一些原来务农的

---

① ［日］岩生成一：《下港（万丹）唐人街盛衰变迁考》，《南洋问题资料译丛》1957 年第 2 期，第 109 页。

② ［日］岩生成一：《下港（万丹）唐人街盛衰变迁考》，《南洋问题资料译丛》1957 年第 2 期，第 109 页。

③ 参吴凤斌主编：《东南亚华侨通史》，福建人民出版社，1994 年，第 379 ~ 380 页。

华侨只好弃农经商，从事手工业或小商小贩的经营活动。同治九年（1870），荷印政府公布土地法，不许华侨在爪哇从事小种植园生产，规定印尼人占有的土地，不许转让给非印尼人，而所指的非印尼人，主要就是华侨。因此华侨的经营范围就被局限在商业和手工业。

其二，废除通行证及居住区域的限制。19世纪五六十年代以后，西方资本加紧对南洋各国的入侵，相继在各国推行自由经济和门户开放政策。原先在嘉庆二十一年（1816）荷印殖民政府颁布《荷印居民通行证法令》，道光十五年（1835）又制定《荷印居民居住区域条例》，这不仅在政治上对华侨进行歧视和迫害，也在经济上限制和排斥华侨的商业活动，阻挠了商业及小商贩的发展。同治九年（1870），荷印废除强迫种植制，废除通行证及居住区域限制，对华侨小商贩的人数增加产生了影响。光绪三十年（1904），荷印当局宣布放宽旅行通告证办法，宣统二年（1910），旅行和居住的限制再度放宽，规定华侨到爪哇、马都拉的主要城市和主要公路附近旅行都免去通行证，以后又根据1914年、1915年和1916年公布的法令，全部撤销对华侨居住和旅行的限制。这样，不少华侨就可以从沿海城市或沿海地区到乡村或内地集镇去从事小商、小贩的经营活动，因而也加速了华侨小商贩的扩大和发展。

其三，南洋地区居民存在"轻商重农"观念。南洋农民都附着于土地，土地肥沃，不愁温饱，使他们不易改变传统的劳动和生产方式，这也促成了早期华侨能较顺利地进入贸易和商业领域。还有一个不可忽视的因素，即南洋农村的农民和城市的居民的经济行为还受着当地宗教习俗的影响，视经商为"可恶的牟利活动"，以致一般人都不愿跻身于商界。到19世纪中叶以后，南洋农民商品经济发展起来，需要更多人销售产品，华侨从事商业正好适应了这个要求。

其四，城市人口增加也有利于华侨小商贩的增长。城市人口的发展，加重了对商业的依赖，特别是对于供应日常的零星消费品的需要，有利于贫苦的华侨移民者转变为经营小商贩；再加上城市里早就有定居的华侨富商，可为华侨小商贩提供货物或资本。这也是华侨小商贩在沿海城市得以发展起来的原因之一。

最后，还有一个原因往往为人所忽视，这就是中国对荷属东印度的技术与货物输出。荷属东印度很多日用品的生产和制造技术、工艺是华侨从中国带过去的。例如，胡椒种植、积肥养鱼、种茶焙茶等方法是由闽、粤沿海移民传入的；造船、造纸、制陶等技术是由福建工匠带去的。福建华侨的商业活动主要是从爪哇输出糖、烟，再从中国输入茶叶、丝绸、鱼干、食品。中国的先进生产技术促进了居住地的经济发展，同时也必然联动性地使华侨加入这些技术所产生的产品及其相关产品的销售行列。

二、华侨包税（饷码）

承包税收是华侨资本积累的重要途径之一。在南洋各地，承包税收原叫饷码（Farmer）。南洋承包税收制度的广泛实行主要是在荷兰东印度公司时代，直到20世纪才结束。

17世纪以后，荷兰东印度公司首先对殖民地人民课以各种税收，诸如鸦片税、酒税、典当税、赌博税、屠宰税等，名目繁多。殖民政府采取投标方式，把各种税收给予出价最高的投标人承包。概括来说，税收承包大概可分三类：一类为税收承包，为殖民政府对当地人民及华侨实行的税收（如人头税、屠宰税、米税、鱼税、市场税），通过投标由承包者承包。另一类为专卖承包（如鸦片、酒、烟、赌、盐及典当），这些项目或经投标承包，或由西方殖民政府委托华人官员（如甲必丹、雷珍兰）、华侨商人专卖或专营。第三类为村社承包，这是由承包人承包某一村社的各种捐税（主要在荷印统治时期的爪哇地区）。殖民者采用承包来进行征收，大多每年投标一次，也有两三年投标一次。这样做有利于西方殖民者，因为商人在投标中互相竞争，致使有些项目的投标甚至比原税收还高，这就增加了殖民政府的收入，而承包者也可从中攫取一定的利润。

南洋地区的税收承包制是一种商业活动，西方殖民者和当地统治者对税收承包是采取公开投标，只要谁愿付出最多的租金即可中标承包税收。故承包人大部分是华侨的中上层人物，其中不少担任过玛腰、甲必丹或雷珍兰等职务，也有许多是华侨秘密会社的领袖或华侨商人。如张弼士，字振勋，道光二十年（1840）生于广东大埔，17岁往巴达维亚谋生。凭借着自己的勤奋与机智，他短期内在巴城建立了经济基业。嗣后，他将其经济实业扩展至苏门答腊、槟榔屿和彭亨等地，而成为卓越的种植业家、金融业主、矿主，同时还是航运业及其他实业的董事。光绪十九年（1893）被清廷委任为中国驻槟榔屿副领事。两年后，升任驻新加坡总领事。在国内创办了烟台张裕酿酒公司等实业，为中国近代工业的发展作出了贡献。张氏的发家致富，与承包税收有密切关系。他向荷印政府领得一大片荒地，以及所需要的资金、工具、种子等，率当地华侨、工人和国内乡亲从事开垦种植，不数年就使丛林沼泽之地成肥沃美丽之农园。荷兰殖民者把当地烟、酒、赌、当等税收承包给张，张获利倍增，逐渐发展至其他地区行业，成为当时印尼和马来亚二地之巨富。[1]

在南洋各地承包税收的并非只有华侨，也有其他欧洲人和当地人民。从康熙

---

① 参吴凤斌主编：《东南亚华侨通史》，福建人民出版社，1994年，第386页。

十八年（1679）十二月《巴城日记》所记载的专利特许项目及其承包人一栏可以明显地看出。在 1679 年巴城的 20 个特许承包项目（中国人人头税、蔬菜行商及商店税、船内零售税、鱼市场税、过秤税、屠宰税、制蜡税、中国烟草制造税、中国赌博税、过秤人员税等）中，由华侨承包的只有 11 项，占 55%，每月承包金额 6 392 银圆，约占总额 9 405 银圆的 68%。[①] 另据统计，在嘉庆元年（1796），在荷属东印度公司统辖下的印尼 8 536 个村落中，只有 1 134 个村落是由华侨承办税收的，仅占 1/8 强。[②] 但在某些承包税收项目中，如华侨人头税、赌博税、鸦片税、烟草税、酒税、典当税以及市场税等方面，华侨承包税收占有较大的比例。有些地区在一定时间内几乎为华侨全部承包。[③]

华侨具备承包税收专利的一定条件。他们中不少人担任甲必丹、玛腰或雷珍兰等职务，熟悉当地社会环境，懂当地语言。这是西方殖民者所不能做也不愿做的。例如爪哇贩卖鸦片、管理轮渡、经营当铺和管理赌场等，都必须借重中国人。另外，西方殖民者和当地政府承包的某些税收项目是针对华侨的。例如巴城华侨人头税从泰昌元年（1620）开始征收，初期由荷兰东印度公司直接派人征税，但从顺治十五年（1658）以后，公司决定收人头税由华侨承包。[④] 又如鸦片税、赌博税、烟税、酒税也是针对华侨而设的，因为绝大多数劳工都是单身出外，一般都与鸦片、烟、酒、赌博结缘，而殖民政府鉴于对华侨情况不了解，语言不通，遂因利乘便，将赌、烟、酒等税收由华侨去承包。殖民政府由此增加了庞大的税收，而承包者也从中获取巨利。[⑤]

应指出，荷属东印度华侨的经济活动是向多元化方向发展的。例如，对银行业的投资，便是一个重要标志。在荷属东印度群岛，华侨经营的银行，以黄仲涵于光绪三十二年（1906）创办的"黄仲涵银行"为最早，创办资本为 400 万荷盾，总行设于三宝垄，在泗水设有分行。该行的设立主要是为了适应建源公司在东、中爪哇糖业和其他企业发展的需要。民国后华侨陆续创办其他银行。[⑥] 不过这时已临近清末了，华侨在金融业的更大发展是在民国时期。

---

① 《巴城日记》，1679 年，第 634 页，转载自［日］岩生成一：《论安波岛初期的华人街》，《南洋问题资料译丛》1963 年第 1 期，第 142 页。

② 富尼华：《荷属东印度》，1944 年，第 46 页，据吴凤斌主编：《东南亚华侨通史》，福建人民出版社，1994 年，第 388 页。

③ 参吴凤斌主编：《东南亚华侨通史》，福建人民出版社，1994 年，第 388 页。

④ 《巴城日记》，1657 年，第 344 页，转引自温广益等编：《印度尼西亚华侨史》，海洋出版社，1985 年，第 108 页。

⑤ 参吴凤斌主编：《东南亚华侨通史》，福建人民出版社，1994 年，第 390 页。

⑥ 《南洋年鉴》（第十篇癸），新加坡南洋报社有限公司，1951 年，第 145 页，参吴凤斌主编：《东南亚华侨通史》，福建人民出版社，1994 年，第 422 页。

第九章　西婆罗洲

第一节　华侨移民态势

在地理上，西婆罗洲即现在加里曼丹岛中属于印度尼西亚那一部分，清代时属荷兰的殖民地。

清代以前，华侨与包括西婆罗洲在内的加里曼丹岛的关系主要是与沿海当地民族之间的贸易往来，也肯定在个别地方有华侨零星定居，但这些都淹没在历史的尘烟中。只是到了 18 世纪中期以后，随着西婆罗洲发现金矿，大批华侨才涌进这里。有资料说在乾隆二十五年（1760）至嘉庆二十五年（1820）的 60 年间，每年进入西加里曼丹的华侨就在 3 000 人以上，到 1820 年，那里已居住着 15 万华侨。若真如此，则这些华侨应多是淘金者，或因淘金而来，而后在那里从事华侨社会所需的农业、商业、手工业等。前者应占多数。可以肯定，金矿的开采，使西婆罗洲迥异于北婆罗洲，也使西婆罗洲华侨的职业迥异于北婆罗洲华侨的职业。

西婆罗洲的华侨人数在变动中，主要是随着金矿开采的兴衰而增减。一说 18 世纪至 19 世纪，西婆罗洲每年华侨人口数在 3 000 以上。道光十四年（1834）西婆罗洲的华侨总数在 15 万左右。[①]

到 19 世纪中期，随着邦加、勿里洞锡矿的大规模开采，日里烟草业的大发展，西婆罗洲金矿逐渐枯竭，而其他行业未及时发展起来。于是，旧客移出，新客罕至，西婆罗洲的华侨人数大大减少。西婆罗洲的华侨绝大多数为客家籍。几代人以后，西婆罗洲便以土生华人为主体了。

---

① ［英］巴素：《东南亚的中国人》，《南洋问题资料译丛》1958 年第 2～3 期，第 128 页，参吴凤斌主编：《东南亚华侨通史》，福建人民出版社，1994 年，第 252 页。

第二节　华侨农业区

西婆罗洲最早的滞留华侨是元朝军队征爪哇时，在勾栏山（格兰岛）遗有病卒百余，留养不归，后繁衍，[1] 与当地人丛杂而居之。[2] 他们是早期定居当地耕种的中国人。既然这些不情愿做华侨的华侨本为士卒，人数又少，且与当地人杂居，因而不可能形成独立的华侨耕垦点，更不可能形成华侨农业区。

清代以来，西婆罗洲的华侨农业才有较大的发展。谢清高于18世纪来到婆罗洲时，看到华人居此者，唯以耕种为生。[3] 谢清高没有细说这些华侨是以什么形式居住，采取什么方式耕种。但根据当时尚十分恶劣的自然条件，他们应是零星的华侨农民，只是三三两两在此处以耕种维生，很可能属分散的个体农业。

西婆罗洲历史上真正的华侨农业区是在乾隆二十五年至咸丰十年（1760—1860）间出现的。当时大批华侨移居此地，组织起诸多华侨农业公司，现在可知的有华侨农业公司、兰芳会和天地会等。它们自我划定垦区进行生产，无疑都属于华侨农业区。

应该注意的是，这些华侨农业区跟东南亚别的地方的华侨农业区有所不同，其他地方出现的华侨农业区是独立的经济实体，与其他产业无关，而西婆罗洲这些华侨农业区是应同时存在的华侨矿区对粮食、猪肉和果蔬的需要而建立起来的，是为华侨矿区服务的后勤实体。因而，这些华侨农业区与华侨矿区堪称"连体婴"，谁也离不开谁。

为什么西婆罗洲会出现这样的现象？原因是，其时所有的华侨矿业公司都意识到粮食生产是关系到它们生死存亡的关键。东南亚别的地方的华侨要开发矿业，不需要开发农业作为矿区的后勤保障。他们可以轻而易举地就近采购所需的粮食和副食品。但西婆罗洲的华侨矿业不可能这样做，因为荷兰殖民者为控制当地金矿，采取封锁海港的方式中断华侨矿区的大米输入，或垄断大米供给。荷方并与当地土著王公约定，不与中国帆船贸易。当时华侨矿区的粮食输入量非常大，如山口洋大港公司仅道光十七年（1837）就要输入大米12 000担。在这种情况下，华侨矿业公司不得不开展生产自救，自己垦荒种粮、种菜以求自给。因此，在华侨矿业公司之下，不得不另外成立专门的农业公司。这样，便形成了专

---

① 《明史·外国列传》，"勾栏山"条。
② （元）汪大渊：《岛夷志略》，"勾栏山"条。
③ （清）谢清高口述，杨炳兰笔录：《海录》。

门为华侨矿区服务的华侨农业区。所以，对西婆罗洲华侨来说，农业区与矿区的"连体婴"行为实属不得已。

应指出的是，所有华侨农业公司的人员，虽然附属于矿业公司，但仍然是纯粹的农民。他们不必一身二任，亦工亦农。所有华侨农业公司都把自己的辖地变成一个个华侨农业区，在一片片荒野中开垦出阡陌良田。华侨农民以辛勤的血汗开发了婆罗洲的不毛之地，并使邦加、古罗尔、巴斯和山口洋等地，以"米仓"著称于世。据统计，20世纪初，该处的华侨农民远在2万人以上。[1]

还有一种情况是，一些原先的华侨矿业公司弃矿从农，就会开辟新的华侨农业区。例如，道光二十年至三十年（1840—1850）间，规模很大的三条沟公司退出矿业生产后，致力于农业开发，开辟了邦加以北沿海一带荒无人烟地区。后来金矿衰落后，一些华侨矿业公司便摇身一变成为华侨农业公司，所属的华侨矿工变成农民，在当地开荒种地，种植粮食、椰子、胡椒、橡胶和槟榔等。例如，邦加以北沿海荒无人烟的地区也脱胎换骨，变成了一片华侨农业区。可以肯定，华侨公司在开金矿过程中，还辟丛林、修道路、建港湾、兴农业，种植农作物以自给。这些措施也有利于华侨农业区的发展。同时，华侨也进行牲畜饲养，为当地畜牧业发展打下了基础。近海渔业也为华侨公司所开创。

第三节　华侨矿业区

在16世纪末，已有华侨在西婆罗洲开采金矿，但华侨对金矿的大规模开采始于18世纪中叶，并形成了一个个华侨矿区。莱佛士《爪哇史》载，乾隆三年（1738）左右，兰达已有华侨开采的金刚石矿场11个，每个矿场华工平均有二三十人。每人每年能掘得1布克金刚石（需小矿石二三百个，价值20～24卢比）。从乾隆三年（1738）开始，荷兰人每年从这些矿场收购价值达20万元的钻石。[2] 这里的一个矿场，就是一个矿区。按照莱佛士的说法，当时每个华侨矿区的规模都很小。

华工的勤劳和熟练技术，得到了当地人信任，当地苏丹派人到处招募华人前来开矿。乾隆五年到十年（1740—1745）间，南巴哇苏丹巴内姆帕汉从文莱招募了20名华工，在百富院杜连河一带采金，取得丰产。三发苏丹奥马尔·阿拉木丁亦仿而效之，将炉末和拉腊金矿租给华侨开采，自己坐收矿利。[3] 后前来采矿

① 参吴凤斌主编：《东南亚华侨通史》，福建人民出版社，1994年，第106页。
② 参吴凤斌主编：《东南亚华侨通史》，福建人民出版社，1994年，第140页。
③ ［荷］斯桑克著，慕由译：《西加的公司组织》，1963年印尼版，第2页，参吴凤斌主编：《东南亚华侨通史》，福建人民出版社，1994年，第140～141页。

的华工不断增多，苏丹们也从中获得巨大利益。据不完全统计，嘉庆十五年（1810），华侨公司产金总值达 370 万西班牙银圆。1823 年华侨采金总值在 100 万荷盾以上。道光二十八年（1848），华侨在艰难的处境下，黄金产值仍有 130 万荷盾。[①]

到乾隆三十五年（1770），西婆罗洲共有华侨矿工 10 000 人；嘉庆十五年（1810），有 32 000 人（莱佛士估计数）；道光五年（1825），有 33 000 人（弗朗西斯提供数）。到道光二十九年（1849），有 49 000 人；咸丰六年（1856），有 24 000 人（华人人口总数）；光绪六年（1880），为 28 000 人（荷印政府估计数）；光绪二十六年（1900），为 41 400 人（荷印政府估计数）。[②] 在 19 世纪二三十年代华侨采金业兴旺时期，西婆罗洲华侨人口共 12.2 万余，其中矿工 5.3 万余，约占华侨人口的 43%。[③]

那么，随着每个地区华侨矿工的增多，是否每一个单独的华侨矿区的规模都有所扩大？从上述资料中很难看出来，但却可以肯定，华侨矿区的数量会大大增加。这里应注意的是，每一个地区的华侨矿工数量（例如，三发约 1 万，沙拉哥 2 万，蒙脱拉度 1.5 万，曼多尔 1 万）并不意味着每个地区就只是一个华侨矿区。也就是说，每一个地区，应该存在着多个单独的华侨矿区，但每一个单独的华侨矿区之间，却又是相互联系的。在广泛意义上，每一个地区基本上也可以看作一个大华侨矿区。这是西婆罗洲华侨矿区的一个重要特点：子母制，即在一大片地方，由一个母公司统领，在这个母公司之下，分散着多个大小不等的子公司。每个小公司所开发的地方，可以看作一个小矿区，整个大公司的开发地带，则是一个大矿区。例如，据巴素的记述，嘉庆十七年（1812）前后，在三发华人的矿区有 30 多处，每个矿区约有华工 300 人，华工每月平均可得 4 元。据哈里逊的报告，嘉庆二十五年（1820）和顺总厅公司在蒙脱拉度地区，最少开办了 13 个大矿场和 57 个小矿场。[④]

在子母制存在的同时，西婆罗洲华侨矿区的另一个突出特点是乡缘性，即每一个华侨矿业公司（或矿区）成员，基本上都是来自同一个祖籍地的人。例如，来西婆罗洲开矿的，大多是潮阳人、揭阳人、海丰人和陆丰人，其次是嘉应州人、惠州人，他们在一个公司（矿区）内共事，都是基于乡缘关系。而每一个大小公司（矿区）都绝对服从于一个龙头大哥。下面对 18 世纪 60 年代有关西婆

---

①　参吴凤斌主编：《东南亚华侨通史》，福建人民出版社，1994 年，第 144 页。

②　凯特：《荷属东印度华人的经济地位》，此据参吴凤斌主编：《东南亚华侨通史》，福建人民出版社，1994 年，第 140 页。

③　温广益等编：《印度尼西亚华侨史》，海洋出版社，1985 年，第 120~121 页。

④　参吴凤斌主编：《东南亚华侨通史》，福建人民出版社，1994 年，第 140 页。

罗洲华侨矿区的若干情况作一铺陈：

——潮州府人多以黄桂伯为大哥，在老浦头有店 200 余间。[①]

——嘉应州人多以江戊伯为首，在茅恩新埔头组织有兰和营等四公司（新浦头公司），有店 20 余间。[②]

——其时坤甸有聚胜公司四大家族：由坤甸而上，有东万律，开采金矿多潮阳、揭阳人；东万律而上十里许，有茅恩山、猪打崖、坤丹、龙冈、沙拉蛮等处采金者亦以潮阳、揭阳人居多；在明黄等处采金者多大浦（埔）公洲人，以拥有 500 子弟的刘乾相的三星公司为最大；由东万律而下数里许的山心，以大埔县人张阿才为首在采金。嘉应州人、惠州人、潮州人则分散其间。[③]

——海陆丰人黄桂伯在茅恩老浦头组成联合公司（老浦头公司），当时在蒙脱拉度的华人公司有老八分、九分头、十三分、接（结）连、新八分、老十四分、十二分、大港、坑尾、新屋、满和、平五分、泰和和三条沟等 14 个公司。[④]这些公司的名称也就成为开采地方的地名。

——在三发、拉腊境内还有元和、赞和、应和、惠和、升和、双和和下屋公司。以后惠和与结连公司合并，元和、赞和、应和与大港公司合并，升和、双和与新八分公司合并，下屋与三条沟公司合并。[⑤]

在西婆罗洲的华侨矿业中，子母制是服从于乡缘性的，即华侨首先有了乡缘性的结集，才可能产生矿业公司，才有华侨矿区，而矿业公司或华侨矿区为了进行更好的生产分工，才有分分合合的子母制。

子母制也是动态的，一批子公司对某个母公司的隶属关系不可能是长久不变的。同样，一个子公司内部的成员也是分化组合的，因而一个子公司可以"瘦身"，也可以"长胖"。但是，子公司内部成员之间的关系，以及子公司与母公司之间的关系，并非现代的对等的商业关系，而是封建色彩浓重的基础上的旧式帮会关系。

子母制的形成模式是由"子"到"母"。早期的华侨矿业公司都是小公司，有的才几人，多的 20 来人。随着采金由表层到里层，技术进一步提高，需要进

---

① 叶湘云：《兰芳公司历代年册》，德格鲁特：《婆罗洲公司》，1885 年，第 39～50 页，《南洋研究所集刊》，1958 年，第 58～63 页，此据吴凤斌主编：《东南亚华侨通史》，福建人民出版社，1994 年，第 141 页。

② 叶湘云：《兰芳公司历代年册》，德格鲁特：《婆罗洲公司》，1885 年，第 39～50 页，《南洋研究所集刊》，1958 年，第 58～63 页，此据吴凤斌主编：《东南亚华侨通史》，福建人民出版社，1994 年，第 141 页。

③ 叶湘云：《兰芳公司历代年册》，德格鲁特：《婆罗洲公司》，1885 年，第 39～50 页，《南洋研究所集刊》，1958 年，第 58～63 页，此据吴凤斌主编：《东南亚华侨通史》，福建人民出版社，1994 年，第 141 页。

④ 此据吴凤斌主编：《东南亚华侨通史》，福建人民出版社，1994 年，第 141 页。

⑤ 此据吴凤斌主编：《东南亚华侨通史》，福建人民出版社，1994 年，第 142 页。

行大规模开采，公司便由最初个别承租发展到联营开采。上面所开列的关于18世纪60年代西婆罗洲华侨矿区布局，大抵属联营前的初级布局。

联营开采大约从18世纪70年代开始。乾隆四十一年（1776），在大港公司倡导下，蒙脱拉度（华侨称为打劳鹿，或鹿邑）地区14个华侨公司联合成和顺十四公司，又称和顺总厅公司，由谢结（伯）任总厅负责人。乾隆四十二年（1777）其又由罗芳伯联合坤甸（Pontianak）的三星、山心、老埔头及新埔头等4家公司组成，总厅设在曼多尔（又译东万律）。它由一位头人（又称大哥）、两位副头人和尾哥及老大组成，负责领导及处理公司各项事务。乾隆五十五年（1790），另有霖田公司（亦称霖田新乐公司）在蒙脱拉度境内成立，道光三十年（1850）始参加和顺总厅公司。

嘉庆十二年至十三年（1807—1808）间，老八分、九分头、十三分、结连、新八分、老十四分和十二分等7个公司因故停歇，和顺总厅公司剩下7个，称和顺七公司，对于道光二年（1822）三条沟、泰和及十五分3个公司又从和顺分出，和顺总厅公司只剩下大港、坑尾、新屋和满和4个公司，称和顺四公司。1830年满和并入大港，和顺总厅公司只剩3个，称和顺三公司，道光十七年（1837）新屋和坑尾被大港取代。这时蒙脱拉度实仅存大港一家，势力远达拉腊。道光三十年（1850），霖田和十五分加入原来的和顺，于是又组成和顺三公司。大港公司后来人数最多，开采规模最大。

婆罗洲华侨矿业公司在走向联营以前，一般是劳动组合生产方式。劳动自备伙食，自带工具，在租来的矿山中共同劳动，得金矿后按利均分。随着时间推移，各矿区逐渐形成领导集团，和顺总厅公司设有议事会，由各公司驻厅代表（厅主）组成，下有文书、会计等。大矿场有2名"伙长"，3名"财库"，3名"鼎工"（管工）。对公司有贡献的人才能参加股份，新客没有股份。所有矿工由公司供给吃宿，新客在淘到金沙后才按工发薪。其他矿工则领固定薪水，赢利多时才能分红。①

荷兰殖民者于道光三年（1823）以欺骗手段取得三发开矿权后，便开始分化瓦解华侨矿业公司，又于道光四年（1824）收买了兰芳公司，迫使刘台二承认荷兰统治。爪哇战争（1825—1830）结束后，荷兰开始从海上封锁三发等港口，以迫使以大港公司为主的和顺总厅公司屈服。华侨公司各矿人口开始下降。道光三十年（1850）荷兰对大港公司发动第一次军事进攻，以失败告终。时三条沟公司帮助荷兰一方，故三条沟公司人员全部溃散，有的到兰芳公司，有的往砂拉越，有的转营

---

① 叶湘云：《兰芳公司历代年册》，罗香林：《罗芳伯所建婆罗洲坤甸兰芳大总制考》，1941年，此据吴凤斌主编：《东南亚华侨通史》，福建人民出版社，1994年，第144页。

农业。由于战争，大港公司华侨也陆续疏散。咸丰四年（1854），荷兰以优势军力再次进攻大港公司。华侨公司因内部竞争而削弱了彼此力量，兰芳公司也没有帮助大港公司共同对敌。大港公司遭荷兰镇压，部分人疏散到砂拉越。以大港公司为主体的和顺总厅公司从乾隆四十一年（1776）联营到此，共存在78年。此后兰芳公司虽然存在，但已岌岌可危。光绪十四年（1888），因力量悬殊，终于被荷兰殖民军彻底消灭，兰芳公司从此结束，它共经历了10位总长的领导，存在111年之久。

从东南亚各个华侨经济圈的整体角度来看，由华侨农业区和华侨矿区组成的西婆罗洲华侨经济圈是十分特殊的。这种特殊性，突出地表现为两个方面，一是华侨社会内部的帮会性，二是华侨的外部压力。

西婆罗洲华侨经济圈基本上是在没有土著民族参与的基础上形成的。婆罗洲是一个大岛，开发程度极低，整个岛屿生存和居住条件十分恶劣。虽然历史上中国与婆罗洲的交往十分密切，但实际上这种交往仅限于中国航船与婆罗洲沿海地带发生带有强烈原始商业（物物交换）性质的接触而已，广袤的内陆地带还鲜有被垦辟的机会，可以肯定华侨从来就没有深入婆罗洲的内陆地带。就算是沿海地带相对发达的民族，也难以知悉内陆地带的深浅。在这样的环境下，华侨来了，在那里圈地开发。他们无须像其他地域的华侨那样向当地民族"索要"地盘，因为那里地多人少，华侨只要在那里立足了，除了猛兽和毒蛇外，基本上没有当地人群来跟他们打交道。在这样的生存环境下，华侨只有抱团取暖，采取传统中国式的方法才能在当地居住下来，这就是华侨经济内部的帮会性。表面上看，那里的华侨都是颇为"前卫"的一族：他们把自己的组织叫作"公司"，不管是从事淘金的组织，还是务农的组织，都以"公司"相称。但一看内部的组织形式和行事方式，就不难明白那只是一个个"帮会"。

但荷兰殖民者却不这样看，荷兰人认为西婆罗洲是他们的地盘，华侨到这里来进行经济开发，是在抢夺他们的地盘。荷兰人要把这一大片地方变成自己的殖民领地。如果要开发，也要由他们来主导开发，而不能任由华侨来自主开发。于是，荷兰人对华侨的打压，就变成了华侨的外部压力。这种外部压力，始终是西婆罗洲华侨生存发展过程中的最大压力。最大的问题是，这种外部压力，还不是和平的压力，而是杀戮性的，充满着腥风血雨的。这样，帮会性的华侨社团组织不仅要"与天斗，与地斗"，还要"与人斗"，且与殖民者斗的过程要惨烈得多。这样，为了生存而挣扎的华侨，就只能绝地求生。

第十章　菲律宾

第一节　华侨移民态势

菲律宾是个群岛国，其所拥有的大小岛屿数在东南亚地区仅次于印度尼西亚。但在漫长的历史长河中，菲律宾群岛并没有一个整体国家的概念。菲律宾群岛作为一个独立国家，是近代的事。不过，中国人移民菲律宾的历史却不晚。史载，从唐宋时期，中国人就开始向菲律宾移居，那时就出现了华侨。唐代（7 世纪中叶）便有定居者，且死后葬于此。同东南亚其他国家的华侨史一样，太久远且太稀疏的斑点史实无法帮助后人确认葬身于此的这位华侨是"孤身自处"还是生活在一个群体中。

然而，从中国与菲律宾群岛往来的角度来说，菲律宾早期在东南亚地区排在"末位"之地，原因是中国与菲律宾的交往仅有海路一途。在明代中期以前，从中国出发到菲律宾的航船必须经过越南、马来半岛和北加里曼丹岛沿岸以后，才最终到达菲律宾群岛。即使到了明代中期，从中国东南沿海出发经过南海直接开往菲律宾群岛的航线开通以后，若要到菲律宾群岛去，经过越南、马来半岛和北加里曼丹岛沿岸的航线仍然没有被取代，甚至仍然是舟子们的主要选择，因为经过南中国海的直通航线风险极高。

到明代，闽人因菲律宾地近且富饶，商贩至此达数万人，往往久居不返，在此繁衍子孙。① 且其时华侨已深入菲律宾南部。当然，这里所说的商贩并不等同于定居者，商贩有"数万人"之众，而"久居不返"（定居者）则肯定没有"数万人"。明隆庆五年（1571），西班牙占领吕宋岛后，移居菲律宾的华侨络绎不绝。至明万历十七年（1589），马尼拉的华侨已超过 1 万人，其中常住涧内华侨商业区的有 4 000 多人，他们大多来自泉州、漳州一带。② 到明末，华侨人数达到高峰。华侨纷纷移居菲律宾南部的和乐（苏禄）、明达瑙（棉兰老），中部的

---

① 《明史》卷三二三《吕宋传》。
② 泉州市华侨志编纂委员会编：《泉州市华侨志》，中国社会出版社，1996 年，第八章"人物"之第四节"菲律宾"。

怡朗、宿务和北部的马尼拉、大港等地。他们以来自福建为主。

据统计，自明万历三十一年（1603）十月到清乾隆二十九年（1764）五月，西班牙殖民者对菲律宾华侨进行了数次大屠杀，成千上万的华侨死于殖民者的枪口和屠刀下。乾隆三十一年（1766）四月十七日西班牙国王发布全面驱逐华侨的法令，有数千名华侨被驱逐。此后数十年间，殖民者对华侨经商实行严格限制，为了生存，大量华侨与当地人通婚，当地人称为"美斯提索"的混血华裔迅速增加。1807 年，注册的华侨为 4 700 人，道光十九年（1839），菲律宾华侨总数达到 1.157 万，道光二十年（1840），降至 5 729。道光二十八年（1848）以后，随着菲律宾种植园经济的发展，西班牙殖民者放宽对华侨入境的限制。同时，福建巨大的人口压力和农村经济的破产，促使许多人通过"契约华工"或亲友资助向菲律宾移民。资料显示，道光二十九年（1849），华侨人数升至 8 757。[1] 咸丰十一年（1861），马尼拉华侨获得选举华人甲必丹的权利。华侨处境的改善刺激了华侨人数的增长。至光绪二年（1876），华侨人口恢复至 30 797。光绪十二年（1886），全菲华侨增至 93 567 人，光绪二十二年（1896），达到 10 万人。据 19 世纪 90 年代，马尼拉、怡朗、宿务、卡加扬 4 个华侨聚居地人口统计资料抽样调查，80% 的华侨来自晋江、同安、南安、龙溪 4 县。[2]

从 19 世纪中期到 20 世纪初，菲律宾华侨人数迅速增加。光绪二十四年（1898），美西战争爆发，美军进攻马尼拉。战乱期间，有不少华侨离开菲律宾，转赴他埠。据光绪二十五年（1899）美国殖民当局的人口调查，其时菲律宾华侨仅剩下 4 万人，其中马尼拉有 2 万人到 3 万人。[3]

菲律宾归入美国后，离清王朝终结只有短短十来年了。在美国的统治下，华侨的生存环境似大有好转。其时，菲律宾实行自由贸易政策，大力发展新产业，造成了对华侨工匠、商贩需求的上升。不过美国并没有放宽对华侨的入境条件，仍然严格限制华侨进入。尽管如此，华侨还是以各种合法的、非法的手段进入菲律宾。光绪二十八年（1902），当局开始实施《禁止中国劳工入菲法令》，在光绪二十九年（1903）的人口普查中，华侨仅 41 035 人。[4]

历史事实说明，近代对中国人移民菲律宾起决定性作用的，是殖民势力的消长。首先，在当时的东南亚地区，各埠已经陆续开辟。逐鹿东南亚的西方群雄，

---

① Edgar Wickbery, *The Chinese Philippire Life*，1850 – 1898，Yale University Press，1965，pp. 24，53. 据吴凤斌主编：《东南亚华侨通史》，福建人民出版社，1994 年，第 254 页。

② 泉州市华侨志编纂委员会编：《泉州市华侨志》，中国社会出版社，1996 年，第八章"人物"之第四节"菲律宾"。

③ 参吴凤斌主编：《东南亚华侨通史》，福建人民出版社，1994 年，第 275 ~ 276 页。

④ 泉州市华侨志编纂委员会编：《泉州市华侨志》，中国社会出版社，1996 年，第八章"人物"之第四节"菲律宾"。

有英国、荷兰和西班牙。三强中，英、荷的经济实力均较西班牙强大，因而前两强的殖民经济发展较快。华侨对移民目的地的选择，主要是看在目的地能否赚更多的钱，更快地赚钱。若某个地方能使华侨达到这个目的，它就有吸引力。在这方面，菲律宾不能与英、荷的殖民地相比，加上到菲律宾群岛的交通不如到其他地方便捷，因而华侨更喜欢移民被英、荷占领的东南亚其他地区。其次，更直接的原因是菲律宾的名声很臭。究其起因，就是西班牙殖民者在菲律宾肆意屠杀华侨的丑恶的"人权"记录。西班牙殖民当局先后在康熙元年（1662）、康熙二十四年（1685）和乾隆二十七年（1762）三次对岛上的华侨进行大屠杀，华侨死亡数以万计。虽然史料显示在每次大屠杀后华侨的人数又大幅回升，甚至不久后又恢复到大屠杀前的水平，但这是每次大屠杀后低到极点的商机大幅"回摆"的必然结果，也是当时华侨大规模出国的大趋势使然。菲律宾的居住条件和营商环境非常糟糕，一是当时西班牙殖民者对华侨施以税收，二是对华侨的经商与居留条件严加限制。华侨仍然不畏艰险前往菲律宾，只能说明华侨敢于上刀山、下火海的无畏精神，只能说明商机的巨大吸引力。

对中国人移民海外起重要作用的，还有地缘和血缘的因素。华侨喜欢结乡（亲）而居，如在菲律宾，80% 以上的华侨为闽南人，其中晋江人占 70%。其余为广东及其他省籍人。马尼拉及近郊就集中了近一半华侨，其余的华侨散布于各省。① 据吴文焕对菲律宾 20 座华侨义山的 39 479 个华侨墓碑的统计资料，闽籍约占 89%，粤籍约占 10%，其他省市约占 1%。② 在清代，前往菲律宾经商的华侨多为福建人，其中泉州人是突出的一群。乾隆时的《泉州府志》也有"泉州贩吕宋者数万"的记述。在存在巨大商机的前提下，逐"乡"而居可以在很大程度上排解华侨的人身安全恐惧（如西班牙殖民者的屠杀威胁）。

顺便一提，菲律宾华侨人数的剧增是在清亡后。在第一次世界大战期间，菲律宾的华侨经济有了较大发展。而菲律宾的华侨根据菲律宾政府允许女眷及 14 岁以下的子女申请往菲律宾团聚的规定，纷纷把自己的家人接往菲律宾。不少华侨还把亲友、乡亲的子女说成自己的子女带往菲律宾。1939 年，据南洋通报社的估计，包括违禁入境者，菲律宾华侨总数至少有 30 万。此后，返乡的华侨多于前往者。"二战"后，因战乱回国的华侨纷纷返回菲律宾。当时菲律宾政府开

---

① 　参吴凤斌主编：《东南亚华侨通史》，福建人民出版社，1994 年，第 275 ~ 276 页。

② 　关于菲律宾华侨的祖籍地，菲律宾华侨吴文焕把全菲各地 20 座华侨义山所拍摄的 39 479 个墓碑输入电脑，然后统计其籍贯和姓氏。其结果表明在菲律宾的华侨中，福建人约占 89%，广东人约占 10%，其他省份约占 1%。详细情况请看吴文焕：《关于全菲各地华侨义山墓碑籍贯和姓氏的统计报告》，（马尼拉）《世界日报》，1995 年 1 月 29 日，此据曾少聪：《明清海洋移民菲律宾的变迁》，《中国社会经济史研究》1997 年第 2 期，第 70 ~ 77 页。

始实施限额移民政策，每年只许 500 名中国人移居菲国，至 1950 年起禁止中国大陆移民入境。1975 年 4 月至 1976 年 12 月，菲律宾政府先后发布三道总统令，方逐渐放开华侨加入当地国籍的限制。①而此时离清亡已经过了 60 多年，离 1955 年中国政府宣布取消双重国籍政策也已经过去 20 年。

华侨在菲律宾的融入，也产生出华菲混血儿（称山左烈·密斯蒂佐，Sang-legs Mestizo），且随着其人数不断增加，也渐渐形成了一个群体。西班牙政府遂于 1741 年把原来菲律宾居民的三个不同等级（西班牙人、土著居民和华侨）改为四个等级，即西班牙人（包括西菲混血人）、土著居民、中菲混血人和华侨。除第一等级免税外，其他三个等级分别按不同标准纳税：土著居民纳税最少，中菲混血儿次之，华侨则纳税最重。② 等级划分毕竟使中菲混血儿有了取得法律地位的依据。到 19 世纪中叶，他们被允许每 25 人到 30 人组成自己的村社，可在自己镇长的管辖之下，另行造册和土著分开，还可建立自己的公会。③

在十八九世纪中，中菲混血种人数不断增加。嘉庆十五年（1810）在全菲律宾 2 395 676 人口中，中菲混血种有 121 621 人。到道光三十年（1850），全菲律宾人口 400 余万，中菲混血儿有 24 万。有 6 个省份的中菲混血儿占该省人口 1/3 或更多；另 6 个省份占 5% ~ 16%。到 19 世纪末，全菲律宾中菲混血儿约 50 万人，其中马尼拉有 46 000 人。④

由于菲律宾混血儿基本上是"去中华文化"的，即使被认为存在着这样一个群体，但在完全失去族群文化的环境下，这样一个群体是很难长期存在下去的。随着时间的过去，一代又一代的混血儿将逐渐失去其族群的认同，并成为当地民族的组成部分。当地民族逐渐不认同其为外来民族，也无法认同其为外来民族，他们已经逐渐失去了一切作为外来民族的文化象征。

起初，中菲混血儿政治上倾向于中国，但随着年代变迁，逐渐倾向于当地社会，并由原来接受中国传统教育变为接受当地文化教育。中菲混血儿几乎都变成虔诚的基督教徒，其中不少人成为著名的基督教领袖。在 1766 年西班牙下令驱逐全菲律宾华侨出境后，他们逐渐在商业经济上占重要地位，形成一大社会势力。他们散居菲律宾群岛各地，以及他加禄族、米沙鄢族、比科尔（米骨）族、伊洛卡诺族等部落或部落联盟尚未形成统一民族的地方。到 19 世纪 40 年代华侨

---

① 泉州市华侨志编纂委员会编：《泉州市华侨志》，中国社会出版社，1996 年，第八章"人物"之第四节"菲律宾"。

② 陈守国：《中菲混血人与菲律宾民族国家的形成》，《世界史研究动态》1988 年第 8 期，第 33 页。19 世纪中叶纳税情况是：土著居民 1.5 比索，中菲混血人 3 比索，华侨 6 比索。

③ 陈守国：《中菲混血人与菲律宾民族国家的形成》，《世界史研究动态》1988 年第 8 期，［英］巴素：《东南亚之华侨》，正中书局，1974 年，第 33 页。

④ 陈守国：《华菲混血种与菲律宾民族的形成》，《群岛》1986 年第 32 期，第 141 ~ 162 页。

被允许去菲律宾后，他们已能立足于农业经济，成为农场主、种植园园主，或从事高级技术人员、医生、律师、作家和记者等职业。

菲律宾中菲混血儿的族群特征还随着其文化教育的当地化（实际上准确来说应该称作西班牙化）而加速消失。同治二年（1863），西班牙颁布教育法令，允许菲律宾人和混血儿接受高等教育。这样，在19世纪70年代后，许多人进入马尼拉各大学攻读，并到西班牙、美、法、英、德等国家去留学，回国后成为菲律宾社会的中坚力量。众所周知，被称为菲律宾国父的何塞·黎刹祖上数代都是中菲混血儿。积极支持和赞助菲律宾革命的罗曼王彬（Roman Ongpin），其祖上数代也是中菲混血儿。菲律宾共和国第一任总统埃米略·阿奎那多将军是中菲混血儿的后裔，其首席顾问阿波利纳里奥·马比尼也是有华人混血的他加禄人。

第二节　华侨农业区

与东南亚其他国家比较，菲律宾的华侨农业似乎显得鹤立鸡群。先对若干历史事实进行片断的扫描：

首先，在各行各业中，华侨到菲律宾后最早以农为生。一说西班牙殖民者占据菲律宾时，已有中国农民、渔民在此定居生活。西班牙人占领初期，各种身份的菲律宾华侨均有，包括工匠、木匠、园丁、粮农、菜农、商人、渔夫、猎人、织匠、砖匠等，但人数均不多，多数人是农业劳动者，以出售其劳动所得换取生活所需。[①]

其次，菲律宾的大片荒芜之地是华侨农民开辟的，是华侨农民把内湖沿岸垦成良田。在碧瑶，华人雇用菲律宾人进行土地种植，有大菜园百余处。在马尼拉等城市种植果蔬，供城市需要。在南吕宋、民都洛岛种植椰子。在巴莱芬，住有华侨数百名，采海参、燕窝，还种橡胶和麻等。[②] 在菲律宾最南端的小小的龟岛，也有两三家华侨与摩洛人住在一起，以采龟蛋为生。[③]

上面一段话所描绘的是华侨在菲律宾所涉及的各个细分农业领域（也有的不属农业），应是以分散经营为主；第二段话所描绘的，则已经涉及华侨集体农业，亦即出现了华侨农业区，比如在碧瑶的大菜园，有百余处之多；南吕宋、民都洛

---

① 据吴凤斌主编：《东南亚华侨通史》，福建人民出版社，1994年，第275~276页。

② 杨建成：《菲律宾华侨》，第75页，此据吴凤斌主编：《东南亚华侨通史》，福建人民出版社，1994年，第118页。

③ 何汉文：《华侨概况》，1920年上海版，第125~126页，此据吴凤斌主编：《东南亚华侨通史》，福建人民出版社，1994年，第118页。

岛也有椰子园，等等。内湖沿岸开垦出来的良田，相信也是靠华侨农业区才可以开垦出来。可以想象，若单靠分散的个体劳动，是难以办到的。当然，菲律宾的华侨农业区，绝对不只这里所说的这几个，还有不知多少华侨农业区没有被记载下来。不过，就分散经营与集体经营（即华侨农业区）两者比较而言，菲律宾的华侨农业应该以前者为主。

菲律宾的华侨农业区体现了农业生产管理方式的先进性，这无疑大大地推动了所在地农业的进步。但是，还有一个因素在菲律宾农业进步中的作用是不可忽略的，这就是华侨农民掌握着比较先进的农业技术。早在14世纪，就有福建人林旺航海到菲律宾，进行种植，并向当地人传授耕种方法。[①] 在后来的历史长河中，华侨农民从家乡带来的农业技术包括以下几大类型：其一，先进耕作方法，包括经济作物的耕作方法和施肥方法，如犁田、播种、插秧、薅草、收割、堆稻秆等。这些技术与中国的如出一辙。其二，先进农具，包括耕畜（水牛和马）、犁、铧、耙、铲、镰刀等。据说菲律宾人的家具和农具名称的发音，多与福建的漳厦一带的语言相似。[②] 其三，经济作物，包括中国芋头、莴苣、李、荔枝、柑榄、柑橘、柿子、枇杷、石榴、梨、莲、杏、九龙香蕉、广州甜桃、中国夏菠菜、南京豌豆等。此外，还有家禽如猪、鸭等。[③] 自19世纪以来，华侨在菲律宾岛进行甘蔗种植和加工，[④] 华侨也是马尼拉麻的生产者和收割者。实际上，华侨带进菲律宾的农业技术还可以列出更多，比如中国的制糖、炼铁技术等。光绪六年（1880）后，华侨亦还在吕宋东北部亚巴里、牙加鄢种植烟草。可以说，菲律宾的整套农业技术是跟华侨学会的。虽然没有明确的证据说明华侨农民把自己掌握的先进农业技术应用在什么地方，但华侨农业区里的农民掌握着先进农业技术的事实是毋庸置疑的，是先进的管理方式与农业技术的结合共同推动了菲律宾的农业进步。换个角度来看，华侨农民能够掌握比较高超的农业技术，也是华侨农业区得以生存和发展的重要原因。总的来说，华侨带来的中国先进农业技术的应用和推广，是西班牙殖民时期菲律宾的农业得到大发展的关键性因素。

更为可贵的是，菲律宾华侨农民并不是将某些先进农业技术用完即止，而是从家乡输进更多的不断发展的成熟的新技术。因而，华侨农民总是位于菲律宾农

---

① 何汉文：《华侨概况》，1920年上海版，第120页，此据吴凤斌主编：《东南亚华侨通史》，福建人民出版社，1994年，第116页。

② 何汉文：《华侨概况》，1920年上海版，第120页，此据吴凤斌主编：《东南亚华侨通史》，福建人民出版社，1994年，第116页。

③ ［菲］欧·马·阿利普：《华人在马尼拉》，中外关系史学会编：《中外关系史译丛》（第一辑），上海译文出版社，1984年，第134页。

④ 埃德加·威克伯格：《1850—1898年菲律宾社会生活中的华人》，1965年，第94～95页，此据吴凤斌主编：《东南亚华侨通史》，福建人民出版社，1994年，第117页。

业技术发展的高端位置，也不断处于推进居住地农业进步的先驱者的位置。

菲律宾较好的天然农作条件、当地民族相对落后的农业技术，自然是华侨农民得以生存发展的重要原因。但从人为因素来看，恐怕还是因为菲律宾独特的殖民地条件——西班牙人在菲律宾实行庄园制后，其贵族和殖民地机构和人员对生活必需品的高度依赖。而这一切，是他们自己无法通过"自力更生"来解决的，他们只能依赖在农业方面已经占据头筹的华侨农民。有一个事实很能说明这一点：明万历三十一年（1603）对华侨进行大屠杀后，市场为之一空，西班牙人感到失去华侨的痛苦，原因最简单不过：在农业方面无法找到可以取代华侨的人。故明万历三十三年（1605）殖民当局下令允许雇用 6 000 名华侨开垦土地。一个事实是，当时的西班牙人只允许华侨从事农业，明白无误地说明了西班牙殖民当局对华侨的极度依赖，也说明了他们对华侨的害怕和防范。从 18 世纪末至 19 世纪初，西班牙殖民政府仍然颁布各种法令，力图使华侨的经济活动限制在农业方面，中国移民入境要宣誓只从事农业。同时，对不从事农业耕种的华侨征收人头税。嘉庆九年（1804）又下令，只准从事农业及手工业的华侨留居菲律宾。道光三十年（1850）规定，在边远地区从事耕植的华侨与菲律宾人享受同等权利。咸丰二年（1852）规定，对华侨开征新税，但务农者除外。[①] 因此，这一时期来菲律宾的华侨多务农，华侨农业得到较快发展。同治九年（1870），龙海角尾人许玉寰到菲律宾谋生，初期耕种小块园地，以后逐渐发展，拥有大片庄园。

在上述资料中，还有几点是值得注意的：一是华侨农民所从事的，不仅是可供糊口的粮食作物，而且还包括供美食之物，例如海鲜之类；二是华侨农民耕作的地方不只是繁华的地方一隅，还远及不少偏僻角落，包括西班牙人鞭长莫及的地方；三是华侨农民不是自家谋生，而是与当地民族一起谋生，说明他们与当地民族的关系很好。

第三节　华侨商业

一、华侨小商贩与小工匠

菲律宾华侨社会的一个显著特点是小商贩和小工匠群体人数众多，几乎与华侨农民形成三分天下的态势。

小商贩分流动小贩和小商。流动小贩，菲律宾称之为"叫卖贩"或"行脚

---

① 据吴凤斌主编：《东南亚华侨通史》，福建人民出版社，1994 年，第 117 页。

贩"，无固定的买卖地点，哪里有生产，就往哪里买卖，属于小商贩的一种最低级的经营形式，诸如肩挑或用小推车（或用自行车）装载百货、蔬菜等日用品的货郎担及走街串巷叫卖和深入农村收购土特产的小贩等，均为小本经营。其经营形式多样，或专门从事叫卖，或专门从事收购土特产，或售卖和收购同时并行。另一种小贩则手携秤具，深入乡村收购当地土特产（胡椒、咖啡、木薯、麻等）。小商，即商业中具有坐商性质的小零售商。他们所开的店，菲律宾称为"莱籽店"（或菜亚店）。菲律宾的华侨莱籽店数量很多但营业额不大。①

华侨小工匠主要从事织匠、砖匠、烧石灰匠、木匠、铁匠、修靴匠、蜡烛匠、油漆匠、银匠等职业。他们能在马尼拉生产出甚至在中国也未生产的物品，制造出比西班牙本国还好的物品，且价格低得难以置信。由于华侨的勤勉努力，马尼拉各项建筑在短期内拔地而起，且费用低廉。

华侨小商贩和小工匠在经济上密不可分。以菲律宾华侨史上最大、最著名的市场——马尼拉八连（又译"涧内"，Parian）市场为例。据记载，八连市场建于1582年，直至乾隆四十九年（1784）西班牙总督查理三世华尔加撒销时，存在达202年之久，但它的组织和名称却一直保留到咸丰十年（1860）才完全废止。其间华侨前后几次惨遭西班牙殖民者屠杀，导致八连市场连遭破坏，英国人占领马尼拉时其又一度为战火所焚烧。八连市场的破坏与重建，共达十余次。其地址曾五度迁移，共有三个地方，但八连市场始终有许多华侨摊贩在经营。八连市场在其存在期间，登岸的华侨居留在用草茅与竹竿搭盖的大铺舍中，聚货为市，货物中以中国丝绸为最多，所以西班牙人又称之为生丝市场，华侨商舶从中国载来大批丝绸、陶器、瓷器、铁器、军械、面粉、粮食和日用品等，于其中销售。每当华舶停泊八连市场时，西督即派西吏落舶检查所载来的货品，注册登记，征收3%的关税。而在当时的马尼拉市周围五英里的范围内，华侨经商者随处可见。有负贩者，有设摊摆卖者，亦有种植蔬菜者。例如油、糖、米、酱、醋、盐等杂货，莫不是由华侨经营。② 显而易见，八连市场既是华侨零售商业中心，也是手工业中心。工匠的工作已经跟中国没有多少联系。他们可以就地取材，依靠自己的技术进行产品生产和修理，进行简单的成品核算，从中牟利。

资料表明，菲律宾华侨小商贩出现的历史很早，如果不是跟农业一样悠久的话，也是仅次于农业。早在宋代，中国商人就跟菲律宾群岛的古国例如麻逸等地的土著民族进行有规律的季节性贸易。不过，这种贸易可以看作后来华侨在菲律宾经商的先声，但还不能看作华侨小商贩的起始，因为华侨小商贩是一个与居住

---

① 参吴凤斌主编：《东南亚华侨通史》，福建人民出版社，1994年，第356、359页。
② 刘芝田：《中菲关系史》，正中书局，1979年，第417~419页。

地民族进行大面积的广泛接触的销售群体。目前可以认定在菲律宾的华侨小商贩起始于西班牙人乍到之时。西班牙人在明隆庆五年（1571）占据马尼拉后，即保护、优待和鼓励华商来菲律宾贸易，翌年就有中国帆船前来通商。当时的华商要求给予安全保证才进港，西班牙马尼拉总督随即给予保证。西班牙人还将原城内的华人奴仆放归，随华船回国，期望让他们带回马尼拉安定易贾的信息，吸引更多华商前来。此举很奏效，以后每年都有相当多的华商前来贸易，同来的还有很多华侨。从这些材料来看，这类华侨应该就是小商贩，而且来菲律宾的人数越来越多。

菲律宾华侨小商贩后来部分取代了华商的作用。华商是直接经营中菲贸易的海商。他们带来了中国商品，还有丝、瓷等欧洲市场的畅销品。在明朝时，因中国政府不许欧洲人直接到中国贸易，华商便运载大量中国商品前往菲律宾，解决了西班牙不能到华贸易的问题，马尼拉由是成为日益旺盛的转口贸易地。[①] 在马尼拉开埠后一段时间内，中国帆船载来各种西班牙人所需商品及稀罕物品，满足了西班牙人在当地所需。华商在市场上贩卖的食品有鸡、鸭、蛋类、猪、鹿、野猪、水牛、鱼、面包、蔬菜，以及其他食品，连柴薪也运来市场。他们在街上亦出售大批中国杂货。在这个时期内，华侨小商贩的很大一部分功能是作为中国货物的中介商。但是，好景不长，明万历三十一年（1603）西班牙人对华侨进行大屠杀后，市场一空，华商在菲律宾开埠中的作用便告结束，虽然一部分华侨小商贩也开始从事中菲贸易，但是他们的贸易规模和范围是难以跟海商匹敌的。

后来华侨小商贩越来越多，在菲律宾殖民地经济中发挥着独特的作用。据18世纪末一位侨居中国的法国人吉纳司提供的资料，嘉庆二年（1797）马尼拉涧内有华侨3 000人；道光八年（1828），菲律宾全境华侨5 703人中有5 279人居住在马尼拉和东杜。[②] 其中绝大部分是小商贩和手工业者。乾隆时，菲律宾的泉籍华侨，以商人和小商贩居多，也有从事垦殖和裁缝、鞋匠、金银首饰、雕刻、细漆、泥水、织布等手工业的农民和手工业者。[③]

上面说过西班牙殖民当局极度依赖华侨农业，实际上，殖民当局也严重依赖华侨小商贩与小工匠。西班牙殖民者几次屠杀华侨，使马尼拉经济受到影响，商品缺乏，甚至连鞋都买不到。他们不得不承认"当时没有理发师、没有裁缝、没有鞋匠、没有厨师，也没有农夫和牧人"。他们多次想用当地人取代华侨，却难以实现。即使是西班牙面包师制作的面包，不仅远远满足不了马尼拉西班牙人的

---

① 参吴凤斌主编：《东南亚华侨通史》，福建人民出版社，1994年，第55～56页。

② 见［英］巴素：《东南亚的中国人》，《南洋问题资料译丛》1958年第2～3期，第185～186页。

③ 泉州市华侨志编纂委员会编：《泉州市华侨志》，中国社会出版社，1996年，第339～342页。

需求，而且烤得不是很好，以致吃这种面包的人感到不好吃。这真实地反映了华侨在菲律宾经济生活中的作用。为此，殖民者不得不采取招徕的政策，保持菲律宾有一定数量的华侨，以满足当地社会经济生活的需要。①

不过菲律宾华侨小商贩的经营范围应不限于中国商品的代销，虽然在某一段时期内可能以中国商品的代销为主。在经过一定的时间后，华侨小商贩的经营范围肯定会扩大到当地小商品中去，从而逐渐过渡到以经营当地小商品为主。此后在西班牙人和美国人统治的漫长时期里，在菲律宾华侨中，商人以小商贩（包括流动小贩和小商）为其职业的主体。当然，在很长的时期里，华侨仍然做中国商品的代销商，只是到了16世纪末和17世纪初以后，由于西方殖民者加强垄断贸易，经营海上贸易（包括对外贸易和岛际贸易）的华侨商人（含华侨小商）逐渐定居在沿海城市及地区，华侨的海上贸易因而逐渐衰退，华侨小商贩的活动从而集中在本地商品的经销上。

综上所述，从明代后期到清代中叶，菲律宾华侨在马尼拉以及苏禄、明达瑙地区的经贸活动甚为活跃。马尼拉至苏禄间的贸易，几乎都由马尼拉的泉籍华侨经营。而苏禄的泉籍华侨，则多从事南部地区岛际土产收购，以及苏禄至闽南、巴达维亚、新加坡等地的转口贸易。19世纪20年代，华侨逐步冲破西班牙殖民者的限制，基本上恢复了传统的商业贸易地位。道光十四年（1834），马尼拉港对外开放。道光十九年（1839）和道光二十三年（1843），西班牙殖民当局相继放宽对华侨旅行、居住和营业的限制。华侨经济获得发展的机遇，在商业活动中的中介贸易方面发挥了重要作用。至19世纪中期，华侨经济在传统领域内得到完全恢复。19世纪下半叶，菲律宾种植园经济迅速发展和对外贸易不断扩大。华侨在经营范围和规模上有了新的发展，出现了早期的华侨资本。华侨不仅仍旧是主要零售商，而且成为最重要的中介批发商。

有两条材料很能说明菲律宾华侨小商贩和工匠地位的重要性。一是道光八年（1828）四月初六西班牙殖民政府颁布法令，将华侨分为商人、普通商人和小商人三级纳税，纳税额分别为120比索、48比索和24比索；二是在道光十年（1830），西班牙政府将华侨分四级纳税，即增加第四级——小贩及工匠等，年付税额12比索。当这项税收付诸实施时，只有7名华人属一级，166人属二级，830人属三级，4509人属四级。换言之，以属三、四级的小商贩及工匠最多，比例高达96.86%。②

少数华侨还建立了进出口贸易公司和工厂。有的还从事木材业、烟草加工业

---

① 泉州市华侨志编纂委员会编：《泉州市华侨志》，中国社会出版社，1996年，第339～342页。

② 参吴凤斌主编：《东南亚华侨通史》，福建人民出版社，1994年，第344页。

和房地产业，南安籍华侨杨肇基（1824—1882）是这时期马尼拉著名的木材商与房地产商。光绪七年（1881）晋江人许书文、许经黎投资 55 万比索，开办拥有机器 30 台、工人 200 名的许泉庆烟厂；光绪十六年（1890），杨邦梭（晋江人）投资 76 万比索，开办拥有机器 36 台、工人 300 名的源馨烟厂，在当时都是很有名气的工厂。①

二、华侨木材业等

这里尤应说明，华侨投资在菲律宾木材业中占有很大比重。光绪二十七年（1901），菲律宾有 46 家木材厂，其中华侨在马尼拉经营的有 21 家（占 46%），其余分属菲律宾人及其他籍民所有，分布在其他各省。起初，华侨经营的木材厂依赖各省的菲律宾人来供应原木。尔后，由于木材需求量增加，华侨便把木材厂经营扩展到各省。但相对于农业、小商贩和工匠等行业来说，华侨木材业的起始时间应该要晚得多。早期菲律宾华侨木材可以李清泉为代表，但其父李昭以、叔父李昭北早年就已去菲律宾经营木材，创建成美木材公司。李清泉于光绪三十三年（1907），年方 18 岁时就接管并经营成美木材公司。后来，特别是在第一次世界大战期间，李清泉趁着国际市场对菲律宾一些原料和产品需求的增加，把木材业经营变成一个综合性经营的庞大机构。② 他被誉为当时殖民地中"最富有的人之一"，也被称为木材大王。③

商业贸易方面，光绪三十年（1904），由福建会馆和广肇会馆合并的"中华商务局"（马尼拉中华总商会的前身）正式成立。原籍鲤城的杨嘉种开设的"洽成行"，不但在菲律宾各地拥有 30 多个分支行，且备有大轮船 2 艘、小输船多艘。施光铭的泉益行和郑焕彩（均晋江人）的郑正益行，均有自置的输船四五艘。清光绪三十四年（1908），旅菲晋江华侨黄秀烺（晋江东石人）投资 5 万银圆，在厦门开设"炳记行银行"，兼营出口业务，此为旅菲晋江侨胞回国投资银行业之先驱。④ 20 世纪初，开始出现华侨金融业，但华侨金融业的崛起，已经是民国后的事了。1916 年埃米略·叶（南安人）创立菲律宾信托银行，开菲华金融业先河。⑤

---

① 泉州市华侨志编纂委员会编：《泉州市华侨志》，中国社会出版社，1996 年，第 339 ~ 342 页。
② 李国卿：《华侨资本的形成和发展》（中译本），福建人民出版社，1984 年，第 208 页，参阅《李清泉——华人社会最伟大的领袖》，《世界日报》，1987 年 7 月 20 日。
③ 《李清泉——华人社会最伟大的领袖》，《世界日报》，1987 年 7 月 20 日，参吴凤斌主编：《东南亚华侨通史》，福建人民出版社，1994 年，第 397 ~ 399 页。
④ 曾智良、陈仲初：《晋江人侨居菲律宾大事记》，据晋江市政协网。
⑤ 泉州市华侨志编纂委员会编：《泉州市华侨志》，中国社会出版社，1996 年，第 339 ~ 342 页。

总的来看，清代的菲律宾华侨经济一直在"低端"状态徘徊，尽管华侨移民菲律宾的历史不短于东南亚地区的其他很多国家，尽管华侨在菲律宾的经济行为不晚于其他地域的华侨经济圈。"低端"的原因，主要是清代菲律宾华侨经济圈中没有明显的可以象征和引领华侨经济迈向深层次和高水平的其他行业，如金融业、华侨投资等，因而也缺乏这些行业的华侨资本家。可以肯定这个国家的华侨资本家阶层直到清末仍然十分薄弱。

诚然，菲律宾有悠久的足以辉耀史册的华侨农业，甚至可以说菲律宾的华侨农业在东南亚华侨经济史上是最为辉煌的地域性产业之一。与之相对应，菲律宾华侨历史上对居住地民族的农技贡献是中国人在海外科学技术发展史上堪称耀目的一笔。但也要清楚，华侨对菲律宾农业发展的贡献是在当地农业生产技术极为低下的情况下出现的。历史上，菲律宾当地农业技术的低端化既表现在种植、耕垦和渔猎等技术的低下，还表现在当地农民居住情况的分散、生产关系的落后。这样一来，与祖国相隔遥远、交通往来十分不便的华侨（他们的移民行为本来就以单身化为主要特征）在迁居当地后，在当地的种植、耕垦和渔猎行为也不可避免地与菲律宾农民一样，是个体化、小规模性的。不需多久，随着他们在民族上（以娶当地女子为重要标志）、居住与生活方式上的当地化，他们的农业行为也就与当地农业融为一体，密不可分。长久如此，人们也就忘记了何为华侨农业，何为菲律宾当地农业。今天，人们已经无法分辨这两种农业，历史已经无情地把"楚河"和"汉界"混为一体。实际上，即使是历史上被菲律宾当地人视为"高端"的华侨农业，本质上仍然属于"低端"（主要从生产方式来说）的自给自足的自然经济，没有近现代资本主义生产方式的介入，是不可能走向更"高端化"的。

菲律宾华侨小商贩和小工匠行业的历史寿命要长得多，乃至到现代，小商业还作为菲律宾华人经济圈的主要象征而存在。其实，菲律宾华侨小商贩和小工匠一样不可能完成将华人经济引向"高端"的历史使命，从而催生出有独立投资行为和理念的近现代华侨中产阶级。这是小规模的商业行为和小生产方式的宿命。历史没有给菲律宾华侨这样的机会，更不用说在殖民当局统治下，华侨根本不被允许拥有这样的机会。

下　编
清代华侨社团与文化活动

第十一章 越 南

第一节 越南的会馆与帮

一、会馆与帮的沿革

在海外华侨华人历史中，"帮"实际上包括三重含义。一是口头用语，即"团伙、集团"的意思，本身并无褒贬之分。二是华侨社团的正式组织称呼。在全世界的华侨社会中，这种情况最先在法属印度支那地区出现。但在"帮"成为华侨社团的组织名称之前，有一个演化的过程。三是社团的非组织化用语。一般来说，华侨社团多是某个说同样方言的地域乡亲组织，习惯上便被称呼为"帮"，本身也无褒贬之分。但在称呼秘密社会时，则往往带有贬义。明清时中国民间的秘密组织便以"帮"相称，在南方农村地带，一些地方有民间结社，而结社的团体都称"帮"或"帮会"。华侨移居海外时，也包括不少的帮会组织或帮会成员。他们都会把自己在家乡的帮规和理念带到海外，如有机会和条件，就会付诸实践，重建帮会组织，把在家乡那一套在海外居住地发扬光大。帮会成员入乡并不全然随俗，而是尽可能地沿袭家乡之俗，本身也无可厚非。只是因为当时一些地方的华侨秘密社会、"帮会"组织在内部控制与管理上常有过火之举，人们后来在研究华侨秘密社会时也发现不少非正常行为，"帮"的名声才有所贬，但"贬"之情绪所向，主要还是限于秘密社会。

并非原先在中国有"帮"号的团体到了海外必定重新组建帮会。海外华侨社会中的"帮"与中国的"帮"并没有组织上的联系。他们大多是移民到海外居住地以后才沿用家乡的"帮"的称呼。在早期的华侨社会，不同方言群的"帮"各占一个地方，他们自愿组成各个群体，以相互照应。先是为了方便联络，他们需要聚会场所和祭奠死去乡侨的地方，于是便创建了各种庙宇、宗祠和义山等。随着社会的发展，移民的增多及社会问题的日益复杂，华侨又意识到，为了谋求生存与发展，必须紧紧地团结在一起，保持密切的联系和合作，才能以集体的力量来对付各种严峻的竞争和挑战。

早年华侨的上述行为，几乎在世界各地都大同小异。不同的是，世界上的大

多数华社，一般不自称为"帮"，如果彼此以"帮"相称，最多也只是停留在口头上。但印度支那地区的华侨社会则有所不同，他们称自己为"帮"，或者毫不忌讳地称别人为"帮"。更有趣的是，还光明正大地把"帮"作为一种社会组织形式。这一切，既起因于他们对"帮"的理解，也与印度支那地区殖民政府对华侨社会的政策不无关系。当时的殖民政府不仅"顺从"侨意，对侨团以"帮"相称，还把华侨社会中自然形成的"帮"作为一种组织管理方式，以达到"分而治之"的目的。

起初，在越南华侨社会中，"会馆"是社团的正式称呼。如上所述，由于各个会馆都按照地缘结社，地缘又与方言紧密联系在一起，讲同一种方言又同一地缘的人结集在一起，一般都被称为"帮"。这样，会馆被别人看成是某个方言/地缘结社的"帮"，"帮"也就成了"会馆"的别称。人们习以为常后，各个社团便也自称为"帮"。渐渐地，"会馆"便与"帮"并用。后来，"帮公所"和"帮长"便成为正式称谓。在越南、柬埔寨及老挝，华侨设立的会馆便以"帮长"和"帮公所"相称。当"帮"成为越南华侨的基本"行政管理制度"后，"会馆"这一称呼仍然保留下来。例如，《嘉定城通志·城池志》记载，西贡有福州、潮州、漳州、温陵等"会馆"。清嘉庆二十年（1815），河内华侨兴建的本帮聚会地仍然称"福建会馆"。可以这样解释："帮"是越南的法国殖民当局对华侨实行的一种"行政管理制度"，而"会馆"则是华侨社会对自己聚会地的称呼。一个"帮"不一定有一个大"会馆"，但一个"帮"必定包括很多小"会馆"。

越南华侨社会中各"帮"的历史发展中，有以下"标志性"的事件：

清康熙三十四年（1695），会安夫子庙为闽会馆。清康熙三十四年（1695）二月到达会安并在越南居住年余的石濂（号大汕）和尚在其《海外纪事》中叙述道："会馆崇奉关帝，每年五月有庆典，每年农历二月二十六日为追祀12世纪开埠先贤六姓王爷公仪式。"应该注意，会安成立会馆的历史很早，据说最早建立的华人会馆就是"中华会馆"，相传建于明成化年间（1465—1487）。不过，中华会馆到清乾隆六年（1741）曾名叫"洋商会馆"，也曾称"江浙会馆"，馆内有文字记载的石碑主要有三块：一块是清乾隆六年（1741）由"各省船长众商公立"的石碑，记述了会馆的由来："夫会馆之设，由来久矣，虽谓会同议事之所，实为敦礼重义之地"；第二块是清咸丰五年（1855）设立的，记载的是头门埠重修之事由；第三块是1928年重修为中华会馆的碑记，碑记中提及镇馆之宝"五百年遗鼎"之事实。这是因为在法国殖民者开辟岘港和修筑越南南北铁路、公路之前，会安已凭着优越的区位优势和便捷的河运交通，形成了繁华的通商口岸，因此也造就了具有特色的华人社会及其会馆、寺庙等。《海外纪事》

说:"盖会安各国客货码头,沿河直街长三四里,名大唐街,夹道行肆,栉比而居,悉闽人……"① 当然,可以相信,在福建会馆成立之前成立的华侨会馆(包括中华会馆)可能都是多省籍的或说是全侨性的。而福建会馆的建立,使这里的华侨会馆明确产生了按照省籍划分的先例,从而为后来的"帮"体制开启了先河。

清乾隆四十三年(1778),鉴于南部华侨迁入堤岸经商者日众,西贡各府籍华侨成立"七府公所",并在堤岸的广东街建有七府武庙。但"七府"所指有两说:一说是漳、泉、潮、广、惠、琼、徽;另一说是福州、漳州、泉州,广东之广州、潮州、琼州及浙江之宁波。后一说为清光绪四年(1878)"第三次重修七府武庙碑记"所记载,《华侨志·总表》采此说,② 此循之。

清嘉庆十二年、越南阮朝嘉隆六年(1807),嘉隆王准许除明乡以外的华侨,按照方言习俗,实行分帮管治。帮长代替政府征税及管理华侨社会。

清嘉庆十九年、越南阮朝嘉隆十三年(1814),嘉隆帝根据华侨社会籍贯、方言和习俗的不同,将华侨分为广肇、福建、潮州、海南四帮,后又增客家帮,即五帮。各"帮"设立"帮公所",由帮民推举正副"帮长"各一人。帮长由当地政府批准,为一帮之最高行政负责人。由是,"帮"成了越南华侨社会的正式组织名称。其时帮长的主要职责是协助当地政府传达和推行政令,收缴各种赋税,实行"自治",处理华侨事务,调解华侨的纠纷(如债务、婚姻纠纷),举办一些福利事业,乃至派员进驻移民局内,协助华侨出入口登记事宜等。应看到,在越南实行这一重大举措之前的清嘉庆七年(1802),越南全国实现了统一,而华侨在帮助嘉隆帝取得天下过程中作出了贡献。因此,以上举措应含有对华侨的贡献进行回报之意,当然,主要的受益对象是华侨上层。

不过应说明,其时的五大"帮",应只是越南当局承认的列入"编制"的行政机构。在华侨社会中,还存在五大"帮"以外的"帮",如漳州帮、福州帮等。它们是华侨社会内部对某个群伙的习惯性称呼,本身不属行政机构,也没有被列入"编制"。

到清同治十年、越南阮朝嗣德二十四年(1871),当局复下令,规定华侨在南圻登陆者,必须隶属其中一帮,获得帮长接纳,并得到其担保,方可居留。西堤华侨因袭七府,划分为七帮;各外省人士悉隶属客帮。各帮所负责传达当地政府政令,征集税款,调解纠纷,代申请帮民的各种许可证等。资料表明,这一年(1871),西堤华侨中的"七府"是广肇、潮州、福建、福州、客家、海南、

---

① (清)石濂:《海外纪事》卷四。
② 台湾华侨志编委会编:《华侨志·总表》,海外出版社,1956年,第311页。

琼州。清同治十三年（1874），当局又令在西贡开设移民局，管理华侨出入口岸及居留事宜，七府各帮与明乡帮（后撤销）设办事处于移民局内。

此后直到1885年，越南政府又令福州华侨并入"福建帮"，琼州华侨并入"海南帮"，闽粤两省以外的华侨被划入"客家帮"，共成五帮。至此，五帮遂成定制并相沿下来。

之后，越南方面又于清光绪十六年（1890）二月、三十年（1904）九月、三十一年（1905）五月、三十二年（1906）十月及三十三年（1907）一月间多次颁布新令，重申补充五帮组织，增加帮长职责。直到1948年9月28日，法国驻越南高级专员下令华侨帮公所改称为中华理事会馆，帮长改称"理事长"，"帮长"及"帮公所"制度始告结束。[①] 又至1960年6月10日，南越政府下令解散各帮理事会，并将华侨的同业公会和工会并入越南人的组织。此一组织在法理上遂告不存在。1986年以后，越南政府准许华侨恢复各帮理事会，退还各帮会所，乃是后话。

由上可见，五帮的形成有成熟的现实基础，也有高度的殖民地管治上的因素。后来成为行政单位的"帮"，其使用频率甚至高于以前的"会馆"或"公所"。这并非只是称呼上的变化，还包含着微妙的强化地缘色彩的意味。以地缘为单位的"会馆"，自然给人以"帮"的印象。但是那些并非以地缘为单位的会馆（如行会组织等），人们就无法将之与"帮"联系在一起。把华侨划分为"帮"，既反映了"帮"的地位非常重要，也反映了当局乐于承认这一社会现象。同时通过这一承认，使其地位和作用固定化，达到帮与帮之间的相互制约与力量平衡的作用，以便于殖民政府的管治。不难看出，承认并按照"帮规"来管理华侨社会，对当局实行"分而治之"的策略是利多弊少的。

二、几个重要华埠的"帮"/会馆史事概略

今天全越南有7 300多个历史文化遗迹，其中有2 200多个已列入国家保护名册，许多是华侨华人的会馆、庙宇、宗祠，但均属于历史上的各大"帮"。从下表所列可见一斑。

---

① 吴凤斌主编：《东南亚华侨通史》，福建人民出版社，1994年，第760页。

帮会	会馆庙宇	建设年代	供奉神佛	保护级别	所属学校	所属医院	备注
广肇帮	穗城会馆 天后庙	240 多 年前	妈祖	国保	穗城中学	广肇	—
潮州帮	义安会馆 关帝庙	200 多 年前	关公	国保	义安中学	六邑	有"借富 庙"之誉
漳州帮	霞漳会馆 观音庙	—	观音	—	—	—	
泉州帮	温陵会馆 观音庙	1740 年	妈祖观音	国保	—	—	包括晋、南、 惠、同、 安 五邑
漳泉帮	二府会馆 二府庙	近 280 年前	奉头公 （福德正神）	国保	福建中学	福善	泉州七邑， 包括同安 （初仅五邑）
福州帮	三山会馆 关帝庙	—	关公	—	—	—	
客家帮	崇正会馆	—	—	—	崇正中学	崇正	
海南帮	琼府会馆 天后庙	1823 年	妈祖	国保	文庄中学	海南	—
五帮 共同	阿婆庙	1856 年	妈祖	—	—	中正	包括广、潮、 闽、客家、海 南五帮
明乡人	明乡会馆	1778 年	明代飞龙 皇帝	国保	—	—	同时供奉郑 怀德、吴文靖
福州帮	福州会馆 关帝庙	—	关公	—	—	—	在同奈省 边和市
七帮 共同	含泉、漳、 广、潮、惠、 琼、徽七帮	—	—	—	—	—	在安江省 龙川市

资料来源：李泰山：《越南漫笔》，中国文史出版社，2008 年，第 101～102 页。

在清代，华侨的活动范围遍布全越，但主要居住地是各大小城镇。相信其时各个有华侨居住的城镇都有帮/会馆组织，但并非每个城镇、不论大小的帮/会馆组织都"五脏俱全"，其组织机构的健全程度，取决于华侨的人数、生存发展的

需要以及当地华侨与殖民地政府和当地民族关系等因素。因不可能把这一切都搜集齐全，这里只对若干重要城市的华侨帮/会馆组织作一简介。

（一）会安

早在 5 世纪时，会安已是占城的著名海港，被称为"大占海口"，是国际贸易交流的大港，尤以中国商船最多，也是占城使节前往中国的起航港。有的中国人很早就到会安进行商贸活动，安家置业，成为最早的华侨。对于早期中国移民来说，会安是流散到越南南方去的华侨的第一个羁留站，有点像中国粤北的"珠玑巷"。那时中国人进入越南南方，先从会安上岸，再往南移，散居到各地。

12 世纪时，福建人到会安开埠，时有六个姓氏。明代时，闽粤人到会安经商日众，增至 10 个大姓。明崇祯十五年（1642），华侨人口已有五六千，聚居街道有四五条。史籍有载："盖会安各国客货码头，沿海直街，长三四里，名大唐街，行肆比栉而居，悉闽文，乃先朝服侍，妇女贸易，凡客此者，必要一妇以便交易。"① 渐而，会安成为繁华的商港城市，每年进出的船只有 60 ~ 80 艘。中国船运来的货物有锦缎、纸张、毛笔、草席、凉伞、绢扇、漆器、铜器、陶瓷器、铝、铅、硫黄等，运回的是胡椒、糖、木材、香料、玉桂、黄金、蚕丝、象牙、犀牛角、鱼翅、燕窝（会安的燕窝最佳）以及粮食等。②

会安按照"客旅重洋，互助为先，远适异邦，馆舍为重"的传统，建起自己帮会的会馆（包括信仰神祇的庙宇），还建有作为五帮会馆总部的中华会馆。中华会馆建于清乾隆六年（1741），现存一碑刻《各省船长众》："夫会馆之设，由来久矣。虽谓会同议事之所，实为敦礼重义之所。吾人于此，存公道，明是非，息争论，固不比别事例相同者也。内崇天后圣母，春秋朔望，或祷或庆，诚称异国同堂，会计经营，必公正，相与同心协力。至于疾病相扶，患难相助。福因善果，不胜枚举。"③

会安的大部分历史遗迹没有遭到破坏，至今保护完好。1999 年，会安被列为世界文化遗产。会安城内遍布古色古香的华人会馆与寺庙，堪称一座较为完整的"华人历史博物馆"。建立福建、广肇、潮州、琼府会馆和作为五帮共同会馆的中华会馆，奉祀妈祖、关公、伏波将军（汉将马援）、城隍、千里眼、顺风耳等神祇，后来还增加观音。建于清康熙三十六年（1697）的福建会馆，原名

---

① （清）石濂：《海外纪事》卷四，此据李泰山：《越南漫笔》，中国文史出版社，2008 年，第 20 页。

② 李泰山：《越南漫笔》，中国文史出版社，2008 年，第 20 ~ 21 页。

③ 李泰山：《越南漫笔》，中国文史出版社，2008 年，第 20 ~ 21 页。

"金山寺"，1759 年修缮扩建，奉祀妈祖和观音。① 其中 TRAN PHU 街上集中了原来的中国商铺和最重要的华人会馆。

福建会馆约在 17 世纪前已经建成茅庙，清乾隆十六年（1751）改建为瓦庙。有高大的前门与中门，规模颇大，殿中供奉天后圣母。

潮州会馆建于清道光二十五年（1845），具有鲜明的潮州文化特征。朱红色的门柱托着两层绿色琉璃瓦顶，飞檐翘角。神龛香案的人物、花果雕刻，细腻入微，造型独特。据说其建造材料全部由潮汕故乡运来。

琼府会馆建于清光绪元年（1875），为琼籍华侨所集资兴建。这里应特别提及其正殿匾题"昭应殿"，现祭祀着108 位蒙冤罹难的琼侨先辈。门廊的碑记中记述："昭应公者，琼侨百人罹难义士也……"据顺化琼府会馆和《1847 年至1954 年之越南军民抗西侵军史》一书第三册分别记述："清咸丰元年（1851）夏，我琼清栏港猛头商船一号，驶往越南顺化等处通商。巡海之越南官兵，见运载甚丰，遂杀人夺财，并割耳巇良报功"；"当越王正拟赏奖之际，倏然心动手摇，笔落于地，头眩体倦，神昏座中"；"嗣德王乃令刑部密究其事……于是，杀人夺财之冤案得以大白，罪者判处极刑"。传说这108 位蒙冤罹难者的冤魂日后成神，经常显灵保护出洋者平安。现在，居住在世界各地的琼籍侨胞和海南侨乡百姓逢年过节，都有祭祀"昭应公"（或称"兄弟公"）的习俗。事实上，"昭应公"已经成为海南人新的精神支柱和信仰符号。108 这个数字或许是巧合（与中国人耳熟能详的梁山泊108 个好汉同数），极具号召力和凝聚力。

TRAN PHU 街176 号是广东会馆，也是一座关帝庙。

会安华侨建造的寺庙，最古老的是建于郊外的祝圣寺，原是一座关帝庙，是明正统九年（1444）福建明海和尚南来建造的。该庙建于 17 世纪中叶的"明清鼎革之世"，其依据是清乾隆十八年（1753）、清乾隆四十八年（1783）、清道光五年（1825）、清道光七年（1827）和清同治三年（1864）所立的石碑中的记载，如1827 年的石碑说，"今计其年将二百矣"②。该庙香火旺盛，碑刻甚多。具有特色的寺庙还有"明乡人"修建的"锦霞"、"海平"二宫，当地人称为"巴姥"和"祖亭"，修建年代为明天启六年（1626）。还有建于清同治四年（1865）的"明乡社萃先堂"，建于清同治六年（1867）的"明乡社文圣庙"等。像"萃先堂"这些庙宇多是"明乡人"纪念其祖先的祠堂、祖庙。③

① 李泰山：《越南漫笔》，中国文史出版社，2008 年，第 53～54 页。
② 闽江：《越南古城会安的华人会馆与寺庙》，《人民日报》（海外版），2006 年 12 月 12 日。
③ 闽江：《越南古城会安的华人会馆与寺庙》，《人民日报》（海外版），2006 年 12 月 12 日。

（二）西贡（胡志明市）

胡志明市是越南华人的主要居住地。据说今天越南 100 万华人（不包括"明乡人"）中，就有 50 万分布在胡志明市及其周边地区，他们当中有些人从来没有踏足中国，却能讲一口地道的广东腔普通话，而且词汇也很现代。

1. 越南明香嘉盛会馆

西贡现存较早的华人会馆是"明乡人"建立的"越南明香嘉盛会馆"。17 世纪中期，会安出现"明香社"。由于与越南民族通婚，大部分"明乡人"后来成了华越混血的土生华人。

据周南京主编的《华侨华人百科全书》载，清乾隆四十三年（1778），明乡人在堤岸同庆大道创立"越南明香嘉盛会馆"。经数代变迁，到 20 世纪 60 年代，会员多达二十余万人，遍布越南全国各地。明香人虽已属越南籍，但仍保持中华传统文化，始终系念宗邦。他们建寺立庙，奉祀香灯，保持明朝正朔衣冠，识华文，通粤语。越南明香嘉盛会馆历经 3 次修建，但依然沿用百余年图迹建筑。1964 年再度将原会馆改建为 18 米高钟鼓楼，古色古香，颇具中国古代宫殿色彩，馆内均为越南阮朝大臣郑怀德（1765—1825，祖籍福建长乐）所书华文对联。

越南胡志明市华侨华人建有 30 多座庙宇宗祠，奉祀妈祖、观音、关公等神祇。其中供奉妈祖的有穗城会馆（有 240 多年历史）、琼府会馆（有 180 多年历史）、五帮共同会馆（即"阿婆庙"，有 150 多年历史，每年正月十四、十五日举行"天后圣母庙会"）和温陵会馆（有 267 年历史，先是奉祀妈祖，后增观音，习称"观音庙"）。[①] 此外还有海南会馆、惠成会馆、温陵会馆、宗正会馆、二府会馆、义安会馆和霞漳会馆等。

2. 穗城会馆

广东籍华侨的会馆称穗城会馆，供奉海神妈祖，故亦称"妈祖庙"或"天后庙"，俗称"婆庙"，建于 18 世纪 60 年代，位于今胡志明市 D Nguyen Trai 710 号，香火极为鼎盛。它当年为广东商人所建，是广东籍华侨聚集联络之所。

据说天后庙是专门请广东的工匠渡海来修建的。天后庙中庭屋檐上拥挤的浮雕群，雕工精细，人物栩栩如生。馆内文物还有清乾隆六十年（1795）铸造的大洪钟，清嘉庆五年（1800）悬于庙内中殿上的大型牌匾"含宏光大"等。庙内全是乾隆时期漂洋过海而来的古董，旁边还有关公庙及供奉财神爷的财帛殿。天后庙里，还遍布中国文字、陶瓷和雕刻。小小的庭院正门上头，是精巧的"八仙过海"灰塑，内院放眼可及之处，都是巧夺天工的广式精美灰塑，色彩艳丽，人

---

① 李泰山:《越南漫笔》，中国文史出版社，2008 年，第 49 页。

物庞杂，场面热闹。一面小小的墙上就有近百人物，颇似广州的陈家祠。灰塑内容以戏文故事为主。

今天胡志明市的华人庙宇中，穗城会馆是最宏大、最具历史文化价值的古迹之一。1993年，穗城会馆被越南评为国家级历史文化遗产。

3. 温陵会馆

温陵会馆又称"观音庙"，建于清乾隆五年（1740）。最初温陵会馆由福建泉州府五县——晋江、南安、惠安、同安、安溪的乡亲合力创建，供奉妈祖，后来又增加供奉观音娘娘、广泽尊王诸神，合共16位神明，习惯上称为"观音庙"。它当初的设计是一座带有福建建筑风格的庙宇，以雕刻精湛的木、石艺术品为主要的结构和装饰。温陵会馆经过多次重修，最浩大的一次是在清同治八年（1869）。经过几百年的风吹雨淋，温陵会馆仍旧保持华人传统庙宇的古色古香，是当地最古老、最有历史价值的华人文物之一。直到今天，观音庙还是乡亲互相往来、济助、参拜共同信仰的神明的最重要场所。2002年12月，越南文化新闻部认定温陵会馆（观音庙）为"越南国家级历史文化艺术建筑古迹"。

4. 二府会馆

二府会馆（二府庙）有着近280年历史，建于18世纪20年代，位于今胡志明市第五郡第十四坊海上懒翁街264号。它是由泉州人和漳州人共同出资修建的，供奉"本头公"，是一座极具闽南特色的建筑物，今被列为越南国家级历史文化遗迹。今天的二府会馆，是闽南人后裔的活动中心之一。逢年过节，在越南的华人都会到这些会馆参加活动。例如每年正月初二，华人都会到各自的会馆集体拜年；元宵节、中秋节也会有很多乡亲、善男信女到会馆。[①]

此外，胡志明市闽侨组建的会馆还有福州府人所建的三山会馆，内祀奉天后妈祖；漳州府人所建霞漳会馆，祀天后。

5. 义安会馆

潮州义安会馆坐落于胡志明市第五郡阮□（笔者注：此缺一字）街678号，由于年代久远，准确的始建年份已难以稽考。今人估计已有200多年历史，应建于19世纪初乃至更早的18世纪末。义安会馆由当时移居来越和前来经商的潮汕人合资创立，也称"潮州公所"。[②] 同时置建一座庙宇，奉祀"忠义千秋关圣帝君"，供各界善信祷求参拜。会馆的主要活动是聚集乡亲、敦睦乡谊、团结互助、共谋发展。

---

① 二府会馆还陈列着很多南音乐器（南音也随着泉州人来到越南）。二府会馆十分关注南音的传承问题，并成立了一个年轻的南音演奏团。这个由年轻人组成的南音演奏团是南音在越南传承的"基地"。

② 杨锡铭主编：《海外潮人史话》，中国文史出版社，2009年，第120页。

东南亚许多地方的潮州人喜欢把自己的社团冠以"义安"之名，有的社团干脆就称"义安郡"，这种情况在后面会陆续看到。在中国历史上，义安郡最耀眼的一页，是作为隋朝经略流求（台湾）的始发地。《隋书·陈稜传》云："大业三年（607）拜武贲郎将（正四品）。后三岁（610）与朝请大夫（正五品）张镇周发东阳兵万余人，自义安汎海击流求国。"另外，《隋书·地理志下》义安郡条又云："义安郡统县五；户 2 066。海阳、程乡（今梅州）、潮阳、海宁（在今陆丰与惠来间）、万川（今大埔）。"从隋代义安郡的地形看，最可能作为攻流求的兵力集结点和出发地，应在今柘林湾至汕头港西岸一带海域。在隋代，这一海域属海阳县。后来，义安郡成了潮州的代称。

义安会馆建筑肃穆宏伟、古色古香，面积相当大，每年元宵佳节均在庙前广场搭建戏棚演戏，可容纳逾千观众观赏，热闹非常。义安会馆经过多次重修，大部分的文物、神像、匾额、对联都得到良好保管和尽量保留其原貌。历史上，潮州乡亲通过义安会馆已为社会慈善和公众福利事业作出不少贡献，包括建医院、学校、义祠，响应地方政权的号召，积极参加各项社会慈善福利活动等。义安会馆关圣帝君庙于 1993 年获越南政府文化部颁予越南国家级的"文化历史遗迹"认证。

此外，胡志明市的富安街、阮案街及赵光复街有许多中国特征的庙宇和会馆，此区的华人社群有许多传统节日，如中秋节、天后诞、观音诞等。[①] 此不一一具列。

6. 南圻华侨商务总会/南越中华总商会

据周南京主编的《华侨华人百科全书》，作为越南西堤联区及南越各省华商工商团体的领导机构，南圻华侨商务总会是清光绪三十年（1904）宣告成立的，会址设在堤岸广东街 120 号七府公所关帝庙内。在此之前，其成立过程一波三折。先是在清光绪二十六年（1900），闽籍京官王大贞赴南洋各地宣慰华侨。他抵达西贡时，曾倡议组织华侨商会，以鼓励和发展华侨商务，但因领导乏人，未能实现。清光绪二十九年（1903），清廷驻法公使胡维德赴法就职路经西贡，再次向各界侨胞倡组商会，并捐资 1 500 法郎用以建筑会址，委西堤侨领李长、刘六为正副会长，负责筹划，后因各界意见分歧，再次告吹。清光绪三十年（1904）一月终于宣告成立，郑昭明任首届会长，并连任 4 届。该会规模渐巨，有 100 多家商号入会。清宣统三年（1911），该会重新改组，修订章程，向当地

---

① 据说，胡志明市建设规划厅曾经向市人委会呈报了"堤岸古埠区改造与保护都市设计构想"项目，列入研究规划的街道将有 44 万民众聚居的堤岸占地 68 公顷将列入保护区。尚不知道该项计划的进展情况。参《胡志明市研讨"堤岸古埠区改造与保护都市设计构想"》，文化传通网，2012 年 9 月 28 日。

政府立案，同年 7 月 15 日获准为合法商团，并选出董事 20 人，组成董事会。依照章程规定，凡属华侨工商业者，按其营业牌税缴纳会费后，均可成为会员。该会后易名为"南越中华总商会"。

（三）河内

河内的华侨会馆建得比较晚。据阮朝《大南一统志》记述，在河内的 21 条街道中，就有 3 条街道有华侨的踪影。一是原属寿昌县的"河口坊"，本地与"大清国人"杂居于此，贩卖书籍、冥镪和药材等；二是"粤东街"（今行昂街），属"明乡"籍人士的居处，用作囤积货物的仓库之地；三是"福建街"（今懒翁街），乃销售铜器之地。

其实，华侨很早便居住在河内，但自 19 世纪起，行帆街便名副其实地成为唐人街。据河内史书记载，此街原属河口坊，是黎朝时期三十六街坊之一。居民的住处靠近珥河沿岸一带，以从事水上运输业为主，因而此处称为行帆街。行帆街的居民经常收购由山南地区的船帮运来的蒲草，并将之编织成草袋、箩筐和席帆等物。今日三十六街的许多街名是因街内居民经营的行业而得名。这里是河内商业旺区，家家户户都自己开店或租给别人开店，车水马龙。

在今日的三十六街，虽已难以听到华人的声音，但华人历史文化还是有迹可循的。在行桃、行蒲、行昂、行帆、谢现等街道上，一些华人的百年老房子还被一间挨一间地完整保留下来，许多古屋前面还保存着用水泥雕成的中文商号。其中保存得最为完善的是行桃古街。在这里可以看到"安利号"、"德旺"等字号。

从这里的房子建造结构上也可以寻觅到华人的历史踪迹。例如，这里有多条街的房子是"屋中屋"，即房子侧旁有一条小巷，进去是一间房子；有的房子建成广东与法式的"骑楼"状；不少房子后面还有"屎坑巷"。"屎坑"二字不雅，应是出自广府发音，意为"茅厕"。这也是广东古时候规划住宅区的特色。

如上所述，在三十六街坊里有两条街以"粤东"（即行昂街）和"福建"（即懒翁街）命名，前者多为古时广东籍人士聚居，后者以古时福建人居多。由于粤籍与闽籍人口众多，所以华侨在行帆街 22 号建有"粤东会馆"，在懒翁街 40 号建有"福建会馆"，会馆内均建有庙宇。

福建会馆是清嘉庆二十年（1815）兴建的。清嘉庆二十二年（1817）建立的《福建会馆捐题录》和《福建会馆兴创录》二碑中有 32 名捐款人姓名，董事王新合（晋江人）捐银 1 100 两，名列榜首；捐款人中有同安县 7 人，龙溪县 5 人，晋江、诏安各 4 人，海澄 3 人，安溪 2 人，长泰、南安各 1 人，失载 2 人，

共捐银 3 604 两。① 今天已成为某单位的办事处。

粤东会馆的建立时间不详。孙中山从事革命时曾来河内进行活动，就住在粤东会馆内。越南抗法战争胜利后，即 1955 年 8 月后，越南北方成立越南华侨联合总会。原河内粤东会馆和福建会馆辖下的公产、财物档案，包括学校、医院，由河内华侨联合会统管。如今该会馆被征作幼儿园之用，除了外观尚保留原来样貌外，内里早已面目全非，不过刻着孙中山曾到过会馆的碑记因有胡志明亲手题书而完整无缺。

1. 越南兴中会

据周南京主编的《华侨华人百科全书》载，它是 20 世纪初在越南建立的华侨革命组织。1902 年秋冬之交，孙中山趁法属印度支那联邦总督杜美（P. Doumer）邀请参观博览会之机前往越南。在河内停留数月，乘机鼓吹革命，成立兴中会。为避免惹人注目，以致公堂名义出面号召。河内侨商黄隆生与孙中山结识、坚求订盟，并介绍杨寿彭、张唤池等加入。同年 12 月，正式创立越南兴中会，即河内兴中会。初期会员不多，常于河内保罗巴托街 20 号隆生公司聚会。该会存在期间，发展会员，筹措经费，为孙中山日后以河内为基地策动粤、桂、滇、黔历次革命行动做了重要准备。清光绪三十三年（1907）春，改组为河内同盟会。

2. 河内同盟会

据周南京主编的《华侨华人百科全书》载，清光绪三十三年（1907）春，孙中山为策动粤、桂、滇三省的反清起义，亲赴越南河内，设机关部于甘必大街 61 号内，并将兴中会改组为同盟会。先后入会者共数百人。海防同盟分会设在台湾街 32 号万新楼，以刘岐山为会长，甄璧、林焕廷、陈耿夫等为干事。清光绪三十三年至三十四年（1907—1908），钦廉、镇南关（今友谊关）、河口诸战役，河内同盟会及海防分会发动工人、店员、商人等各界侨胞，或募集粮饷，或入伍从军，舍身捐产，贡献实多。

3. 永隆同盟会

据《华侨华人百科全书》载，永隆同盟会是越南华侨反清革命组织。清光绪三十二年至三十三年（1906—1907）两年间，南圻、北圻同盟会分别成立之前，永隆城华侨商人黎其玉倾向革命，闻美获同盟会成立，即亲往入盟，不久又介绍惠康加盟。黎、惠两人发起筹设永隆分会之倡议，并以均兴记商号楼上为办事机关，大力鼓吹革命，积极征纳会员。入会者有：黄慕肃、梁昌汉、徐秀、石海基、罗桂、李贵诸人。会员渐多，又迁会所于仁和堂商号楼上。黎其玉出资购

---

① ［日］山本达郎、罗晃潮：《河内的华侨史料》，《东南亚研究》1984 年第 3 期，第 41 页。

置书刊、桌椅、用具。每月用费则由会员按资产及收入多少承担。一些华商富家的思想仍较保守，又图清朝功名，不解革命大义，加盟者很少。但经黎、惠等多方宣传，风气渐开，胡仁甫等人的思想接近革命。黎其玉回国后任革命军北江民军统领；黄慕肃、何荣高等回国投入同盟模范军。

4. 永隆振明社

据《华侨华人百科全书》，永隆振明社是越南南部华侨革命团体。在黎其玉、惠康创立同盟会分会之际，清宣统二年（1910），胡仁甫、胡风坡、关芝谱、黄洛泉、叶柏生等在永隆组织开智书报社，以普及新知识为名，进行革命宣传。胡风坡被选为社长，并选定各科职员，分责办事，又定名为永隆振明社。以社团形式出现，然其活动内容、人事关系，与同盟会实为一体，陆续加入者有 60 多人。清宣统三年（1911）夏，迁会所于另一华侨商号永裕安内，革命性加强，定每月初二、初十两日召开会员大会，筹措捐款，接济国内举义，研讨革命工作的拓展。1911 年黄花岗之役后，凡奉孙中山之命来越筹款的革命党人，皆获得社员的踊跃捐输。

（四）越南南方其他重要城市

在边和市有关帝庙、福建会馆、广东会馆，合称为三大祠。18 世纪末，西山之乱，馆毁庙存。①

河仙市有雷琼会馆，供奉的神都是能保佑渔民平安的妈祖。其先人来自广东的雷州半岛和海南岛，因为地理位置近海，许多先人以打鱼为生。雷琼会馆内墙边立有一块石碑，虽然没有记载会馆建设的日期，但有"光绪十八年"字样，还记载了先侨当年为了建庙在清朝光绪年间所捐献的银钱数额。

第二节　华侨与中华文化在越南的传播

一、中越主流文化对接：华侨精英的作用

众所周知，由于地域、交通、种族等多方面的原因，中华传统文化首先向周边地区传播与辐射，到一定时候才形成周边地区不同区块的文化对中国的反馈，如此潮去潮来，形成一个"文化交流"的互动局面。一般来说，历史上能够对中国形成反馈的中国周边地区的文化区块，最著名的是朝鲜、越南和日本等国

---

① 邬增厚等：《越南华侨商业年鉴》，南越中华总商会，1953 年，第 3～4 页。

家。几千年文化交流的过程，逐渐形成了一个以中国（主要是中原地区）为中心的"汉文化圈"（或称"东亚文化圈"、"中国文化圈"）。

迄今还没有人分析、比较过中国与周边各个文化区块的文化"流势"。但有充分的理由相信，就东、南、西、北四个方向而言，南面的东南亚应属"流势"最强的地区，而越南自古以来都是东南亚地区接收与反馈中华传统文化"流势"最强的国家。主要表现有二：其一，越南向来是中华文化流向南洋的第一接收站，当然也是中华文化在东南亚地区的最早"发酵"地；其二，自古以来，传统中华文化对越南人文社会各领域的浸染是最广泛和最深刻的。越南自身创立的民族文化，离不开中国文化的基础铺垫和不断渗入。传统中华文化的传播，当然有利于包括越南在内的后开发地区的社会进步与经济发展。①

中越之间的历史之所以有此景象，与其说是因为文化由高处流向低处、由实处流向虚处之常势使然，毋宁说是越南"近水楼台"的区位优势所致。上苍给中越两国造就的地理格局是，山水相连，水陆交通两便，因而形成这样的文化传播格局："汉启海运"之后，日南郡（汉平南越，设九郡，其中中交趾、九真、日南三郡的地域相当于今越南北部及中部地区）地处南海交通要冲和中越两国文化的交汇点。秦汉以降，汉文化南被。历朝交替之际，大量中国人因避乱等原因而南下交趾。东汉时期在交趾、九真任太守的锡光、任延以及士燮尤为重视发展文化教育，大力提倡诗、书、礼、乐，传播中原先进文化，使交趾地区由原始社会逐渐进入"粗通礼化"、"始知种姓"的阶段。唐代以降，大批中原的知识分子相继来到交趾寓居，其中较有名的有刘禹锡、杜审言、沈佺期、张籍、贾岛等人，他们在这里赋诗论文，著书释义，言传身教，不可能不对越南的文化发展产生影响。②

传统中华文化对越南的影响，不仅表现在相互交流的源远流长与强"流势"的传播方面，还表现在传统中华文化的独特构造上。在所有东南亚国家中，唯有越南所接收的传统中华文化是全方位的，更重要的是，其内在构造是高度"中国化"的。

毋庸置疑，中华文化的形成也经历了由稚嫩到成熟，由粗糙到精致，由低级到高级的发展过程。且中国文化在其形成的历史长河中，逐渐产生了一整套适合

---

①　越南学术界也承认传统中华文化历史上对越南的强大影响。如《越南历史》上说："自雄王时期，越族人就有自己的风化，虽然这种风化还很简易、质朴。外国统治者，特别是锡光、任延（公元1世纪）、士燮（公元2世纪）、陶璜（公元3世纪）、杜慧度（公元4—5世纪）等人先后制定了繁杂的礼教。这也是把封建道德、礼教传入我国的一种手段。"又称："唐朝统治者依靠唐朝时期灿烂的文化，大力把儒教、佛教和道教输入我国，以便进一步奴役我国人民。"参越南社会科学院委员会编著，北京大学东语系越南语教研室译：《越南历史》，人民出版社，1977年，第94、130页。

②　参王士录、刘稚：《当代越南》，四川人民出版社，1992年，第220页。

自身历史发展的独特内容、具有自身特点和风格的内部构造。传统中华文化浩如烟海，博大精深。一个传统中华文化的信仰者，就是穷其毕生精力，也无法通解甚至通读其一。这种情况，越是到了晚近，越是如此。比如说，在孔子的时代，乃至在漫长的以竹简作为文化载体的时代，传统的经典尚屈指可数，一个学人完全可以烂熟于胸，倒背如流。但到了秦汉以后，随着纸张和印刷术的发明和推广，因载体限制而造成的文化典籍稀少的局面不复存在。传统经典（以儒家为主）加上后人的阐发，数量越来越多。所有传统经典和后人阐发的精华，也一并变成了新的经典。随着时间的推移，经典的数量愈发呈几何级增长态势。这种状况，用今天的术语来表达，就是"信息爆炸"。不同的是，古代的"信息爆炸"，仅涉及当时存在的数量有限的所有"人文社会科学"领域，不像今天，主要反映在对经济社会发展更重要的以工程与技术为中心的学科内部。更重要的是，今天人们已经有效地掌握了处理"信息爆炸"的科学技术手段（例如电脑的发明）。古代人们对待"信息爆炸"的处理方式可以说是无能为力的，最主要的办法，就是鼓励接触信息的"读书人"博闻强记。在博闻强记的同时，逐渐产生对知识更新与结构调整方面的要求，中国文化逐渐形成了一套公共认同和遵守的"知识系统"。在系统内部，又有不同级次的细分系统，每一个"知识构件"都有严格的系统归属。

今天，人们对古代中华文化在越南的传播的研究成果已经汗牛充栋，但是，这些研究似乎都还没有注意到中华文化的独特传播模式。概括起来就是，这种传播是完全遵循中国最高文化权威机构划定的"知识系统"构造进行的。如上所述，中国文化早就形成了一套"知识系统"。这样，知识在传播的时候，无论是"成（细分）系统的"，还是"分拆的"、"碎片式的"，都不会改变它与某个细分系统的隶属关系。也就是说，当"分拆的"、"碎片式的"知识从一个地方传播到另一个地方后，人们会自觉地或下意识地重新"组装"到它应该归属的系统中去。过去世界上大部分地方所传播的中华文化，其实都属于"分拆的"、"碎片式的"传播，在传播到目的地后，没有被重新"组装"或者"归位"。所以如此，很重要的原因是，作为传播中介的华侨华人，并没有多少"知识系统"或"知识构件"的观念，故那些"知识碎片"被传播到目的地后，只能原封不动地插上一个"中华文化"的大标签了事，乃至在目的地出现走样，以讹传讹，尽管"中华文化"的大标签百年不换。

反观越南，上述情况基本没有发生。究其缘由，首先是中华文化在越南的发展比较早，也比较全面有序，导致中华文化"知识系统"的概念一如中国，源远流长，根深蒂固。其次，作为传播中介的华侨，不少人本身就是知识分子，在他们脑海中中华文化"知识系统"的观念也根深蒂固。再次，传播到越南的中

华文化，不管是"成系统的"，还是"碎片式的"，但凡被当地接收后，都可以被轻而易举地重新"组装"或"归位"，因为越南官方权威文化机构已经存在着一个跟中国相似的"知识系统"，且很多参与文化重新"组装"或"归位"的人就是华侨精英。

中华文化标准的"知识系统"是什么？这应从中国文化的童年时期和中华文化对越南的最早传播说起。

在先秦时期，经典如凤毛麟角，十分珍稀。孔子对"读书人"的要求是非常现实的，也是十分"经典"的。他把"读书人"应该掌握的知识概括为六个方面，即礼、乐、射、御、书、数六艺，每一"艺"都有具体的内容与标准——"礼"为道德合礼仪规范，"乐"为举行各种仪式时的音乐舞蹈，"射"为射箭，"御"为驾车，"书"为书写，"数"为计算。其中礼、乐是核心，书、数是基础，射、御等技艺，其成绩可作为奖励的依据。"六艺"教育也是西周的学校教育，教师往往由官员兼任，如宫廷乐师教授乐舞，师氏（军官）则教以射、御，"师"之称呼因此而来。不难看出，在孔子的时代，技艺教育的目的之一，是训练作为"知识分子"的士人的知识结构。在秦汉以后，技艺教育不再作为士人的"知识结构"的组成部分，但随着知识的量的增长，关于"知识系统"和"知识结构"的构建一直没有被放弃。在中国封建社会的漫长历史中，这一变化是渐进地完成的。这里没有必要仔细梳理这一变化的详细过程，但可以肯定地说，到了清代，中国已经形成了"人文社会科学"知识的完整分类体系——"四库"体系。这个体系，也可以看作是对中国士人"知识结构"的基本要求。清乾隆三十七年（1772）十一月，乾隆皇帝认可了安徽学政朱筠提出的《永乐大典》的辑佚问题，接着诏令将所辑佚书与"各省所采及武英殿所有官刻诸书"汇编在一起，名曰"四库全书"。

《四库全书》的内容是十分丰富的。按照内容，包括四部四十四类六十六属。分经、史、子、集四部，故名四库。经部包括易类、书类、诗类、礼类、春秋类、孝经类、五经总义类、四书类、乐类、小学类十个大类（其中礼类又分周礼、仪礼、礼记、三礼总义、通礼、杂礼书六属，小学类又分训诂、字书、韵书三属）；史部包括正史类、编年类、纪事本末类、杂史类、别史类、诏令奏议类、传记类、史钞类、载记类、时令类、地理类、职官类、政书类、目录类、史评类十五个大类（其中诏令奏议类又分诏令、奏议二属，传记类又分圣贤、名人、总录、杂录、别录五属，地理类又分宫殿疏、总志、都会郡县、河渠、边防、山川、古迹、杂记、游记、外记十属，职官类又分官制、官箴二属，政书类又分通制、典礼、邦计、军政、法令、考工六属，目录类又分经籍、金石二属）；子部包括儒家类、兵家类、法家类、农家类、医家类、天文算法类、术数类、艺术类、谱录类、杂家类、类书类、小说家类、释家类、道家类十四大类（其中天文算法类又分推步、算书二属，术数类又分数学、占候、相宅相墓、占卜、命书相书、阴阳五行、杂技术七属，艺术类又分书画、琴谱、篆刻、杂技四属，谱录类又分器物、食谱、草木鸟兽虫鱼三属，杂家类又分杂学、杂考、杂说、杂品、杂纂、杂编六属，小说家类又分杂事、异闻、琐语三属）；集部包括楚辞、别集、总集、诗文评、词曲五个大类（其中词曲类又分词集、词选、词话、词谱词韵、南北曲五属）。除了章回小说、戏剧著作之外，以上门类基本上包括了社会上流布的各种图书。就著者而言，包括妇女、僧人、道家、宦官、军人、帝王、外国人等在内的各类人物。实际上，这一套庞杂的知识构造，也基本上成为越南官定的"知识体系"。

诚然，即使在强调博闻强记的古代，士人若要对四库所开列的所有知识烂熟于胸，也难于上青天。但可以肯定，中国古代士人是严格按照四库的类目学习既有的知识，并在自己的大脑里按照四库的编目"上架"的。到了清代，四库这一知识体系已经定型，成为所有中国士人唯一熟习的"目录学"范本。

显而易见，在传统中华文化传播越南的漫长历史过程中，越南士人也是严格按照中国对"人文社会科学"的知识分类来建构自己的"知识体系"的。关于这个问题，可以从许许多多越南士人的著述中得到证明。这里只想说明，旅居越南的华侨知识分子为在越南弘扬儒家文化作出过杰出的贡献。他们之中，主要是居住越南并被允许应试入仕的明乡人。众所周知，10世纪越南独立后，仿中国实行科举制，以诗赋经文开科取士，以后遂成为越南封建政府取仕的主要途径。到中国的清代，明乡人被批准参加科举考试，相当一部分华侨优秀分子便通过科举或其他途径进入越南高级统治阶层。他们在诗词和历史著作方面的创作成就尤为突出。

郑天赐（1711—1780），字士麟，郑玖长子。越南肃宗皇帝丙辰十一年（1736）春，以天赐为河仙镇都督。天赐于分置衙属，练军伍，起城堡，广街市之时，又招来四方文学之士，开招英阁，日与讲论唱和，有河仙十咏，风流才韵，一方称重，酬和者甚众，自是河仙始知学。① 河仙及附近地方遂成为弘扬汉文化的中心。天赐也是一位著名诗人。据《大南列传·前编》卷六《郑天赐本传》记载，河仙十景，皆天赐唱。清人宋璞、陈自香等二十五人，国人郑莲山、莫朝旦等六人和韵。集中凡三百二十篇，天赐为之序。他死后，越南诗人在其祠堂里撰写了许多楹联，表示对他的崇敬。其一云："河仙自古称诗伯，嘉定如今

---

① 《大南实录》列传前编卷六《郑天赐》，摘自中国社会科学院历史研究所：《古代中越关系史资料选编》，中国社会科学出版社，1982年，第647页。

法将才。"①

郑怀德（1765—1825），号良斋，祖籍福建长乐，世为宦族。祖父郑会于明末清初留发南投，客寓越南边和。1788 年应举，授翰林制诰，清嘉庆六年（1801）任户部参知，清嘉庆七年（1802）任户部尚书，并充清正使。清嘉庆十三年（1808）任嘉定协总镇，清嘉庆十七年（1812）任礼部尚书，清道光元年（1821）明命王受协办大学士。清道光五年（1825）去世，被封赠少保勤政殿大学士。怀德是个历史学家和著名诗人，著作甚多。有《历代纪年》、《康济录》、《华程录》、《嘉定城通志》以及《北使诗集》、《嘉定三家诗集》和《艮斋诗集》，但流传至今的只有《嘉定城通志》和《艮斋诗集》。《嘉定城通志》是一部史地著作，详述越南南圻各地的建置、疆域、风俗、物产及城池，涉及历代沿革和华侨事迹，是研究南圻历史地理和华侨的宝贵资料。怀德曾任越南阮氏两朝大臣，善文工诗，诗作丰富，为当年嘉定著名诗人。② 在诗坛上颇负盛名，曾与好友结诗社，名曰"嘉定山会"，研究诗词，常与诗人吴仁静、黎光定和诗，集成《嘉定三家诗集》。

吴仁静（1769—1816），字汝山，祖籍广东，明末南渡，流寓越南嘉定。仁静自幼有学才，工诗。初入仕阮世祖，为翰林院侍学，嘉隆十一年（1812）任工部尚书，并出任嘉定协总镇。爱好文学，长于吟咏，有《汝山诗集》行世。③

潘清简（1778—1867），祖籍福建漳州，父母因"义不臣清"而流徙越南。清简为明乡人后裔，做越南王朝官吏。他学识渊博，不仅是这一时期越南著名的历史学家，而且是优秀的诗人和文学家。他的著作主要有《梁溪诗草》、《卧游集》，还与范富庶合著《如西使程日记》。由他主持编修《钦定越史通鉴纲目》和《大南（正编）列传》等。他的著作，在越南历史和文学史上，占有十分重要的位置，对越南文学艺术的发展起过重要的作用。鸦片战争后，有大批中国人移居越南，他们把大量中国古典优秀文学作品介绍并传播到越南人民中去。如《东周列国志》、《东西汉演义》、《封神榜》、《红楼梦》、《西厢记》、《水浒》、《西游记》、《儒林外史》、《薛仁贵东征》等。其中有不少成为家喻户晓的读物。这些读物，早期18—19世纪已有用"喃字"韵文写成的作品，后来改用拼音文

① 陈荆和：《河仙总镇郑天赐的文学著作》，《史学》，1967 年第 2～3 期，第 149～221 页，转见［法］苏尔梦：《华侨对东南亚发展的贡献：新评价》，《南亚东南亚评论》（第三辑），北京大学出版社，1988 年，第 166 页。

② 黄理等编：《越南诗文合选》（第三集），河内文化出版社，1963 年，第 347 页，转引自徐善福：《17—19 世纪的越南南方华侨》，《华侨华人论文集》（二），海洋出版社，1989 年，第 202 页。

③ 《大南实录》正编列传初集卷十一《吴仁静传》，摘自中国社会科学院历史研究所：《古代中越关系史资料选编》，中国社会科学出版社，1982 年，第 661 页。

字翻译成越文。①

清雍正十二年（1734），越南政府曾下令禁止中国输入书籍。② 尚不完全知道禁止输入书籍的原因是什么，禁止的时间有多长，但可以肯定是权宜之计，因为越南民间早已形成了对中国书籍巨大的文化需求和文化市场，不是人为的因素可以遏止的。若对资料作进一步的解读，便可不言自明。那就是，中越两国之间曾有书籍交易，只是规模大小不得而知。至19世纪40年代，发现有越南韵文字喃小说在广东佛山印刷。在这些版本的扉页中，还印有西贡发行者的姓名。③ 中国文学作品在越南流传的方式，一部分为华侨直接带去，更多的是在当地译成越南文字。1907年，《三国演义》被译成越南文。④

越南官方鼓励佛教的传播，佛教在越南传播，与华侨僧人分不开。实际上，历史上的中国高僧，平生所学，绝不仅仅是佛学，更包括融汇于佛学之中的儒学等传统文化。故高僧的传佛，说到底是在传播中华文化。这里以两个僧人为例。

其一，"谢元韶，字焕碧，其先广东潮州人。年十九出家投报资寺。（越南）太尊皇帝乙巳十七年（1665）从商舶南来，卓锡于归宁府，建十塔弥陀寺，广开象教。寻往顺化（今承天府）富春山，造国恩寺，筑普同塔。又奉（越南）英尊皇帝命如东求高僧，得石濂和尚。及还，住持河中寺。僧众造化门塔藏舍利。显尊赐谥曰行端禅师"⑤。

其二，"觉灵，号玄溪和尚，广东人。临济正派三十五世也。少好游侠，精武艺，以仇杀人，遂逃于禅，初航海至东浦为游方僧，既而往顺化卓锡法云寺（今改天福），精于禅学，僧徒日众。人闻其精武艺，有愿学者亦教之不拒。久之，其徒恐师有秘其术不尽传授，一日坐食方丈，暗挟铁锥，从背后挥击。觉灵闻锥声，举箸拨其锥掷去，其艺之精如此"⑥。

二、华侨在居住地的民间文化交流

在明清两代，越南华侨酬神赛会，经常聘请中国剧团到越南进行表演。法国

① 李泰山：《越南漫笔》，中国文史出版社，2008年，第32页。

② ［法］沙蒙：《中国传统文学在亚洲》，中外关系史学会编：《中外关系史译丛》（第三辑），上海译文出版社，1986年，第115页。

③ 吴凤斌主编：《东南亚华侨通史》，福建人民出版社，1994年，第484页。

④ 吴凤斌主编：《东南亚华侨通史》，福建人民出版社，1994年，第485页。

⑤ 《大南一统志》卷三《承天府》，摘自中国社会科学院历史研究所：《古代中越关系史资料选编》，中国社会科学出版社，1982年，第619页。也参《大南实录》列传前编卷六《谢光韶传》，摘自中国社会科学院历史研究所：《古代中越关系史资料选编》，中国社会科学出版社，1982年，第643页。

⑥ 《大南一统志》卷三《承天府》，摘自中国社会科学院历史研究所：《古代中越关系史资料选编》，中国社会科学出版社，1982年，第668页。

入侵越南后，越南民族的舞蹈和戏剧虽惨遭摧残，但直至20世纪前半期，这些音乐、舞蹈和戏剧，仍然是越南广大城乡人民文化活动中的重要内容。例如，几乎每一个华侨集中居住的城镇都有固定的戏院，由华侨演出中国的传统剧目。《三国演义》、《水浒传》、《西游记》等中国优秀文学著作中的情节，常作为越南戏剧的题材。① 越南华侨以广府人、潮州人居多，所以越南接受中国的音乐以民间音乐为主，其中受广府、潮州的民间音乐影响最大。闽南戏或南音亦有演出。②

在堤岸埠的老一代华侨，对于越南的口从剧并不陌生，还很喜欢看，因为差别不大，华侨看得懂，故该剧在农村的集镇戏院里经常演出。在城里看戏，主要是粤剧和潮剧，戏班也多。因为粤语是通用语言，所以福建人也看得懂。此外还有一些业余演出，一般是在会馆前面的广场搭戏台，有时连演两三个晚上。不过演的是京剧的折子戏，如"精忠报国"、"三娘教子"、"打渔杀家"等片段，服装道具因陋就简。③

改良戏是20世纪初才在南部出现的年轻剧种。渊源于南部的才子佳人音乐，并吸收口从剧的表演动作，是在众多传统剧目的基础上发展起来的。它曲调丰富，演唱通俗易懂，道白比口从剧、粤剧多，有诗歌的韵律。演出有帷幕，布景讲究，舞台效果好。20世纪40年代，演出武侠戏时已有向斜上角纵飞或追逐的特技动作了。④

中医对越南影响很深。清代，有华侨在越南经营药材生意。中国输入越南的药材，以川芎、白术、当归、茯苓、生地、甘草、白芍为最多。越南未属法国之前，每年进口者约10万担，约值百万元。到20世纪初每年仍进口约2万担，约值30万元。⑤

香茶县有操芒坊，居富春江东柑之后间，山西、宜春、万春三社地分为三邑，每邑十家，织工15人，学织于北客，世传古花彩缎锦绣诸花样，皆妙巧。抉宅社织锦为席，俗名簟席，亦以作帆，其席亦如京北广览席。⑥

---

① 朱永镇：《中越音乐文化之今昔观》，载《中越文化论集》（二），第278~285页，参吴凤斌主编：《东南亚华侨通史》，福建人民出版社，1994年，第479~480页。

② 朱永镇：《中越音乐文化之今昔观》，载《中越文化论集》（二），第278~285页，参吴凤斌主编：《东南亚华侨通史》，福建人民出版社，1994年，第479~480页。

③ 李泰山：《越南漫笔》，中国文史出版社，2008年，第35页。

④ 李泰山：《越南漫笔》，中国文史出版社，2008年，第36页。

⑤ （清）严璩：《越南游历记》，自刊铅印本，此据福建师范大学历史系华侨史资料选辑组编：《晚清海外笔记选》，海洋出版社，1983年，第56~72页。

⑥ 《皇越地舆志》卷一《顺北》，摘自中国社会科学院历史研究所：《古代中越关系史资料选编》，中国社会科学出版社，1982年，第668页。

第三节　华侨兴学

如前所述，越南与中国领土相接，海路亦近，中国文化传至越南亦较东南亚其他地区为盛。以前越南读书人，向来崇尚中国儒学，"四书五经"为越南民间通用课本，且越南政府开科取士，亦模仿中国科举。这种文化环境，十分有利于越南华侨在居住地兴教办学。

在新式学堂未创立以前，越南华侨已办有私塾。早在19世纪80年代，作为堤岸福建学校前身的文昌殿书院就已创立。当时的华侨私塾多为私人创办，或借殷实商人房屋，或借当地庙宇，以《三字经》、《千字文》、《百家姓》、"四书五经"等为主要课本，塾师来自中国，其中不乏饱学之士。

清末，中国为迎新潮流，废科举，兴学校，这股风气也影响到越南的华侨社会，特别是孙中山领导的革命党人游历越南，除到处宣传革命外，更鼓励华侨社会兴学。清光绪三十四年（1908），福建籍华侨林联庆、谢鄙延、曹允泽、林文英、颜庆富及陈和成等人在西贡堤岸霞漳会馆开设了第一所新式学校——闽漳学校，学生有百余人。同年，谢鄙延和法籍殷商在堤岸创办中法学校。为适应法国属地机关与商场的需要，用中文、法文两种语言授课。清宣统三年（1911），广东籍华侨李卓峰、冯星符创办"穗城学校"，该校校址设于堤岸穗城会馆内。广东籍华侨谭质均在海防创办时习学校。河内则在这期间先后创办了国民学校、中西学校及福建学校等。①

越南河内的"中华中学"是一所具有悠久历史的著名华侨学府。它的前身可追溯到设在河内粤东会馆的华侨私塾，这大概是十八九世纪的事情。1912年前后，由当地华侨把福建、中西、国民三所小学合并，建成"中华高等小学"。

中华民国成立后，越南华侨社会为之振奋，兴学遂成风气。越南先后成立的华校，有潮州帮的"义安学校"、客家帮的"崇正学校"、琼州帮的"乐善学校"以及第一所专收女生的"坤德女子学校"。民国初年是越南新式学校与私塾并存的时期。②

---

① 吴凤斌主编：《东南亚华侨通史》，福建人民出版社，1994年，第848页。
② 魏华仁：《东南亚华人教育大事志》（四），《华人月刊》1990年第4期，第42页。

第十二章　柬埔寨

第一节　难以复原的柬埔寨社团历史

在成为法国的殖民地后，柬埔寨沿用越南的政治制度，在对华侨的管治方面，也沿用越南的方式，包括帮会自治制度。

咸丰八年（1858），法国与西班牙一道出动联合舰队占领越南土伦，翌年，法军占领西贡。同治元年（1862）二月，相继占领湄公河三角洲东部的 3 个省份。当年六月，越南阮氏王朝与法国订约，割让此省份与西贡，并放弃对柬埔寨的主权。1863 年，柬埔寨成为法国保护国。光绪二年（1876），法国又占领三角洲西部省份，以之为法国交趾支那殖民地组成部分。光绪十一年（1885），中法战争结束后，中法缔结《中法新约》，越南全境成为法国的保护国。光绪十三年（1887），法国将交趾支那（南圻）、中圻、北圻及柬埔寨合并，组成法属印度支那同盟。光绪二十一年（1895），老挝被法国占领，也成为印支同盟一员。在法国人治下，越南以"帮"作为划分各个华侨地缘组织的单位，并保留华侨帮会自治制度。印支同盟成立后，便将其推广到柬埔寨和老挝。

柬埔寨华侨中，潮州籍最多，广肇籍次之，余者为闽籍、客家籍、海南籍，各占比例不等。[①] 在此基础上，柬埔寨各籍华侨成立了潮州会馆、福建会馆、广肇会馆、崇正会馆、琼雷会馆等主要以地缘为纽带的组织，会馆附设有神庙。按照法国殖民者的制度安排，这些会馆自然也被划分为相应的"帮"。

柬埔寨华侨华人也素有结社共襄的传统。成立这些组织的目的就是团结互助。会馆设有董事会，负责会馆的财务管理、帮助解决华侨间难解的纠纷、神庙的祭祀、华语教育的监督、会馆运营费的筹措。柬埔寨华侨始终秉持中华民族艰苦奋斗、顽强拼搏、自强不息的优良传统，发扬克勤克俭、团结互助、念祖爱乡、开疆拓土的奋斗精神，建设自己的家园。

按照越南的做法，柬埔寨华侨社团也依样画葫芦，根据华侨的原籍和方言分成潮州帮、广肇帮、海南帮、福建帮、客家帮五个帮。帮公所的"帮长"由当

---

① 参吴凤斌主编：《东南亚华侨通史》，福建人民出版社，1994 年，第 268 页。

地政府任命。帮公所除了处理华侨居民的福利援助业务之外，还负责发行华侨居民的居留身份证，向华侨居民征收各种税款，上缴给当地政府。但法国殖民当局对柬埔寨华侨分帮的工作在 1912 年才进行，此时清朝已经灭亡了。

1975 年"红色高棉"建立"民主柬埔寨"前夕，华侨华人已达 60 万。然而，柬埔寨自 20 世纪 70 年代以来，经过 20 多年的战乱，特别是 1975 年以后，由于柬埔寨当局实行"金边空城下乡运动"，旅柬华人尤其是旅居金边的华人遭受到空前的浩劫。在此期间，所有华侨会馆都被迫停止了一切活动，几乎所有资料都遗失殆尽。例如，潮州会馆的全部财产和属下端华学校、所有福利机构，乃至有关历史资料全部毁于一旦，会址被夷为平地，公产和组织均荡然无存。所以，今天要复原柬埔寨华侨社团早年的历史，竟难于上青天。这里仅能对某些资料碎片进行整理和推敲，以便于后来者逐渐补正。

一、柬埔寨潮州会馆

"柬埔寨潮州会馆"的成立时间不详，一般相信已有一百多年的历史。据说潮州会馆在 20 世纪五六十年代达到了发展最高峰，当时拥有协天大帝庙、端华中学、潮州义地等机构及大量公产和基金，并和其他各会馆共同管理中华医院和其他许多慈善组织。这些庙宇、学校、义地在清代就应已存在，但中华医院和慈善组织的产生可能在清代以后。

这里单说义地的情况。柬埔寨潮州会馆在金边市西北角的一个自然村，有一块三四千平方米的公共墓地，人称"潮州义地"，应是清代就有，但起始的具体时间不详。今天，这里既有供所有潮州人祭拜的大型集体坟茔，也有各家各户自己的坟茔，总共有数千座。重建后的潮州会馆，积极加强对距金边市 30 公里的贡武"潮州义地"墓园的管理、扩建与维修。

二、柬埔寨福建会馆

"柬埔寨福建会馆"建立于光绪六年（1880），这一年，旅柬福建籍华侨代表向当时的柬埔寨国王诺罗敦陛下申请建立会馆，国王赐给一片面积达 5 000 平方米的地皮作建馆建校之用。在国王的关怀和诸位先贤的领导下，福建会馆会务进入一个蓬勃发展的时期，购置福建义地（墓园），开办学校，与侨社各省籍人士积极合作，参与各种福利慈善活动，如开办中华医院、赈灾救济等。光绪六年（1880），福建会馆的关帝庙动工兴建，后于光绪十四年（1888）建成。1927 年，该会馆创办福建公立民生学校。1970 年，福建会馆因柬埔寨发生政变而解散。

在其后长达二十年的烽火岁月中，侥幸存活下来的闽籍华人仅有一百多户（800人）。1989 年才开始恢复活动。

此外，柬埔寨客属会馆于 1993 年 8 月 20 日宣告成立；广肇会馆于 1993 年 1 月 1 日在柬华总会及其他会馆的帮助下宣告成立；柬埔寨海南同乡会于 1992 年 8 月 9 日宣告成立。至此，柬埔寨五大会馆（潮州会馆、海南同乡会、福建会馆、客属会馆、广肇会馆）全部恢复。

柬埔寨华侨华人还成立了 13 个宗亲总会，属于血缘社团。可能有一些甚至大部分总会在清代就已存在，但在 20 世纪 70 年代"红色高棉"掌权期间被全部勒令解散，所有文档荡然无存，甚至在后来恢复后也无踪迹可寻。①这不能不说是世界华侨华人历史上的一大"奇迹"。所以，今天在谈到柬埔寨还有 13 个宗亲总会时，不得不留下万分的遗憾。希望这一段历史有朝一日能有所补缺。

顺便说明一下，在柬埔寨五大会馆恢复前的 1990 年 12 月 26 日，柬埔寨王国政府成立了一个新机构——"柬华理事总会"，由柬埔寨华人及华社团体共同组成。这个机构是清代没有的。

第二节　华侨在柬埔寨的中华文化传播与传承：现实透露出来的历史

早期到柬埔寨的华人大多是为了谋生，人数稀少，居住分散，他们本身的文化素质也不高。但到了清代，特别是到 1863 年后，华人的移民数量不断增多，出现了华侨社会，也有了中华文化产生和生长的条件。不过，今天保留下来的有关清代华人在柬埔寨传播传统中华文化的记载甚少，这里只能从碎片式的资料中对其进行分析。

华侨对柬埔寨的中华文化传播与传承基本上只有民间渠道。从现有资料来看，包括对中国文学作品的翻译。据认为，在柬埔寨，19 世纪文学的翻译者，

---

①　清代宗亲会馆的具体情况今不详，可以根据今天恢复的"十三宗亲同乡会"进行参照，包括：李氏宗亲总会，全称"柬埔寨陇西李氏宗亲总会"，2004 年 12 月 8 日成立；蔡氏宗亲总会，全称"济阳蔡氏宗亲总会"，其组织溯于 1962 年；黄氏宗亲总会，即"柬埔寨江夏黄氏宗亲总会"，始创于 1961 年，为柬埔寨全国最早成立的姓氏宗亲组织；陈氏宗亲总会，2001 年 1 月 14 日成立；符氏宗亲总会，1996 年 1 月 1 日成立；郭氏宗亲总会，全称"汾阳郭氏宗亲总会"，2001 年 4 月 9 日成立；赖氏宗亲总会，成立时间不详；林氏宗亲总会，成立于 2001 年 8 月；罗氏宗亲总会，全称"柬埔寨豫章罗氏宗亲总会"，1966 年创立；吴氏宗亲总会，1999 年 5 月 9 日成立；杨氏宗亲总会，20 世纪 90 年代末成立；谢氏宗亲总会，2006 年 2 月 22 日成立；饶平凤凰同乡会，1967 年成立。

都是曾经在佛教寺庙里学过写诗的福建华侨后裔。① 这里说的是华人文学在柬埔寨的传播情况。从传播者的身份来看，他们是"在佛教寺庙里学过写诗的福建华侨后裔"，显然是既熟悉传统中国文化，又熟悉当时柬埔寨文化的华人后代，但他们的人数很可能不多，与华侨华人群体的联系也不紧密。从传播方式来看，他们进行文学翻译，显然是将中文翻译为柬埔寨文，且翻译的内容也应是选择性的，即选择佛教寺庙所需要的中国文化。故这一小部分人的文化活动，应该是针对柬埔寨僧侣阶层的，其传播和影响的范围自然十分有限。

华侨对柬埔寨的中华文化传播与传承，主要是在柬埔寨华侨社会内部进行的。

首先是兴办侨校。柬埔寨的华文学校的兴起是清末受国内开办学堂风潮影响的结果。最著名的是，光绪二十七年（1901），柬埔寨磅湛潮州籍侨胞陈创丰等创办新民小学；光绪三十三年（1907），金边市潮州籍侨胞共同创办公立端华中学（亦称端华学校）。② 端华学校初期是先辈潮侨设立的私塾式学堂，以潮语授课。③ 在柬埔寨华文教育历史上，端华学校影响最大。它属潮州会馆，在 20 世纪70 年代后柬埔寨的动乱中停办。1993 年，随着潮州会馆的恢复，端华学校于1992 年 9 月初复课。端华学校曾有柬埔寨华校"最高学府"的美誉，现也被认为是东南亚规模最大的一所华文学校。

其次是在华侨社会内部传承中华文化，主要是传承地域性的文化。这里暂且根据最大的华侨地域性帮群——潮州人的文化传承情况作一估计。至于其他帮群，由于资料全无，只得从缺。

唐代以后，潮州人作为一个传承中原文化又具有鲜明区域性的族群基本形成。很多闽南地区的汉人为逃避战乱而迁移到潮汕地区，带来了中原的文明。潮州的土著文化和中原文化日益融合，形成了地域性的潮汕文化。潮州戏曲文化是其中的重要组成部分，潮剧和潮乐是潮州戏曲文化最重要的代表，两者均有悠久的历史，动听悦耳，扣人心弦，也是柬埔寨潮籍人士喜爱的文化艺术。

潮乐源流则可上溯南朝古乐，隋唐承继，协律郎陈政及韩愈曾极力倡导。到明清再承袭和融汇正音戏、昆腔、西秦、外江等剧种的音乐，构成独特风格的曲调。潮乐与古典诗词格律的起承转合有密切关系，曲调清丽，变幻奇妙。

---

① ［法］沙蒙：《中国传统文学在亚洲》，中外关系史学会编：《中外关系史译丛》（第三辑），上海译文出版社，1986 年，第 117 页。

② 吴凤斌主编：《东南亚华侨通史》，福建人民出版社，1994 年，第 848 页。

③ 一说 1908 年，柬埔寨华人刘泰生等在金边创办私塾，这间私塾到 1914 年移设于潮州会馆，并定名为端华学校，始略具新式学校雏形。参魏华仁：《东南亚华人教育大事志》（三），《华人月刊》1990 年第 3 期，第 37 页。

　　潮剧是潮汕文化的重要组成部分。潮剧又称"潮州戏"、"潮音戏"、"潮州白字戏"，因流行于潮州并以潮州方言演唱而得名，明代称"潮腔"、"潮调"。明代时，"弋阳"、"昆山"等腔流入潮州。到清代时，西秦戏、外江戏于潮州广为流传。潮剧借鉴其艺术，又兼收当地的民间音乐、说唱、歌舞等艺术，形成潮剧。潮剧有自己的体系和独特风格。音乐唱腔以是曲牌连缀为主的联曲体和板腔体综合体制。唱腔以轻婉抒情见长，多曼声折转，清丽悠扬。

　　此外，还有潮州大锣鼓，有吹有打。潮州大锣鼓流行于广东潮汕地区的吹打乐，从清锣鼓形式发展起来。过去，在潮州各地都设有锣鼓馆，在每年游神盛会时演奏，乐器只用四面锣、二副大钹，属清锣鼓形式，俗称"四锣二钹"。因奏法过于简单，艺人们增添了用唢呐吹奏的一些弦诗谱，如《过江龙》、《百家村》等，这样有吹有打，发展成为吹打形式。

　　关于清代潮剧、潮乐与潮州大锣鼓在柬埔寨潮侨中流行的资料今天已经一无所见。但是，可以通过清亡后的相关情况，反推清代的流行情况。

　　据说20世纪四五十年代，在拥有"小潮州"之称的金边，几乎每个晚上都可看到潮州戏的演出。那时，每逢春节或元宵，潮州人众多的金边都可听到潮州大锣鼓、潮乐演奏。当时，金边许多体育会，如新青、东方等都设立了潮剧组，表演过《陈三五娘》、《告亲夫》、《井边会》、《苏六娘》等经典潮剧。年轻的当地华裔受老一辈的影响，也喜欢上潮剧和潮州音乐。每逢喜庆场合及过年过节时，潮州人家中都会传出优美动听的潮乐；当地人办丧事时，也少不了打潮州锣鼓，或请当地著名的善堂师傅作法。在法会上，还会演奏各种潮州乐器，在灵前念普门品中的观音经、弥陀经和金丹经。

　　在清代，潮剧、潮乐与潮州大锣鼓在柬埔寨潮侨中应该十分流行。可惜随着岁月流逝，特别是20世纪70年代后持续二十多年的战争与动乱，潮剧、潮乐与潮州大锣鼓演员出现了大断层，许多劫后余生的演员都已渐渐进入古稀，潮乐等艺术形式正面临薪火失传的困境。①

　　潮州灯谜在华侨家乡有广泛的群众基础，后来形成了一门公认的学问，被称为"谜学"。灯谜也伴随着潮州移民带到海外。可惜目前尚无资料确证潮州谜艺开始流传到海外的确切时间。海外谜艺最早见诸文字者，一般认为始于20世纪初的暹罗，比较稳妥的说法是"最迟在清末民初"。② 至于传到柬埔寨是什么时候，也很难论定。这里姑采用"最迟在清末民初"的说法。不过在今天的柬埔寨已几乎找不到灯谜的痕迹。

---

① 《潮乐在柬埔寨黯然入古稀》，中国侨网，2007年6月6日。
② 杨锡铭主编：《海外潮人史话》，中国文史出版社，2009年，第138页。

应该说明，以上潮州人的家乡文化，不只是随着潮人的足迹流传到柬埔寨一地。实际上，有潮人居住的地方，都会流传上述潮州人的家乡文化，不同的只是传入的时间有早有晚，流传的规模有大有小而已。特别是在潮州籍华侨同样占压倒多数的暹罗，潮州家乡文化的流传程度不应低于柬埔寨。

柬埔寨的潮州人也与家乡开展常态性的文化交流活动。同治年间（1862—1874），柬埔寨的潮人大增。每年的酬神赛会时，潮州华侨经常请家乡的潮剧团"红襄班"、"青襄班"到柬埔寨演出。①

再看潮州人的其他民俗文化。潮州人有过"时年八节"的惯例。"时年八节"，即春节、元宵节、清明节、端午节、盂兰节、中秋节、冬至节、除夕，以及"春分"、"秋分"二祭。每逢这些节日，他们都要祭拜祖先，以示后代对先祖的崇奉。供品的丰薄由各家的经济情况而定。清明节时，旅柬潮人都要到先祖墓地扫墓；到了阴历七月，就盛行"施孤"民俗活动。金边市潮人在柬埔寨潮州会馆的具体组织和领导下，于金边"潮州义地"墓园举办"盂兰盛会"，七月初一"开孤门"、七月三十"关孤门"等"施孤"活动，热闹非凡。到了中秋节，旅柬潮人也举办中秋夜赏月活动。每到除夕夜，柬埔寨潮人称这节日是"唐山过年"，全家都在家中"围炉"过年，并分发给小孩"压岁钱"。正月初，除和潮汕一样拜公祖外，潮人碰面要"口旦好话"，恭贺一年"平安"、"发财"、"万事合想"，晚辈也要给长辈拜年，这跟潮汕家乡的活动一模一样。潮人的家中普遍都设有六个"神炉"：进家大门口有"天地父母"炉，进门厅顶设架供有"众神"炉和"祖公"炉，地上墙角设"地主伯爷"炉，各家商店设有"财神爷"炉。阴历每月初一、十五和初二、十六都要定期祭拜。旅柬潮人的民俗活动，充分反映了他们虽身在异乡，仍深深地留恋故土。民俗的形成是一个漫长的过程，非一朝一夕可以完成。完全可以相信，以上风俗在清代以来就一直在柬埔寨潮人中广为流传。

旅柬潮人把潮汕的节日祭拜习俗带到了柬埔寨，影响了当地的高棉人。他们既信仰佛教，也信奉"神明"。有些高棉商人看到华侨经营的商店都供有"招财爷"神位，生意做得红红火火，也普遍供奉起"招财爷"来。当然，这种现象的形成，可能更多的是在清代以后。

有些潮语的语法逻辑已受当地影响而"柬化"。如与人打招呼时，常把姓名放在称呼之后，如把"洪叔"、"华兄"说成"叔洪"、"兄华"，潮汕人说"阿舅先食"，他们说成"阿舅食先"。他们平时书写时间，也与我们相反，其次序是"日、月、年"。这种现象虽然在今天很普遍，但应该在清代就已经存在。

---

① 杨锡铭主编：《海外潮人史话》，中国文史出版社，2009年，第37页。

第十三章　缅　甸

清代，以血缘、地缘和业缘等作为划分依据的社团曾或早或迟地出现在缅甸华侨社会中。其中缅甸华侨社团的省籍（主要是广东和福建两个省份）界野比较明显。就现在看到的情况而言，不管是哪一类型的社团，基本上都是以移民的省属作为划分归属。这种现象的逐渐消失大抵发生在清亡前若干年。那些带有全侨性质的跨省籍的商业社团和民主革命社团的出现，最终打破了长期以来缅甸华侨社团中的上述局面。

由于清代缅甸华侨社团的历史资料严重缺失，所以目前所看到的有关缅甸华侨社团的图景是不全面和不清晰的。清代缅甸移民来自中国南方多个省份，但目前可以看到的社团，主要是由广东人和福建人建立的，其他省籍的社团寥若晨星。所以，有关清代缅甸华侨社团的历史，还需继续深入发掘。这里主要就广东和福建两省的华侨社团情况作一管窥。

第一节　粤籍华侨建立的各类社团

缅甸华侨的血缘社团（即宗亲社团）数量在东南亚地区位居前列，堪与槟榔屿、新加坡等地相媲美。血缘社团多，是缅甸华侨社团的主要特征之一。而这种情况在广东籍社团中尤为明显。

一、广东籍的宗亲社团

众所周知，海外华侨组建的以血缘作为纽带的宗亲社团历史悠久。这些社团在早期多以馆、会馆、会、堂、公会、总会、所、公所、宗祠等命名。虽然名目繁多，但归纳起来，大抵可划分为单姓社团和多姓社团两大类型。单姓社团，即由同一姓氏的人组成的，称单姓宗亲会；多姓社团，是由两个或两个以上姓氏族人组成的，称多姓联宗的宗亲会。无论是单姓或多姓宗亲社团，其命名一般分为两种，一种是以姓氏命名，另一种是以堂号（郡望）命名。

郡望原指显贵的家族、世族，后指世居某郡为当地民众所仰望者。郡是秦、汉地方行政区域的建置。据钱镠所编的《百家姓》记载，每个姓都有郡望，以表明其祖籍渊源。郡望起源于东汉末年，盛于魏晋，迄于隋唐，这是因祖先原先在某郡地位显赫而以该郡名之。也有的郡望不取郡名而取县名或地区名，实为地望。由于祖先多次搬迁，不少姓氏的发祥地不止一处，因而出现一个姓有多个郡望或一郡望有多姓的状况。采用郡望（地望）命名的血缘/宗亲社团，都有其悠久的祖籍渊源。如缅甸至德堂，其堂号来源于孔子在《论语》泰伯篇中对泰伯的赞语："泰伯，其可谓至德也已矣。三以天下让，民无得而称焉。"

如果说郡望在中国属于一种普遍现象的话，那么以宗族以及以宗族为基础的聚族而成村落的现象在粤、闽农村就更为明显。在清代，中国农村社会结构是以宗族为基础的。一般是一村一姓（少数地方也有一村多姓的），奉该村的开基祖先为世祖，建有祠堂，四时祭拜，并以之作为宗族凝聚的象征。开基祖先传下来的子子孙孙，以其在家中的排行分为大房、二房、三房等。每房传下来的子孙，又奉每房的开基祖先为祖先，另设公厅供奉。如此代代繁殖，形成一个村落。在村里，各房按男丁的多少，有强房、弱房之分。在房之下，又再分"支"。于是，因男丁的多寡，可出现强房弱支或者弱房强支的现象。另外，以宗族为基础的中国乡村都设有族产，其收入作祠堂祭祀或村里建设之用。管理族产多为其中一房，或几房同理。但凡分配族产或祭祀事务等，则以房为单位。宗族的组织，一般聚族而居，对土地和物质则以族的名义占有。因此，各房都有各自的谋生范围。然而，同属一个始祖，房与房或支与支之间，却经常发生纷争，甚至诉诸武力。究其起因，多为利益冲突，也有个人恩怨。例如，为了农田水利、田园地界，或丧葬事宜等而发生的纠纷就司空见惯，一般称为"房斗"或"家变"。每当发生这种情况，各房房长都会设法调解，毕竟属同宗同统，血浓于水。此外，同宗男丁还有义务应付"乡斗"，即应付不同姓氏的乡村因为利益或者私人恩怨而发生的纷争。每有乡斗出现，村里成人男丁，都必须暂时放弃各房的恩怨，一致对外，如有死伤，则各安天命。为了应付乡斗，过去中国南方农村多有习武之风。上述现象在作为华侨主要来源地的广东台山等地尤为明显。

华侨移民南洋后，上述宗族之风的一部分被抛弃，一部分则被继承下来。抛弃与继承，都是为了适应居住地的生存环境。最主要的抛弃，应是"房斗"或"乡斗"现象。至于农田水利、田园地界或丧葬事宜一类纠纷，也因居住地环境的变化而不复存在或基本消失。因为华侨与居住地民族相比，不要说同宗人数少得可怜，就是所有华侨人数加起来也相形见绌。华侨除了与天斗、与地斗之外，还要与当地的邪恶势力和不良力量抗争。常识告诉他们，只有团结起来一致对外，才可能生存和发展。正是出于这样的目的，同宗族的华侨移民到了海外后的首要事情，就是建立血缘社团，也包括宗族正气的传承，以及尚武之风的弘扬

等。当然，一些不良习气也被带到了海外，例如宗族内的纠纷、不同乡源地域之间的矛盾等。但就自强御侮而言，血缘社团一个方面的力量是远远不够的。这一组织形式甚至不能作为海外华侨社团的主体形式。更重要的社团主体，一般是以邑为单位乃至以省为单位的地缘组织。缅甸也不例外，不过缅甸的广东华侨宗亲社团的地位似乎远胜于其他国家的同类组织。

到清末，缅甸的血缘性宗亲社团组织不断涌现，数以十计。① 缅甸血缘性社团的宗旨大抵都是"敦睦宗谊、促进团结、共济互助、同谋福利"等，一般都设有中国传统的祠堂，置有中国式的神龛，并供奉本族本姓祖先牌位或塑像、画像。宗族姓较大或族姓人有较大资产者，则出资设立历代先人或本社团的创立人的牌位或长生禄位。每年举行一次或两次祭祖大典，然后进行聚餐、施舍济贫、演戏、摸彩等活动，以光大该宗亲的名誉，增强宗族凝聚力。同时购置会所，作为社团的活动中心，世代相袭。20 世纪后，这类社团创办了不少医院、孤老贫残福利院及学校等公益福利设施，也经常捐款给家乡救济族人，以及修桥铺路、修缮祖宗祠庙。

（1）广东观音古庙/广东公司。缅甸的广东宗亲社团先从"广东公司"说起。作为缅甸粤籍华侨各宗乡社团的最高领导机构和联络平台，该公司也称作"广东观音古庙"。其宗旨是促进乡亲联谊与团结，管理公司财产，搞好福利工作。它拥有观音古庙、坟场、房产等，资金雄厚。其中观音古庙为仰光粤籍人士烧香拜佛、祭典之场所，同时也是粤籍人士联谊聚集之地。

广东观音古庙应是粤籍华侨对社团的最早称呼，后来称为"公司"，很可能是受槟榔屿的影响。在很长的一段时期内，英国人带进来的"公司"是个十分"时髦"的名称，当时槟榔屿各类华侨社团皆喜欢自称公司。后来因为与华侨黑社会沾上了边，一些称公司的华侨社团被英国殖民当局列入黑名单。于是，原先称公司的社团为撇清关系，便纷纷淡化或去掉公司的名称，公司才不再"时髦"。但是，在曾经"时髦"的岁月里，"公司"这一名称也影响了一向与槟城华侨社会关系密切的缅甸华社，于是才有了"广东公司"的出现。相信下面出现的福建公司也是一样，只是福建公司后来没有做大，最终被其他五花八门的福建籍社团掩盖了，以致福建公司名不见经传。

有学者认为，旅居缅甸的粤籍华侨于道光四年（1824）将 64 个宗姓团体组成同乡组织——广东公司，从事联络乡谊等工作。缅甸华侨以广肇府为多，广府

---

① 据 1951 年统计，缅甸仰光的姓氏社团组织有 51 个，但关于清代和民国期间建立的这类组织分别有多少，资料不详。参《缅甸华侨兴商总会四十周年纪念册》，此据吴凤斌主编：《东南亚华侨通史》，福建人民出版社，1994 年，第 797 ~ 799 页。

人于同治四年（1865）在缅甸成立宁阳（今台山）会馆，同治十三年（1874）又成立五邑（南海、番禺、顺德、香山、东莞）会馆；①另有一说，缅甸广东公司于道光十一年（1831）成立于仰光，由仰光粤籍各姓氏会馆派代表组成。李西喜为主要创建人，同治十一年（1872）兼任大家长（1888 年擢升为大总理）。李段礼（李西喜长子）曾任会长。尽管两说关于广东公司的成立时间有异，但可以粗略地说，早在 19 世纪二三十年代，广东公司就已经成立了。在它的背后，是在它之前就已成立的 64 个粤籍血缘社团，但今天我们还难以一一知晓其名称。

根据仰光广东公司 2002 年 11 月 15 日发表的《观音古庙重修落成庆典暨一百七十九周年纪念特刊》记载，缅甸仰光广东公司"现任父兄简表"中的社团包括：

武溪馆、爱莲会馆、琼州会馆、宁阳会馆、朱家馆、利城行、大洪山、抱冰堂、同兴馆、三益馆、五邑会馆、陈家馆、伍氏家塾、同发馆、至德堂、张家馆、永华馆、始平馆、马氏扶风堂、应和会馆、广华馆、德星别墅、丘氏家族馆、黄家馆、永怀馆、群庆馆、王氏太原馆、三江馆、古城会馆、和义馆、肇庆会馆、联友阁、华利馆、李家馆、林氏馆、梅氏书室、许家馆、梁家馆、胜兴馆、遡源堂、英杰馆、何家馆、潮州会馆、曹氏馆、武帝庙、那仁黄氏家族馆、中山馆、酒楼茶室职工锵会、卢家馆、同州会馆、协英馆、顺成馆、宗圣馆、谭家馆、鲁城行、敬德堂、高密馆等。②

这份清单所列的这些社团，虽然很难确定是否是缅甸的广东籍华侨社团的全部，但至少可以说是目前人们可以看到的缅甸粤籍华侨社团数目较多、较为完整的一份清单。可以肯定的是，这些社团不是在同一个时期内建立起来的，有的建立较早，有的较晚，彼此之间的成立时间相隔很久。那么，这份清单里的社团是不是都成立于清代？实际上，要做准确的考证几乎是不可能的。由于年代久远、资料严重散失，各个社团的历史日渐模糊，社团内部对自身历史的了解也越来越少，时空概念十分空泛模糊，甚至一些缅甸华侨社团几乎没有了"历史"。

显然，这份清单所罗列的社团，肯定不是早已成立的 64 个粤籍血缘社团。但这份清单里的社团，有的可能就包括在 64 个粤籍血缘社团之中。清单里的社团是在很晚之后才集合在广东公司旗下的，其中既有血缘社团，也有地缘社团。

----

① 许肇琳校订：《陈序经东南亚古史研究合集》，海天出版社，1993 年，第 13 页。
② 摘录仰光广东公司 2002 年 11 月 15 日《观音古庙重修落成庆典暨一百七十九周年纪念特刊》，此据许云：《台山侨代会上的缅甸归侨》。该文于 2007 年 9 月 5 日在香港第四届世界缅华同侨联谊大会上宣读；2007 年 9 月 24 日在澳门《乐报》发表。其资料来源于《新宁杂志》等。

（2）三益馆、朱家馆、陈家馆、伍氏家塾、至德堂、张家馆、马氏扶风堂、丘氏家族馆、黄家馆、王氏太原馆、古城会馆、李家馆、林氏馆、梅氏书室、许家馆、梁家馆、遡源堂、何家馆、曹氏馆、那仁黄氏家族馆、卢家馆、宗圣馆、谭家馆等，均属于血缘社团，且其中相当一部分应是以台山人为主体的血缘会馆。

如果望文生义，则个别社团来自广东以外的省份，如王氏太原馆应来自山西。但所谓"太原馆"显然只是标示其祖源地（即地望）而已，实际上仍然来自台山或者广东某地。据传王氏起源于山西太原，从魏晋到唐朝都非常显赫，与陇西李氏、赵郡李氏、清河崔氏、博陵崔氏、范阳卢氏、荥阳郑氏并列为五姓七族高门。太原王氏是王姓的肇兴之郡、望出之郡，最早登上一流门阀士族的地位。缅甸的王氏太原馆约成立于宣统二年（1910），据说，太原堂供奉祖王，每年祖王圣诞、孟兰节、除夕日等要祭拜，起着王氏宗亲之间的互助救济的作用。

再如"缅甸陇西堂"，是缅甸李姓宗族团体（可能是台山人或以台山人为主的宗族社团）。因其先祖李信为秦国大将，受封为陇西侯，故名。咸丰十年（1860）初建于仰光，光绪二十年（1894），正式推举李懿桃为首任族长，提出"尊祖敬宗，敦亲睦族"的宗旨。主要活动是：帮助本族贫苦人家度阴历新年、每年举行敬老会和春节团拜祭祖及聚餐会等。除仰光外，在曼德勒、勃生、毛淡棉均设有分堂，但各分堂的成立时间不详。此外，马氏扶风堂的祖先来自扶风郡，扶风为马氏祖属地，位于今天的陕西咸阳市东。又如，三益堂为从广东迁入缅甸的何氏所设。

二、广东籍的地缘社团

（1）宁阳会馆。说到地缘社团，应特别提到的是同治三年（1864）建立于仰光的"宁阳会馆"以及同治十三年（1874）在仰光建立的"五邑会馆"。两个社团堪称缅甸粤籍地缘社团的标志。可惜有关这两个会馆的历史资料已无从寻觅。

缅甸的广东华侨的来源地比较集中，大多来自于曾经的"四邑"地区，特别是台山。由此可以猜测，当时到缅甸去的粤籍华侨中，来源于同一乡邑的情况应比较普遍，也可以说，由于一地的宗亲华侨多来源于同一个地方，来到缅甸后又多聚集在一起，因而组建地缘社团的意义就会降低，相反，却凸显了组建血缘社团的重要性。

粤侨中，以"四邑"（台山、开平、恩平、新会）人最多，其中台山（1914年前称新宁）人占大多数。薛福成《出使英法义比四国日记》卷三还记载："仰光粤商以新宁人为多，建有宁阳会馆。"后来台山话曾经是当地侨界的通用语。

不过，宁阳会馆与众多台山血缘社团的关系，还有待于发掘新史料来说明。

在世界华侨史中，台山人以到美国淘金和修铁路而闻名，实际上他们早在16世纪就成批地移民东南亚，缅甸是他们到东南亚的移民路线中的重要落脚地。据说，缅甸华侨喜欢称呼台山籍华侨为"马交人"。"马交"即澳门（Macao），是葡萄牙人对澳门的称谓。因台山籍华侨早年多从澳门登船来到缅甸谋生，故有此称。在缅甸，称台山华侨为"马交人"始于什么时候，今已难以查证，可能始于16世纪。葡萄牙人在明嘉靖十四年（1535）入居邻近台山的澳门后，就有不少台山人从澳门乘船到马来亚的槟城，再到缅南的丹老（墨吉）、毛淡棉，最后到达仰光。后来台山话曾经是粤侨中的主要通用语言。中山人、梅县人、广州人、福建人都可以流利地讲台山话，有少量缅甸人、印度人也可以讲简单的台山话。台山人居住在仰光的最多，其次是第二大城市曼德勒（华人称瓦城），其余的则分布在缅南的勃生市、毛淡棉市、缅北的东枝和腊戍市等数十个各中小城市。初到缅甸的台山人以木匠、铁匠为多，之后则转到土木建筑业，所以缅甸仰光市广东大街的建筑物与广州、家乡台城有相似之处。台山人后来遍及酒楼、饮食、五金、运输、机械、制革、中医、药材等行业。[①]

（2）琼州会馆、五邑会馆、应和会馆、广华馆、三江馆、德星别墅、三江馆、肇庆会馆、潮州会馆、中山馆、同州会馆等。这些社团出现在上面的清单中，应都属于地缘社团。现仰光市中心的"广东大街"（英殖时代称 Dalhousie 街，缅甸独立即 1948 年后改为 Maha Bandoola 街）就是因为广东人多、广东会馆多而获得此名。在南洋的华侨会馆中，琼州会馆一般独自一家，而在缅甸却归并在广东公司名下，只能说明其时广东籍华侨力量强大。

在上列清单中，三江馆的情况比较特别。三江，一般来说是指江西、浙江和江苏，相对于广东籍华侨来说，三江籍华侨人数很少，但为了生存、团结和一致对外，三江华侨联合成立了社团，并参加了广东公司旗下的粤籍社团"联盟"。

三、广东籍的其他社团

（1）大洪山、抱冰堂。这应是两个洪门山头组织，它们的成立年代也有待考查，但从"反清复明"的大背景来看，它在清代出现于缅甸的可能性是很大的。洪门山头对内对外例有"山"、"堂"、"水"、"香"的称谓区别，也是该山

---

　　① 许云：《台山侨代会上的缅甸归侨》。文中称，1962 年之前的二百余年，台山人移民到缅甸从没间断过，1963 年后缅甸政府不接受新的移民，台山人移民缅甸也就画上句号。据学者后来估计，在缅甸的华侨每 6 人之中有 1 个是台山人。非正式统计，目前在缅甸的华侨华人人数在 130 万至 150 万之间。

头秘密文件的标志。除了大洪山、抱冰堂外，其他例子还有终南山、万寿堂、灭清水、复明香、锦华山、仁义堂、四海水、万福香、长江水、一炉香、万云山、集义堂、三江水、五湖香等。

仰光大洪山、抱冰堂，属洪门第三房"合"。在缅北各地普遍设立分堂，如未出现在上面清单中的光明社、光杰社、光魁社、忠和社、诚社、三义堂等。据周南京主编的《华侨华人百科全书》记载，大洪山、抱冰堂的宗旨为：加强会员之间的联络，互相帮助，开展福利。有较严格的堂规，平日以婚丧喜庆、各种聚典、聚餐等为主要活动。

（2）仰光洪顺总堂，又称义兴公司、武帝庙，是缅甸的洪门组织，属洪门中第二房"寿"，由星洲洪门总堂的温成与缅甸华侨黄亨于咸丰二年（1852）创立。周南京主编的《华侨华人百科全书》记载，初期仅有成员十余人，为避免英国殖民统治者及清政府的迫害，对外使用"武帝庙"这一名称。其人员多为粤籍工商人士，在仰光设有和义馆、胜兴馆、利城行、英杰馆等，并在缅属各地有多处分堂。总堂由"五虎将"轮流主持，五虎将为终身制。堂内自成一套帮规。宗旨为：团结友爱、守望相助，谋会员之福利。咸丰十年（1860）兴建会所。会所为仰光华侨华人举办婚礼、文艺活动之主要场所之一。1917年在仰光拉达区河边街25号二楼创办华文学校"育德小学"。

（3）鲁城行、利城行、敬德行。在19世纪，缅甸出现了以木工、矿工及各种店员职工为会员的业缘社团。上面清单中的"鲁城行"和"利城行"，便是业缘社团。鲁城行成立于光绪九年（1883），利城行成立时间暂不详，民国后统一于鲁北行等组织。

上述清单中，敬德行是粤侨中的铁匠工友建立的业缘社团，以唐代"尉迟敬德"之名命名，并供奉其神位。

（4）鲁北行。不在上列清单中的业缘社团"鲁北行"，也称"西城堂"，是以缅甸仰光粤籍华侨建筑木工为主体的同业工会，成立于光绪十四年（1888），奉祀鲁班为祖师。

（5）北城行。到光绪三十年（1904），一些建筑营造商组织了"北城行"，作为缅甸仰光粤籍华侨建筑承包商为主体的行会组织。北城行别称"东家（老板）堂"，后称"鲁班庙"。辛亥革命后改名缅甸鲁班工商会。祀奉鲁班为始祖。主要宗旨和任务为：对外代表本会会员依法规向市政厅、公务局、铁路局、外国商行、营建公司承接工程，对内统一招工和协调同业间利益。因系建筑业资方组织，故被称为"东家堂"，同建筑工人时有纠纷。

应提及的是，缅甸华侨木工多系粤籍，他们学做木工手艺是作为傍身之用，一代传一代，学徒从十三四岁就开始学做木工，到20岁时已出师。仰光的城市规模在扩大，农村的人口不断地移到首都，建房子、制作家具都要大量木工，所以木工虽是一项较辛苦的工种，但学会之后不愁找不到工作。

（6）维轩工会。缝衣业者成立了"维轩工会"，祖奉嫘祖及轩辕黄帝。[1] 劳资双方均可参加。主要宗旨为协调工人、行业间利益，统筹工人福利，调解劳资纠纷。

（7）广兴行。光绪三十年（1904），仰光粤侨组织酒楼饭馆业成立了行业团体"广兴行"，后改为姑苏慎义堂。第二次世界大战后始改为仰光酒楼茶室职工同业公会。

（8）粤侨公冢（广东山场）。在南洋，华侨墓地常常属于特殊的社团。华侨墓地一般称"义山"。义者，仗义也，含有慷慨、无私、自愿之意，是中华优秀传统文化中的一个重要概念，历来为国人所崇仰，在早期海外华侨社会中尤为侨胞所推崇。山者，广东人对坟墓的俗称。因过去实行土葬，墓地多选择山丘僻地，于是，"山"便成了坟墓的别称。广东人至今仍把坟墓称作"山"，把扫墓叫做"拜山"。如这里的"广东山场"，即"广东坟场"。"冢"或"公冢"，则是一种文雅的叫法，一般只出现在书面语中。广东华侨到了海外，也行土葬之俗，并把这一套概念带到了居住地。后来来自其他地域的华侨也接受了广东人这一套概念。

仰光最早的华侨墓地在今天闹市区的昂山市场一带，那时由于人少，故不分地域。后来随着市政发展和华人增多，从咸丰年间开始，便陆续在郊区分建缅甸仰光分别设有粤侨公冢（广东山场）和福建公冢。粤侨公冢最早设置于咸丰九年（1859），时称"广东旧山场"。[2] 据说新旧广东山场达117亩，应是今天的盛况。广东山场墓地的事务由广东观音古庙管理。[3]

第二节　闽籍华侨建立的各类社团

缅甸的福建华侨社团的阶段划分相对比较明显，大抵沿着帮会（结义）—行业—宗亲（血缘）—同乡（地缘）的路径前行，但每个阶段之间没有清晰的时间分野。

---

① 《缅甸华侨史略》，参吴凤斌主编：《东南亚华侨通史》，福建人民出版社，1994年，第777页。
② 《缅甸华侨史略》，参吴凤斌主编：《东南亚华侨通史》，福建人民出版社，1994年，第758页。
③ 据《特殊的海外华人"入闸票"（侨史珍藏）》，《人民日报》（海外版），2006年11月21日。

一、结义社团、行业社团与宗亲社团

（一）观音亭

跟广东华侨一样，福建华侨很早就建立了类似"义山"的组织，但现在还难以确定其最早的建立时间。

福建旅缅华侨最早建立的义山是闽籍华侨共同集资兴建的"观音亭"，它也可以看作是福建同乡组织的前身。成立时，由当地福建帮头领成立董事会，管理寺庙产业，主持祭祀，后来正式命名为"庆福宫"，成为旅缅福建华侨的聚会活动场所。到光绪十四年（1888），福建侨商又在仰光成立了"青莲堂和兴公司"。

其次应提到的是帮会组织。缅甸的帮会组织很多，在派系上也跟国内一样有"青帮"、"洪帮"之分。"洪帮"的结社开始于明末清初，宗旨是广交江湖兄弟反清复明，势力很大。其最大特点是成员之间重义气、倡互助，深受华侨欢迎，旅缅福州华侨中的中、小商人大都积极参加。

缅甸福建籍华侨中最重要的结义社团有两个。一个是"建德总社"（或称"建德堂"），另一个是"洪门和胜公司"。两个团体的会员绝大多数是福建人，但各自划定地域上和经济上的势力范围，互不合作，也互不往来。

（二）建德堂

建德堂属于一个华侨帮会——青帮，其前身为明末清初在缅甸沿海城市出现的建德堂组织，约于道光十年（1830）建于曼德礼市（又称缅京），随后在土瓦（道光二十五年即 1845 年左右）、直塘和丹老（咸丰十年即 1860 年左右）、仰光（同治七年即 1868 年，一说在道光二十一年即 1841 年）、毛淡棉和勃固两地（约同治九年即 1870 年）等地陆续建立。缅京以外各埠陆续建立的组织可能都是分社。还有一种说法是，"建德总社"属下有建德社、福德社等十多个团体。除此之外，建立在缅京的"总社"与建立在各埠的"分社"还有名称上的不同。光是名称，就已经让人感到扑朔迷离。真相如何，还需要深入探究。但不管怎样，有一点似乎可以肯定，该组织在主要城镇多设有分社，福州籍华侨中，中、小商人和劳动群众大都参加该组织，成为帮会组织人员，并各自划定地域和经济势力范围。同时它们也是缅甸福州社团的雏形。①

至 19 世纪末，全缅甸已先后建立了四十多间建德堂。与以前相比，这些建德堂变化还是很明显的，表现在几个方面：一是在人数上，在较大的地区，会员

---

① 福州市地方志编纂委员会修纂：《福州市志》第八册之第八节"缅甸福州社团"。

多者有 3 000 余人，如毛淡棉（包括周围乡镇），一般地区的会员也有一百人到数百人，小的则二十人至数十人不等。二是在组织机构上明显严密化。其组织领导层，依次是第一大董、第二大董、第三大董、先生、内总理、外总理、四大商、八大商、十二大商、正司法红棍、副司法乌棍等。20 世纪以后，有的建德堂仍保留大董、内外总理、大商等，又加上财政、书记及庶务。三是深入闾巷，建德堂已成为闽籍华侨社会的主要控制者和主要扶助者。在一些小城镇乡地区，建德堂是当地唯一的华侨社团。[①] 建德堂的会员达数千之众，大多为闽籍华侨和中小商人，其次是劳动群众。它主要为会员及当地社会兴办学校、调解纠纷、办理婚丧事宜、祭祀祖先，举行迎神会、供奉福德正神等，并进行其他一些福利事业。20 世纪后，建德堂实际上变成了当地的联谊社团。[②]

（三）洪门和胜公司

"洪门和胜公司"或称"和胜公司"。洪门和胜公司由"凤山寺"改名而来。凤山寺也是洪门组织，成立于道光六年（1826），下属有群忠社、群义社等十多个团体，而由福州籍乡亲组织的有洪门清芳阁和青莲堂和兴公司。

据说和胜总公司与洪门青莲堂是道光十一年（1831）进入缅甸的。成立之初，高举反清复明义旗。后来，和胜公司发展成为一个以闽籍华侨居多的洪门秘密会社和结义社团。最早出现和胜公司的城镇是兴实塔（光绪六年即 1880 年左右）、吉桃、土枝等。20 世纪后，全缅甸有数十个城镇仍存在和胜公司，其组织规模及势力比建德堂小。此外尚有"集义社"、"明义社"、"大福社"、"群惠社"、"群忠社"、"福德堂"、"福建公司"等。[③] 据周南京主编的《华侨华人百科全书》记载，洪门和胜公司在主要城镇设有 20 个分公司，会员约 3 万人，开展迎神赛会、代办婚丧喜事、救济贫苦会友等活动。

（四）洪胜行

20 世纪初期，华侨行主和店工在洪门帮会领导下创建了"洪胜行"，其为缅甸华侨皮革业的同业公会，劳资双方均可参加，以奉达摩祖师为精神团结偶像，强调行业内部团结，协调内部步调，排解内外纠纷。第二次世界大战后，改名为仰光革履公会。

---

① 《缅甸华侨年鉴》，1936 年，第 13 页，此据吴凤斌主编：《东南亚华侨通史》，福建人民出版社，1994 年。

② 据百度百科，一些材料中还出现"旅缅建德堂"的组织，又称为旅缅建德总社。

③ 《缅甸华侨年鉴》，1936 年，第 13 页，此据吴凤斌主编：《东南亚华侨通史》，福建人民出版社，1994 年。

（五）福州公司等宗亲社团

福建籍的宗亲社团最早出现时间大约在 19 世纪中期以后。例如道光以后成立的"宗亲社团"有下：

道光二十五年（1845），陈氏福州公司成立。到 1885 年，该公司建成固定会所"福州堂"。

咸丰四年（1854），颍川公司成立。颍川公司是一个陈氏的宗亲会。

光绪四年（1878），龙山堂成立。到光绪二十八年（1902），龙山堂建成会所。

光绪十四年（1888），清河堂成立。

光绪二十六年（1900），由吴、卢、高、纪、郭等姓福建同宗组建而成的敦亲堂成立。

另外，缅甸的宗亲社团还有"吴兴堂"（由沈、尤两姓联宗组建）、"版荣堂"（由傅、赖两姓联宗组建）、"简氏范阳堂"（由永定、南靖两县旅缅宗亲组建）等。但这几个宗亲社团的成立时间不详。此外，各地还有宗亲组织或者分堂，其领导层成员中所占名额以当地福建籍成员多寡、经济实力情况确定。①

有关上述社团的情况，目前资料十分缺乏，无法详细展开阐述。资料相对详细的是一个缅甸福建籍华侨宗亲团体联合组织——"福建公司"，但也只可肯定它成立于同治六年（1867）以前，确切时间无从稽考。不清楚这个福建公司是否就是上面所说的陈氏福州公司，如是，则它成立于道光二十五年（1845）。福建公司到 1934 年 10 月 10 日改名为"福建公会"。1947 年 2 月 12 日复办，改名为"旅缅福建同乡会"。公司设在仰光福建观音亭内。

福建公司的首领称"大董"。初时的大董有邱台根、陈九笃等。光绪二十年（1894）春，大董邱台根去世。同年 4 月 8 日，改由大宗姓（杨、曾、邱、林、李、陈、苏）轮流执行会务。所谓"大宗姓"，应是这几个大姓氏各自推举的代表。由此看来，到这时起，该公司的管治方式已经由最初不分姓氏的领袖管理制度转变为以姓氏为群体单位的集团管理制度。它是一个典型的"多血缘联盟"式的华侨社团组织。这种形式的华侨社团在南洋地区并不多见，值得注意。

（六）病厝医院

根据《华侨华人百科全书》记载，自同治六年（1867）七月起，便有福建公司大董邱方根向政府申请坟场的记载。这说明福建公司最初是一个具有慈善性

---

① 福建省地方志编纂委员会修纂：《福建省志·华侨志》，福建人民出版社，1992 年，第 110 页。

质的社团组织。福建公司的最主要事迹是光绪三十一年（1905）创设"病厝医院"（后改为"曾妈庇夫人纪念产科房"），免费为华侨看病；禁止"花会"（一种赌博形式）；取缔闽侨酒楼茶室女侍者；先后捐赠缅币万元资助中华学校、华侨中学、福建女子师范学校、中国女子中学；创建福建公冢；主办节日庆典等。后来，福建公司逐渐演变为缅华社会中联络感情、兴办公益福利、互助互济的社团。值得一提的是，其他结义社团也朝这个方向转变，一些原先属于秘密会社的社团的性质也逐渐淡化。可能是因为该社团的名称在1947年后改为"旅缅福建同乡会"的缘故，故人们也将之归为地缘社团。

值得注意的是，一些福建籍的宗亲社团还具有营商功能，就是说，它们是以家族或者宗亲的结集为基础的以营商为目的的行业组织（公司），也可称为血缘/行业社团。但这些社团是以家族为基础开展经营的，这里且将之归入血缘社团，或曰营商机构与宗亲社团的混合体。宗亲社团兼营商机构的情况在东南亚地区并不多见，缅甸出现这一情况，可以看作是当时华侨商业势头强盛的反映。

不过，并不是所有宗亲社团都兼有营商行为。有的社团只是逢年过节或祭祖时召集同宗会员进行聚餐，此外，还通过募捐建立会馆，资助贫苦乡亲，开办义塾，并通过各种渠道为新来的同宗介绍职业、提供食宿乃至调解仲裁纠纷。总的来说，缅甸宗亲社团内部组织较松散，也不参加当地或华侨社会的政治活动。①

而比较单纯的营商机构即业缘社团。具体来分，可包括工商社团、同业社团、职业社团等。工商、同业社团由于彼此间有商务上的联系，其成员一般多以大中商家为主，有较强的经济实力，联系面较广，与政府的关系也比较密切，在华侨社会中的威望也比较高。当然，这种情况主要还是出现在清亡之后。

（七）缅甸华侨商务团体会

"缅甸华侨商务团体会"于宣统元年（1909）成立于仰光，首任会长为杨逢年，曾改名为"中华总商会"，1930年改名为"缅甸华商商会"。因早期缅甸的土产品大多由福建华侨经营，故会员大多数是闽籍侨商。它最初是一个纯粹的商业团体，主要活动是保荐华侨领取护照，排解侨商纠纷，团结华商共谋发展。会长往往根据缅甸议会有关条例，出任华侨在议会中的唯一代表职位；还应缅甸政府有关部门之邀，出任仰光海关、仰光大医院、法院等部门的荣誉职位。此社团后来成了缅华社会最有影响力的社团之一。会员分个人会员和公司会员两种。

---

① 福建省地方志编纂委员会修纂：《福建省志·华侨志》，福建人民出版社，1992年，第110页。

（八）缅甸华侨兴商总会

"缅甸华侨兴商总会"（初名不详，1926 年改此名）是一个缅甸华侨土产商业公会组织，初名兴商公司，宣统三年（1911）六月二十六日成立于仰光，由闽籍华侨徐赞周、陈朝初、林金瓯等 24 人发起成立。成员多为福建籍土产商人。初时有会员 200 余人。首任会长林天赐，副会长李伯桑。当时领导层多为爱国侨商，他们除组织同行商业活动外，还在经济上支持孙中山领导的辛亥革命。

（九）仰光崇竺圣会

这时期还出现个别宗教性的社团，例如，仰光崇竺圣会是缅甸闽籍华裔团体，光绪末年成立于仰光。宗旨为：学唐语、习唐风、遵唐礼，增进会员友谊，推行慈善事业。第二次世界大战前，缅人宗教团体第一次禳灾、礼佛活动，该会会员皆一律身着白色衫裤，腰扎黄色腰带，以此装束极表热情虔诚之意。

二、清朝末年地缘社团的出现

20 世纪初以后，缅甸福州社团开始由宗亲社团发展为同乡社团，但属于清代期间成立的社团情况不详，现在只知道"泉州五邑会馆"（包括晋江、南安、安溪、同安、惠安五县）是光绪三十年（1904）成立的，且该会在 1912 年改名"温陵会馆"。

可以肯定，大多数福建地缘社团是在民国期间成立的，如 1912 年成立的福州十邑同乡组织"仰光三山公馆"、1920 年成立的"安溪会馆"、1921 年成立的"永定会馆"、1922 年成立的福州十邑同乡组织"瓦城三山会馆"、1923 年成立的"旅缅惠安会馆"、1927 年成立的"仰光南安公会"和"旅缅同安会馆"等（上述会馆都成立于仰光）。

顺便说明一下，20 世纪 50 年代初以后，缅华三山协会、缅北、西保、北珊、福建同乡会、三山缅甸协会等相继成立。当时来缅华人中以单身年轻人居多，因属老乡，所有食宿均为免费，称为"轮帮"。后来随着缅甸政府限制外籍侨民，没有新移民入缅，这种世代传承的风俗才逐渐消亡。此外，各种群众性组织包括行业性工会也大量出现了。下面将以缅甸瓦城云南同乡会为例进行阐述。

如上所述，除了广东和福建省籍的华侨社团外，很少发现其他省籍的华侨社团。如"缅甸瓦城（也称曼德勒、曼德里）云南同乡会"，是云南籍华侨在缅甸故都曼德勒建的同乡会会馆，也是云南籍华侨在缅甸建立的最早的同乡会组织。据周南京主编《华侨华人百科全书》载，它最早建于古都阿瓦。咸丰九年

（1859），缅甸敏同主（曼同王，Mindon，1853—1878 年在位）迁都曼德勒，时任缅王国师的君蓉倡议在此修建会馆，获敏同王划地 30 亩。因其时滇西发生回民起义，中缅道路阻塞，商业不振，无法筹资。后国内恢复平静，尹蓉提议将丝花公会（滇侨组织）所抽得积金 10 万余盾缅币作为建馆资金，另募捐 10 万盾，共 20 余万盾，于光绪二年（1876）建成。一说云南商人随缅甸国王（即曼同王）迁往瓦城时，已获得永久性会址和坟山。新会馆于同治七年（1868）落成。当时会员已不仅是腾冲籍，且建馆资金也由云南西部各县如大理、保山、顺宁等县马帮和坐商筹集，因而更名为云南会馆。现名是 1949 年后改的。应该指出的是，清代的云南华侨主要是在缅北做矿工，他们多与桂家后裔混在一起。

上面的分析表明，至少就广东和福建两省华侨的情况来看，清代缅甸的华侨社团基本上是以省籍为基础的。从这个意义上说，清代的缅甸没有"全侨"性的华侨社团。但是，在清朝即将灭亡的时候，缅甸的华侨团出现了向全侨性转变的迹象，这就是创立于宣统元年（1909）的"中华商务总会"。

第三节　清亡之前华侨建立的民主革命组织

清亡之前，缅甸华侨中建立了一些民主革命组织。例如，成立于光绪三十四年（1908）三月的"中国同盟会缅甸分会"（1911 年 10 月辛亥革命成功后称"中国同盟会缅甸分会"），是中国同盟会在缅甸的分支机构。光绪二十九年（1903），缅甸华侨受中国民族革命影响，始有同盟会组织之酝酿。到光绪三十四年（1908）十一月，同盟会仰光分会（又称同盟会仰光总机关）成立，徐赞周、陈仲赫、陈钟灵等十余人率先入会。第一次会员大会在仰光白塔公园（达尔豪西公园）举行，其主要任务是发动滇西革命，确定了"联络滇边土司为革命党人进行方略之一"的方针。

据《华侨华人百科全书》载，中国同盟会缅甸分会建立初期，曾以"缅华阅书报社"的名义开展活动。光绪三十四年（1908）四月中国同盟会缅甸分会在仰光秘密建立后，为了顺利开展革命宣传，防止清朝官吏和英国当局的阻挠和破坏，会所附设于益商学校内，当时仍属秘密团体，对外托名演说社，公开场合称作觉民书报社，组织会员学习革命思想，进行壮大组织的活动。经费由益商 12 名校董支持。缅甸各地分会组织也纷纷仿效，如曼德勒分会称作"振汉书报社"，共三十余处分会改名。

又据《华侨华人百科全书》载，分会成立后 3 个月，盟员仅 37 人。1908 年 8 月，创办机关刊物《光华日报》，会员增至 400 人，会所迁至河滨街与百尺路

角。10 月，修订章程。12 月选出正式职员 68 人，会长庄银安，副会长卢喜福，并设有主盟员、调查员、宣传员、征收员、评议员等职，会员增至 800 人。至宣统三年（1911），实发会员证 2 343 份，在木各县、八莫、瓦城、勃生等 25 个地方设分会，对外多用书报社名义。在财力、人力等方面，大力支持祖国革命运动。会员中有中国革命捐躯者李雁男等。《光华日报》停刊后，1911 年春又出版《进化报》，8 个月后又被迫停刊。辛亥革命时，仰光分会被一再摧残。1912 年恢复活动。

宣统二年（1910）七月，仰光分会决定在干崖建立以刀安仁为首的同盟会支部作为滇西起义的前线指挥中心，以"联络滇边各土司为革命党人进行方略之一"，并派员前往协助。孙中山明确了缅甸中国同盟会分会与干崖同盟会相互之间的组织关系，这标志着干崖革命根据地的确立。刀安仁等人商定在腾越建立同盟会外围组织——自治同志会（又称自治青年会），核心同志五十余人。此后，缅甸中国同盟会分会奉孙中山之命，将经营滇边革命作为其主要任务，领导、支持干崖同盟会发展力量，建立革命根据地。在经过周密准备后，宣统三年（1911）十月二十八日凌晨，刀安仁等率军在腾越再次起义成功。腾越起义是在孙中山先生号召和同盟会仰光总机关直接指挥下进行的，起义计划是在仰光总机关指导下制订并被批准的。腾越起义推翻了清王朝在滇西地区的封建统治，建立了云南第一个民主革命政权，不仅有力地促进了云南辛亥革命的进程，也有力地声援和促进了全国的辛亥革命运动。

又如，宣统三年（1911）成立的缅甸筹饷局，亦称筹粮局，为缅甸华侨募集款项支持辛亥革命的爱国组织，十月十一日成立于仰光。据《华侨华人百科全书》载，首任局长为徐赞周、何荫三，财政由黄德源、陈朝初、陈植汗、陈守金等担任。同年十月二十四日将捐款 1 万元通过汇丰银行汇至香港《中国日报》。

第四节　清末华侨建立的学校

清末，缅甸华侨在居住地兴办学校，这是德被后世、功德无量之举。

早在同治十一年（1872），缅甸仰光、八莫等地华侨就已经设立私塾。缅甸仰光建筑完成的广东观音庙，其辅屋即辟为私塾的馆址。在这之前，距云南边境不远的八莫，也有私塾设立于关帝庙内。缅甸的华文教育，与东南亚其他地区一样，在有新式学堂之前，只有私塾的设立，塾址一般都设在寺庙或宗祠内。[①]

---

① 魏华仁：《东南亚华人教育大事志》（一），《华人月刊》1990 年第 1 期，第 32 页。

清代末年，保皇党人和革命党人周游新加坡、马来西亚等地之后，相继来到缅甸，他们鼓吹兴学，培养下一代，以促进华侨社会的进步。光绪二十九年（1903），仰光侨商陈植汉、庄银安等人筹建"中华义学"。学校的董事会包括了仰光的主要侨领。经费的来源，一为大公司捐助，二为征收若干货品的出口捐助。光绪三十年（1904）三月十二日，中华义学正式开学，时有学生六十余人。光绪三十一年（1905），增授英文，学生增加了一倍。光绪三十二年（1906）新加坡成立中国同盟会后，很快影响到缅甸，中华义校校董分为保皇与革命两派。由于董事会以保皇党人居多，革命党人乃退出另组益商夜校，于光绪三十一年（1905）改为日校。中华义学和益商学校从一开始就产生对立，呈分庭抗礼之势。① 光绪三十三年（1907）福建省视学员萨某到该校宣传清朝"德政"，学校改称"中华学堂"（中华民国成立一年后改为"中华学校"）。

光绪三十年（1904）冬，陈甘泉、庄银安及徐赞周三人创办"益商夜校"，翌年改为"益商学校"（中华民国成立一年后改为"中华共和学校"），学生26人，教学内容除中英文外，还辅以商业书信及珠算等课程。光绪三十四年（1908）缅甸中国同盟会成立后，即以此校为活动中心。光绪三十三年（1907）中华义学西文监学林振宗将该校学英文班学生拉出去，另立"中西学校"。此外闽籍华侨还倡办了"育德蒙学堂"，粤籍侨胞创办了"培风学校"等。②

中华民国成立后，兴学风气大开，加上革命潮流影响，一般华侨都认识到教育的重要，于是兴学风气大盛，缅甸华校的创立，犹如雨后春笋。除了男校以外，更有福建女校的设立；仰光以外，其他城市凡华人聚居地方，也都纷纷设立华校。1921年，缅甸第一间华文中学——华侨中学也创立了。自1912年至1921年的十年间，缅甸先后创立的华校约50所。③

第五节　华侨与中缅文化交流

一、华侨与云南边地文化对缅甸的传播

缅甸华侨在居住地的文化传播与交流活动，包括官方和民间两部分。虽然有关官方文化传播交流的例子很少，但不能不予留意。最重要的案例如明代以降，缅甸华侨不断有人担任缅甸朝华贡使成员。乾隆年间清缅战争时，华侨尹士楷受

---

① 魏华仁：《东南亚华人教育大事志》（一），《华侨月刊》1990年第1期，第32页。
② 吴凤斌主编：《东南亚华侨通史》，福建人民出版社，1994年，第847页。
③ 魏华仁：《东南亚华人教育大事志》（四），《华人月刊》1990年第4期，第42页。

缅王孟驳派遣，作为通事陪同"大目诺尔塔"到清营议和。乾隆五十五年（1790）缅使进京，朝华通事也是华人尹学才担任。[①] 诚然，缅甸华侨在官方文化交流中的案例肯定不止上述这些，更多的史实湮没在历史的尘埃中。不过，通过上述例子可以看出，缅甸华侨在官方文化传播交流中所起的作用是有限的，一般来说只是由于偶然的因素而出现，也由于偶然的因素而消失，很难与民间的文化交流发生对接，产生乘数效应。因此，缅甸华侨对居住地的民间文化传播与交流中，最值得重视的，是民间的部分。

在近代以前，缅甸在东南亚国家中也属于接收传统中华文化比较便捷的一个国家，这缘于缅甸与中国有共同的边界，而陆路交通在近代以前的作用比海路交通更重要，特别是在文化宗教交流方面。事实上，历史上经缅甸到中国来的陆路一直是中印（度）文化与宗教交流的主要渠道，而印度的文化宗教自古以来便十分发达，与中国交往非常频繁，因此，缅甸从这种交往中获益良多。

清代缅甸所以在接收传统中华文化方面独树一帜，还因为与其毗邻的云南一侧的文化在清代得到了长足的进步。毋庸置疑，虽由于地理闭塞、交通落后，云南的经济发展特别是国家对云南的开发比较晚，但云南地区的文化发展一直领先于经济的发展，特别是云南的少数民族文化，并没有因为云南地区经济的滞后而滞后。中原地区的汉文化不断传入云南，与当地的少数民族文化结合，催生出灿烂的民族交融的文化奇葩。到了清代，云南地区已经出现了多个令人羡慕的文化绿洲。这些绿洲中，对境外影响最大的要数腾冲。

腾冲位于云南西部中缅边境线上，是一个独具特色的历史文化名城。在古代，是"西南丝绸之路"上中国的最后站口和边关重镇，曾被徐霞客称为"极边第一城"。历史上腾冲的发展得益于其经济繁荣。这里曾创造过"昔日繁华百宝街，雄商大贾挟赀来"的繁盛景象。特别是，腾冲曾首开世界翡翠加工先河，是东南亚珠宝玉石交易集散地，有600年生产玉器的历史，曾有"玉出腾冲"之说，在腾冲至今还有保存完好的白玉祖师殿。"金腾冲、银思茅"，"琥珀牌坊玉石桥"之说，就是当时腾冲的极好写照。

到了清代，繁盛的商贸往来使腾冲成为中国与南亚、东南亚乃至与西方的文化交汇点。这里民间兴文办教之风日盛，一时人才辈出，使腾冲上空的文曲之星更加闪烁灿烂。腾越文化，逐渐形成一种开放型和复合型的地域文化，是中原文化、南诏文化、东南亚文化、南亚文化、边地少数民族文化和抗战文化等多元文化的结合体。

腾冲还因而成为云南省的著名侨乡。清代腾冲的华侨已经分布于缅甸远近，

---

① 王昶：《征缅纪略》，参吴凤斌主编：《东南亚华侨通史》，福建人民出版社，1994年，第79页。

但分布最密集的地方，仍然是上下缅甸。实际上，清代的腾冲就是来往于中国与缅甸的华侨居住地，而这里的华侨也成为缅甸的传统中华文化的传播人。

某些佛教思想也因华侨而在缅甸得到传播。乾隆五年（1740），因其时缅甸苛税甚重，无以复加，机之织布，母之哺乳，均有课征。[①] 所以桂家宫里雁在妈达耶、澳报一带与孟族流民一起，反抗缅王横征暴敛。敏家则在白古配合孟族起义，并于乾隆十七年（1752）攻入阿瓦，亡缅甸东吁王朝。建立新政权后，拥立一与敏家有渊源的僧人斯弥陶佛陀吉帝为白古王。[②] 究其故，乃因华侨认为他是未来的"真命天子"降生，当地人也认为他就是"未来佛"（缅人称 Maitreya，即弥勒佛）降生。[③] 这种大乘佛教思想是由云南移民传入的。缅甸蒲甘佛塔寺中，尚存许多弥勒佛像（属大乘教义），也是从中国传入的。[④]

缅甸华侨建有四大庙宇，其中以丹老的天后宫为最早，约建于道光十八年（1838）。咸丰三年（1853），仰光粤籍侨胞建有广东观音庙。咸丰五年（1855）勃生粤侨建三圣宫，内祀奉观音菩萨、天后元君与关圣帝。咸丰十一年（1861），闽侨组建仰光庆福宫，又称福建观音亭。[⑤]

值得一提的是，在清末的缅甸，存在着一个读书自娱的避世一族。他们主要来自云南，为避乱或避世而寓居缅甸，人数不多，或经商，或读书教书。例如，光绪十一年（1885）英缅战争时，云南巡抚张凯嵩在奏折中提及，闻有腾越举人张成濂，其家现设商号于瓦城，即缅京曼德勒。[⑥] 清末，缅京有腾越士人王朝典，名逸，携家避寇来此隐居，自教其孙读书。[⑦]

清代这些寄寓缅甸的云南读书人，其传播中华文化的能量不可以以个体计。他们虽然多以个体形式寄寓缅甸，但实际上却形成了一个个"中华文化"的传播网点。他们一方面，成为居住在当地的华侨的中华文化输送站；另一方面，也对居住地民族的文化产生一定的辐射作用。

---

① ［英］哈威著，姚楠译：《缅甸史》，商务印书馆，1943 年，第 364 页。

② 参阅陈炎：《中国和缅甸历史上的文化交流》，李励圆编：《南洋与中国》，南洋学会，1987 年，第 39 页。

③ ［日］铃木中正、荻原弘明：《贵家宫里雁与缅甸华侨》，中外关系史学会编：《中外关系史译丛》（第三辑），上海译文出版社，1986 年，第 25 页。

④ 杜生浩：《中国古物在蒲甘》，《缅甸学报》1912 年第 2 期。另参吴凤斌主编：《东南亚华侨通史》，福建人民出版社，1994 年，第 491～492 页。

⑤ 许云樵校注：《开吧历代史记》，《商洋学报》1956 年第 9 卷第 1 辑，第 30 页。另参吴凤斌主编：《东南亚华侨通史》，福建人民出版社，1994 年，第 756 页。

⑥ （清）王彦威纂辑，王亮编，王敬立校：《清季外交史料》卷六二，1987 年，第 45～46 页。

⑦ （清）王芝：《海客日谭》卷二，光绪丙子石城刊本，第 1～4 页。

二、华侨办报支持中国变革

到清末，缅甸华侨在当地办报支持维新变法和革命，从另一个角度上看也是一种文化传播之举。光绪二十六年到宣统三年间（1900—1911），缅甸华侨创办的华文报纸共有五家。最早的是侨商庄银安于光绪二十九年（1903）创办的《仰江新报》，是宣传保皇改良的保皇派报纸。因其时康有为到缅甸组织仰光保皇会分会，庄银安任会长，并兼任机关报《仰江新报》经理。主笔姓刘（名不详），萧少珊任记者。光绪三十一年（1905）七月二十二日革命党人、同盟会会员秦力山到达仰光后，向庄银安宣传革命主张，建议革新该报言论，同时写了《革命箴言》在该报刊登，驳斥康有为等保皇言行，在保皇势力占统治地位的华侨社会中引起极大反响。但最终在支持康有为一派的董事极力反对下，秦力山文章仅刊出 19 章，剩下 5 章被烧毁。因此，该报产生内部分化，加上光绪三十四年（1908）营业不振，因而停刊。①

光绪三十四年（1908）三月，缅甸中国同盟会分会正式成立。庄银安等即出资 3 000 元，购买了《仰江新报》停刊后的印刷设备，于同年八月二十七日创办了《光华日报》。首任经理为陈仲赫，后为庄银安。主笔为杨秋帆与居正。不久杨秋帆返国，改由吕天民任主笔。先后任助理编辑者有黄大衮、何荣禄、苏铁石、傅春帆、陈绍平、林文曲、黄兰士、徐赞周等人。该报出版后，旗帜鲜明地宣传革命，并载文揭露清朝的腐朽及康有为、梁启超等人的保皇伎俩。该报还发表了陶成章写的《浙案纪事》。胡汉民、汪精卫等也为该报撰文。宣统元年（1909），该报因撰联讥讽清廷驻缅甸领事萧永照，致其胁迫该报七位股东代表停止出版该报。不久，该报被迫拍卖全部财产，旋即停刊。该报经营前后约一年时间，开支达二万盾。

《光华日报》拍卖时，保皇派暗中使人购得该报的全部印刷机器，并于宣统元年（1909）出版了《商务报》，作为保皇会的机关报。由张石明与李牙聪任主笔，但因读者不多，销路不广，不到一年即停刊。

《光华日报》被迫停刊并被保皇派接办改组为《商务报》的同时，缅甸中国同盟会分会召开了全体会员大会，商议复办《光华日报》一事，得到广大会员支持，当即集得股本一万三千余元。宣统元年（1909）十二月十三日，《光华日

---

① 冯自由著的《革命逸史》中称此报为《仰光新报》，冯爱群的《华侨报业史》亦用此名，但据徐赞周的《缅甸华侨革命史》、姚楠的《中南半岛华侨史纲要》、陈见洛的《缅甸华侨初期文化运动史料》，都称为《仰江新报》。又冯自由、冯爱群上述著作中称秦力山文只发表了 16 章，其余 8 章被烧毁。

报》宣布复刊，先后任经理者为陈仲赫、黄水田及陈汉平。主笔仍为居正和吕天民。该报复刊后，即与《商务报》展开论战，达数月之久。最后《商务报》停刊。宣统二年（1910）夏，保皇会与清廷领事萧永照通过清廷外务部与英国驻华公使交涉，诬告《光华日报》鼓吹无政府主义，应将负责人驱逐出境。英驻缅甸总督怀特，即下令递解陈汉平及主笔居正出境（后改为"自由出境"）。庄银安也被迫逃离仰光，避居槟榔屿，《光华日报》又被迫停刊。①

《光华日报》再次停刊数月后，革命派同盟会会员、原主笔之一的吕天民，会同徐赞周、陈钟灵、李海国、陈震川、丘思道等人于宣统三年（1911）三月再次集资创办《进化报》，继续宣传革命。该报基本上接收了《光华日报》的产业，由吕天民任主编，陈钟灵为经理。该报只出版了八个月便被保皇会勾结英警察借查账为名进行刁难，最后被迫停刊。至此，缅甸同盟会革命者前后三次办了《光华日报》及《进化报》，耗资五万多盾，唤醒了缅华社会，促进民族觉醒和爱国主义思想的传播。《进化报》停刊数月后，徐赞周联络张永福、陈钟灵、杨子贞、曾上苑及饶潜川等人，以《缅甸华侨学务总会》名义，承买了《进化报》的铅字和印刷机，改刊为《缅甸公报》，于宣统三年（1911）春正式出版，继续宣传革命。②

---

① 见陈孺性的《缅甸华侨史略》及《缅甸华侨兴商总会四十周年纪念特刊》。
② 见陈孺性的《缅甸华侨史略》及《缅甸华侨兴商总会四十周年纪念特刊》。另参吴凤斌主编：《东南亚华侨通史》，福建人民出版社，1994年，第901～904页。

第十四章　暹　罗

第一节　各类型华侨社团

一、地缘社团

在暹罗，以祖籍地为纽带而成立的地缘性社团出现于 19 世纪下半叶。客属、海南籍、福建籍、广肇籍的华侨在 19 世纪下半叶都先后成立了同乡社团。从今天泰国会馆的构成来看，泰国九属会馆是泰华社会最重要的侨团，由潮州会馆、客属总会、广肇会馆、海南会馆、福建会馆、江浙会馆、台湾会馆、云南会馆、广西总会共九个会馆组成，堪称是"龙生九子"。它涵盖并代表了全泰数千万华侨及华裔。但泰国九属各会馆的创建时间各异，有的长达一百多年，如广肇会馆；有的仅二十来年，如广西总会。他们的规模也不等，如潮州会馆人数最多，号称有六七百万人，是泰国最大的华社会馆。其他会馆多则上百万之众，少者也有数十万人。

不过，泰国华社"九大会馆"是一个后来的概念，其中泰国广肇会馆、泰国福建会馆、泰国客属总会和泰国海南会馆出现于清代。① 这里只把这几个清代成立的会馆的历史略作考实。

（一）广肇别墅

泰国广肇会馆是广肇属（广府语系）乡亲的最高同乡联谊组织。"广肇别墅"是泰国广肇会馆的前身，一直到清亡，仍然称"广肇别墅"。所谓"广肇别

---

① 其他几个在中华民国以后成立的会馆是：泰国江浙会馆，为旅泰的江苏与浙江籍华侨于 1924 年倡建，时称"暹罗江浙会馆"；泰国潮州会馆，到 1938 年由潮人侨领陈景川、方公圃、蚁光炎等发起组织，于同年 2 月 14 日在曼谷正式注册成立。现在的泰国潮州会馆，拥有泰国华人社团各类会馆中最富丽堂皇的建筑，规模也居泰国各会馆之首，作为旅泰潮人最高的地缘性联谊组织，在泰国九大会馆中名列首席，地位举足轻重。在目前世界上的华侨华人同乡组织中，泰国潮州会馆的规模也堪称首屈一指；泰国台湾会馆，旧称"泰国同乡会"，成立于 1946 年，前身为 1935 年由台湾籍华侨张春木、陈木枞等人发起组织的"台湾公会"，1947 年更名为"泰国台湾会馆"；泰国广西总会，于 1981 年 6 月当地政府批准注册，同年 10 月正式成立；泰国云南会馆，1996 年 4 月于曼谷成立。

墅"，顾名思义，就是广州人和肇庆人共有的"别墅"。清代的广州和肇庆分属两府，为什么两府的海外移民能够结成一个社团？无疑，同属一个语系——广府语系，是最重要的因素。

广肇会馆的成员一般讲广府话。虽然各分属所说的广府话有差异，但都归属于"广府语系"，彼此听得懂。顺便说明，广州府籍和肇庆府籍很少分府设馆。另外，海外开平、恩平、宁阳（台山）、新会四邑人虽分别源于广州府和肇庆府，但常见他们结成"四邑会馆"。《淞南梦影录》记载："广肇山庄在新闸之南，粤中人会馆也。"①故广肇会馆也别名粤中会馆。

"广肇会馆"是一个由中国国内扩及世界各地华侨社会的国际性现象。由于乡人一般只是到了外地才会建立会馆，所以"广肇会馆"的始源应该在广东的外地。同治时期上海的"广肇会馆"是广东会馆中势力最大的会馆之一，也可能是世界各地"广肇会馆"的源头。其时由任上海地方官的香山人叶顾之、大买办徐润和唐廷枢等人支持建成，会馆经费主要由洋务帮、洋广货帮、铁木业帮等捐助。后来随着广东移民的不断增加，世界各地都有了"广肇会馆"，泰国、马来西亚、印尼等地皆有。

综合泰国广肇会馆与清代相关的主要信息有：

其一，成立时间、缘由与过程。据该会馆网站 2007 年的资料记载，"泰国广肇会馆"成立于光绪三年（1877）。是年春，旅居暹罗的广州府和肇庆府工商界领袖土晋卿等（另据资料，创始人中有姓名可考者还有钟超灼），以联络感情、促进联谊为宗旨，发起创建"广肇别墅，并筹集一万七千株（铢）在曼谷石龙军路购地建筑，历数年而竣工。自别墅落成后，广肇属同乡更加团结合作。自此，凡公益事业，如广肇山庄、广肇医局，皆以别墅名义举办"。此时的广肇别墅是一套独立建筑，但它最早是否为一群广、肇府的富人集体购置的物业，是否专为成立广肇同乡的会馆而购置，值得仔细研究。

根据上述材料可知，泰国广肇会馆就是广肇别墅。现在会馆的大门有对联："源流珠海，派衍星严"，里面供奉着观音、玄天上帝、财神、太岁、鲁班、孔子等多尊佛、道教圣像和古圣贤像，可谓是佛、道、儒杂处，为人共仰。这些塑像很可能是后来在多次维修的过程中陆续装设上去的。到 1932 年，"广肇别墅"改组成"广肇总办事处"（主要是作为后广肇医院和广肇公学的总办事处）。1936 年 5 月 1 日正式注册，更名为"泰国广肇会馆"，作为当时祖籍为广州府及肇庆府的泰国居民成立的联谊组织。也就是说，会馆自其成立直到 1936 年的 59 年间，仍叫"广肇别墅"。

---

① （清）黄协埙：《淞南梦影录》卷十三，见《小方壶斋舆地丛钞》第九轶辑录。

其二，"广肇别墅"的组织体制。"广肇别墅"实行过总理制或董事长制，但起始时间不详。只知道到1930年，"广肇别墅"改总理制为主席团制，所以，"广肇别墅"在清代应该实行总理制或董事长制；然而无论是总理制还是董事长制，其下设的具体架构都十分模糊，只知道后来的最高决策单位为理事会，下设医务委员会、坟场委员会、妇女委员会、教育委员会、康乐委员会、征求委员会、典礼组、宣传委员会和建筑委员会9个小组，此应是1936年以后的事情。

其三，"广肇别墅"一直致力于兴办教育、医疗及坟场三项慈善服务。广肇别墅成立后，先后辟坟场、开医局、办学校，使广大乡亲长有所学，病有所医，丧有所归。这三项慈善服务自会馆成立初期就已经开始，但各自的起始时间不同。笔者认为，三项慈善服务的起始时间，应以各自建筑设施的出现为标志。

辟坟场开始于光绪十年（1884）。是年，会馆在位于曼谷市的挽吻县之是隆路建起了"广肇山庄"。后来还建立了角赞"广肇山庄"（1935年，位于角赞）、广肇"灵山山庄"（1969年，位于佛统府的甘烹盛越侬巴莱路）。

在今天的房地产市场上，"山庄"一词指住宅，且是档次最高的住宅，但在过去出外的广肇人中，这是对坟山的雅称。究其来源，应是来自沪语。旧时上海一带的人喜欢称寄存灵柩的地方或坟山为"山庄"。于是，旅居上海的广肇人也就入乡随俗地采用上海人的习惯，其时上海的"广肇会馆"的坟山就叫"广肇山庄"。今天上海的天目西路，在清光绪三十四年（1908）修筑，其时名"广肇路"，就以原有的"广肇山庄"得名，1963年，方以浙江天目山而改今名。"文革"时，"广肇山庄"被视为"四旧"遭到破坏。"广肇山庄"跟上海人的"山庄"最大的不同之处是，后者是永久性墓园，前者则是乡人暂时厝柩之所，有朝一日还是要运骨回乡的（过去广肇人兴行二次葬）。历史上的上海"广肇山庄"在当地的影响应该不小。《淞南梦影录》称："每年七八月之间，彼都（上海）人士竞集资为盂兰会，香烛锭帛务极奢华，一会之费动至万金，至期不特百粤衣冠座中毕集，即吴娃楚艳亦莫不香车宝马络绎而来，鬓影钗光缭乱于夕阳影里。门外必雇西捕弹压，否则打架、扎帮随时而有。"因此，后来海外的广肇人袭用上海"广肇山庄"的名称就不奇怪了。[1]

一个颇令人感兴趣的问题是，暹罗的"广肇山庄"如何处理乡人遗骨。迄今还没有发现相关的记载，但可以根据上海"广肇山庄"的做法进行合理的推测。过去上海"广肇山庄"实行"检运旅榇，五年一举"的制度，届时将寄葬在庄内的骨骸捡拾好后运回原籍。一般是先由公所发出公告，让准备把亲友骸骨运回广东的同乡先到"广肇山庄"或"广肇公所"办理相关手续，然后择日把

---

① （清）黄协埙：《淞南梦影录》卷十三，见《小方壶斋舆地丛钞》第九轶辑录。

安葬在山庄里的亲友骸骨运回广东原籍重新安葬即可。由于遗骨运回家乡所需的时间较短，交通也算方便，估计暹罗乃至其他东南亚国家的"广肇山庄"也实行同样的办法。因为是运回已经安葬多年后取出的亲友骸骨，所以运送过程不会存在防腐之类的难题。这一做法体现了当时华侨"落叶归根"的传统观念。不过笔者认为，虽然广肇华侨实行捡骨归葬，但由于条件仍然比较苛刻，不是所有华侨都能具备，更加上一些非人力的因素，估计只有一部分有条件且与社团关系比较好的华侨才能够捡骨归葬。如同在东南亚各国所看到的，到处都有华侨义山。华侨去世后埋葬于居住地早有先例可循，在从众心理的作用下，葬在当地也并非丢人的事，后来也逐渐成为华侨处理身后事的常态。但这仅限于推测，还需要实证性的材料。

开医局始于光绪二十九年（1903）。是年，该会馆创办了"广肇医局"，后来改名为"广肇公立医院"，为贫苦病人赠医施药，后来到1932年注册成为慈善医院。1953年，该院新厦落成，并扩展为中西医院。广肇医院后来也发展成泰国很有影响的中医机构。

"广肇医局"对泰国中医药有某种承前启后的作用。早在素可泰王朝时期，中医药已随着华人移居泰国而传入。之后，随着华人移民日众，泰国中医药日趋繁荣。文献记载，在阿瑜陀耶王朝（1350—1767）时期，都城中有华侨出售中国药材，当时最有名望、最受尊敬的医生是来自中国的中医，甚至连国王的医生包括医队长在内，都是华人。广东省澄海县东里乡旅泰的李松青，是有名可考的第一个代客煎药赠医施诊的华侨医生。他在曼谷创办了李天顺堂药材店，世代相传。至明永乐时，暹罗许多城乡中医诊所及中药店鳞次栉比，十分兴旺。到清代，清政府开始向暹罗大量出口人参、黄芪、甘草等中药材，并对暹罗药商予以优惠政策，泰国中医药开始初步发展。① 显然，在此之前，暹罗中医药基本上是以个人（医生）的、民间的传入和施治为主，还没有出现中医院。虽然现在还不能断言广肇医局为暹罗第一家中医院，但至少是可以说是最早的中医院之一。伍森源等集资创办的"天华医院"于光绪三十一年（1905）开幕，当时暹皇曾亲临主持典礼，御批曰"为病黎造福，永垂不朽"。医院设在曼谷唐人街中心，为贫苦大众治病，其诊治、药物、住食均免费。同时，该医院还从国内聘请中医和购买药材，各地也成立了赠医所，免费为病人治疗。后来又有一系列重大举措，如1927年首先由侨商组成了中药组织——泰京联华药业公会，1929年成立了"暹罗中医药联合分会"。1945年西医药大量涌入泰国后，当地中医药界仍然应用中药防治流感，从而使中医中药名声大振，这很大程度上应归于广肇医局等

---

① 《中国与泰国的医学交流》，载北京中医药数字博物馆网站。

医院当年的首创之功。

办学校在三大慈善事业中出现最晚。该会馆于1911年成立了"华益学校"，几乎与清代的华侨历史擦边而过。[1] 1932年，华益学校与同为广肇人先后创办的明德学校、坤德学校、华南学校和洁芳学校（应皆成立于民国时候）统一合并为"广肇公学"。1946年，改为"广肇学校"。广肇学校现名"广州学校"，位于曼谷挽叻县的是隆路。

（二）暹罗客属惠州会馆、集贤馆与暹罗客属会所

1. 暹罗客属惠州会馆

初到的客家人，大都只能通过为人打工来维持生计。他们倍感人生地疏，举目无亲，为了求得生存与发展，客家人开始彼此联络感情，有组织地聚集在一起。同治三年（1864），他们仿效马来西亚雪兰莪州吉隆坡华侨社团的组织模式，创建了"暹罗客属惠州会馆"。该会馆由惠州所辖十属县——归善、博罗、河源、龙川、紫金、和平、连平、海丰、陆丰、新丰的华侨组成，馆址设在曼谷三聘街。首任会长为叶德恭（吉隆坡华人甲必丹叶德来之弟，当时他由吉隆坡到暹罗的宋卡府、曼谷经营橡胶园）。会馆发挥着联络乡亲，互助合作，共谋福利和"生有所养，长有所教，病有所医，死有所葬"的作用。到光绪三十二年（1906），由翁式亮任会长。跟一般的华侨不同，翁式亮是个受过良好教育的知识分子。他因不满清朝统治，年轻时怀救国救民大志，从暹罗到日本，先在东京早稻田大学深造，后毕业于日本士官学校，光绪三十一年（1905）八月二十日在东京参加中国同盟会，旋受孙中山任命，为中国同盟会暹罗曼谷分会会长。[2] 他的任务是在暹罗联络华侨，宣传革命，发展组织，筹集革命经费，筹备武器，支援国内武装起义。光绪三十三年（1907）十一月底，翁式亮在暹罗筹得一批枪支弹药，请当地渔夫用旧货轮运到越南河内，支援孙中山领导的发生在光绪三十三年（1907）十二月二日的镇南关起义。孙中山对翁式亮等人的贡献给予了很高评价。及至此后，旅暹惠州华侨在人力、物力上积极支持孙中山领导的革命运动。虽然现在还不清楚惠州会馆在上述过程中的具体作用，但翁式亮本人和惠州华侨对辛亥革命所作的历史贡献是不可磨灭的。

顺便说明，到1939年5月20日，因暹罗国名改为泰国，故"暹罗客属惠州会所"易名为"泰国客属惠州会所"，1972年成立"泰国客属总会"。泰国客属

---

[1] 另，佛统有"公立华益学校"，20世纪之初为纪念孙中山而建。其与此处之"华益学校"有无关系，待考。

[2] 据《惠州华侨志》编辑委员会编：《惠州华侨志》，惠州市侨联，1998年，第107页。

总会下属有合艾客属会馆、呵叻客属会馆、坤敬府客属联谊会等 28 个客属会馆。该会是全球影响较大、规模和实力较强的客属社团之一。

2. 集贤馆

一般的说法是，"集贤馆"是客家人于同治九年（1870）建立的。当时在曼谷的客家人开始有组织地聚集在一起，并于这一年创立了"集贤馆"。据称，"集贤馆"是个读书人的组织。[①]但另一说则笼统地说"集贤馆"建立于 19 世纪 60 年代。提供前一说及其他信息的是泰国客家总会一位副理事长，可信性应该更高，此取之。"集贤馆"于光绪十五年（1889）设立"客属义山"，光绪二十八年（1902）设立客属道教庙宇——吕帝庙。[②] 到宣统二年（1910），"集贤馆"改为"暹罗客属会所"。[③]

根据上述资料来看，在清代，"集贤馆"与"暹罗客属惠州会馆"似无多大关系。前者可能是一个泛客家人社团，本身无明确的地域概念；而后者的客家地域概念十分明确，即"惠州十属"。

3. 暹罗客属会所

"集贤馆"更名为"暹罗客属会所"则与辛亥革命有密切关系。更名之前，梅县旅居暹罗的侨领伍佐南，就已经创立了"中华会所"，以团结侨胞、募捐集资、援助孙中山的革命活动为主要任务。但当时"集贤馆"分裂为群英和明顺两个集团，互相拆台，严重影响了旅泰侨胞的团结协作和事业的发展。为此，伍佐南毅然以团结客属同胞为己任，分别向两派陈说利害，使两派冰释前嫌，于宣统二年（1910）合并，正式组成"暹罗客属会所"，并向暹罗政府立案，使其成为合法社团。

（三）福建会馆

早在同治年间（1862—1874），旅暹闽侨就在曼谷的哒咖仔兴建了"顺兴宫"，同时在宫内设"福建公所"，此为"福建会馆"的前身。公所位于泰京巴吞注郎曼五路 57 号。同治十一年（1872），旅泰福建籍华侨在泰京曼谷哒叻仔建造神庙顺兴宫，并在宫内设福建公所。据说在泰国九大会馆中，其影响仅次于潮州会馆。光绪三十年（1904），刘鸣成、何顺安等集资在泰京是隆路创建闽属华侨公墓"闽山亭"。[④] 闽山亭是早年福建人的重要聚会场所。

宣统三年（1911），刘聪敏、萧佛成等人将公所改组为"福建会馆"（The

---

① 《客音扬苏，集贤泰国——访泰国客家总会副理事长陈晋尧》，国际在线，2007 年 8 月 28 日。
② 见潘少红的《泰国华人同乡社团扫描》。
③ 《泰国客属总会》，广东侨网，2003 年 8 月 9 日。
④ 据《泰国福建会馆庆祝成立九十周年纪念特刊》。

Fukien Chinese Association of Thailand)，当时著名报人、辛亥革命功臣萧佛成为首任主席（后改称理事长）。福建会馆联络同乡感情，谋求侨胞福利，广结乡亲，守望相助，建山庄，办学校，修神庙，开展社会慈善公益事业，同时积极办好会员乡亲的福利工作，促进中泰友好。1914 年创办培元学校，接办中心公学，1921 年改为免费学校。萧佛成等还先后创办《华暹新报》、《晨钟日报》，此是后话。

（四）琼州公所

泰国海南会馆前身的建立时间可追溯至同治年间（1862—1874）。当时清政府腐败，战乱频仍，人民生活困苦，闽粤地区很多农民纷纷南渡暹罗谋生，其中琼属人士为数亦不少。现在可查的资料表明，早在康熙二十九年（1690），就有琼人饶昭聪、陈贵仁用 4 年时间造了两艘帆船。康熙三十四年（1695），他们第一次远洋出海，历时一个月到达了暹罗的北汶港。之后，饶、陈两人便以船工为生，以船为家，往返新加坡和泰国一带。他们从暹罗运大米和柚木前往新加坡，再装运各式工业品回暹罗，一年往返四五次，收入颇丰。次年，他们衣锦返乡，买田造船，十分风光，引来了乡村邻里的羡慕，附近的村民纷纷跟随他们，搭船出海，到异国他乡去淘金。在暹罗的琼属华人祠堂中，有一个"十八兄弟闯海"的传奇，说的是一船漂泊南洋的琼人在茫茫的大海中突然遇上台风，船翻人亡，余下 18 人在海面上挣扎，他们靠着几支木桨，在海上漂荡。在一个风过天晴的晌午，妈祖显灵，他们在一股祥瑞紫气的协助下，经过数十天的漂泊终于来到了暹罗，后来成为一方富豪。

早期来暹事业成功者的琼属先贤有：云策臣（曾获皇室封为"帕耶诗里桑哇乍"）、陈元国、韩连翼、杨日茂、吴安修等。基于互助合作以求发展的宗旨，他们集合同乡，成立"琼州公所"，借以联络感情，致力于公益事业，其时"琼州公所"以曼谷挽叻昭应庙为办公处所。[①] 会馆成立初期，乡侨因目的有异，多各自活动，但在共谋发展公共事业方面仍可互助合作，各具精诚，尽其应尽之力。再后来，"琼州公所"由策臣之子云竹亭接管所务。云竹亭秉承其父遗志，并将其发扬光大，对于乡侨慈善公益事业，如越堆山庄的扩充，各区神庙的整顿与管理，福利工作的策动，文化教育事业的推进等事，皆全力以赴。此应是辛亥革命以后的事了。

光绪戊戌年间康梁倡议变法以后，海外华侨深受新思潮影响。后来孙中山来暹罗宣传革命，推翻清朝，琼属人士林格兰响应孙中山的号召，率同冯裕元等先

---

① 《泰国海南会馆》，中新海南网，2004 年 2 月 21 日。

贤另组"琼岛会所",分别从事相关活动。有迹象表明,"琼岛会所"后来还继续存在,但具体活动情况不详。

除了"琼州公所"、"琼岛公所"外,清末民初,旅暹(泰)海南籍华侨还曾成立过多个社团组织,如南溟商会、曼谷会文社等,但未形成统一组织。直到 1946 年 2 月 17 日成立,"泰国海南会馆"由当时在曼谷的琼州公所(即育民学校)、琼岛会所、工商联合会合并组成,作为全国性的泰国海南乡团的最高机构。

实际上,旅暹琼侨中,最早出现的社团组织形式不是斯后的宗祠、家社、公所、会馆等"世俗"组织,而是神庙。早年华侨在"移民"的同时也"移神移鬼"的现象一样发生在琼侨身上。只有完成了"移神移鬼"之后,才可能建立这类"世俗"组织。兹以文昌人为例。文昌人素来信奉的神明为水尾圣娘、天后圣娘等。据称,文昌先侨早就在道光二十一年(1841)就筹资创建"三清水尾圣娘庙",以祈神明庇护保佑其在他乡的生存发展。这个建庙时间显然大大早于现在可考的"世俗"社团的成立时间。该庙后经乡侨数次集资修葺扩建,更显宏伟,至今香火仍旺盛。之后几十年,琼侨相继建起十多个圣娘庙和昭应祠。而今泰国 73 府,凡有琼侨的县、市,必有"水尾圣娘庙"。据统计,泰国现在共有 283 个"水尾圣娘庙"。"水尾圣娘庙"也成为琼侨聚集的场所,以及琼侨弘扬传统美德和乡土文化的中心。[1]

二、宗亲社团

早期海外华侨华人建立的宗亲社团,对于敦睦宗谊,弘扬祖德,争取合法权益,传播中华文化,增进中外友谊,都作出过显著的贡献。早在 19 世纪末,泰国华人已建立起宗亲组织。泰国的宗亲社团林立,从名称来看,有的称"×氏宗亲总会",有的以宗祠、社等为名。

据研究称,在暹罗侨社,以姓氏为主的联合体很早就存在。1848 年,在北柳府出现大兄帮会组织,以反抗统治当局,其前身就是以姓氏为主体的联合体。当年这种姓氏联合体所包括的宗亲,只限于同一方言语系的亲朋,这是为了有利于占有和垄断某一种职业,并在经济上为成员提供良好的机会。

但现有资料表明,"×氏宗亲总会"一类血缘社团在暹罗出现的时间比地缘社团晚。现在可以找到的宗亲总会社团的典型例子是光绪十一年(1885)成立的"沈氏宗亲总会"。当时沈永居、沈万成、沈俊元 3 人发动 225 位宗亲集资购置土地,建造"沈氏大宗祠",供奉唐代功臣武德侯公。1986 年该宗亲总会曾举行

---

① 海南史志网,2010 年 12 月 11 日。

"泰国沈氏宗亲总会沈氏大宗祠"肇基百年庆典。沈氏大宗祠建成后，便每年举行祭拜仪式。

沈氏大宗祠的案例也表明，旅暹华人早在 19 世纪末就已经开始建造本姓氏的宗祠、祖庙，并开创了数十年后这一历史高潮的先声。后来在夜功府，有林姓华侨发起成立林氏宗祠。20 世纪初，一些宗亲社团在泰国相继成立侨社。泰国韩姓华侨于光绪三十三年（1907）创立韩氏一家社，据称当时泰国韩姓华侨已达万人。海南籍林姓华侨在清末组织"林家社"，民国初年又有"双桂斋"。吴姓华侨组织有旅暹吴氏宗族自治会。①

早期的泰华宗亲组织通常都以办理宗亲福利、守望相助为主。后来泰国政府出于对华侨从事政治活动的恐惧，陆续颁布了一系列法令严格限制华人从事政治活动，对华人以宗亲名义结社尤其忌讳。总之，早期暹华宗亲组织从数量、作为及影响力来看都显得不够突出。

一般认为旅暹"沈氏宗亲总会"就是当地成立最早、人数最多的宗亲组织之一。光绪十一年（1885）是否就是沈氏宗亲总会的肇始之年？这牵涉到它的来由。关于其来由，有两种可能：一是在"沈氏宗亲总会"成立之前，还存在过若干个"分会"，总会是在此基础上组合而成；二是"沈氏宗亲总会"一开始就以总会形式出现，从来就没有过"分会"。按照常理，如无"分会"，一般不会擅加"总"字。但如下所述，所谓"分会"，并不是很严格的次一级组织机构，它可能只是少数人的非经常性结集，也可能是少数人为了某种生存需要而发起的短期结集，很快就烟消云散，甚至可能只是一两个人的"忽悠"，根本就是子虚乌有。后来的所谓"分会"，更可能是后人对过去小规模的非正式聚会的"追认"，时过境迁之后，出于建立"总会"的需要而追加一个"分会"的称号。如果沈氏宗亲总会是这样一种情况，其实也并不奇怪。

但是，"沈氏宗亲总会"成立后一开始有没有理事会之类的领导机构设置，到今天还是一个谜。因为直到第二次世界大战结束，集资建立新的沈氏大宗祠并举行揭幕开光仪式后，才产生了第一届理事会。第二届理事会期间，参加泰国各姓宗亲联谊会，并向政府申请注册，定名为沈公书院慈善基金会，后华文会名改为今名。沈氏宗亲总会的宗旨是：谋求宗亲福利，赈灾恤难，兴办学校、医院，促进文化交流，并提倡教育等善举。后又兴办大会堂，设立奖学基金会，奖励本族会员子弟。这个宗旨至少应是第一届理事会产生后制定。

"沈氏宗亲总会"的案例至少可以证明，早在地缘社团出现的同一时期或者稍晚，暹罗的血缘社团已经出现。接着的问题是，在清代，暹罗的血缘社团是不

---

① 潘少红：《泰国华人宗亲组织的发展轮廓》，《寻根》2008 年第 3 期。

是已经大量出现？

可以肯定，泰国的各个姓氏的"宗亲会馆"在进入民国以后仍在纷纷建立。一个例子是在曼谷，约在20世纪三四十年代，海南籍乡亲就先后成立林、云、韩、符、冯、何、陈、吴、王、张、邢、梁、李等琼籍十三姓宗亲组织。但一个令人感兴趣的现象是，1959年以后，泰国华人社会进入了宗亲组织蓬勃发展阶段。这表现在，以同一姓氏为组织原则的统属全体的"宗亲总会"在这一年后纷纷成立。据统计，1959年至1975年的16年间，泰国华人建立起47个同姓结合或异姓联宗的组织，至20世纪90年代，有60个姓氏建立起60个同姓宗亲总会。期间，1972年12月，各宗亲总会联合组成了泰国各姓宗亲会联谊会，使泰国宗亲组织有一个统领机构。为扩大宗亲会力量，与异姓联宗的宗亲总会组织也开始出现了（如刘、关、张、赵四姓成立泰国龙岗亲义总会；洪、江、翁、方、龚、汪六姓组成泰国六桂堂宗亲总会）。[①]

那么，在如此多的宗亲总会成立之前，各自有没有过其他形式的"宗亲分会"？如果有，哪些是在清代成立的？按照情理，一个"总会"的成立，总要有数个"分会"作为基础。但应该考虑到海外华人社会的一个特殊现象，他们经常喜欢一开始就成立"总会"，即使此前连一个"分会"也没有。所以，还不能因为"总会"如雨后春笋般出现，就断言此前的"分会"已经星罗棋布。

如上推测，1959年以前泰国可能已经存在着大量不叫"分会"的"分会"，这种现状，或许可以解释为什么这一年以后华人的"宗亲总会"纷纷成立。这种不叫"分会"的"分会"，就是在清代可能存在的以祖籍地的乡、村为单位而

---

① 潘少红：《泰国华人宗亲组织的发展轮廓》，《寻根》2008年第3期。笔者注：20世纪50—80年代泰国各宗亲总会的成立年份为：泰国丘氏宗亲总会，1959年；泰国侯氏宗亲总会，1967年；泰国姚氏宗亲总会，1974年；泰国龙岗宗亲总会，1961年；泰国马氏宗亲总会，1967年；泰国纪氏宗亲总会，1977年；泰国林氏宗亲总会，1962年；泰国孙氏宗亲总会，1967年；泰国张氏宗亲总会，1978年；泰国吴氏宗亲总会，1963年；泰国庄氏宗亲总会，1967年；泰国韦氏宗亲总会，1980年；泰国周氏宗亲总会，1963年；泰国蔡氏宗亲总会，1967年；泰国朱氏宗亲总会，1981年；泰国王氏宗亲总会，1964年；泰国卢氏宗亲总会，1968年；泰国蓝氏宗亲总会，1982年；泰国李氏宗亲总会，1964年；泰国罗氏宗亲总会，1968年；泰国萧氏宗亲总会，1982年；泰国许氏宗亲总会，1964年；泰国余氏宗亲总会，1969年；泰国彭氏宗亲总会，1982年；泰国杜氏宗亲总会，1965年；泰国刘氏宗亲总会，1969年；泰国金氏宗亲总会，1983年；泰国沈氏宗亲总会，1965年；泰国廖氏宗亲总会，1970年；泰国田氏宗亲总会，1984年；泰国洪氏宗亲总会，1965年；泰国曾氏宗亲总会，1971年；泰国袁氏宗亲总会，1984年；泰国郭氏宗亲总会，1965年；泰国郑氏宗亲总会，1971年；泰国方氏宗亲总会，不详；泰国谢氏宗亲总会，1965年；泰国赖氏宗亲总会，1971年；泰国徐氏宗亲总会，不详；泰国巫氏宗亲总会，1966年；泰国汪氏宗亲总会，1972年；泰国六桂堂宗亲总会，不详；泰国杨氏宗亲总会，1966年；泰国高氏宗亲总会，1972年；泰国熊氏宗亲总会，1966年；泰国梁氏宗亲总会，1972年；泰国钟氏宗亲总会，1966年；泰国邹氏宗亲总会，1972年；泰国苏氏宗亲总会，1966年；泰国邓氏宗亲总会，1973年。以上信息据《泰华各姓宗亲总会联谊会成立廿二周年纪念特刊》。原注：各宗亲会成立时间，采自各会自撰简史，按年代重新排列。年代用佛历的，改为公元纪年。方氏、徐氏、六桂堂三个总会的简史未明确记载年代。

形成的小型宗亲结集。它们一般形式松散，没有社团之类的名称，也没有组织机构，其涵盖地域可大可小。例如，可以以省籍为基础，也可以以单个县为基础。更小范围，可以以乡为单位（过去闽粤乡村一般具有"一村一姓"的特征），最重要的条件是要有一定的人数，这些人都公认某一个始祖。在泰国华社中有些小型同乡会是由来自故乡村落中单一姓氏的成员构成的，因此它们也是宗亲组织。如果某村某乡的乡亲比较集中在某个区域，那么，就存在着这类袖珍型的宗亲结集的可能性。也许 1959 年后纷纷成立的"宗亲总会"，就是以这些宗亲结集为基础的。它们虽然不叫"分会"，但在各"总亲总会"成立时可以被认成是"分会"，以便名正言顺地找到"总会"成立的合法性。不过，由于尚无足够证据，故对它们在清代的情况，还需要继续探讨。

如上所述，20 世纪 50 年代末，泰国各姓氏的"宗亲总会"开始纷纷成立，表明了近几十年间泰国的"宗亲文化"出现了强烈的复兴现象。这一风气至今未衰，主要特征表现在以下几方面：其一，开展远祖探源，认祖归宗，纷纷确认其始祖（有的确认其远古始祖，有的确认在原祖居地的开山始祖，还有的确认历史上的本姓伟人）。其二，大多数宗亲组织都筹集巨资建造同姓大宗祠，或把建造大宗祠定为一个时期内的中心任务和奋斗目标。除了同姓华侨联合建立大宗祠外，一些以地域为单位的宗亲组织也建立宗祠。其三，大部分宗亲组织每年定期举行祭祀祖先活动。有时宗亲总会一年只组织一次祭祖大典的活动，其祭祀的对象通常是本姓氏的伟人和祖先。其四，加强与故乡及世界各地宗亲组织的联系。这些活动清楚地表明，泰国的"宗亲文化"有很深的渊源。

历史是不能割断的。可以想见，在清代，即使各氏的宗亲社团组织松散，没有常态化的宗亲活动，甚至没有形成宗亲社团组织，但在浓烈的"宗亲文化"氛围下，各宗族内部仍然存在着或密或疏的联系，这也成为地缘社团之外一个不可忽略的辅助力量。

三、慈善社团

华侨华人从生存发展到养老送终，都离不开慈善社团的支持和救助。一般来说，海外华人社团自其成立之日起，就具有不同程度的慈善功能。在华侨遇到重大灾难的关头，它会一变成为一个临时性慈善组织。但是，像暹罗华侨社会这样，存在着一个奉行仁爱信仰并深深地影响着全国华人社会和居住国社会且在当地兴办的慈善事业组织——报德善堂，在东南亚地区乃至全世界华侨社会里是绝无仅有的。由于该堂一直以救灾恤难为己任，服务不取报酬、不分对象、不分贫富，因此深受泰国各界人士称道以及泰国王室和政府的嘉许。

今天执泰国慈善事业之牛耳者，非报德堂和德教会莫属。前者大体上属于"世俗型"的慈善组织，后者则大体上属于"宗教型"的慈善组织。究其根源，则皆来自中国潮州。多年来，人们已经习惯于将泰国华人的慈善文化与潮汕慈善文化挂钩，正如著名汉学家饶宗颐教授所说："善堂文化是潮汕人现实主义的处世哲学，糅合释、儒、道的哲学思想所形成的文化。"

报德堂起源于大峰祖师（大峰公）崇拜。而大峰所以在泰国华人中得到崇拜，则起源于光绪二十二年（1896）华侨马润把大峰祖师金身从家乡潮阳和平乡请到泰国供人们膜拜。时值泰国发生瘟疫，死者无数，民众惊慌失措，求医求药，也求助于神灵保佑。潮汕民俗史表明，瘟疫流行的时候，便是人们惊慌失措求神问卜、各方神灵香火最盛的时候，也可能是某一尊"专业"显神被造出来，或其声名远播并确立"历史地位"的时候。当时，潮汕华侨虽然已经移民泰国数代，但家乡神灵崇拜的一整套习俗仪规，仍然在居住地盛行不衰。于是，光绪二十二年（1896）泰国发生的瘟疫便在当地华人社会中催生了大峰祖师崇拜现象，后来逐渐在泰国流传开来。

大峰祖师像带到曼谷之初，只盖有一间简陋的蓬寮作为祖师庙址。后逢泰国流行瘟疫，善男信女纷纷前往祖师庙烧香，祈求平安，并为死者捐资购置衣棺安葬，香火颇盛。宣统二年（1910），郑谦与郑智勇（商号）、伍广源隆等12家商号发动捐资，正式建立宋大峰祖师庙，并定名为"报德堂"。1936年改称为"暹罗华侨报德善堂"，习惯上仍称为报德堂，从此开始了一脉慈善事业的辉煌历程。自成立以来，报德堂施医义葬，扶贫济幼，为社会做了大量慈善工作。

从大峰崇拜的传播过程来看，大致可看出以下几个明显的阶段：先是突如其来地发生一次前所未闻甚至史无前例的灾疫；然后，便是慌不择路的灾民到处求神问卦；接着，有一位大德之人以某一尊有巨大号召力的神灵为旗帜，行慈善之事；最后，待灾疫过去，对这尊神灵的崇拜便迅速扩散开来。人们也会把灾疫消失的原因全归诸神灵的显灵和护佑；接下来要发生的事情，便是这尊神灵崇拜的普及化及扩大化。这种神灵崇拜传播过程，大抵上也是人们对其他显神崇拜的传播过程。

到20世纪30年代末，德教从潮州传播到泰国。其时正当日本侵华，战火弥漫，人民流离。此时潮阳县和平区英西港乡的杨瑞德等人，为祈祷战争平息，地方安宁，乃设香案，以家藏的柳乩，祷请仙佛降鸾训谕，创立了德教会史上第一个阁——紫香阁，以宣扬道德，教化人心，同时进行赠医疗疾、施赈恤难等社会慈善福利事业，紫香阁奠定了后来德教会阁发展的基本形式。可以看出，德教传播的过程与大峰崇拜也有异曲同工之妙。大致也经过灾疫（战乱）、灾民求神问卦、大德之人发起慈善行动、建立神灵崇拜到崇拜普及化、扩大化的过程，因已

超出清代范围，这里就不赘说了。

顾名思义，大峰崇拜的偶像就是大峰祖师。大峰崇拜的产生是典型的人—神崇拜。它的历史已经一千多年了，至今不变，一以贯之。大峰，宋代僧人，俗名林灵噩，又名林通叟，潮人敬称他为大峰祖师。北宋宝元二年（1039）出生于浙江温州的豪门。绍圣二年（1095）登进士，任绍兴县令数载，愤于朝政腐败，弃官遁入空门。宣和二年（1120）从福建云游入潮，在潮阳县蚝坪（今潮阳区和平镇）桥尾山后结庐（今灵泉寺）修行，以精湛的医术为民治病，很有民望。当时蚝坪有大江（练江）横截，乡民时常遭覆舟之危。大峰遂发宏愿，建桥以方便民众。此举深得民心，民众热烈响应，纷纷捐款捐物。南宋建炎元年（1127）开工，不到一年，建成16孔，但大峰因操劳过度，当年十月圆寂，工程搁置。迨至绍兴二十三年（1153），由素尚善好施、倾心公益的蔡谆续建两头3孔（包1孔引桥）而成。他还先后倾财建河溪桥、新桥、东陇桥等（谆墓原在其晋代先祖祀田岭口尾）。元朝元统元年（1333），乡进士范我津与众乡耆倡建报德堂以纪念大峰、蔡谆功德，报请县尹曾鲁山，得到支持并捐银10两，和平三社乡众捐银100余两。整座桥共19孔（其中引桥1孔），长108.8米，宽3米。在当时的历史条件下，这是一项功德无量的浩大工程。所以，民众不会忘记他。经过一代又一代的沉淀与发酵，大峰精神遂成为后世潮人慈善行为的旗帜与符号。

潮阳蔡氏是"善堂文化"的肇创者。南宋绍兴年间（1131—1162），乡人蔡震（进士）腾让祖遗书斋，改建为"报德堂"，塑大峰之像，供后人祭祀。元至正年间（1341—1368），惠州路总登府从官徐来撰《报德堂碑记》，将大峰精神勒碑弘扬，以垂永久。[1] 一说是南宋宝祐四年（1256）蔡谆之孙蔡震登进士之后，将其祖父蔡谆的书斋改建为"报德堂"。[2] 哪一说更为合理，不是这里要讨论的主要话题，但不管哪一说，都说明大峰的慈善事业在其逝世百年后已经深入人心。后来，乡民深为其功德所感，遂将他奉为慈善事业的开山祖师，纷纷捐赠钱物入报德堂，大行修桥造路、收骨殓尸、扶危济困之善举。毫无疑问，报德堂是潮汕地区的第一个善堂，也是后世存在于泰国和世界各地的"大峰祖师系"善堂之源头。自报德堂诞生，便为后世潮汕各地的慈善家所纷纷仿效。到明清之世，潮人流传海外，大峰精神也随同潮人的足迹流传海外。

大峰崇拜最基本的特点是：一方面，它不像世界上其他一些宗教那样，多半（甚至仅仅）把神灵崇拜停留在教义、心灵、期许与愿景上，而是将之付诸实

---

① 陈世英：《弘扬大峰扶危济困精神》，《汕头日报》，2004年4月18日。
② 鄞镇凯、马东涛：《大峰精神在海外》，《汕头日报》，2010年1月31日。

践，付诸行动，由实践来证实、支撑这一崇拜的存在与发展。另一方面，实践的过程，与信众所信仰的某种义理保持高度的一致、合拍与递进性。也就是说，在民众的崇拜中，"言"与"行"如影随形，相伴而行，相辅相成，效果则如水涨船高。结果是，崇拜愈烈、愈坚，慈善行动愈多、愈大。反过来，慈善行动愈多、愈大，则崇拜愈烈、愈坚。这对慈善事业的发展当然是有利无弊的。

大峰祖师其人及其事迹为后人所铭记，或者说大峰崇拜，已有一千多年的历史。但是，一千多年来，大峰崇拜基本上都是在"实践"的层面上前行。没有人对其进行过带有宗教色彩的、义理上的包装和思想上的发掘。光绪二十二年（1896）泰国瘟疫促使其南传，也是一种"实践方式"的南传，而非属于一种理论体系的南传。今天，大峰崇拜已得到整个泰国社会乃至泰国王室和官府的认可和支持。同时，大峰崇拜也已走出泰国，走进其他东南亚国家和地区，在新加坡、马来西亚、中国香港等地得到发展。所有慈善活动，都是在大峰祖师名义下进行的。社会大众将之说成是沐大峰祖师之恩，反过来要报恩，即要报大峰祖师之恩。报恩的方式是以自己的钱财或人力支持慈善事业。报德堂又利用善信所捐之款，再以大峰祖师名义，做更多的善事，受惠者复又感恩报德捐款，如此循环不已。人间多少善事，皆借大峰之名而行，于是，慈善事业不断扩大。这个过程，也就是大峰信仰不断扩大的过程。

不难看出，大峰崇拜的基础仍然属纯朴的情感崇拜。它通过慈善行动来表达自己的意愿和诉求，而对自己的实际行动，基本上没有诉诸深奥的带有宗教色彩的教旨主义阐解。大峰崇拜突出一个"德"字，但人们对"德"的理解，基本上只停留于简朴的认识，"心领神会"，"只需意会而不须言传"。人们会朦朦胧胧地知道"德"的本意是顺应自然，顺应社会，顺应人类的客观需要去多做好事，多做慈善之事。大峰崇拜不像"德教"那样，有一套为信徒所奉行和熟悉的作为其理论体系的教义。

大峰崇拜和德教同样标榜一个"德"字，但其效果全然不同。前者只是满足于对字义的朴素认知和朦胧感验；而后者则在传统文化"原料"的基础上，进行为我所用，也适应社会需要、顺用民众心理的集大成式的理论再造。实际上，再造的过程也是智慧结晶的过程。换言之，德教的"理论"并非原创，而是对中国传统文化中若干思想"原料"的合成。

经过数代华侨华人对传统中华文化的弘扬，特别是大峰崇拜的普及，"德"在泰国已经建立了极好的名声。

泰国华人主要来自潮汕地区。就在中国来说，这是一个夹于闽南文化和岭南文化之间的缓冲带。这里的民众自古以来就善于吸收两地文化之长，具有较好的文化适应能力与技巧。所以，当他们大批移民到泰国后，就已经具备了比东南亚

其他国家的华人更好更快的融合能力，因而在融合的过程中也较少与当地民族产生冲突和摩擦。他们慢则五六代，快则两三代，便完成了融入当地的进程。最值得注意的是，融入当地后的他们，几乎都使用当地民族的姓名，甚至连中国姓氏也没有留下。

四、业缘社团

泰国曼谷市的唐人街，是由三聘街、跃华力路和石龙军路三条主街组成，其中三聘街最为古老。据考，曼谷市内的华人街已有200多年的历史。除三条主要街道（大道）之外，还保留着数十条围绕着三条大街的若干条小街（巷道）道。这些交错纵横的小街，大都以买卖行业命名，如卖布街、童装街、卖米街、咸鱼街、蚊帐街、广东街、侨乐街……特别是许多大小商号都是用中文书写的。

整个唐人街的街道以三聘街最为古老。据考"三聘"是泰语三岔路口的意思。三聘街的兴建应拜潮州人之功。拉玛一世时（1782—1809）将新都南面城外的园地赐给华侨（当时以潮州人为主）居住。这个地方遂成了后来的三聘街。作为曼谷最古老的街道之一，三聘街长达两公里，宽只有两三米，模仿潮州城镇中的商业街格局。两旁商店深三四十米，高二层或三层。天长日久，许多华侨先后来到这里，遂成为具有中国特色的街市。街中遍布中式宗教庙宇，如观音圣庙、城隍庙、关帝庙、龙莲寺、永福寺、真君大帝庙等，还集中了曼谷市的华语（粤语）剧院、电影院，这些应是后来所添建的。此外，各种华侨社团的"总部"也设在这里。道光八年（1828），三聘街的华侨人口达36 000人，当年居住在曼谷的华侨人口超过泰国人口。[1] 这样的话，三聘街的华侨人口就更应大大超过泰国人口。

这里主要关心商业社团。可惜到今天，已经无法知悉当年每一个华侨社团的具体名称。不过，透过今天仍然遗留下来的一条条街名，依稀还可想象当年这里一个个不同行业的社团"总部"的模样。从三聘街城门进入，经过曲仔桥后，分为若干个段落，每个段落按照其经营的主要商品而命名。分别有：三聘街、越三饭街、竹篾街、蚊帐街、打锡街、咸鱼街、米街和末段的米街尾。[2] 很可能每一个街就是其行业"总部"的所在地（当然社团总部的名称不一定使用街名）。在各地，则分布着大小行业社团。

泰国火砻公会（The Rice Mills Associations，Thailand），是泰国华人业缘社

---

[1]　杨锡铭主编：《海外潮人史话》，中国文史出版社，2009年，第29页。

[2]　杨锡铭主编：《海外潮人史话》，中国文史出版社，2009年，第60页。

团，成立于 20 世纪初。最先为火砻商协调米价，沟通信息的场所。由马立群、蚁光炎等发起组织。1928 年，陈守镇任理事长期内，正式向泰国政府注册成为合法社团。宗旨是：调整华商内部米价及谷价，促进泰国米粮顺利出口，推动火砻业的开展，积极参加华社慈善福利活动。由于主要负责人如陈守镇、蚁光炎、陈振敬等均为泰国各华人社团的重要会董，因此该会所组织的福利活动和救济祖国灾荒的募捐活动，常获泰华各界的热烈响应。

暹罗（后改泰国）中华总商会（The Chinese Chamber of Commerce, Thailand）是泰华社会中最具实力和影响的社团之一，为泰国华人工商企业家的全国性最高组织，于宣统二年（1910）成立。在此之前的 1907 年已经建立了"中华会馆"，一般认为该会馆是由孙中山先生亲手创立的，它为创办华侨学校、支持辛亥革命和北伐战争做出了积极的贡献。

这时，清朝统治已经接近落幕，故泰国中华总商会发挥作用是在清亡之后。中华总商会成立之时，正值暹罗励精图治，政治修明，工商繁荣，旅泰华侨人数渐多，经商者众。会员大会每年举行，选举会董、会长（后改为主席）及秘书、财政等，组成常务会董会，领导泰华各行业公会，带动泰华社团与政府合作，促进社会福利公益事业，发展经济。第二次世界大战前，中国与泰国尚未建交，有关泰国华侨的一切事务，如办理身份证例费、居留证及各项福利事务等，均由泰国中华总商会代为处理，泰国中华总商会因此在华侨中享有很高威望。历届会长或主席均为华人富商、著名企业家和社会活动家。

顺便一说，泰国中华总商会的创始人、首任会长为泰华商界巨擘高学修（高晖石），祖籍澄海上华上窖村（清代称玉窖）。其父高楚香，年轻时只身前往泰国谋生，首创机器动力火砻（碾米）而成巨富。高楚香生九子，高学修居七。学修年少有为，曾考至秀才，后南渡暹罗经商。高楚香死后，暹罗的家族生意由学修掌管。[①] 他经营碾米厂，实施产、供、销一条龙，在所有经销点开设商铺。从 1886 年开始，在广州、新加坡、中国香港、东京、汕头等地建起若干高氏商铺，渐而家财万贯、人丁兴旺，富甲潮州九县。高学修在 20 世纪初被潮汕人称为"高半城"，成为暹罗泰华社会公认的侨领。

泰国中华总商会下属很多进出口组织等，应都是民国后成立的，在此不列。

总的来说，泰国的华人社团出现于 19 世纪中叶前后，此后直到清亡，秘密会社和华人宗教场所包含了后来出现的社团组织的部分功能。一方面，泰国华人社会因秘密会社和华人宗教场所的部分参与而替代了华人社团的部分功能，降低了华人社团的出现速度。所以，在这一时期，泰国华人社团开始出现，但社团数

---

① 陈楚金：《汕头：全国第六个使用自来水的城市》，2011 年 10 月 31 日。

量较少，处于不活跃状态。另一方面，秘密会社和华人宗教场所也对清亡以后泰华社团的兴起有催生的作用。泰华侨社移民人口增长、社区规模扩大以及帮群分化是泰华社团兴起的社会基础，泰国政府政策缺位、华社秘密会党势力强大，是泰华社团兴起的具体原因。民国以后，泰华社团数量不断增加，各种类型社团纷纷涌现。1945 年以后，随着时代和社会变迁，华侨从侨民向公民进行角色转化，泰华经济力量飞速发展，华侨结社活动空前活跃，泰国华侨民间结社呈现快速增长趋势，社团数量有了大幅度增加，社团在运作方式、功能定位方面也有了重大变化。

第二节　华侨与中华文化在暹罗的传承

华侨在暹罗传承中华文化，包括把中华文化传播到暹罗官方、传播到暹罗民间和传播到华侨社会内部几个方面。

一、中华文化在暹罗宫廷的传播

现有史料表明，在中华文化对暹罗传播的各条渠道中，对暹罗宫廷的传播是最早的一条渠道。当时传进暹罗的中华文化样式，是中国的文学作品。传播的方式，是将中国文学作品翻译成泰文。暹罗是东南亚地区唯一把小说的翻译工作委任给高级官吏的国家。将中文翻译成泰文，华侨自然占有不可替代的先天优势。据说昭披耶帕康（1750—1805）是第一部中国小说暹译本的译者。他是福建华侨后裔，吞武里和披阿太耶时代一位杰出的文官，曾任商务兼外交大臣，被赐以皇族昭披耶。从 14 世纪就被忽视了的暹罗散文文学因他而得以复兴。他的译作有《三国演义》泰文译本（1802）。其后，又有人译出了近 30 部中文小说。自拉玛一世至拉玛五世（1782—1910），所有这些作品的翻译都是在宫廷高级官员的资助下进行的。① 不过，通过翻译文学作品的渠道传进暹罗的中华文化是有限的，因为暹罗王室成员一般只是出于个人爱好才有所选择地翻译指定的文学作品，故传进的作品内容和数量均十分有限。再者，暹罗王室成员对翻译出来的文学作品，多只是作为个人阅读和收藏，也不会通过印刷等途径增加作品数量从而增大作品传播的机会，充其量只是在阅读者（也是王室成员）之间耳口相传，或者作为茶余饭后的谈资，加上暹罗王室与平民之间存在着先天难以逾越的藩篱，王

---

① 吴凤斌主编：《东南亚华侨通史》，福建人民出版社，1994 年，第 487 页。

室成员阅读后的文学作品再传播到民间的渠道几近于无。所以，翻译的中国文学作品进一步传播的范围十分狭窄。

二、各地华侨创办的新式学校

中华文化在暹罗传承的关键，主要还是依靠移民暹罗的第一、二代华侨。一般的说法是，自乾隆五十年（1785）泰国节基王朝第一世皇帕普提耀华·朱拉叻陛下时代开始，泰国便开始有传授华文的课程。在建立正规的中文学校之前，中文学习的地点主要还是在家里或庙堂内。采用的基础课本也是中国的《三字经》，学费则由学生家长随意捐助。当然，这种情况肯定只是发生在一些华侨人数较多、社团活动比较正常，特别是华侨中有识之士和识字人士比较多的地方。

暹罗华侨创立新式学校以前，居住在暹罗的华侨人数已不少，特别是郑昭吞武里王朝时期，人数更多，私塾的存在当无疑问，但创立以及设施情况如何，惜已无从稽考。

根据现有资料，当地华人创办的学校，最早的是新民学堂。它为潮、客、广、福、琼各帮联合创办，由曾受西方教育的侨领萧佛成主持。光绪三十四年（1908），同盟会会员南来泰国，鼓励当地华人成立中华会馆，会馆成立后，进一步创办了华益学堂。[①]

宣统元年（1909），康有为南行东南亚各地，一面宣传保皇救国，一面鼓吹兴学。1909 年由同盟会会员兴办的中华会馆华益学堂，就是在保皇党人的鼓吹下创办起来的。而后，又创办了中华学堂（1909）和同文学堂（1910 年改为初步学堂）等。[②]

中华民国成立前后，暹罗华社办学风气益盛。其中一个现象是，各帮的华侨相率创办以本帮方言为教学用语的学校。暹罗潮帮华人人口最多，故创办学校亦多。除曼谷外，其他华侨聚居地区，也开始有华校建立。据统计，民国成立后，暹罗各地的华校达 20 所之多。[③]

不过可以肯定，清代暹罗华文教育不止这里所述。至少自 19 世纪末起，各同乡宗亲社团便开始陆续开办私塾，成为暹罗华文教育的星星之火。有关这方面的情况，已经湮没在历史的尘埃里，有待于进一步发掘。

---

① 魏华仁：《东南亚华人教育大事志》（三），《华人月刊》1990 年第 3 期，第 37 页。

② 吴凤斌主编：《东南亚华侨通史》，福建人民出版社，1994 年，第 848 页。

③ 魏华仁：《东南亚华人教育大事志》（三），《华人月刊》1990 年第 3 期，第 42 页。

三、华侨与家乡民间文化在暹罗的传播

暹罗可能是海外中国戏班出现较早的国家。根据现有材料，最早大概是在清朝同治初年。巴素《东南亚的中国人》卷三《在暹罗的中国人》一文有这样的记述："1686年和1685年法王路易十四的使节来到暹罗，大使楚蒙和两个随从楚西长老和福屏伯爵都著有行记……路易十四派到暹罗的使节受到盛宴招待，宴后有中国人演出的戏剧（据楚蒙说是喜剧，而楚西说是悲剧），剧员有的来自广东，有的来自福建。"[1] 这里提到参加演出的剧员，或来自广东，或来自福建，而没有提到泰国人，因此，演出的剧种应该是粤、闽籍华侨喜爱的家乡戏。泰国是潮语华侨集中居住的地方，潮籍华侨占该地华侨的七、八成，这里最流行的是潮剧，因此文中所说"来自广东"的演员，大概是潮剧艺人。福建和潮汕地区人们所使用的方言，同属闽语语系，因此潮剧在闽南地区也能流行。参加演出的演员，是广东人和福建人同台演出，这又进一步说明距今300年前在泰国招待国使节的这场"中国人演出的戏剧"，很可能就是广东的潮剧。

中国与暹罗民间的文化传播渠道广阔得多，所传播出去的文化样式也更加多样化和民俗化，为民间所喜闻乐见。最为人所津津乐道的就是闽南木偶戏，它一向以具有独特神奇的表演艺术而名扬海内外。明末清初，暹罗的华侨主要来自闽南地区，闽省艺人不远千里携木偶戏到暹罗演出。17世纪末，在暹罗北大年，有中国戏班于街头建台，公开表演古剧；在暹罗大城，也有福建戏班和傀儡戏在宫廷演出，颇受暹人欢迎。康熙二十四年（1685）和二十五年（1686），法王路易十四的使节来暹罗，受到盛筵招待。宴后有中国人演出戏剧。演员有的来自广东，有的来自福建。闽剧（泛指福建的戏班）排场华丽而庄严，喜剧后还有傀儡戏（即闽南的木偶戏）。[2]

客观地说，在精神上享受到闽南木偶戏的人，主要是华侨（更准确地说是闽南华侨），他们既是闽南木偶戏的欣赏者，也是传播者。即使不是演员，也能通过自娱自乐的方式进行文化传播，不断放大这一文化样式的受众基础和影响范围。

而对于当地暹罗人，则分为两种情况。一种是纯粹的当地暹罗人。他们只能欣赏闽南木偶戏，欣赏水平再高，也不大可能将闽南木偶戏通过他们自身排演等

---

[1] 录自厦门大学南洋研究所编印的《南洋问题资料译丛》1953年第1期。

[2] 见《法国海军司令福屏（Forbin）伯爵传记》，转引自《南洋问题资料译丛》1958年第1期，第27页。另参吴凤斌主编：《东南亚华侨通史》，福建人民出版社，1994年，第480~481页。

方式进行传播。

另一种暹罗人是"暹罗化的华裔"。历史上,华侨融入暹罗的情况跟其他国家地区有些微差别。这主要表现在两个方面:一是融入当地的华侨数量非常大(一说以血统算的话,当今泰国人口中有近 1/3 甚至更大比例属于"华裔")。所以在暹罗,很多人与其说是"暹罗化的华裔",倒不如说是"带一点华人血统的暹罗人"。二是华侨融入当地民族的程度比较深。这是移民暹罗的中国人的一个最重要特点。他们与当地民族通婚后,经过三代、五代,便比较彻底地融进了当地民族,除了外貌、肤色略有区别外,在语言、风俗上与当地民族几乎毫无二致,甚至连中国人最重要的符号——姓氏也弃之不用,而采用当地民族姓氏。这样,随着华侨后裔在当地代数的增长,华侨后裔与纯粹的当地民族之间的区别便越来越少,甚至趋近于无。很多人只是在追溯他们的民族始源的时候,才有"华裔"一说,而且"华裔"因其代数,还有"浅度"和"深度"之别。一般来说,代数越浅的"华裔",其保存的中华文化(主要是家乡民俗与家乡语言等小传统文化)的"碎片"就越多。对很多人来说,家乡民俗与家乡语言两者,前者保存得较多、较长久(但不会用语言表达甚至不知道其所以然),后者则基本上难以保存下来,充其量只能知道若干简单的发音。但对于一些爱好和刻意保存中华文化的人来说,则也会几十年,乃至上百年地保留家乡的传统民俗习惯。不少人经几代相传,仍能说中国的语言,懂一些中国文化。有的暹籍华人到了其孙辈还能讲家乡话,铺子里还贴有中国字画。

四、华侨在当地办报支持维新与革命

光绪二十九年(1903),曼谷拥护保皇会的华侨创办了第一家华文报《汉京日报》。光绪三十一年(1905),原广西桂平知县陈景华,因违抗两广总督岑春煊之命,杀降匪陆阿发,被岑囚禁,后逃脱,亡命暹罗。不久,他与当地侨商萧佛成及沈行思共同创办了《美南日报》。不久因经费不支而停刊。光绪三十二年(1906),易名为《渭南日报》重新出版。这时,保皇派人物徐勤也亡命暹罗,极力宣扬鼓吹维新保皇。故《渭南日报》的股东、董事及编辑们由于政见不同而分成革命派和保皇派。光绪三十三年(1907),保皇派即在《渭南日报》旧址创办了《启南日报》,由徐勤主笔,极力宣扬保皇派主张与观点。[①] 同年,革命

---

① 但据萧佛成的自述,最初启南报似乎原非属于保皇党,而系商会的报纸。他说:"前清末年,陈景华作启南报主笔,便鼓吹排满骂虏廷,骂留辫子。当时没有什么组织和主义。我也常常投稿到启南报助长声势。"参萧佛成述,邓雪峰记:《暹罗华侨革命过程述略》,《三民主义月刊》1936 年第 4 期,华侨志编委会编:《泰国华侨志》,1949 年,第 96 页。

派另外组创《华暹日报》，由萧佛成任社长，陈景华任主笔。《华暹日报》一开始即采用中文、泰文两种文字出版。泰文版由萧佛成之女主编，最初每日华文八版，泰文四版，后泰文也增至八版，中、泰文内容基本相同。该报出版后，极力宣扬革命思想，揭露清朝的腐败及暴政。同时，又成为革命派领导人到泰国进行革命活动的主要阵地和联络中心，并为泰国中国同盟会分会的成立起了重要的舆论准备及组织作用。光绪三十四年（1908），孙中山、胡汉民、胡毅生等人到曼谷进行宣传组织革命活动。十二月，在华暹日报社楼上，正式宣告成立泰国同盟会分会。胡毅生及卢仲琳两人曾留下来协助《华暹日报》编务。这期间，《华暹日报》和《启南日报》曾就两派政见进行了论战。光绪三十四年（1908），革命党人尤烈被英殖民政府从新加坡驱逐出境来到泰国，又创办了一家《同侨报》，使革命舆论及宣传得到加强。保皇派的《启南日报》则因销路不振，难以维持，于宣统三年（1911）停刊。①

---

① 吴凤斌主编：《东南亚华侨通史》，福建人民出版社，1994年，第904～905页。

第十五章　海峡殖民地

第一节　马六甲的华侨社团

一、峇峇社会的形成与峇峇社团

马六甲现在还存有早期几位华人"甲必丹"的墓碑，从碑文上镌刻的生卒年代看，至少在 17 世纪中叶，马六甲可能就已经有华侨的组织了。后来，华侨社团相继出现。不过，马六甲除了福建籍和广东籍华侨的社团外，还有一类峇峇社团。

海峡殖民地其他地方也可能有峇峇社团，但以马六甲为典型。到 18 世纪，峇峇（实际上还应包括娘惹，下同）居住于马六甲、槟城与新加坡等地，并逐渐形成峇峇社会，其中以马六甲为多。到 19 世纪英国统治时期，因受英国政府的重视和保护而得到发展。在这种形势下，峇峇群体中诞生了不少杰出领袖，如最早开辟橡胶园及争取独立的陈祯禄和曾任马来西亚财政部部长的陈修信等。

峇峇社团的形成，是由于峇峇人数不断增加及其在当地社会中越来越重要的角色担当。在经济上，峇峇华裔在当地人与欧洲人的商务合作中起着重要作用，由于峇峇多受英文教育，会讲英语和马来语，熟悉当地情况，欧洲商人需要他们做中介推销洋货并购买土产，因而两者之间的经济关系愈益密切；在政治上，他们对英国政府效忠，一些峇峇被英国殖民地当局起用，担任诸如立法、行政和市政委员等职，峇峇成为华侨社会中的优越阶层；在文化教育上，英国在 19 世纪一二十年代设立 4 间英语学校和学院，即嘉庆十九年（1814）在马六甲设"英华书院"（Anglo-Chinese College），嘉庆二十一年（1816）在槟城设"槟榔屿自由学校"（Penang Free School），道光三年（1823）在新加坡设"新加坡工学院"（Singapore Institute），1867 年改称为"莱佛士工学院"（Raffles Institute），道光六年（1826）在马六甲设"马六甲自由学校"（Malacca Free School），1878 年改称"马六甲高级学校"（Malacca High School）。于是，英语成为华侨知识分子的通用语言。

在这种情况下，峇峇需要有自己的组织。光绪二十六年（1900），新加坡峇

峇成立"海峡英籍华人公会";同年,马六甲也成立了公会。光绪二十年(1894),峇峇开始办报,并出版了马来诗歌集,产生了峇峇文学。① 其时峇峇分中英混血和中马混血两种,英国殖民者的统治政策和教育政策使峇峇分成上层和下层。20世纪以来,峇峇群体逐渐并入华侨社会之中。

在这方面,新加坡的例子特别明显。"中国好学会"为著名华人医生林文庆于1893年3月所创办,不久他和宋旺相又创办及主编了《海峡华人杂志》。林文庆常在演讲中鼓励华裔们去学习中文,宣扬中国历代圣贤特别是孔子的遗训,并进行有关华人华裔生活的辩论。在中国发生的各种事件,也常被拿来讨论。参加这个学会的大多是受过英国高等教育的华侨高级知识分子。

1900年8月17日,林文庆和宋旺相等一批华裔商人和知识分子正式发起创建了"海峡英籍华人公会",入会者有800余人。同年,马六甲支会成立;次年,槟城支会成立。该会的宗旨是要促进海峡殖民地新加坡、马六甲和槟榔屿华侨对时局的兴趣以及对英政府的效忠。该公会是海峡殖民地主要的华人政治团体。公会的领导人认为,海峡华人属英国籍,应该享有英国籍公民的一切权利;要求政府多给华人参政的权利,改善教育与医疗服务等。同时也努力推动华人学习中国历史与文化,主张用儒家学说来改革华人社会。他们既主张成为英殖民属民,又反对与马来人不同等的政治地位,反对英殖民政府的某些政策。②

二、福建籍社团

就地缘的角度来说,福建和广东两大省籍的马六甲华侨无疑是众多社团的基本成员。《马六甲三宝山墓碑集录(1614—1820)》一书描绘了一幅早期华侨社会的轮廓,该书指出,墓碑的数量显示出马六甲早期不同籍贯的华侨人口的增长情况。三宝山墓碑显示,在清乾隆(1736—1795)以前绝大多数华侨是福建省闽南人,而乾隆以后至嘉庆年间(1796—1820),广东籍华侨的墓碑逐渐增加至与闽南人相近。③ 后来马六甲两大省籍的社团发展过程不尽相同,主要表现在是"由省到乡邑"还是"由乡邑到省"的会社形成方式上。福建籍社团在清代基本上是一个"总会馆"在起主要作用,清亡以后才产生次一级的"乡邑籍"会馆;

---

① 参陈志明:《海峡殖民地的华人——峇峇华人的社会与文化》,见林水檺、骆静山编:《马来西亚华人史》,马来西亚留台校友会联合总会,1984年,第176~178页。

② 林文庆博士诞生百年纪念刊委员会编:《林文庆传》,1970年,第30页。郁达夫:《星洲十年》,星洲日报社,1939年,第952页。林水檺、骆静山编:《马来西亚华人史》,马来西亚留台校友会联合总会,1984年,第167页。

③ 参黄文斌:《马六甲三宝山墓碑集录(1614—1820)》,吉隆坡华社研究中心,2013年。此书收录了嘉庆年以前的墓碑。

广东籍社团则相反，在清代已经出现一批"乡邑籍"会馆，清以后才出现广东总社团。之所以如此，一个可以接受的解释是，当时到马六甲来的广东籍华侨包括多个地籍，如广府籍、客家籍、潮州籍、海南籍等。每个地籍彼此间的文化隔阂较大，且每个地籍的华侨人数足够多（上述嘉庆年间广东籍华侨逐渐增加乃至与闽南人数量相近的事实就隐约说明了这一点），可以应对外部挑战，同时在本地籍范围内可以支撑起一个总会馆。福建籍华侨在一开始人数尚不多时就已经组建起一个省籍的总社团，后来各邑来的人数也不是太多（永春籍例外），于是就一如既往地聚集在这个业已形成的总会馆的旗下。

（一）青云亭

马六甲地区华侨中属于非秘密会社系统的华侨社团中最早见诸史册者，应首推"青云亭"。它同时也是马来西亚现存的最古老的一间华人寺庙。

青云亭，取保佑平安发财、平步青云之意。它的诞生是建立在明初郑和下西洋以来越来越多的福建人居住在马六甲的基础上的。明崇祯十四年（1641）荷兰人占领马六甲后，曾任命福建漳州籍华商郑芳扬（又名郑启基）为甲必丹，以管理华侨聚居的"中国村"。正是在郑芳扬及其继任者李为经（又名李君常，厦门人）的倡导下，康熙十二年（1673），福建华侨在马六甲集资兴建了青云亭，作为乡侨在异国他乡举行各种宗教仪式（丧事、普度祭祀等）的场所，以及济困扶危、举行民生福利活动和排解纠纷的地方。

当时的青云亭基本上包揽了宗教民俗方面和世俗事务方面的全部功能，集处置所有华侨事务之职能于一体。另外，青云亭还是郑芳扬和后来历任甲必丹的办公场所，堪称一个不叫公堂的华人"公堂"。

人们今天所看到的青云亭，规模已变得很宏大，整座建筑全部用楠木建成，殿内以生漆涂饰，黑红闪亮，屋檐上有由碎玻璃及瓷做成的神话及动物雕像，庙内有上漆的木雕，当是青云亭经历了岁月洗礼精心装裱后的端庄外表。据说这座庙宇的建筑材料都是来自中国。山门上书"南海飞来"四字，庙里的主祀神为观世音菩萨，配祀神包括妈祖、关帝、土地爷、三宝公和孔子等，此外还有华人祖先牌位，众神共供，同处一寺。另外，庭院里还可看到佛教、儒家和道家的教义，各种碑文、匾额、楹联等。这一格局，典型地体现了华侨"泛神崇拜"的心理。福建人崇拜的神，不仅包括"宗教神"，还包括"人神"（一般是生前做过大量好事为大众所崇仰的人在死后被"封"为神）。两类神一体均沾地享受人间香火，接受芸芸众生的顶礼膜拜。这是福建华侨社会宗教与民俗的一大特色，在其家乡时就已如此，到了海外后依样画葫芦地保留下来，且在海外也跟在家乡一样"造神"。李为经在青云亭内所供的神主纪年为康熙二十四年（1685），他

的女婿、马六甲甲必丹曾其禄的神主纪年为康熙四十五年（1706）①，说明他们都已"人神化"。这样，与其说青云亭是一座宗教寺庙，倒不如说是一座以宗教为纽带的地缘性社团的雏形。因为青云亭的创建者为福建人，后来主事的甲必丹（荷兰统治时期）和"亭主"（1824 年英国人占领马六甲后所称）也可判断为福建人，当时马六甲的华侨大部分是福建籍华侨，因此，青云亭实际上是一个福建乡侨的地缘性总社团。

青云亭后来的中国特色可能有所淡化，因为，至少到了陈敏政做亭主的时代，青云亭已逐渐转为一个由峇峇人主持的机构了。郑良树认为，虽然青云亭依旧保留华族的祭祀和葬俗等礼节，甚至连会议记录都采用阴历、干支和清室年号，外表上看起来完全是一个华族的社团，但是，无论从其实际情形还是从精神内涵来考察，峇峇的意识形态已在逐渐形成和加强中。②

马六甲有三宝庙，庙后不远处有三宝山，又被称为"中国山"。据说此处葬着 15 000 多名华裔先民，为除中国本土之外世界上最大的华人坟地。在荷兰统治时期，就被当地华侨领袖李为经买下，赠给青云亭作为华族坟山至今。按其他地方之例，海外华人坟山一般应有管理机构，这个机构有可能衍化为地缘性的华侨社团。那么，青云亭是否履行这样的职责，还是另有一个专门机构履行这样的职责？这有待考察。

（二）永春会馆

在青云亭创建近 130 年后，马六甲永春会馆诞生。马六甲永春会馆有两个建馆纪念日。第一个是嘉庆五年（1800）建馆纪念日，即认为马六甲永春会馆是1800 年成立的。2000 年，马六甲永春会馆隆重庆祝创馆 200 周年，可见嘉庆五年（1800）建馆之说是得到永春乡亲认可的。此说也有历史依据，早在 1757 年，就有丰山陈臣留等一批永春人到马六甲谋生。这样，在永春人到达 40 多年后成立会馆，是顺理成章的事。第二个是同治元年（1862）建馆纪念日，因为在这一年的 11 月，马六甲永春会馆重修落成。现在，众乡贤皆以会馆重修之年为创会年，已经约定俗成。

显然，马六甲永春会馆的两个建馆纪念日都得到承认，并没有对错之别，不同的是，一个是建会年，另一个是创会年。不过也应看到，同治元年（1862）是一个明显有别于既往的有重大历史意义的"新时代"之始。从这一年算起，最

---

① 福建省地方志编纂委员会编：《福建省志·华侨志》，福建人民出版社，1992 年，第 45 页。

② 郑良树：《亭主时代的青云亭及华族社会》，《文史论丛》，马来西亚南方学院，1999 年，第 22 页。

早的两位馆主有兴学之功。首任馆主（主席）李桂林"旨在联络南来邑人，以睦乡情，服务乡侨；发动邑人贤达，出钱出力，声力相投，守望相助，共谋桑梓福利，发展民族教育，培养学子"。继任馆主李庆烈在其任内"创办育民学校，设于会馆内"。此外，该会馆创立后，还购置义山。光绪三年（1877），永春华侨在会馆中建造了圣母殿。

（三）马六甲福建会馆

马六甲福建会馆的建馆时间是比较可靠的，因为会馆中殿天福宫楹联中落款最早的年代为清嘉庆六年（1801）。

不把青云亭算进去的话，福建会馆是现在可考的马六甲最早出现的华侨社团。马六甲福建会馆中殿天福宫的楹联中，落款最早的年代为清嘉庆六年（1801），应是该会馆的创建之年，但具体创会日期及创会人已不可考。马六甲福建会馆于道光二十三年（1843）开始供奉天后和张公圣君，则其始建年代至少早在道光二十年（1840）前后。今天，会馆栩栩如生的门神两边是嵌有"福建"地名的对联："福履所绥无远弗届，建星长耀于众有光。"

福建会馆的建立，可以解释为是对青云亭曾经拥有的社会功能的分拆和扩大，即越来越重要的世俗功能大部分为福建会馆所接管。这些功能包括在福建会馆的宗旨中，即负责举办一切公益、慈善及教育事业，包括设置奖励学金、改进会员生活、共谋同乡福利及投资各项企业、保障民族利益（该宗旨应为后来所拟）。当然，福建会馆的建立必然是基于闽籍华侨增多的历史事实。乡侨的增多，意味着无时不有、无所不在的世俗事务的增加，意味着需要一个处理层出不穷的世俗事务的机构，需要经验丰富、深孚众望的华侨领袖。这就需要产生一个新会馆。

令人颇感兴趣的是，福建会馆建立后，在福建籍社团的名录中，终清一代难以发现"乡邑层级"的地缘性社团产生（几乎与福建会馆同时成立的永春会馆除外）。倒是清亡之后，福建乡邑一级的地缘性社团渐渐出现在马六甲。例如，马六甲晋江会馆（成立于1924年）、马六甲德化会馆（成立于1926年）、马六甲南安会馆（成立于1927年），等等。此外，还有马六甲同安金夏会馆、马实日丹那桃源俱乐部、马六甲金浯江公所、马六甲螺阳俱乐部。后三家也可粗略地看作是会馆，应为福建籍。它们的成立时间暂时不详，但相信都在清亡之后。或许还有个别属于福建乡邑一级的地缘性社团产生于清代，但至今仍未发现。不过至少可以说，在清代，福建乡邑一级地缘性社团很少出现在马六甲的历史舞台上。

三、广东各地籍社团

广东籍华侨移民马六甲的时间比福建籍华侨晚。在 19 世纪 20 年代以前，马六甲是福建华侨的天下。到了 19 世纪 20 年代之后，马六甲广东籍侨胞才迅速增加起来。因为马六甲只是海峡上的一个港口，没有其时华侨趋之若鹜的矿场，却是怡保锡矿场、砂拉越金矿场的中转站，于是，到怡保、砂拉越等地去的华侨便会在马六甲短暂停留。在停留的华侨中，总有人由于种种原因而把短暂停留的意念变为长久居留。长久留在此地的华侨，只能从事建筑业、种植业，或打金、打白铁，或开当铺、金铺，做小生意。应注意的是，其时把马六甲当作中转站的华侨，多是广东籍人。马六甲后来之所以出现广东籍侨胞增加的现象，应是这一"过境站"地位的产物。其实，当时整个新加坡和马来半岛内陆地区的广东华侨人数也在猛增，各地的广东华侨也掀起了建馆高潮，马六甲也不例外。广东华侨在马六甲建立的会馆，几乎是清一色的邑（县）一级的地缘性社团。

（一）客家籍社团

当时的广东籍华侨中，以客家人为多。嘉应五属同乡由水道南来马来半岛，必以马六甲为目的地，然后再转奔怡保、吉隆坡等地。早期客家人在全马人数较多、经济实力较强，居支配地位。而嘉应客、永定（一称潮汀）客、惠州（一称惠府）客是客籍移民最主要的三支。其中，"嘉应帮"由嘉应五属组成，"潮汀帮"由潮州府大埔、丰顺、惠来与福建汀州府联合组成，"惠府帮"由原惠州府十属与增城、龙门、东莞、宝安等广州府东部东江流域的 4 个县联合组成。

今天可以查到的马六甲客家人会馆共 4 个，即马六甲惠州会馆、马六甲茶阳会馆、马六甲应和会馆、马六甲增龙会馆（增城暨龙门县）。此外，海峡殖民地的客家人会馆还有槟城嘉应会馆、槟城惠州会馆、星洲应和会馆、槟城增龙会馆（增城暨龙门县）、新加坡茶阳会馆、雪兰莪惠州会馆，合起来共 10 个。

1. 马六甲增龙公司

马六甲增龙公司可能是最早的客家籍社团，一个证据是，三宝山的"增龙义冢"于道光二十二年（1842）重修，增龙会馆曾依据当地社团风俗至少每 50 年才会重修一次总坟，因此推测其前身"增龙公司"成立于乾隆五十七年（1792）之前。至于什么时候改称增龙会馆，则资料不详。

2. 马六甲海山公司/鹅城会馆/惠州会馆

马六甲惠州会馆可从惠州人李振发等于嘉庆十年（1805）创立的"海山公司"（旧址在海山街）说起。海山公司即后来的"马六甲惠州会馆"的前身。其时建馆的目的是为同侨提供联络乡谊及憩息之所。实际上，根据历史记载，惠州府十属华侨早在明朝末叶崇祯年间（1628—1644）就已经开始下南洋。他们主要是通过海路南迁，目的地是东南亚的海岛地区，例如马六甲、槟榔屿、苏门答腊、爪哇、婆罗洲、吕宋、暹罗、雪兰莪等地。到1840年鸦片战争爆发后，惠州府十属的大量破产农民和城市贫民为求生存，离乡背井，接踵南渡。因此，海山公司出现较早，就不奇怪了。

海山公司也算是惠州府华侨的"龙头老大"。其时在惠州府所属的龙川、河源、紫金、和平等县的华侨皆以"海山公司"名义进行活动。道光二十四年（1844）九月九日，侨领李亚发购得第二横街会所为新址，并将"海山公司"易名为"鹅城馆"，旋后改为"鹅城会馆"（惠州古城称鹅城）。由于会务日趋发展，乡侨生计日见稳定，乃于道光二十八年（1848）十月兴建义冢于该埠三宝山之原。至清道光三十年（1850）三月，李亚发告老退位，黄喜发、巫亚光、邓安三人继任。同治七年（1868）十二月，黄、巫、邓三人引退，由邓伍、黄仕任总理。同治十年（1871）六月，邓、黄二人辞职，改由叶水、吴亚锡继任，并集资购买原址右侧地皮，月余，吴亚锡离辞，叶水、钟娇（均是惠阳县淡水人氏）继任总理，复添置馆后毗连之地，重建馆宇，并创办惠民学校，教导侨童，会务益见进步。光绪二十九年（1903）春，惠民学校生员大增，原有教室已不足用，时有森州芙蓉同乡瑞隆东主汤福寿（惠阳县水口乡人）采矿致富，捐献巨资，扩建修葺，于是年7月落成，馆貌焕然一新。当时有许华、彭金昌、何五、丘五、林响任会馆要职。[①]

在"海山公司"成立后两年，即清嘉庆十二年（1807），属广东大埔人社团的"马六甲茶阳会馆"成立。在此之前，散居在马六甲州内大埔人众多，却宛如一盘散沙，乃由余亚康、刘禄等人创议，决定组织乡会。经众多同乡努力奔走，筹募资金，购置了一座双层房屋作为馆宇，并于此建起了"茶阳公司"，作为同乡互通音讯的联络处。清代的客家人是以"公司"形式组建社团的比较典型的族群。

3. 应和公司/应和会馆

"应和"二字颇具深意：一是"同声相应，同气相和"，在很多"应和会馆"的大厅里，常常会看到这八个字的牌匾；二是两字各有所指，"应"，取"嘉应"的意思，"和"则是代表和谐。

马六甲应和会馆开始时还不叫"应和"，而称"梅州众记公司"，创建于1821年。其时嘉应籍人侨居马六甲者，已相当多。同乡远离桑梓，散处炎荒，

---

① 惠州华侨志编辑委员会编：《惠州华侨志》，惠州市侨联，1998年，第94页。

水客时常带来新客，无安顿之所，自有团结互助的必要。其时马六甲尚无旅馆，众人皆有建馆意向，乃倡议成立一个名称比较通俗的"众记公司"，作为同乡落脚憩息、互通声气与联络感情之所。由是一倡百和，相率捐集基金，于是年夏购得一连三间房屋为公司。后改称"应和公司"，名称顿时雅化起来。1824 年，该会馆在三宝山修建义冢，以安葬嘉应五属同乡的不幸客死者，每年总祭一次。1852 年，会员日多，原所购屋宇矮狭，众议决定另购宽广建筑作为永久基业。是年冬，购得坐落甘榜马来（今名甘光予汝）17 号砖瓦屋一座为馆宇，即今之"应和会馆"（应和馆）。新屋购定后，扩大招收会员规模。其时马六甲尚无旅馆之设，应和公司便成为最理想之南来新客落脚地点。及后，各地到此来的移民多设立会馆，应和的"公司"二字与"会馆"已无甚差别，故同乡乃将"公司"称为"会馆"，沿用至今。

（二）潮州及海南籍社团

1. 马六甲潮州会馆（潮州籍）

最早成立的潮州籍会馆应该是 1822 年在马六甲创立的"潮州公司"，到 60 年后的光绪八年（1882）方改名为"潮州会馆"（位于今鸡场街 114 号）。① 是年，会馆在陈罗合所捐赠的地段上，集资重建会馆，并改名"潮州会馆"。光绪末年，由于会务主持乏人，会务停顿 20 多年。1924 年重新改组后，会务步上正轨。1933 年购置市郊胶园辟为义山，已是清亡后的事了。②

2. 马六甲琼州会馆（海南籍）

1869 年，作为海南籍社团的"马六甲琼州会馆"成立。海南岛自唐代起改名"琼州"，后又称"琼崖"，因此海南人的社团组织大多称"琼州会馆"，也有称"琼崖会馆"的。移民马来亚的海南人中，以琼山、文昌、琼东、万宁、琼海县者为多，各县的海南人大都参加"琼州会馆"，而县一级的地缘性社团很少（例如"马六甲万宁社"）。

3. 马六甲雷州会馆（归入海南籍）

南洋的雷州人乃来自广东省的雷州半岛，主要是以来自徐闻与遂溪（这里的遂溪县是旧县的统称，包括了今遂溪全县及赤坎、霞山、麻章和东海岛等地区）两县为主，海康县（今雷州市）的人数则较以上两县为少。据悉，雷州人在南洋华人族群的总人口中，次于福建人、广府人、客家人、潮州人、海南人、高凉

---

① 郑良树：《潮州人之槟榔屿社团》，见潮州会馆纪念特刊编委会编：《槟榔屿潮州会馆庆祝成立134 周年纪念特刊（1864—1998）》，槟榔屿潮州会馆，1998 年，第 149 页。
② 据广东侨网，2006 年 11 月 13 日。

暨广西人而居第七位。

马六甲雷州会馆创建于清光绪二十四年（1898）五月，是马来亚最早的雷州会馆。会馆成立前，雷州人黄立庆、庄思洲及谢亚后等人，为团结乡人力量，维护乡人权益，积极发动同乡捐资建馆，得到同乡热烈响应。会馆成立后，由于马六甲是旅马雷籍侨胞比较集中的地区，因此这个雷州会馆既是当地雷州乡亲联络乡谊的核心，也是当地雷籍华侨追宗祀祖的组织，又是当地雷州人募捐济困、集资行善的机构。后来会馆在马六甲北郊还置了一处雷州人义山，占地 3 公顷，是马六甲雷州会馆用从马六甲当地雷籍华侨募捐集来的款项置地开辟的，至今还是海外最大的湛江人墓地。

顺便说明，在马六甲雷州会馆成立后不久，马来半岛上的麻坡、古晋、万里望等地都成立了雷籍社团组织，这些雷籍社团在促进旅外雷侨的团结，兴办慈善福利事业，发展经济，培养人才等方面都起到了积极的作用。

（三）广府籍社团

1. 马六甲冈州会馆

马六甲冈州会馆约成立于光绪十七年（1891）。冈州即今广东新会。三国吴时，此地称平彝县（彝即夷，古代此地居越族）。隋朝时，这片南海之滨的土地得到开发，其时郡望叫冈州，州治在新会。唐朝时冈州撤销州治，新会改属广州。马六甲冈州会馆成立时只有几十人，连同附带者，合计百余人，很少举行活动。除了联络乡亲之外，便是协助会员为逝世的亲属办理治丧事务，尤其是筹募治丧费用。会馆也举行春秋二祭，非会员也可参加春秋二祭宴会，会馆经费大部分靠副馆的租金收入及帛金盈余而维持。[①]

2. 五邑会馆与宁阳会馆

马六甲五邑会馆的成立时间不详，但据广东省政府政务论坛网的资料，马六甲五邑会馆中有"顺德组"，并且称顺德组成立于 1898 年，那么马六甲五邑会馆的成立时间应在此之先，至少是与之同时。但尚不肯定此中之顺德是否指"顺德县"，如是，则马六甲五邑会馆中的"五邑"，并非指今日的"五邑"（即台山、开平、新会、恩平、鹤山），而是前四邑加上顺德合称"五邑"。

马六甲的广府籍会馆中，还有马六甲宁阳会馆，成立时间不详，但既然称"宁阳会馆"，说明成立于清代无疑。

不难发现，在一个个广东"邑"一级地缘性社团相继产生之时，却迟迟不见可与马六甲福建会馆"对等"的马六甲广东会馆的踪影。直到清朝灭亡后的

---

① 据冈州会馆网站资料。

1937 年，"马六甲广东会馆"才出现于马六甲的历史舞台上。当时该社团是由马六甲广东属下各乡会筹组成立的，发起者为基本会员。清亡之后，还有诸如马六甲中华总商会（成立于 1915 年）、马六甲桃源俱乐部（成立于 1921 年）、马六甲惠安公会（成立于 1923 年）等会馆诞生，此不赘述。

第二节　槟榔屿的华侨社团

槟榔屿的华侨基本上也是来自福建和广东。资料表明，初时槟城华侨的闽粤界线并不明显，后来才有闽粤之分，起因是光绪二年（1876）的槟城十日暴动及槟城殖民当局对暴动的镇压。之后，主导槟城华侨社会的私会党逐渐走向消亡，英国殖民当局全面加强了对槟城华侨社会的直接统治。与此同时，华侨社会各方言群体发生重组，从而奠定了影响至今的华人社会结构的基础。槟城华侨遂基于各自的方言群、血缘和地缘，形成了各自的社会组织。于是，原来作为一个整体的槟华社会逐渐形成闽帮和粤帮两大社群势力。

一、慈善与宗教社团

华侨在开埠初期已经来到槟榔屿。乾隆五十九年（1794），槟城的开埠者莱特逝世，其时该岛华侨共有男女儿童 3 000 人，其中多为被骗来的"猪仔"。当时触目荒凉，物质匮乏，人贱如蚁，弱肉强食，多数人在恶劣的环境中为生存而挣扎。出国前那衣锦还乡的愿望，到此时已荡然无存。当时华侨常葬身异域而不能归乡，后侨胞修建无主坟墓而集葬之，并在每年清明之际举行公祭，且公举炉主一人，协理（又称头家）若干人，主持和办理祭祖事宜。有的还专门设几位办祭员负责每年祭扫事务。[①] 这就是槟城最早的慈善事业，也就是作为华侨头等大事的丧葬之事及其后续管理。槟榔屿华侨在当地兴办的慈善事业，一开始就是由广东和福建两省籍华侨合办的。

（一）广东与福建籍华侨联合建立的慈善与宗教社团

1. 广汀会馆

槟榔屿广东暨汀州会馆（简称"广汀会馆"）成立之初是一个管理华侨丧葬事务的机构。其墓道志中写着："槟屿之北西隅有义冢焉，其地广阔，凡粤东之

---

① 吴凤斌主编：《东南亚华侨通史》，福建人民出版社，1994 年，第 757 ~ 758 页。

客，贸易斯埠，有不幸而物故者，埋葬于此，墓曰义冢，乃前人创置。"后来，它发展成为一个地缘性社团组织，可能还是现已发现的海峡殖民地地区历史最悠久的地缘性组织。1989 年，研究槟城史及华人史的郑永美在白云山第一公冢发现了一块立于清乾隆六十年（1795）乙卯闰二月十六日的墓石，上刻"清显考字廷贤曾公之坟墓，广东广州府香邑"，由此得知，广汀会馆至少在 1795 年就已存在，时人称为"广东义冢"。到嘉庆六年（1801），墓道桥梁建毕，可从湾岛登山，方便扫墓人士。

根据中山会馆的资料，清嘉庆年间，就有中山乡侨十余人，分乘帆船二艘，由今澳门出港，沿海岸航行月余抵达槟城。当时槟城地区荒芜，加上天气炎热，气候变化莫测，瘟疫丛生，有不适应者，便乘原船返回家乡，适者则不畏艰苦，留下垦荒创业。其中不少人创业有成。后有人荣归故里，乃将遗下的槟州数段耕地赠送给广汀会馆，特别是一位叫程世帝的华侨，乐施好善，曾捐献今"归真阁"位置的一大片土地给广汀会馆作为乡人场地。其灵位现仍安置在该会馆神龛内，作永久性纪念。如果此说属实，则广汀会馆有一大片土地是中山乡侨的捐献。

咸丰十年（1860），广东义冢又建立福德祠和凉亭，为广东各方言群体所共设。该年的碑记有下列记载："爰立祭扫定期，以敦和睦。每逢清明之日则义兴馆，前期一日或二日则海山馆，前期三日则宁阳馆，凡各府州县及各族姓随便订期同祭分祭。"

实际上，广汀会馆最初并无会所之设，只是一个管理公冢的组织。目前的馆址是 1919 年 8 月 7 日由广东广货行信理员代表朱和乐及吴顺清，信理员邓张保、冯卓林、梁日笃、陈宝矩向当地最高法庭申请将 4 间店铺（牛干冬门牌 268 号、270 号屋，广东街 48 号、50 号铺屋）的业权送让给广汀会馆后才有的（此项让予于同年 8 月 13 日生效）。由是年起，广汀会馆举办"盂兰会"，以广东街门牌 50 号为办事处。这也是广汀会馆拥有会所之始。广汀会馆直到今天仍然以管理公冢作为重要馆务。今天，在槟岛隶属该馆的公冢仍多达 5 个，广汀会馆是拥有最多公冢地段的地缘性会馆之一。

起初，让身死异乡的邑人有善终之地，是所有会馆的"第一要务"，因此才出现了跨方言群和超帮群组成的联合组织，那时的广汀会馆就是这样的组织。如上述，白云山第一公冢于清乾隆六十年（1795）已划定。第一公冢另有 5 个较迟设立的墓碑：一是嘉庆元年（1796）岁次丙辰清明日立的"大清显考讳浩吴府君之坟，广府香邑翠微乡"；二是嘉庆三年（1798）岁次戊午立的"粤东皇清显祖与潜叔公奕邻公府君墓"，此乃顺德会馆之嚆矢；三是嘉庆三年（1798）岁次己未仲春月（二月）吉旦（初一）立的"清故弟阿六李公之墓"（嘉应州）；四

是嘉庆四年（1799）立的"清故兄讳钦凰关府君"（嘉应州）；五是嘉庆四年（1799）立的"显考以若吴府君顺邑"。

广汀会馆第一公冢的半段地于乾隆五十九年（1794）由槟城开埠人法兰西斯（Francis Light，即莱特，他于同年10月21日去世）以东印度公司名义划归为会馆私产，列为28号。同年12月31日，又将半段地划赠其妻儿，列号73号，之后送赠广汀会馆。第一公冢另外两地段亦由业主邱玉鹤女士在1917年卖给了广汀会馆。1921年冢地将要葬满，会馆于是购置第一公冢下端马来坟地附近一地段，作为第一公冢的补充地。

广汀会馆的第二公冢山地为伍积贺、积齐兄弟于光绪十一年（1885）捐献。伍积齐于光绪十二年（1886）创建平章会馆时，曾为董事人之一，他复于光绪十三年（1887）岁次丁亥敬送石狮一对给鲁班古庙。伍积贺于光绪十二年（1886）创建平章会馆时捐银300元，同治四年（1865）曾捐资重修海珠屿大伯公街大伯公行宫。

此外，1921年冢地将要葬满时，会馆购置第一公冢上端地段充作第三公冢；1951年9月购买郑景贵孙辈国安园一部分充作第四公冢；1982年开发直落巴巷第五公冢为葬地。①此是后话。

南洋各国称为"义山"的公共义冢，通常是由方言群社团所建。一般来说，义山建立得比较早，故其历史几乎就是其所在地方的华侨华人在当地落脚与发展的历史。又由于墓群的建筑样式、风格代有不同，故每一大片墓园土地，都包括了不同时代建造的墓群，墓群也就成了当地华侨丧葬风俗的历史见证。

作为一个公冢管理组织，广汀会馆是跨地籍的。碑文记载显示，到了道光八年（1828），当时的潮州、客属社群（大埔），还各自以县和府的名义捐赠，也说明了这一点。实际上，即使作为这个会馆一部分的"广帮"，也仍然是一个地理范围较广的概念。广帮的成员至少包括广府、潮州、客家三个方言群。在不同的年代里，某些帮群组织的名称或结构，在参与义冢的活动时亦发生变化。

广汀会馆最初对公冢的管理主要体现在《会馆章程》第三条宗旨（乙）中。它规定，广汀会馆"为管理广东暨汀公冢（以下简称公冢）各种应办事宜，并于必要时，得设置火葬机"。

引人注目的是，广汀会馆《会馆章程》第十六条关于"巡山员制度"的设置。巡山员的地位很高，排位在会长、署理会长、副会长、总务、副总务、财政、副财政、查账之后。巡山员的责任是"巡查各公冢坟场，查察公冢守山人杂役等工作时间，有无照章履行，及有无偷懒舞弊，随时有指挥纠正之权，巡山员

---

① 据槟城广东暨汀州会馆网站资料。

12 人应自行分作 3 队，每队 4 人，每队任巡山 2 个月，每 6 个月周而复始，轮流替换，各队每星期巡查一次，当巡查后，须到公冢办事处将所查得情形，及应兴与应革之事务，详细书入巡山员调查簿内，注明到查日期并签名于下，以便开董事会议时呈出报告，总务可凭巡山调查簿的巡山员名字，及其次数支出车费，但限定每名每星期支车费不得多过一次，其车费由董事会随时规定"。此外，为进一步让管理公冢工作顺利进行，还拟定了一套拥有 14 项要点的"公冢细则"。

广汀会馆拥有 19 所乡会组织，大部分都是在 19 世纪初创办的，例如，嘉应会馆成立于嘉庆六年（1801），槟城增龙会馆也成立于嘉庆六年（1801），从青会馆成立于道光元年（1821），惠会会馆成立于道光二年（1822），槟城南海会馆成立于道光八年（1828），槟城州顺德会馆成立于道光十八年（1838），宁阳会馆成立于道光十一年（1831）。

槟榔屿广汀会馆原来实行炉主制度。每年炉主和头家谁属，通常是在举行秋祭的时候，在总坟前面通过掷筊决定的。从 1921 年起，广汀会馆在两年一届的会员代表大会中选出办祭员 4 名，以代替以前的炉主和头家。

2. 南华医院

南华医院本身属于平民医院，当年该医院为"闽粤人就医之地，行善堂之事"，虽与丧葬之事不大相干，但同属华侨慈善事业。南华医院的建立可以看作是华侨早年以"入土为安"为标志的低诉求慈善事业，向以健康安宁为标志的高诉求慈善事业的延伸与升华。

南华医院是从光绪九年（1883）夏起，经过华侨艰苦努力而建立起来的。建成后，"岛中诸善举，皆医院为之倡。医院位于李氏家庙前院三楹堂室，门屏一如中国制。举凡经费收支、公共赠予、个人捐题等项，都昭之以众。管理阶层也选用贤杰，按年课考，择其尤者，聘请主席"①。

"南华医院街"是一个以南华医院为中心的街区，其前身是英殖民高官的官邸或私宅聚集处。南华医院开业后，凡来医院求医的贫民都获得免费医疗，义诊善举便在那时流传下来。另外，南华医院还曾在槟州华人大会堂（当时称平章会馆）办起南华义学，为社会作出了巨大贡献。它的形象深入民心，于是，那里的街道便以院名命名。可见，南华医院已经成了当地华侨社会的一个无形资产。

（二）福建籍华侨慈善与宗教社团

1. 槟榔屿的福建公冢

槟榔屿福建公冢正式成立于嘉庆十年（1805），其创建碑记写道："盖人之

---

① （清）力钧：《槟榔屿志略》，此据福建师范大学历史系华侨史资料选辑组编：《晚清海外笔记选》，海洋出版社，1983 年，第 53～54 页。

死生有数，古今遍宇宙间，莫不皆然。我闽省踵斯贸易，舟楫络绎不绝，营谋寄迹，固属穰穰，而羽化登仙亦复不少。义冢前人虽已建立，弟恐日久年湮，茔垄迭鳞。梯山航海，谁招死后之魂，沐雨栉风，长挹生前之憾。触兔狐以动怀，徒有情伤物感，返稚骸而无术，难求地缩神方。因是爰集同人捐襄囊助，兹既协勷义举，于日里峒（Jelutong）购地一段，得以备妥，先灵凭依有赖。"

此外，还有"波知滑冢亭"，为闽人客居槟榔屿者所购，自咸丰迄光绪，历年既久，旧址渐芜，后鸠资修葺，拾其残骸葬其中；[1]"百年适成亭"，亦称"槟榔屿福建公冢"，于光绪十年（1884）创，十二年（1886）成，时距开埠恰百年，因名之曰"百年适成"。[2]实际上，这四个字也隐含着百年升天之后葬得其所之意。由此可见，福建华侨在槟榔屿的义山，充分体现了当地华侨"生有所养，死有所葬"的安定生存环境。应说明的是，"亭"在槟榔屿本是一种十分普遍的华侨建筑名称，其样式不一定为中国内地的"亭"，但槟榔屿华侨还是喜欢将其命名为"亭"，表现了他们对生活追求的雅致化。有趣的是，把一个"公冢"称为"亭"，可能仅在槟榔屿有此之例。

2. 建德堂（大伯公会）

大伯公，华侨亦称之为"福德正神"、"本头公"、"土地公"以及"本宅上地"等。土地神崇拜在闽南人中最为典型。在他们的观念中，土地神似乎无所不在。一个小丘，一棵大树，一块怪石，往往都可成为土地神的化身。当华侨在一方土地立足时，土地神成为他们所崇祀的主要神祇之一。在海峡殖民地和马来联邦地区，华侨还拜"拿督公"。拿督公本是巫族所膜拜的一种"圣地之神"（Datuk Keramat），华侨"巫为中用"，也当作"洋"土地神来拜；老虎是土地神的脚力，所以往往跟土地神同祀。在那个需要神灵作为精神支柱的时代，这种泛神崇拜行为普遍存在。与中国土地神不同的是，中国土地神有坛无屋，但南洋的土地神却"神者有其居"。但"居所"有大有小，多数被安置在香案底下，是为小者，也有的被请进大规模的寺庙和宗祠里，是为大者。不管大或小，它们都与其他众神或鬼魂一道分享人间的祭祀。

据说槟城最早的土地庙是海珠屿"大伯公庙"。有说它创建于嘉庆四年（1799）（邝国祥：《海珠屿大伯公庙重修碑记》），有说创建于乾隆五十七年（1792）（萧隽英：《南洋见闻录》）。两说均缺乏有力的证据支持。但有一点可以肯定，最迟在1792年（距莱特登陆槟榔屿仅6年），已经有华侨在丹绒道光一带

---

① （清）力钧：《槟榔屿志略》，引（清）郑怀咳：《重修波知滑公冢记》，此据福建师范大学历史系华侨史资料选辑组编：《晚清海外笔记选》，海洋出版社，1983年，第54页。

② （清）力钧：《槟榔屿志略》，引（清）郑怀咳：《宴游纪略》，此据福建师范大学历史系华侨史资料选辑组编：《晚清海外笔记选》，海洋出版社，1983年，第54页。

奉祀土地神了。① 从时间上来看，比福建公冢还早。不过奉祀并不一定有土地神庙，其时很可能先有坛，后来方才有庙。

道光二十七年（1847），闽南人在槟榔屿创立的"建德堂"，被认为是一个以膜拜大伯公为纽带的从事械斗的秘密会社，一般人称之为"大伯公会"。它设有炉主，专责埋葬与祭祀。当时漳泉的豪族还借"大伯公"的神威去号令福建人，以便和受广东人支配的以关帝爷为主要守护神的"义兴公司"对抗。到1890 年当局取缔私会党后，漳泉人的领袖又组织了一个"宝福社"，以照料建德堂所奉祀的"大伯公"，每逢农历正月十五日，本头公巷的宝福社都抬着大伯公神座到丹绒道光的海珠屿大伯公庙去请香火，每三年还举行一次神辇华车燃灯游行，游行队伍所经之处，邑人争睹，极一时之盛。②

顺便一说，客家人也崇拜土地神。嘉庆十五年（1810），客家人已在槟城市中心的大伯公街建立"福德祠"。到清朝末年，福德祠成了客家五属的活动中心。每年农历二月十五日，客家人都恭送这里的福德正神驾往海珠屿正庙，隔天，在那里庆祝大伯公诞辰，到二月十七日上午，迎接福德尊神驾返市区的分祠。

（三）广东籍华侨的慈善与宗教社团

1. 广东盂兰盆会

"盂兰盆会"本是佛教的一个传说，后来被中国人拿来作为施舍饿鬼的仪式。在举行"盂兰盆会"的一个月里，华侨一般都举办道教仪式施舍饿鬼。所以，准确来说，应叫"中元节"或"鬼节"。中国人事死如事生，事死之重，不仅体现在葬仪上，还体现在死后的纪念仪式上。因此，华侨十分重视"盂兰盆会"，以祭拜无主孤魂。有趣的是，在中元节，华侨举行的仪式是道教的，却挂出佛教的幌子——盂兰盆会。因为，华侨的旧式葬礼通常由道士主持。这些道士除了帮人超度亡魂以外，对道教的内容其实所知无几。此外，早期的一些神宫也有主祀或配祀道教的神祇。不过，若从中国民间佛道不分、亦佛亦道的风俗来看，槟城华侨"盂兰盆会"的习俗也不稀奇。

东南亚的"盂兰盆会"应开始于华侨南渡之初。那时瘴气疾疫，无时不在威胁着南来新客的生命。不适应当地气候者，多暴病而卒，成为"孤魂厉鬼"。为了使死者的灵魂得到安息，华侨于是沿袭故乡习俗，每逢阴历七月，都隆重举行盂兰盆会。到清末，广府商人已成立"广东盂兰盆会"，每逢秋祭佳节都设坛

---

① 骆静山：《槟城华人宗教的今昔》（之一），"槟榔屿华人事迹"学术研讨会论文，2002 年。
② 骆静山：《槟城华人宗教的今昔》（之一），"槟榔屿华人事迹"学术研讨会论文，2002 年。

诵经，超度幽魂，以保合邑平安，遂成定例。1920年，广东盂兰盆会和广东公冢合并，前者所奉祀的"列圣宫"神座，今天还安置在唐人街的广东暨汀州会馆里。[①] 后来盂兰盆会场面愈益奢靡。此说有后来扬名世界的伍连德医生所云为证。20世纪初，他到过槟城，亲眼看见福建华侨在中街和新街一带过中元节，认为场面奢靡，祭典铺张浪费，仪式落后愚蠢，不禁慨然兴叹。

2. 广福宫

槟城开埠初期，由于中国人数量不多，他们不因地域、方言、血缘的不同而形成不同的团体，反而因为共同的文化背景和谋生的需求，团结在一起。有学者认为，嘉庆五年（1800）建成的"广福宫"，本质上就是一个民间"华民政务机构"。此外，嘉庆四年（1799）成立的海珠屿"大伯公庙"、嘉庆十五年（1810）的大伯公街"福德祠"和日落洞"开山王庙"等，都可以见证槟城开埠初期华侨社会的神缘性组织其实是维系华人社会整合的重要力量。

槟城最富有历史性的观音庙就是建于1800年的"广福宫"，由广东和福建两省籍人联建，是一个超帮群和超地域性的华侨组织。广福宫一开始是主祀观音的。道光四年（1824）的《重建广福宫碑记》里写道，"槟榔屿之麓有广福宫者，闽奥人贩商此地，建祀观音佛祖也，以故宫名广福"，由此可证。广福宫俗称"观音亭"，自然以观世音菩萨为主祀神灵，整个庙的前殿后殿，则有许多配祀的神位，配祀神灵有道教的天后圣母、注生娘娘和金花夫人，还有大伯公及关圣帝等。由此可见，广福宫不是纯粹的佛教寺庙，亦非道教的道观，它是佛道混合的华侨民间信仰的反映。

广福宫只用了几个月时间便在市中心一块政府赠地上宣告落成。当时规模不大，并不引人注目。其创建碑记云："……而名商巨贾，侨族诸人，咸欣喜悦，相即启库解囊，争先乐助，……遐迩同沾乐利，广福攸归……"广福宫的创建受到各阶层人士的普遍支持，附在碑文后面的是"各信士捐金开列"，从捐金200元的甲必丹，到捐金1元者，共约500人，由此可见。主要捐款人包括来自吉打的侨领辜欢官，马六甲甲必丹、青云亭的领袖蔡士章，后来成为星洲秘密会社领袖的陈送，厦门船主叶和，以及泰国宋卡城主吴文辉等。从创建到重建，广福宫都得到了青云亭的支持。嘉庆五年（1800）的创建和后来道光四年（1824）的重建，蔡士章和梁美吉都名列缘首，后者还担任过董事。[②]

广福宫产生的背景是，当时槟榔屿还没有任何正式的华侨社团，因此非常需要设立一个可以照顾各方利益、如同马六甲青云亭那样的区域性联络中心兼地方

---

① 骆静山：《槟城华人宗教的今昔》（之一），"槟榔屿华人事迹"学术研讨会论文，2002年。
② 见林水檺、骆静山编：《马来西亚华人史》，马来西亚留台校友会联合总会，1984年，第13章。

性华民事务所。但这个组织很难成立起来，原因是：其一，由于各方言群体经济利益的冲突，很难组成像青云亭那么严密而有效率的机构；其二，殖民当局对组织这样的机构畏之如虎。但是，如果是宗教性的结社，就较容易获得殖民当局批准和支持。此外还有一个顺理成章的理由：那些从中国挥棹南来的唐船也需要一个永久性的膜拜场所。在这样的情况下，建立一个广福宫便水到渠成了。

广福宫也曾是娱乐场所，创建后的最初20年，槟榔屿华侨生活简单，空余时间多却无处消遣，于是，每到神诞，广福宫便是一个供人们一连数天狂欢、演戏或赌博的好去处。因是之故，广福宫的香火在槟榔屿的寺庙中一直是最为旺盛的，而且广福宫在占卦算命方面的"权威性"也不容低估。据说过去本地的名商巨贾在作出重大商业决策之前，往往前来观音佛祖前面掷筊。当然，对普通华侨来说，广福宫最重要的价值在于让经历多灾多难的华侨在心灵上有所寄托。①

3. 槟城极乐寺

槟城极乐寺远迩闻名，它动工兴建于光绪十七年（1891），光绪三十年（1904）全寺落成，历时13年，耗资179 600余元。开光后，得到清朝的光绪帝颁赐藏经和法物。妙莲法师也成了极乐寺的开山祖。自此槟榔屿乃至马来联邦地区才算有了正统的华人佛教。

槟城极乐寺与广福宫还有一段渊源，缘于19世纪八九十年代槟城侨领邱天德和胡泰兴羡慕妙莲法师的道行（他在光绪十三年即1887年南来，翌年到达槟城，最初住日落洞青龙宫），因此辞退了广福宫原有主持而请他承包每年2 000余元的"香烛"。当时限定住僧12人，分两班，以便替侨胞办理佛事。然而，妙莲法师南来志在弘法，置身闹市的香火庙不便参禅，于是便在张弼士和戴喜云等侨绅和随其南来的得如、本忠诸禅师的襄助下另辟道场。其时妙莲法师看中今极乐寺所处山段幽胜的景致，便设法买下山坡上的杨秀苗别墅，改建成弘法道场。最初建成的殿宇，只有横排三楹，中央供奉观音，两边分列十八罗汉。后来他又与得如、本忠诸位禅师亲自到印度尼西亚、暹罗和缅甸等地募化，前后历经十三个寒暑，方才建成全寺的梵宫琳宇。

综上所述，清代华侨在自己移民东南亚的同时，也在"移神移鬼"，无论到什么地方，都没有忘记把故乡的神请过来，在居住地建起跟故乡相同的宗祠或庙宇，这样，也就把家乡的宗教民俗带到了当地，这些神在华侨社会生活中扮演着不可或缺的角色。当然不可否认，华侨的宗教社团之所以能够较早地建立起来，还有当时宗教性结社不那么"敏感"，在华侨居住地较容易得到准许的缘故。

东南亚早期的华人寺庙，非真正的访道参禅之地。因为，东南亚的绝大多数

---

① 见林水檺、骆静山编：《马来西亚华人史》，马来西亚留台校友会联合总会，1984年，第13章。

华侨都来自中国的社会下层，乡土观念浓厚，有很强的宗教保守意识，且文化水平低下。还应看到，在中国，自清乾隆以后，无论佛教还是道教，都产生许多"异端"分支，单有文字记载的就有100多种，如白莲教、罗教、弘阳教、天理教等，此外还有衍生出来的各种教派，例如龙华、清水、大乘、混元、八卦、圆顿、收圆、长生和青龙等。当时的民间宗教团体大都宣扬多神教，这种现象非常适合闽、粤地方民众的生存环境，也非常适合华侨在东南亚居住地的心态和需要。正是有了家乡神佛的"层出不穷"，才会有后来东南亚华侨居住地的"满天神佛"现象。表面上看，华侨吸取了佛、道、儒三家的思想，对三家的神佛和权威人物如观音、如来、弥勒、弥陀、李老君、玉皇大帝、真武老祖和孔圣人等，均顶礼膜拜。但在实际上，他们的"宗教理念"并非来自"正统"的儒、佛、道三家学说，而是来自中国两千多年来的民间"小说系"源流，即那些在中国上层社会中被贬为末流的东西。关于这一点，只要看看能够登上华侨神坛的是些什么神灵就一清二楚了。一言以蔽之，都是民间章回小说和元明戏曲中塑造的人物，如关云长、孙悟空、金花娘娘、财帛星君、托塔天王、红孩儿和二郎神等，名目繁多，让人眼花缭乱。华侨也信奉五行、八卦、堪舆、占卜和占相等被正统士人斥为"邪门歪道"的东西。"子不语怪力乱神"，而华侨却偏偏喜欢语"怪力乱神"，乃因民俗之故，并非故意不循正道也。于是，东南亚华侨社会中，便出现了半佛半道、半僧半俗，也可以说是非佛非道、非僧非俗的宗教现象。今天保存下来的历史资料中，也没有关于早期寺庙如何宣讲佛经、如何弘扬佛法的记录。所以说，东南亚的华侨寺庙真的太"中国化"了，准确地说，是太"中国民间化"了。人们到了那里，只是求神问卜，保佑家宅平安。对一个寺庙是否灵验的唯一评判标准，就是看那里的香火旺盛与否，而香火是否旺盛，只需一群当事人随口说说，便可众口铄金。

在华侨崇拜的众神中，观音享有极崇高的地位，主祀观音的庙宇，遍布各地。无论是喧嚣的都会，还是荒僻的山村，都有人供奉大慈大悲救苦救难的观世音菩萨，华侨社会中有"庙无观音不成其庙"之说可证。大约在吉隆坡开埠前一年，槟城的广府人已经在大伯公街建立"武帝庙"，奉祀关羽和他左右的关平和周仓。这一间庙现在属宁阳会馆所有。一般来说，关帝的奉祀在广帮社会中比较普遍。除了会馆以外，广帮华侨的旧式住家也多数供奉这个超地域的人格神。

很早就出现在槟城的综合性庙宇还有一个隐性的功能，就是作为一个社会活动中心，可以把不同的帮派撮合到一块。事实上，这里所说的宗教社团与前面所述一些慈善社团在民间信仰上没有多少区别，不同在于，这里的宗教社团只是供华侨烧香拜神求佑，而没有慈善功能。

二、地缘社团

（一）广府籍地缘社团

1. 槟城中山会馆

上述清嘉庆年间十余个中山乡侨在瘟疫丛生的槟城创业，后来有人乘原船返回故里，有人留下垦荒创业成功的故事，说的应就是最早来到槟城的那批中山人。槟城中山会馆成立于嘉庆七年（1802），与广东暨汀州会馆的成立时间相差无几。

该馆最初的馆址是在今"大咯港"海滩。当时此处有亚答屋数间，系陈姓人建造，初为马厩，作废后，由中山人租赁作栖身之所。1802 年，陈姓主人赠送该马厩地段，将之改建会馆。新建筑物是一座单层砖瓦民房，定名"香邑公司"，选出值理数人，处理会务。当时乡人入会手续简便，只用红布一块，书写入会人姓名与年龄，由值理盖上朱色印章即可。

光绪十六年（1890）八月二十日，槟城中山会馆迁至今址，始定名为"香山会馆"，正式申请注册。孙中山逝世后，为纪念其伟绩，该馆便改名为"中山会馆"。1890 年迁至今址后，定其宗旨为"团结乡亲，敦睦乡谊，互相协助，共谋乡亲福利"。

从嘉庆七年（1802）至光绪十六年（1890），是该会的全盛时期。因为在这段时期里，中山乡人南渡者众多，会员日渐增加，再加上老会员娶妻生子，其子女亦多加入该会成为新会员，以致人多势众，会务蓬勃。而在这段时期之后，全马各地逐渐得到开发，为寻新的发展机遇，中山乡人亦相继迁徙各地。

槟城中山会馆馆内最初奉祀"财帛星君"，后奉"关圣"。每年"神诞"，乡人大摆筵席庆祝，成为馆例，一直延续至今。乡人对佛、道二教的信仰根深蒂固，后来每年会馆的春秋二祭，乡人多由各地重返该会拜祭一番。大家欢聚一堂，论古谈今，乐也融融。①

2. 槟城番禺会馆

槟城番禺会馆过去被称为"庇能番禺会馆"（"庇能"即"Penang"音译，即"槟榔屿"，在清代关于海外的典籍中也是个使用频率很高的地名）。广汀公家福德祠现存的两块石碑上，有清道光八年（1828）番禺县的捐款记录，说明最迟在道光八年（1828）槟城已有番禺组织存在。其具体成立年代今尚不详，但该会馆现在似乎以 1828 年作为会馆的成立年份。该会的后续情况不详，但有 1936

---

① 中山市华侨历史学会、中山市归国华侨联合会编：《中山旅外侨团》，国际港澳出版社，2004 年。

年复兴之说。①

3. 槟城南海会馆

槟城南海会馆之起源，以南邑公司为发轫。南邑公司创立于何时，已无史籍可稽。现在关于该馆的早期情况，基本上依据广东暨汀州公冢福德祠现存三碑为证：其一为嘉庆六年（1801）墓道志石碑，碑上皆刻有助工金之个人姓名；其二为清道光八年（1828）买山地之捐款石碑，其中刻有南海县捐银57元半；其三为清咸丰十年（1860）建福德祠及义冢凉亭之捐款石碑，其中刻有南海会馆捐银20元。此外，还有南邑公司的总坟墓碑，其中刻有"同治十年辛未（1871）重修，戊辰年即1928年再重修"等字样。② 根据上述四碑所刻文字推考，南邑公司之创始，当在清道光八年（1828）之前。但道光八年前之事无可稽考（嘉庆六年碑上所刻助工金之个人姓名不足以说明公司成立），但一般还是以道光八年亦即1828年作为南邑公司创始之年。

光绪三十年（1904），槟城南海会馆于牛干冬街463号之馆宇落成，刻有文碑以志其盛。碑文由邑人陶思甫所撰，其中有云："二十世纪之中，商战风云奔腾大陆，其胜也岂特优于力，其败也岂特劣于才，推而言之，天时不如地利，地利不如人和，是以战胜于疆场，不若战胜于朝廷，战胜于朝廷，不若战胜于方寸。职是之故，中国之侨居海外者，倚政府为保护，设商会为维持，更结团体于桑梓，诚不以胜败为优劣，为合群是赖矣。此槟城南海会馆之所由建也。"③ 此外，碑记亦刻有当时总理芳名：林凤墀、谭朗秋、陶乐甫、霍锦芝、区尧、陈子芳、刘蔚南、胡丽田、托德甫、陶濂甫、李耀堂等70名。又刻值理芳名56名及倡建会馆捐资的同乡芳名，胪列满幅，令人目不暇接。

4. 槟榔屿从清会馆

槟城从清会馆是由广东从化及清远两邑同乡大约于道光元年（1821）成立的会馆。创始人中的二位——孔苍度及欧阳兆荣，至今还在会馆的长生禄位中被供奉着，神主牌上写着"皇清总理苍度孔公长生禄位以及皇清总理欧阳兆荣公"。同时二人也受到族裔的供奉。

光绪二十一年（1895），同乡发起筹款，购买在槟城香港路门牌19号及21号两栋屋作为该会馆的会所。第二次世界大战爆发之后，乡亲们各自避难，留下来的乡亲及会员越来越少。"二战"后，清远乡亲崔耀才联络居住在甲抛峇底及文蒙里玛的清远乡亲张辉、陈锦波，鼓励更多乡亲加入从清会馆。1950年12月

---

① 《马来西亚庇能番禺会馆》，南都网，2012年11月19日。

② 《槟城南海会馆史略》，据槟城南海会馆网站资料。

③ 《槟城南海会馆史略》，据槟城南海会馆网站资料。

8日，崔耀才连同数位乡亲向政府当局申请注册，此是后话。①

有关槟城从清会馆的历史记载可谓凤毛麟角，现在可知道的事情有：咸丰四年（1854），当时的槟榔屿警方督察活恩（Jonas Daniel Vaughan）在其著作《槟榔屿华人杂记》（*Note of the Chinese of Penang*）一书中提及从化馆；光绪五年（1879），在海峡殖民地华人礼节与习俗中，亦提及从化馆。另外，在咸丰十年（1860），广汀公冢新建福德祠并义冢凉亭，从清会馆捐银30元正。除此之外，有关槟城从清会馆的历史记载一片空白。不过，从这些片断材料中似可推断，从清会馆的称呼也非一以贯之，它有时也叫从化馆。其中可能隐含着该馆历史上以从化人为主的事实。是否如此，有待考实。

5. 槟城宁阳（台山）会馆

迄今还没有看到有关槟城宁阳会馆建馆的原始资料。一说是，槟城宁阳会馆于道光十一年（1831）为旅居槟城的宁阳（台山）人所创立，而最早聚居在槟城的台山先侨以端芬、广海两地籍为多，几乎都是木工、泥水工，并在当地聚成了一条"漆木街"。由此可以推测槟城宁阳会馆的最初成员均为木工和泥水工。

梅耀萱为槟城宁阳会馆的创始人之一。他也被认为是台山华侨先驱者之一，是台山端芬梅氏先人出洋史上的著名人物。梅耀萱出身木工，生卒年及出洋年份不详。根据现能找到的资料记载，梅耀萱在清乾隆五十一年（1786）已从马六甲来到马来亚槟榔屿。在槟城早期庙宇建筑的碑石上可以找到梅耀萱的名字，而从早期到槟城谋生的梅氏宗亲的口中得知，在他们的一些公共团体的募捐碑石上，可见到刻有梅耀萱的名字和捐款数目。②

还有一说是，"阮亚就、陈佑尊、伍荣建等人倡议建立宁阳会馆，1827年购地兴建会所及附属关圣武帝庙。旨在同乡互助扶持，团结一体增进感情，谋乡亲福利，宣扬文化，发展慈善公益事业"③。这样的话，倡议建立宁阳会馆者就应该是阮亚就、陈佑尊、伍荣建等人。但槟城宁阳会馆的最初成员均为木工和泥水工应该没有疑问，如此的话，阮亚就、陈佑尊、伍荣建等人也应是木工或泥水工。不过，道光七年（1827）与上面说的道光十一年（1831）只相隔几年，不排除1827年是关圣武帝庙的建立时间，而1831年则是正式建宁阳会馆的时间的可能性。

6. 槟城顺德会馆

顺德华侨到达槟城的历史很早，最早安葬在槟城广东暨汀州第一公冢的一具

① 据槟榔屿广东暨汀州会馆网站资料。
② 王景花：《从端芬梅氏到"芝加哥梅"两百年出埠路艰辛难数》，《南方都市报》，2012年4月28日。
③ 据中华侨讯网资料。

古墓坟碑，是在清朝嘉庆四年（1799）的"顺邑显考以若吴府君"。①

槟城顺德会馆创立于道光十八年（1838）。创立之初，租赁义兴街 60 号屋宇作为馆址，并设立神龛，以供乡贤将仙逝先人神主入祀。除朝夕敬奉香灯之外，每年举行春秋二祭，以符慎终追远之古训，届时由当值职员领导乡贤，齐集举行拜祭祀典，以悼念去世乡亲。又在每年正月初八日至十五日之间选择一日举行庆灯典礼，并遵从华裔祠堂开灯分肴之古礼，供同乡添丁挂灯报喜。

后来，因同乡入会人数日渐增多，馆址狭窄，不足应用，会馆乃发动同乡募捐，购置本身拥有之产业为馆址，终于咸丰十一年（1861）购入漆木街 80 号屋宇，经过装修作为新会址，于是年迁入办公，并在正堂之上悬挂"光远堂"匾额一方。

光绪十一年（1885），因馆址建筑物建立日久，垣墙破漏，时有热心乡贤陈文泰慷慨捐出 2 000 元作装修粉饰之用。装修竣工之后，会馆开始安奉关圣帝君之神像于堂中，以供邑人恭拜。据闻会馆之醒狮组及武术部亦在此时成立。后来槟城顺德会馆馆址复于 1919 年、1927 年先后进行过两次迁移，此不赘述。②

7. 槟城五福堂（广州会馆）

槟城五福堂亦称五福书院、广州府会馆，由南海、番禺、顺德、香山和东莞五县移民组成。所谓"五福"，自然指《尚书》上所说的五福：一曰寿，二曰富，三曰康宁，四曰攸好德，五曰考终命。但依笔者愚见，这里的"五福"亦隐含"五县"之意。槟城的五福堂，是典型的广东或岭南建筑。

关于槟城五福堂的创立年代及其性质——是私塾还是乡会，还没有定论。邝国祥在 1957 年在日间师训班聚餐会上发表演说时说，槟城有一所五福书院，创立于嘉庆二十四年（1819），即和英人莱佛士开辟新加坡的年份相同。显然，邝国祥认为五福堂是一个私塾（书院）。1999 年 12 月 18 日至 23 日，董教总为配合华教节而举办的"华教 180 系列庆典活动"，便以邝国祥所说的槟城五福堂的创立年份——1819 年作为纪念大马华教发展迈入第 180 个年头的根据，实际上也认同了五福堂为私塾之说。但槟城历史学者郑永美说，依循现时可考据的史料，五福书院不是私塾，而是一所乡会，而且不是创立于 1819 年，其可追溯的创立年代是咸丰七年（1857）。他说，在广汀公冢咸丰十年（1860）倡建福德祠并义冢凉亭碑文中，有"五福堂捐银壹拾大元正"的记载。这是五福堂在广汀公冢 200 年历史中的唯一捐款。郑永美说，英殖民地时期，前任槟榔屿市政局副主席威尔弗雷德（Wilfred Blythe）依据政府档案及其他文献写了一部《历史考据——

① 据槟榔屿广东暨汀州会馆网站资料。
② 《槟城顺德会馆》，据槟榔屿广东暨汀州会馆网站资料。

华社秘密会社对马来亚的影响》，其中提到："在槟城，有一所于1857年创立至今仍存在的组织，叫做'Ng Fuk T'ong'，它的会员大部份来自中国五个县份。"郑永美认为，威尔弗雷德说的"Ng Fuk T'ong"就是五福堂（五福书院的别称），而五个县份是南海、番禺、顺德、香山和东莞，与五福堂最初的会员来源吻合。[1]

8. 槟城新会会馆

"槟城新会会馆"的前身为同治十二年（1873）创立的"新会公司"，当时以新会公司名义向冈州会馆购置，并公举钟亚庄、巢发荣、陆郁及周宇四位乡贤为信理员，嗣于光绪六年（1880）重修，改名为"新会锦远堂"，且向政府当局注册，定名为"新会会馆"。会馆初时事务概由邑人罗广生、罗茂生、朱宝兰、陆隆记、彩生号及宝昌号等轮流值理，直到1924年，方由多位乡贤组设董事会，订立章程并行委员制度，分理馆事。

会馆创立伊始，凡属本邑人士，入会为会员者，仅收香油捐1元，永久会员收50元，免捐年捐。由此积有盈，置有别墅一所于槟城调和路以供邑人休养及疗病与殓殡之用，后因不适于现环境而停办。

现在的槟城新会会馆矗立于槟城繁盛之地，即如今已是商业经济中枢的漆木街门牌38号。它当初由居住在槟城及附近各埠之同邑硕彦发起号召，获邑人同情响应捐资而成。但它建于什么年代？据云，"建筑所用器材，乃向中国选购俱上乘材料，不惜艰辛，配付帆木船，数千里之遥，运到良木为柱，彩磁为瓦，青砖为墙，构造出美奂美轮古色古香的会馆福祉之地"。根据此说，位于今所在地的槟城新会会馆似应建立于清代。今天这座会馆，馆中高悬一匾曰"绵远堂"，门前对联为"新气象衣冠作揖，会宗庙车马遥临"。[2] 馆中安奉关帝神座。后座设神龛，奉祀历代同邑先贤神位，晨昏炷香。每年举行春秋二祭、庆典及联欢宴会。同邑男女，踊跃参加，济济一堂，至为热闹，显示其追宗慎祖之诚，永无间竭。如此装设与仪典，亦应有清代遗风。

广东籍会馆应不止以上所述，例如，"槟城肇庆会馆"就是一个重要的会馆，但至今资料阙无，只得从略。

(二) 客家籍与潮州籍地缘社团

这里之所以把客家籍社团与潮州籍社团放在一起分析，是因为两者在社团组织上的"犬牙交织"状态。客家籍，在人们意识中与族群概念——客家人连在一起，因为在行政归属上没有相对应的一个"客家府"之类的地域概念；而潮

---

① 参黄鸿斌：《走进大马华教发祥地——五福书院》，中国新闻网，2013年2月27日。
② 据槟榔屿广东暨汀州会馆网站。

州籍，在人们的意识中总是与地域概念连在一起，缘于在行政归属上有一个"潮州府"，虽然在潮州府之下，族群并不单一，既有客家人也有"非客家人"。

客民的会馆改称"客家"会馆，即在会馆名称里加进"客属"、"客家"（包括"崇正"）等字样，应是开始于 20 世纪 30 年代。例如：新加坡客属总会（1929 年，即南洋客属总会的前身）、昔加末客家公会（1936 年）、古来客家公会（1937 年）、槟榔屿客属公会（1939 年），等等。

为了生存和发展，客家籍人并不着意从其方言和文化上保持客家社团的"纯洁性"，而是有意识地进行跨方言文化的利益组合。因此，就会出现以下两种结果。

第一种结果是，来自其他民系（方言）的成员，由于地缘上的认同，在参与了客家人为主的会馆后，最终以客家人自居。一个例子是，许多槟城美湖以及鲁乃镇的闽南语系的惠州会馆成员，主要来源地为广东的海陆丰，日常语言是福佬话，在美湖的农区是以清水祖师为共同的主神。但由于原乡本属惠州府，便在陌生的土地上自称"惠州客"，与客家人乡亲共进退，以加强自身力量。如槟城惠州会馆的"惠州客"，已经在文化及感情上倾向了客属，以致参加各级客属团体的活动。

第二种结果是，原本的客家人，出于自己的利益需要，"自如"地进出于非客家籍的社团中。这又分两种类型。

一是"半山客"类型。"半山"是一个地理概念，指在丰顺县的南部、揭东县的西北部、揭西县大部分及陆河县等相连百多公里的狭长地带组成的山区与半山区，在这里居住的人群便称"半山客"。从语言上看，他们讲客家话，但或多或少又掺入潮州话；从风俗习惯看，既源于客家人，又具有潮州人某些特点。因此，国内这种"亦客亦潮"的状况传到海外后，便会让来自这一带的移民既可以轻而易举地迈进"客家"社团的门槛，也可以轻而易举地迈进"潮州"社团的门槛。在槟榔屿，作为潮州会馆内一个客语系内的丰顺邑人，无法在槟城设立属于他们自己的会馆（可能是因为丰顺邑人在槟城的人数少和缺乏有魄力的领导人的缘故），在 19 世纪时，他们先与同语系的永定邑人结合，组成永定馆，后来又与来自潮语系的社群结合，组成槟榔屿潮州会馆（与之同时进退的还有大埔人）。

二是"大埔类型"。大埔属潮州地区。在潮州地区，客家分布有三种情形：①只讲潮州方言的"零客家"县，只有澄海县一个，谚曰"潮州九邑，县县有客，单澄海一县无客"（"客"指客家人），就是此意；②全讲客家方言的"全客家"县，也只有大埔县一个；③除了这两个县外的其他"客潮杂居"县，占了多数，既有讲潮州方言的群体，也有讲客家方言的群体。这里只说三种情形中最典型的大埔客家人，他们先是加入福建的汀州人的社团，后来又退出来，自立大埔客家人的社团。大埔客家人在祖籍地就已经存在潮州、客家社群混合的现象，在平时的日常生活中因语言和文化的不同，自然衍生出一套对自身文化的理解，且参下述。

按地缘组织划分，槟城客属人士可分为五系，即嘉应、惠州、大埔、增城、永定。今天，在槟城以至马来半岛北方一带的客家人，以五属后裔为主。槟城有据可考的客属人士所组织的会馆，最早的是嘉庆六年（1801）成立的嘉应会馆，它也是马来西亚最早成立的会馆；增龙会馆成立于嘉庆七年（1802）；惠州会馆成立于道光二年（1822）。大埔同乡会和永定会馆则分别成立于1927年和1947年。①以下分别对清代成立的几个会馆作逐一解析。

1. 槟城嘉应会馆

"槟城嘉应会馆"早在嘉庆六年（1801）就已建立起来。它由来自梅县、蕉岭、兴宁、五华及平远的客家人创建，是马来西亚最早成立的华侨会馆，也是新马地区的第一家华侨会馆。

其实，在槟城嘉应会馆成立之前，已经出现了一个叫"仁和公司"的客家人社团。这是槟城嘉应会馆的前身，成立时间不详，其建筑为庙宇。② 早期华人的庙宇与地缘性社团多存在着混一现象，因此"仁和公司"是一座庙宇不会令人奇怪。但人们一般还是把槟城嘉应会馆认作最早的正式华侨会馆。

之所以如此，是因为早在18世纪末至19世纪，大批漂洋过海到南洋谋生的客家人最早到达的地方便是槟城。梅县松口人古石泉早在嘉庆元年（1796）就于槟城创建了"仁爱堂"，至今不倒，是东南亚历史最悠久的中药店。由于客家人移民槟城的历史较早，经济实力雄厚，人物显赫，故其社团成立得较早。

嘉应会馆成立后，对客家人在槟城的打拼也发挥了某种保驾护航的作用。客家人在当地政治文化教育等方面的影响力，从一个侧面可以反映槟城嘉应会馆的助推作用。其中一些担任过重要官职如清廷驻槟榔屿领事和甲必丹的客家华侨张煜南、梁碧如、叶亚来等，人尽皆知。"崇文重教"的客家人在华文教育方面更是为人所津津乐道。第一所现代式学校，便是客家先贤张弼士于光绪三十年（1904）创办的"中华学校"。

有趣的是，槟城的两个地缘性社团的出现有异曲同工之妙，即槟城嘉应会馆与广汀会馆。两个会馆都成立于嘉庆六年（1801），且两个会馆的前身都是"公

---

① 参李秀萍：《槟城潮、客社群的认同与互动：以槟榔屿潮州会馆为个案研究》，韩江学院网站，2009年5月16日。

② 参［马］谢诗坚：《马来西亚华人政治思潮演变》，友达企业有限公司，1984年。

司"（广汀会馆的前身为"广东公司"），这不能不令人感到好奇。当然，两个会馆成立的动机大异其趣：广汀会馆基本上是作为一个乡侨的"殡葬公司"而成立的，嘉应会馆或许也有这样的功能，但它成立的经济背景要强得多，因而在推动客家乡亲创业发展方面的作用更大一些。①

2. 槟城惠州会馆

"槟城惠州会馆"创立于清道光二年六月初六（1822 年 7 月 23 日）。根据其官方网站资料，与之同时存在的，还有"惠州公司"。后者的成立时间不详，但这名称最迟在惠州会馆成立的这一天起就已经开始存在。如此看来，成立之初，很可能是两个名称混用，并无明确的职责划分。但是，至少直到 19 世纪末，"惠州公司"的名衔与"槟城惠州会馆"仍然如影随形。例如，光绪十九年（1893）重修馆宇时，仍然出现"惠州公司"的名称。

作为一个地缘性会馆，槟城惠州会馆最初成立时有多少县邑的乡亲参加现在不得而知，但到后来，参加的各县邑乡亲肯定越来越多，甚至包含了所有的惠州县份。光绪十九年（1893）重修馆宇时，惠州会馆楼上神主龛两边有楹联曰："惠博和平喜见江河浮旭日，紫运长久欣闻海陆庆丰年。"可推测是清代之作。联中把清代的惠州十县——紫金、连平、长宁、海丰、陆丰、惠阳、博罗、和平、龙川、河源的县名，都嵌入联中，表明会馆服务所包含的地理范围。另外也可看出，此联能把十属县名对称地形成对联，并点出其东向之地理位置（"浮旭日"），非大家难有此妙手。据称其篆体门额及楹联出自原籍惠阳的近代经学大师杨寿昌手笔。

道光二年（1822）会馆成立时还没有会址。其时一位叫李兴的乡贤，以墨西哥银（又名鹰洋）325 元购得砖瓦屋两间及地皮一段，无条件捐赠给惠州同乡充作会馆，该段地皮和屋地亦即今日之会址。当时协助最力者为梁进、张亚意、苏亚瑞、聂亚秀。后人追念先贤之功，遂于惠州总坟左边筑公墓并立碑纪念。

对于惠州乡亲来说，最实惠的事情，莫过于会馆的"驿站"之便。其一，凡居住乡村僻埠的同乡因事而至槟城，均可以会馆作为憩息之所；其二，从中国南来欲到马来半岛内陆从事农业或矿业开发的同乡，亦可通过会馆作为跳板。至于该会馆有无早期很多地缘会馆所具备的"殡葬公司"功能，尚不详，但它作为"驿站"的功能是十分明显的。

这里就槟城惠州会馆的"驿站"功能再做一引申。19 世纪到达槟城的华侨，即使以槟城的会馆为中心，并不一定就落脚槟城、威斯利两地。他们只是以槟城为跳板，进入吉打、玻璃、霹雳等地，足迹甚至远至暹罗和苏门答腊岛。同治八

---

① 《客家人在马来西亚》，《梅州日报》，2009 年 9 月 18 日。

年（1869），惠州会馆重修的一块碑记表明，当年的惠州群体的活动地域，并不仅仅限于槟榔屿一岛，其社会活动也不仅限于惠州社群内部。像会馆领袖黄陈庆等人，还活跃于马来半岛内陆的大山脚一带。

这样一来，以槟榔屿为中心而分散在北马各地的为生存而劳碌奔波的会馆成员，就难有机会经常聚会，甚至一辈子难得一聚。即使如此，他们仍然是槟城惠州会馆的成员。那么，连接他们的纽带是什么？除了精神上的纽带之外，还有没有松散的组织联系？例如，在每一个地方是否有一个槟城惠州会馆"分会"之类的松散组织？各个"分会"之间，是否彼此互有联系，乃至与槟城惠州会馆"总会"连为一体？这是一个还没有答案的问题，值得探讨。

槟城惠州会馆还有另一个别具一格之处，就是在英殖民地早期的资料中，被看作是许多私会党中的一个。[①] 后来利昂康伯氏写的《马来亚的华族私会党》（Chinese Secret Societies in Malaya，1800 – 1900）一书曾引用这些资料把它们当作槟城华族私会党的 7 个最早组织，结果"惠州公司"也因此被归纳为私会党。究其原因，应是与"惠州公司"参加了拿律战争有关。19 世纪 60 年代，惠州会馆以及在北马的整个惠州社群经历了历史上最严峻的年代。惠州人本与锡矿有天然之缘，因为惠州原为中国最大的锡产地，当年惠州人南下马来半岛，就是为了重操旧业，或开矿，或做矿工，因而矿业是其合乎逻辑的职业选择。不幸的是，在从咸丰十年（1860）开始到同治十三年（1874）结束的拿律战争中，"惠州公司"的名字，一直被列入"黑名单"出现在殖民政府的档案里。战时它和新宁、新会、开平、恩平四邑人，以及潮州人的公司，共处于"义兴公司"的旗帜之下。义兴为了保护从甘文丁矿区到北马各地的地盘，与属于海山会党的增城及广州府五县华侨社团对抗。在此期间，双方互相攻击，同乡被杀，财物被抢，妇女自杀或被凌辱。在这种情况下，惠州人撤回槟岛。拿律战争结束后，惠州人继续参与华社共同活动。因此，"惠州公司"的成员在殖民地政府眼里都有私会党之嫌。

---

① 许云樵的研究表明，到 1825 年，槟城的华侨社团有 7 个，到 1829 年增至 9 个，其中就有 4 个私会党：义兴、华生、海山以及和胜，其他则为同乡会。到 1876 年"槟城十日暴动"前，大的私会党有：义兴、华生、海山、从清、惠州、仁和（嘉应）、合成。此外，还有成立于 1844 年的建德堂，主要成员为福建人和槟城本地的土生华人。另据 1888 年的调查数字，被注册的新加坡秘密会社有 11 个，槟榔屿有 5 个，两地会社共有会员 15 644 人。"1876 年海峡殖民地和各个土邦（马来亚联邦）的华人人口，60% 以上是秘密会社的会员，其余 40% 也处在秘密会社影响之下。"［林水檺、何国忠、何启良、赖观福合编：《马来西亚华人史新编》（第二册），马来西亚中华大会堂总会，1998 年，第 11 页。］私会党一方面充当华人的"保护伞"，另一方面把华人社会分割成一个个具有竞争性的利益群体。最大的两个私会党义兴和海山为了争夺霹雳州拿律的矿产资源，在 1862 年、1873 年及 1874 年先后爆发三次械斗，结下"积怨"，终于在 1876 年，义兴与大伯公会（建德堂）由于普吉岛锡矿之争酿成了震惊英国殖民政府的"槟城十日暴动"。

　　说到私会党，应该指出的是，19 世纪很多华侨是通过组织会党的方式在马来半岛开矿的，因此，私会党与秘密组织、黑社会不能划等号。准确地说，私会党是武装自治的商业共同体，矿工都是歃血为盟的兄弟。之所以如此，有客观的历史原因：一是清代南方民众有组织会党的传统，起因于他们有一个共同的理想——"反清复明"，故早期的会党全部出自洪门天地会；二是当时马来半岛的矿区没有秩序和法律可言，到处是山林猛兽，矿产也随时可能遭人抢掠。在此情况下，矿工们以自治武装的方式开展自卫，就有十分复杂的历史背景，不能简单地污蔑其为黑社会。当然，私会党之间曾经频繁械斗，是常为人诟病的事。事实上，在马来西亚的华侨矿业史中，这也是最令人痛心的一页。义兴和海山两大私会党即使同是源于洪门天地会，也曾大打出手，死伤无数。个中缘由，固然有为生存而争夺矿产地盘的因素，但也有马来土侯的因素。因为当地土地操于土侯之手，华侨开矿必须依附于土侯。当土侯之间为领地而发生纠纷时，分属于不同方面的华侨组织就会被动地卷入土侯的内战中。有一点倒是非常有趣的：华侨组织之间虽然大打出手，但大家仍然是"自己人"。私会党纵然在交战中，也会共同出资购买义山来埋葬同乡。人们常说，有华侨的地方就会有义山，但还有一句没有说完：义山最大的捐款人就是私会党，私会党不方便出面，就通常以会馆的名义出面。有时候，上面双方还在交战，下面已在一起埋葬双方的死者，彼此相安无事，因为双方拥有同一块坟地。① 这种现象堪称奇妙，却是不争的历史事实。

　　据现存会馆的碑记，同治八年（1869）农历四月，惠州会馆重修馆宇，捐款者达 152 位，其中黄陈庆捐巨款达 260 元，另有李辛酉捐 205 元、罗元有捐 150 元。值得注意的是，过半数捐款人名字是单字名而加阿者，记名叫"阿满"者就有五人，另外有"阿义"五位，"阿秀"、"阿娇"各三位，"阿发"、"阿明"、"阿兴"、"阿福"、"阿有"、"阿顺"、"阿先"、"阿胜"各两位。还有以数目字作名字者，如"阿七"就有两位，"阿三"、"阿四"、"阿六"、"阿九"各有四位，"阿五"有五位。捐款人中最著名的是吉打甲必丹戴春桃，碑上署名戴阿桃捐 10 元。② 显然，使用单字名尚可以解释为一种地方呼名习惯，但使用"代号"，而且"代号"重复之多，就不是"地方习惯"可以完全解释得了的。这些捐款者很可能就是私会党成员，因为不便使用真名，故使用代号。所以才出现多个"阿三"、"阿四"、"阿五"等，这应是因为他们分别来自不同的"分会"，而他们在各自的"分会"都有排号，于是，当他们集中在一起时就会出现多个

---

　　① 参王琛发：《清代槟榔屿客家人的大伯公神缘组织》、《槟榔屿客家人乡会历史上的祭祀传统：重构原乡文化意识与历史记忆成为关系在地开拓主权的地方历史记忆》，客家大百科网站。
　　② 参王琛发：《清代槟榔屿客家人的大伯公神缘组织》、《槟榔屿客家人乡会历史上的祭祀传统：重构原乡文化意识与历史记忆成为关系在地开拓主权的地方历史记忆》，客家大百科网站。

"阿三"、"阿四"、"阿五"。当然,并非所有槟城惠州会馆的成员都是只使用单名或者代号,也有堂而皇之使用自己全名的人。

3. 增龙会馆

增龙会馆的成员即来自广州府的增城、龙门两县,这两个县是传统的客家县。另外,很早的时候,增城、龙门两县人就被讲粤语的广州人统称为客家人。

槟榔屿增龙会馆是广义上的"惠州十属"众会馆之一。所谓惠州十属,即清代惠州府管辖的十个县:惠阳(古称归善)、博罗、龙川、河源、连平、和平、紫金(古称永安)、海丰、陆丰、新丰(古称长宁)。广义上的惠州十属会馆则是:惠阳会馆、博罗会馆、龙川会馆、连平会馆(含和平县)、河源会馆(含紫金县)、海陆会馆、新丰会馆、增龙会馆、宝安会馆、东莞会馆。

早在嘉庆六年(1801),广州府增城、龙门两县的客家人就联合组建了"仁胜公司"。它是槟榔屿最早的华侨地缘组织之一。资料显示,增龙会馆最初的信理员叫屋契(呀兰),仁胜馆有名而无代表,增龙馆则有冯登桂、郑兴发、钟亚三、廖亚五4位代表。直到1916年7月21日召开会员大会,公举郑大平、廖成保、李田秀和廖廷均4位代表继续入名呀兰,而仁胜馆、增龙馆的呀兰从此合并为一。这样说来,"仁胜公司"一直以"仁胜馆"的名义存留到1916年,尽管在道光二十九年(1849)已成立了增龙会馆。在漫长的100多年间,仁胜馆是否有名无实?后来与增龙会馆是什么关系?似是一谜。

道光二十九年(1849),坐落在槟城大伯公街门牌20号的增龙会馆馆宇正式建立。尚不确定这个馆宇是否为增龙会馆的第一座馆宇,但若按照前辈口述,"我增城龙门两邑梓里,在200年前,侨居此地,人数不多,但却能高瞻远瞩,胼手胝足,披荆斩棘,创建了巍峨堂皇的会馆,旨在联络感情,守望相助,排难解纷",它应是增龙会馆第一座属于自己的馆宇。

会馆初创得力于甲必丹郑景贵的资助,并获各位乡贤的鼎力支持。若当时没有这样一位有魄力、有财势的同乡支持,会馆的建立是难以想象的。当然,其时锡矿业需要劳工,需要大量输入同乡邑人,这也是会馆成立的推动因素之一。

郑景贵(1821—1898),乳名嗣文,号慎之,增城绥福都(今福和镇)郑新村客家人。其父郑兴发参加太平天国起义被通缉,于咸丰年间漂洋至马来亚谋生,经营小本生意。及后,景贵下南洋,寻得其父,助之一臂之力,生意渐有起色。至咸丰十一年(1861)景贵40岁时,已跻身富商行列。复挟雄厚财力,率先投资开发矿藏丰富的马来亚锡矿,锐意经营10年,成锡矿业巨擘,富甲一方,亦成功带动了当地百业兴旺。郑家鼎盛时,实业发展到中国香港、英国、美国和加拿大等地。他与张弼士、张煜南、谢梦池、戴欣然为槟城极乐寺五大总理。

若从当时帮群社会的结构来看,各方言群体组成的私会党在道光二十六年

（1846）至光绪十一年（1885）间一直发生着非常严重的冲突。槟城华侨也因为锡矿等利益产生冲突，以"义兴"（惠州人、潮州人）、"海山"（建德公司、增城人）为主的私会党发生严重的械斗冲突。在当时的特定历史情景下，永定和大埔两邑的弱势社群看到了自身的缺陷，故试图通过合作来打破他们在广东省暨汀州组织中的弱势地位。势力单薄的大埔邑人进入永大馆的组织，可说是他们的生存之道。

4. 永大馆

永大馆创立于道光二十年（1840）之前，但一开始时名称不一，最初称"永大公司"，继称"永大馆"，后再改称"永大会馆"。后来，大埔人另立大安社之后，并未脱离永大馆，永定人另设纯属永定人的组织。从胡育文《永安社史略》所记载活动来看，这一组织也和大安社一样，是以神权为归宿的乡会。①

永大馆的馆址原为永定县人陈洪魁所有。陈洪魁为永定县下洋镇古洋村人，在道光二十年（1840）前离乡背井来到槟城，经营打铁行业。他于道光二十年（1840）去世。去世之前，捐出了一幢位于槟城打铁街门牌 7 号的屋宇，作为永定、大埔两邑同乡联络、聚会之所，由是大埔人和永定人方可在此建起了永大馆。②

5. 槟城潮州公司与韩江家庙

潮州地域属于秦始皇统一中国后在岭南设立的"三郡"（即南海郡、桂林郡和象郡）中的南海郡。隋开皇十一年（591）设置潮州府，潮州得名自此始。早期无论是潮州，还是客属的社群，在还没有能力自设会馆之前，大都以各自原乡地域群体的方式参与当地活动。因此，后来的潮州各属县的华侨，也应是以县的群体的方式开展活动，直至"潮州公司"成立。

潮州公司始创于咸丰五年（1855），这一成立年份是 2005 年 5 月会馆董事会及建委会依据产业地契及殖民地的年报档案分析得出的结论。当时，潮州公司在群体合作之下，最初在社尾购得土地。此后潮州公司的产业不断扩大，于是，这一时期的潮州社群积蓄了颇具实力的经济力量。顺便指出，即使在后来"韩江家庙"（潮州会馆）设立后，潮州公司的名号仍然继续使用。不过，潮州公司的出现，代表潮州社群已由一个较为松散的群体发展成为一个初步有凝聚力的组织，但它依然不具有会馆组织的全面功能。要等到韩江家庙的设立，潮州社群才得以具备一个功能完善的会馆组织。

---

① 参胡育文：《永安社史略》，槟州永定同乡会银禧纪念特刊编委会编：《槟州永定同乡会银禧纪念特刊》，槟城永定同乡会，1977 年，第 105 页。

② 胡文希：《槟城永大馆概况》，胡嘉达主编：《北马永定同乡会新会所开幕暨会庆 42 周年纪念、青年团 9 周年纪念庆典特刊》，槟城北马永定同乡会，1992 年，第 232 页。

槟城潮州属下各县华侨成立社团时，都不单纯是以语言和文化因素作为唯一认同标准的，而是接受一个更广泛的文化区域共同体，同时还要考虑当时环境下复杂的帮群关系。在这方面，全讲客家方言的大埔社群走得最远，他们接受了超越地缘意识的认同，与此同时又保有自身的语言与文化特色。所以，从组织结构来看，槟城潮州会馆不是一个纯潮语的团体，而是一个由潮州、客家自有的文化和语言所组成的跨方言、跨社群特色的团体。当时的潮州、客籍社群是以冲淡潮语系及客语系的差异，增强在广帮社群中的实力为目标的。

同治三年（1864），"韩江家庙"成立，标志着潮语系与客语系两大社群一并加入了跨语言系的组织。它的创建，在激扬祖绪、启后祀先、敦睦乡谊方面起了积极的作用。韩江家庙会馆创建于同治九年（1870），创建人为许桧合、王武昌、洪声挂、黄遇冬。原址位于尾街 381 号，现今位于吉宁街门牌 127 号会所。它在初期仅有一堂一厅，至光绪十四年（1888），始由许武安、王孟正等进行扩建，以前、中、后三座的传统祠堂形态出现，檐牙高筑，金碧辉煌，一派典型粤东建筑模样。[①]

先后加入韩江家庙的，有潮安、潮阳、澄海、揭阳、普宁、惠来、大埔、丰顺、饶平九邑人士。这时期韩江家庙的组织结构，显然是以此九邑为基础的。1915 年，南澳升格为县后，韩江家庙方成为十邑联合组织。

清代东南亚的华侨社团一般是以邑（县）、府、省等作为结社单位的，但韩江家庙一反常规。"韩江"，其实只是一条江河的名称，并没有"邑"或"府"的含义。韩江在潮州府境内流经潮州和嘉应两个州。韩江上中游地区，属山地地区，流域居民主要讲客语。韩江下游是三角洲平原，流域居民以讲潮州语多。在清雍正十一年（1733）之前，韩江中下游的大部分地区为潮州府所管辖，有海阳、潮阳、揭阳、程乡、平远、饶平、惠来、大埔、澄海、普宁、镇平等县。雍正十一年（1733）后，分划原属潮州府的程乡、平远、镇平和原属惠州府的兴宁、长乐五县，设立了嘉应州，其居民主要讲客家话。

韩江家庙的名称可能蕴含着始创者的匠心，主要是为了解决以"邑"或"府"作为社团名称的不便。因为加入韩江家庙的县属社团中，有大埔和丰顺两县。在清代，虽然大埔、丰顺这两个说客语的县被归入潮州府，但它们的客家意识仍根深蒂固。为了让这两个县的乡侨能够心安理得地"入韩"，便创设了"韩江家庙"的社团名称。当然，这一组合客观上使韩江家庙变成了一个更大的区域

---

① 据潮州会馆韩江家庙网站资料。

文化共同体。① 对于大埔社群来说，参加韩江家庙，与潮州籍社群结合，应是一种生存之道。

6. 大安社

资料显示，大埔人最早于 19 世纪 20 年代以后开始参与槟城华人社会的团体活动。道光八年（1828）刻的《广东省暨汀州府诏安县捐题买公司山地》石碑表明，潮州社群的捐款高居各社群榜首。此时的潮州社群因为在威斯利省种植蔗糖获利而拥有强大经济实力。在会馆中出任总理的都是潮州籍人。与之相对照，大埔邑人在整个客属社群中势力是最单薄的。②

咸丰十年（1860）刻的《广东省暨汀州众信士新建槟屿福德祠并义冢凉亭》石碑表明，"广东义冢"倡建福德祠和凉亭，"永大馆"（福建汀州永定和潮州大埔联合组成的团体）捐了 30 元，潮州公司捐了 60 元。③ 若与 1828 年两者的捐款比较，这时形势发生了显著变化。根据 1860 年碑记，这时的大埔邑人选择与永定邑人合作。④

但是，无论在永大馆还是韩江家庙，无论是从人力还是财力来说，大埔社群的地位实际上还是不如其他社群。当时的大埔人虽然参加了韩江家庙，且与永定人共同拥有永大馆，但实际上在诸多侨团事务的参与上（例如共管海珠屿大伯公香火事务以及轮值炉主等），大埔社群均处于弱势。主要原因是他们长期依附在永大馆和潮州籍社群内，本社群难以产生自我认同的情感。

不过，在 19 世纪末至 20 世纪初，大埔本邑人数在增加，更重要的是，一群有经济实力的大埔与梅县客籍人士开始崛起，他们中的精英，还担任清驻槟城领事官之职，因而提高了大埔社群的社会地位。于是，他们便萌生出另组同乡团体的念头。在这样的背景下，大安社的出现便是历史使然了。约在光绪十六年（1890），大埔社群除了参与韩江家庙的祭祀活动之外，还另起炉灶，组织了一个祭祀大伯公的神缘组织（其实更是一个地缘组织），称"大安社"。戴荔岩在1966 年撰写的《大安社史略》中称："本社为吾邑乡先达所组织，以祷神祈福，共谋同乡团结为主旨。自成立迄今，既有七十余年历史。"由是可知其约略的成立年代。当时大安社拥有监光内 63 号房屋的物业，其章程起草人张舜卿，是张

---

① 到 1934 年，为庆祝会馆成立 70 周年，"潮州会馆"之名方正式出现。2003 年 9 月 23 日，"韩江家庙"修复工程正式动土，2005 年 4 月 10 日举行谢土及进殿仪式。2005 年，潮州会馆庆祝成立 150 周年。2006 年，韩江家庙获联合国教科文组织颁予"亚太区文化遗产保护奖"。据潮州会馆韩江家庙网站。

② 陈铁凡、傅吾康合编：《马来西亚华文铭刻萃编》（卷二），马来亚大学出版社，1985 年，第 689 页。

③ 陈铁凡、傅吾康合编：《马来西亚华文铭刻萃编》（卷二），马来亚大学出版社，1985 年，第 692 ~ 694 页。

④ 胡文希：《槟城永大会馆概况》，见胡嘉达主编：《北马永定同乡会新会所开幕暨 42 周年会庆、青年团 9 周年纪念庆典特刊》，槟城北马永定同乡会，1992 年，第 135 页。

弼士在槟城的信托人。^① 大安社成立后，每年元宵，均集合乡邑前往海珠屿大伯公庙祭神赏灯，以寻找心灵上的寄托。

大安社是槟城历史上第一个只允许大埔人加入的地缘社团，其他大埔人社团还没有这样的先例。从 19 世纪末开始，大埔社群在槟城华侨社会中的地位开始提高。其重要标志是一群大埔社群领袖开始崛起。在槟城华侨社会中，他们有经济实力，有社会地位。其时大埔社群得到两方面的支持：一是在广帮群体的认可和支持下，大埔人担任广东暨汀州会馆总理，甚至还担任跨帮群组织的南华医院的总理；二是因为与潮语系社群组成了一个更大的区域文化共同体而得到了后者的支持。在此情势下，槟城潮州会馆内的成员，包含客语系的大埔、丰顺与潮语系的潮州籍社群，通过相互合作而呈现出良好的互动关系。

7. 嘉德社

嘉德社是一个神缘（宣称以大伯公为崇祀对象）与地缘双重结合的组织，约成立于光绪二十六年（1900）秋，在大埔人组织了大安社之后。从当时留下的《祭祀祝文》可知，其成员包括祝文内的"谢荣光、王恩翔、古廷杰、杨铭汤……谢炳义、梁廷芳、潘祝华、萧宗梁、李廷岐、梁官增"等 40 人。他们组织这个社团，集体向被称为"护国通商，佑我同人"的"福德土地"大伯公致祭。因此，这个章程，就等同于 40 名发起人的内部约誓，表明这个社团是以他们为核心的，也就是说，除了他们外，以后如要增加会员，也只能增加他们的子孙，红利一代代相传。

嘉德社这种组织形式，并非鲜见。它采取神灵前结义的方式，一道集资去做公益事业，也通过拟就章程和神前约誓的方式，维护原来参与者的财捐，也维护他们从集资中衍生出来的利益。其长远目标，是为了进一步加强核心成员与其后人的关系。在最初阶段，嘉德社相当成功地实现了目标。宣统二年（1910），嘉德社以 1 100 元的价格在槟城热闹的新街头购得门牌 30 号 D 砖墙瓦店一间。之后，每年通过出息存积来应付重阳日的费用。宣统三年（1911），嘉德社规定，除了在各种收入开销方面订出细则以外，"凡在考簿所有社规，依旧照抄，不得添新换旧"，这一年，嘉德社已经有了第二代人的参与，社友人数增至 65 人，当年每人分派得利息 15 元。按照嘉德社的记录，1942—1945 年日据期间社务停顿，到了 1949 年，改名为"嘉应社"，并规定新人可通过社员大会入会。

8. 永安社

在大埔人成立了大安社、嘉应人成立了嘉德社前后，永定人也在神缘及地缘双重基础上建立了"永安社"。据王琛发说，胡育文在 1974 年回忆，永安社成立

---

① 邝国祥：《槟城散记》，星洲世界书局有限公司，1958 年，第 58 页。

于"七十多年前"。如此看来，永安社应成立于清代。早期的永安社，到大伯公庙拜祭大伯公。在槟城大伯公张理等人墓前致敬时，社员们依照闽西山区"放花"的民俗，以生羊血祭，洒墓为祝。但其后经过其他客家人组织的劝告，此风俗乃止。

客家五属都是以大伯公庙为中心，以神缘和地缘的双重关系作为结社的基础的。直到今日，槟榔屿的嘉应、增龙、惠州、大埔、永定五属会馆，还是延续着清明春祭与中元秋祭，以及集体祭拜神明与先人灵位的传统。每年有几个大祭是不可或缺的：一是清明时节到广东暨汀州义冢春祭扫墓，拜祭象征已故先人集体安魂的总坟以及邻近的同乡坟墓；二是五属客家人择期拜祭大伯公，作为五属客家人之间最大的例常年度联合活动；三是择期联合拜祭大伯公。此大伯公，即先人张理和他的两个结义兄弟。他们已被客家人神化为具有本土客家群体祖神性质的福德伯公。①

（三）海南籍地缘社团

1. 槟城海南会馆

当海南人 19 世纪来到槟榔屿时，大部分职业已被其他籍贯的华侨所占据，海南人于是开始从事厨师和渔夫等冷门职业，待积蓄了一笔资金后，便开咖啡店或餐室。槟榔屿的海南人会馆只有一个。据《槟城琼州会馆馆史》，"槟城琼州会馆之正名，实始于 1925 年，原初之命名为'天后宫'，创设于今义兴街海记栈之对面，宫内陈设，因陋就简，神龛中仅立一方书写'天后圣母神位'之木牌，作为祭祀之象征。……本屿天后宫始创于何年，因乏史籍以为考据之典要，殊难予以确定，然纵观馆中现存之石刻牌匾，当以一额'莫不尊亲'木刻为最古。盖同治九年（1870）之遗物也，距今已 97 年矣。迨至光绪二十一年（1895）时，天后宫之负责人周衡山等先哲，将义兴街旧址出售后，建新观于色仔乳巷"。据此，则天后宫最早出现，惜建立年代不详，不过据云这是海南人在槟城建立的最早一间天后宫。而海南会馆最晚成立于 1870 年，到 1925 年始易名琼州会馆。今天的槟城琼州会馆馆宇，是 1895 年卖掉旧址后重建的。重建时仍称海南会馆，馆内附设天后宫。因此，海南（琼州）会馆始终与天后宫合二为一。今天琼州馆内并设的天后宫，仍然供奉天后圣母、水尾圣娘、财神以及 108 兄弟公等神位和神像，也应是清代已有的陈设。又据说在太平洋战争爆发以前，香火非常鼎

---

① 　有关以上三社情况，参王琛发：《清代槟榔屿客家人的大伯公神缘组织》、《槟榔屿客家人乡会历史上的祭祀传统：重构原乡文化意识与历史记忆成为关系在地开拓主权的地方历史记忆》，客家大百科网站。

盛，每年庆祝"天后诞"的盛况，毫不逊色于"观音诞"和"九王爷圣诞"。①
在"妈祖诞"的日子里，信徒还会杀羊膜拜，并且大事庆祝一番，场面十分热
闹。这些习俗也应源于清代。

顺便一说，1995 年琼州会馆重建一百周年时，该寺庙特地从中国邀请雕刻
师父，重修和设计寺庙龙雕塑像。整座寺庙在当年经过了一次完整大翻修。

2. 槟城平章会馆：福建与广东籍的联合地缘社团

19 世纪七八十年代，闽粤两省华侨共建"槟城平章会馆"，凡有事，皆集众
议决。《魏省中过平章会馆感怀诗》赞曰："四海皆兄弟，怡怡聚一堂。粤闽旧
接壤，欧亚此分疆。三岛神仙窟，千秋争战场。尧天尤共戴，百姓自平章。"②
平章会馆首任会长为郑景贵（1881—1883），当时他一个人捐赠了 600 元，是最
大的捐赠人。不应忘记的是，郑景贵曾与殖民地当局协力整治斗殴仇杀、聚众抢
劫之风。拿律两个主要矿产区吉连色和新吉连各民族间和帮派间曾挟械仇杀，历
十余年而不能息。景贵以其至深资望，努力斡旋，调和矛盾，使民得以安居乐
业。他常见义勇为，遇华侨受欺凌，即挺身而出，解困扶难。清咸丰、同治年
间，他与当局协力整治此风，因而得英当局封"甲必丹"勋衔，处理一切华侨
事务。

值得注意的是，就在平章会馆成立前几年的光绪二年（1876），义兴与大伯
公会（建德堂）由于普吉岛锡矿之争，酿成了震惊英国殖民政府的"槟城十日
暴动"，从而造成了槟城闽粤两大地籍华侨的裂痕。平章会馆的成立表明了实现
两大地缘群体破镜重圆的意向。还有一说是平章会馆于光绪九年（1883）在英殖
民地政府主导下设立。当时殖民地政府成立这个会馆的目的是为了调解华人私会
党争与民间纠纷，为殖民政府维持社会秩序及巩固统治权力服务。不管如何，弥
合两大群体分裂的举动是值得赞许的。《魏省中过平章会馆感怀诗》表明，此时
槟榔屿的华侨社团已经实现了形式上的大联合，在许多事关华侨重大利益的事情
上进行集体议决。

无论如何，平章会馆是槟榔屿华侨社会中的超帮派总组织，也是今天槟州华
人大会堂的前身。平章会馆成立后，便成为该州华人社会的最高领导机构，在为
华人办教育、谋社会福利、调解纠纷乃至改良风俗等方面均有贡献。

清代的平章会馆对华侨社会所做的贡献不少，例如，在 19 世纪与 20 世纪之
交，平章会馆在帮际交流合作的基础上，继续促进文化教育活动。它先后为南华

---

① 骆静山：《槟城华人宗教的今昔》（之一），"槟榔屿华人事迹"学术研讨会论文，2002 年。

② （清）力钧：《槟榔屿志略》，此据福建师范大学历史系华侨史资料选辑组编：《晚清海外笔记
选》，海洋出版社，1983 年，第 54 页。

义学、中华官音学堂及崇华学堂等提供临时校舍，并设"崇文社"，常年祭祀仓颉和诅诵"二圣"。仓颉相传为黄帝的史官，汉字的创造者之一。诅诵又作沮颂，相传黄帝时为左史（仓颉为右史），两人同心协力创造了文字。众所周知，文字代表文明，祭祀仓颉、诅诵"二圣"，代表了对文明的景仰和向往，可谓匠心独具。

清代的平章会馆所做的一件最有"国际主义"精神的事情是：光绪三十一年（1905）六月，华商加入了新加坡和中国抵制美国货的运动。他们聚集在槟州华人大会堂，向美国政府施压，要求提高华人移民配额。

一种说法是，由于平章会馆具有为殖民政权服务的性质，大权集中于一小撮官绅手中，故不能发挥维护华人共同利益的功能，不为华社所重视，形同虚设。到第二次世界大战后，平章会馆便进入冬眠状态。至 20 世纪 70 年代，槟州华社展开复兴及重组平章会馆运动，遂于 1983 年平章会馆成立 100 周年时落成槟州华人大会堂十层新厦。

三、血缘/宗亲社团、同姓宗祠与堂号

槟城跟另两个"海峡殖民地"（马六甲和新加坡）不一样，这里的华侨多数是"土生华人"，近有第二、三代的，远有第六、七代的，而且都以语言相通的福建籍人居多。那时，从中国来的新客多数到新加坡、马六甲，或者到马来半岛其他华侨比较集中的地方，比如吉隆坡等地。而到槟城来的多数是"投亲靠友"的，有一定的根基，由此可以解释为什么槟城的血缘社团如此之多。

或许跟别的地方不同的是，槟城宗亲社团的表现形式更为丰富，主要有三种形式：一是宗亲会馆。同姓人士聚集在一起，建起一间会馆，供大家逢年过节祭拜之用。同一宗祠的宗亲，有属正常宗亲关系的，但也有属大范围宗亲关系的。二是同姓宗祠。但数量很少，只有财大气粗的数个大姓有能力建起一个雕梁画栋、气势恢宏、傲视一方的大祠堂。当然，他们也加入宗亲会馆，是会馆里的佼佼者。这种情况是别的地方看不到的。三是堂号。一般是在自家的屋子上（如商店的门楣上），写上自己从家乡带来的堂号。这些堂号一般来自中原，源远流长，发展到清代，其名声孰大孰小早有定论。严格来说，堂号并非社团，因为只有自家在"自娱自乐"，没有其他同宗参与。但是，堂号的存在，却是槟城血缘/宗亲社团体系高度旺盛的产物。虽然其他地方也可能存在这样的现象，但只有在槟城，才可以找到如此异彩纷呈的"堂号世界"。

（一）血缘/宗亲社团

海外的华侨宗亲社团可以分为两种类型。一类由正常的宗亲关系组成。这里所谓"正常宗亲关系"，是指由来自本乡（一般范围不超过县）同姓华侨组成的社团。另一类则是以"大范围"的宗亲关系为纽带，或以传统兄弟结盟的特殊团体为基础的非地域性组织。一般来说，这类社团的成员的地域较广，天南海北，其宗亲渊源几乎无法接驳，只是基于某种需要而组成宗亲团体。更有的宗亲社团只是基于某一子虚乌有的历史传说。但到了海外，特别是在华侨初到异乡、人生地不熟的情况下，组成一个宗亲社团的根本目的都是为了立足和谋生。宗亲社团一般由经济实力较强而又热心公益的长者任领导人，不拘地域，横向成立同宗组织。

追溯海峡殖民地的新加坡、槟城和马六甲的血缘/宗亲社团组织的历史，可以上溯至19世纪初。到19世纪中叶第一次移民潮之前，海峡殖民地华侨都曾建立宗亲社团。一般认为，嘉庆二十四年（1819）建于新加坡的曹氏宗亲组织——曹家馆是海峡殖民地第一个宗亲组织。无独有偶，嘉庆二十四年（1819）也是新加坡的开埠之年。此后不久，在海峡殖民地的另两个地方——槟城和马六甲，宗亲组织也相继建立起来。道光五年（1825），黄姓人氏创立"马六甲江夏堂黄氏宗祠"，接着到道光十五年（1835），邱姓人氏在槟城创立"槟城龙山堂邱公司"。这两间超过200年历史的华人血缘组织至今仍然存在，尤其是槟城龙山堂邱公司，更荣获联合国文化遗产修复奖，成为马来西亚著名旅游景点之一。清代海峡殖民地的血缘社团数目可谓冠绝南洋，其中尤以槟榔屿为最。[①] 到后来，不仅是在海峡殖民地地区，在整个马来联邦地区，依靠血缘关系建立起来的宗亲组织也如雨后春笋般出现，成为当时华侨社会的一大景观。

下表是海峡殖民地一些重要的血缘组织，其中以槟城居多。

---

① 参马慧玥：《近代海外华人宗亲组织特征初探——以海峡殖民地为研究对象》，《法治研究》2011年第8期。又，海峡殖民地的华侨宗亲组织蓬勃发展。以新加坡为例，到1977年，新加坡华人姓氏超过100个，有102个姓氏先后建立了超过200个以上的宗亲组织，其中历史超过百年的宗亲组织就有20个。在诸姓氏中，陈姓宗亲组织最多，为23个；林氏次之，为18个。槟城与马六甲地区，华人宗亲团体也蔚为大观。槟城地区超过百年的宗亲组织有11个，马六甲则有2个。参［新加坡］吴华：《新加坡华族会馆志》，南洋学会，1977年。

名　称	姓氏	所在地	原籍	创立时间	创立人
江夏黄氏宗祠	黄	马六甲	福建	1825 年	黄温成、黄隆成等
江夏黄氏宗祠	黄	槟榔屿	福建	1828 年	
龙山堂邱公司	邱	槟榔屿	海澄	1835 年	邱华东、邱心美等
霞阳植德堂杨公司	杨	槟榔屿	海澄	1842 年	
许氏高阳堂	许	槟榔屿	福建	1849 年	许心钦
李陇西堂	李	槟榔屿	福建	1854 年	
颖川堂陈公司	陈	槟榔屿	福建	1854 年	陈瑞吉、陈隆斯等
宝树堂谢公祠	谢	槟榔屿	海澄	1854 年	
林氏勉述堂	林	槟榔屿	海澄	1863 年	林清甲
林公司敦本堂	林	槟榔屿	海澄	1863 年	林清甲
九龙堂林公司	林	槟榔屿	海澄	1866 年	
陈颖川堂	陈	马六甲	福建	1875 年	陈金钟、陈明水
王植槐堂	王	马六甲	福建	1896 年	王庆云
太原堂王公司	王	槟榔屿	福建	1900 年	王鼎汉、王宗汉等

资料来源：福建省地方志编纂委员会编：《福建省志·华侨志》，福建人民出版社，1992年，第 60 页。

此外还有槟榔屿的吴氏公司、吕氏公会等，以及几个姓氏组成的宗亲社团。槟榔屿的宗亲社团相当典型地代表了东南亚血缘社团的基本特征，故这里逐一阐析。

1. 关于宗亲社团的产生方式

根据目前所看到的材料，早期海外宗亲社团的产生主要有两种方式：一是"原生式"，二是"分香式"。

所谓"原生式"，即出国华侨到了居住地后才成立的社团，也就是说，他们与家乡的宗亲社团没有联系，在出国前彼此之间也没有组织社团的意念，而是出国后在居住地形成的宗亲社团，完全是一种因应在当地的生存和发展需要而在当地发生的"居住地行为"。

众所周知，早期海外华侨社团成立的最重要起因是，侨胞们希望在远离故土的异乡通过集体组织的方式共同抵御"环境改变"所带来的各种风险，而他们所能选择的，通常就是他们最熟悉的、在家乡曾经组织和参与过的或者耳熟能详的组织形式——社团。华侨移民是典型的"连锁式"移民，这种移民方式通常会带动家庭乃至家族的迁徙，同时带动地区性的乡众迁徙。前者所结集的群体即带有"血缘"关系的群体，后者则属含有"地缘"关系的群体。两类群体是相互兼容的，前者往往被包含于后者之中，只有很小一部分血缘关系群体中的成员不属于某个地区性的地缘关系的群体。显而易见，属于血缘关系的群体，在人数上总是少于属于地缘关系的群体。按照中国宗族关系的一般法则，血缘关系的亲密程度和重要性肯定在地缘关系之上。因此，在华侨移民到居住地之初，最早建立起来的社团一般是血缘关系的社团。但是，由于具有血缘关系的成员人数稀少，一个血缘社团的规模会显得势单力薄，不足以承受维护社团内聚力和共同抵御"环境改变"所带来的各种风险，因此才会有地缘社团的产生。毫无疑问，通过地缘关系联结起来的集体人数大大超过通过血缘关系联结起来的集体人数。因此地缘社团便可以抵消血缘社团人数稀少的缺陷。不过有两点应该说明：其一，早期血缘关系和地缘社团的作用是相辅相成的，地缘社团的成立并不排斥血缘关系的作用，恰恰相反，两者可以互相照应，共同受益。其二，很多地方华侨社团的产生，并非总是先有血缘社团，后有地缘社团的。如果一个地方的华侨中，具有血缘关系的人比较少甚至没有这类关系，则没有多大可能建立血缘社团，而是直接建立地缘社团。这种情况应该发生在华侨移民人数比较少的地区。一个海外居住地的华侨移民，往往多数来自中国同一个地区，而一个海外居住地的华侨移民的同一血缘人数的比例，往往与其总移民人数呈正相关关系。所以，一个居住地华侨移民人数越少，则同血缘人数就越少，也就难以建立起血缘社团。但因为这个居住地的华侨移民基本上来自同一个地区，也就很容易建立起地缘社团。

所谓"分香式"宗亲社团，则与"原生式"宗亲社团刚好相反，是华侨到了海外后延续其在国内宗亲之间千丝万缕的联系而建立的。为了维持这种关系，宗亲们便在居住地仿照家乡的样式，建立起祠堂或宗庙。这种祠堂或宗庙，实际上就是国内宗族（宗亲）的"分炉"。例如在新加坡，最典型的案例就是兴利芭的"炉内潘"宗祠——"横山庙"。"横山庙"始建于其宗族成员潘春膑南下新加坡。当时潘春膑从家乡南安炉内的"横山庙"香炉中捧了一捧香灰在自家供奉。一般来说，海外的"分炉"会严格沿用国内的宗族规矩。主要表现在，在宗亲组织内部，论资排辈；沿用国内同宗族的谱系，为同一辈的成员取名，分配家族利益。这些规矩说明了海外宗亲组织也具有国内宗族组织的一般特征，体现了他们对于故土亲缘传统的坚持。例如，槟榔屿的邱公司与杨公司都是如此，杨公司的辈分名单中，罗列了40个辈名，甚至包括了未来的辈分。龙山堂邱氏留存一首辈分诗，为五言格律："圭璧呈云瑞，人文焕国华。台衡思继武，鼎甲励承家。一贯书绅永，千秋锡福遐。贻谋资燕翼，世业仰清嘉。"过去中国的族谱体系记录要不用一首五绝诗，要不用一首五律诗。不同辈分（代）的子孙在起

名时，第一个字自然是姓；第二个字均需采用约定的五绝诗或五律诗排序中相对应的那个字，直到一首诗的字全部用完，再作一首，用在下一个循环；只有第三个字是自由可选的。故辈分的高低取决于第二个字。一个人辈分高低，一看他的姓名中第二个字便一目了然。如上面的邱氏宗族中某人的名字叫邱文某，便属第七代，若叫邱国某，便是第九代。邱文某则是邱国某的爷爷辈。一首五绝20个字，五律40个字，要完成一轮辈分循环，把20个字或40个字都用完，短则两三百年，长则五六百年。这是中国古代宗法秩序的重要组成部分，既体现了同宗血脉的源远流长，也体现了家族历史的辉煌。

东南亚血缘/宗亲社团与国内相比较，既有不变的一面，也有变的一面。最大的不变是以父系传承为核心的一系列观念思想建构和财富分配制度。

第一，严格供奉一个以远祖父系为核心的共同祖先。这也是海外华人宗亲组织建立的重要目的。一般的海外宗亲组织，都会将祭祀祖先作为会馆成立的重要宗旨。在这个共同祖先之下，宗亲社团的所有成员皆遵循血缘与婚姻关系的原则。这套原则在中国几千年的历史中是深入人心、不可动摇的，它包括长子继承制、配偶的嫡庶制度等。一个共同祖先的当代继承人，就是族长。族长在日常事务中具有相当高的权威。在宗亲内部的祭祀活动中，他是主持人；在宗亲成员的婚礼中，他是证婚人；宗族内部若发生纠纷，他是最高协调人；对宗族的所有对外事务，他是代言人。他是宗族的长老，可以在宗族内发号施令，且"令行禁止"，具有很高的集权性。这种权威，既来自个人，也集合了组织的强权。在海外宗亲组织的早期，这一特征尤为明显。更应值得注意的是，族长的这一权威可以前后相继。其实，他本人就是共同祖先在当世的代表，有点像"活佛"。

第二，强调传统的宗族成员同姓同宗原则，只接收有血缘关系的男性成员加入，拒绝女性以及无血缘关系的人。直到男女平等已经流行了多年的今天，很多海外宗亲社团仍然笃行这一原则。当然，这一制度后来在海外华人社会中也有所动摇，一些宗亲社团也允许女性成员以某种形式加入。即使这样，但以男性为中心的"铁律"仍然是不可移易的。

第三，很多海外华侨宗亲组织内部，保持中国传统家族"房"的观念，形成了一套千年不变的相对稳定的组织结构。宗族成员在本房之中，会形成对本房的认同感，获得更多的关照；在房与房之间，则会形成亲缘与利益的区分，结成了不同的小团体。当然，为了统合不同"房"的利益关系，宗亲社团会还制定了"宗亲组织章程"之类的条文，作为所有成员必须遵循的共同行为准则。

第四，宗亲组织一般拥有一定的宗族共同财产，用来维持宗族日常运转。在后来的商业化环境下，共同财产则用于投资教育与公共福利事业。这里值得一提的是，中国传统文化观念是"万般皆下品，唯有读书高"。这一观念在海外华人社会中比之国内有过之而无不及。例如，海峡殖民地的各宗亲团体就十分重视教育。一个成员在宗族内部所受教育程度以及科举功名的级次，是决定其地位的重要指标。

第五，成员之间有密切的社会、经济和礼仪上的关系，他们彼此通过履行宗族义务而聚集在一起，宗族的认同感、宗族向心力也因而得到提高。祭祖、纪念传统节日以及宗教祭祀，是海外宗亲组织的重要活动。此外，海外宗亲组织对于宗人福利的维护则主要体现在对年老或失业的族人提供资助和补贴上。主要表现在，尽可能地资助因老弱病残而生计艰难的族人。同时，关心族人的婚姻，包括与国内本宗联手，从国内寻求合适女子与本宗海外男子结婚，以避免华人男子与当地女子通婚等。

第六，仲裁宗亲组织的内部纠纷，解决矛盾，同时调解宗亲组织与其他团体之间的纠纷和矛盾。

2. 关于宗亲社团在居住地的变异

华侨宗亲社团并非是其在家乡的宗亲组织在海外的简单复制，而是以家乡宗亲组织的基本特征为基础，融进居住地的元素。主要表现在两个方面：

其一是在名称或包装上换上居住地的外壳，简言之，就是不再使用家乡的宗亲社团称呼（例如"××堂"之类），而是换上居住地的称呼。最通行的做法就是以"公司"的名衔出现。这种情况似在海峡殖民地地区更为明显。

英国人建立了海峡殖民地后，在禁止会党组织存在的同时，引进了"公司制度"。本来在会党组织内，成员间的关系是兄弟关系，但按照"公司制度"，成员间的关系就变成了"雇佣"关系。实际上，在华侨会馆内部，所谓"公司制度"也只是虚有其名，大家仍然奉行兄弟之义，彼此心知肚明。会馆的头领是"大哥"，而非"老板"。同治八年（1869），英国殖民地政府认为华侨社团多拥有黑社会色彩，便颁布"危险团体抑制法令"，规定所有被认为不危险的团体须向社团注册官注册并呈报团体详情。光绪十六年（1890），英国殖民地政府又实施一项社团法令，规定只有向政府当局注册的组织才属合法团体。为避免被误认为"黑社会组织"，原有以"公司"命名的华侨社团便不约而同地把"公司"的名称易名为"会馆"。马来文中称黑社会为 Kongsi Gelap（意指黑公司），与"公司"的称号有关。为避免误会，除槟城外，马来亚各州的华侨血缘及地缘性组织都不再以"公司"命名。

第一个海外宗亲组织曹家馆，最初是以"曹府大公司"为名。曹家馆在道光二十九年（1849）从东印度公司取得的地契上，以及咸丰三年（1853）的两幅木刻贺联上，均有"曹府大公司"的字样。新加坡古城会馆于道光十六年（1836）八月五日从殖民地当局获准注册，当时的注册名称为"四姓公司"。从

同治十三年（1874）到 1924 年之间，古城会馆一直是以"四姓公司"为名。在槟榔屿，则有相似的邱公司、林公司、谢公司、陈公司等。之所以如此，是因为"公司"在海峡殖民地地区是十分"时髦"的名称。这个英国人带到东方来的社会组织名称，在当时商业活动极为频繁的海峡殖民地主流社会中一直是社会交往的"上宠"。因经商而致富的华人在与上流社会的欧洲人和当地人打交道时，自然不会或者羞于出示诸如"堂会"之类的"落后"称谓。同时，宗亲社团竞称"公司"，不仅仅是追逐"时髦"之举，当时的宗亲会馆大都还有商业行为，有的会馆实际上就是一个商业机构。这样，叫"公司"也算是名副其实，如果不叫"公司"而自称"会馆"，才真的是"迂腐"。不过，笔者认为，一个宗亲会馆，不管其商业化程度有多高，其作为"原生态"的血缘组织的一面永远是存在的。所以，不见得人们纷纷以"公司"相称后，原来的宗亲会馆名称就不再存在了。

其二是选举和监督的民主化与制度化。宗亲会馆以公司相称，并非是新瓶装旧酒，只是换了个外壳，内容没有改变。实际上，会馆称公司后，内部的改变还是很大的。这种改变，除了上面说的参与经商外，还包括会馆/公司的管理制度和方式的改变。简而言之，海外宗亲组织出现了"公司化"经营的倾向，在原来带有浓厚封建宗族色彩的基础上，嵌进了明显的民主元素，出现了西方民主制度的某些特征，进而体现了两种文化的良性对接。这具体表现为两个方面：

表现之一是，原来的宗族族长的产生，主要是按辈分与年资。在公司制度下的族长，通过选举产生，辈分与年资的影响大为减少，族内人更看重其财富累积与社会名望。"财富累积"在族长选举中扮演的重要角色，则充分体现了海外社会"商业化"的特色。例如槟城林公司在同治二年（1863）到 1963 年这 100 年间共产生了 6 位族长，这 6 位族长无一例外都是富商，尽管辈分与年资仍然很重要。①

表现之二是，公司内部出现了"层级制度"和"监督机制"，一改原先宗亲组织的一言堂现象。许多以"公司"为名的宗亲组织建立起"常务委员会—理事会—普通会员"的层级制度，并建立相应的"监督机制"。当然，这种情况的出现比较晚，但在清末已初露端倪。例如龙山堂邱公司，从 1917 年到 1919 年完成了管理制度的变革。他们任用了 24 位信理员对龙山堂的事务进行管理。

（二）同姓宗祠

海峡殖民地华侨不仅建有自己的宗亲社团，而且有的还建有宗族的祠堂。建

---

① ［澳］颜清煌著，栗明鲜、陆宇生等译：《新马华人社会史》，中国华侨出版公司，1991 年，第76 页。

宗族祠堂者，一般是大姓望族。

同姓宗祠以槟城最为突出。它们都是在宗族繁衍，并有了稳固的经济基础之后才建立的，其中以崇祀南界圣王的梅氏宗庙为最早，成立于 1842 年。继起的是福建五大姓的祠堂，即邱、谢、杨、林、陈。它们的成立年代和所崇祀的乡土神如下表：

成立年代	宗祠名称	崇祀的乡土神
1844	霞阳植德堂	（杨家祠）使头公
1851	邱氏龙山堂	王孙爷爷及大使爷爷
1858	石堂谢氏宗祠	大使爷及二福侯
1863	林氏九龙堂	祖姑（天上圣母）
1873	陈氏颍川堂	开漳圣王陈元光

槟城五大姓祠堂中，尤以邱、谢二姓祠堂最为宏大。

1. 槟城新江龙山堂邱公司

槟城龙山堂邱公司（Khoo Kongsi）是槟城最著名的姓氏公司，1835 年由福建省迁来的邱氏族人建立。其时发起人为漳州籍富商邱悦成。这一年的端午节，102 名邱姓人士集会，商议成立龙山堂邱公司，设立理事会。

资料显示，邱公司是华侨姓氏宗祠中最突出的一个宗族体系。最值得其夸耀的，一是其宗族庞大，族望显赫；二是其历史久远；三是其贤良辈出，光宗耀祖。今天的龙山堂，除了供奉晋代的谢安、谢玄外，还另设一间祠堂，每年冬至祭祖时，晚辈子孙功成名就，就可在此挂匾。而今墙上尽是举人、秀才、博士、硕士、医生、律师等匾额，琳琅满目，可见从清代延续到今天，邱氏宗族人才辈出。

邱宗祠的建筑工程始于咸丰三年（1853），其间几经周折，于光绪二十四年（1898）正式竣工。据云在完工当天，这座气势宏伟的建筑物屋顶突然起火。一些人认为是因为它建得有如皇宫，犯了大忌。邱氏家族将之诠释为神示，遂将之改建得不那么宏伟。现在的建筑物为光绪三十二年（1906）重建，20 世纪 50 年代曾经改造。它至今仍是槟城最富有艺术价值的祠堂，被联合国教科文组织列为世界文化遗产。祠堂的雕刻，经中国名匠的精心雕琢，金碧辉煌，瑰丽壮观，有红瓦雕塑、石狮龙柱，皆惟妙惟肖。祠堂中更有许多中国神话故事的雕刻，令人叹为观止。

邱宗祠的建筑设计也是中国古典式的，仿照同时代的清朝宫殿布局：祠堂正

中为"正顺宫"，两侧为"福德宫"及"浴谷宫"。整体上分三部分：中为大厅，供奉大佛爷，右为邱氏历代灵牌，左为复印堂，供奉大伯公。底层为专供族人租用与婚宴庆典之用，宗祠对面有一个舞台，供酬神演大戏之用。事实上，邱公司宗祠建筑本身也保持了中国原乡的封闭性，围绕在大铳广场的公司厝街屋群与宗祠建筑、戏台、宗议所，一体成形。大铳广场隐藏在外围街区内，共有 3 个狭窄巷子入口，特别是从大铳巷穿过街楼进入的巷子两旁的 16 间和从本头公巷侧入口进入的 8 间公司厝，构成了邱公司龙山堂大铳广场内的内向性聚落和防卫性强的隐秘空间。

2. 槟城石塘世德堂谢公司

槟城世德堂谢公司，即槟城早期五大姓之一的谢氏宗祠，其根基在中国海澄三都石塘社（今厦门市海沧区海沧街道石塘社区）。

槟城的谢氏宗祠整座建筑于同治九年（1870）竣工。它坐落在只能通过窄巷而进的偌大庭院。内部峻宇雕墙，装潢古朴，金相玉质，冠冕堂皇，让人目不暇接。从外面看，双层的中国式庙堂五彩斑斓，大门廊使用斜瓦，以英制狮头为饰，庙址范围虽小，但草坪庭院干净整齐，花团锦簇。

从 19 世纪中叶起，五大姓纷纷在乔治市牛干冬街头，南至社尾街一带建立了独立的公司"聚落"，犹如殖民地城市里的同姓村，实际上，就是他们家乡的大家族村落在异国他乡的复制版。清代的槟城，华族宗祠林立，这些宗祠也称为"公司"，其实就是各宗族设立的宗祠，供该族群或同姓族人定期聚会或开会用。它也作庙堂，族人可在此举行聚会和祭祀仪式。每个公司都以核心位置的宗祠为中心，四周环绕着一些属于公司的街屋。

有趣的是，上述五大姓，除了陈姓以外，其余的都来自漳州龙溪县。它们在 19 世纪曾经支配着槟榔屿的福建帮社会。它们所控制的"福建公司"，就是用来管理七条路的城隍庙、湾岛头的水美宫、望脚兰的福兴宫（蛇庙）、霹雳露的受天宫（福德祠）和日落洞的青龙宫的组织。根据海峡殖民地官员詹姆士（James Low）的记载，在宗祠还没有建立以前，许多帮群的守护神都供奉在族中长老家里。每年农历正月初十这一天，一些守护神的神座，例如关帝爷等，都被抬到观音亭去请香火。那时候的请香火行列，彩旗前导，乐队后继，热闹异常。到元宵的时候就举行"较杯"仪式，以便选出下一年的炉主和头家。那些前来参加"较杯"的，都是各支派的代表人物。①

---

①　骆静山：《槟城华人宗教的今昔》（之一），"槟榔屿华人事迹"学术研讨会论文，2002 年。

（三）堂号

堂号既是每一姓氏的渊源，也是每一姓氏的代称，更是缅怀家族或先祖创业垂统和光荣历史的见证。中华文化的发源地是中州大地，以河南为中枢，因此，河南地方的"堂号"最多（当然以其他省份地名命名的"堂号"也不少）。而后来随着姓氏的地理迁移，作为华族文化象征的河南地方的"堂号"也辗转走向各地。在漫长的历史时期内，堂号多在中国境内移动（主要是向中国南方地区移动）。但在19世纪以后，随着华侨下南洋，堂号便流向了东南亚地区，其中尤以槟榔屿为多，详见下表。

槟城住宅区部分堂号（"二战"前）

堂号	代表姓氏	辖地
新江	邱（本作丘，因孔子名"丘"而改）	新江为郡，在福建海澄镇辖地
颍川	陈、邹、赖、钟	秦置郡名，辖河南旧许州、陈州、汝宁、汝州诸府，盖属颍水流域
高阳	耿、纪	汉置郡名，今河北高阳地
荥阳	郑、潘、吕	战国时韩地，今河南荥阳、成皋一带
范阳	简、邹、燕	古郡名，今河北涿州市；五胡乱华时，一部分许姓人家迁高阳，遂籍高阳
济阳	江、卞、柯、蔡、庚、却	后汉置江阴县，晋改济阳郡，在山东定陶地
西河	林、卜、靳、卓、宰	汉置郡名，今内蒙古鄂尔多斯地方，后汉移治离石，即今山西离石区
扶风	鲁、马、万、班、禄	隋置郡名，今陕西扶风、凤翔地
南昌	涂	汉置郡名，在江西南昌地，洪州涂氏为豫章望族
豫章	罗	汉置郡名，在江西南昌地
敦煌	洪	汉置郡名，今甘肃敦煌地
汾阳	郭	汉置郡名，唐并入曲阳，在山西省，唐将郭子仪受封于此，因而名传
谯国	戴、稽、逢、边	春秋时陈焦邑，近安徽亳县地
江夏	黄、费	汉置郡名，在湖北云梦县，隋移治武昌县
广平	谈、游、贺	汉置郡名，后改为国，今河北鸡泽县地

（续上表）

堂号	代表姓氏	辖地
弘农	杨	春秋卫邑，在河南灵堂县境；另霞阳也代表杨姓，因杨德君迁居福建漳州海澄县霞阳地，为杨氏开基始祖
太原	王、温、霍、祝、易、阎、武、羊、宫、祢、尉迟	在山西太原、汾州二府及保德、平定、祈州各地
内黄	骆	汉置县名，今河南内黄县地
铜鹿	魏	秦置郡名，晋为国，今河北铜鹿、宁晋一带
琅玡	符、云、诸葛	秦置郡名，地辖山东兖、青、沂、莱四府，后汉为国，治开阳，在今山东临沂市境
江庆	熊	春秋楚郢都，汉置县，宋改郡，今湖北江陵地
山阳	岳	汉置郡名，晋改县，故城在河南修武县；曹丕篡汉，废汉献帝为山阳公
安定	梁、伍、胡、程、席	汉郡名，地当山东兖州东南，江苏邳州市以东，治在郯城县
延陵	吴	春秋时吴邑，季礼受封延陵，今江苏武进区地
沛国	朱	汉置郡名，后汉改国，在安徽宿县境
庐江	何	汉置郡名，在安徽庐江县境
彭城	刘、金、钱	汉置郡名，金时改武定州，今江苏铜山县地
陈留	谢、虞、阮、伊	汉置郡名，晋为国，今河南陈留县，后移治开封；唯福建谢姓始祖是石塘东山，由海澄县迁居三都石塘社，当日子孙簪缨继起，人丁日盛，时人遂有阶前宝树之誉，此宝树名之所由也；槟城谢姓人家，多以宝树悬门楣，即此之故
下邳	阙	后汉置国名，在江苏邳州市境；南朝宋置郡名，在江苏宿迁市境
平陵	孟	春秋时齐邑，今山东历城地
清河	张、傅、房	汉时郡名，地当河北清河、故城、南宫、枣强诸县及山东清平、恩县、冠县

（续上表）

堂号	代表姓氏	辖地
雁门	文、田、童、农	战国时赵地，汉为郡，地当山西旧代州宁武以北及朔平、大同一带
南阳	白、许、叶、翟、韩、邓、乐、隆、姬、呼、束	秦置郡名，地当南山之南，汉水之北；泛指河南南阳及湖北襄阳一带
汝南	周、左、沙、梅、廖、袁、蓝、殷、言、南、商	汉时郡名，地辖河南旧汝宁、陈州二府，及安徽颍州府；治平舆，今汝南县地；唯槟城的广东台山梅姓人家，门额多题"端芬"，实起源于1265年端芬梅氏太祖由广东南雄迁台山端芬故也
陇西	李、彭、董、辛、牛、时	秦置郡名，地当甘肃旧兰州、巩昌、秦州诸府，治狄道，在甘肃临洮县境；晋徙襄武，在甘肃陇西县
吴兴	尤、沈、姚、施、明、水	三国吴置郡名，今浙江吴兴县地
乐安	任	南朝宋置郡名，隋废，在山东广饶县
晋阳	唐、匡、景	秦汉时置郡名，今山西太原地
西平	池	东汉置郡，治西都，今甘肃西宁县
武功	苏	汉置郡名，在陕西眉县境，今武功县
东平	花	汉置国名，治无盐，即山东东平县
临海	屈	三国吴分会稽、东郡、临海，在浙江，旧称台州
博陵	邵	战国时齐地，后汉改郡，今河北安平县地
千乘	倪	汉时郡名，在山东历城、益都一带
河间	凌、章、詹	汉置国名，后魏改郡，在河北献县及河间一带
余杭	隗	隋置郡名，唐复为杭州，今浙江杭州
兰陵	萧	晋时郡名，在山东峄县，南朝宋移昌虑，在今山东兰陵县境
广陵	盛、贡	汉置国名，后改郡，今江苏江都市
高平	范、巴	汉置国名，今安徽盱眙县境
新安	古	三国吴置郡名，在浙江淳安县
北海	邢、郎	汉置郡名，后汉改国，地领山东益都以至掖梁一带

（续上表）

堂号	代表姓氏	辖地
齐郡	查、谭、覃、晏、富	汉置郡名，后为国，今山东临淄县地
解梁	关	春秋晋邑，地领山西祥县、临晋、虞乡诸地；关羽即解梁人
薛郡	海	地辖山东西南、江苏东北，治曲阜
河南	于、方、毛、向、利、俞、陆、褚、廉、种、平、元、邱	今河南洛阳市地；闽人以新江代表邱姓
平阳	汪、管、巫、欧、仇、卫、饶、常、来、凤	三国魏置郡名，在山西临汾县境
上党	包、连、鲍、樊、尚	秦置郡名，在山西东南部，今长子县境
中山	汤、蔺、仲	春秋时国名，属北狄鲜虞国地，为魏所灭，在今河北正定县境
渤海	甘、高、封、区	汉置郡名，地领沧县、安次各地，南至山东无棣县境，治浮阳，即今河北省沧县地
濮阳	爰	汉置县名，后魏改郡，即古帝丘，在河南濮阳及山东濮县一带
河内	荀、司马	汉置郡名，地当河南省黄河与太行山之间，今武陟、沁阳一带
武陵	华、龙、龚、顾、冉	汉置郡名，后汉治临沅，今湖南常德市地
河东	邑、薛、聂、储、裴	秦置郡名，治安邑，即山西夏县地；晋移治蒲板，在永济市境
平原	东方	汉置郡名，在山东旧武定、济南二府之西，及乐陵、长清一带；晋改为国，即平原县地
冯翊	雷、吉	汉置郡名，为左冯翊辖地，治临晋；西魏改同州，即陕西大荔县地
东鲁	孔	孔子生于鲁，地因人而名，故曰东鲁；周时鲁国，地领滋阳、曲阜以南，至江苏邳州市及安徽泗县一带
京兆	史、宋、杜、东、段、韦、郜、黎、皇甫、冷、宗、计、晁、康、寿、舒、蒲、酆、雍、家、别	汉置三辅之一，地辖长安以东至革县一带；三国魏置京兆郡，治在长安西北；唐改为府，元改为路，今陕西长安地

（续上表）

堂号	代表姓氏	辖地
会稽	夏	地辖江苏东部，浙江西部，治呈兴；后汉移山阴，即今绍兴地
上谷	侯、荣、成、寇	秦置郡名，地辖保定、易州、寅化、顺天诸府，均在河北省
始平	冯、翁、庞	晋置郡名，故治在陕西兴平市境；又汉平陵，三国魏改始平，在咸阳附近
武威	石、贾、安	汉武帝时置郡名，即今之甘肃武威市凉州区地
辽西	项	秦置郡名，地辖永平、承德、朝阳、锦州、新阳一带；晋时为国，在辽宁与河北两省间
魏郡	柏	春秋时国名，在山东历城、益都一带
燕山	窦	辽置燕京，宋改燕山府，地领河北省北部及东北部，治在大兴县
百济	福	国名，后汉扶余王仇台之后，南至马韩之地建国，在今朝鲜半岛
天水	庄、赵、严、尹、狄、秦、艾、皮、上官、桂	汉时置郡名，在甘肃通渭县境，后汉移治冀县，即今伏羌地
顿丘	葛、司空	春秋卫邑，在河南浚县；晋置郡名，在河北丰县；汉置郡名，在河南清丰县境

资料来源：温梓川：《槟城华人姓氏源流》，《人文与社会科学论文集》，1984 年。

　　上述堂号，都在昔日槟城的住宅区。华侨素来崇拜祖先，在华侨住宅的客厅或神坛上所供奉的祖先神位上，都书有堂号，以示祖先之渊源，及示不忘本。从19 世纪末到 20 世纪二三十年代，槟城的住宅门楣上多悬有堂名，例如新江、颍川、宝树、江夏、太原等。这些都是堂号名称，只不过略去"堂"字而已。

　　堂号是作为中华民族的文化象征而存在的。这里的所谓文化象征，包括两重含义：一是过去"有文化"的人家（特别是所谓大户人家或者历史上有过显赫政治社会地位的人家），总是喜欢带着堂号到处走，家族迁移到哪里，堂号就被带到哪里，悬挂到哪里；二是一个家族不管受教育程度如何，也喜欢堂号不离口。如果一个人被问起自家堂号而瞠目结舌，无言以对，则多半会被认为没有文化而被人嘲笑，或被认为数典忘祖，孤陋寡闻。所以，过去的人们，是不敢随便忘记自家堂号的。

四、业缘社团

据郑永美的《槟城行帮史略》一文所载，槟城大约有 100 个业缘组织，其中历史最久的是胡靖打金行，其次是鲁班行，但孰先孰后仍未能定论。①而在同一文的"槟岛业缘团体"一表中，郑永美罗列的槟城业缘社团有 80 多个。下面据其所说，将清代以前成立的若干业缘社团做一简要陈述。

（一）庇能打金行

"庇能打金行"成立于清道光十二年（1832），约在槟城开埠后 46 年出现。现行内尚存片断资料记载，清道光十二年由刘齐乐、林进、杨茂秀、李文高等数十人发起组织。

庇能打金行的祖师爷（供奉神位）是胡靖，胡靖为明朝官吏，"敕封工部尚书文华殿内阁大学士"。郑永美也偶尔在一二处提及金器、玉器业者所奉祀的先师为丘处机。其实，过去中国一些行业所供奉的祖师爷与该行业的始创没有丝毫瓜葛，只是因为他们是名人或著名神仙，偶因其某一众所周知的美妙特征或美好传说可以附会到该行业上去，就被奉为祖师爷，其实不过是"扯虎皮当大旗"而已，虽明知是张冠李戴，但能附会得恰到好处，乃至神乎其神，便算大功告成，与历史的真实不必有关系。故丘处机若作为金器、玉器业的祖师爷，其附会的成分极大。倒是胡靖值得考究。郑永美约在 2000 年发现《中川史志》（中川乡属永定县）关于"中川胡氏源流"的第五节——"移居南洋"中提到，"十三世胡武撰在槟榔屿，是棣蕃次子。槟城银匠行祀为'胡靖祖师'，生六子俱住仰光"。据此可知胡靖就是胡武撰，为福建省汀州府永定县下洋镇中川乡人，操客语。胡武撰是大伯公街大伯公福德祠唯一的立庙总理。胡卒于咸丰元年（1851），葬于广汀第一公冢。故郑永美认为，该行若是在道光十二年（1832）成立，除非没有供奉祖师爷，如有的话，绝不会供奉还活着的人，要不则另有他神，从而廓清了此胡靖（胡武撰）非彼胡靖（明工部尚书），亦非供奉神。但既然胡靖在该行有此"业望"，据云其友人曹川为其绘有画像，那么历史上他应对该行有过莫大贡献。

（二）槟城鲁班行

鲁班行就是木工行，应无疑问。若按照中国木工行的规矩，槟城鲁班行应供

---

① 郑永美：《槟城行帮史略》，"槟榔屿华人事迹"学术研讨会论文，2002 年。

奉鲁班为祖师爷，并把鲁班先师的神座供奉在值年炉主店中，即使在未成立社团之前也应已如此。郑永美在 20 世纪 80 年代发现一手抄旧地契，证明槟城鲁班行的旧会所在广东街 52 号。到光绪十年（1884）九月二十日，向一印籍回教徒妇女买得孖水喉（一译"爱情巷"），即搬到该处作为新会所。

（三）槟城姑苏广存堂茶酒楼公会

槟城姑苏广存堂茶酒楼公会（简称姑苏行）成立于光绪元年（1875）八月一日。槟城姑苏行是由"广存堂"和"茶酒楼公会"合并而成。因此，这里涉及合并前两个堂会的来源问题。

郑永美发现新马各埠的姑苏行名称，皆以"慎"字冠其上，唯北马以"广"字为首。他认为，据前辈言，往昔华侨社会帮派至为分明，采用"广"字也有渊源。同时，以前习俗相沿，凡供奉香火的场所，就称为"堂"。姑苏行设关帝座、神主龛（百姓宗祠）。槟城称"广存堂"，不过是适应当地的习惯，虽与"慎"字名字略异，其实是一脉相承的。

"姑苏行"三个字，缘于华侨社会中尽人皆知的春秋时吴越两国发生的美人计故事，其中涉及饮食业方面的故事是：吴王建"姑苏台"，征集天下各类厨师以供挑选，选择烹调最为得法之一类厨师专供台内及宫廷之用。上有好者，下必尤甚，不久，举国官僚尽皆效尤，厨师之业，备受恩宠，而苛政之下，人民涂炭。迨至勾践大军一举灭吴，焚姑苏台，出其中财帛以济人民，并改革苛政，以收民心。吴民痛定思痛，竟迁怒于厨师，以为此厨师调出之菜馔，尽是吴民脂膏，遂予抵制，并由吴国扩展至中原。厨师由是在中原无立足之地，为求生计，不得已向当时尚被称为南蛮的广州方向发展。厨师到后，为宣传计，便以"姑苏"二字标榜，以示其烹调方法尽经最讲究享受的吴王选定，为供应姑苏台之物，于是大受欢迎，从此广州食谱大加革新，后来遂有"食在广州"之誉。故事有点香艳和奢华，也很血腥和残酷。但后来"姑苏行"三个字，便让人特别是广州人在第一时间想到酒楼行业和饮食业。

（四）庇能华人机器公会

最初的庇能华人机器公会于光绪元年（1875）在威省峇眼那林建一先师神庙成立。该庙应是当时的重要集会场所。光绪十七年（1891），在北赖（新路头）成立机器行，同年获准注册。1919 年迁至槟城牛干冬。在清代，该会的主要作用是促进同业团结，守望相助，照顾彼此利益。

（五）槟城理发电发公会

槟城理发电发公会约成立于同治九年（1870）间，最初由来自中国的理发从业者组成，名为"吕罗行"，后改为"永胜堂"。稍后会务停顿，1953年复兴，易现名。

（六）槟城建筑暨材料商公会

槟城建筑暨材料商公会成立于光绪三年（1877），原称"金镇社"（闽籍），因其所供奉的"鲁班先师庙"原名"金镇社"的缘故。此中的金镇即陈金镇，原为一位建筑承包商，后创办了该社。陈金镇因成功策划和承建关仔角长堤，得英政府赠地一段，以褒其功。"二战"后，金镇社扩大活动，广招发展商及材料商入社，乃易现名。1973年9月4日重建鲁班先师庙，显然是为纪念其创始人陈金镇而建。

（七）槟城鲁艺行

槟城鲁艺行创立于光绪十五年（1889），创办人为琼州同乡廖克文、蔡明德、严江海、吴乾秀、卓明光、王正修、林朝儒、文大芬、陈连进、何国明、张振钻、周琼道、莫文明等，宗旨是崇祀鲁班先师及联络乡谊。该行原址在义福街113号。1930年因行所狭隘不敷应用乃由行友筹获3万余元购置烟筒路135号（陈大炳宅）为新址，直到现在。

（八）广东广货行

广东广货行的历史最迟也可追溯至光绪二十年农历三月十二日（1894年4月17日），因为这一天郑景贵将其大门楼268号与270号房屋以3000元之价卖给广盂兰盛会。该店业则是郑景贵于一年前即光绪十九年农历三月初九（1893年4月24日）以4200元向胡文勋、明勋昆仲（已故胡泰兴哲嗣）买下。现会馆供奉的列圣神座前有一碑匾写明："民国九年庚申八月初二（1920年9月13日），广东广货行向办有盂兰会。该会有建醮列圣宫神位一座，铺业四间，现款四仟余元，献出广东暨汀州公家保管，以为新建会馆之倡，兼奉祀列圣宫。"[1]"广东广货行向办有盂兰会"一句，说明该行当年可能是以办盂兰会的名义买下此屋，后循为例。

---

① 郑永美：《槟榔屿广东暨汀州会馆史略》，标廷佾编：《槟榔屿广东暨汀州会馆贰百周年纪念特刊》，槟州广东暨汀州会馆，1997年，第174页。

（九）槟州中华总商会

光绪二十九年（1903）六月二十七日下午，槟榔屿的著名华商林克全、王汉宗、柯孟淇等30余位发起人，集议于平章公馆，讨论成立华人商务局（Penang Chinese Chamber of Commerce，此英文名称迄今仍在使用），其时亦称"槟榔屿华人商务及种植局"（Penang Chinese Chamber of Commerce and Agriculture），公推王汉宗为主席。这是星（新加坡）马（马来亚）婆（婆罗洲）地区华侨最早成立的商会。[①]

关于该商会成立的缘起，当时席间杨碧达首先发言时，提到成立华人商务局的三点动机：一是以镭还账。当时市面流通的渣达银行（原称"印度新金山中国汇理银行"）所发行五元纸币短缺（因其于光绪二十九年即1903年停止印发应市）。虽说发行货币的机构还有汇丰银行和叻、屿、甲三州府（即海峡殖民地）国库，但纸币缺市情况仍很严重。正当其时，新加坡政府于1902年11月联合新加坡西商会成立了一个货币改革委员会，拟将三州府货币由银本位改为金本位。该委员会乃于1903年5月17日提交报告书，同年6月25日（槟州中华总商会成立前两天），英国枢密院勒令铸造新辅币，于是政府着手将市面流通的银币及墨西哥银圆收回，但不愿接受铜镭，造成民间怨声载道。此事令商家认识到组织商会以争取权益的必要性。二是取货部（簿）问题。当时零售商向批发商取货，所用的记账簿都出买货者收存，卖货商需要设立商会以纠正这一偏差。三是收银部（簿）问题。由于收银部（簿）或收银单往往未经东家或司事人押号盖印，致使双方时常发生争执，故需组织商会来调解或改良这种手续。[②]

（十）槟华兴和打金职工会

槟华兴和打金职工会创立于清光绪三十三年（1907）。金银首饰业是一个城市繁荣的重要标志。据说当时金首饰业已在槟城各业中占有重要地位，打金工人日渐增加，打金工友需要有一个借以联络同业感情的组织，因此，该会的建立自属历史必然。

该会创始人袁上，又名袁日东，经他与陶新和、罗辉等人筹备，租赁日本街今之"有记饭店"为会址，成立了一个"打金工友俱乐部"，是为该工会的起源。其时响应参加者计有新街的"三益"、"祥隆"、"广源"三大金铺的工友四

---

① 郑永美：《槟州中华总商会战前史料》，槟州中华总商会钻禧纪念特刊编辑委员会编：《槟州中华总商会钻禧纪念特刊》，槟州中华总商会，1978年，第77页。
② 郑永美：《槟城行帮史略》，"槟榔屿华人事迹"学术研讨会论文，2002年。

五十人，会务虽无明显进展，但同业之间，已经有了一个工余交谈、憩息与联络的场所。

俱乐部成立仅一年，到光绪三十四年（1908），因受经济冲击，环境不好，会友星散，会务亦陷于停顿，后幸得会友慷慨解囊，解决了经济窘境，奠定了会务基础，遂改组俱乐部，迁至大顺街 34 号作为新会址，另易名为"兴和行电镀金银首饰"（易名后有"电镀"字样，乃因为避免与"非法集会"混淆引起政府误会）。约一年后，再迁至义福街（今协隆金铺），经过 3 年努力，同业对该会的认识日渐提高，为促进工友团结，时有高吉云、吴照熙等人受会友委任改组会务。一方面草拟章程，向政府申请注册，办理法律手续；另一方面筹募基金，充实该会经济实力。至宣统三年（1911），始获政府批准注册正式成立，命名为"兴和行"，首任总理为何应君。①

（十一）福庆革履行

福庆革履行创办于宣统三年（1911）五月五日。会所先后在日本横街、日本新路、琼花路等处。1929 年，始迁现址——夜兰亚珍 117 号之 B。

槟岛业缘社团一览表

时　间	会　名	前　身	资料来源
1832 年	庇能打金行（粤籍）	胡靖打金行、胡靖古庙	碑文
1855 年 4 月 14 日	鲁班行（粤籍）	鲁班古庙	地契
1875 年 8 月 1 日	姑苏广存堂茶酒楼公会（粤籍）	茶酒楼公会姑苏广存堂	口述历史
1875 年	庇能华人机器公会（粤籍）	机器厂商会、北赖机器行、威省先师庙	口述历史
1870 年	理发电发公会	吕罗行永胜堂	口述历史
1877 年	槟城建筑暨材料商公会（闽籍）	金镇社	创办人名字

① 任润钦：《五十年来的会务概况》，槟华兴和打金职工会五十周年金禧纪念刊辑委员会编：《槟华兴和打金职工会五十周年金禧纪念刊》，槟华兴和打金职工会，1957 年。

（续上表）

时　间	会　名	前　身	资料来源
1889 年	鲁艺行（琼籍）		口述历史
1893 年前	广东广货行（粤客籍）		广汀会馆文献
1903 年前	锡贸易公所	锡交易所 锡公司	
1903 年 6 月 27 日	中华总商会	华人商务局即华人 商务及种植局	槟城新报、勒赖《廿世 纪英属马来亚印象记》
1907 年	槟华兴和打金职工会 （粤籍）	兴和打金行金银 工业分会（粤籍）	注册证
1908 年	轮艺轩（琼籍船员公会）		口述历史
1911 年 5 月 5 日	鞋业公会福庆革履行 （粤籍）	福庆堂 革履行	注册证

资料来源：郑永美：《槟城行帮史略》，"槟榔屿华人事迹"学术研讨会论文，2002 年。

第三节　新加坡的华侨社团

今天新加坡的华人社团多达 500 个，多数是属于业缘、地缘或血缘性质的组织。其中，按地缘、方言组织的同乡会和按血缘、姓氏组织的宗亲会有 300 多个。清代各类华侨社团应该没有达到此数，但各类社团肯定皆已存在。

血缘、地缘和业缘三类社团在新加坡开埠后依次出现，彼此护持，争相斗艳。各个社团既维护自身的基本权益，也一道维护华侨社会整体的基本权益。新加坡通常将血缘会馆和地缘会馆放在一起，合称为"宗乡会馆"。宗乡会馆是清代新加坡华侨社团的主要组成部分，对后来华侨社会的发展及新加坡的开发建设发挥了举足轻重的作用。新加坡宗乡会馆的历史可以说与新加坡的开埠历史一样悠久。

在新加坡，早年的华侨社团，除了宗乡会馆之外，还有"苦力间"（亦称"估俚间"）。苦力间多数是由同一条乡村并且同姓甚至从事同一个行业的人所组成。譬如仁和联谊社，其前身是一群晋江姓蔡的锯木工人组成的苦力间，他们租了一层楼作为联络中心，也作为单身同乡的居住场所，后来申请注册为团体。又如，文山联谊社是在红灯码头经营电船载客生意的小金门方氏宗亲的苦力间，后

来申请注册为团体。① 但对于这类型社团，由于资料的原因，下面不再涉及。

一、广客籍华侨建立的坟山

同东南亚很多地方一样，新加坡华侨社团也是以"坟山"为先驱，最早出现于华侨社团的历史舞台上的。因此，要讨论新加坡的华侨社团，不能不先从坟山说起。

新加坡最早的坟山是"青山亭"，是广府人及客家人的共同坟场。其位于安祥山（在南洋客属总会附近），建于道光三年（1823）。当时的广客帮，包括嘉应州（梅县、蕉岭、平远、五华、兴宁）、大埔、丰顺、永定、惠州，再加上广州及肇庆的华侨。到道光二十年（1840），由于坟山葬满而在中岑鲁地区另置"绿野亭"，马来名为 Tiong Bahru（即新坟场）。到同治九年（1870），又另置三处，即广惠肇碧山亭、丰永大"三邑祠"（毓山亭，建于光绪八年即 1882 年）、双龙山"五属义祠"（嘉应五属人士于光绪十三年即 1887 年建立）。祠堂也建于光绪十三年（1887），正门上的牌匾刻于光绪二十九年（1903），祠堂也于 1974 年进行大修。

（一）新加坡广惠肇碧山亭

新加坡广惠肇碧山亭始创于 1870 年，是由来自广州府、惠州府和肇庆府三属移民建立的宗乡组织，业务以协助族人生活、终老和管理坟山为主。开辟初期，碧山亭非常简陋，无路通车。光绪十六年（1890），梅湛轩发起筹建碧山庙及开辟道路，捐款银额共 8 589 元。胡亚基代向殖民地政府请求豁免地税。碧山亭开辟初期，山地不多，后来才逐渐扩展。

碧山亭创立初期有七位义士，分别是：恩平李亚保、开平黄义宏、新兴赵亚德、三水梁亚德、高要赵亚女、新兴顾文中、高要谢寿堂。七义士逝世后，碧山亭以长生禄位奉祀他们，尊称"七君子"。据碧山亭和三属邑侨间流传的故事，碧山亭最初的坟山是"七君子"与别帮通过械斗争得的。另一说法是，当时碧山亭与别的帮群发生械斗，"七君子"为保护碧山亭而战死。无论如何，他们是创立初期为碧山亭牺牲了生命的英雄、义士。因此，当坟山在 1983 年被政府全部征用后，碧山亭曾在灵塔内二楼首位设立"七君子"灵厅以缅怀他们。其后，碧山亭又设立"七君子亭"，建亭立碑，于 2003 年 11 月 30 日举行了揭幕典礼，每逢"春秋二祭"，公所理监事会都会代表三属乡亲到此祭拜。

---

① 区如柏：《历史悠久的会馆组织》，全球华社网。

碧山亭自建立之日起，就是由来自广州府、惠州府和肇庆府三属侨民组成的宗乡组织，以协助族人生活、终老和管理坟山为主。碧山亭由各会馆成员派代表共同负责，纯属义务公益。至民国初年，为方便管理，碧山亭划分坟冢，编列号码。这项措施曾引起争论。总理吴胜鹏召集会议，展示碧山亭地图。契据证明，碧山亭的广州府属下有南顺、番禺、东安、中山、宁阳、冈州、三水7间会馆，加上惠州府属的惠州会馆和肇庆府属的肇庆会馆，一共拥有九大会馆的产业，乃建议九大会馆共同管理。之后，广州府属的清远、花县、顺德、增龙4所会馆，以及肇庆府属的高要、鹤山、恩平3所会馆先后入会，于是，碧山亭便成为广、惠、肇三属一共16所会馆的共同组织。为维护16所会馆的权益公平，理监事会、六常务分别由16所会馆轮流担任。

碧山亭有"碧山亭公所"，应是1912年九大会馆实行共同管理后即席议决建立起来的，其时成立了"碧山亭公所董事会"，由各会馆各派出两名代表组成，这是碧山亭建立健全组织的开始。今天，公所礼堂的墙壁上，悬挂着两幅巨型金箔樟木浮雕"粤人石叻奋斗史略"及"广惠肇风光风情览胜"。二楼的墙壁上也分别镶上了"万里长城图"和"新加坡风光图"的大理石石雕。

与碧山亭一起的有碧山庙，约建于光绪十六年（1890），具有团结广惠肇三属的重要功能。1979年政府征用三属坟山后，碧山庙与碧山亭一起重建。

顺便一提，"广惠肇碧山亭先贤纪念碑"建于1985年，是碧山亭为纪念三属先贤而立，并将之作为广惠肇三属总坟，纪念开埠以来的粤籍创业先贤。纪念碑上刻有149个三属社团名单，表明碑下埋葬着碧山亭从同治十年（1871）建立到1979年坟山被政府征用为止（称为"坟山时代"）曾经存在过的149个三属社团总坟的墓碑，以及部分社团总坟的骨灰罐。

1979年，碧山亭300多英亩地被政府征用。政府仅拨回小部分土地给该亭兴建灵塔，安奉先人骨灰。尽管如此，碧山亭仍然负起安置先人遗骨之责。不同的是，将过去盛行的土葬改成火葬。碧山亭兴建了规模宏大的灵塔，供人们安置先人的骨灰，让人们祭祀，且灵塔的灵位已不限于广帮人士，不同种族、不同籍贯的人士均可购买灵位以供奉先人骨灰。碧山亭每年有"春秋二祭"，共同祭拜三属先贤。第一次"春祭"始于1948年3月，此后，每年通常在清明节和重阳节前半个月开始分别举行"春秋二祭"，节后半个月结束，迄今从未间断。另外，碧山亭每隔几年便举办一连三天的附荐超度幽魂的"万缘盛会"。

（二）福德祠

福德祠供奉大伯公，即福德正神，它是100多年来庇护着广惠肇三属人士的神灵，是广惠肇三属团体团结合作的象征。福德祠建立的年代虽无从考证，但

1922 年重修碧山大庙的碑文中提及福德祠，足证福德祠早已存在。

（三）福德祠绿野亭公会等

草创时期，客属会馆的活动以庙宇、坟山管理和公开活动的秘密会党为主。当时的庙宇、坟山管理等均以广客联盟形式进行，如道光四年（1824）设立的"海唇福德祠"和这一时期的"青山亭"，以及 19 世纪 40 年代的"绿野亭义山"。其后，客属会馆各自成立了自己的坟山管理机构。到光绪十一年（1885），丰永大公司开辟了"毓山亭"；同年，三和会馆开辟了"三和义山"；光绪十三年（1887），应和会馆在荷兰路开辟了"双龙山"；同年，惠州客属人士与广帮在淡申路开辟了"广惠肇碧山亭"。道光二十四年（1844）建庙的"客属八邑福德祠望海大伯公"则由丰永大公司和嘉应五属客家人共同管理。

道光四年（1824），广客两属人士创办了"福德祠绿野亭公会"，这是一个为本属人士处理坟葬事务的组织。当时广属方面有番禺、香山（今中山）、宁阳、冈州、三水、惠州、东安、肇庆、南顺共 9 所会馆派出 10 位代表担任理事；客属方面则有应和、大埔、永定、丰顺分别派出代表，合共 10 位出任理事会。于是，广客两属人士组成一个 20 人的理事会，此一组织形式至今不变。

福德祠绿野亭公会先有祠而后有亭。所谓"祠"，即"福德祠"；所谓"亭"，即"青山亭"及后来的"绿野亭"。至今，广客两属会馆代表仍在福德祠绿野亭公会理事组织下，每年进行"春秋两祭"，这已成为传统祭祀活动，其仪式郑重其事，高度凸显敬祖、尊祖和不忘本的传统美德。①

二、血缘/宗亲社团

新加坡华侨社团的最重要特点是血缘性社团居多，这在整个东南亚地区可以说是名列前茅。早期的宗亲社团或曰血缘社团，多以馆、会馆、会、堂、公会、总会、所、公所、宗祠等命名。后来随着社会的发展和移民的增加，以姓氏宗族而结成的团体迅速增加和扩大。

若考虑到地籍因素，新加坡的宗亲社团可分为两类。一类是不论省籍地域，而是以姓氏为主结成社团，如"新加坡吕氏公会"、"孙氏公会"、"姚氏公会"、"谭氏宗社"、"韩氏祠"、"谢氏公会"、"司徒氏教伦堂"、"欧阳家族联合会"等。20 世纪以后，这些宗亲社团进一步扩大成为"总会"，如"南洋赖氏总会"、"新加坡南洋薛氏总会"、"南洋范氏总会"、"南洋唐氏总会"等。另一类是以同

---

① 赖涯桥：《南洋客属总会 80 周年纪念特刊》，客家文化时空网站。

一省籍或地域的同一姓氏组成的团体，如"新加坡福州洪氏公会"、"客属林氏公会"、"广东林氏公会"、"新加坡琼崖周氏公会"、"琼侨邢氏公会"、"潮州沈氏联合会"、"嘉应五属李氏公会"等。

若考虑到姓氏因素，新加坡的宗亲社团也可分为两部分。一部分为单姓社团，是由同一姓氏的人组成的，称为单姓宗亲会，例如李氏宗亲会、王氏宗亲会等。另一部分为多姓社团，是由两个或两个以上姓氏族人组成的，称为多姓联宗的宗亲会，例如新加坡曾邱公会，由曾、邱两姓人士组成；庄严宗亲会，由庄、严两姓人士组成。有的姓氏因人数少，或几个姓均属同一郡望，因而几个姓同组一个宗亲侨团，如"新加坡六桂堂"，由洪、江、翁、方、龚、汪六姓侨胞组成。"南舜同乡会"则由姚、虞、陈、胡、田、袁、孙、陆八姓同侨乡亲组成。这类血缘性宗亲社团具有较强的生命力和凝聚力。

无论是单姓或多姓宗亲社团，其命名一般分为两种：一种是以姓氏命名，另一种是以堂号（郡望）命名。"郡望"起源于东汉末年，盛于魏晋，迄于隋唐，是因祖先在某郡地位显赫而以该郡名之。但有的郡望不取郡名而取县名或地区名，所以无论以郡，还是以县或某地取名的望族，均可以统称为"地望"。由于一些望族的祖先多次搬迁，其发祥地不止一处，因而出现一个姓有多个郡望或一郡望有多姓的状况。也就是说，有的郡望为一个姓氏所有，也有不少郡望是为多个姓氏所共有，还有一个姓氏或一个宗族有多个郡望的。据《百家姓》（吴越国王钱镠时代所编），每个姓都有郡望，以表明其祖籍渊源。采用郡望（郡地）命名的血缘性宗亲社团，一般都有悠久的祖籍渊源。由多姓联合组成的宗亲会，也都有其渊源和典故。

值得注意的是，19世纪中叶特别是20世纪以后，以郡望命名的宗亲社团不断涌现，名称五花八门。有的只冠上郡望名而无姓氏，有的则加冠姓氏和地域，如"荥阳堂郑氏公会"、"南洋礼阳郑氏同乡会"、"星洲罗豫章堂"（罗为姓，豫章为郡望名）、"荥阳何氏公会"、"潮州陇西公会"（李姓）、"星洲卓歧同乡会"（王姓）、"星洲延陵联合会"（吴姓）、"西河别墅"（林姓）、"张氏清河堂"、"梅汝南堂"（梅为姓，汝南为郡望名）、"凤郭汾阳公司"（郭为姓，汾阳为郡望名）、"新加坡潮州弘农杨氏公会"（弘农为郡望名）等。据《新加坡华族会馆志》记载，新加坡华人宗亲组织的姓氏共有102个，大小宗亲会有279个，以陈姓宗亲会最多，有22个，其次是林姓宗亲会，有18个。但据统计，在200个主要宗亲会中，1911年以前成立的有21个，只占总数的10.5%；第二次世界大战结束后至20世纪60年代成立的有69个，占34.5%；其余约半数是在20世纪二三十年代成立的。

宗亲社团的宗旨主要是"敦睦宗谊、促进团结、共济互助、同谋福利"。一

般都设置有中国传统的祠堂，并购置会所作为团体活动的中心，世代相袭。大多数都置有中国式的神龛，供奉本族本姓祖先牌位或塑像、画像。宗族姓较大或族姓人有较大资产者，则出资设立历代先人或本社团创立人的牌位或长生禄位。每年举行一两次祭祖大典，然后进行聚餐、施舍济贫、演戏、摸彩等活动，祈求光大该宗亲的名誉和势力，增强宗族凝聚力。20 世纪后，这类社团创办了不少医院、孤老贫残福利院及学校等公益福利机构，也经常捐款给家乡救济族人、修桥铺路、修缮祖宗祠庙。以下是新加坡一些较有代表性的血缘社团。

（一）曹家馆

曹家馆为新加坡历史最悠久的华族会馆，创设于嘉庆二十四年（1819），创建人是木匠曹亚志。曹亚志也是新加坡开埠时首个来到新加坡的华侨。

曹亚志（1782—1830），又名曹亚珠、曹符义，祖籍台山市端芬镇那泰村，乾隆四十七年（1782）三月二十七日出生于乡间，幼年在家乡私塾读书，10 多岁到澳门学艺当木匠，20 多岁到马来半岛等地谋生。槟榔屿有条漆木街，是早期来自四邑的泥水工、木匠挥斧弄凿的工地。曹亚志曾在槟城望夏村交结反清义士，并加入了反清的天地会。嘉庆七年（1802）他还秘密组织过"义兴公司"，开展反清复明活动，曹亚志遂成为当时的华侨领袖人物。莱佛士船队抵达槟城时，他们即应募到船上工作。

嘉庆二十四年（1819）一月，曹亚志随莱佛士抵达新加坡。《新加坡简史》记载，这一年一月八日，莱佛士和他的同伴法古哈带领六七艘英国船来到了新加坡，他们在棋樟山附近的海面停留了一夜，第二天便派船上的华人木工曹亚志和20 名水手上岸打听有无荷兰人防守。当时登陆新加坡首先要插上旗，如果没有插旗，船队不敢登陆。当时曹亚志等人见岛上只有马来人，便上岛插上英国国旗，莱佛士见状，便放心地登上新加坡。

因为为莱佛士登陆新加坡建功，曹亚志便请求政府拨地给他，以设立曹家馆及宁阳会馆（见下）。于是，宁阳会馆不但取得建馆土地，享有永久地契，而且可免付地税。但另一说曹家馆与稍后建立的宁阳会馆的会址都是殖民地政府拨给的，以示对他登陆有功的回报。不管怎样，曹亚志于 1819 年在这块地上建立曹家馆，应有自我炫耀的成分，但主要是为了招徕曹氏宗亲。

曹家馆原名"星洲谯国堂曹家馆"，简称"曹家馆"，亦有说其初时称曹府大公司。"谯国堂"是曹姓的堂号。"谯国堂"三字传说为曹操灵位。曹亚志死后，曹家馆交由其弟曹符成管理，后来曹家馆的 16 名负责人怕该馆的产业被后人变卖或抵押，特地在地契背面以毛笔批明该馆产业不得变卖或抵押的文字。

曹亚志于道光十年（1830）三月二十六日与当地头人在一家酒楼共餐时，遭人暗算，饮了毒酒而暴卒（通常的说法是病故），年仅48岁。如今在新加坡，还保存着不少有关曹亚志的文物。在新加坡宁阳会馆、曹家馆等处，均有奉祀曹亚志的神主牌。新加坡碧山亭第三亭的坡子山上，有曹亚志的墓地。墓碑上端横书"曹公讳志之墓"的字样，墓碑中间直书"皇清显祖考符义曹公坟墓"一行较大的字。

（二） 新加坡杨氏总会

新加坡的华侨中，杨姓人占了较大的比重。他们最初去新加坡的具体时间难以考证，但据记载，清道光二十一年（1841），在这里就成立了槟城杨氏植德堂公司。嗣后又在这里建立了"新加坡杨氏总会"、"新加坡潮安仙乐杨氏互助社"、"星洲湖峰社杨氏公会"、"槟城杨氏公会"和"新加坡潮州弘农杨氏公会"等宗亲会组织。

（三） 新加坡闽王祠公会

"新加坡闽王祠公会"成立于同治十一年（1872），1970年改名为"新加坡开闽王氏总会"。该会以王审知为祖。19世纪以后，王氏族人由福建南迁至东南亚各地，海外闽籍王氏族人多以王审知为始祖。

（四） 保赤宫陈氏宗祠

"保赤宫陈氏宗祠"成立于光绪四年（1878），是新加坡成立较早的血缘性宗亲社团之一，由福建籍华侨陈金钟、陈明水等人创建。初成立时，只限福建籍陈氏宗亲参加。1881年后，外省籍陈氏宗亲也可参加。保赤宫因而成为新加坡陈氏宗族人士的总组织。陈氏宗祠奉祀"开漳圣王"陈元光。闽、粤、台人民和海外华侨对陈元光十分崇敬，因此海外陈氏都以他为荣。1937年，陈氏宗祠更名为"新加坡颍川公所"，颍川是陈姓六个郡望之一。

（五） 古城会馆

新加坡和马来西亚的雪兰莪都有古城会馆，这是由刘、关、张、赵四姓组成的。其名称来源于三国时刘备、关羽、张飞桃园结义，后来在古城相会，并有赵云加盟，是为古城会馆之始源。

（六） 六桂堂

"六桂堂"是海外华侨华人一个著名的堂号，在新加坡、马来西亚、日本、美国、法国以及台湾、香港等十几个国家和地区共有28个六桂堂的组织。这是一个由洪、江、翁、方、龚、汪六姓联宗的组织。据说在宋朝建隆年间（960—963），有一位进士名翁干度，系莆田翁氏始祖轩公的第六代孙，官拜郎中，家住河南洛阳，生有六子，为了便于逃难，将六子分别取了翁、洪、江、方、龚、汪六个姓。后来六个儿子同榜中进士，故有"六桂联芳"之美誉。

三、地缘社团

今天，新加坡至少有23家同乡组织是100年以上的地缘会馆，如宁阳会馆、应和会馆、南顺会馆、中山会馆、福建会馆（以恒山亭创立的年代为依据）、冈州会馆、义安公司、海南会馆、琼州天后宫、茶阳（大埔）会馆、永春会馆、丰顺会馆、惠州会馆、金门会馆、东安会馆、番禺会馆、肇庆会馆、丰永大公司、三水会馆、广西暨高州会馆、雷州会馆以及广惠肇碧山亭公所等；超过100年的宗亲会馆也有14家，它们是曹家馆、四邑陈氏会馆、台山黄家馆、林氏大宗祠九龙堂、濂溪别墅周家祠、凤郭汾阳公司、潮州江夏堂、广惠肇李氏书室、司徒氏教伦堂、古城会馆、保赤宫陈氏宗祠、潮州西河公会、符氏社（祖祠）以及潮州陇西公会。①

新加坡的地缘社团大多是按照闽、粤地区各个帮或各个方言群体组建起来的，主要可以分为以下几个类别：

一是以县为范畴而组织的社团，以所属各帮的县为中心而组成，是华侨社会中成立最早的地缘性体团之一。如道光二年（1822）曹亚志创建的"宁阳公司"、道光元年（1821）中山县籍梁亚胜创建的"香山（邑）公司"、道光十年（1830）潮州籍华侨建立的"义安公司"，此外还有"冈州会馆"（新会县，1843年）、"茶阳会馆"（大埔县，1857年）、"丰顺会馆"（1873年）、"番禺会馆"（1879年）、"三水会馆"（1887年）、"南顺会馆"（1899年）等。

二是以府、州或其方言体系为范围组织的同乡社团。新加坡最早成立者有创立于道光三年（1823）五月五日的"应和会馆"、创立于咸丰七年（1857）的"琼州会馆"、创立于同治九年（1870）的"惠州会馆"、创立于光绪五年（1879）的"肇庆会馆"、创立于光绪九年（1883）的"三和会馆"等。

三是以省或帮为单位的全省性同乡社团，如福建籍侨民在19世纪初建立的供共同祭祖和聚会议事之用的"天福宫"（后名"天福宫福建会馆"、"福建会

---

① 区如柏：《历史悠久的会馆组织》，全球华社网。

馆")。①

下面是一些较有代表性的地缘社团。

（一）福建籍地缘社团

1. 新加坡福建会馆

据相关资料，"新加坡福建会馆"的成立年代无考，据推测当在 1860 年之前。因为在咸丰十年（1860）一份福建人的结婚证书上，已有天福宫福建会馆的字样。就这些证据来说，新加坡福建会馆成立于 1860 年之前的可能性较大。

在该会馆还没有成立时，已经存在着天福宫，它是福建省泉州、漳州移民在新加坡建立的最早的神庙。道光十九年（1839），闽人在侨领陈笃生、薛佛记等人的领导下，在直落亚逸街大兴土木兴建天福宫，闽帮领导中心于道光二十年（1840）天福宫建成后迁到该庙，后来福建会馆便附设于天福宫内。1915 年福建会馆获华民政务司署批准为豁免注册的社团，当时称为"天福宫福建会馆"。1937 年会馆注册为非营利有限公司时方定名为"新加坡福建会馆"。

该会馆因在 20 世纪 30 年代后的一系列正义行动而为世人所瞩目，例如 1929 年至 1949 年陈嘉庚任主席时期兴办教育、推动文化事业，1950 年至 1972 年陈六使领导时期献出产业云南园以创办南洋大学等，此是后话。

新加坡福建会馆在兴办华文教育方面的成绩最为引人注目。它先后创办的华文学校有道南学校、爱同学校、崇福女学校、南侨女中、光华中学等。②

2. 新加坡永春会馆

据相关资料，"新加坡永春会馆"于同治六年（1867）创立，③ 创建人有陈金声、李清渊、陈明水、陈若锦等。初期会所设于美芝路，后募捐购置厦门路 105 号至 106 号为现有会所，光绪三十一年（1905）迁入。光绪二十四年（1898）依社团法令进行注册。新加坡永春会馆创立后，购置义山，创办育民小学，服务乡侨。日军南侵，会务停顿。光复后会务活动又入正轨。

3. 新加坡金门会馆

"新加坡金门会馆"创立于 19 世纪 70 年代。最初名为孚济庙。成立的目的一是为同乡提供宗教祭祀的场所，二是作为会员联系互助的机构。孚济庙的总理是李仕挞。1915 年改为今名。

---

① ［新加坡］吴华：《新加坡华族会馆志》，南洋学会，1974 年，第 57 页。杨进发：《陈嘉庚研究文集》，中国友谊出版公司，1988 年，第 110 页。

② 福建省地方志编纂委员会编：《福建省志·华侨志》，福建人民出版社，1992 年，第 71 页。

③ 关于该会馆的成立年份，还有另一种说法：该会馆于光绪元年（1875）十一月重修落成，因创立年代不可考，众乡贤皆以会馆重修之年为创会年，约定俗成。

4. 新加坡浯江公会

"新加坡浯江公会"前身为19世纪80年代成立的"金浯江"（金门县孤悬海岛，别号浯江），1952年由陈汇川、黄启澍、李启谋等发起将金浯江改组为浯江公会。

5. 新加坡福清会馆

"新加坡福清会馆"成立于宣统二年（1910）。发起人是何来、郭本盘、李春、庄端、杨克贡等。

6. 新加坡古宁同乡会

"新加坡古宁同乡会"由福建金门县古宁乡同乡组成。创始人为李炎庭、李森兴、李炎忆等。其宗旨为联络同乡感情，供奉山西夫子神仙。每逢农历五月十三日神诞举行庆祝崇拜活动，纪念忠义千秋。

7. 新加坡三江会馆

"三江"是个特别的词汇，在中国并没有一个地方叫三江。最早出现三江这个词汇的地方是日本。据说早在清朝同治年间，日本长崎的华侨就已在兴福寺内设立了"三江祠堂"。日本华侨此举对新加坡华侨有无影响不得而知。在新加坡，"三江"原指浙江、江西和江苏。三江同乡，始于何时来星，溯远难稽，据前辈所述，仅记得是在光绪二十四年（1898）购置三江公墓。地点位于惹兰里茂，占地六英亩多。

可以肯定的是，与广府帮、福建帮、客家帮、海南帮、潮州帮等地缘会馆相比，三江帮的会馆成立最迟，人口也最少。可能正是由于这个原因，才有连三"江"为一体之举。由于南来的三江同乡日众，光绪三十二年（1906），潘云卿、曹裕昌等联合傅竺贤、陆进发、黄智慧等发起组织"三江公所"，购置惹兰安拔士房屋一栋作为会所。光绪三十四年（1908）获准注册。与此同时，联合了其他三江帮的九大公团，使三江会馆成为三江人的总会。这九大公团是：宁波同乡会、温州会馆、江西会馆、上海公会、南洋湖北天门会馆、两湖会馆、南洋华北同乡会、上海西式女服同业会、星州华侨干洗公会。首届总理是傅竺贤，原籍浙江宁波。第二届是陈来昌。1927年三江公所改名为三江会馆，同时会馆成员改组，即除闽、粤、桂三省外，凡长江、黄河、黑龙江三大流域诸省南来之同乡，概属三江，所以凡来自中国东北、华北、西北、西南和江浙一带的人都可以算是三江人。可以这样说，在三江公所成立之前，新加坡华侨社会是一个标准的"闽粤社会"；三江公所成立之后，新加坡才逐渐成为"多省籍社会"，但仍然以闽、粤人为主。

陈来昌担任总理时期，联合愈宝森、胡鹤卿等诸位先贤购置卡佩芝路二号房屋一栋，作为会所，以方便同乡聚会。陈先贤任总理期间，还发起成立"三江公学"。①

顺便指出，福建的宗亲社团的重要性不如地缘社团。其中最重要的，要算新加坡开闽王氏总会，前身为同治十一年（1872）成立的"闽王祠公会"，1970年改现名。

（二）广府籍地缘社团

1. 新加坡宁阳会馆

"新加坡宁阳会馆"的创建人也是跟莱佛士最先登上新加坡岛的木匠曹亚志。他在到达新加坡后的第三年（1822年，一说建于1820年），就在大坡上创建了宁阳会馆，成为当地台山籍华人社群的领袖。其实，起初它不叫宁阳会馆而是"宁阳公司"，只是一间用竹和茅草盖的房子。其会址的土地是莱佛士特许给曹亚志的，最初的建筑风格模仿家乡大祠堂的建筑风格。

新加坡宁阳会馆当时很有名气，成为各地华人前来观光会友、互济互助、伸张正义的会所。道光二十八年（1848），宁阳公司重建，改称宁阳馆。光绪二十年（1894）再度重建，方改名为宁阳会馆，一直延续到现在。馆内中央神台写有原只收广东台山人入会，1971年起方允许其他籍贯人士入会。

宁阳会馆于光绪三十二年（1906）创办了"宁阳学校"，为附近的子弟提供入学机会。该学校于20世纪50年代末停办。

2. 新加坡中山会馆

新加坡中山会馆始创于道光元年（1821），初名"香山公司"，创办组织人为先贤梁亚胜（又名寿公），并任首任总理。他原是个厨子（一说是莱佛士的厨师），嘉庆二十四年（1819）一月二十八日随莱佛士爵士从槟城乘坐英国泥鳅号巡洋舰到新加坡海口棋樟山，然后改乘平底船登陆新加坡。梁亚胜是曹亚志的同伴，本应跟曹亚志齐名，②因为他与曹亚志同时登上了新加坡。他到新加坡后，随即从槟城、马六甲和中国内地招徕了众多乡亲前来新加坡，是以移居新加坡的香邑乡亲日众。"香山公司"就是他为了乡亲互助和联络梓谊而于1821年创立的。其时公司地址设于直落亚逸海滨，由梁亚胜以竹筏杉木搭建而成，他以荷兰银四盾获得第128号地契一纸。香山公司是一个带同乡会性质的商业组织。

莱佛士建立新加坡殖民地政府后，曾委任梁亚胜为新加坡首任警长，率领警员维持新加坡治安。梁亚胜带领同乡筹募款项，购置永久会所，以西班牙银150元购置中国街12号为会所，北京街22、22A、23、24、25号作养病所。

---

① 据新加坡三江会馆网站。
② 区如柏：《历史悠久的会馆组织》，全球华社网。

道光四年（1824），"香山公司"改名为"五邑公司"，道光七年（1827）一月二十五日，梁亚胜与治理新加坡的英国东印度公司签署地契，为香山县邑人在中国街和北京街占得土地 2 800 平方英尺。后来馆务日益扩大，又更名为香山会馆。道光十七年（1837）（一说道光十八年即 1838 年）八月八日，又改名为"香邑馆"，总理仍由梁亚胜担任。香邑馆的成立日，即今中山会馆的成立纪念日。光绪五年（1879），再更名为香山会馆。闽浙总督香邑人何璟手书"香山会馆"匾额，至今仍挂在会馆礼堂。

3. 新加坡惠州会馆

新加坡惠州会馆成立于道光二年（1822），创始人为蒋文瑞、温观胜（观顺）（二人均为客家人）等。初名惠州公司，后称"惠侨公所"，旋迁海山街，易名为"惠州十属同乡会"。光绪十六年（1890）七月三十一日，当地政府成立社团注册局时，即行立案为法定华侨团体，并向政府注册，名为"惠州会馆"。该会馆始设馆址于新加坡北麒麟街，次迁于海山街，1890 年立案为法定华侨团体时再迁址于福建街 45 号，并定名为"新加坡惠州会馆"。[①] 光绪二十九年（1903），动工兴建福建街 45 号馆址，至三十一年（1905）建成。该会所为马来亚吉隆坡乡贤叶石捐献，由同侨赞助资金建造。当年筹购馆宇的，有黄寿、叶唐生、邱英魁、古良、刁韵等。

该会馆由来自中国广东惠州所属惠阳、博罗、龙川、河源、紫金、海丰、陆丰、和平、连平、新丰等县人士组成。在地域上，"惠州十属"的东北各部操客语，西南各部操粤语，故新加坡惠州会馆应既包括客属华侨，也包括广府属华侨。故新加坡惠州会馆也是广、惠、肇团体的主要成员，协同广、惠、肇各大会馆办理当地公益慈善教育事业，还参加客属总会。

新加坡惠州会馆历史悠久，后联合广、惠、肇、嘉、丰、永、大七属同侨创建了福德祠、碧山亭、绿野亭等，以其庞大的公产造福社会。此外，还兴建了养正、静方、实有、南华、碧山亭等华文学校，其中除静方学校在抗战前停办外，其余学校延办至今。

4. 新加坡南顺会馆

"新加坡南顺会馆"的前身为"南顺陈宅"，创立于道光十九年（1839），由广东南海、顺德两县乡亲共同创设。1889 年注册时改名为"南顺会馆"，馆址设在北干拿路 42 号。后购置客纳街 84 号设馆宇，为会所现址。会馆曾设南顺学塾。

---

① 惠州华侨志编辑委员会编：《惠州华侨志》，惠州市侨联，1998 年，第 92 页。

5. 新加坡冈州会馆

"新加坡冈州会馆"建于清道光二十一年（1841），一说建于二十年（1840）。当时，一群新会乡亲在大坡珍珠街上段（俗称豆腐街，现已重建为芳林苑）的一幢旧房子的楼下成立了冈州会馆，同时将其作为新客的临时住所。在这之前，从新会到新加坡谋生的华侨与其他各地的乡亲一样，感到势单力薄，生活难以保障。故冈州会馆跟其他会馆一样的宗旨，就是团结互助，敦睦乡谊，患难相顾。

新会华侨与"七家头"的渊源甚深，因此，这里不能不提及"七家头"。所谓"七家头"，即朱广兰、罗奇生、广恒、朱有兰、同德、罗致生、朱富兰七大粮油杂货商行，他们同属广东新会人所开的商行。新加坡有"七家头"称霸中街的传说，大意为：直落亚逸自从莱佛士开埠以来，就是新会人的天下，只有广东番禺人胡亚基的"黄埔公司"（后改名"南生号"）能在直落亚逸争一席地位。那时坐落在直落亚逸的中街还是"七家头"雄居一方的地方。"七家头"不但雄视中街，称霸新加坡，还垄断南洋各地的粮油杂货行业。南洋各地的红烟、土产、粮油杂货的行情都以"七家头"所定的行情起落为标准，因为他们的业务散布南洋各地。当年除了大坡中街七家头之外，还有小坡"七家头"，也称"小七家头"，即朱广来、广祥泰、罗兰生、广昌荣、罗迪记、广南兴、广泰。"小七家头"由"大七家头"的同乡或亲戚所创办，多是朱、罗两姓人士，扮演着"大七家头"分销处的角色。

"七家头"的传说说明新会人很早就来到新加坡，很可能在莱佛士开埠不久就已南来新加坡。早年南来新加坡的新会乡亲，如果没有至亲的亲人，便到"七家头"那里投宿，白天在店里帮帮忙，晚上睡在帆布床。日子久了，这些乡亲摸熟了经营杂货、红烟、酱园的窍门，便北上发展。有些"七家头"的员工累积了一些储蓄后，也北上开拓新天地。故百余年来，马来西亚许多市镇的杂货店面与酱园都是新会人经营的生意。到芙蓉、吉隆坡、金宝、怡保等市镇走走，就不难打听到这些地方的很多杂货店和酱园是新会人经营的，他们的先辈与七家头都有渊源。

今天，只有北干拿路32号的一幢旧楼宇，以及麦波申路的东南烟草公司的建筑物仍旧保留着"广恒"的名字。还有在尼路的一幢旧楼宇里保存着"广万生有记"的古老招牌，这个招牌估计有百年历史，算是朱有兰的遗迹，其他历史遗迹已荡然无存。"小七家头"中，今天只有广祥泰硕果仅存，其余六家都不复存在。

6. 新加坡东安会馆

"东安会馆"创立于同治九年（1870）（一说建于光绪二年即1876年），是

祖籍广东东莞、宝安两地移民组成的地缘组织。其创会宗旨是：照顾初到南洋同乡的工作与生活，承担殖民政府没有承担的部分社会功能。会馆初期的历史由于年代久远，文献缺乏，今已无法考查。新桥路会所是1919年自筹资金修建的。

7. 新加坡番禺会馆

新加坡番禺会馆成立于光绪五年（1879），据《星洲百年》记载，早在100多年前，就有不少番禺人（祖籍分属于今白云区、番禺区）离乡背井到东南亚一带创业。著名侨领胡亚基就是其一，其时任中国总领事，还历任新加坡立法院及司法院委员。当时他有感于新加坡乡侨日增，为解其乡愁，乃发起组建番禺会馆，会址设于海山街。后来，由于会员激增，又在摩士街另设立副馆。①

8. 新加坡三水会馆

"新加坡三水会馆"创建于光绪十三年（1887），创建人为谢均、邓寿平、何三兴等。但该会馆的资料极度缺乏，不过有关新加坡三水红头巾的历史倒值得一提。那时候的三水妇女上工，一般都身着蓝衬衣黑裤子，脚穿用旧轮胎做底的凉鞋，头戴鲜艳的红头巾。头巾也有蓝色或其他颜色，据说三水妇女偏爱象征吉祥的红色。这种头巾很特别，是用一块浆硬了的红布折成的方帽，因而具有遮阳挡雨和防止粉尘玷污发髻的实用功能，也是籍贯的标志。在新加坡，三水妇女多聚居在牛车水区的豆腐街。由于她们来自农村，没有文化，所以除部分人到胶厂当杂工外，大多戴上红头巾到建筑工地，做些和洋灰、挑砖块、搬木料等的粗活。每天早出晚归，工作10小时以上，日工资很少。红头巾过去流传着一首《叹命歌》，其中便有"十个过洋，九个苦命"，"到了南洋六个月，不思茶饭半年长"之句，这便是她们当时在异国他乡艰难生活的真实写照。清代在新加坡的三水妇女人数不详，据说从民国初年至抗日战争前夕，仅在新加坡打工的三水妇女就有一万多人，是故清代新加坡就应该有三水妇女。关于新加坡三水会馆与新加坡三水妇女的联系，也无确切资料可证，姑存待考。

9. 新加坡（高廉桂）三和会馆

"新加坡（高廉桂）三和会馆"创建于光绪九年（1883），由广东省之高州府、廉州府及广西三属华侨创办，故称（高廉桂）三和会馆，以联络三属乡谊，团结精神，互相合作为宗旨。高廉桂三属之所以连为一体，应是由于其先侨南来的路途大致相同，多由廉州北海之港口乘搭帆船南渡，因而建立了同舟共济、患难相交之谊，加上高州、廉州为广东省南路二府，与广西毗邻，来往甚密，且语言风俗与桂南各县极为接近，故三属同乡彼此都有亲切之感。早年他们南渡，皆需乘搭帆船，身历一两个月的惊涛骇浪，始能抵达目的地。在启行时，得先拜祭

---

① 据百度百科、广州侨网网站。

天后圣母，以保顺风航行，平安抵埠。

会馆成立之前，高廉桂三属先辈南来者为数不多，故没有乡会组织。迨至1883 年，旅居新加坡的广西博白人庞敦武，高州人揭志松，廉州人许爱廷、张瑞福及廖合等人，看到三属同乡南来者日众，便共同发起建立该同乡会馆。当时响应参加而成为会员者，有来自高州府之石城（现廉江市）、水东（现电白县）、梅录（现吴川市），廉州府之合浦县，以及广西的博白县等 5 个县份的华侨，是故草创初期，命名为"五合公司"，取五县联合之义。嗣后，三属其他县份的华侨加入会馆者为数甚众。乡侨们有感于"五合"已名不副实，经众议决，乃决定以高州一府、廉州一府以及广西一省为基础，广招会员，并易会馆之名为"三和公司"。其含意是，三属同人和衷共济，和睦团结，和气生财。光绪十七年（1891）六月八日，该会馆根据当时的社团法令正式注册，又易名为"三和会馆"，此后沿用此名至今。1970 年，董事会觉得"三和会馆"之名不易为外人了解，乃在"三和会馆"名称之前，冠以"高廉桂"三字，并于 1981 年制造了一个代表广西、高州、廉州三属一体的三环相连的徽章。

1891 年该会馆正式注册时，有理事员 6 名，会员 571 名。之后，会员人数逐年增加，极盛之时，据说共有馆友、会员 5 000 余人，分布南洋各地。当时凡三属同乡登记为会员者，仅收会费五角，月捐免纳。由于会员散布在马来半岛及荷属印度尼西亚及婆罗洲各地，居无定所，其会员证便用一幅长八寸、宽六寸的白布印制成表格，填上姓名及籍贯，无须注明年龄、地址等。只要白布加盖"三和会馆"正印，即为合法。

该馆最初位于美芝路 467 号，为一间两层楼的排屋，地面面积约 1 800 平方尺。馆中奉祀天后圣母及关圣帝君。每逢农历三月廿三、廿四两天，例必举行隆重神诞庆祝。除设宴招待嘉宾及同乡外，还聘请粤剧团演戏两天，以酬谢神恩。每年神诞演戏，必热闹非常，今已成为该馆的传统活动之一。每逢关帝圣诞，该会亦设祭品敬奉。①

10. 新加坡肇庆会馆

新加坡肇庆会馆成立于光绪五年（1879），由司徒长、黄硕、汤五、何显达等人倡组。宗旨为联络乡谊，共谋福利。

11. 新加坡广西暨高州会馆

新加坡广西暨高州会馆创立于光绪九年（1883），主要由广西籍人士组成，以联络乡谊、发扬团结合作精神为宗旨。

---

① 梁基毅：《新加坡（高廉桂）三和会馆史略》（之一），中共茂名市委统一战线工作部网站。

12. 新加坡雷州会馆

新加坡雷州会馆于光绪十八年（1892）五月二十八日成立。最早馆址在樟宜，后迁到小坡，再迁到嘉华街。原本置有雷州人义山地产，在樟宜八条石内山芭地带。但在开始阶段，雷州会馆并没有真正运作起来，以致雷州人（特别是与海南隔海相望的雷州徐闻人）一般都加入海南会馆。直到 20 世纪二三十年代，随着雷州人移居新加坡人数激增，雷州会馆才在真正意义上开始为三雷乡亲服务。如此看来，新加坡雷州会馆在清代基本上只有象征意义。

（三）客家籍地缘社团

1. 新加坡应和会馆

新加坡应和会馆成立于道光二年（1822），创立人为刘德润。当时由祖籍广东省梅州属下的梅县、兴宁、五华、平远、蕉岭 5 个县属华侨组成（现梅州市涵盖了大埔和丰顺，共 7 个县城）。会馆地址位于唐人街牛车水直落亚逸街 98 号（直落亚逸亦为岛上最早有华人定居的地方）。

该会馆可说是新加坡第一个客家人社团，其历史之悠久，仅次于宁阳会馆。在新加坡发展的早期，应和会馆为直落亚逸最早的建筑物。直落亚逸亦为岛上最早有华侨定居的地方。馆名叫"应和会馆"而不叫"嘉应会馆"，表明了创馆时的立意："嘉应州人远渡重洋，异地谋生，凡事应和睦共处，和衷共济，以和为贵。"

新加坡开埠从莱佛士于嘉庆二十四年（1819）登陆算起仅 3 年，客家先贤就建起了应和会馆，足见道光二年之前客家华侨已为数不少，且具有基本经济能力。据说，在英国人登陆新加坡之前，早有客家人在当地栽种农作物（如甘蜜等），从事手工业（如打铁、打石、制鞋、缝纫等）。会馆初为协助新抵埠的客家人栖身及寻找工作，并为逝世的会员办理丧葬之事。光绪十三年（1887），会馆购买下位于 Commonwealth Lane 的双龙山，作为族人死后安葬之所。到光绪三十一年（1905），会馆创立了"应新学校"，最初只有 50 名学生，但在族人的大力支持下迅速发展，应新学校在双龙山还设立了分校。

会馆自创办以来，会址一直设在直落亚逸街 98 号，从未搬迁。这本身就是新加坡社团史上的一个奇迹。故该会馆的建筑风格和特征颇值得一提。

会馆建于道光三年（1823）初，原为一栋单层建筑。今日所见之建筑，历经 5 次修整：道光二十三年（1843）改造成两层，馆内 18 根石柱由中国运来；此后，又于光绪二十四年（1898）、1948 年、1963 年、1997 年进行修整。1998 年 12 月 18 日，会馆成为新加坡国家古迹之一。在今天新加坡宗乡会馆当中，应和会馆是唯一被古迹保存局列为古迹而加以保护的会馆。

应和会馆最初以"共奉一龛香火"的神庙形式出现。而当初的神庙，曾是华族社会的活动中心。应和会馆正厅奉祀关帝神位，是要求乡亲们发扬桃园结义精神，心存忠义，同甘共苦。上有横匾"帝德无私"。上款写着"光绪廿四年岁次戊戌季冬月立吉"，左右悬对联一副：左联为"兄玄德弟翼德德兄德弟"，右联为"师卧龙友子龙龙师龙友"。神龛上以繁复的木刻花鸟透雕为装饰，体现出客家的民居特色。①

与会馆相连的右侧，原有一座同样是双层楼的古老建筑"五城福地"（已被政府征用拆除），是安置先人长生禄位的地方。馆中最古老的手制品为一块匾额，制成于道光二十六年（1846）。一楼为会客室及管理处，后有神坛祭祀武神关帝。其建筑为客家常见两进三间（上厅、天井、下厅）格局。一进大门，只见一道古色古香的木质仪门，仪门上方挂着一块红底金字牌匾"声教南暨"，正中挂着一幅镜画，裱着一朵硕大的黄瓣红蕊梅花。仪门背面，上方是黑底金字牌匾"源远流长"，正中是一幅扇形红梅图。从仪门侧进入，天井两边走廊的墙壁上挂着牡丹、梅花、松鹤等中国画，镶进精美的黑色镂空木雕画框里，走廊上摆着古典中式木靠椅、小圆木凳。大厅的左方保存着几方光绪二十四年（1898）所立的《重建碑记》，刻写着捐款人的姓名，另一方石碑的文字已经看不见了，很可能是《创建碑记》，文字消失是因岁月久远而导致的。一个校钟站立在大厅的右方，这是当年应新学校的校钟。悬挂在会议厅的一方匾额"浩气长存"，上款写着"道光丙午年"，是会馆里历史最悠久的文物。②仪门侧上了二楼，二楼的下厅曰"嘉缘厅"，据介绍，其两侧的栋架采取民居常用的穿斗式营造方式，而二楼上厅两侧可见官式营造法所构建的抬梁式栋架。不管是民式还是官式营造法，俱雕梁画栋，有极其丰富的山水、禽鸟、游鱼、植物及人物彩绘，有工法细致的梅花、禽鸟等黑漆描金画，精美繁复、金光灿灿的木雕构件如鱼龙雀替、朱雀雀替、戏曲浮雕等，令人叹为观止。③

2. 新加坡茶阳（大埔）会馆

"新加坡茶阳会馆"成立于咸丰八年（1858）。先是在咸丰七年（1857）冬，其先贤萧贤舞等人有意创办会馆，于是，在乡亲鼎力支持之下，会馆于咸丰八年（1858）建立。多年以后，大埔移民不断增加，福利之事也相应扩大。到光绪十四年（1888），于新加坡美芝路456号创设"回春馆"（1919年购得马里士他路365号现址后改名为"茶阳回春医社"）。

---

① 据新加坡应和会馆网站、梅州时空网站。
② 区如柏：《走入应和会馆 寻找被遗忘的历史》，《联合早报》。
③ 区如柏：《走入应和会馆 寻找被遗忘的历史》，《联合早报》。

茶阳会馆于 1906 年创办"启发学堂",宣统三年（1911）迁校于北京街,之后改名为"启发学校"。①

应该一提的是,今新加坡茶阳（大埔）会馆大厦的 7 楼和 8 楼是文物馆,这里的展出重点内容之一是李光耀资政专栏。李光耀祖籍广东大埔,他也是茶阳（大埔）会馆的永久荣誉顾问,因此会馆特设此专栏,收藏和展出有关李光耀的资料。此外,文物馆内还将展出李光耀的祖居,也就是其曾祖父李沐文在 1884年所建造的"中翰第"的模型。②

3. 新加坡丰永大公司

据公会祠宇古碑记载,新加坡丰永大公司创设于光绪八年（1882）,是一个管理广、客两属坟山的机构。"丰永大",是丰顺县、永定县和大埔县的简称。到宣统元年（1909）,改名"新加坡丰永大公会"。

4. 新加坡丰顺会馆

丰顺县与其他客家方言群的家乡一样,多为山区,少有平原,乡民不得不出外谋生。丰顺人在 100 多年前南来谋生,多数聚居在美芝路海滨,以制造舢板为业。他们创立了丰顺公司,作为同乡的联络站。一有新客到来,公司便介绍他们到加冷盆地或芽笼一带从事烧炭工作,另一部分则转到柔佛或荷属东印度去。

"新加坡丰顺会馆"建于同治十二年（1873）,其时有乡贤谢顺邻、朱诗合、谭东合等筹划,以小坡廿街（今惹兰苏丹一带）一间亚答屋为会所,取名"丰顺公司"。及后南来同乡日众,乃于美芝路 459 号建起两层楼房,改称"丰顺会馆"。③

5. 新加坡"星洲增龙会馆"

星洲增龙会馆一般被归类为客家系会馆,有时直接归在惠州会馆名下。新加坡的"星洲增龙会馆"是广义的惠州十属会馆之一,与惠州会馆挂钩,与广肇会馆也有较密切的来往。宣统三年（1911）,为联系乡亲,增城、龙门两县旅居新加坡的乡贤（其中主要是客家人）,就曾成立"增龙慈善堂"。

就会员的比例来说,新加坡的星洲增龙会馆以粤语人士为主,客家人反而较少。在新马地区其他地方,增龙会馆一般为客家系会馆。所以,星洲增龙会馆"粤多客少"的情况算是个例外,故这里仍然将之归为客家籍社团。

到 19 世纪末 20 世纪初,随着乡亲潮涌而至,新加坡客家会馆纷纷成立。除上述外,同治九年（1870）,惠州会馆在海山街创立;同治十二年（1873）,丰

---

① 据客家风情网。

② 据《新加坡茶阳（大埔）会馆发展简史》,客家风情网,2013 年 2 月 1 日。

③ 据新加坡丰顺会馆网站。

顺会馆在惹兰苏丹创立；光绪九年（1883），三和会馆创立于美芝路；永定会馆则在1918年在尼路创立。随后，1929年，八属客家人的代表会馆（嘉应五属和丰永大）共同召集，发起创办了客属总会（1949年8月23日正名为"南洋客属总会"）。应一提的是，南洋客属总会的成立，标志着新加坡的客属总会将新加坡、马来亚（马来西亚）、荷属东印度、英属缅甸客家人聚集在一起，开始共同谋求南洋客家人的权益和福利。

（四）潮州籍与海南籍社团

1. 新加坡义安公司

"新加坡义安公司"是潮州籍华侨在新加坡建立的本地籍社团。一说新加坡义安公司是从坐落在披立街的"粤海清庙"起家的，粤海清庙约创建于嘉庆二十五年（1820）。道光十年（1830）（一说道光二十五年即1845年），由潮籍著名侨商佘有进联合澄海和海阳两县的蔡、林、黄、郭、张、吴、沈、杨、曾、刘、王等12姓乡侨组建。由于以前潮州府又称为义安郡，故潮州人好以义安为社团之名。建立之初旨半为信奉玄天上帝及天后圣母，祈求保佑；半为购买坟地供潮人埋葬，兼办公益慈善及教育等。

2. 新加坡海南会馆

道光三十年（1850），海南人开始移居新加坡乃至南洋各地。到咸丰四年（1854），新加坡琼州会馆成立，直至1993年方改名为新加坡海南会馆。

四、业缘社团

（一）文化消遣性业缘社团

19世纪中叶以后，新加坡已出现业缘性社团。由于新加坡经济的迅速发展和社会的巨大变化，到清末，这里已经汇集了大批各个领域的人才，其中包括专业人才和有爱好的文人墨客。所以，到了清末，新加坡出现了一些专门的或者带有浓重文化色彩的华侨社团，其组织者和参与者多是"附庸风雅"的商界成功人士和文化名人。因此，清末华侨社团也有了几分"雅化"的风格。

1. 梨园堂/八和会馆

最早的文化消遣性业缘社团应是咸丰七年（1857）六月一日新加坡广东粤剧艺人组成的"梨园堂"。后来，新加坡殖民政府限令所有社团注册，乃易名为"八和会馆"，由粤剧艺人组织的兆和堂、庆和堂、福和堂、新和堂、永和堂、

德和堂、慎和堂及普和堂八个"堂"合并而得名。①

2. 怡和轩俱乐部

"怡和轩俱乐部"是新加坡也是整个东南亚华侨社会中最著名的一个俱乐部，成立于光绪二十一年（1895）十月十日（一说九月），并被新加坡殖民政府行政议会批准为免注册社团。最初，由福建帮中受过中文教育的侨商林和坂、陈慎祥、林推迁及受过西方教育的华人企业家李清渊、陈若锦、陈明源、颜永成及林文庆等人创建。创建人在当时都是颇有经济势力及社会地位的华侨领袖。怡和轩俱乐部的成立开创了分别受过中、英文教育，东西方文化熏陶的福建帮领袖团结之先河。最初的总理及领导成员已不可考。宣统二年（1910）起，由曾任洪门会义兴帮的领袖（红棍）、被誉为"马来亚钨矿大王"的著名闽籍企业家（福建龙溪籍）林推迁担任总理。② 林氏1923年2月去世后，陈嘉庚接任总理。

3. 吾庐俱乐部

"吾庐俱乐部"前身为新加坡翠兰亭的"古寄乐"，由清朝驻星州领事孙土鼎、陈卓然倡组，成立于光绪三十一年（1905）。光绪三十三年（1907），改名为"吾庐俱乐部"，意为"吾爱吾庐"。其成员大多数为闽籍侨商，其中不少人为当地华人银行家。会员人数不多。③

4. 新加坡同德书报社

新加坡同德书报社于宣统三年（1911）八月八日成立。初期宗旨为"开通民智，推倒满清"。发起人为张永福、林义顺、陈楚楠等。后吴湘因支持袁世凯政权，受同德书报社社员抨击。1917年，通电声讨张勋（1854—1923）复辟。1918年起创立夜校（用英语讲授），并举办华人集体婚礼等。

（二）工务性业缘社团

同治七年（1868），新加坡各籍从事土木建筑的木匠，在叶百活、叶百岁、赵集喜、赵根成、余阿添、陈石连、冯阿祥及龚阿悦等8人的发起下，创建了"北城行公司"，简称"北城行"，供奉鲁班牌位，会所称为"鲁班庙"。

光绪二年（1876），在新加坡经营酒楼、茶馆和餐馆的周明、潘河、梁均等创立"姑苏慎敬堂"，简称"姑苏行"。

光绪六年（1880），在新加坡经营缝衣业的陈元安、张阿进、陈阿国及谭阿楼4人发起组织"轩辕馆"，供奉"开天制服轩辕祖师"牌位，后易名为"轩辕

---

① 彭松涛主编：《新加坡全国社团大观》，文献出版公司，1983年。

② 吴凤斌主编：《东南亚华侨通史》，福建人民出版社，1994年，第792页。

③ 杨进发：《战前星华社会结构与领导层初探》，南洋学会，1977年，第38页，参吴凤斌主编：《东南亚华侨通史》，福建人民出版社，1994年，第794页。

洋服商行"。

光绪十六年（1890），新加坡另一些广府帮木匠组织了"鲁北行"，也崇祖鲁班。

此外，光绪十七年（1891），粤籍五金业工人组织"文华行"，驳船业工人组织"驳船居"，琼州籍同侨组织"琼轮轩"和"琼海阁"等，都是职工行业的团体。[①] 这些业缘性社团是在前期社团雏形基础上逐步演变过来的。

到 20 世纪初，在东南亚地区掀起的组建中华商会热潮中，新加坡中华总商会（原名新加坡中华商务总会）在光绪三十二年（1906）成立。吴寿珍当选为首届会长。1915 年，新加坡中华商务总会改名为新加坡中华总商会。著名华侨领袖陈嘉庚对该会的早期活动作出了重大贡献。新加坡中华总商会后来在新加坡的经济发展中扮演了积极的角色。总商会是本地华商、华社的最高领导机构，在国际商业舞台上享有良好的信誉。

第四节　海峡殖民地激烈的思想文化冲突与新加坡华侨兴教办学

同东南亚其他地方一样，远离家乡而在海峡殖民地谋生的华侨先辈，衣食初定后就在居住地兴教办学。海峡殖民地的华侨早期都有兴教办学的实践，且在一段时期内在海外居于领先地位，同时在清末清政府对海外华侨的"劝学"运动中也处于中心地位。在激烈的中西思想文化碰撞、冲突的大环境下，晚清海峡殖民地华侨的兴教办学，与当地中华文化的独占鳌头，以及当地华侨社会显著的文明进步一起构成了晚清海外华侨社会的亮丽风景线。

一、19 世纪 90 年代前新加坡的兴教办学与文化传承

（一）华侨私塾与华侨书院

华侨旅居马六甲较早，故那里的重文兴教之风也就较早。英国把马六甲辟为殖民地后，华侨就在此"开英华院，以教华人和土人。同时，此地义学甚多。其男女不论土番或华人皆知读书"。[②] 又据马礼逊和米怜《印中搜闻》（*Indo-Chinese*

---

① 彭松涛主编：《新加坡全国社团大观》，文献出版公司，1983 年；另参吴凤斌主编：《东南亚华侨通史》，福建人民出版社，1994 年，第 776 ~ 777 页。

② （清）魏源辑：《海国图志》卷六，东南洋海岸国四，道光古征堂本，第 13 ~ 14 页。

Gleaner）的记载，早在 1819 年马六甲地区就已出现了教会创办的英华书院（An-glo-Chinese School）。创办书院的目的是培育学生对中国和欧洲文学的掌握，同时宣扬基督教精神。[①] 与此同时，马六甲地区华人创办的学校虽师资、资金等方面略有不足，却为部分适龄学童接受华文教育提供了帮助。1815 年约有 8 所闽籍华人学校和 1 所粤籍华人学校，教师数量分别为 150 人和 10 人。[②] 可惜史料中有关马六甲华侨办学的记载语焉不详，但新加坡和槟榔屿的相关材料就比较多，故下面主要是对新加坡和槟榔屿的华侨办学情况作一分析。

值得注意的是，到了 19 世纪，整个东南亚华侨社会还处于华侨办学的启蒙时期。各地华侨创办的私塾、义学、书室、书院等各类新旧教育场所的生徒有明显的增加，是华侨联合集资办学的良好开端。但这时候海峡殖民地的华侨教育与过去及同时期东南亚很多闭塞地方的华侨教育迥然不同，这里的华侨身处中西文化的交汇点，深刻地感受到西方文化的强烈冲击。他们可说是东南亚地区最早接触到中西两类不同的文化，并在两类文化的激烈碰撞中探索其融汇途径的海外中国人群体。

新加坡的华侨办学可以追溯到 19 世纪早期。从那时到清亡，大抵可以以 19 世纪末中国的维新运动为界线，分为前后两个时期：前一个时期，华侨办学的主要目的是致力于中华文化在新加坡的扎根与传承；后一时期，重点转为如何兼容"中学"与"西学"，如何让华侨子女接受中国传统的伦理道德，避免沾染西洋陋习，同时学好"西学"。

就华侨办学的类型来说，有人把新加坡早期的华文教育分为三类：一是华人自身创办的传统的旧式教育，这类书院多由华商或华人团体创办，教师数量较少且大多是南来谋生的落魄之士，教授的内容也是传统私塾教材；二是教会开办的学校，如 1842 年戴雅（Rev Dyer）牧师夫妇创办的华文女子日校和女子寄宿学校圣玛格烈学校等，这类学校数量虽不如英校多，但在扩展华侨子弟视野上有很大作用；三是附属义学的华文班，新加坡义学是英国圣公会创办的，其宗教色彩较为浓重[③]。按照这个分类，面向华侨大众、基本上使用中文教学的华侨办学，主要是第一类和第三类，也就是私塾和书院这类华侨教育机构。

书院是在私塾的基础上发展而来的。按照笔者的理解，在早期，两者并没有严格的区别。如果要寻找区别的话，则私塾一般是单个家庭或少数家庭（特别是宗亲家庭）合伙办的"义学"，学习地点多是在某个私家房间，学生人数比较少；书院更像是华侨集体办的学校，其教学对象一般不会脱离某个居住地域，但

---

① ［英］马礼逊、米怜：《印中搜闻》，国家图书馆出版社，2009 年，第 233 页。
② ［英］马礼逊、米怜：《印中搜闻》，国家图书馆出版社，2009 年，第 512 页。
③ 魏维贤等编撰：《新加坡一百五十年来的教育》，新加坡师资训练学院，1972 年，第 14～17 页。

具有跨宗族性。授课地点多在华侨会馆，或会馆的公用场所，学生人数也应更多，受教者中可能还有年长的华侨。两者相比较，书院的师资和设备应更好一些。但在教学内容和教学方法等实质性的方面，两者没有多大差别。国内的书院还是某一大片地区顶级的正统学术的研究机构（如历史上的岳麓书院、白鹿书院、紫阳书院等），一般的学子对之引颈相望，崇仰有加。华侨在新加坡等地办的"书院"，自然不能跟国内这些书院相提并论。

实际上，私塾教育是当时中国国内特别是农村地区传统教育的唯一形式，其功能主要是应试做官，进行以修身为目标的伦理道德方面的教育，以及经世致用方面的基础教育（例如书算等）。最后一项功能，在中国农村地区表现得更为明显。但华侨在出国前，即使是私塾教育，也接受得很少。因此，到了东南亚居住地后不得不终日为生计奔忙的他们，不可能在后代教育方面进行任何别出心裁的"创新"，实际上他们也没有这样的想象力。他们只能千方百计地把在家乡看到的私塾教育全盘搬到南洋居住地，力求"完美无缺"。

19 世纪初期至中叶的新加坡，已有私塾和义学之设。最早的历史记载是德籍传教士汤臣（Rev. G. H. Thomson）的笔记。据他所见，道光九年（1829）的新加坡就有粤人所办学塾两所：一所位于甘光格南（Kampong Glam），有学生 12 人；另一所位于北京街（Peking Street），有学生 8 人。另外，北京街还有闽人办的学塾一所，有学生 22 人[①]。这些私塾所授的课程无非是《三字经》、《千字文》、"四书"、"五经"、《百家姓》、《幼学琼林》等，有些学塾间或也教授珠算、算术或尺牍等。

1849 年，由陈金声带头，联合其他闽籍富商洪浚成、黄崇文等捐款 7 000 多元，在福建会馆原址"天福宫"西侧兴建启蒙学馆"崇文阁"，作为师生的讲习之所。[②] 一般认为，这是新加坡华人设立的第一间书院式的学校。根据崇文阁内的《兴建崇文阁碑记》记录，这里除了是师生教学的场所，更是祭祀的地方，"每岁仲春，济济多士，齐名盛服以承祭祀……虽僻陋在夷，与文物之邦异，然人杰地灵，古今一理"[③]。由此也可以看到，早期的华人书院与华人社团组织、民间信仰等因素密切相关。

咸丰四年（1854），陈金声又带头捐资，会同 12 名华侨共同创办了"萃英书院"。该书院属义学性质，是当时第一间由福建人共同集资设立的教育机构。据考察，新加坡萃英书院是一所由私塾改进的学校，与新式的学校还有一段距离。但在当时，它却是新加坡华侨社会开展启蒙教育的机关。这所位于厦门街的

---

① Francis H. K. Wong and Gwee Yee Hean, *Official Reports on Education: Straits Settlements and the Federated Malay States*, 1870 – 1939, Pan Pacific Books Distributors, 1980, p. 3；又见许苏吾：《新加坡华侨教育全貌》，南洋书局，1950 年，第 7 页。

② 魏华仁：《东南亚华人教育大事志》（一），《华人月刊》1990 年第 1 期，第 39 页。

③ 陈荆和、陈育崧合编：《新加坡华文碑铭集录》，香港中文大学，1970 年，第 283 页。

萃英书院，足足维持了一个世纪之久，至 1954 年并入福建会馆所属各校后方才停办。① 萃英书院在今人的研究中经常提到，缘于萃英书院内有一块 1861 年立的石碑，记载了建院的经过和办学宗旨等，对今天的人们了解和研究早年海外华侨办学的心态、理念颇有帮助，不妨录之如下。

萃英书院碑文

我国家治隆于古，以教化为先，设为庠序，其由来久矣。然地有宽严之异，才有上下之殊，立教虽属无方，而讲学尤宜得所，信乎士林之攸归，在乎簧宇之轮奂也。新加坡自开创以来，土俗民风，虽英酋之管辖，而贸迁之有无，实唐人之寄旅，迄于今越四十有年矣。山川钟灵，文物华美，我闽省之人，生于斯，聚于斯，亦实繁有徒矣。苟不教之以学，则圣城贤关之正途，何由知所向往乎。于是陈君巨川，存兴贤劝学之盛心，捐金买地，愿充为党序之基，欲以造就诸俊秀，无论贫富家子弟，成使之入学。故复举十二同人，共骧重建，且又继派诸君，以乐成其美，择日兴工，就地卜筑，中建一祠为书院，崇祀文昌帝君，紫阳夫子神位，东西前屋建为院中公业，经于咸丰甲寅年（一八五四年）工成告竣，因颜其院曰萃英。盖萃者聚也，英者英才也，谓乐得英才而教育之。每岁延师设绛帐于左右中堂讲授，植桃李于门墙。夫莫为之前，虽美弗彰，莫为之后，虽盛弗传，今者陈君臣川能首行义举，倡建学官，不惜重金，买地为址，而十二君曾举荐，陈振生，杨佛生，林生财，许行云，陈俊睦，梁添发，薛荣樾，曾得璋，洪锦雀，陈明水，薛茂元，又能同心好善，鸠工经始，以乐观厥成。且也都人士亦皆能接踵其美，输财以助讲学之需，其好善之心，上行下效，若影之随形，如响之和谷，诚有不期然而然者，岂非一举而三善备哉。他日斯文蔚起，人人知周孔之道，使荒陬遐域，化为礼义之邦，是皆巨川君与十二君以及都人士所贻也。后之问俗者，亦将有感于斯举之高风，故为之序。且复列买地筑舍以并捐金诸芳名于贞石，以共垂于不朽云耳。

咸丰十一年（一八六一）岁次辛酉荔月乙未谷旦。②

在崇文阁和萃英书院之后，新加坡华侨中较大的办学举措还有：光绪十一年（1885），章芳琳兴办"章苑生学校"（亦称"养生书室"），教授中英文。凡贫侨子弟，不论长幼，均可免费入学。光绪十五年（1889），陈姓族人创办毓兰书室，附设于保赤宫内（保赤宫由福建侨商陈金钟、陈明水两人于 1876 年捐资兴建）。

---

① 魏华仁：《东南亚华人教育大事志》（一），《华人月刊》1990 年第 1 期，第 40 页。
② 陈育崧：《马华教育近百年史绪论》，《椰阴馆文存》（第二卷），南洋学会，1984 年，第 221 页。

　　总之，在前一时期，新加坡的华侨教育还处于拓荒阶段，或曰启蒙阶段。华侨办学的宗旨与愿望是学习、继承和发扬中华传统文化，在当地华侨子弟中培养人才。办学的目的是在异国他乡的文化荒漠上，开辟出一片继承中华文化的园林。既然是拓荒，那么基础无疑是薄弱的，办学形式难免是粗放的，教学内容自然是不完整的，教学制度和设备也是相当落后的，因而教学质量肯定是偏低的。

　　当时华侨办学的三大问题：一是经费，二是师资，三是质量。从这三方面来看，这一时期新加坡的华侨办学难免处于较低水平。尤其是从师资来看，更是如此。教师中不乏落第儒生，以及出洋后在当地难以谋生的待业者，也有的只是算命卜卦、代写书信的粗通文墨者。从教学方法来看，学生多死记硬背，不求甚解，学了难以致用。当然，死记硬背、不求甚解是中国古代传统教育的通例，但也是通病，在被带到南洋这样一个新的社会环境中，更显得迂腐。此外，当时除少数联合集资及富商资助的学塾、书院外，多数的私塾办学条件还相当简陋，有的只是一间小木屋、阁楼的地下室。

　　不过，当时出现的这一切均情有可原，是历史条件决定的。其一，其时新加坡开港未久，虽已过了百废待兴阶段，但仍处于发展中状态，文化上更显滞后。华侨在新加坡开港之初已经抵埠，但在较长一段时期内还处于披荆斩棘、筚路蓝缕的阶段。对于他们来说，当务之急是解决温饱问题，文化教育还未提上议事日程。当然，在这个过程中，最早到的一代华侨眼见自己子女逐渐长大，也意识到要让他们接受基础教育。然而，摆在他们面前的一个棘手问题是，应该让自己的后代接受怎样的教育？对于他们这一代从中国过来且受中国旧式教育耳濡目染的人来说，让子女接受传统中华文化，是不可动摇的选择。当时国内的中、西学之争还没有波及新加坡，他们还不会在"中学"与"西学"的夹击下左右彷徨。

　　国内的中、西学之争是在19世纪70年代"洋务运动"开始以后才逐渐高涨起来的，后来，洋务派的"中学为体，西学为用"主张占了主导地位。不过，在19世纪90年代之前，尽管国内在"中学"与"西学"问题上吵得不可开交，但对新加坡还没有多大影响，主要原因是，在这个时期，国内与新加坡之间的信息交流尚很滞后，国内的信息传到新加坡，已是明日黄花。只是到了下一个时期，即19世纪末以后，随着国内与新加坡信息渠道的畅通，"维新风"迅猛刮进新加坡，特别是在"戊戌变法"运动失败，康有为逃到新加坡之后，中、西学之争才对新加坡的华侨教育逐渐产生极大的影响。

　　就中华文化传统教育的目的来说，其时新加坡跟国内没有多大区别。通俗地说，是让子弟读孔孟之书，在社会上出人头地。对于务农与小贩人家，读书做官与光宗耀祖仍然是主流导向，饱读圣贤之书，参加科举考试，走学而优则仕之路，依然是他们心目中的"正途"。若子孙不堪造就，朽木不可雕，则退而求其

次，能写会算也未尝不可，糊口谋生亦是出路；对于仕宦之家和家世背景好一点的耕读之家，还要加上一个修身齐家治国平天下、"内圣外王"的崇高理想。当然，自洋务运动以来，国内有的学堂已经开始培养具有较高技术水平的"夷务"或"洋务"人才了。

但这时新加坡华侨教育的目的跟国内又有所不同，新加坡华侨多了一层要在异国他乡维持国学以及传承中华文化的意识。咸丰四年（1854），新加坡华侨创立萃英书院时，碑文中就清楚地写明：办学目的是"植桃李于门墙"，期望"他日斯文蔚起，人人知周孔之道，使荒陬遐域，化为礼义之邦"①。

这个问题还可从新加坡华侨子弟所使用的课本看出来。据说在 1829 年粤人办的两所学塾中，华侨子弟所读的课本与中国传统的书塾无异。崇文阁及萃英书院成立后，华文学校虽稍具规模，但在课程和课本方面，却是数十年一贯制，没有任何改变。即使 19 世纪 80 年代在左秉隆倡导下展开兴学运动，毓兰书室、乐英书室、养正书屋等纷纷设立，教材和课本也仍沿袭前代。②

众所周知，中国古代成年士子学的是五经典籍，文字古奥。宋代朱熹把"四书"——《论语》、《孟子》、《中庸》、《大学》整理出来，详加解释，此后中国的书院、学塾皆以之为课本。士子熟读"四书"之后，再读《朱子集注》及其他的注释和经典。这一做法自宋以后便成定例。对于幼学童蒙来说，则要读以儒家经典为基础编成的《三字经》、《千字文》，以及《幼学琼林》之类的启蒙书籍，也是数百年来相沿成习。这些儒家课本，早已被当作读书入仕的阶梯，奉为宝典。实际上，学生对课本的内容纯是记诵，多不求甚解。国内学童尚且如此，对于国学环境很差、国学水平一代不如一代的海外华侨子弟来说，情况就更可想而知了。

不过，不能把当时的新加坡看作是中国传统教育的海外新"桃源"。有几个因素对当时新加坡的华侨教育产生了难以抗拒的影响。除了上面提到的早期华侨私塾一些自身难以消除的弊端，如教师水平参差不齐，教授内容落后，没有多少实际用处等问题外，还有两大因素是不可忽略的。一是文化背景和语言环境因素。早期下南洋的华侨一般不把家眷带在身边，很多人选择和当地妇女结婚。即使他们的子女接受了华侨开办的私塾教育，也会因文化背景和语言环境等而与国内学童有很大差别。二是华侨内部的"帮派政治"因素。如潮帮和粤帮等帮派之间分歧很大，常常各自为政，不接收非本帮的学童，这对华文教育发展的负面影响很大。

---

① 陈荆和、陈育崧合编：《新加坡华文碑铭集录》，香港中文大学，1970 年，第 291 页。
② 梁元生：《宣尼浮海到南洲——19 世纪末新加坡的"儒学运动"》，《亚洲文化》1988 年第 11 期，第 4 页。

总之，在 20 世纪初新加坡遭到中西思想文化思潮激烈冲击之前，华侨教育在东南亚已属发展较快之列。首先，这应归因于华侨的积极努力。开埠后，新加坡华侨经济发展得较快，出现了一批殷实的华侨富商。新加坡为南洋各地国际贸易转运中心，与东西方的接触面较广，华商的眼界较为开阔，信息也较为灵通，且其时中国与新加坡的关系较为密切。左秉隆出任新加坡领事后，光绪八年（1882）在新加坡创办"会贤社"，热心推动中国传统文化，鼓励兴办学校、振兴文风、招揽名士、赋诗作文，诸多举措推动了当时华侨社会学习中文，兴办学校的热情。其次，客观地说，这也与英国殖民者较早重视发展当地教育有关。莱佛士在开拓新加坡之初的嘉庆二十四年（1819），即在其所计划的新加坡书院中，为华人设立文学伦理部，各学部合设的科学部和华、巫方言班等。

（二）左秉隆首次出任新加坡领事期间的兴教办学

晚清政府早在光绪三年（1877）就在新加坡设立专员处理华侨事务。其时当地华侨胡璇泽，被清政府任命为驻新加坡领事官，同时兼任日本和俄国驻新加坡使臣。[1]光绪六年（1880）胡璇泽病逝后，苏湘清成为代理领事，但并未被英殖民政府认可。光绪七年（1881），在中英双方的交涉下，曾纪泽成功地让新加坡领事馆取得了常设地位，并派随员英文三等翻译官左秉隆接任领事一职。可以说，左秉隆是清朝正式派驻新加坡的第一位领事。

在左秉隆驻新期间，由于英殖民政府的刁难，加上左秉隆自己的内心愁闷，他将更多的注意力放到当地的华文教育方面。其时新加坡华侨因长期在异国他乡生活，与祖国声教渐绝。清政府则鼓励当地领事官员积极与华社联络，让华侨及下一代能受到传统的华文教育。左秉隆在首次出任清政府驻新加坡领事的 10 年间（光绪七年到十七年即 1881—1891 年），亲自参与的社团有"会贤社"、"雄辩会"和"会吟社"等。有学者指出，以左秉隆为代表的文人学士团体是新加坡儒家文化第一批的开拓者[2]。正因为他对中国传统教育与文学的推动，当地华侨才更加认同中国文化。

"会贤社"在新加坡华侨社会曾引起不小反响，其主要活动是一月一度的"月课"，类似今天的主题征文活动，所针对的对象为说英语的土生华人群体。每月会提出不同的主题，题目大多涉及儒家传统道德规范和忠君爱国等内容，也涉及对时政的讨论（例如"禁烟"问题等）。这些题目大多由左秉隆本人选出，故从这些题目便可看出左秉隆希冀华侨加强对中华文化的了解并认同清政府的心情。

"月课"由文人学士自由发挥，完稿后交卷。交卷后由左秉隆和其他学者负

---

① 许云樵：《新加坡一百五十年大事记》，新加坡青年书局，1969 年，第 68 页。
② 梁元生：《新加坡华人社会史论》，新加坡国立大学中文系、八方文化创作室，2005 年。

责评审。左秉隆自己有诗文表明，他曾在夜深时分继续评改平凡学子文章。这在驻外使臣群体甚至在国内的同级官僚中恐不多见。另从卫铸生写给左秉隆领事诗词中，可以看到左秉隆常用自己的俸禄奖励有学识和有文采的华侨，着实难得。其诗如下：

> 使君海外宣威德，令我钦迟已十年。爱客共倾浮白盏，怜才不惜选青钱。
> 有时诗思凌云上，无恨天机到酒边。岛屿镜清秋气肃，纷纷鱼鸟得陶然。①

左秉隆还为"月课"设立奖金。获奖文章还会刊登在华侨社会流传甚广的《叻报》上。从获奖的名单可以看出，一些文士后来成了当地书塾的教师。新加坡国立大学图书馆所藏的《叻报》，收集了自光绪十三年（1887）八月至十七年（1891）六月共36次的"会贤社课榜名录"②，从中既可以看到"月课"活动的具体情况，也能看到获奖学子的获奖人数和金额。据此可知，参加"月课"提交文章的有三十余人，得奖人数约为15人，分甲等（1元）、乙等（5角）。甲等通常有5人，乙等通常10人。如1887年8月的"课榜名录"：

时间	课题	卷数	得奖人数	得奖人名单（成绩也按顺序排列）
光绪十三年（1887）六月	人而无恒不可作巫医论	37	15	甲等：梁立新、何鸣盛、吴士达、胡鹤年、颜步青（各赏1元）； 乙等：胡桂臣、李一川、李炳贤、霍超、彭小梁、黄图、蒋鸣谦、萧宝森、吴应谐、龚显祖（各赏5角）

资料来源：梁元生：《新加坡华人社会史论》，新加坡国立大学中文系、八方文化创作室，2005年，第10页。

"月课"的奖金应出自领事馆的活动经费。活动经费的来源包括两部分：一是来自清政府（公费），二为华侨社会的支持。新加坡领事馆在设立之初，清政府没有拨付直接派出官员在当地办公的经费，而是在任命当地华商胡璇泽为领事官后，由胡本人筹措、解决领事馆的日常开支问题。这样曾引来当地华商的不满。在压力下，清政府在光绪二年（1876）草创《出使章程》。光绪三十年（1904），外务部对领馆人员薪俸重新进行了修订，按照领馆的级别、馆务繁简、

---

① 梁元生：《新加坡华人社会史论》，新加坡国立大学中文系、八方文化创作室，2005年，第36页。
② 关于"月课"名录的内容，详见梁元生：《新加坡华人社会史论》，新加坡国立大学中文系、八方文化创作室，2005年。

领地具体情况和距离国内远近程度等进行了调整。新加坡在光绪十七年（1891）成为南洋地区的总领事馆，统辖槟榔屿、马六甲及附近英属各岛。① 按此规定，新加坡总领事馆人员一年的俸薪有 14 880 两，领事馆公费有 5 000 两，而总领事官光绪二年（1876）是 600 两，到光绪三十二年（1906）改为 500 两。②其时新加坡华侨社团较为发达，"五大帮群"③ 的社团星罗棋布。华侨社会教育文化的发展也离不开这些会馆的支持和帮助。会贤社的创办者和支持者虽为左秉隆，但其活动经费一定程度上也来自于华侨社会的帮助。

光绪八年（1882），左秉隆创设了"英语雄辩会"（Celestial Reasoning Association），让侨生们通过辩论的形式就社会、经济、政治和文化问题畅所欲言，一般两周举行一次。"雄辩会"自光绪八年（1882）开办，直到光绪十六年（1890）方才停止。④据说左秉隆还亲自做过英文演讲，以鼓励更多侨民参与。诚然，作为清政府领事，左秉隆的观点和评论会带有一定的导向性，但华侨通过参与雄辩会的活动，从而更加关注中国局势的变化，关注传统文化。从这一点来说，左秉隆可谓功不可没。

在左秉隆上任前，新加坡私塾数量仍很有限，有钱人家的华童大多上私人书塾，其后大多数会进入各地会馆创办的义学，如崇文阁、萃英书院等；有一些教会书院也招收华童。但由于左秉隆在任职期间大力支持文社活动，华侨社会更加受到中华文化的熏陶，一时间，毓兰书室、培兰书室、乐英书室等纷纷创立。据光绪十年（1884）《海峡教育年报》（Straits Settlement Annual Education Report）记载，当时新加坡的私塾有 51 所。⑤《叻报》评述道："叻中书塾，自请儒师以及自设讲帐者外，其余如萃英书院、培兰书室、毓兰书室、养正书屋、乐英书室等，多至不可胜言。"⑥

"毓兰书室"是光绪十五年（1889）福建帮侨领陈笃生之子陈金钟创办的。陈金钟曾在光绪二年（1876）联合陈金声的儿子陈明水建立了陈氏宗祠（保赤

---

① 中国第一历史档案馆、福建师范大学历史系合编：《清季外交使领年表》，中华书局，1985 年，第 73 页。

② 赵高峰：《晚清驻外领事研究》，苏州大学硕士学位论文，2011 年，第 40～42 页。

③ "五大帮群"包括讲闽南方言且来自福建漳泉地区的"福建帮"，讲潮州方言且来自广东潮州的"潮帮"，讲粤语且来自广府、肇庆等地的"广帮"，讲客家话且来自福建闽西永定、广东嘉应五属等地的"客帮"，以及琼州的"海南帮"。

④ 陈育崧：《左子兴领事对新加坡华侨的贡献》，《椰阴馆文存》（第一卷），南洋学会，1984 年，第 124 页。

⑤ 转引自郑良树：《马来西亚华文教育发展史》（第一分册），马来西亚华校教师会总会，1998 年，第 29 页。

⑥ 《叻报》，1890 年 3 月 13 日，转引自陈育崧：《左子兴领事对新加坡华侨的贡献》，《椰阴馆文存》（第一卷），南洋学会，1984 年，第 123 页。

宫），后在其内开办"保赤学校"，毓兰书室即从这所学校改名而来。毓兰书室成立时，左秉隆受邀担任以"毓兰"二字做对联活动的评选人。他自己也身体力行，写了"毓德养才书为至宝，兰滋蕙树室有余香"① 等六副对联。根据梁元生的研究，这次对联活动反响热烈，左秉隆与毓兰书室负责人王道宗进而组织了"会吟社"②，每月都出题征集对联。

不过遗憾的是，左秉隆在第一任期间所举办的文社活动，大部分随着他的卸任而停办。光绪十七年（1891），他卸任新加坡领事后，③ 出任香港领事官未成，后历任广东洋务处总办、总办广东满汉八旗学务、外务部头等翻译官，并于光绪三十一年（1905）随清廷五大臣出洋考察政治，游历了欧美各国。光绪三十二年（1906），他还获得英国牛津大学名誉学士学位、日法比三国赠佩二等宝星等荣誉。④ 光绪三十三年（1907），他二度出任清驻新加坡领事，直到宣统二年（1910）十月卸任，之后一直居住在新加坡，1916 年迁居香港，同年回广州。左秉隆在第二任期间，深知清政府已经岌岌可危，可自己已年近花甲，身心俱疲，历史已不允许他有更多的建树。左秉隆的心情是苦涩的。清政府内忧外患，他虽有心报国，但无力回天，空有一腔热血。他的一首诗表达了他的沉重心情：

海上承恩拥大旗，佐君中日竟何为。移山凌抱愚公志，无米难成巧妇炊。
世味认真同嚼蜡，禅机参透胜含饴。投簪讵敢得高尚，禄佳由来不许尸。⑤

二、20 世纪初中西思想文化思潮激烈冲击下的华侨办学

（一）社会环境和舆论的转变

从 19 世纪 90 年代末到清末，是新加坡华侨教育的后一个时期。一方面，20世纪之交离新加坡开埠已经八十余年。其时新加坡经济已经获得了长足的发展，并发展成为世界商港，国际化程度令世界瞩目。包括新加坡在内，当时东南亚各国的殖民者需要众多懂西方语言（英、法、荷等语）和当地语言，又兼通中外

---

① 梁元生：《新加坡华人社会史论》，新加坡国立大学中文系、八方文化创作室，2005 年，第 18 页。

② 梁元生：《从一份名录看 19 世纪后期新加坡华人社会中的"士"阶层》，梁元生：《新加坡华人社会史论》，新加坡国立大学中文系、八方文化创作室，2005 年，第 2 ~ 12 页。

③ 在此之后，光绪十七年至三十三年（1891—1907），清政府相继派出了黄遵宪、张振勋、刘玉麟、罗忠尧、吴世奇、凤仪和孙士鼎 7 位领事官。这些领事官中除了黄遵宪任职三年，张振勋三年，刘玉麟和罗忠尧不满两年外，其他领事官都任职不足一年。参蔡佩蓉：《清季驻新加坡领事之探讨（1877—1911）》，新加坡国立大学中文系、八方文化创作室，2002 年，第 51 页。

④ 左秉隆：《勤勉堂诗钞》，南洋历史研究会，1959 年，第 2 ~ 3 页。

⑤ 左秉隆：《勤勉堂诗钞》，南洋历史研究会，1959 年，第 102 页。

的人才（特别是公务员和技术人员）。凡学习和掌握西语者，便谋生较易，职位工资待遇也较高。许多华侨子弟也愿意到英、法、荷等语言学校学习。在这种情况下，华侨办的私塾教育乃至书院教育的落后和不适应性便进一步暴露出来。如上所述，不少中国私塾、书院不学西方语言和当地语言，只学"四书"、"五经"之类，无法学以致用。华侨社会已经初步出现了整顿、改革华文学塾的呼声和要求。此外，随着南洋各地华侨民族意识的觉醒和民族自尊心的增强，广大华侨也深深感到自己的子女在当地学校上学既受到当地政府及西方殖民者的歧视和刁难，又没有机会接受中华文化教育的窘境。在这种情况下，一批华裔商人和知识分子便在19世纪末开始自办学校。

光绪二十四年（1898）中国发生的戊戌变法运动对新加坡华侨教育产生了很大的冲击。这一年的六月一日至九月二十一日，维新派推行了后世称为"百日维新"的新政，其中包括教育改革方面的内容，有的条文还直接涉及海外华侨教育，包括：颁布《京师大学堂章程》，在北京设立京师大学堂；设管学大臣；下诏废八股，改试策论；谕令各省将省府州县之大小书院，一律改建高等、中等与小学堂；命出使各国大臣督促各地领事，劝导侨民兴办学堂等。后来新政遭挫，清政府诏令各省停止将书院改建学校，各项考试仍用八股文试帖经文策问。但是，东南亚各地受先前兴办学堂的鼓动，到处都有新的学堂如雨后春笋般冒出。跟着康有为于1900年1月底至2月（光绪二十六年庚子正月）从中国香港逃至新加坡，虽然他的主要目标在于"保皇救国"，但却趁势推动新式教育，"以开民智而兴文教"，对东南亚的华侨教育产生了直接的影响。

这里应提及国内的"中学"与"西学"之争对新加坡的影响。如上所述，这个问题一直是国内争论的焦点，持续了数十年，新论迭起，争持不下，但事实上也为其后海外华侨处理"中学"与"西学"的关系做了铺垫。

在国内，可以上海王氏育才书塾和广东岭东同文学堂为例。岭东同文学堂章程强调两点：一是可以先学日文，通过日译本去学习西方有用的书籍；二是对西学要学其有用的东西而不能学习其宗教。上海王氏育才书塾似乎更重视"西学"，表示要使"西学"与"中学"两者"并不偏重"。①光绪二十三年（1897）创办的上海王氏育才书塾，就设有蒙馆、经馆、西馆各两所。学生既要学习传统文化，也要学习"西学"。设立者希望诸生"他日学有成效，由官长咨送大学堂考验，用备折冲御侮之选，其有补于自强大计者，非浅鲜也"。对于学习"西学"，侧重务实。②光绪二十五年（1899）创办的广东岭东同文学堂强调教育救

---

① 《上海王氏育才书塾初定招考章程》，（澳门）《知新报》，1897年8月28日，第10页。
② 《上海王氏育才书塾初定招考章程》，（澳门）《知新报》，1897年8月28日，第8~9页。

国，主张以"中学为体，西学为用"。①

但是，在"中学"与"西学"的关系上，守旧者一直顽固坚守。在新加坡华侨集资创办华人学堂之前，湖南已设立时务学堂。当时，有人著文《湖南时务学堂缘起》，曰："吾湘以士气闻天下，通商数十载，西人足迹交遍中国，惟于楚地几不敢越半步。论者谓志气之盛，魄力之厚，视日本之言锁港者，殆将过之。于是海内海外，遂咸以守旧目湘士。"② 在民族危机日益深重的历史条件下，文中流露的是尊王攘夷、教育救国的思想，强调的是"其守愈笃者，真变亦愈诚"。

以上情况对新加坡华侨的影响，侨居新加坡多年、通习中西的邱菽园可以说是了如指掌。他看到这篇文章之后感慨道："湖南人士空言守旧，而不知以旧而通其新，将必有不能终守其旧之虑；星坡人士似近维新，而患在以新而薄其旧，将必有不能自善其新之讥。"在邱菽园看来，在向西方学习的过程中，必须处理好学习外来文化与坚守中华文化传统两者之间的关系。于是，邱菽园在《创设星架坡华人大学堂募捐册序》一文中对该校的办学缘起进行了评论，他认为，"今之通人之策中国者，曰学堂其宜哉，学堂其宜哉。由是请明诏以兴学堂，变科举以崇学堂，求时务以实学堂，裕经费以扩学堂，礼教习以相学堂，废淫祀以修学堂，广登进以励学堂，霆奋飙举，动力之宏，震荡大地。而原其起点，则尽在于三年前湖南抚臣所创设之一时务学堂。吾今与星坡人士而言学堂，其犹昔者湖南人士初立学堂之意哉。湖南为中国名邦，独拒绝外人之见为最悍；星坡去中国万里，亦沾染外洋之习则尤深。湖南人士空言守旧，而不知以旧而通其新，将必有不能终守其旧之虑。星坡人士似近维新，而患在以新而薄其旧，将必有不能自善其新之机。诸君试一易地而观之，其必能以今之痛人策中国者而策南洋，夫亦曰学堂其宜哉，学堂其宜哉。炜蓂不敏，见明诏之兴学堂，科举之崇学堂，时务可实学堂，经费可扩学堂，教习可相学堂，淫祀之修学堂，等进之励学堂，深愿与诸君子之有动力者，一就星坡而共谋其起点也"③。

虽然中国国内与新加坡华侨在办学过程中同样要面对如何处理"中学"与"西学"关系这类宏观问题，但国内外情况有别，在采取具体措施时，中国学堂与新加坡学堂华校的差别就显现出来了。新加坡华侨在办学过程中，不仅注意"中学"与"西学"的关系，更重要的是，他们还十分注意在海外传承中华文化。他们认为，新加坡华人办学，要以"中学"为主，要先学三年中文，懂得

---

① 《创设岭东同文学堂序》，（澳门）《知新报》，1899 年 12 月 3 日，第 8 页。
② 《湖南时务学堂缘起》，（澳门）《知新报》，1897 年 9 月 26 日，第 10 页。
③ 邱菽园：《创设星架坡华人大学堂募捐册序》，（澳门）《知新报》，1898 年 11 月 24 日，第 5 页。此中所引《知新报》材料，据余定邦：《新加坡华人早期的办学理念》，《中国东南亚学会通讯》，2010 年。

中华文化基本的伦理道德之后才能去学西文，不能尽弃"中学"而去学习"西学"，不允许引诱学生走入异教，沾染西洋陋习。光绪二十四年（1898），邱菽园、林文庆拟定的《星架坡华人大学堂章程》明确指出，"学堂中供至圣先师孔子牌位，不必另供文昌等神，以明宗圣道、重伦爱物之义"；"教法课程，不必读艰深古奥之书，如四书五经，皆可缓读"；"此堂以中学为主，首在重伦纪，知孝悌，识种族，念本源。将来旁涉西学，方不至尽弃其学而学之"；"此堂以识字识解为第一要义……受业三年，便可执笔能书，捧盘知算矣……三年后欲再留学，讲求各体文法，以为还乡应试之地者听，或欲改从西文教习，兼学西文亦听"。"此堂虽兼教西文，然西文教习，多用中国人充之，不准其引诱生徒走入异教，及沾染西洋诸陋派。是以来学之徒，如其未通中文者，须先教中文三年，使之识礼明伦，略解书算，然后荐入西教习处收受。苟欲躐等，惟斥退而已"。①

就在新加坡华侨学校出现巨大转折的后一时期，新加坡发生了历史上第一次儒学运动（或称作"孔教运动"、"儒教复兴运动"）。梁元生认为，这次儒学运动发轫于光绪二十三年（1897），至光绪三十五年（1909）及宣统二年（1910）左右乃逐渐"淡出"，刚好与新加坡华侨办学的后一时期在时间上相合。19 世纪 80 年代，由于左秉隆领事大力兴学，至 90 年代初期，黄遵宪总领事鼓吹文教，这都使 90 年代的新加坡华侨社会对中国传统文化产生回归和向往之心。文风丕振，学校增多，儒生南来，及至甲午战争后，康梁维新派兴，号召尊孔崇儒，保种保教，呼吁建孔庙，设学堂，风靡一时，遍于海内外，深深地影响了华侨社会。所有这些，都为发生在清光绪二十三年至宣统二年（1897—1910）的"儒学运动"铺平了道路。②当时新加坡著名的诗人邱菽园和社会领袖林文庆，是新加坡的孔教运动或儒学运动的倡导者。在 1897—1907 年，他们召集同志，集会结社、捐资献地、周游演说，又通过中英报章、杂志，积极地宣扬儒学，影响及于临近各埠，使崇儒尊孔之风遍及南洋。

在 19 世纪末新加坡的儒学复兴运动中，对华侨教育影响较大的一个方面是华侨学校幼童课程和读本的改变。面对一群语文水平日益低下的土生新加坡华裔，当时便有一群知识分子，试图另辟蹊径，通过重新编订教材和课本，改用较浅白的语言和本地常见的事物、熟悉的事例来讲授儒家学说。通过他们的努力，儒家修身持家治国平天下的大道理，千百年来第一次用当代语言在异国他乡被阐述出来，也算是一件破天荒的事。虽然从本质上说，这一改变也只能说是"新瓶

---

① 邱菽园、林文庆：《星架坡华人大学堂章程》，（澳门）《知新报》，1898 年 11 月 24 日，第 6 页。
② 梁元生：《宣尼浮海到南洲——19 世纪末新加坡的"儒学运动"》，《亚洲文化》1988 年第 11 期，第 3 页 。

装旧水"，并不意味着彻底丢弃以前使用的《三字经》、《千字文》、"四书"及"朱子集注"、《孝经》等儒家课本，推崇儒学、讲究传统诗文的宗旨更没有任何改变，但是，这一改变的意义是不可低估的。

在这方面，邱菽园和张克诚用力最多。

邱菽园（1874—1941），主要改编了启蒙课本（即初级小学课本）。1899年，为了配合新加坡华人女子学校成立的需要，他写了《千字文》一套三本，分上、中、下册，作为女学读本。成书后，还在《天南新报》中刊登了广告。后来又于1902年编成《新出千字文》一册，以应学童需要。不过，邱菽园是儒家信徒，绝不会怀疑"四书"的精义。他改编的《千字文》和《三字经》等童蒙课本，只是出于语出浅白的良苦用心，改编原书中艰涩而罕用的字句而已，并没有改变其中的儒学义理。

张克诚本是大埔客家人，中国乙亥（光绪元年，1875）科举人，曾做过广东香山县的训导（学官），约19世纪90年代中期南来，寄寓于吉隆坡，他极力支持"儒学运动"，鼓励在新加坡及其他南洋埠头建孔庙、开学堂。他也认识到，旧课本和经典繁多且艰涩，在学养不高的海外华侨中不易流传。因此，他编撰《孔教撮要篇》一书，从原来的儒家课本中采择群经，分门别类，把最重要的道理撷集其中。此书约在1900年完稿，分五部分：孔教源流、五伦、八条目、周官六典和"顺天者存逆天者亡图说"。每部分前有总叙（名为纲领），后有分析（名为条目）。不久，张克诚改用白话文书写《孔教撮要篇》，务求使识字者均明白儒家要义。此书约在光绪二十六年（1900）或二十七年（1901）完成，可说是首部白话文（甚至可以说是口语）式儒家读本，曾在《天南新报》连载。[①]

邱菽园和张克诚等人所编的通俗易懂的儒学教材，主要对象是当时儒学运动中需要普及儒学的成年人。现在尚不清楚当时华侨学校里的孩童有没有，或在多大程度上使用了这些教材。不过，即使这些教材没有普及到华校的孩童中去，仍可以相信还是有很大影响的，因为新加坡只是一个小岛，所有与中华文化相关的事情都彼此相通，更不用说当时华校里与儒学运动息息相关的教师了。

晚清时期，随着自强运动的兴起，清廷也逐渐认识到教育在启迪民智、增强国力方面的重要性。清廷在华侨政策上，对海外华侨除了在经济上拉拢、政治上控制外，也在华文教育方面给予支持鼓励，不断派官员到南洋劝学、查学，鼓励华侨兴办华文学校，褒奖热心兴学的华商校董及教员，更在国内创办南京暨南学堂招收华侨子弟回国升学，从而达到拉拢、培养华侨效忠清朝的目的。客观地

---

　　① 梁元生：《宣尼浮海到南洲——19世纪末新加坡的"儒学运动"》，《亚洲文化》1988年第11期，第5页。

说，清廷在新加坡的劝学、查学活动效果还是很显著的。例如，光绪三十二年（1906）清政府学部派遣苏乔荫（字启元）充当新加坡及槟城等地华校总视学员时，就在新加坡设劝学所一区，由清驻新加坡领事孙士鼎任总董。光绪三十四年（1908），两广总督张人骏再据新加坡总领事孙士鼎呈送马来亚办学人员提案请奖的新加坡学校中，就有新加坡广惠肇三属养正学堂、潮州端蒙学堂、客籍启蒙学堂。① 关于这个问题，且参下面槟榔屿华侨办学一节的论述。

（二）近代新式学堂的大量出现

以上多重因素叠加在一起，极大地推进了新加坡的华侨教育。至 19 世纪末，在各方面的合力推动下，具有自身鲜明特点的近代学堂日益增多。

1893 年，祖籍永春的颜永成等捐资办了英华义学（即中南义塾），兼授中文课程。此时中国戊戌变法运动还没有发生，但此举首开新时期新加坡华侨教育之先声，极得当时华侨社会好评，从此各校也先后效法。

尤其值得一提的是，在上海创设女子学堂的影响下，光绪二十五年（1899），林文庆、宋旺相与陈葆来及其他一些华侨领袖在新加坡创办了第一所中华女子学校。邱菽园还为该校基金捐助 3 000 元叻币。据说康有为还参加了该女校的设立。② 女校最初只有 7 名学生，不久增至 30 多人。该校设有语文、家政、音乐、体育课，由黄瑞琼义务教授中文。此校的开办，开创了华人办校的风气，虽然它是一所英文学校。③

中华女子学校创办时，林文庆曾做过专场演说，介绍了创办女校的原因。在演说中，他引述邱菽园著作的一段话，颇有深意，故录之如下："英属近称三州府，曰星架坡、麻六甲、槟榔屿……我华国沿海居民谋食南洋者，虽取海道，星、槟未开，咸以麻为归宿。其时海禁严，犯无赦。既壮游而作子身外出之计，明知故乡永弃，亦复无可如何。求偶于斯，滋族于斯，华巫通偶，由来久矣"；"继得使臣薛福成之奏，始宽出洋，相距禁令盖两百余年。此两百余年中，由内地而出洋、而流寓、而土著、而隶籍、而安居，上鲜家学师承，下囿故乡俗见，朝不闻汉京明诏，野不见夫子宫墙。是故不通巫言，无以浃岛上戚里之欢"；"尝从故老询华人初来事，始悉多属吾闽漳泉乡人，其从麻埠求妇也，男俾从父，女俾从母……余既因流溯委意当日流寓诸君，必多拘于乡俗，重男轻女，有以致是，而不知日后改归西人保护，有男女平权之利益也。且男子日逐什一，阃内一

① 陈育崧：《侨民教育行政源流》，《椰阴馆文存》（第二卷），南洋学会，1984 年，第 278 页。
② 高嘉谦：《十九世纪末的马华离散诗学》，《马来西亚华人研究学刊》2010 年第 13 期，第 11 页。
③ 吴凤斌主编：《东南亚华侨通史》，福建人民出版社，1994 年，第 829~836 页。

秉诸妇。古人胎教姆教，何等严重。此而忽之，其子幼与母习，天性少成。与母亲即与父疏……今日之人子，即他日之人父。久而久之，女与父疏，子与母习，移华而巫，尽变种质，理有固然，势成难挽。试思自华人流寓至今，生养休息，不知几何。为问某也女、某也妇、某也母，能通华文或西文之意者乎，无有也，安在而能善其后也。今欲匡正之，数百年之妆饰语言习尚仪节，实难猝移，亦不得尽人而移，况在妇女辈为尤甚，则莫若先兴女学"。林文庆认为，邱菽园的说法"思之深而虑之长"。"伏想诸公具有积福之心，裕后之谟者，应亦无不闻而首肯矣"；"不佞今敢正告我同胞华族之在本坡者曰：女学堂之设，凡以为女孩计，即以为本坡之人士计，并以为本坡人士之继继绳绳永无穷期者计也"。①

邱菽园、林文庆等人在新加坡创办华侨女校一事，受到了国内维新派人士的赞扬。当然，后者是从实现男女平等、反对歧视妇女的角度来评价邱、林等人这一行动的。但细读邱菽园的相关言论就可以发现，身处新加坡的邱菽园有他自己的想法。他目睹华侨男子与马来族女子通婚后所生的女孩从母、男孩从父，导致后代逐渐被同化的事实，从长远考虑，他想到的是怎样才能避免华侨子孙被完全同化，使当地华侨的后代能长期保持中华文化的传统。

这时候华侨办学之风一开，华文教育便由 19 世纪的启蒙时期，转入 20 世纪近代华侨学校的新时期。兹举数例：

光绪三十年（1904），客属应和会馆侨领黄云辉、钟小亭等人认为，教育是百年树人的大业，会馆应兴办学校，让嘉应五属人士子弟接受正规教育。1905年，应和会馆创办了应新学堂（其后更名为"应新小学"）。据说应新学堂是新加坡最早创设的新式学堂，肩负传授新知识给同乡子弟的重任。一说应新学堂创办于 1906 年 5 月 5 日，校内不只教华文，也教英文和数学。②

光绪三十一年（1905）一月三十日，有闽籍富商吴寿珍、陈楚楠等人发起创办"养正学堂"，初属义塾（1909 年改名为"崇正学校"）。

光绪三十一年（1905）三月六日，粤籍华侨赵沛堂等人创建了广肇学堂，后改名为广惠肇养正学校，到 1907 年学生百余人，分初、高两等。

光绪三十二年（1906）十一月八日，福建会馆领导人吴寿珍、李清渊、林竹斋、周润享等集资创办了道南学堂（一说 1907 年 11 月 8 日由诸人倡办），开办时租赁小坡大马路闽人陈金钟的住宅暹罗宫为校舍，首任校长为马征祥。后由

---

① 林文庆：《募创星架坡女子学堂缘起》，（澳门）《知新报》，1899 年 5 月 20 日，第 2～3 页。倚剑生编的《中外大事汇记》兵防汇记第五之二（光绪二十四年广智报局版）刊有《星洲考略》一文，但未注明原文出处和作者姓名。余定邦认为应是邱菽园所作。参余定邦：《新加坡华人早期的办学理念》，《中国东南亚学会通讯》，2010 年。

② 魏华仁：《东南亚华人教育大事志》（三），《华人月刊》1990 年第 3 期，第 32 页。

110 位热心教育的福建籍商人筹集了 5 万多元的建校基金，在宣统二年（1910）建成了一座外观古色古香的校舍，招收 100 多名学生，采用闽南语教学。几个月后，学生增加到 200 多名。由于校舍不敷应用，从印尼移居新加坡的闽籍华侨实业家黄仲涵捐出了他在亚美尼亚街的一块地皮，作为兴建新校舍的场地。次年，陈嘉庚领导闽侨发动劝募运动，筹得款项 4 万多元，动工兴建新校舍。新校舍落成后，改称道南学校。

光绪三十二年（1906），客属茶阳会馆创办了启发学校（最初设在陆佑街一所店屋内）；同年，由新加坡潮州籍侨胞陈云秋、廖正奥等 28 人发起，公共慈善团体——义安公司创办了端蒙学校。①

光绪三十四年（1908），新加坡华侨学校和新加坡同德书报社同年建立。②

宣统二年（1910），新加坡琼州会馆创办了育英中学。当时育英中学的校址设在布连拾街（俗称六马路）。③

到宣统三年（1911），闽籍侨商集资 2 万元，创办了爱同学校。至民国，捐集资办学仍然不断，新学校雨后春笋般产生。④ 顺便一提，1913 年 5 月，陈嘉庚就提出应该在新加坡办一所用中文教学的学校，但计划并没有受到英国殖民政府支持。直到 6 年后的 1919 年，他的提议才在华侨社团中得到响应，第一笔 2 万元的资金很快筹集到了。1919 年 3 月 21 日，首批 78 名学生进入新加坡南洋华侨中学就读。

顺便说明，这一时期在新加坡办学的华侨，主要是福建籍的，其中由闽属会馆或闽籍人士所创办的学校最多，因为，当时的福建华侨是新加坡地方族群中人数最多、富商也最多的一群。2010 年 11 月，新加坡福建会馆发布了由梁秉赋担任主编的《阮的学堂——新加坡福建人创办的学校》一书，收集了早期该会馆创办的 58 所学校的资料。据报道，新加坡福建人早期所创立的学校超过 60 所，包括早期私塾、会馆兴办的学校。该书只收录了闽属会馆自 20 世纪初所创办的 58 所学校，以城市及乡村小学为主。当中有很多学校已走入历史，例如鼎新学校、丹诏学校、惠侨夜学校、彰德学校、益励学校、作人学校、励群学校、振中学校、明伦学校、培明学校、怀南学校等。⑤

---

① 魏华仁：《东南亚华人教育大事志》（三），《华人月刊》1990 年第 3 期，第 37 页。
② 魏华仁：《东南亚华人教育大事志》（三），《华人月刊》1990 年第 3 期，第 37 页。
③ 魏华仁：《东南亚华人教育大事志》（三），《华人月刊》1990 年第 3 期，第 37 页。
④ 福建省地方志编纂委员会编：《福建省志·华侨志》，福建人民出版社，1992 年，第 68 页。
⑤《新加坡福建会馆出书收载办校史料》，《出版商务周报》，2010 年 11 月 18 日。此据新加坡《联合早报》2010 年 11 月 17 日的报道。

第五节　槟榔屿华侨兴教办学

根据现有材料，槟榔屿华侨办学可分为两个阶段：第一阶段是华侨自主办学；第二阶段是清政府倡导和支持华侨办学。

一、19世纪90年代前的华侨义学

在第一阶段，华侨自主办的学校有两类：一是"义学"（也称"义塾"），由闽、粤华侨统一的地缘华侨社团合办，只有一所；二是家族私塾，由各个血缘社团自办，有多所。此外，有的华侨子弟也在英国人办的学校里上学，当时"英国人开办的学校有四十二所，其中教华人之校一所，教英人之校五所，教马来人之校三十二所"①。英国人办的学校不属于"华侨教育"的范畴，但那一所专教华侨的学校可以看作"华文教育"，只在这里一提，下面不再阐述。

先看"义学"。它应属免费入学的义务教育，受教对象自然是当地的华侨子弟，办学所需费用由华侨捐赠。其实，"义塾"在办学方式上就相当于国内的"私塾"，与上面所说的新加坡的私塾无异，同样是华侨家乡的私塾教育在华侨海外居住地的延伸。

关于槟榔屿的"义学"方面的原始记载比较详细，现将有关内容分列如下：

其一，有关办学者和学生来源。据载，"（槟榔屿）岛中有闽侨办的义塾和粤侨办的义塾各一，皆借平章会馆为之，分处会馆左右，办学经费充裕。每义学学生以二十名为限"②。很清楚，当时槟榔屿华侨办的义学有两间，归福建和广东华侨共属的"平章会馆"管理。而且办学经费充裕，估计应是两省籍华侨以"平章会馆"子弟教育机构（相当于"基金会"）的名义集资专用。这也是学生得以免费入学的基础。不过，义塾的学生有名额限制，不超过20名。究其原因，可能是课堂面积的限制，或是"教育基金"的限制，或是两者兼而有之。

其二，有关义学教师素质和学生入学条件方面的要求。据载："义学择师必求品学兼优，凡有嗜酒、吸鸦片者不聘。对受业学生既宽慈，又严格。极贫而天

---

① （清）薛福成：《出使英法义比四国日记》续刻卷九，岳麓书社，1985年，第872～874页。
② （清）力钧：《槟榔屿志略》，福建师范大学历史系华侨史资料选辑组编：《晚清海外笔记选》，海洋出版社，1983年，第52～53页。

资聪颖者，另设大义学，期其他日大成。"① 可以看出，义学对学生品行方面的要求是很严格的。其中尤应指出的是，对受聘用的教师，"凡有嗜酒、吸鸦片者不聘"。这应是专门针对当地华侨社会的特殊侨情而提出来的。而对"极贫而天资聪颖者，另设大义学"，体现了华侨对天才学生教育的器重。

其三，有关伦理道德方面的教育要求。义学"同时极重礼仪教育，学生初来，先读孝经，次读四书。每逢朔望日，则宣讲'圣谕'及孝悌忠信诸故事"②。显而易见，这种义学仍然是袭用国内私塾教育的基本范式，主要表现在教育内容方面。

此中最值得一提的是光绪十五年（1889）（一说光绪十四年即 1888 年）槟榔屿粤、闽侨商集资以南华医院名义创办的"南华义学"（又称"南华书院"），专收 8～15 岁的学童入学。这些义塾、书院都设在宗祠内，从国内聘请塾师任教，用方言讲授《三字经》、《百家姓》、《千字文》、"四书"、"五经"。因《倡举南华义学小引》和《南华义学条议十五条》对了解和研究当年当时华侨的办学心态和理念意义重大，故录之如下。

倡举南华义学小引

盖闻兴养必先兴教，圣钥所以宏乐育之才，而学礼更进以学诗，圣训所以贵率循之准，况诗书为用世之楷，则父兄之教宜早，笔墨亦持身之具，而子弟之学可弛乎？兹槟城者，庆百年之缔造，为万姓之团居，适乐国而适乐郊，会其有极，奠厥居而奠厥土，实繁有徒。顾既庶之余，加之以教化，此大圣人策卫之遗徽，亦我国家植才之至意，语以士首四民，用敷五教，正以小子有造，勿谓童子无知也。乃因户族繁盛，贫富不齐，彼富者堪延西席，陶然率育夫召龄，而贫者窭赋北门，遑及栽培夫子弟，将何以广英才而育之，将何以尽狂狷而栽之，故因有感于义学之设，宜亟成也。盖观粤城义馆，方公则献地以创隆基，香海讲堂，豪客则捐租以彰义举，矧以槟城之繁庶，可无善宇而包含。本医院董等，目击时风，稚子致咏？兰之诮，心窥逆族，少年类多落择之流，孺子原可教也，使学焉，则天真自葆，成童其可恃乎！弗学焉，则聪明自误。董等迹寄遐取，犹企黄农之熙皋，生逢圣世，可忍赤子之荒嬉，故敬教劝学之遗风，亟宜同心以倡举，是以邀集同人，共商厥事，欲播中原之雅教，拟开荒岛之文风，不图家论签同，均自刻不容缓，议兹桃李门墙，暂设平章会馆。惟是堂开讲学，事属踌躇，经费

---

① （清）力钧：《槟榔屿志略》，福建师范大学历史系华侨史资料选辑组编：《晚清海外笔记选》，海洋出版社，1983 年，第 52～53 页。

② （清）力钧：《槟榔屿志略》，福建师范大学历史系华侨史资料选辑组编：《晚清海外笔记选》，海洋出版社，1983 年，第 52～53 页。

之资，计将安出，议拨院内朱提，先成是举，权将施茶赠药之资，暂作种桃栽李之助，不过志切少怀，小就经营于蜗案，倘使招来多士，更鸿广大之鸿基。惟燕字非一木能支，而蜜巢亦百花同酿，第念本埠慷慨豪商，指不胜屈，素封巨贾，耳亦属闻，谅不难款集鱼鳞，基开骏字。伏望各宏心愿，齐解腰缠，或送地以启燕夏之基，或签租以助鸠工之费，或括囊无吝以齐倾，或仗义随缘以乐助，则迩日善举昭垂，共维启蒙之盛典，倘他时善缘累积，深愿继起之有人，庶此后蒙以养正，童蒙而均荷陶熔，善与人同，积善而天垂美报矣。特布大方，用陈小引。

南华义学条议十五条

（一）拟本屿开设义学，先在平章公馆开设，或将来经费充裕之后，随于东西南北各处添设。每间限生徒二十名为一馆。

（二）义学首在择师，心求品学兼优，精神充足，方可聘请，凡有沉湎于酒，嗜吸洋烟及事务纷繁者，不得定聘，例先将馆内规务送阅，愿受聘者方送关书。

（三）学生拟定年在八岁至十五岁止，方准来读，其父兄必须开列姓名年岁住址，方可定期进馆。

（四）义学之举，原为清贫子弟而设，亦为造就人才起见，苟有富裕，力能延请者，由其自便，若仍爱意送入义学者，随共父兄捐助多寡，交经理收贮，以应义学之需。

（五）学生中果系极贫，而天姿颖异者，自当刮目相视，本医院将来另设大义学讲解，以期小子有造。

（六）学生如系平常资质，准共读两三年为额，使知文字，便可营生，免阻后人之进。

（七）塾师定议，每年正月下旬启馆，十二月中旬散馆，年中除清明中元二节放假外，倘有要事，至多放假三天，如遇要紧事务告假，祈专托一位妥当亲朋代为权理，以免生徒荒疏，仍须通知经理，不得私行托代。

（八）议每月致送修金二十圆，连工人膳用在内，另每年加送茶水家伙六圆，须雇工人一名在馆中打扫地方，伺候茶水等事，免使生徒煎茶扫地，致招物议。

（九）塾师由本医院位置某馆，以昭公允。

（十）生徒自进馆后，务要循规蹈矩，奋志攻书，如有不遵教训，及非家中有要事，并不告假而逃学至十日以上者，该塾师通知经理，令其出馆，免使生徒效尤。

（十一）义学之师，非只教书，并教礼仪揖让拜跪动静应付，要循规蹈矩，倘不遵教训，即为警责，使小子知所畏惧，异日方能成材。

（十二）馆中晨早念书教书，上午学生攻书，下午熟读呈书，日中或有余闲，即宣讲阴骘文及果报诸书，使小子知善所从。

（十三）来义学读书者，大半非为科名起见，如资质平常者，先读孝经，次读四书，如已读完，无大出色者，则教以信札，俾其谋生有路。

（十四）义学启馆之后，本院经理等，每月分巡查察各馆子弟，所习礼仪书字。如受教者，酌为奖励，倘有懒惰，不循规矩，经业师严加教训而仍不从，且无愧奋者，便是废材，即告知他父兄，着其出馆，乃见赏罚有方，咸知受教之益。

（十五）每逢朔望日，业师须将圣喻十六条款，并忠君孝亲数长诸事，明白宣讲，令其身体力行。①

再来看家族私塾。史载，"此外还有私塾，著名的有杨氏家塾、黄氏家塾、李氏家塾等"②。显然，家族私塾是各大血缘社团（会馆）办的私塾，规模较大，资金应为家族中的富有商人捐献，也应包括家族里各个家庭的"集资"。不过，当时槟榔屿的家族会馆很多，并非每个会馆都财源滚滚，所以，从情理来看，不可能每个家族会馆都办有家族私塾，办起来的家族私塾也应规模不一。像这里所说的杨氏家塾、黄氏家塾、李氏家塾，无疑是大家族办的、其时已名声在外的私塾。

除了福建、广东两省华侨办的学校外，在槟榔屿的客家籍华侨也办过华侨学校，此外，可能其他籍属的华侨也办过学校。客家人向来注重教育，教育热情尤其高。据说在光绪十四年（1888）前后，大山脚惠州籍领袖黄陈庆倡建"大山脚义学"，直落卓坤和武拉必客家籍人也在山上谭公爷庙办私塾。这些地方应在马来半岛内陆。槟榔屿客家籍华侨的办学时间是光绪十九年（1893）之后，槟榔屿客家籍人领袖郑景贵办起了"慎之家塾"，接受各籍贯学童入学。光绪二十七年（1901），槟榔屿客家籍人梁碧如、胡子春、郑景贵、戴欣然等倡办"崇文社"，并且设立义塾，免费教课。

二、作为清政府"劝学"中心的槟榔屿与华侨办学

第二阶段槟榔屿的华侨办学是在清政府的帮助和支持下进行的。这一阶段华

① 陈育崧：《马华教育近百年史绪论》，《椰阴馆文存》（第二卷），南洋学会，1984年，第221页。
② （清）力钧：《槟榔屿志略》，福建师范大学历史系华侨史资料选辑组编：《晚清海外笔记选》，海洋出版社，1983年，第56页。

侨办学的国内背景是：光绪三年（1877），清政府在新加坡设立南洋第一个领事馆，开始重视侨务工作，而当时侨务工作的重要事项就是推动当地华侨兴教办学。1898年，光绪皇帝颁布《定国是诏》，在命各省、府、州县设立学堂的同时，还命出使各国大臣督同领事，各就寓洋华人劝办学堂。当时的槟榔屿是清政府南洋"劝学"运动的中心，故这里有必要对清政府在整个南洋的"劝学"实践有所交代。

"劝学"的发端应是光绪二十九年（1903）清廷颁布《钦定学堂章程》。这个《钦定学堂章程》规定国学与西学、西文与中文、文学与理学并重，以及学校的组织管理法，并向海外华侨社会推行该学堂章程。《钦定学堂章程》颁布后，清廷在海外劝学不遗余力，海外侨民积极响应。清廷也予以各种表彰，侨民报以更大热情。

光绪三十年（1904），清政府驻马来亚槟榔屿副领事梁廷芳为了解决华校师资等问题即曾函请两广（广东、广西）学务处，派员前往创办师范学校。

光绪三十一年（1905），两广总督岑春煊即奏派广西知事兼两广学务处委员刘士骥前往南洋查学，他是清政府正式派到南洋查学的第一位官员。刘士骥于1906年2月到新加坡，后又走访多地，对华侨办学表示了关怀和赞许。如下所述，在槟榔屿视察时，刘士骥协助筹设了第一所师范传习所。

刘士骥在到南洋查学回国后写的报告中，还曾建议对出钱出力、热心华侨教育事业的侨商、校董、教师给予赞扬或褒奖。两广总督岑春煊即根据该报告，向清政府"奏请褒办学绅董教习及捐助学费人员"，得到批准。光绪三十年（1904），清朝外埠商务大臣太仆寺卿张振勋（张弼士）在视察槟榔屿中华学校后，向清政府学部呈交报告，奏请褒奖该校的总理协理人员，并授予他们官衔。名单如下：正监督花翎蓝运使职衔胡国廉，副监督花翎同知职衔林汝舟，总理花翎道衔林克全，协理州同职衔连济川，总理花翎福建试用同知梁廷芳，协理蓝翎都司职衔黄廷章，总理中书科中书职衔梁家耀，协理蓝翎道衔林光远，总理花翎同知衔广西试用知县张韶光，协理监生伍社旺，总理花翎同知职衔谢其正，协理监生吴德志，总理花翎同知职衔温震东，协理监生黄金庆。① 光绪三十四年（1908），两广总督张人骏再据新加坡总领事孙士鼎呈送马来亚办学人员提案请奖，由度支部主稿，会同礼部学部办理，奉旨给南洋一批捐资助学人士褒奖。这次褒奖是对一批学校发出的，其中包括槟榔屿邱氏家族学堂。②

光绪三十二年（1906）秋，清政府学部又派钱恂（原为知府，后曾任驻荷

---

① 陈育崧：《马来亚华侨教育发轫史》，《椰阴馆文存》（第二卷），南洋学会，1984年，第278页。
② 陈育崧：《侨民教育行政源流》，《椰阴馆文存》（第二卷），南洋学会，1984年，第278页。

兰使馆赞）、董鸿讳（字询士，举人）及王惟忱等到南洋查学。同时派遣苏乔荫担任新加坡及槟城等地的华校总视学员。在新加坡设劝学所一区，由清驻新加坡领事孙士鼎任总董。

光绪三十二年（1906）十一月，两广总督府又派了汪凤翔到荷属东印度任巴城华侨劝学所总董兼视学员。针对两广总督对华侨教育的重视，闽籍华侨遂写信给福建提学司，要求派官员前去查学，得以遂愿。清廷派官员到南洋侨校查学，也表明了清廷惧怕华侨学校中革命思想的传播。①

光绪三十三年（1907），福建提学司派陈华到爪哇查学。

光绪三十三年（1907），清廷农工商部侍郎杨士琦受命为考察南洋商务大臣，到南洋考察商务，宣慰华侨。同年，杨士琦抵达马尼拉。杨士琦的出使也负有劝学使命，在没有华校的地方鼓吹兴学，在有华校的地方则到校演讲，宣传清廷的护侨政策，激发华侨的爱国热情。

光绪三十四年（1908），两广总督张人骏再据新加坡总领事孙士鼎呈送马来亚办学人员提案请奖，由度支部主稿，会同礼部学部办理，奉旨依议褒奖南洋地区一批热心办学人士，实际上所褒奖的是一些南洋学校。②

在上述劝学、查学活动中，清政府也帮助华侨学校解决其所面临的一些大小问题，如师资严重匮乏、素质差等，以及只学习中国语言文化知识，讲授中国"四书"、"五经"等古老国粹，脱离当地商业社会，难以学以致用，对华侨子弟谋生或辅佐其父兄生意或经营事业帮助不多等，并采取了一些措施予以协助，但成效不大。

说到清政府的劝学与查学，不应忘记国内配套的举措。最重要的是，光绪三十二年（1906），两江总督端方奏请朝廷，在南京开办暨南学堂，以满足海外侨生进一步提高华文教育的需要。其办学初衷原为补习性质，让侨生在该校补习国文、国语等各项学科一年之后，再经过考试，根据其志愿，分送到城里各学堂就学。光绪三十四年（1908），学部饬新加坡总领事左秉隆，以两江总督所办暨南学堂既然收容爪哇子弟就学，新加坡的中国侨民也应与爪哇侨民一律，可每年酌选合格学生 15 人内渡进学。因此，新加坡、马来亚第一批华侨学生于 1908 年各到暨南学堂就读，其中包括吉隆坡尊孔学校的学生王佑邦、方守熙、谢兆迁，新加坡养正学堂的李光前等。1910 年 4 月，视学员汪凤翔到苏门答腊棉兰考选暨南学堂学生时，也选取了马来亚、新加坡的学生。1911 年辛亥革命爆发，暨南学

---

① 吴凤斌主编：《东南亚华侨通史》，福建人民出版社，1994 年，第 836 ~ 839 页。
② 陈育崧：《侨民教育行政源流》，《椰阴馆文存》（第二卷），南洋学会，1984 年，第 278 页。

堂停办，大多数华侨学生先后返回南洋各地。①

　　清廷派遣官员到东南亚侨校进行查学活动是有两面性的：一方面，表明了清政府对兴办华侨教育事业的关注和期望；另一方面，表明了清廷对华侨学校中传播的革命思想既痛恨又惧怕的心理。在当时的形势下，东南亚地区很多华侨学校逐渐成了革命派和维新保皇派激烈争夺的目标。19世纪末20世纪初，华侨民族主义逐步觉醒，兴办华侨学校对后辈进行中文教育，培养其事业的接班人，是当地华侨社会社团及侨领们最关心的工作之一。因此，学校既是宣传教育广大青少年的场所，又是争取及教育华侨家长即各个层面华侨的重要阵地。此外，学校既可给革命派，也可给维新保皇派的教职工们提供工作，也是他们从事政治活动的一个最佳掩护所。所以各地都曾先后发生不同程度争夺创办华侨教育阵地的现象。1906年，南洋各地的中国同盟分会组建以后，各地同盟会组织及会员都更加关心发展当地的华侨教育事业，因而革命派掌握的华侨学校也逐步有所增加，如怡保的鲤生学校、彭亨的劳勿中华学堂、吉隆坡的杜南学堂等，都先后为革命派所控制。在劳勿中华学堂就读的32位学生中，竟有21人在他们的名字上使用具有明显"反满崇汉"思想的汉字，如王汉兴、江思汉、李思华、王汉杰、刘光华、郑汉兴、李御满、郑击清、黄逐胡、江刺奸、郑逐清等。② 尽管显得天真幼稚，也可能带来麻烦和危险，但表明了他们反满和支持革命的决心。1909年，该校13名学生在校董会主席王寸丹的鼓励下，集体剪掉了代表清朝的辫子，在当地影响很大。两派对华侨教育阵地的影响和争夺，直到辛亥革命爆发才算终结。③

　　顺便一提，中华民国成立以后，中国对海外华侨教育很重视。1912年，广东都督陈炯明曾派曾揖馨，福建省政府曾派郑贞文、陈鸿祺先后往南洋各地调查华校情况。此后，中国政府教育部也不断派员考察、辅导南洋各地的华侨教育事业。④

　　第二阶段华侨在槟榔屿所办的学校还可分为两大类：一类是清政府及其官员督办的华侨学校，另一类是华侨社团兴办的学校。

　　在劝学与查学的创办过程中，清政府在槟榔屿的最大作为莫过于创办了槟城中华学校。

　　清政府对槟城中华学校的创办颇为重视。光绪三十年（1904）十月十二日，清政府商部奏请钦派考察外埠商务大臣兼南洋学务大臣太仆寺卿张振勋（张弼

① 参吴凤斌主编：《东南亚华侨通史》，福建人民出版社，1994年，第843～844页。
② 见颜清湟：《星马华人与辛亥革命》，1982年，第188页。
③ 吴凤斌主编：《东南亚华侨通史》，福建人民出版社，1994年，第849～851页。
④ 魏华仁：《东南亚华人教育大事志》（四），《华人月刊》1990年第4期，第41～42页。

士）管理该校事务，并赏给该校御书"声教南暨"匾额及全版的《图书集成》。1905 年 7 月，张振勋到该埠考察，即按清政府学部旨意，率领当地商绅到该校悬挂御匾，珍藏图书，并发表了鼓励兴学及侨办教育的讲话。他还当场带头捐献 5 万元，并捐常年经费 1 200 元。在他的推动宣传下，华商们纷纷捐献，从而推动了各地的兴学之风。

槟岛中华中小学是清政府于光绪三十年（1904）在槟榔屿创设的唯一一所中文学校，创办人就是享有"侍郎衔候补二品京堂"名衔的张弼士。张弼士不但是华侨首富，而且热心公益，他眼见华侨子弟都被送入英校学习洋文，年青一代养成"侈陈他人之长，痛诋我国之短"，唯恐相沿成风，久而久之必然数典忘祖，华人文化礼教及语言风俗势必趋于湮没。于是，他与前布政使衔候选道谢荣光在光绪三十年（1904）四月间先后到过槟岛。槟榔屿副领事梁碧如与二人相熟，认为"中国时局如此阽危，需材如斯孔急，若不速图，恐有迫不及待之势"，乃邀同胡子春、张鸿南、谢德顺、林汝舟、林克全等商绅出钱出力，推动建起了马来亚第一间华文新式学校。学校定名为"中华两等学校"，简称为"中华学校"。创校初期，校舍暂时借用当时的平章会馆，直到光绪三十四年（1908）新校舍建竣启用。[①] 据载："（槟榔屿）有中华学校一所，学生百余人，皆男生。"[②] 当时华侨拟将之办成各地仿效的模范学校。侨领谢荣光、张煜楠、胡国廉等各捐 5 500 元为创校基金。至于后来捐置校地并建校舍的费用，除福德正神庙捐献 5 000 余元之外，其余 77 485 元，全由张弼士独力捐献。

清政府对中华学校格外青睐，有三件事可以证明。其一，《中华学校章程》是由副领事梁廷芳于光绪三十年（1904）十月二十五日亲自呈缴清政府钦命商部备案的。那时，华侨在海外建立华校且呈请清廷立案者，独中华学校一家，堪称空前绝后。其二，在海外华侨教育史上广为人知的光绪皇帝御笔亲书的一方匾额——"声教南暨"，就是由北京寄到中华学校的，与之同寄的还有原版《图书集成》5 000 多册。其三，光绪三十二年（1906）七月二十二日，清政府又刻"中华两等学校校印"钤印一枚，赠予中华学校。

1905 年，张弼士被清政府委为管学大臣，与农商部大员时楚卿相偕南来视察，筹集捐款，购置港仔乾地皮一段，建立新校。此座校舍占地 54 286 方尺，购地建校花费 85 000 余元，可容纳学生 800 人。港仔乾新校舍于光绪三十二年（1906）二月十六日兴工。张弼士因事务纷繁，难常驻槟岛，于是便委胡国廉、

---

① 《中国清朝政府创设槟中华学校大马首间华校》，《华人月刊》2000 年第 4 期，第 40 页。

② 戴鸿慈：《出使九国日记》卷一二，岳麓书社，1986 年，第 522～525 页，此据余定邦、黄重言等编：《中国古籍中有关新加坡马来西亚资料汇编》，中华书局，2002 年，第 369～372 页。

林汝舟为中华学校监督，管理校中事务，并选出总理6人、协理6人辅助管理校务。这也是华文中学设有董事部之滥觞。中华学校新建校舍于1907年竣工，学生迁入上课，其时校长为周汝赓。

华侨学校的一个严重问题是只教授中国语言文化知识，讲授"四书"、"五经"等古老国粹，脱离当地商业社会，难以学以致用，对华侨子弟谋生或辅佐其父兄生意或经营事业的帮助无多。梁廷芳在1904年7月20日的奏折中曾设想是年9月在槟榔屿公立中华学校添设实业学堂，① 后来终因师资、经费、学生水平太低等原因而搁浅。

不过，宣统二年（1910）张弼士与梁廷芳先后离开槟城后，中华学校便群龙无首，经济拮据，几至停办。适逢此时，南华、振华和新江三校先后成立，由于无适当校舍，便借用中华学校楼下课室上课。到宣统三年（1911），校友杨国珍、许汉雄、马亨才、王汉赏、饶世汉等由中国深造回槟，不忍见母校凋零，乃毅然奋起，四方奔走，以图振兴中华学校，卒于1912年与槟榔屿孔圣庙（即今之孔教会）合办，得到拨款17 000余元充作学校经费，因而易名为"孔圣庙中华学校"。②

槟榔屿副领事梁碧如曾致函两广学务处，要求委派时任该处太令的刘士骥来槟"教习师范，以巩学基"。光绪三十二年（1906）二月二十四日，刘士骥偕同欧榘甲抵星洲，旋即往爪哇。五月三十日，刘士骥早上7点多抵槟城码头，胡子春即率中华学校诸协理员、教员三四十人"登船迎接"，随后赴中华学校时，更有"生徒百余名，分班鹄立学校门外肃候"。一番热闹之后，刘士骥随即着手筹备设立师范传习所，不久即招收第一批学员。六月五日，刘士骥偕槟榔屿领事梁碧如乘汽车赴怡保，除视察学务，更如前述奉岑春煊之命，为发动国民捐款之事，颁发奖牌给胡子春。胡子春暨霹雳诸绅商隆重款待了他。迨刘士骥归国，禀请两广总督岑春煊："爪哇全埠，设立总学会；新加坡槟榔屿等埠，各设学务公所。"唯岑督以"所拟名目，与学部新章不符"，改总学会及学务公所为劝学所；复委清廷驻新加坡总领事孙士鼎为新加坡劝学所的总董，胡子春则被委为槟榔屿劝学所的总董。

该师范传习所只是六个月的短期培训班，第一班学员不多。后来两广总督岑春煊改派留学日本法政大学的毕业生苏乔荫担任新加坡、槟榔屿等地的总视学员。苏乔荫在荷属东印度爪哇苏门答腊、缅甸仰光等地扩大招生，40个名额，免费学习十个月后毕业，是为南洋师范教育之始。该校是对有志于教育工作而又

---

① 陈育崧：《侨民教育行政源流》，《椰阴馆文存》（第二卷），南洋学会，1984年，第278页。
② 《中国清朝政府创设槟中华学校大马首间华校》，《华人月刊》2000年第4期，第41页。

有一定文化程度者进行师范培训，对前来的学者给予公费待遇，规定其服务年限为两年，并指定以南洋华侨学校为服务对象。有的学员后来成了马来西亚、新加坡华侨学校的骨干力量或领导者，如槟榔屿同善学校的第一任校长惠安人骆泽金，就是该师范传习所的毕业生之一。①

胡子春于光绪三十三年（1907）七月十五日返抵槟榔屿，得知海峡殖民地总督以槟榔屿只有英文男学堂，没有英文女学堂，乃于这一年的四月表示，只要槟榔屿地方人士能负责一半学费，另一半由政府承担，且若有人出巨资，此英文女学堂可冠予其名。在当局的出面邀集下，四月三十日，平章公馆总协理开会讨论，会议赞成此事，并于五月六日刊登广告劝捐。胡子春八月底即表示，"偶搜行箧，复睹女公子所作论稿，又值槟城议设英文女学堂，则华文女学堂之当立，尤为急务"。因此到九月，胡子春就放出风声表示欲在槟榔屿开办中华女学，并谓已聘有"女师二名不日抵槟"。光绪三十四年（1908）二月二十日中午12时整，"中华女学"在数百人的见证下正式开学。胡子春出任总理一职，光绪三十三年（1907）由清朝聘来的香山人徐佩瑶为总教员，余宗汉以助理员出任。时校址设于"笠园街林氏花园"。该校在开校"前一月已教授学生礼仪"，故开校这一天，中华女校已"规模宏远，仪式整齐，埠中名望绅商皆临校观礼"。这是槟榔屿开办中华女学的先例，胡子春派其内弟余彦臣至上海延请教员，但终因欠缺教员而停办，学生并入崇华学堂。因为中华女校并入崇华学堂，槟榔屿首现男女同校之例。崇华学堂（槟城时中学校前身）则是谢春生、梁碧如及戴欣然3位客家人领袖于1908年出资联办的。3人又各出1万元，购买5间店屋，用租金来给予客属子弟助学金。且参下述。

在这一时期，另一类型华侨学校，即华侨社团兴办的学校也为数不少。例如，光绪三十一年（1905），槟城慈善机构筹设了"慈善学堂"；三十二年（1906），开办邱氏学堂、广福学堂、林氏两等学堂；三十四年（1908），又创办了槟城时中学校、商务学校等。②

如前所述，广汀会馆是个公家管理组织，但除此之外，其下属的各乡会在其他各个领域的贡献很大，尤其在教育方面的贡献更是有目共睹。例如，1908年至1919年期间，广汀会馆下属的5个乡会创办了5所华校，分别是时中学校（前身为崇华学堂）、商务学校、益华学校、台山学校和韩江学校。其中，时中学校于1908年3月4日开学，当时是借用平章会馆（槟华堂的前身）为校舍，定名"崇华学堂"。崇华学堂草创初期，学生有90余人，4年后才易名为时中；

---

① 吴凤斌主编：《东南亚华侨通史》，福建人民出版社，1994年，第841～842页。
② 吴凤斌主编：《东南亚华侨通史》，福建人民出版社，1994年，第848页。

商务学校创办于 1909 年，初为夜学，所教科目以语文及商科为主，1912 年为适应环境而增设日学，依照学制改办为完整小学；益华学校创办于 1913 年，附属益智阅书报社，开始时只办夜学班，社址在槟城南华医院街；台山学校建于 1918 年，1933 年起采用华语教学，直到 1952 年停办为止。①

这一时期参与槟榔屿办学的华侨社团还有宗亲团体。宗亲团体集资兴办家学，为子弟提供免费教育。这些学校或以"族学"或以"学校"命名，不一而足。

第一间宗亲学校建于光绪三十三年（1907），创办者为槟城邱氏公司。这间学校建立在宗祠之中，被命名为邱氏家学（后改名为新江学校，直到 1954 年，新江学校才允许外姓入学），让子弟免费就读。其他宗亲团体，如九龙堂林氏、颖川堂陈氏、保赤宫陈氏等，也效仿邱氏的做法建立了学校。1915 年，民国政府对海外华侨学务进行过调查，槟城邱氏学校的毕业生人数为 52 人，在海峡殖民地诸华侨学校中名列前茅。但海峡殖民地地区的宗亲团体，无论实力还是财力，都无法与地缘团体匹敌，因此兴办家学的宗亲团体相对还是很少的。

跟别的类型的社团不同，宗亲团体所办的学校仍然保留高度的中国传统，这主要表现在两方面。其一，学校所设置的绝大多数课程保留高度的中国传统。课程包括"读经"和"修身"，必读的两本经书是《孝经》和《论语》。古代先贤、先哲的章句和操行则是"修身"的主要内容。其二，褒奖家族中通过科举考试获取功名者，其名被镌刻在宗祠墙壁的颂匾上。龙山堂邱公至今仍保持着"挂匾"的传统，在宗祠墙上，还保留着晚清举人、秀才的匾额。当然，褒奖的方式充满着近代华侨社团特色，最明显的是奖学金制度。直至今日，原海峡殖民地的诸多宗亲团体仍保留着奖学金制度。例如韩氏祠，"为鼓励宗亲子女勤勉向学"设立奖学金，"凡属宗亲昆季出国升学，亦予鼓励或资助"。②

据统计，自槟榔屿设立中华学校的光绪二十八年（1902）始至宣统三年（1911）的十年，即中华民国成立前十年，新加坡和马来亚各地先后设立的各类华校有近百所。③办学风气之盛，由此可见。当时，新马英国殖民地政府对华校的兴办采取放任不干涉政策，因为英政府不能普遍设立学校，华侨自办学校，等于减轻政府负担。华侨办学经费除向学生收取外，不足之数概由华侨社区的热心人士捐献。后来，英殖民地政府才依据学校学生多寡、办学成绩等条件，设立甲

---

① 上述办学情况据蔡振裕：《跨越 18—20 世纪槟广汀会馆 205 年历史》（回应历史古迹报道系列之九），《星洲日报》，2000 年 7 月 21 日。

② 吴华：《新加坡华族会馆志》（第二册），南洋学会，1975 年，第 13 页。

③ 魏华仁：《东南亚华人教育大事志》（三），《华人月刊》1990 年第 3 期，第 31 页。

乙丙三等补助金。① 不过，当时华校都是小学，草创初期，设备大多比较简陋。

第六节　华侨与儒学在新加坡的传播和变革

在新加坡，儒学或曰孔学、孔教，一直被认为是中国传统文化思想的正宗，在一切思想流派中具有无可争辩的统治地位。在清代，新加坡是通过当时的著名学者和外来著名儒学大师，引入儒学并将之通俗化、实现中西融通（通过翻译等手段）的海外国家（地区）之一。在世界上其他有华侨居住的地方，历史上也曾经流传乃至盛行儒学。新加坡的周邻地区，也曾出现过传播儒学的亮点，但在这些地方传播儒学一般都是少数华侨"名儒"及追随者之间的个别行为，而新加坡是由一批传统知识分子整体推动，并得到了华侨社会的正面响应和外来儒家学者的强有力支持。

在东南亚地区，像新加坡这样传播儒学的地方，或许只有越南可与之相比。无疑，越南通过国家政权的力量推行儒学的时间较长（从它独立算起已有一千多年的历史），但没有像新加坡那样，通过与西方文化的对接和碰撞以及儒学经典的英译来实现"中学"与"西学"之间的高度融通，更没有像新加坡那样通过对古奥的儒学经典的当代翻译来达至儒学的通俗化和普及化。越南在传统儒学纵向的深化上显然远远超过新加坡（就如在中国一样），但在近代，没有儒学与西学横向的比较和交汇，没有将之通俗化与普及民众，无疑是越南儒学发展的一大缺失，在当时的国际大变局中，极容易走向迂腐和保守。从这个意义上说，新加坡在清末的儒学运动对这个国家近100年后的社会发展具有深刻的借鉴意义。

儒学是什么时候开始传入开埠时间不过数十年的新加坡的？按照新加坡儒学研究会顾问苏新鋈的说法，大约是在19世纪初，即1819年新加坡开埠前后。②如果把开埠之初华侨有意无意带进来的、多以"碎片"形式出现的传统中华文化经典当作是儒学传进新加坡的证据，则这一说法也是可以接受的。但是，儒学以整体的理论形式出现，在开埠之初显然还不可能，那时新加坡还没有足够的可以承受儒学巨石的载体，如学校、传播与研究机构、儒学大师、足够数量的受众等，尽管那时从福建、广东等省南来的华侨以及从马六甲等邻近地区迁入的华侨居民中，不乏有一定水平的儒学理论修养者。事实上，华侨自身从来不缺乏刻苦耐劳、勤俭朴素、尊老敬贤等优秀品质，从来都是提倡和践行仁义礼智、忠信勤

① 魏华仁：《东南亚华人教育大事志》（四），《华人月刊》1990年第4期，第41页。
② 冯增全：《儒学在新加坡》，《孔子研究》1986年第1期，第117页。

俭、勇敢正直、慎终追远等儒家美德。但是，这些美德只是在岁月的长河中潜移默化地转移到华侨身上的一种精神，任何"文化人"都会有，这与一种思想文化的整体的、系统的修养不是一回事。

当然，这些要素在后来新加坡的历史发展中越来越多，越来越全面、系统和厚实了。例如，19世纪80年代后，儒学在新加坡华侨圈中已取得了长足发展。这时候出现了华文报纸，这些报纸还积极传播儒家思想。1881年，新加坡侨领薛有礼创办了第一家华文日报《叻报》。出任该报主笔的是一位颇有理学功底的安徽士人叶季允（1859—1921）。他在《叻报》上发表了许多文章，向华侨灌输儒学的伦理道德观念。之后，又有《天南新报》、《日新报》等报纸创刊。在这些报纸发表的社论和评论中，名正言顺地宣传儒学的文章不少，如《论为善莫先于孝悌》、《论诚实乃为人之本》、《论为政以顺民为贵》、《崇圣学以广教化论》等，只看标题便知是标准的中国传统儒学理论文章。

那时，在新加坡承垫儒学存在的载体还有华侨办的文化会社。例如，1890年黄遵宪创立的"图南社"、1892年左秉隆创立的"会贤社"，特别是后来身体力行地传播儒学的邱菽园创立的"丽泽社"、"会吟社"等。重要的是，这些文化会社并非孤芳自赏，闭门造车，而是广开大门，招纳贤士，形成了海外传播儒家文化的"竹林"。众多读书人趋之若鹜，如吸甘露，不知肉味。例如，"会贤社"几乎每月都举行"月课"，同时讨论征文的题目。题目大多出自"四书"、"五经"。

早在19世纪80年代，新加坡华人社会中已有好几个文社和学会，时常举办传统的文化活动，如宣讲圣谕和诗文酬唱等。其中会贤社在推行儒家思想方面，更是相当卖力。从光绪八年至十七年（1882—1891）期间，会贤社几乎每月皆举行月课（如今日的出题征文），而月课的题目多与儒家思想有关。[1] 举例如下：

光绪十三年七月课题：人皆可以为尧舜论

光绪十三年八月课题：政贵与民同好恶论

光绪十三年九月课题：臣事君以忠

光绪十四年二月课题：君子学道则爱人，小人学道则易使也

光绪十四年三月课题：子以四教文

光绪十四年五月课题：人人亲其亲长其长而天下平

光绪十四年六月课题：言忠信、行笃敬

---

[1]　关于会贤社月课详情，参见梁元生：《从一份名录看19世纪后期新加坡华人社会中的士人阶层——会贤社》，《早期新加坡的士人社会》，即将出版。

光绪十四年九月课题：满招损谦受益论

光绪十四年十月课题：致知在格物论

光绪十四年十一月课题：人之行莫大于孝论

光绪十四年十二月课题：学而不思则罔

光绪十五年五月课题：夫子之道，忠恕而已矣！

光绪十五年六月课题：兴于诗

光绪十五年七月课题：立于礼

光绪十五年八月课题：成于乐

光绪十五年九月课题：志于道①

这些都是讨论了数百上千年的儒学题目。过去人们对传统文化的讨论，不追求标新立异、别出心裁，但要求对答人要有"与时俱进"的发挥，有创造性的见解，同时不能越轨和偏题。光绪二十二年（1896），新加坡还出现了由林采达用马来文翻译的《朱子家训》。②

随着儒学的普及，新加坡出现了儒学与西学对接的趋向。对接的前提是必须对西方有一个起码的了解。当时林文庆曾经指出，华族迫切需要一种宗教或道德文化，犹如基督教需要圣经一样。他认为儒教最为优秀也最适合新加坡华人。华侨精英们知道世界上有基督教等宗教的存在，并对之有初步的了解，但不管他们的了解是深是浅，都说明当时儒学与西学对接的前提已经具备。

儒学与西学的真正对接实践者要数黄遵宪。他把"会贤社"改组为"图南社"，仍然继续举行月课，虽然间中也有出题论及儒家思想，如光绪二十八年（1902）十二月课题"如不可求，从吾所好"，乃出于"四书"，以及光绪二十九年（1903）八月课题"既富矣，又何加马曰教之"，亦出于"四书"。但在他的领导下，图南社的讨论和研究兴趣渐偏向维新和西学。黄遵宪甚至明言："图南社不出'四书'题，以南岛地方，习此无用也。"③

到光绪二十三年（1897），儒学运动展开之后，人们的学术研讨兴趣又回到儒家思想的各个题目上来了。以林文庆、邱菽园为首的一个叫"好学会"的团体，就时常举办儒学的演讲会和座谈会。不过，笔者认为，"好学会"对儒学的"回归"，不是对黄遵宪偏向维新和西学的一次"钟摆"，也不是对中西对接潮流的一次"逆转"。如下所述，此时的儒学已在变化中，渐非彼时之儒学了。这从

---

① 梁元生：《宣尼浮海到南洲——19 世纪末新加坡的"儒学运动"》，《亚洲文化》1988 年第 11 期，第 6～7 页。

② 张品端：《朱子学在新加坡的传播与影响》，《武夷学院学报》2011 年第 4 期。

③ 陈育崧：《椰阴馆文存》（第二卷），南洋学会，1984 年，297 页。

人们关于建立"孔庙学堂"的意向中可以看出来。

梁元生指出，在儒学运动期间，新加坡华侨并不满足于一些演讲和诗文活动，有不少人认为：要宣扬儒学，就要有一个更具体更有力的组织来推动，同时负起学术研究、训练教师和培育人才的责任。他们的构想是成立一座孔庙学堂。

"孔庙"及"学堂"本是两个不同的概念，前者是宗教场所，后者是书院，却被新加坡的华侨精英们糅合成一块。这当然是智慧，也是现实需要。华侨精英们设想他们所描绘的两种相向而行的理念最终能够产生交集。应说明，他们拟议中的"孔庙学堂"不是两间建筑物，而是一间建筑物，只是其功能"合二为一"了而已。

第一个理念，即建立孔庙，是把儒学变成孔教而取代其他华人信仰的过程，是儒家被"宗教化"的过程。把孔子变成教主，把儒学变成教义，配合孔庙、祀礼等宗教仪式，使儒家变成儒教，取代佛道二教及其他民间信仰。这样，儒教便成为华人的宗教，希望通过这样的"变脸"，使"孔教"跟西方的基督教、非洲和中亚的伊斯兰教等宗教平起平坐。正因如此，早期的儒学运动又称为孔教运动或儒教复兴运动。要把这一设想付诸实践，无疑是一项艰难复杂的系统工程，但实际上他们真的做到了。

第二个理念，即建立学堂，或言之，建立一个兼有研究及培养人才两个项目的场所。计划中的学堂，"设有藏书楼，广购图书及各地报章，供人阅览，又拟邀请儒家学者出任传道师之职，按时宣讲儒家学术"；"如果按照一部分人的构想，这个孔庙学堂的计划，不单只是研究及宣扬孔子教义而已，而是一个庞大的组织，其下还包括设图书馆、建格致书院、成立研求会、开医局、办报章等各项计划"[1]。

据说这个计划可能最早是在光绪二十二年（1896）或二十三年（1897）间由丘逢甲向邱菽园提出的，他的投入也是全身心的。其他重要人物如清朝驻叻总领事罗叔羹、代领事吴世奇等，皆有出力；儒士张克诚在报章上多次发表言论；绅商如林志义、黄甫田、杨仕添等捐资赞助，此外林文庆也和邱菽园一样，用笔为文，用口演说，既出钱，又出力，全面投入。这些华侨精英都是这个运动的领袖人物。

但这个计划并未付诸实行[2]。事实上，当时东南亚地区不独新加坡一地有此

---

①　梁元生：《宣尼浮海到南洲——19 世纪末新加坡的"儒学运动"》，《亚洲文化》1988 年第 11 期，第 7 页。

②　（清）丘逢甲《劝星洲闽粤乡人合建孔子庙及大学堂启》中有言："三年前与菽园孝廉书，曾以此事发议。"该文成于 1900 年春，故推算为 1896—1897 之间。丘文见《天南新报》，1900 年 3 月 27 日。此据梁元生：《宣尼浮海到南洲——19 世纪末新加坡的"儒学运动"》，《亚洲文化》1988 年第 11 期，第 7 页。

创意，其他不少地方均有同样的创意，且不少地方已经付诸行动了。例如，在光绪二十四年至二十五年（1898—1899）间，马来亚的巴罗、缅甸的仰光以及荷属东印度的巴达维亚及望加锡的华侨社会中已经先后开始了建庙兴学的实际行动，而新加坡反倒落人之后。邱菽园解释说，是他"因病惮劳"，所以"留以有待"。

此时，一些儒学大师级人物对新加坡的访问对孔教学堂的重新启动起了重要作用。当时访问过新加坡且与儒学运动最有关系的，至少有吴桐林、丘逢甲、王晓沧、康有为四人。吴桐林于光绪二十二年（1896）第一次访问新加坡，提倡建"孔子教堂"之说。光绪二十七年（1901）第二次来新加坡，极力鼓励本地士商从速兴建孔庙。丘逢甲和王晓沧也同样为传谕保商之事南来，他们结伴同行，光绪二十六年（1900）三月从潮州出发，下旬抵达新加坡。他们盼望借着尊孔而使海外华侨团结合群，通过建庙兴学使华侨"维国体、开民智、正人心"。康有为在新加坡期间与邱菽园、林文庆等人有过亲密接触，彼此极有可能讨论过南洋的尊孔保教运动。上述几位访问学者对本地的尊孔运动都有一定的刺激及推动作用，虽然他们来新加坡原来的目的并非为了宣传孔教及建庙兴学。光绪二十六年（1900），由于丘逢甲及王晓沧的鼓吹，建庙兴学之议再次被提起。以邱菽园、林文庆等为首的一批绅董成立了一个筹建孔庙学堂的组织，制定章程，筹募款项。于是，这个搁置了数年的计划方始启动，并在光绪二十七年（1901）获得了华民政务司的同意，再呈英殖民地政府批准。与此同时，各帮商人开始募捐，包括邱菽园及林志义在内（各慨捐 12 000 元）的一批儒学名流也捐了款。一时间，众人热心解囊，支持善举。这样的事情，在过去新加坡的华侨社会中早已司空见惯。[①] 但问题的关键不在于"孔庙学堂"动工兴建与否，而在于它的目标设定。且看当时草拟的两份章程：[②]

（甲）暂拟孔教章程

1. 专设孔庙一座，务极冠冕堂皇。
2. 设师范学堂一所，专习宣传孔教。
3. 专习宣传孔教之士，必须考其品行学问，中选者方为合格，给照宣传。

（乙）暂拟中西学堂章程

1. 本学堂兼习中西学问。
2. 大小坡设蒙学堂若干所，兼习中西文字。三年考试，合选者送入本学堂。

---

① 梁元生：《宣尼浮海到南洲——19 世纪末新加坡的"儒学运动"》，《亚洲文化》1988 年第 11 期，第 7 页。

② 梁元生：《宣尼浮海到南洲——19 世纪末新加坡的"儒学运动"》，《亚洲文化》1988 年第 11 期，第 7 页。

3. 本学堂初学华文之生童，宜聘通达英文、兼通官音者为教习。

4. 本学堂华文，专教官音，一边联络一气。

5. 本学堂英文，与本坡大学堂平等。

6. 本学堂华人教习，宜请高等师范先生。

7. 本学堂宜聘高等师范先生为监院。

8. 本学堂建学舍一所，以为各外埠来学子弟食宿之所；而监院即住其中，为之阅照一切。

9. 本学堂将来禀请中国驻叻总领事转详驻英钦差大臣，代奏朝廷，作为中等学堂，诸生毕业后，考试入选者作为秀才，送回中国与试。

一眼就可以看出，这两个章程就是极力主张儒学与西学对接和融汇的。其中章程（乙）开明宗义：第一条便是拟建的学堂要"兼习中西学问"；第二条在大小坡设立的若干所蒙学堂要"兼习中西文字"；第三条对那些初学华文的学童要"聘通达英文、兼通官音者为教习"。这些都说明了"孔庙学堂"学兼中西的办学意旨。当然，后来由于保皇与革命两派在华侨社会中发生斗争等原因，邱菽园、林文庆等成立教研组织的设想，除了筹建孔庙这一部分外，其余部分在新加坡始终没能实现。

还有一个不可忽略的特点，是 19 世纪末新加坡儒学运动双语化的传播媒介。跟以往不同的是，这时候儒学在新加坡的传播不仅使用华文（大部分应是经过改造的与中国本土差异甚大的华文），还使用英语。这是由于传播对象的差异。在新加坡华侨中，早已存在着两类不同教育背景的人：一类主要以华文为背景，另一类主要乃至全部以英文为背景。要向教育背景不同的两种新加坡华侨灌输儒家思想，别无他法，只有使用不同的媒介语。当然，两种教育背景的人也并非等量齐观。主要对象还是前一类教育背景的人。对他们，把华语作为交流手段，目的是"保国合群"与文化回归。至于还有没有第三种语言（如马来语）作为传播媒介，现在还没有看到新的资料，留待研究。

在传播媒介双语化方面，林文庆做得尤为突出。林文庆本人是第三代海峡侨生，同治八年（1869）生于新加坡，年轻时受英文教育，是新加坡著名英校莱佛士书院的毕业生。光绪十三年（1887）获得女皇奖学金，即赴英国苏格兰爱丁堡大学学医，是新加坡华人学生获得这项奖学金的第一人。毕业后，他于 1892 年回到新加坡行医。他的过人之处在于其"不务正业"，在行医的同时，积极地提倡社会改革。他早年倾向西方文化，而于 19 世纪最后 10 年，却逐渐变成儒家信徒。又因受岳父黄乃裳的影响，对中国维新运动和孔教运动甚是关注。他用华文进行写作，也用英语传播儒学，在《海峡华人》杂志及新加坡海峡哲学会的两份会刊（*Proceedings of the Straits Philosophical Society* 和 *Transactions of the Straits Philosophical Society*, *Singapore*）上用英文发表了多篇有关儒家文化的文章。他还在南洋各地多次使用英文进行演说，使一些英文教育出身的海峡华人或峇峇也对儒家学说产生了兴趣，乃至投身于这个运动。[①] 这些人的文化认同也由"英化"及"马来化"转向传统中国文化。当然，这样的人为数不可能很多，却都是社会的精英分子。林文庆崇儒的热情一直到 20 世纪 20 年代仍然丝毫不减。

第七节　华侨自身的文明教化

一、华侨与"峇峇娘惹文化"

如前所述，清代从中国南来的华侨绝大部分是孤身男子，而在当地的华侨女子少之又少，华侨男子唯有与马来女子通婚，组成华巫家庭。若双方通婚后生下的是男子，则称峇峇；若生下的是女子，则称娘惹。两者通常合称"峇峇娘惹"。与华侨结婚的马来女子不通晓华语，而华侨男子一般都经商和"主外"，马来女子通常"主内"，故峇峇与娘惹多说马来语，主要的家庭语言也是马来语。早期的峇峇娘惹操马来语，对华语甚至一窍不通。峇峇与娘惹经常和马来人交往，经过成年累月的耳濡目染，遂逐渐形成了一种独特的"侨生文化"，有人称之为"华巫综合文化"。由于这种文化主要体现在他们的婚生子女身上，因此也有人称之为"峇峇娘惹文化"。

华侨与马来女子通婚后，不用皈依伊斯兰教，故仍然可以坚持自己的宗教信仰，即佛教或道教，或者亦佛亦道的家乡民俗，同时奉行许多华侨社会通行的风俗习惯。在过年过节或办婚丧大事时，所行的仍然是中国古礼。据说直到"二战"前，峇峇娘惹举行婚礼时，仍然沿用清朝的"三跪九叩"礼节，并且乘由四人抬的花轿，前面彩旗引路，锣鼓喧天，游街欢庆。每逢新年，他们要按照礼俗，跪着向长辈敬茶问安。又如，峇峇娘惹的住家、大门及窗户上的对联，大厅供奉的神像，木雕屏风，陶瓷古董等，都具有浓重的传统华侨家居特色。

在峇峇娘惹的发源地马六甲市区有一条古老的街道——荷兰街，其早期是峇峇娘惹的聚居地。那里可说是富贵繁华的象征。街道两旁尽是古色古香的中国风格住宅，住宅内有大厅、中厅、内厅、天井、后院及侧院等，长两百多尺。屋内

---

① 梁元生：《宣尼浮海到南洲——19 世纪末新加坡的"儒学运动"》，《亚洲文化》1988 年第 11 期，第 10 页。

的布置更是精致雅观，雕梁画栋处处可见。从室内室外精致雅观的布置，可以想见当年峇峇娘惹富裕之一斑。据说在峇峇娘惹的黄金时代甚至有句话是"嫁女不过街"，意指其他街道的人都无法与荷兰街的峇峇娘惹"门当户对"。① 荷兰街成了峇峇娘惹的朱门豪宅，是普通人仰视的地方。

但峇峇娘惹的这种集华人各种宗教、华巫文化风俗于一体的独特宗教与文化风俗使他们被夹在华巫两个民族的缝隙中，既不被华族接受，也不被巫族认同，处境堪称尴尬。

二、中华文明对华侨社会的浸润

在槟榔屿，华侨社会的文明教化之风甚浓，集中体现在读书风气的形成上。当时槟城华侨社会中飘溢着一股浓浓的书香之气，这在当时东南亚各地的华侨社会中难得一见。这里的华侨在经商之余，以读书为荣，以读书为乐，在东南亚华侨社会中也堪称奇迹。于是，槟城声名远扬，获得东南亚华侨社会的高度评价："人称此埠人才聪敏，为南洋各岛之冠。"②

对于槟城的文明教化的主要表现，可以梳理出以下几方面：

一是槟城多有藏书之家，各家藏书多少，还有排名，"以林培元为最，谢曾煜次之，余则温震东、林振琦、林汝舟、吴春程、林载阳等"③。藏书爱好本是读书人家的"专利"，过去士人每以藏书多少比论学问之长短，并以藏书丰富为荣耀。照此看来，槟榔屿华侨中的藏书名士堪比中国的读书世家。

二是人们喜欢征诗会文，文人骚客，每唱吟诵赋，以为乐事。唱吟诵赋本是中国文人的传统特色，为世界其他地方所无，更勿论"蛮夷"之地。在这方面，槟榔屿不仅不是"蛮夷"之地，甚至可以与号称礼仪之邦的中国等量齐观了。

三是在礼仪教化方面，"兴风雅，喜逢迎，善褒奖，守家礼，重文教。童子见客，揖让为礼，人情古厚，甲于南洋群岛"。在这方面也不比华侨的家乡逊色。

四是在婚礼上，"六礼俱备，无不亲迎。新妇人门，合卺毕皆谒家庙"。结婚为人生一大盛事，槟榔屿华侨婚嫁仪式之盛，堪与其家乡比肩。

五是在丧葬方面，"丧不停枢，逾月而葬，亲执绋，必素冠，妇女亦徒跣，

① 据〔马〕张肇达、李振铨：《被遗忘的族群——峇峇与娘惹》，（马来西亚）《星洲日报》，1994年4月2日。

② （清）薛福成：《出使英法义比四国日记》续刻卷九，岳麓书社，1985年，第872~874页。

③ （清）力钧：《槟榔屿志略》，见福建师范大学历史系华侨史资料选辑组编：《晚清海外笔记选》，海洋出版社，1983年，第56页。

虞祭仍凶服，或用墓志，祭典极丰"①。从这个描述中可以看出，槟榔屿丧葬的隆重程度一点也不下于华侨的家乡。

六是文化娱乐活动丰富多彩。例如，槟榔屿岛上有社赛会（拜大伯公），演抬阁故事，鱼龙灯彩，备极华丽。更值得注意的是，槟榔屿华侨还参与跨民族的文化活动。一年一度的"赛花会""排设花果草木菜蔬之类，极其繁盛。会期三日，有洋商六人，华商三人，马来族一人总理其事，视物之贵贱定优劣，优者获奖"②。居住在槟榔屿的粤、闽两省籍华侨还把各自的地方戏曲带到当地，且参下述。

七是在生活环境的建设方面，槟榔屿堪称南洋首屈一指的宜居之地。槟榔屿本多园林名胜，其结构多为西式，但各个园林名胜却以中式名称命名，如燕闲别墅、清芳阁、澄怀园、长春坞、兰圃别墅、友石庐、陶然楼、怡和园、退省庐等，无一不是以中国传统方式命名，浸染着中华传统文化的印记。这些园林或为名人休闲之处，或为其寓居之所，有的还留有名人的足迹与题书。每一处园林名胜，皆有楹联匾额，文人骚客，流连景光，亦多纪事写怀之作。③

应该指出的是，有关槟榔屿华侨文明教化的记载在清代东南亚华侨史中极为罕见，尽管在当时东南亚其他少数地方（如新加坡）也存在着这样的华侨文明社会。在这样精致的生活环境和优雅的文化氛围中，槟榔屿华侨社会可谓精英迭出，文风蔼蔼。当时从福建前去游历的力钧曾列举了几位最具代表性的人物：

李灼是个读书人，虽籍贯广东，但久居南洋，能诗、能画、能写古篆，著有《秩轩诗草》；魏望曾，福建闽县人，能画，尤精医术，因家贫亲老，橐笔南游，辛卯（1891）三月至槟榔屿。但他在槟城居留的时间较短，只住到八月，便从槟城到吉隆坡，再到十二月归国，不幸舟至汕头沉，身卒。

李道熙是一位标准的"儒商"式华侨，本福建海澄人，中书科中书，早年放弃科举功名而客居槟榔屿，以经商起家，渐而积聚家产，达十数万金，继之投身慈善事业，捐创"海澄吾贯社学"。有"李氏家塾"，闻名槟城。

王荣和，槟榔屿人，曾任福建督标左营参将，周历南洋时官至两江副将总兵。光绪十二年（1886）七月到次年七月奉两广总督张之洞之命，与余镌（副使）一道率舰巡察南洋诸岛有华侨群居的20多个商埠（包括英国殖民地新加坡、马六甲、槟榔屿等地）。这是中国历史上最大的慰侨行动，亦展示了清政府新的

---

① （清）薛福成：《出使英法义比四国日记》续刻卷九，岳麓书社，1985 年，第 872～874 页。
② 夏东元编：《郑观应集》（上册），上海人民出版社，1982 年，第 970 页。
③ （清）力钧：《槟榔屿志略》，见福建师范大学历史系华侨史资料选辑组编：《晚清海外笔记选》，海洋出版社，1983 年，第 52 页。

侨务政策，影响甚广。①

三、华侨祖籍地主要地方戏曲在居住地的流传

海峡殖民地的华侨来自粤、闽两省（籍贯包括广府、潮州、闽南、客家、海南等地），在他们出国前，家乡就一代一代地流传着古老的民俗文化，其中，每个地方都有一种最为流行的戏曲，如粤剧、南音、潮剧、汉剧和琼剧等。每种戏曲都有一批当地人喜闻乐见的剧本，且经常被搬上舞台演出（当地人称之为"看大戏"）。华侨来到东南亚后，也把这些地方"大戏"带到居住地，并在当地传唱开来。这里且以粤剧、南音、潮剧、汉剧和琼剧为例，对华侨家乡地方戏曲流入东南亚的情况做一简单考察。应先说明的是，这里只集中考察地方戏曲在海峡殖民地的流传情况，实际上，在粤、闽籍华侨集中居住的东南亚其他地方，这种现象同样存在，在这里就不一一描述了。

粤剧是在两广粤语方言区广泛流传的剧种，与华侨存在着密切的关系。可以说，过去在海外，有粤语流行的地方，就会有粤剧存在；有粤剧流行的地方，就会有来自故乡的粤剧在当地演出。华侨不但热爱民族文化艺术，更让优秀的民族文化世泽绵延，发扬光大。

如前所述，到19世纪中叶以后，新加坡就已出现了粤剧社团组织，现在可以找到的最早的粤剧组织是咸丰七年（1857）六月一日由旅居新加坡的广东粤剧艺人组建的"梨园堂"（后来易名为"八和会馆"）。梨园堂的形成清楚地表明，最迟在19世纪中叶（其时离新加坡开埠方才30余年），粤剧已经被广东籍华侨传进新加坡并拥有大量爱好者，稳坐华侨家乡"大戏"之首席。

关于粤剧在海外演出的较早记载有光绪十三年（1887）到新加坡旅居的李钟珏所著的《新加坡风土记》，该书有一段谈及粤剧在新加坡演出的概况："戏园有男班，有女班。大坡共四五处，小坡一二处，皆演粤剧。间有演闽剧、潮剧者，惟彼乡人往观之。戏价最贱，每人不过三四占（当地辅币名），合银二三分，并无两等价目。"这段话清楚地说明：其一，当时华侨把家乡的主要戏曲如粤剧、闽剧、潮剧等都带到了新加坡，并且还成立了专门的"戏园"（即剧团），这种戏园遍布新加坡全岛，大坡、小坡（应是地名）均有。显然，各个戏种都拥有各自的观众，其中尤以粤剧的观众最多。其二，戏园分男班、女班，说明其时华侨中女性人数已经很多，但由于社会风气尚保守，男女同台演出尚属稀罕，

---

① （清）力钧：《槟榔屿志略》，见福建师范大学历史系华侨史资料选辑组编：《晚清海外笔记选》，海洋出版社，1983年，第49~50页。

方有分班之事。其三，尤为值得注意的是，当时的演出已经形成市场，且票价比较低廉，草根华侨阶层能够买得起。作为专业演出团体，戏园应是讲成本效益的，低廉的戏票能够养得起竞争激烈的众多戏园，这从一个侧面说明观众很多，看家乡戏曲已经成为华侨文化娱乐的主要方式。正因为如此，他们才对来自家乡的戏曲如痴如醉。

由于"大戏"是在华侨家乡经过上百年的流传之后才随华侨"出国"的，其在家乡时已经发展得很成熟了，传到东南亚以后，就会基本上按照家乡的方式继续流行。其中应该提到的一点，就是"大戏"演出的"商业化"。过去在华侨的家乡，能够组织戏班的人不是乡绅就是名门望族，既是为了丰富乡人的娱乐生活，也是为了积德扬名。演员，也就是俗称的"戏子"，多为穷苦人家出身，他们要赚钱糊口，所以"大戏"就不能"白演白看"，要适当收费。也就是说，华侨还在家乡时，"大戏"就已经基本上实行商业化演出。故华侨到了东南亚后，特别是到了新加坡这样商业气息很浓的"大都市"后，一样按照家乡的方式进行商业化操作也就顺理成章了。当然，"大戏"在新加坡形成舞台演出之前，也有一个逐渐发展的过程，这里不细述。

这里所说的数种"大戏"中，粤剧在新加坡的演出商业化程度应是比较高的，由此也造就了粤剧在中华民国时期和中华人民共和国成立以后在海内外长时期的繁荣局面和成熟定型的演出程式。其他戏种的商业化程度可能较低，这是由各种"大戏"流传的历史背景和华侨的生活环境决定的。

当时的新加坡既是海峡殖民地地区，其实也是整个东南亚地区华侨家乡"大戏"的演出中心。海峡殖民地其他地区也应存在着与新加坡相似的现象。例如，光绪十七年（1891），作为著名中医的福建永泰县人力钧受新加坡华商吴士奇之邀，到新加坡为吴父治病，顺路到吉隆（即吉隆坡）、庇能（即槟榔屿）、苏门答腊等地游览后写了《槟榔屿志略》。他在书中说，居住着广东和福建两省籍华侨的槟榔屿，有时还有"戏班合演"。[1]尚不清楚力钧所说的"戏班合演"是何意，但若解释为广东和福建两省籍华侨举办各自地方戏曲的联合表演，也不是不能成立的。

当时的槟榔屿存在着广东戏曲演出团（称"戏园"），则可肯定。力钧指出，"（槟榔屿）亦有戏园，乃粤东班，男女合串"[2]。这里说的"粤东班"，应是指广东东部的地方戏班，很可能就是潮剧。更值得注意的是，这个戏班的演员"男

---

① （清）吴广霈：《南行日记》，录自（清）王锡祺编：《小方壶斋舆地丛钞》（再补编第十帙），上海着易堂，光绪十七年（1891），第5～7页。

② （清）黄懋材：《西辅日记》，录自（清）王锡祺编：《小方壶斋舆地丛钞》（第十帙），上海着易堂，光绪十七年（1891），第430～431页。

女合串"，与上面所述新加坡戏园分男、女班的情形大相径庭，无疑是非常大胆的新颖之举。槟榔屿既然有潮剧演出团体，那么存在着观众更多的粤剧团体自然是情理中事。顺便指出，粤剧不仅在新加坡一地流行，也不仅在海峡殖民地地区流行，还在粤籍（主要是指广府）侨民居住的马来内陆地区广为流行。由于资料有限，粤剧在东南亚其他地方流行的情况就不再阐述。

潮剧流入新加坡的时间现在已很难考实，但在新加坡的开演时间很可能与粤剧接近。李钟珏的《新加坡风土记》记载的粤剧在新加坡的最早演出时间是光绪十三年（1887），而李钟珏此书说潮剧也在大、小坡演出。当然，从"人气"来看，在新加坡华侨社会中，粤剧可能超过潮剧。

新加坡的福建籍华侨十分喜欢家乡戏曲。上面的引文已经清楚地表明了这一点。那时闽侨所喜欢的家乡"大戏"应以南音为主。早年到达新加坡的泉州华侨大多数也是草根阶层，他们在工作尚无着落之时，大多租住"估俚间"（单身工宿舍），数十人合住一间，每人一条毯子，一个存放衣物的箱头，每月出五毛或一块钱作费用。当时新加坡由泉州、晋江华侨设立的"估俚间"有60多间，分布在小埠如旧峇厘、新街内、牛廓巷、火城，大埠如漆街、衣箱街（北京街）、直落亚逸街、丝丝街、八间仔、十一间等地。数十年后，华侨工友都已成家立业，不再寄宿共同宿舍，一些"估俚间"成了老工友聚会的场所，有的则发展成了南音爱好者聚集弹唱的地方，成为社团组织的会所。① 新加坡于19世纪末就建立了最早的南音社团"横云阁"，它曾盛极一时，可惜20世纪以来已逐渐衰落。新加坡同德书报社成立于宣统三年（1911），近年来也开设了华乐琵琶班，教授并表演南音。更多的南音组织是在民国后建立起来的。

粤剧、南音是清代东南亚华侨社会中流传得比较早、普及面比较广的华侨家乡地方戏曲。除此之外，还可能有来自闽、粤一带华侨家乡的其他地方戏曲在东南亚的华侨居住地流传过。比如，汉剧就是其一。汉剧本来自中国北方，经过湖北、江西，传至福建、广东，所以在闽、粤一带称为外江戏。闽、粤一带流传汉剧的地方主要是客家居住地区，具体来说，是粤东嘉应大埔一带，还有闽西客家居住区。但是，对于汉剧什么时候流入东南亚的研究则比较棘手。不过可以从汉剧组织的成立时间推算其大致的南传时间。据称，新加坡第一间专门研究汉剧的团体——"馀娱儒乐社"是1912年创立的，以潮汕人士为基干，参加者多是商界子弟，组织健全。② 后来还陆续有其他的"儒乐社"成立。晚清的新加坡，所

---

① 吴远鹏：《独具特色的泉州南音信仰与习俗》，《泉州学林》2004年第1期。
② 新加坡南洋客属总会六十周年纪念特刊编委会编：《新加坡南洋客属总会六十周年纪念特刊》，南洋客属总会，1991年，第328页。

居住的华侨中多有潮州、嘉应和大埔籍人士，故可以肯定馀娱儒乐社面向这一群体。同时可以肯定，至少在晚清，汉剧在新加坡的潮州和客家籍华侨中就已经流行开来，因为只有在流行的基础上，才可能成立馀娱儒乐社。至于汉剧在华侨社会中开始流传的最早时间，则有待进一步考定。

琼剧旧称"海南戏"或"土戏"，俗称"斋"，明末清初开始植根于海南岛，与粤剧、潮剧、汉剧一起称为"岭南四大剧"。数百年来，在琼山（古称琼州）萌芽和成长起来的琼剧，曾经越过琼州海峡，广泛流传于广东雷州半岛及广西北海、合浦、廉江等地，后来随着华侨先民的足迹，在南洋各地得到传播，一些华侨还习惯称之为"琼州戏"或"琼音"，并冠以"南海红珊瑚"的美誉。新加坡是海南籍华侨的重要居住地之一，因此，琼剧也就成为琼侨传唱的一大剧种。后来，伴随着琼剧戏班下南洋演出，新加坡继成为粤剧演出中心之后，又成了琼剧的演出中心，后来，新加坡也发展成为琼剧艺人活动的大本营。这当然与新加坡作为东南亚海上交通枢纽，也是海南华侨的重要居住地密切相关。据说，最早到新加坡演出并打开了琼剧在海外演出大门的，是道光三十年（1850）前后南来的琼顺班，该班的到来在新加坡掀起了一阵琼剧演出的热潮。这种状况自然也会波及马来半岛乃至周边其他地区的海南籍华侨聚居地。

这个时期涌现出不少著名的琼剧艺人。男花旦庆寿兰（1808—1895），万宁人，他演技精湛，赢得了琼籍观众的欢迎。[1] 吴福光和卢彩文的武戏在琼侨中家喻户晓。演关公戏的吴长生因其技艺超群，在新、马的观众中赢得了"活关公"、"美髯公"的美誉，并得到"关羽再世"的彩幅，马六甲的华侨观众还举行了"迎接活关王吴长生莅埠献艺"的宴会。除此之外，到过新、马等地演出的著名琼剧艺人还有大武武生贵，小武玉岗，武丑李什珍，武旦郑鸿鸣、凤仪、赛玉琼、新州妹，大花脸福清，丑角车大炮、奇光、陈乐元，生角黄银彩、陈雪梨、李积锦、郑长和，旦角瑞兰、李凤兰、王坤香、张禄金、陈成桂、赛蛟、王凤梅，净角发起，须生銮起等。[2] 当然，他们当中一些人的生活时代可能已经跨越晚清进入民国。

东南亚琼侨、琼裔观众所欢迎的琼剧剧目大致可分三种类型：一是优秀传统剧目，如《槐荫记》、《窦娥冤》、《浣纱记》等；二是反映海南地方题材的剧目，如《林攀桂与杨桂英》；三是反映当代题材的剧目，如《唐人馆》、《新客》等。[3] 这些反映当时时代题材的剧目，即最早的一批文明琼剧，是由漂泊在海外

① 赵康太：《琼剧文化论》，中国戏剧出版社，1998 年，第 318 页。
② 参见赖伯疆：《东南亚华文戏剧概观》，中国戏剧出版社，1993 年，第 180 ~ 181 页。
③ 参见赖伯疆：《东南亚华文戏剧概观》，中国戏剧出版社，1993 年，第 180 页。

的琼剧艺人，在孙中山民主革命运动的影响下创作和演出的，具有较鲜明的政治目的和时代意义。这一类剧目主要出现在民国之后。

琼剧在东南亚的传播，首先，应归因于民间自发的移植和传播，而民间的自发传播则源于移民。琼剧跟粤剧一样，早就随着华侨移民的足迹在各居住地落户。随着新加坡"演出中心"的形成，又对周边的华侨群体产生"波推"效应，进一步加深了当地华侨民众对来自祖籍地的剧种的爱好。琼剧跟粤剧一样，除新加坡之外拥有最多爱好者的地方，就是马来半岛内陆地区。其次，琼剧早期在南洋之所以能得到较大规模的流传，要归功于海南岛戏班的演出。据现有资料记载，从琼剧本土南来的戏班踏上马来半岛的历史至少也有 160 余年。① 虽然今天已经很难考证出当年琼剧最先是在马来半岛哪个地方"登陆"的，但应该说明，19 世纪与 20 世纪之交是海南人移居马来半岛等地的另一个高峰期。适逢光绪三十四年（1908）光绪皇帝与慈禧太后先后故去，清政府宣布国丧。期间，禁止演戏娱乐达一年之久。国中不行，则浮槎海外。于是，在移民流中，更多了一群群琼剧艺人和戏班的身影，马来半岛等地的琼剧演出活动渐趋热闹。当时一些热爱琼剧的老艺人还在华侨社会中自觉地培养琼剧传人，因而当地琼剧演出和观赏水平得到了提高。出于联络感情的需要，琼剧界行会组织应运而生，如"琼州优伶联谊会"，几乎吸引了东南亚绝大部分琼剧艺人。辛亥革命后，活动仍然在继续。②

跟粤剧、南音和汉剧等剧种的南传有所不同的是，琼剧的流传可能更多地与海南民俗的传播相关。从前面关于海南华侨社团的分析中可以看到，海南籍华侨总是喜欢把作为乡亲聚会场所的社团建在神庙里，也就是说，先有对神灵的崇拜，形成神庙，接着在此基础上将之作为乡人的结集场所——社团。神灵崇拜之时，也就是琼剧开始流传之时。海南籍华侨顶礼膜拜的神灵有天后、水尾圣娘、关帝圣君、正顺圣娘、泰华圣娘等。可以说，对这些神灵的膜拜已经成了海南人生活的一部分。据载，在海南人的家乡有节日娱乐与岁时宴集聚戏之俗，每逢神诞、庙会，纷纷延请琼剧戏班演戏，而"乡间演戏，皆为酬神邀福起见"，再者"演戏敬神，为世俗之通例"。③演戏的目的在于娱神，其实是娱人。最热闹的是每年三月二十三日天后的诞辰，海南人聚集在各自街区附近的天后宫，搭戏台、唱琼剧。此外，海南人的先祖也是被祭祀的重要对象。"死亡为人之大哀"，可是以前有许多地方把丧葬——特别是老年人的正常死亡视为喜庆，与婚嫁一起合

---

① 康海玲：《琼剧在马来西亚的流传和发展》，《戏曲研究》（第 71 辑），2009 年。

② 参见赵康太：《琼剧文化论》，中国戏剧出版社，1998 年，第 321 页，转引自康海玲：《琼剧在马来西亚的流传和发展》，《戏曲研究》（第 71 辑），2009 年。

③ （清）余治：《得一录》，见王利器辑：《元明清三代禁毁小说戏曲史料》，上海古籍出版社，1981 年，第 309 页。

称为"红白喜事"。丧葬演戏便成了流播广远的旧俗。在海南本土，乡民演戏超度亡灵，东南亚的琼籍华侨社区也受此风浸染。① 琼剧就这样在东南亚的海南籍华侨居住地流传开来，并获得了成长的沃土。

应指出，粤剧、南音、汉剧和琼剧只是东南亚华侨最重要的几大民系——广府人、闽南人、客家人和海南人中较为流行的代表性地方戏曲。除此之外，这几大民系和其他华侨民系的家乡在清代也还流行过很多小曲、小调。这些小曲、小调也很可能随着出洋华侨而流传到东南亚居住地，不过流传的范围较小，流传的时间长短不一。有关这方面的情况还需进一步发掘。

四、华侨办报支持反清革命

（一）华侨报刊概况

马六甲出现过华文程度不高的西方传教士或其布道会所创办的华文报刊，主要目的是用来传教，随后才增刊一些历史、地理知识及中国、欧洲的新闻。但当时还没有出现华侨组织创办的华侨报刊。

最早的华文报纸是由闽籍侨商林华谦出资，由陈新政、吴世荣主持，于光绪二十年（1894）在槟城出版的《槟城新报》，该报坚持出版达 40 年之久，到1936 年才并入《光华日报》。光绪三十二年（1906），闽籍侨商黄金庆、吴世荣在陈楚楠等同盟会成员的支持下，由"槟城阅书报社"创办了《槟城日报》。②

嘉庆十二年（1807）初，英国伦敦布道会（London Missionary Society）传教士罗伯特·摩里逊（Robert Morrison）和威廉·米麟（William Milne，一译米尔恩）先后到澳门及广州进行传教活动。嘉庆二十年（1815），米麟受摩里逊的指派，从广州带了两名中国刻字工人蔡阿国（又名蔡高）及梁亚发（又名梁广发）到马六甲，在马来半岛开始传布新教的活动。同年八月五日，由米麟主编的南洋第一份华文报纸，也是世界上第一份华文报纸——《察世俗每月统记传》（以下简称《察世俗》）正式创刊，每月出版一期，由蔡阿国及梁亚发两人刻字印刷出版。③ 该报采用木板雕印，竹纸印刷，每册 44 页，每页 7 行，每行 20 字，句读符号标在旁边。④ 该报的主要目的是传播宗教教义，发展教徒。梁亚发也曾发表

---

① 郑传寅：《传统文化与古典戏曲》，湖南人民出版社，2004 年，第 24 页，转引自康海玲：《琼剧在马来西亚的流传和发展》，《戏曲研究》（第 71 辑），2009 年。

② 福建省地方志编纂委员会编：《福建省志·华侨志》，福建人民出版社，1992 年，第 55 页。

③ 戈公振：《中国报学史》，生活·读书·新知三联书店，1955 年，第 365～375 页。

④ ［新加坡］高玉梅：《世界上第一份华文报纸在马六甲诞生——办报与宣传教义同行》，《联合早报》，1995 年 10 月 3 日。

过文章。除在马六甲发行外，该报还发行到槟城、新加坡、荷属东印度爪哇及中国的广州与澳门等地。该报每月的发行量为：嘉庆二十年（1815）725份，嘉庆二十一年（1816）850份，嘉庆二十二年（1817）800份，嘉庆二十三年（1818）500份，嘉庆二十四年（1819）1 000份，嘉庆二十五年（1820）2 000份，道光元年（1821）2 000份。道光二年（1822），因米麟病逝，该报于二月、三月出版最后一期后停刊。① 梁亚发可说是华文报业第一人，他除了帮助米麟编印《察世俗》外，也著撰《救世撮要略解》、《劝世良言》等书，并在《察世俗》报中写文章。每逢粤省县试、府试，梁亚发都会携带报纸到现场，与其他宗教小册子一道分发给赴考的考生。嘉庆二十四年（1819），梁亚发曾因分发书报传教而被官府扣留，被打了30大板，连带书报木板均被焚毁。洪秀全也是因为看了梁亚发分发的《劝世良言》后受到启发而走上太平天国运动的造反之路的。

道光三年（1823）七月，曾于1817年在马六甲任助理传教士的瓦尔特·亨利·美都思在荷属东印度爪哇的巴达维亚编印出版了《特选撮要每月纪传》，作为《察世俗每月统记传》报的续版，两者的出版宗旨、目的及编务内容一脉相承，从道光三年（1823）七月至道光六年（1826）停刊，共出了40卷，发行量共83 000份，平均每期约2 000份。②

道光八年（1828），欧洲两位商人出资与印度以东布道会教士在马六甲联合创办了《天下新闻》。该报以中国及欧洲的新闻消息、科学及历史为主，以宣传宗教及道德教义为辅。在此之前，作为该报主编的英国传教士萨姆阿·基特（Samual Kidd）于嘉庆二十五年（1820）在伦敦布道会教士包格博士指导下研究神学，于道光四年（1824）在马礼逊教士教育下学习中文，同年5月到马六甲印度以东布道会工作，同时继续学习中文和闽语，道光七年（1827）出任英华书院中文教授，道光八年（1828）升任该院院长，并创办了《天下新闻》月刊，客观上弥补了上述两报停刊后的空缺。但此报只出版了一年多即停刊。③

（二）华侨办报支持反清革命

"槟榔屿同盟会"（成立于1906年8月7日）是继新加坡同盟会、吉隆坡同盟会之后，革命党人在槟榔屿成立的另一个革命组织，与吉隆坡同盟会同为其时马来亚两个最重要的分会组织。槟榔屿同盟会分会会长为吴世荣，副会长为黄金

---

① 戈公振：《中国报学史》，生活·读书·新知三联书店，1955年，第365～375页。

② ［新加坡］王慷鼎：《从察世俗到东西洋考》，《南洋商报》新年特刊，1979年，见戈公振：《中国报学史》，生活·读书·新知三联书店，1995年。另参吴凤斌主编：《东南亚华侨通史》，福建人民出版社，1994年，第880～882页。

③ 吴凤斌主编：《东南亚华侨通史》，福建人民出版社，1994年，第882页。

庆。两人均为当地侨商，于光绪三十三年（1907）创办《槟城日报》，发行时间不长。另有《槟城新报》，亦为革命派报纸。①

宣统二年（1910）七月十一日，孙中山到新加坡，感到新加坡同盟会分会活动已大不如前，因此七月十九日到槟榔屿，并决定将同盟会南洋支部迁到此地。槟城分会成为南洋地区革命活动的指导中心。与此同时，中国同盟会缅甸分会负责人庄银安创办的《光华报》因清政府驻缅甸仰光领事馆勾结英殖民政府对其进行陷害而被迫停刊，庄银安避居槟榔屿。不久，庄银安会同黄金庆、陈新政、徐洋溢等于宣统二年（1910）十二月二十一日共同创办了槟城《光华日报》，并请来三位外来的中国同盟会会员、革命党人任编辑。他们是总编辑刘铁崖（四川人），编辑方石岗（又名次石、南岗，广东普宁人）、戴天仇（即戴季陶）。②《光华日报》逐步取代了日益陷于经济及发行困境的新加坡《中兴日报》的地位和作用，成为新加坡、马来亚地区革命派最主要的宣传阵地。该报社也成为孙中山等革命党领袖进行革命活动的大本营。

新加坡出版的第一份华文报刊是《东西洋考每月统记传》。先是由荷兰布道会传教士、德国籍的郭士立（Karl Friedrich August Gutzlaff, 1803—1851）于道光十三年（1833）八月一日以个人名义在广州主编发行，也是中国境内出版的第一份现代华文报刊。道光十五年（1835）八月停刊。道光十七年（1837）二月，经郭士立努力并主持编务，重新在新加坡复办。但这时该报已不是郭士立的私人刊物，因为道光十六年（1836）他已将此报让给当时新成立的"在华传播实用知识会"。但此报也只出了一年八个月，随着英国殖民者向中国大陆贩运鸦片，中国朝野爱国人士掀起禁烟及反英运动，中英关系恶化，在出版了20期后，于道光十八年（1838）十月停刊。

新加坡第一份华文周报是《日升报》。创刊日期可能在咸丰八年（1858）初，何时停刊不详。该报在这一年的五月十四日在《海峡殖民地政府宪报》上刊登一则英文广告，至同年十一月五日，五个月内连续刊登了18次，几乎每周一次。③

东南亚第一家由华侨创办的华文报纸是薛有礼于光绪七年（1881）十二月十

---

①　吴凤斌主编：《东南亚华侨通史》，福建人民出版社，1994年，第898页。

②　关于《光华日报》的创刊日期，冯爱群在《华侨报业史》第59页中说是1910年12月20日。而蒋永敬在《华侨开国革命史料》则说是"庚戌年冬十月一日出版"。后者可能为农历日期。又参见［马］杨汉翔：《中华民国开国前后之本社革命史》，槟城阅书报社，1938年，第20页。

③　［新加坡］王慷鼎、庄钦永：《新加坡第一份华文周报〈日升报〉》，《南洋商报》，1982年7月11日。

日在新加坡创办出版的《叻报》（*Lat Pau*）。① 薛有礼为马来亚第五代华裔侨生。其祖父薛佛记（1793—1847）从生到死都在马六甲，原籍福建漳浦东山（东山于清代属漳浦县）。薛佛记是著名的华人大地主、商人，漳泉商人集团的领袖，福建帮帮主。薛有礼之父为薛佛记的次子薛荣樾。有礼是其长子，曾任新加坡汇丰银行买办，常来往于新加坡、厦门之间。他创办《叻报》，既是出于爱国意识，也是出于名誉地位思想，但主要是为了推进社会文化活动。薛有礼受英文教育陶冶，接触西方文化良多，视野开阔，又感于当时当地其他民族办报（尤其是欧籍人士办报）之活跃，而华文报章，则付阙如，于是创办此报。薛有礼作为世代侨生，受的又是西方教育，竟放弃汇丰银行的高级职务，甚至被推举为新加坡市议会议员也不接受，而孜孜以求专心坚持办好第一家华文日报，为其献出毕生精力，是十分难能可贵的。《叻报》的第一任主笔，多说是叶季允。他祖籍安徽，别名懋斌，号永翁，曾在香港《中外新报》当采访记者，后应薛有礼之聘到《叻报》任主笔，前后共达41年之久。②

《叻报》为当时南洋最重要的华文报纸之一。《叻报》十分重视言论。除第一版外，还刊登清政府喻旨、公文、奏折及南洋各地殖民政府的公告。其余各版为综合新闻、中外新闻和本埠消息。其新闻来源，除新加坡本地自行采访的消息外，多转载港、沪报纸，欧美通讯主要由当时新加坡英文《海峡时报》提供，绝少转译外报。该报还以较多的篇幅，刊登各国洋行的广告，因而受到外商的重视。③《叻报》一般被认为是爱国报纸，但"政治上不偏不倚"、"公正客观"，"立论绝不苟且"，也有人认为它"思想保守，守旧顽固"。④

《叻报》创刊时印数有800份，每月报费8角。但从光绪九年（1883）到十二年（1886），实际订阅及零售才300份，光绪十三年（1887）到十七年（1891），则只有200份。19世纪末以前，最高销量为500份，最低为160份。报费也曾逐步调整。从发行量看，19世纪末前后，该报的读者不多。主要原因是懂中文者尚不多，华侨学校也尚处在孕育状态。1932年3月，《叻报》因亏损过

---

① 第一任主笔（总编辑）署名 T. Chong Eng，是创办人薛有礼的化名，还是连任41年之久的主笔叶季允的化名，尚待查考。《叻报》的创刊日期，过去说法不一。但第一任主笔为叶季允则是大部分资料都这样记载的。陈育崧在所著《南洋第一报人》中说："叶季允自从《叻报》钔刊之日，便主笔政，一直到他死去那年——1921年。"但王慷鼎1982年4—5月间在查阅《新加坡每日时报》时发现1881年12月9日发布的一则英文新闻中，《叻报》是1881年12月10日创刊，由 T. Chong Eng 主持编务，而没有写明叶季允。薛有礼，别名崇仪，而 Chong Eng 与崇仪音似，是否即为薛有礼之名，待考。上述材料见《叻报创刊日期正式确定》，《星洲日报》，1982年5月24日。

② 吴凤斌主编：《东南亚华侨通史》，福建人民出版社，1994年，第887～889页。

③ 福建省地方志编纂委员会编：《福建省志·华侨志》，福建人民出版社，1992年，第70页。

④ 陈育崧：《南洋第一报人》，世界书局，1958年。

大停刊。

继《叻报》之后，在新加坡创办的华文报纸还有多家。

《星报》在 1890 年由林衡南创办。林衡南为闽籍印刷商，中文程度也较好，曾著有《华夷通语》一书。《星报》是一份纯粹商业性的华文日报，曾得到华侨富商的"古友轩俱乐部"支持。该报仿效香港《中外新报》及《循环日报》的办报形式及内容，刊登内容有"清廷喻旨"、"喻旨恭录"、中外新闻、社会新闻及经济信息行情以及广告等。光绪二十年（1894），经林文庆介绍，黄乃裳（林文庆之岳父）任《星报》主笔，但不久因其政治社会改革言论激进，和"古友轩俱乐部"的一些富商意见相左，即辞去职务。林衡南逝世后，由其子继承主持，但终因经费困难，报纸立场较为保守，缺乏吸引力，于光绪二十四年（1898）停刊，前后共坚持了 9 年之久。创刊时每日销量约 300 份，光绪二十五年（1899）初，最高日销量曾达 970 份。①

光绪二十五年（1899），林文庆集资接办了《星报》，10 月 5 日改为《日新报》出版，自任主笔。接办后，增加了国际新闻，介绍西方先进的科学知识，还编撰科学小说在该报连载。该报目的是响应维新改良派的"开通民智"主张，宣扬优秀中华文化。林文庆这时期受康有为、梁启超维新派的影响较深，故在他的主持下，《日新报》属于维新派，主张在中国推动变法改革，并发表了一系列支持康、梁维新变法运动，反对慈禧太后，拥护光绪皇帝的社论及评论。戊戌政变后，《日新报》刊登了《吊六君子文》（1899 年 10 月 3 日）、《祭支那维新六君子文》（1899 年 10 月 18 日）、《宜恭请皇太后归政议》（1899 年 10 月 20 日）。1899 年 11 月 13 日，它又发表了《新加坡华商电祝太后万寿并请归政奏稿》。1900 年初，听说光绪皇帝遭罢免，《日新报》转载了一系列香港和上海的维新文章。康有为逃到新加坡暂居时，《日新报》刊登了诸如《询康梁事》（1900 年 2 月 24 日）、《获康善法》（1900 年 3 月 5 日）等文，为康梁祖护，谴责"无知小民"为逮捕康有为而将获赏银十万两之蠢举。1900 年 3 月 5 日，刊登了《澳洲保皇会公告》，报道加拿大、美国、新加坡、日本等国及港澳等地皆响应义举，共同勤王。此外还发表了《探本溯源论》（1900 年 3 月 17 日）、《论北京变乱》（1900 年 6 月 23 日）等文，支持光绪帝，谴责慈禧。1900 年 7 月 8 日，发表《举行万寿庆典论》，建议新加坡发起，由诸绅商负责筹办，以激励百万人忠君爱国之心等。②

---

① 冯爱群：《华侨报业史》，台北学生书局，1967 年。
② ［新加坡］李元瑾：《从中西报章的报道窥探 1900 年康有为在新加坡的处境》，《亚洲文化》1986 年第 7 期。

《天南新报》于 1898 年 5 月 25 日由新加坡著名侨商和文人、诗人邱菽园创办，邱自任出版人和总主笔，并邀请徐季钧和王会仪为编辑，陈德逊任经理，聘林文庆为顾问。《天南新报》每日出版四版，因用的报纸较薄，只印刷一面，每张版面高 11 英寸，宽 14 英寸。邱菽园生于同治十三年（1874），原籍福建海澄，20 岁中举人，后科举进士落第。光绪二十二年（1896）移居新加坡，继承其父巨产，成为富商。光绪二十四年（1898）创办《天南新报》，响应康、梁的维新运动，鼓吹变法。该报创刊号社论题为"学校、报纸、议院三大纲说"（1898 年 5 月 25 日），即提出并讨论维新应先着重做的三项工作。而后，该报始终站在康、梁维新保皇派立场，发表了一系列的社论及评论，如《论中国不得享万国公法之益》（1898 年 6 月 13 日）。邱菽园曾建议中国变更刑政之律，以提高国际地位。戊戌政变爆发后，该报连续发表反对慈禧太后的社评，如：《太后垂帘不足为喜电辨》（1898 年 9 月 27 日），认为光绪皇帝是圣明之君，清朝家法无太后垂帘之制；《查禁报馆访拿主笔论》（1898 年 11 月 2 日），抗议慈禧太后用此法压制舆论；1898 年 1 月 15 日发表《论严治新党非中国之福》，指责以慈禧为首的当权者捉拿康梁等维新派人士不获，竟罗织大狱，必将激起公愤。百日维新失败后，《天南新报》的维新及保皇立场更加坚定。1899 年 12 月 7 日发表《论维新为国民公事》，认为维新并非新党及康、梁的私事，而是中国四亿国民的公事。1899 年 10 月，邱菽园发动新加坡一批华人联名致电北京总理衙门，代奏恭请皇帝圣安，要求太后归政。奏稿和名单都刊登在 1899 年 10 月 7 日、11 日及 21 日的《天南新报》上。1900 年 2 月，邱菽园还出资将康有为从香港接到新加坡，殷切款待，并组织了保皇会，自任会长。这个时期的《天南新报》和《日新报》都属于维新保皇派报纸，成了姊妹报。这和林文庆、邱菽园两人关系极好，观点相同，又分别主笔两报有关。两份华文日报也是南洋华文报业史上第一批政治立场观点鲜明的报纸，它们将当地华侨的政治及社会生活与祖国紧密联系在一起，开当地华侨及华文报业积极参与祖国政治运动之先河。它们在新加坡、马来亚以至南洋其他地区的华侨社会中产生了相当大的影响。

《图南日报》，由陈楚楠（福建厦门人）与张永福（广东饶平人）于光绪二十九年（1903）开始筹备，光绪三十年（1904）春正式创办。陈楚楠原在新加坡经营木材及罐头食品店，张永福则经营长美号布匹店。两人从小即为知己，后结识邱菽园，得阅《清议报》、《新民丛报》、《开智录》等书报，接受新知识，又读上海《苏报》及邹容的《革命军》，逐渐萌发革命思想。"苏报案"发生后，章太炎、邹容被捕，陈、张两人和"小桃园俱乐部"的一些友人发电抗议并设法营救。光绪三十年（1904）共同集资创办《图南日报》，宣传革命。① 尤列被聘为该报名誉总编揖，陈诗仲（原香港《中国日报》记者）任编辑，主持编务，一年后离职他就，由张永福兼编务。又聘请黄伯耀、康荫田、何德如、邱焕文及胡伯镶等分任编辑及翻译等。尤列以"吴兴季子"为笔名，撰写了《发刊词》，阐明"图南"即接近南洋的意思，接近所有居留在南洋的华裔与华工。该报的创办发行第一次打破了华侨社会政治上保守封闭的局面，使华侨社会从半公开走向完全公开宣传革命，是第一家公开鼓吹革命的华文报纸，后来一直被认为是国民党革命党报的始祖。创刊之初即对维新派和清朝展开攻击，旗帜鲜明，痛斥清政府的腐败。该报转载其他各地革命书报的反清文章，同时与中国香港的《中国日报》、美国夏威夷的《檀山新报》、旧金山的《大同日报》等建立密切联系，互相配合斗争。② 因此遭到清朝政府及其驻新加坡总领事馆的强烈反对，也遭到华侨社会中维新保皇派的激烈攻击，相当一部分的捍卫中国传统及封建法制的华侨也很反感。他们对《图南日报》展开猛烈攻击，把该报视为毒蛇猛兽，严禁华侨子弟购读。初时每日印一千余份，但订阅的不过三十多份，余概暗中免费赠阅。该报曾免费寄赠反清小册子《革命军》、《黄帝魂》等给读者，举办有奖征文比赛，以吸引读者。这些都是创举，但销路也不大。光绪三十一年（1905）二月四日，该报乘春节来临之际，别开生面地印了一份彩色月历牌，中刊有自由钟及独立旗，象征国家未来的自由与独立。上面还题了石达开的名联："忍令上国衣冠，沦于涂炭？相率中原豪杰，还我河山。"月历牌左右印有如下两行文字："文字收功日，全球革命潮，图开新世界，书檄布东南。"月历牌下面则书："暂理皇汉帝位满清光绪三十一年，岁次乙巳，为耶稣降生后一千九百零五年至零六年。"由于这份月历牌设计新颖美观，深受读者欢迎，英、荷两属地各华侨社团会所都把该历悬于会所。《图南日报》出版后不出一年，侨众逐渐醒悟，报纸遂销到 2 000 多份。③ 然而，由于实际开销甚大，入不敷出，陈楚楠和张永福两人合力出资支持了两年，终因亏损三万余元而于 1905 年底被迫宣告停刊。

《图南日报》停刊后，只剩下一些印刷机器和铅字。陈楚楠和张永福将这些设备作价一万元，经黄江生介绍，由许子麟、沈联芳、陈云秋、朱子佩等人出资一万元，双方共同创办了《南洋总汇日报》，于光绪三十一年（1905）冬出版。初由陈楚楠、张永福主持报社工作，编辑方针与内容也继承《图南日报》的精

---

① 陈楚楠：《晚晴园与中国革命史略》，见华侨革命史编委会编：《华侨革命史》（下册），正中书局，1981 年。

② 冯自由：《华侨革命组织史话》，正中书局，1954 年，第 30 页。

③ 参冯自由：《新加坡图南日报》，陈楚楠：《晚晴园与中国革命史略》，见华侨革命史编委会编：《华侨革命史》（下册），正中书局，1981 年。

神，继续刊登抨击清朝政府的论文，并弃用大清年号，改用公元。但是因为文字太尖锐，不到两个月，即在股东大会被严重警告。① 因此，陈楚楠、张永福两人被迫退出了《南洋总汇日报》，该报遂落入保皇派人手中，并改名"南洋总汇新报"（平常仍称为"南洋总汇报"或"总汇报"），完全变成了保皇党的宣传机关，对当地革命派采取极其敌视的立场。直到辛亥革命爆发，《南洋总汇新报》一直是持反革命态度最坚定的一家报纸。

陈楚楠、张永福退出《南洋总汇日报》后，深感创办报刊对开展革命工作的重要性，乃于光绪三十三年（1907）七月十二日邀请林义顺、许子麟、沈联芳、陈先进及邓子瑜等人，多方募集资金，创办了《中兴日报》。由张永福任主席，陈楚楠为监督，聘请富有办报经验的革命知识分子田桐及王斧任编辑。② 这时期，以孙中山为首的革命党人在国内与清政府的斗争更加激烈尖锐，香港、美国等地革命派的报刊宣传活动也日益扩大，一些著名的领导人包括孙中山和居正、胡汉民、陶成章、林时爽、汪兆铭等革命知识分子也都撰文在《中兴日报》刊登，具有一定的权威和吸引力。田桐是光绪三十年（1904）著名的革命派报纸《二十世纪之支那》的创刊者与主编，该报于光绪三十二年（1906）又再发刊，并出版《复报月刊》。王斧曾在香港创办《少年报》与《人报》，并任编务。经过几年的革命宣传，一些华侨开始觉醒。《中兴日报》创办之后，旗帜鲜明，针锋相对展开论战，吸引了较多读者，提高与扩展了《中兴新报》的销量和影响，创办不久，即每日发行 4 000 余份。《中兴日报》初创即与保皇派及其宣传堡垒《南洋总汇新报》展开大论战。最初，两报的论战尚限于社论上各自阐述论点，互相批驳，后来，论战范围及规模都迅速扩大。到光绪三十四年（1908）夏秋之间，两报经常用整个版面进行论战，直到宣统二年（1910）二月《中兴日报》由于经济困难被迫停刊为止。

《星洲晨报》于宣统元年（1909）由原《中兴日报》编辑谢心准与周之贞创办（二人都是中国同盟会会员）。该报立场观点和《中兴日报》一致，一度和《中兴日报》一道参加了对《南洋总汇新报》的论战。该报在整个南洋地区如马来亚的吉隆坡、怡保、麻坡、关丹、林明、巴都巴辖、槟城，泰国的曼谷，缅甸的仰光，荷属东印度的巴达维亚和坤甸等 11 个地区设有代理人或代销处。在香

---

① 张永福在此地补述《图南日报》一段故事中，又提到"朱子佩之不满意"，没有提到陈云秋。据冯自由《革命逸史》中则称："陈云秋、朱子佩二人思想顽固，力诫当事人不得登激烈文字。……至丙午（1906）春，云秋等提出折股承让之议，后乃改为抽签，结果为云秋一派所得，楚楠等仅取回折股五千元而退。"参见张永福：《南洋与创立民国》，陈楚楠：《晚晴园与中国革命史略》，见华侨革命史编委会编：《华侨革命史》（下册），正中书局，1981年。

② 张永福：《南洋与创立民国》，陈楚楠：《晚晴园与中国革命史略》，见华侨革命史编委会编：《华侨革命史》（下册），正中书局，1981年，第145页。

港、广州、檀香山、旧金山、巴黎等还设有代理处，一度销路不错，吸引相当多的读者。1910 年秋也因经费困难而被迫停刊。

《南侨日报》创办于宣统三年（1911）春广州黄花岗之役后不久，一些同盟会会员由于眼见革命派报纸先后停刊，深感革命组织缺乏喉舌，因此，黄吉辰、卢耀堂等人承顶星洲晨报馆的机器及铅字等，创办了《南侨日报》。该报继承前两报的办报方针，也发行到英、荷两属地不少城市，产生了一定影响。不久，辛亥革命爆发，该刊随后也因形势变化而停刊，只存在了半年左右。

若就办报论，东南亚华侨中最有名的是胡文虎。他没有受过高深教育，也不以知识分子自命，却独资创办了十多家中、英文报纸，一度享有"报业巨子"的称号。他在 23 年内独资创办 15 家报刊，这在世界报业史上，迄今尚无人能超过他。星系报业涵括很广，对中国及东南亚的大众传播影响非常深远。他的办报业绩跨越了清朝与中华民国两个时代。

第十六章　马来联邦

第一节　马来联邦地区的华侨社团

马来半岛内陆华侨社团的地缘性同乡团体大都是闽、粤各大帮或各方言群组建的，从其形态来看，则可分为以下几种类型：一是以县为基础组建的社团，以所属各帮的县为中心，是华侨社会中成立最早的地缘性社团之一；二是以府、州或其方言体系为基础组建的同乡社团；三是以省或帮为单位的全省性同乡社团。此外，马来联邦原有的秘密会党数量不少，势力也较大。但在19世纪末20世纪初遭英国殖民政府明令取缔后，大多已改头换面，成为现代化的华侨社团。

马来联邦华侨社会的一个显著特点是以地缘社团作为结集的基础，虽然地缘社团不是唯一的结集基础。下面且将清代若干重要的地缘社团作一简要疏理。

一、广府籍地缘社团

有华侨的地方就会有"义山"。一般来说，华侨的义山在所有华侨组织机构中是最早出现的，于是也形成了后来马来联邦各地华侨义山十分兴旺的现象。但马来联邦的广府籍华侨义山比较多，难以细述。下面所析，只是其中一部分。

（一）吉打广东暨汀州会馆

由吉华堂统筹的新春嘉年华会获得五大乡团，即吉打广汀会馆、吉玻潮州会馆、吉玻海南会馆、吉打福建会馆、吉打客家会馆，以及六街区（包括唐人街、马来由街、海乾街及猪肉街等）盂兰胜会协办。

（二）吉隆坡广东义山

吉隆坡开埠于咸丰九年（1859），开埠之初地广人稀，那时候还没有"义山"或"公冢"，有侨胞不幸逝世，便草草成殓，随处埋葬了事。当时侨胞都会把逝世者的遗骸埋葬在目前惹兰汉都亚附近国家体育馆及半山芭监狱原址一带地区。若跟侨团有关系或其亲属尚在者，则在三四年后开棺执骨，火化后以骨灰置瓮，携回祖籍地重葬，入土为安。而无亲无戚者，则客死异乡，白骨长埋斯地，成为荒冢，无人管理，历经日晒雨淋，有的棺木暴露，有的金瓮破损，斑斑白骨，散露荒山野草间，不忍卒睹。后有先贤叶亚来、叶观盛、赵煜、陆佑及叶致英等，目击此等景状，顿生恻隐之心，为了一劳永逸地处理侨胞的善后殡葬事宜，遂发起成立吉隆坡广东义山，并着手向殖民地政府申请葬地，经过多年奔波与筹划，终获得政府首肯，于光绪二十一年（1895）正式在宪报上公布，拨给吉隆坡语文局路（旧飞机场路）一块 215 英亩的地段作义山葬地。吉隆坡广东义山创立于 1895 年。此后直至 1920 年，另拨地 48 英亩，使本义山吉隆坡语文局路葬地面积增至 263 英亩。

广东义山虽获殖民地政府批准一块葬地，但成立初期，经费短绌，开山、筑路、建庙、建亭等工程，需筹募一笔巨大的费用，义山管理层四出奔走募捐，获得各方热烈的响应，计广肇会馆献捐 4 000 元、海南会馆 1 000 元、潮州八邑会馆 600 元、惠州会馆 480 元、赤溪会馆 280 元，捐款数目虽不算多，但在义山管理层的精心策划和撙节支出下，完成了建造福德祠与道路的计划，并开始启用葬地，以解决侨胞殡葬之需。

（三）柔佛的华侨义山

在柔佛，早期先民的安葬地点都是集中在义兴路中段，即今绵裕亭。1885 年 4 月 22 日，义兴辖下乾坤公司受苏丹委托管理这两片地段。"义兴"公司解散后，华侨公所代表王吉才与纪烈浩于 1923 年申请庭令，俾将上述地段归华侨公所管理。①

（四）太平诸广东籍社团

在马来联邦乃至今天的马来西亚华侨史中，霹雳州的太平的历史地位极为重要，堪称马来联邦华侨史的缩影。就马来联邦的广东籍华侨社团的历史来说，太平曾扮演过策源地的角色，历尽沧桑。

广东籍同乡群集太平谋生，始于 19 世纪中叶。道光二十年（1840）鸦片战争后，广东乡亲生活日渐困苦，被迫离乡背井，远渡重洋，前来马来半岛谋生，槟榔屿是第一个立足点。19 世纪中叶后的马来半岛成了一个大矿场。华侨在开发矿区的同时，带动了周边的种植业，矿区附近形成了集市，马来半岛内陆的城镇也因此而诞生。今日马来西亚的许多都会，包括吉隆坡、槟城、怡保、太平、芙蓉等地，就是在矿区的基础上建立起来的。没有华侨开矿，就没有马来半岛的

---

① 《新山中华公会简史》，据新山中华公会网站。

都市化，此话殊非虚说。

太平原名拿律（Larut，一译"拉律"），19世纪40年代，拿律发现锡米，于是，广东、福建两省乡民纷至沓来，不久又在拿律的甘文丁发现锡米，人们又皆闻声蜂拥而至，一时聚集了数千之众。由于太平原先的产锡区主要集中在"吉辇保"（Kelian Pauh），于是人们就将甘文丁称为"新吉辇"（Kelian Baru），不过华侨还是喜欢称其为"新港门"，或直称"新港"。

众所周知，当时新马一带私会党盛行。私会党对于华侨社会来说是一把"双刃剑"：一方面，可以充当华侨的"保护伞"；另一方面，因人员复杂，分党结派，也把华侨社会分割成一个个相互竞争且在当时历史条件下也更具分裂指向的利益群体。其中最大的两个帮会为"海山社"与"义兴社"。两社均以广东籍华侨占大多数，为了争夺拿律的矿产资源，在同治元年（1862）、同治十二年（1873）及同治十三年（1874）先后爆发了3次械斗，时间长达13年。最后，在光绪二年（1876）酿成了震惊英国殖民政府的"槟城十日暴动"。帮派恶斗导致英国殖民主义者利用印度公司的警察进行武装干涉。同治十三年（1874），各方经过谈判达成协议，于1月20日签署了《邦咯协约》，十余年的动乱始告平息，人民恢复和平生活。旋后，英国殖民政府规划新兴市镇太平市区时，将拿律改名为"太平"，而"新吉辇"则仍用旧名"甘文丁"，当然华侨依然称之为"新港门"或"新港"。当时甘文丁的陆路交通不便，货物进入，全赖海运。初来太平的华侨，多由槟城水路，乘船至十八丁，然后徒步或乘牛车至甘文丁。

历史上的甘文丁本是个小镇，人口少，镇区以华侨为主。现在所知，至少广东籍华侨的太平（北霹雳）广东会馆，以及太平冈州会馆、北霹雳太平惠州会馆、嘉应州会馆和潮州会馆等就曾出现在这里。这几个会馆中，太平广东会馆建立于光绪十三年（1887），太平惠州会馆建立于光绪三年（1877），太平古冈州会馆可能建立于光绪七年（1881），其他几个会馆的成立时间不详。太平广东会馆名义上辖广东全省侨胞，具有全侨性，而其他诸会馆皆属广东属下的地方性会馆。这样看来，则先有诸地方性的会馆，后来才组建全侨性的太平广东会馆。从各会馆的地址变迁来看，此说亦为合理。现有资料表明，各地方性会馆均建于甘文丁。"拿律动乱"平定后，始建有太平。但现有资料提到多个地方会馆建于甘文丁，却没有提到甘文丁有太平广东会馆，因此，太平广东会馆的馆址似应位于新建的太平。

诸地方性会馆中，以惠州会馆所知较详。据《北霹雳太平惠州会馆会史》云："……太平惠州会馆创立于1877年，当时的会所设在粤东古庙附近的简陋民房里，随后于新港门旧甘文丁路建立一座古色古香的传统建筑，后来因为某铁船公司向政府申请该地段作为开采锡米用途，政府因此征用而迁移及拆除所有建筑，并作出赔偿……搬迁初期，曾经在粤东古庙附近成立临时会馆，当时附近也有古冈州会馆、嘉应州会馆及潮州会馆，都是暂借民房为会所。当时政府另外拨一块于甘文丁路的地段作为赔偿，于是在惠州同乡们的鼎力相助之下重建馆……"根据这一记载，甘文丁除了惠州会馆外，还有冈州会馆、嘉应州会馆及潮州会馆。此外还有一座"粤东古庙"，历史更久远，应建立在光绪三年（1877）以前，估计为惠州乡人拜神和集会的地方，但供奉神灵不详。

同治四年（1865）前，在太平开埠之初，就有惠州乡人苏亚昌等由槟城前来太平开采锡矿，定居在现今的甘文丁。太平于同治十三年（1874）开埠之后，治安平静。同乡越聚越多，却没有一个为乡亲遮风挡雨、联系乡情的会馆。每逢春秋祭祀，要召集同乡，就颇感困难。因此，惠属先贤便以联络同侨为号召，发起成立会馆的建议。建议一出，便得到众同乡的大力支持，终于在光绪三年（1877）成立了太平惠州会馆，馆址初设于太平甘文丁旧新港路。旧会馆在光绪十四年（1888）曾经重建，后来又搬迁拆除。之后，会馆址被征为开采锡矿之用，政府另拨甘文丁槟城路口一处地方作为补偿，并于1923年重建完毕。[1] 重建的惠州会馆保留其原来的"惠州会馆"石门匾，上款文字为"光绪十四年（1888）仲冬吉旦重建"；下款"民国十二年（1923）重建"，[2] 可证。

至于古冈州会馆，有《太平古冈州会馆馆史》云："……至于太平古冈州会馆之创建，似亦与1881年同时，距今106年其馆址原建于甘文丁地区，后因锡船采锡，补价搬迁至太平神庙街另租屋宇办理会务……"[3]

太平广东会馆创立于光绪十三年（1887），当时的太平因盛产锡苗，地方日益发展繁荣，但当时还没有广东社团。为了让乡亲们能够守望相助，疾患相扶，甲必丹郑景贵、陈亚炎及先贤陈井全、林齐云等人便发起倡组"北霹雳广东会馆"。此举得到各同乡先贤的热烈响应，他们慷慨捐输。与此同时，霹雳华民政务司在第二横街尾拨给约36 000平方尺的地皮一段，供兴建庙宇及会所之用。各位先贤几经艰辛，出钱出力，奔波劳碌，积极筹谋策划，终于建成了一座巍峨的馆宇。令人惊叹的是，所有的建筑物都是用帆船从中国运来的。

该会馆属下有13乡会联席会议，每年均举办周年宴会、春祭、秋祭、新春团拜、端午节及中秋节联欢会活动等。其中很多传统活动应起源于清代。

太平的会馆历史之所以残缺不全，很大程度上是因为后来甘文丁的"迁镇"，迁镇时间大约在20世纪初。迁镇原因是某锡矿公司为了开采锡米。该公司

---

① 惠州华侨志编辑委员会编：《惠州华侨志》，惠州市侨联，1998年，第105页。
② 李永球：《田野行脚》，《星洲日报》，2011年4月10日。
③ 李永球：《田野行脚》，《星洲日报》，2011年4月10日。

通过给当地居民一定的赔偿，整个镇区就搬走了。锡矿公司采完锡米后，1948年左右，英国殖民政府将那个地方变为一座军营。此地就在今福德祠（大伯公庙）对面。迁镇后，很多房屋被拆，相关社团被迁，很多古迹、民居、文物也因而烟消云散。是故，当年被迁的华侨社团究竟有多少，至今已经成谜。显然，当年甘文丁华侨会馆的历史很大一部分已经湮没莫闻。就今天所知，唯甘文丁粤东古庙及月球茶室一带的新港街场旧区，因没受到当年的迁镇影响而保留迄今。①

　　太平建立后，华侨堪称乐业安居。当时的首要问题是使老于斯的华侨有一处归宿之土。于是，在吉辇包区择得山地一块，辟为坟地。这就是现今太平广东会馆辖下的"广东十邑义冢"，复于光绪九年（1883），在义山之麓建立了"岭南古庙"，以祈求四季平安。光绪十一年（1885），霹雳华民政务司批准发给地契。"广东十邑义冢"与"岭南古庙"的创建者应为同一社团或华侨群体。不过就两者的建立时间来看，似不应为太平广东会馆所为，因为太平广东会馆到光绪十三年（1887）方才成立。那么，它们是其时已经建立的地方性会馆（如太平惠州会馆、太平古冈州会馆）之所为？抑或是广东籍华侨"民间"之所为？从"广东十邑义冢"的名称来看，可能是指惠州十属。清代的"惠州十属"，是指清代惠州府管辖的惠阳（古称归善）、博罗、龙川、河源、连平、和平、紫金（古称永安）、海丰、陆丰、新丰（古称长宁）十个县。其时太平惠州会馆已经建立。

　　太平岭南古庙附祀着一个重要神灵——谭公爷，从中略可猜出端倪。今马来西亚有很多谭公庙，可举的例子如：吉打居林直卓坤有谭公爷祠，光绪三年（1877）立有捐题碑，可知其历史极早；霹雳甘文丁岭南古庙原是谭公爷庙，其联匾最早时间为光绪九年（1883）；芙蓉谭公庙，观聚宝炉铭文，可知是光绪十七年（1891）之物；其他地方的谭公庙还有，山打根谭公庙，其"泽庇鹅湖"匾是1894年"惠府众信等敬题"；瓜拉庇劳三圣宫，其"谭公爷爷"仪仗牌注明为光绪二十七年（1901）；Sungai Besi谭公仙师庙，其"威灵显赫"匾是光绪二十八年（1902）由3名弟子联赠的；安邦谭公仙圣庙，现只剩下最早的1917年神案刻文传世；文丁客家村谭公仙圣庙，是文丁镇最老的庙宇之一，但创立日期无文字可考，唯庙中留存的立庙牌匾上言明是光诸二十八年（1902）冬月吉日立。综上可知，那时惠州人已遍布各地。

　　以上谭公庙供奉的主神是"紫霄真人"谭峭。他生前是五代道士、道教学者。传说他12岁得道，在惠东地区经常帮助渔民和船家预测天气及治疗疾病。他著有《化书》六卷，分为道、术、德、仁、食、俭六化，共110篇。他的思想源出于老、庄，建议泯灭一切事物的差别，达到"虚、实相通"的"大同"境

---

① 李永球：《田野行脚》，《星洲日报》，2011年4月10日。

界。他同情劳苦大众，主张"均食"而致"太平"，建立无亲疏、无爱恶的"太和"社会。惠州民间传说他的名字叫谭德，是唐代九龙峰的一名仙童，生前会巫术，少年坐化山中。天后庙未普遍时，谭公是海神之一，故中国沿海地区也有不少谭公庙。随着客家人从中国南来马来亚谋生，惠州人的谭公庙也在其居住地拥有了分香。谭公爷的信仰主要是随惠州人南来而盛行马来亚的。

（五）雪隆广东会馆

雪隆（今通译雪兰莪）广东会馆创立于光绪十四年（1888）。该会馆所属县邑成员十分庞大，可能包括了当时已经侨居雪隆的所有广东籍同乡，即广州府的16县：番禺、南海、顺德、中山、东莞、宝安、新会、台山、从化、龙门、三水、清远、花县、增城、佛冈、赤溪；肇庆府的16县：高要、四会、新兴、高明、开平、鹤山、恩平、广宁、封川、云浮、开建、郁南、罗定、德庆、阳春、阳江，合共32县的乡亲，为数甚众。据记载，在成立之前的光绪十二年（1886），就有赵煜、王春临等广东籍乡亲认为，为了联络乡情，适应环境之需，亟应成立集合之所，乃发起组织宗亲会馆。于是，由赵煜慨捐巨款，倡建会馆。当时的广肇人士，群起响应，三行工友，担任义务建筑，蓝领同乡，负责免费运输，商店捐赠家私，群策群力，万众一心，有钱出钱，有力出力。光绪十四年（1888），巍峨壮丽、古色古香且富有东方色彩的会馆大厦正式落成，会堂建筑面积一万余平方尺。后来为纪念先贤赵煜捐款献地倡建会馆之功，设有"赵煜图书馆暨数据中心"。章程规定，每年春秋祭祀时，连同前往赵煜坟前拜祭。

会馆落成后，广肇先贤认识到，堂皇馆舍若无固定收入，难以长久维持，便向较为富有的同乡赵煜及东兴隆的陆佑等人请得免息借款，以购置铺业。其后，各受托人叶观盛、陆佑、廖安娘、陆秋杰、辛百卉、张郁才、廖荣枝等均给予大力协助，先后购得暗邦律15号、13号，老北塞街23号，道理巷4号、6号，谐街147号、149号及170号等铺屋，然后分期收租清还。后来到1974年，更将谐街147号、149号两屋拆除，改建六层新型大厦。

"关帝庙"为会馆所辖物业，建于光绪十四年（1888）。历史悠久，远近闻名，加上地点适中，位于马来联邦首都心脏地带，香火鼎盛，设计古色古香。该会馆与"吉隆坡广东义山"渊源甚深，因义山创办初期，叶观盛、赵煜、陆佑等人曾不辞劳苦，殚精竭虑，为之倡议筹划，终使义山组织能够建立起来。义山创立初期的开辟费也由各府属会馆向殷富商人与热心人士募捐，其中包括广东会馆、琼州会馆、潮州八邑会馆、惠州会馆、赤溪会馆等。广东会馆所捐超过一半。

会馆成立初期，首要任务是加强同乡联系，团结互助。故对于同乡之间的纠

纷，尽力代为调解。据统计，光绪二十四年至二十八年（1898—1902），会馆经手调解的事件达 486 宗。除广肇两府同乡外，广东其他府籍乡亲若遇有纠纷，亦常向该会馆投诉，以免对簿公庭。当时各方对该会馆的评价是："其门如市，其心如水。"可见当时投诉者之多，也说明投诉者对会馆的信任以及会馆的公正严明。其后，殖民当局的"华民护卫司"亦将广肇属人士的母子失和、夫妻反目一类案件移交会馆调处。由于均属同乡，没有语言隔阂，加上动之以情，晓之以理，致使夫妻、母子之间的不和多能前嫌尽释，圆满解决。①

（六）新山广肇会馆

新山广肇会馆由当地华侨港主黄亚福于光绪四年（1878）创立，是柔佛华侨最早成立的会馆。黄亚福担任首任会长直到 1918 年，长达 40 年。在东南亚华侨社会中，担任会长如此久的侨领恐怕难觅第二人。今天的新山是柔佛州的首府，那里有黄亚福街、兆南街、兆坤街和兆真街，是为了纪念曾担任新山港主、创办新山广肇会馆的黄亚福和他的 3 个儿子而命名的。父子 4 人的名字均被作为街名，在马来西亚乃至全世界恐怕亦仅此一例。

起初的广肇会馆只是一间板屋，建于今天明里南街与兆真街的交界处，主要用于广肇地方乡人互相寒暄、互相联络的地方，也可充当为广肇人士的一间客栈。光绪三十二年（1906），为了扩建而搬迁到位于兆南街的两间店铺。

宣统三年（1911），为让当地华侨接受教育，在馆里设了一间学堂，名"育才学堂"，直到 1913 年柔佛宽柔学校正式成立为止。

二、福建籍地缘社团

福建籍地缘社团一般以家乡地籍命名，一般分大小两类地籍：大者，以"福建"名义；小者，以县（邑）名义。

（一）吉礁南部福建公会

其前身为成立于光绪七年（1881）的吉打州南部福建公所。1934 年在张茂树和陈世允的领导监督下重修会所。1938 年购置产业。

（二）雪兰莪福建会馆

雪兰莪福建会馆早在光绪十一年（1885）前即告创建，就现在所知，它是马

---

① 据雪隆广东会馆网。

来联邦成立较早的全省性同乡社团。自创始之日起，乡贤即在吉隆坡谐街 7 号延聘塾师，设馆授徒，时称"福建公司"，同时，福建乡贤联合献出吉灵街 41 号地方一段为建馆之用。宗旨为：联络同乡感情，增进同乡福利，发挥互助精神，参与慈善、公益活动，振兴文化事业。①

（三）霹雳福建会馆

霹雳福建会馆创立于光绪十九年（1893）。当时得慈善家戴布乡贤自愿捐献本市务边路一块 8 英亩矿地作冢地之用。戴氏乃成为该会之一大功臣。当时创办该会馆的目的，首先是使居住怡保的乡侨在百年后有葬身之地。1895 年，乡贤刘生财来怡保担任审判官之书记，他召集乡侨，发动第一次捐款，开辟冢地，建设冢亭，并倡议组织"福建会馆"。当时，胡子春、戴布、郑螺生、王高生、郭长池、胡烧香、陈文榨和林子文八位热心乡贤被推举为董事，负责料理坟地，处理会务。光绪二十三年（1897）十二月二十五日成立"福建会馆"，活动范围只在怡保地区。这一年，会馆向胡子春、吉承隆和福茂隆商借 800 元，增购冢山南面靠近大路的 4 英亩园地。同意德国人段得落以邻近冢山北面 5 英亩地交换上述 4 英亩园地。郑螺生乡长倡议在冢亭四周广种树胶，合力经营，增加本会入息。1907 年，州乡长康亦山慨然以原价 6 600 元将其设在本市马啤实得街 120 号的店铺（即今之苏丹尤索夫路，彼得张店址）转让给本会作会所。该会遂发起第二次捐款，筹得 8 000 余元，除清还屋价外，尚有盈余。1912 年 8 月 20 日，郑螺生乡长召开全霹雳闽侨会议，得各地乡贤的赞成，遂在怡保成立"霹雳福建会馆"，为本州闽侨总部，各埠也分别设立分会。因原有会址已不敷用，胡子春即以 6 000 元价格让出怡保市区内三间店地（现"霹雳福建会馆"会址）重建会所。

这样说来，1893 年是霹雳福建会馆在"概念"上的创立之年，1895 年才有组织机构，1897 年才是会馆作为"实体"存在的起始之年，但作为全州乡侨承认的总机关，则始于 1912 年。"霹雳福建会馆"作为全州闽侨的社团，走过了从"概念"到"实体"、从局部到整体的认同过程。在这个过程中，会馆为乡侨办了不少好事，为会馆后来的发展奠定了基础。1917 年 1 月 29 日，议决将该会名称由"霹雳福建会馆"改为"霹雳福建公会"。② 此名沿用至今。

（四）江沙福建公会

江沙福建公会位于霹雳州皇城（今会址是拿督街门牌 51 号至 53 号），其前

---

① 据福建乡音网。
② 据霹雳福建公会网。

身即陈允平等于光绪二十三年（1897）创立的"江沙福建公司"，为同乡谋福利，陈允平任福建家长，租成美铺号楼上为办事处，向英国殖民政府申请地皮建福建冢山，修凉亭，使同乡逝者有归殡之所。20 世纪 20 年代，改组"江沙福建公司"为"江沙福建公会"。①

（五）福寿宫/吉礁福建公会

吉礁福建公会的前身为成立于光绪二十七年（1901，一说成立于光绪二十九年即 1903 年）的"福寿宫"，由吉打华商庄清建、周永盛、谢启训、钟神佑，以及在吉打有很多商业和产业的槟城华商如林耀煌等百余人组织而成。与吉礁福建公会的建立相联系的最重要实物是"勉善碑"。1901 年以庄清建名义立石的"勉善碑"云："尝思谨庠序以成人，材施药石以拯疾苦。诚以童蒙无知固宜教读，贫病交加更为可怜。朱子所谓：'子孙虽愚，经书不可不读。'孟子所谓：'守望相助，疾病相扶持。'可见古人立意立言必以栽培救苦为急务者，无如人心不一、贫富莫齐，虽欲效之不可得也。今吉礁境地偏小，华人无多，所以未设义塾、医院。致贫者失学，病者失养，不及星洲、槟城于万一……建心存隐恻，愿学义举，不吝囊金，先筑此室。俾童蒙读书有处，疾病栖身有所，即山顶来往人亦可以驻驿于兹矣。"② 民国初年，福寿宫改名"吉礁福建会馆"，到 1963 年，吉礁福建会馆正式改名"吉礁福建公会"。

（六）巴生福建会馆

光绪三十年（1904），叶金鸡、李鸿伯发起筹划并成立了"福建公所"。光绪三十一年（1905），乡贤洪宜树慨献中路口树梠园一段，辟为义山。乡贤柯水实捐献地皮一段，用以兴建会所（这一年可能改称"会馆"）。福建公所成立之初，曾获得乡贤捐献两段土地供兴建公所和开辟福建义山之用，此外，也筹款兴办教育。1912 年，巴生中华学校就是在那古色古香的会址"福建公所"内上课，为期 7 年。到 1918 年，因巴生英国人与华侨发生纠纷受到牵连而被封闭。1921 年复办，更名为"闽南公所"。

（七）太平福建会馆

太平福建会馆之创立年代，只能根据新板律凤山寺内一块"闽侨别墅"牌

---

① 据福建乡音网、华夏联通网。
② 吴小安：《英暹时期东南亚北马地区华人家族历史与权力关系》（一），北京大学历史学系网，2007 年 8 月 25 日。

匾推论是光绪三十年（1904）。这就是太平福建会馆组织系统化之前身。宣统三年（1911），社会治安良好，商业欣欣向荣，闽属乡人均认为有必要组织一个完善的乡会以团结同乡，为同乡谋福利。于是闽侨大会召开，接着订立章程，展开会务活动。1938 年，会馆大厦宣告落成。[①]

（八）吡叻太平仁和公所

吡叻太平仁和公所创立于清光绪九年（1883，一说创立于光绪十三年即1887 年），发起人及会员多数为晋江东石镇华侨，是以县（邑）名义成立的社团。因东石镇古称"仁和里"，故称"仁和公所"。东石为泉州古刺桐港分港之一，宋元之际，就同享"世界东方繁荣第一大港"之荣光。宋代朱熹曾于此授徒教课。明清间，东石人大量侨居东南亚诸国。

但吡叻太平仁和公所一般被看作南音社团，且是马来西亚历史最为悠久的南音社团。当时公所的南音社经常举行演奏、演唱活动，蜚声全马。有关情况参下述。此外，该公所当时还有没有举行除南音外的社团活动，迄今无资料说明。

（九）雪兰莪永春会馆

雪兰莪永春会馆创立于光绪十八年（1892），原名永春公司，拥有亚巴屋数间。至宣统二年（1910），经乡贤倡议，就原址翻建三间两屋楼店屋。会所落成后易名"雪兰莪永春公所"，至 1922 年，再易名为"雪兰莪永春会馆"。

（十）麻坡永春会馆

麻坡是柔州古镇之一。在麻坡市区，以华人居多，又以福建人占大多数，其中又以永春人为多，方言也以福建话为主。此外，潮州人也占相当大的比例。马来人则多数聚居于市郊，还有少数印裔，多数在麻坡经营小生意。

麻坡永春会馆创立于光绪二十年（1894）。其时由旅居麻坡的永春乡贤李庆烈与十几位热心同乡提倡设立会馆，当时柔州苏丹赠给地皮一段，得以完成初基（今会馆地址亦在此地）。会馆成立后，即开放给同乡联络感情，并为南来同乡安排工作，沟通消息，互相扶助，谋求出路，且开办学堂（私塾），让同乡子女得以求学，为麻坡华校之肇始。

麻坡地区建立的会馆不少，除了永春会馆外，还有福建会馆、潮州会馆、广东会馆等。

吉隆坡也有永春会馆。19 世纪末期，永春人开始在吉隆坡立足。20 世纪初，

---

① 据福建乡音网。

当时在吉隆坡甘榜巴鲁一带的四条街道——惹兰禧（Jalan Hale）、惹兰甘文丁（Jalan Kamanting）、惹兰叶亚沙（Jalan Yap Ah Shek）和惹兰多拉三美（Jalan Doraisamy），住有100多户永春人，有"新永春"之称。至20世纪20年代初期，已有很多同乡从事商业活动，如树胶、锡矿、杂货、布庄、房产等，其中以经营布庄及树胶为主。但吉隆坡永春会馆的筹备和成立都在民国时期。

（十一）霹雳太平兴安会馆

光绪二十四年（1898，一说光绪二十五年即1899年），侨居马来亚霹雳州的兴化人成立了自己的第一个侨团组织——霹雳太平兴安会馆。

兴安会馆是闽籍莆（田）、仙（游）人士所建立的同乡组织，有的称莆仙同乡会或莆仙公会，一般称兴安会馆。在马来西亚，历史最长的兴安会馆就是1898年成立的太平兴安会馆。

19世纪中叶，马来亚太平地区发现有丰富的锡矿藏，华人相继前往开采，除个别矿主外，大部分是矿工。19世纪末，兴化同乡因生活所迫，漂洋过海到太平锡矿场当矿工的有4 000人左右，大部分是仙游籍，莆田籍的几乎没有。同乡矿工如果遇到生病或因事故不幸死亡的，因多为单身而来的苦难者，没有家属照顾，其境况非常可怜。另外，同乡人数众多，没有会馆，同乡之间的团结、联络感情、互相帮助等方面无从谈起。当时，鉴于此，先辈郑美等5位乡贤，发起组织同乡会，名称为"福兴仙馆"和"崇圣宫"。

福兴仙馆的发起人向太平埠当局税务官和治安官申请到一块位于太平第八横街的土地，经获准后，建成了单层建造物。崇圣宫居左，会馆居中，旁边搭盖两间房子。崇圣宫神位，中祀观音大士、左祀天后圣母、右祀三一教主林龙江。馆内设有善后部，备有棺材，为不幸丧生他乡的乡亲料理后事，并设有医疗部和互助部，为同乡延医施药和开展其他互助项目。

三、客家籍地缘社团

早在18世纪末至19世纪，大批客家人漂洋过海到南洋谋生。今天马来西亚许多主要城镇，如吉隆坡、怡保、芙蓉等是由客家人开辟的。客家人对作为马来亚19世纪末经济支柱的锡矿业、橡胶业发展的贡献尤巨。此外，早期客家人主要从事典当业、药材业、裁缝业、眼镜业、制鞋业、白铁业、布匹洋服业等。

（一）森美兰梅城会馆

森美兰梅城会馆今位于该市芙蓉亚沙路，目前其外貌是一座单层的老店屋。

但其成立时间至今仍然有待探讨。据前森美兰梅江五属会馆会长吴喜谋 1999 年推断，这个会馆至少有 140 年的历史，故应成立于咸丰十年（1860）之前。他的依据是，坐落在亚沙路的"梅州五属义冢"的设立年份是光绪七年（1881）。一般来说，早期南来的华裔先辈为了谋求同乡的福利，才会筹组同乡会馆；有了会馆的组织，才会考虑到为不幸逝世的同乡安排后事，才会有后期设立的"梅州五属义冢"和义山以安顿同乡的身后事。是故，相信梅城会馆至少比"梅州五属义冢"早 30 年就已存在。此为一说。①

（二）雪隆惠州会馆

雪隆惠州会馆，亦作雪兰莪惠州会馆。其前身为乡贤叶德来（即叶亚来，秋溪乡人）于清同治三年（1864）创立的"惠州公司"（地址在今罗爷街吧生河畔），1868 年迁至茨厂街现址，供往南洋拓荒的同乡歇息。叶德来逝世后，由叶致英（惠阳淡水人，继任华人甲必丹）、萧邦荣（惠阳人）、叶杰良（惠阳淡水人）等新建中国古典式馆舍一座，并将"惠州公司"易名为"惠州会馆"，时清政府刑部郎中、浙江道御史邓承修（惠阳淡水人）题书"惠州会馆"牌匾。1906 年 6 月，会馆接待前往马来亚宣传革命、筹措经费的孙中山、胡汉民和廖仲恺，发动同侨募集巨资，支持孙中山领导的民主革命。②

（三）森美兰惠州会馆

森美兰是马来半岛西海岸中段的一个州属，在马来语中是"九个州"的意思。惠州人抵达森美兰州之初主要是通过芦骨到双溪芙蓉（Sungei Ujong）亚沙村落（KG. Rasah）。18 世纪中叶，森美兰州开埠，后来芙蓉（即森美兰）先后出现过盛大安、丘国安、邓佑伯、黄三伯、陈三伯等惠州籍的甲必丹。而华侨的祖籍地惠州属有 10 县，分别为惠阳、博罗、龙川、河源、永安（紫金）、海丰、陆丰、连平、和平、长宁（新丰）。十县中以惠阳为首，并建有府城与县城，两城并立，浮桥相渡，内有鹅岭之峻，外有城濠之绕，可谓人杰地灵。

森美兰惠州会馆可能创建于同治庚午年间，该馆的老前辈说有可能在 1870 年奠下永久不拔之基，会馆历史亦从此萌芽。惠州会馆创立后，原有"鹅城会馆"与"惠州会馆"两个名称。据说该会馆初以"鹅城"命名，后来到 1955 年重建新馆方换上"惠州会馆"的横额，此后成为正式的会馆名称。估计在此期间的 80 多年里，"鹅城会馆"是正式名称，而"惠州会馆"之名也常被人们提

---

① 陈嵩杰、高宝丽：《创立 140 年老店　梅城会馆最古老》，《星洲日报》，2000 年 7 月 15 日。
② 惠州华侨志编辑委员会编：《惠州华侨志》，惠州市侨联，1998 年，第 87 页。

起。至光绪二十八年（1902），有会馆总理汤福寿、陈庚瑞、陈五合诸人，不惜金钱，修葺馆宇，扩充会务，继之，再经总理黄瑞庭、陈来、林茂、林景泰、丘金才、曾谭兴、徐杜、张盘运等人鼎力维持，遂有后来的发展。①

（四）霹雳安顺应和会馆

霹雳安顺应和会馆即创立于同治十一年（1872）的安顺应和会馆，当时由古尚华、高运昌等一群客属乡亲发起筹组。他们登高一呼，众同乡踊跃响应，出钱出力，几经波折，终于将安顺应和会馆筹建起来，并设立了会所。安顺应和会馆初创时期，会所就设在安顺马结街门牌 1 号，1970 年重建。

安顺应和会馆是霹雳州内历史最悠久的客属会馆之一。一百多年前的霹雳州内陆交通不发达，安顺是霹雳州主要的港口。当时几乎所有从中国南来霹雳州谋生的客属人都先在安顺港口登陆，然后才分乘小舟沿着霹雳河或其他河流再到内地其他的村镇。② 其中一些客属人在安顺登陆后，就在这里居住下来落脚谋生。由于人数与日俱增，便有了建立一个停宿聚会之所的需求。安顺应和会馆应是在这样的背景下成立的。在安顺应和会馆创会之初，对所有来到这里的同乡予以收留，并提供膳宿，协助寻找工作，让他们在这里安心谋生。因此，当时安顺应和会馆在霹雳州极负盛名。

（五）太平增龙会馆

今天马来西亚各地的增龙会馆一般均为客家系会馆。但也有例外，新加坡的星洲增龙会馆，以粤语人士为主，客家人反而较少。太平增龙会馆始建于宣统三年（1911），其时清朝已行将就木。为联系乡亲，增城、龙门两县旅居新加坡的乡贤（其中主要是客家人）成立了"增龙慈善堂"，不过如果太平增龙会馆是由"增龙慈善堂"易名而来的话它应建立于民国时期。

（六）万里望惠州会馆

万里望惠州会馆具体始建于何时，向无记载，无从查考。但一般的说法是有一百余年历史，故始建于清代应无疑问。

万里望惠州会馆的前身为一善后社。万里望盛产锡矿，以惠属人移居此地谋生者众，他们多为单身汉，故善后社的成立主要是为他们处理身后事。可惜有关

---

① 惠州华侨志编辑委员会编：《惠州华侨志》，惠州市侨联，1998 年，第 96 页。
② 《南洋商报》，2000 年 4 月 2 日。

善后社的详细记载，在日本统治期间因战乱遗失或毁灭，无从查考。[①]

（七）雪隆茶阳（大埔）会馆

雪隆茶阳（大埔）会馆始建于光绪四年（1878），原称"茶阳公司"。馆舍建于吉隆坡安邦律，即今茶阳大厦原址。三楹两廊，纯属古式，内奉关圣大帝神位，上书"万古纲常"四字，春秋二祀，执礼甚恭，唯当年创立者之姓名因年代遥远，已无从稽考。1912年，该会馆有复兴运动，经郭子光首先倡议，获同乡热烈响应，遂议决进行募捐重建，至1926年春始告落成。

会馆之外，原附设有"回春馆"，为同乡留医之所。到光绪二十二年（1896），邑人王聚秀担任会馆总理期间，睹馆宇破漏，即捐资千余元予以修葺，馆舍为之一新。但馆址潮湿，数年之后，复呈崩塌之状，政府当局恐生不测，乃下令拆毁，而附设之回春馆，亦因设备不合卫生条件，旋被饬令焚烧销毁。到宣统三年（1911），即清朝最后一年，复建回春馆于吉隆坡半山芭茶山园内。[②]

（八）芙蓉海陆会馆

海陆会馆的成立年代不详，唯知芙蓉（Seremban）的名字在历史上尚未出现之时，海陆会馆已经存在，且已是森美兰州华人帮派盛行时的一股重要势力。

一说芙蓉海陆会馆可能在同治四年（1865）之前就已经存在，有李三的事迹可考证。李三是梅县人，道光十四年（1834）出生，后来受芙蓉华侨共同拥戴为领袖。他23岁时到达马六甲，六七年后到亚沙，因误闯海陆会馆，被误会为间谍，险遭行刑处决。据李氏家中记录，所幸其时遇到一个行刑者，为海陆会馆一彭姓武教头，是他助李三逃走的。由是推算，至迟在1864年（按1834+23+7推算），芙蓉海陆会馆就已经存在。据1951年《霹雳客属公会开幕纪念特刊》载，海陆与梅县的争斗结束后，双方共同居住，开拓芙蓉东部三条石丝茅坪一带。李三的事迹也表明，当时的海陆会馆曾以武装保护南来同乡。[③]

（九）雪隆嘉应会馆

雪隆嘉应会馆创立于光绪二十四年（1898），创办人是潘阿岳、姚德胜、张运喜、李桐生、郑安寿等。现会馆大厦坐落于吉隆坡苏丹街，可能是当初的会馆，因为张昆灵总理于1916年提议普及教育，倡组学校，获得认同，中国学校

---

① 惠州华侨志编辑委员会编：《惠州华侨志》，惠州市侨联，1998年，第104页。
② 据雪隆茶阳会馆网。
③ 原载于《南洋商报》，1938年11月19日，第8版。

遂创立于 1917 年，借用苏丹街会馆上课。① 其他情况不详。

（十）彭亨州瓜拉立卑日来街天后宫

彭亨州瓜拉立卑日来街历史悠久、香火鼎盛的天后宫，如今被政府列入"立卑历史建筑物"名单。

四、海南籍地缘社团

《明实录·卷二百一十七》载：成化十七年（1481），遣礼部给事中林荣（海南人）往满剌加（马六甲）充正使。由此可知，在当时已有海南人前来马来半岛，但林荣并非经商，亦非移植，而是充当使节。《琼州府志·卷四十二》载："康熙五十六年，甲严洋禁商船，不许私造南洋贸易，有偷往潜留外国之人，督抚大使通知外国，令解回正法，再奉旨五十六年以前出洋之人，准其载回原籍。"由此可知，在康熙五十六年（1717）时，已有海南岛的船只到南洋了。韩槐准考证，在道光十年（1830）时，就有帆船由海南岛开往槟城。被视为第一位来新加坡的海南人是林崇仁，在道光二十一年（1841）曾到过新加坡。

海南岛初名"珠崖儋耳郡"，唐朝改为"琼州"，后又称"琼崖"，因此海南人的组织大都称为"琼州会馆"，但也有称为"琼崖会馆"，如东甲、麻坡、庇劳、华都牙也、威省、吉南、乌鲁地南等地的琼籍地缘性组织皆称为"琼崖会馆"，北海的海南人组织称为"琼海会馆"，不过后来都改称"琼州会馆"了。

移民马来西亚的海南人中，以琼山、文昌、琼东、万宁、琼海县者为多。各县的海南人都参加琼州会馆。县级的地缘性组织单位很少，只有数个，分别为万宁同乡会（槟城万宁同乡会、雪兰莪万宁同乡会、马六甲万宁社、巴株万宁同乡会）、琼乐会馆（为霹雳州琼东及乐会两县邑的社团），以及麻坡琼崖东路同乡会（定安、琼东、乐会及万宁同乡的组织）。

据说马来西亚各地都有海南人的地缘性组织，现会馆数为 60 多间。具有百年以上历史的会馆有马六甲、雪隆、太平、槟城、新山及麻坡等地的琼州会馆。以州而论，柔佛州有 15 间琼州会馆，为各州之冠。以历史而论，马六甲琼州会馆非但历史最悠久，而且会员人数最多，有 4 300 多人。

由于雷州人说的话与海南语甚为相近，这个人数较少的方言群体一般被列为"琼帮"。雷州人士的社团有马六甲雷州会馆及古晋的雷阳会馆，成立时间不详。

顺便一说，马来西亚今有海南会馆合会（简称"海南联会"），是马来西亚

---

① 据雪隆嘉应会馆网。

海南人的总机构，成立于 1933 年，各地的海南会馆都是它的成员。另外，马来西亚海南人其他的血缘性社团有琼崖林氏公会、北马符氏社、雪兰莪符氏公会及槟城符氏社等几个组织。

（一）登嘉楼海南会馆

登嘉楼即旧译之"丁加奴"，来自中国古籍。据马来西亚登嘉楼海南会馆馆史册载，远在一百多年前，有一艘船由中国来本邦，不幸于"毛剪港"（墨江）破舟沉陆，一位先贤于破舟中拾得一尊水尾圣娘神像，捧回"公司厝"奉为正神，定时奉祀，并将奉祀地点称为"水尾圣娘庙"，也称为"登嘉楼琼州会馆"。

过了不久，一些同乡鉴于原舍地洼湿秽不适宜居住，遂提议另购置地皮兴建两幢宫殿式房屋的琼州会馆，一为"天后宫"，另一为琼州会馆办事处。据父老们说，当时的建筑师、木工、泥匠等都是从中国海南岛聘请过来的；一切建筑材料也都由海南岛运来。琼州会馆于光绪二十二年（1896）春吉日开幕，当时会馆负责人将水尾圣娘庙（今"琼州回春馆"）迁到天后宫，并将天后圣母由"泰盛号"迁来一起安奉，同时奉忠义神于左侧，再由海南岛带来海外孤魂神牌及百八兄弟神牌，奉祀于右侧。从那时开始，本地的海南人及其他人士都来天后宫膜拜，以求平安，这里也成为乡亲集合之地。

（二）巴生海南会馆

巴生海南会馆成立于光绪二十年（1894），作为南来辗转到巴生的海南人沟通信息以及同乡临时住宿之所。现在仅知发起创馆的有陈德万、陈文秀、龙道仁等先贤。馆宇是一座浮脚楼式的简陋建筑物，坐落在今天的苏丹街"为善剧社"附近。1916 年，当时的正副总理陈德熹、龙兴森、符建章等建立新馆宇。

（三）关丹海南会馆

关丹海南会馆初创于光绪二十一年（1895），时以本坡前街河边的一间亚答屋为会所。不久，向政府申请拨地，即为武吉士东阁的琼州义山同。光绪三十年（1904），该会建新会所于武吉乌米打石山之侧，外貌仿以乡土祠堂，所用砖瓦皆由琼州运来，古朴美观。当时，社会风气保守，该会活动仅限于祈神拜祖，扶助贫病、老弱同乡。光绪三十二年（1906），高邮同乡列姓亡故兄弟总墓建于义山之原，定清明节期间举行公祭。1913 年，扩建馆宇两旁围墙，中间露台广庭，面前楼阁，颇为壮观。

另有"关丹琼州庙"，建立于光绪二十八年（1902），矗立在高冈上，居高临下，气势非凡，庙内供奉天后圣母、水尾娘娘及金花夫人。每年凡适神诞庆

典，香火鼎盛，数以千计善男信女前往拈香膜拜、祈求平安。①

（四）太平琼州会馆

太平琼州会馆初建于同治八年（1869），当时称"太平妈祖庙"，后来才称"太平琼州会馆"。盖因海南人下南洋后，最先修建的寺庙是妈祖庙，后在妈祖庙的基础上建立会馆，但一般妈祖庙的修建之年都被当作会馆的肇始之年。

当时的各方言群体中，最迟移居马来半岛的可能就是海南人。因为客家人成立槟城嘉应会馆的时间是嘉庆六年（1801），槟城广东暨汀州会馆也建于嘉庆六年（1801），槟城汀州会馆建于嘉庆二十四年（1819），马六甲潮州会馆创建于道光二年（1822）。客、广、福、潮四帮的会馆都比琼州会馆的成立时间早。②

（五）麻坡琼崖会馆

麻坡（马来语 Muar），一名"马哈拉尼市"（Bandar Maharani），马来语"Muar"的意思是"河口"。"Maharani"在马来语中意思是"皇后"，所以麻坡又被称为"香妃城"。2012 年 2 月 5 日，柔佛州苏丹将麻坡升格为"皇城"。早期来到麻坡的华人多数以种植甘密为生。"港主制度"因甘密种植的发达而产生，麻坡市也因种植甘蜜而崛起。坐落在麻河畔的麻坡市，是由港主林东连开辟的。其时华侨在麻坡经济的开拓中扮演着举足轻重的角色。除了甘密，其他商业也因此渐渐发达，河岸也林立了许多商店，其中一些街道也有其特色，比如海产街，面线街，打瓷街等。

（六）新山海南会馆

海南人来到新山应该是在咸丰五年（1855）新山开埠之前。日军南侵时，新山海南会馆所有贮存的图书史册荡然无存，因此有关早期琼籍同乡及创馆的确实详情，现在已难稽考。据后人回忆，新山海南会馆成立于光绪九年（1883）秋。不过，若按该馆保存的记录，1946 年复兴会馆时的执监委会是第 63 届，是则，在 1946 年前该馆的存在最少已有 65 年（一年产生一届执监委，另加三年战祸期间馆务中断），这样推论的话，该馆的成立时间应是光绪七年（1881）。新山海南会馆（即前新山琼州会馆）在 2002 年 5 月 5 日举行 121 周年庆祝纪念，因此该会馆认可的成立时间是 1881 年。

初时，该馆没有自己的馆宇，后由先辈领袖黄德仁等一批人发起募捐，以数百金于光绪二十八年（1902）购得新山依布拉欣街 38 号及陈旭年街 30 号前后相

---

① 据关丹海南会馆网。
② 据马来西亚华裔族谱中心网。

连通楼宇两座为馆址，位于新山海边，隔柔佛海峡与新加坡遥遥相对，地点适中，来往方便。当时公推黄德仁、谢士轩二人为会馆产业信托人。①

（七）雪隆海南会馆

雪隆海南会馆创立于光绪十五年（1889），其时称为"琼府会馆"。原馆址位于吉隆坡谐街49号，时该处为天后宫。现会馆资料早已荡然无存，现存最古老的历史纪念文物，当数天后庙当年的一座古铜香炉。铜香炉直径逾尺，现置于乐圣岭天后宫大殿内，上刻"光绪十六年孟春吉日"九个字，左边刻有"蕉赖广成敬奉，粤东羊城元和铸造"字样。"光绪十六年"为公元1890年，说明当年谐街49号的天后宫，可能在1890年成立琼府会馆时，那个铜香炉也落成启用，而铜香炉运自中国，在其运抵吉隆坡之前，已有天后宫存在。光绪三十四年（1908），会馆移至苏丹街，至是，会馆与天后宫合并为一，会馆附设天后宫。1911年易名为"雪兰莪琼州会馆"，1991年正名为"雪隆海南会馆"。②

（八）新山琼州会馆

新山琼州会馆成立于光绪七年（1881），主要领导人为黄德仁、谢士轩等。至于福、客、潮各帮的会馆，则迟了半个世纪后才陆续成立。

（九）甘马挽琼州会馆

甘马挽琼州会馆成立于20世纪初，时由冯琼笃在甘马挽购置茅屋一间，捐作海南会馆产业。1935年参加全马琼联会。③

（十）陈厝港琼州会馆

陈厝港在今马来西亚。根据该馆碑记和匾额的记载及早期会员的回忆，该馆成立年代当在1911年前后。④

（十一）柔佛州雷州会馆

据了解，柔佛州雷州会馆的前身乃"雷州帮"。1913年，定居柔佛州麻坡市的雷州人郑茂兰为了更好地保护当地的雷州人和调解同乡之间的纠纷，遂组织了"雷州帮"。

---

① 据新山海南会馆青年团网。
② 据新山海南会馆（天后宫）网。
③ 据华夏联通网。
④ 据华夏联通网。

五、潮州籍地缘社团

（一）柔佛古庙与柔佛华侨公所

柔佛古庙没有碑记，确切的创庙年份无从考据。但有记载说，道光二十四年（1844）陈开顺辟陈厝港，建立"灵山宫"，供奉玄天上帝。这可能是柔佛古庙的起源。咸丰五年（1855）开辟丹绒布德里期间，极可能在直律街建起了玄天上帝庙，以供潮帮信徒膜拜，也作为会党的大本营。如是，则这一年应是柔佛华侨公所的始年。到同治九年（1870），经陈旭年斥资兴修扩建，正式取名"柔佛古庙"，向各籍贯人士开放，供其奉祀五尊神明。古庙即除主神玄天上帝外，左侧为福帮洪仙大帝，右侧为客帮感天大帝。主神两旁为武将华光大帝与赵大元帅，分别由广肇帮及琼帮供奉。庙内尚供奉观音娘娘、风雨圣者、速报爷、皇令爷及英烈千秋神主牌等。

现存古物最早的匾额上书"总握天枢"，为同治九年（1870）"潮州众治子敬立"。现存铜钟于光绪元年（1875）由"惹呀坡众弟子同敬"。此外，另有四幅匾额，即敬赠者为"福建众弟子"（同治十二年，1873），"广肇府众"（同治十二年，1873），"客社众信"（同治十三年，1874）及"琼州府众"（光绪八年，1882），或可推断众神之进庙时间。每年农历正月二十日至二十二日是古庙众神出游的日子。游神期间，万人空巷，百余年风雨不改，延续华族传统信仰和文化的一脉香火。

义兴公司解散后，最后一任首领为林进和港主，有感于华侨团结的必要，遂召集五帮侨领发起组织"柔佛华侨公所"，以替代义兴领导华社。经过三年的筹划，终于在1922年4月12日正式成立。

（二）雪隆潮州会馆

雪隆潮州会馆创立于光绪十七年（1891）的中秋节。初名"八邑公所"，后称"雪隆潮州八邑会馆"，原址在吉隆坡谐街。所谓"潮州八邑"即潮安、澄海、潮阳、揭阳、普宁、惠来、饶平和丰顺。1995年3月26日改名为"雪隆潮州会馆"。自此，会馆的会员涵盖了祖籍为潮汕地区的所有潮人子弟和后裔。[①]

（三）吉南韩江公会

据马来西亚《光华日报》报道，吉南韩江公会于2011年6月26日晚庆祝成

---

① 据雪隆潮州会馆网。

立 122 周年，因此该会馆认定的建立时间是光绪十五年（1889）。其他情况不详。

六、广西籍地缘社团

就目前检索到的资料而言，清代的广西籍华侨社团只知道一个文冬广西会馆。按照该会馆对外公布的资料，文冬广西会馆应成立于宣统二年（1910），是马来联邦各地缘社团中成立较晚的一个。成立的缘起是，"清末之年，文冬埠地域观念很深，派系更甚，同乡间有思以团结图存之念，先贤咸认组织乡团之需。于是在宣统元年（1909）一个秋祭饭宴间，浦其生、浦旺亨、陈瑞林、周业棠、李利、陈有、周德馨、凌贤、马贵山、罗生、梁英华、赵福记、李昌庭等人联合发起倡议筹组广西会馆，以便团结乡人，互助互济，维护权益，集会有所。经人登高一呼，全体响应，于是筹募基金，翌年（1910），购置了陆佑街 36 号店铺为会所，同时进行注册（注册之事亦历经万分困难），公推浦旺亨为首届会长"。之后，文冬的广西籍同乡发起筹款，购买橡胶园，筹建福利院，设立会员储蓄附项，以方便乡亲汇钱回家，还设立会员子女学业优良奖励金等，诸般事务均转向一般的会馆路径向前迈进。[①]

19 世纪末 20 世纪初是广西人大量离乡背井、漂洋过海远赴异邦的时期。当时文冬是广西乡亲向马来半岛移民的主要方向。文东蕴藏着丰富的锡苗，当时有矿场多处，加上土地肥沃，橡胶园密布，均需大量劳工，吸引着许多桂籍乡亲来到此地落脚。广西籍华侨跟其他地籍华侨一样，也是通过一个带一个、一帮带一帮的形式迅速扩展起来的。他们来到文冬后，常通过家书劝请亲人或乡邻前来文冬或马来亚其他地方觅职，以至于作为小山镇的文冬聚集了越来越多的桂籍乡亲。他们在此多从事采矿、掮担、开路等劳动，住宿于深山野岭，也渐渐往来于文冬市区，租房或租旅店居住，常遭外人的凌辱与白眼，但也有越来越多的乡人因此聚居于市区，遂有后来的文冬会馆。

七、综合性社团

（一）中华（总）商会

马来联邦的综合性社团主要有中华（总）商会和雪兰莪中华大会堂。

马来联邦的华侨最早响应清政府号召，建立中华（总）商会，故南洋地区第一个中华商会是在马来联邦诞生的。光绪三十年（1904）三月二十七日，雪兰

---

① 据文冬广西会馆网。

莪华人商务局在吉隆坡宣告成立。光绪三十三年（1907）十月二十日，新改良商局开会并改选，投选胡子春为总理。是年底，胡子春率同新改良商局诸绅商郑螺生、李孝章、姚德胜等组织成立"霹雳中华总商会"。一直至八月二十五日，发起成立"吡叻中华商务总会"的数十位会员方在怡保召开第一次会议，推选胡子春为主席。八月三十日，召开"霹雳中华商务总会大集会议"，获得各大近地区各埠会员约 70 人与会，会中推举胡子春为主席。

霹雳中华总商会的成立在东南亚华侨史上具有里程碑意义。由于马来联邦中"邦"的数目众多，每个邦都建有自己的商会，马来联邦也成为东南亚建立中华商会最多的地区。继雪兰莪华人商务局之后，马来联邦地区华侨成立中华商会的城市还有霹雳、森美兰、吉兰丹、彭亨、巴生、关丹、居鉴、麻坡、柔佛新山、文律、登加楼、丁加奴、马口、峇株巴辖等。

在各地中华商会筹建的过程中，在当地华侨社会及清政府间均有声望的侨领的奠基和居间作用十分重要。例如，光绪三十一年（1905），当时中国与海外各地华人商会多未成立，胡子春为加强同侨间在商业上的联系，与区昭仁出面领导创设怡保新改良商局。此商局的宗旨为"以联络商情为主义，以改良积习为目的，以认定商业为界限"。自改良商局成立，"吡叻商情涣散，各以不理众事为高尚"之风气为之大变。每遇公益事，如办学堂、赈灾等，"都大举多由之发起，而群情亦渐形踊跃"。到光绪三十三年（1907）七月，南洋各地如新加坡、雅加达、泗水、三宝垄、槟城等皆已设立商会，清政府农工商部也咨行各国公使，极力推动海外华人群聚的城镇成立商会。同时，清政府驻新加坡总领事孙士鼎亦大力促成。

（二）雪兰莪中华大会堂

马来联邦地区较具代表性的综合社团是吉隆坡的"雪兰莪中华大会堂"。早在 20 世纪初就有人主张将当日所有侨团与乡会之组织取消，独建一个华人总机构，使华侨社会由小团结而达成大团结。后由陆佑、张郁才、朱嘉炳等发起建筑中华大会堂，当时陆佑捐 5 万元为之倡。叶观盛向政府领得地段一块，中华大会堂才逐步得以建立。

不难看出，马来联邦的华侨社团的成立和发展与马来半岛的矿业开发息息相关。各个社团的产生地，一般就是后来马来西亚的都市所在地，而这些都市的诞生时间一般都很晚，多半是马来半岛矿业发展的产物。马来半岛的矿业发展却与华侨及其社团的历史密不可分。

在这个过程中，为了维护自身权益，加强内部凝聚力，各地籍的华侨结成了社团。这里还应提及，在公开的社团的背后，华侨也组织了一些会党。在某种意义上说，会党是华侨在各自占领的地盘中建立起来的以乡情为纽带的带有武装性质的经济"聚落"。会党不仅表现为在这个地籍的华侨聚落与那个地籍的华侨聚落的争斗中发挥"武装集团"的功能，而且不幸地成为地方土酋利益争夺的工具。不同的会党均与支持自己的不同地方土酋势力结盟。在前台互相攻击的，是华侨会党，但站在不同会党背后的，是不同的地方土酋势力。不管如何，都给了英国殖民者一个很好的借口。英国人将华侨的会党争斗片面地诠释为华侨的帮派械斗。最典型的例子就是始于 19 世纪 60 年代至同治十三年（1874）时结束的两场"会党战争"——拿律战争与吉隆坡内战。两场战争的结果也颇为雷同：英国人得以冠冕堂皇地介入"调和"，继而对马来联邦进行全面的殖民统治。

当然，拿律战争对华侨社团的历史影响也是深远的。这场战争席卷北马，从槟城到霹雳州为惠州、潮州和古冈州华侨结成联盟的"义兴"会党所控制，他们与增城、龙门和广州府的"海山"会党形成对决局面。结果是"永大馆"一分为二：永定客家人因福建海商的联盟与"海山"会党合作，大埔客家人却参加潮州人的队伍。从森美兰到吉隆坡的内战，惠州人的主流加入"海山"会党，联合赤溪客家人等，与倾向"义兴"的嘉应州客家人苦斗，还有一些原属刘、关、张、赵的惠州人则站在"义兴"会党一边。战争也造就了一些本土神明，他们其实就是战死的会党领袖。在两个战场上原来的战火所波及之处，北马地区后来出现崇拜"义兴"领袖、拿督公苏亚昌的信仰圈，中马地区后来出现了崇拜"海山"领袖、仙师爷盛明利以及土人盟友石拿督的信仰圈。

第二节　马来联邦华侨与中华文化在当地的传承

一、华侨带到当地的家乡文化

在马来半岛，华裔文学在 19 世纪前就已产生。作者们除了在报刊发表马来诗歌和故事外，也出版一些诗集，但是成绩最突出的是峇峇（华侨与马来妇女结婚生下的儿子）用马来文翻译的中国古典文学著作和通俗小说。这些书在 20 世纪初的海峡殖民地很流行。这种翻译本最早于光绪十五年（1889）出版，是由闽南籍华侨陈明德（Tan Beng Teck）所译的《杏元小姐》、《凤娇》、《雷峰塔》和取自《今古奇观》及《聊斋志异》的故事。早期最著名之翻译家为曾锦文（1851—1920），闽南籍，出生于槟榔屿，曾返中国就读于福建船政学堂，毕业后留校任教，同治十一年（1872）返槟榔屿。其译作中有《三国演义》、《水浒

传》、《西游记》。① 华裔文学的兴起和发展对印度尼西亚和马来西亚的社会影响很大。最重要的是，推广和普及了印尼语（马来语），推动了印尼语（马来语）成为国语的进程。

清朝末年，泉州南门外溜石村（今属晋江市池店镇）的南音名艺人朱的伯曾在菲律宾任南音教师多年，在侨胞中享有很高的声誉。惠安县张坂玉埕村的南音艺师骆朝法曾经南渡马来亚，在当地设馆授徒；张坂庄内村的南音艺人庄松洁也曾经在马来亚槟榔屿等地教授南音。

马来联邦也有南音社团，但清代成立的南音社团，现在可知的只有"吡叻太平仁和公所"以及成立于光绪十八年（1892）的巴生雪兰莪永春公所，内设有南乐组。② 目前马来西亚最活跃的南音社团都是 1912 年后成立的，如称为"三个音乐社团"的马六甲同安金厦会馆（1931 年成立）、吉兰丹仁和南乐社（1960 年成立）、吡叻太平仁爱音乐社（1963 年成立）等。③

值得一提的是麻坡。麻坡有"文化城"之称，文教团体林立。首先，麻坡的地方戏曲多，其中以福建戏较多，当时比较著名的有新明舞台等。业余儒乐社为汉剧，南亭音乐社为潮剧，而茶阳剧社为京剧。其次，麻坡的中国文学艺术比较有名，如在文学方面作出了不少贡献的"六君子"以及以古诗词为主的南洲诗社等。在艺术方面，麻坡也出现过著名的书法家和画家。

二、华侨兴办学校

华侨所到之处，一俟生计安定即以兴办教育为己任，此说不谬。同治十二年（1873），吉隆坡的粤、闽籍华侨集资创办了一所华文义塾。这可能是马来联邦最早的华侨学校。

20 世纪初，清政府推行教育改革，建立新式学堂。马来联邦各地也纷纷开设新式学堂，开始设立历史、地理、算术等科目，出现良好的发展势头。光绪三十二年（1906）或三十三年（1907），吉隆坡开设了"尊孔学校"（今吉隆坡"尊孔中学"的前身）和"新江学校"。时海外流亡中的康有为还参加了尊孔学校的设立，有他写的诗为证："与君北洒尧台涕，剩我南题孔庙碑。"④ 后来到

---

① 陈志明：《海峡殖民地的华侨——峇峇华侨的社会与文化》，林水檺、骆静山编：《马来西亚华人史》，马来西亚留台校友会联合总会，1984 年，第 183 页。

② 参吴远鹏：《独具特色的泉州南音信仰与习俗》，《泉州学林》2004 年第 1 期。

③ 参罗天全：《南音在海外的传播与发展》，《音乐研究》2007 年第 2 期。

④ 此诗有康有为的小注："君与仙根再三创孔庙学堂于南中，后余贻书陆佑卒成之，今为尊孔学堂。"见高嘉谦：《19 世纪末的马华离散诗学》，《马来西亚华人研究学刊》2010 年第 13 期，第 16 页。

1916 年，尊孔学校在小学基础上添办中学，成了马来亚第一间华文中学。

成立于光绪四年（1878）的新山广肇会馆，于光绪三十三年（1907）草创了"育才学堂"，培植同乡子弟。同年，彭亨开办了"育华学堂"。

1908 年，吉打、巴生、麻坡等地创办了中华学校。1908 年，还开设了吉隆坡"坤成女校"。

在此前后，各地创办的华文学校还有峇株巴辖的"启蒙学校"，霹雳的"南华学校"，芙蓉的"中华学校"，吉隆坡的"循人学校"，新山的"宽柔学校"、"新民学校"，丁加奴的"中华学校"、"维新学校"等。①宣统元年至三年（1909—1911）华侨开办的学校有霹雳吉辈的"东华学校"、雪兰莪甲洞的"开明学校"、加影的"华侨学校"、沙叻的"大同学校"等。② 其中宽柔学校颇值得一提。1912 年，潮帮领袖郑亚吉、陈迎祥与育才校董骆雨生、黄羲初等经多次会谈，遂达致不分帮派，共建宽柔学校之举。翌年，宽柔学校正式成立，并由黄亚福与林亚相分任正副总理。后来到 1921 年"义兴"解散时，所有余款两万余（约等于当时四条港全年的收入），尽捐于该校。

这里应提及吉隆坡的循人中学（Tsun Jin High School，"循人"一名来源于广东省珠江口以东地区古代曾称为"循州"），中华民国成立后的第二年（1913）创校于雪隆惠州会馆之庙宇建筑之内，初为会馆私塾学校，首任校长为林善儒先生。但据雪隆惠州会馆的馆史资料显示，该会馆是马来亚最早办校的华人组织之一，其办校历史可追溯到光绪十一年（1885）。最初，它以蒙馆（即私塾）的形式办学，并从中国聘请老师前来执教，直至 1913 年才始创了循人学校。这说明，如果算上可能存在的会馆办学的"混沌岁月"，则上述学校中，有的始创年代可能更早。但这些历史在今天已经湮没莫闻，需要认真钩沉。早期的循人学校只开设小学课程，学校创办之初曾在陆佑路建校。循人学校最初为惠州会馆创办，后来成为马来西亚著名的客属学校之一，马来西亚客家公会联合会、惠州会馆、嘉应会馆、东安会馆、增龙会馆和永定会馆，在过去不断地资助这所学校。

光绪三十四年（1908），两广总督张人骏再据新加坡总领事孙士鼎呈送马来亚办学人员提案请奖，由度支部主稿，会同礼部学部办理，奉旨褒奖了一批南洋的热心办学人士，实际上是针对一批华侨办的学校进行褒奖，其中包括马来联邦地区的吉隆坡闽粤籍绅商合办之尊孔学堂、霹罗育才学堂、蹲乞乐育学堂。③

一般来说，马来联邦致富的华侨多有自幼失学、文化程度不高的特点，因而

---

① 福建省地方志编纂委员会编：《福建省志·华侨志》，福建人民出版社，1992 年，第 54 页。
② 吴凤斌主编：《东南亚华侨通史》，福建人民出版社，1994 年，第 848 页。
③ 陈育崧：《侨民教育行政源流》，《椰阴馆文存》（第二卷），南洋学会，1984 年，第 278 页。

在成为侨领后，能富而好善，为当地和华侨社会公益事业慷慨解囊，建树良多。例如，陆佑深感文化教育的重要，这促使他大量捐助办学，惠及广大地区。在吉隆坡，他创办或参与创办的学校有"养正学校"、"尊孔学校"、"爱德华七世医学院"和"莱佛士学院"。在雪兰莪，他创办了"尊孔学校"。陆佑还捐资于医疗卫生事业，独资在塞连达建立诊所，在吉隆坡建同善医院，成立吉隆坡老弱院，建造吉隆坡中华大会馆。他资助马来亚各地修建大小会馆、庙宇，他在新加坡和吉隆坡建造广肇会馆和广东义山。其善举美德使之成为受人尊敬、闻名遐迩的大慈善家。

在马来联邦华侨教育史上，胡子春被誉为"马来亚新式华文学校之父"。胡子春幼而失怙，少年南行。终能志坚笃行，致富之后，不忘报效社会与乡亲，厚实民生，以"家国相维之理，万无置身事外"之初衷，拳拳服膺，始终不渝。因此，不惜挥金如土，以掖后进，助同胞，兴学校。此外，还造矿材，兴工场，而辟土地，以履行其"革新之任，吾肩之矣"之言。

"坝罗女学堂"应是胡子春捐办的第一所华侨学校。坝罗（Paloh），即"矿场"之意。早期华侨以音称之，故乃有"坝罗"、"霸罗"、"巴罗"等音同字异的称谓，泛指现在的怡保市中心地带。这所学校见诸两则正史记载，所言不虚。其一，刘士骥曾针对胡子春在马来半岛推动华文学校事宜说过，"能提挈同志，襄立槟城中华学校，创建坝罗女学堂"。其二，光绪三十二年（1906）年底，新加坡总领事孙士鼎在视察侨校后上呈清政府报告云："就学务而言，则槟榔屿向有平章会馆为华商公地，光绪三十年，设中华学校，即借作校舍，新建者，计明年可以完工。学科虽未尽完备，而局面尚宏。本年四月，添设师范传习所一区。坝罗有女学校一所，为闽商胡国廉倡办。"此处所指"坝罗女学堂"或"坝罗有女学校"，是为胡子春、姚德胜及区昭仁等倡议于光绪三十一年（1905）所创办，然其办学经费"尤赖胡君子春毅力肩任"。恐亦为马来亚第一所中华女学之"吧罗普通女学堂者"，1907年，学部颁给女学章程。

光绪三十三年（1907）三月二十四日，胡子春捐出 5 000 元，与姚德胜借出三四间教室，创办了"吡叻育才公立两等学校"，是为今马来西亚 60 所华文独立中学中最早开办的新式华文学校。同年三月十二日，《槟城新报》刊载一则新闻称："巴罗公立两等小学校系胡子春等发起，胡君捐银五千元之倡，巴罗姚君德胜复将自置铺店一连三四间借作校舍，暂行开办，已经修整工竣，其教员一区姓、一邹姓，皆由省城聘来者。区教员岁底已到埠，邹君亦于昨日抵埠，大约开学之期，当在来月初旬矣。但现在开办经费，只凭胡君所捐五千元充用……吡叻之有公立学堂，此其起点矣。"

光绪三十三年（1907）三月二十六日，《槟城新报》复报道："昨十一日

（光绪三十三年二月十一日，即 1907 年 3 月 24 日，星期日），巴罗埠之吡叻公立两等小学校行开学礼，先由学董教员率诸生谒孔圣三跪九叩首，次诸生谒学董、教员俱三揖，次学董与教员三揖，继而诸生相对各一揖，随合拍一影而散。学校门首则高揭黄龙旗，孔圣像前则供以鲜花、檀香，是日中西来宾颇众，见其秩序肃雍皆以为华侨文明进步之征云。"

光绪三十三年（1907）八月二十八日，报章报道，指胡子春："捐资在嗥哈埠开办乐育两等小学校一所，教员二人皆初级师范毕业生，现学生报名者已有五六十人，亦系择二月初间开课，并闻胡君拟在拿哈创办女子小学一所，现已斟酌一切，想不日便有成绩。如胡君之热心兴学，诚可风矣。"光绪三十三年（1907）开办的"乐育两等小学校"，是拿乞埠第一间以胡子春为首，连同胡竹园、余彦臣等出资创办的新式华文学校。育乐两等小学校原先已在该年 3 月开学，然因胡子春正在中国，虽然照旧开学，却等到 7 月 4 日胡子春由香港启程返回槟城后，至 8 月 6 日方由胡子春亲抵隆重举行开校礼，由此可见胡子春在创办该校的重要作用。胡子春在乐育开校礼，撰有开学诗，其中有"天下文明赖学堂，人才蔚起振朝纲；诸生勉赴艰危局，奋发精神为国光"之句。至于拿乞女子小学是否在后来开办，有待进一步的查证。

对胡子春倡设之学校，邝国祥以为"共计国内外，以一人之力而成者计共九间"之议。胡子春以一人之力创设多所学校，是指由胡子春领导倡办，复能出巨资，使学校得能开办。其间，亦当有同怀兴学育才之士同为相助。

实际上，马来半岛其他各地为其推动或受其捐助学校，数亦良多，难以计数，如光绪三十四年（1908）冬，戴芷汀太守省亲南渡，晤因避革命南游槟岛之饶芙棠于极乐寺，议及育才救国；同时基于客籍人士"旅居庇能者约有数千家，学龄子弟未计其数。现祖国锐志维新，中外一气，理宜亟设学堂以开民智"，乃有创设客属学堂之议。客籍五属（永定、惠州、嘉应、大埔与增龙）父老咸表赞同，乃于 1908 年 3 月 8 日集议大伯公庙。胡子春以大会主席身份主持这项会议，会中以大伯公庙左副屋及后堂稍加改修为学堂，先借平章会馆为开办五属"崇华两等小学堂"。后举张弼士领衔捐集经费，努力奔走，遂于同年 4 月 4 日早上十时正，在校长饶芙棠、清政府驻新加坡总领事左秉隆、清政府槟榔屿领事戴欣然（字春荣，为戴芷汀之父）等官绅数百人的见证下，假平章会馆舍为"崇华两等小学堂"举办开校礼。1912 年，"崇华两等小学堂"改校名为"时中"。

除在马来半岛教育事业的贡献外，胡子春还在家乡兴教办学，与其在海外的兴教办学壮举互相辉映。光绪三十三年（1907）初，胡子春曾致函福建提学使姚稷臣，函中表示自身"侨商海外垂三十年，近者初抵省垣……窃见夫祖国贫弱，原因在乎未讲教育，迄来朝野上下咸言兴学，而敝省值度支奇绌之时，得大君子

视学是邦，百废俱举，有此规模即属莫大幸福。国廉素抱热诚，敢不殚竭绵薄，谨捐各项学务壹万元，聊充建筑之费"。

对于胡子春种种兴学育才事迹，1906 年槟榔屿师范生梁云溪称其"处斗智剧烈时代，非兴学不足以图存。夫人而知矣，然而非第知之，而遂可以救亡也。阳明先生之学说曰：'即知即行，知而不行，等于不知，则甚矣。非知之艰，行之维艰。'凡热血兴学者之不可以一知塞责也。然而我国之知兴学者众矣，然而我国之果不以一知塞责者，谁耶？兴言及此，吾所由求之内地，不得不崇拜叶君澄衷，求之外洋，不得不崇拜胡君子春"。也有评论曰："清末，海外华侨其富厚过于胡氏者尚夥，然若胡氏之如斯爱国爱种者，鲜矣。其在马来亚创设诸新式学堂、培育新式人才之举，亦可誉为马来亚新式华文学校之父，亦不为过也。"

除对华文教育事业的贡献外，对于当时以马来亚华人子弟为主的英文学校，胡子春亦在财政上给予了大力的支持与赞助。据说光绪十九年（1893），胡子春曾兴办怡保英华英校。①

在清亡前，马来联邦华侨办学的例子还有：宣统二年（1910），马来联邦的福建帮创办了福建学校；此外，霹雳州也创办了怡保学校。② 中华民国的建立对海外华侨起了极大的鼓舞作用。马来亚华侨兴办的学校更如雨后春笋，数目大增。1912 年在马来联邦新建的华校计有：中华学校（吉打）、新民学校（双溪大年）、中华学校（巴生）、中华学校（麻坡，后与化南学校合并改为中化学校）、启蒙学校（峇株巴辖，后改为正修学校）、三育学校（雪兰莪万饶）、东华学校（霹雳峇眼色海）等。华校内开始采用普通话（现称华语）为教学用语。由于统一采用普通话教学，各帮派独自建立的以方言为教学用语的学校减少了开支。③

值得一提的是，在清亡之前，马来联邦内华侨所办的新式学校均采用中国商务印书馆出版的华文教科书，例如，光绪三十年（1904）出版的蒋维乔、庄俞编撰的全套十册《最新国文教科书》（初小），光绪三十二年（1906）出版的高凤谦、张元济、蒋维乔编撰的全套八册《最新国文教科书》（高小），光绪三十年（1904）出版的蒋维乔、庄俞、沈颐、戴克敦编撰的全套十册《女子国文教科书》（初小），光绪三十四年（1908）出版的蒋维乔、庄俞、沈颐、戴克敦编撰的全套八册《女子国文教科书》（高小）。这些教科书原为中国当地学生而编写，没有考虑到华侨居住地的气候、物产、生活习惯、风土人情、社会制度等因素。最值得注意的是，教科书所选辑的文章充满着强烈的中华民族意识，强烈的抵抗

---

① 上述胡子春办学之举参钟伟前（董总资讯局行政主任）：《推动马来亚新式华校的先驱：胡子春》。
② 魏华仁：《东南亚华人教育大事志》（三），《华人月刊》1990 年第 3 期，第 37 页。
③ 魏华仁：《东南亚华人教育大事志》（四），《华人月刊》1990 年第 4 期，第 42 页。

外侮、自主、自救、自强的思想内容，希望通过这样的教育激发和培养学生的爱国（中国）心，使他们成为报效祖国的中国人；同时介绍了新式战争武器，讲述振兴农工商，提倡教育强国等。① 不过，教科书也讲述了君主立宪的缘由和好处。总的来说，教科书表现出实行"君主立宪"的清政府"与时俱进"的一面。在当时东南亚华侨学校的教科书中，应存在着两种类型的教科书：其一为当地华侨精英所编的教科书，以新加坡为代表；其二是来自中国的教科书，以马来联邦为代表。除新加坡外，估计东南亚其他地方侨校用的都是来自中国的教科书。

也应指出，当时华侨办的华校越来越多，这是好事，但其各自为政，互不联系，各校组织措施也极不一致，很难取得良好的教育效果。后来，新马地区有志之士就有筹建华侨学务总会之议，望借以加强联络、互相促进。

---

① 参郑兰珍：《马来亚独立前华文小学华文教科书的出版与其思想内涵》，《马来西亚华文研究学刊》2010 年第 13 期，第 89 ~ 93 页。

第十七章　北婆罗洲

纵观北婆罗洲的华侨开发史，不难看出这里的"华侨农业区"和"华侨矿业区"起点低，带有更多的荒蛮性、原始性甚至血腥性。华侨付出了血汗和极大的牺牲，才使这里的经济一步步得到开发。在这个过程中，他们组建社团，互相支持，守望相助。他们也在十分困难的环境下兴教办学，使中华文化的根基在遥远的荒蛮地带得以传承。

第一节　各地籍华侨社团

北婆罗洲的华侨来源地比较广，包括了广府籍、福建籍、潮州籍、客家籍、海南籍等地籍的华侨。就现有材料来看，不说地缘社团是清代北婆罗洲唯一的华侨社团类型，至少也以说是以地缘社团为主。究其原因，可能是同宗亲的直系家族在北婆罗洲人数不多，难以发起成立这种类型的社团。同胞远离家乡，日常生活的照拂与对外交往，均由地缘社团承担。

一、广府籍社团

（一）古晋广惠肇会馆

"古晋广惠肇会馆"成立于咸丰三年（1853），也可以看作是酝酿之年。一说成立于1854年，这应是正式开始运作之年。不管怎样，在砂拉越同性质会馆中，它的历史最悠久。今古晋广惠肇会馆正门两旁的一副对联"华族万里投荒喜今日丰衣足食安衽席；历史百年作证记当时斩棘披荆启山林"可以为证。

古晋广惠肇会馆的成立时间为咸丰三年（1853），即第一代拉者（笔者注：一译拉惹）詹姆士·布鲁克统治砂拉越的第12年。在会馆成立前，"三属同人"（即籍贯为广、惠、肇者）之间曾有过许多次的聚会，话题由闲话家常到三属同人福利等，无所不包。当时有"广瑞生店"的店主刘烈及刘捷等人，便倡议组织"广惠肇会馆"，以办理同胞的公共福利事务。因与会者一致赞同，便在咸丰三年（1853）创立了广惠肇会馆。创会的宗旨是：联系桑梓之情，笃信合群之义，博他山之助，谋事业之振。①

古晋广惠肇会馆的一个突出特点是"众人拾柴，白手起家"。其他地方的许多会馆多由乡贤中已经致富者捐资（或独资，或少数几人合资）建馆，当时的广惠肇会馆不可能这样做。据说初时大家也都有意购置房屋作为会址，但是，如要购房，必然要大伙合捐。然而，当时众人的经济能力有限，捐献之议遂未能如愿。于是，只有暂租用楼宇为会址。租得房屋后，门额上冠以"广惠肇"三字，并在馆中供奉关圣帝君像，以示忠义之意。所以一般侨众多呼广惠肇会馆为"关帝庙"。② 由此可以看出，广惠肇会馆的成员主要是说广府话的汉族人（三属中，唯惠州属为广府人与客家人杂居，但加入此会馆者应为说广府话者）。

还有一说是，该会馆为"砂拉越祖籍佛山的华人社团"。一般来说，这个地属的民众的宗教信仰比其他地属简单。广府地属民众带到南洋去的神祇一般都是从中原传过来的显神（关公、观音等），而其他地属的民众带到南洋去的神祇，除中原显神外，还有其家乡造的本土神，有时候本土神的数量和作用甚至超过中原显神。

"古晋广惠肇会馆"在咸丰四年（1854）开始正式运作后，会馆的首要工作是照顾孤苦无依、无法谋生的年长同乡，或允许免费住馆中。这也说明了该会馆作为乡人慈善机构的性质。可以想见，这项工作既是基础性的，又是琐碎和繁难的，可惜今天没有留下多少相关资料。

今天可以看到一份《古晋广惠肇之常年活动大纲》，内容包括：①农历正月一日，团拜聚餐/选举新一届理事移交；②农历新年期间，康乐组瑞狮队向友好/会员贺岁（所得红包，除开支外，所剩大部分拨作慈善、教育用途）；③本会设有图书馆、阅览室/康乐厅，备有卡拉 OK 供会员娱乐；④由福利组举办春祭及秋祭。③ 从"备有卡拉 OK"一项来看，《古晋广惠肇之常年活动大纲》最早也是20 世纪 80 年代制定的，但不能据此便断定里面所有的条文都是 20 世纪 80 年代才有。其中，"举办春祭及秋祭"、"农历正月一日团拜聚餐"、"农历新年期间康乐组瑞狮队向友好/会员贺岁"等项内容属传统安排，可能是在会馆初期就已经设立并坚持下来，但最早可追溯到什么时候，则有待考证。另外，其中"红包大

---

① 据《古晋广惠肇公会青年团简介》，作者不详，但该文作者应为该会馆人士。文末有注云：本人有关资料，大部分采自卢金水同乡之"本会史略"，林煜堂博士之"广惠肇的渊源"，梁朝旺副主席于古晋广惠肇公会青年团十周年纪念特刊之献词，古晋广惠肇公会一百三十周年纪念特刊之"我们的青年团"及"广惠肇同人互助社史略"，陈国就主席于一百四十周年暨新会所落成纪念特刊之"十年会务概述"，美里广惠肇公会主席梁志胜于美里广惠肇公会五十周年金禧纪念特刊之"砂拉越广惠肇联合会成立与活动"。

② 据《古晋广惠肇公会青年团简介》。

③ 据《古晋广惠肇公会青年团简介》。

部分拨作慈善"一条颇具特色，为其他会馆所罕有。这些内容的雏形或其中一部分内容应在清代就已产生，发展到后来才逐渐形成定制。

（二）纳闽广惠肇会馆

纳闽本是孤悬于北婆罗洲沙巴外海的一个荒岛，光绪三十二年（1906），英国被划归海峡殖民地管理，但这里仍被归在北婆罗洲部分。纳闽广惠肇会馆是在大批广、惠、肇三府乡亲涌入英国殖民当局开发的纳闽岛的情况下成立的。三府乡亲的移民经历了两次高潮。

第一次高潮始自道光二十六年（1846）十二月十八日，文莱苏丹应英国要求签订一项契约，把文莱的纳闽岛割让给英国，英国将其改名为"维多利亚岛"。道光二十七年（1847），英国殖民政府策划开发纳闽岛，并从香港物色土木技术人才，在此地兴建政府行政办公楼及官员官邸。被招募者多为其时正面临天灾人祸的三府同乡。这是三府同乡第一次大量到达纳闽岛。

第二次高潮始自道光二十九年（1849），其时英国东方群岛公司开始开采蕴藏着丰富煤矿的纳闽岛北端。到咸丰二年（1852），岛上要铺设一段煤炭运输铁路线，开采规模扩大，需更多的劳工，东方群岛公司再次从香港引进大量劳工，这是中国人第二次大规模南来纳闽岛。当时到煤矿山工作的广惠肇乡亲人数众多，于是，经一班乡贤策划与发动，成立了"广惠肇会馆"。现仍留存有广福宫匾牌，上刻咸丰二年（1852）木雕对联，并有"广惠肇众弟子叩谢"字样，应是广福宫与会馆成立时所刻。

广惠肇乡亲在发起成立"广惠肇会馆"的同时，成立了"广福宫"，前者为社团，后者为寺庙。广惠肇会馆和广福宫应属两位一体，因为发起人都是一样的。据载，目前所能知晓的最早的发起人为五位先贤：翁观聪、梅彬远、李玉昆、黄长才、黄二妹。他们几人的名字出现在广福宫的匾牌上。在众多会员中，唯有他们5人留名，说明他们就是会馆的发起者和策划者，也是热心于乡亲事务的召集人、主事人，但他们不大可能是捐资成立会馆的富商巨贾。当时纳闽初开，时日未久，初来的移民中还不可能出现富商巨贾。当然，在建立会馆的过程中，他们肯定会带头出钱、出力，出的钱或许会多一点，但出的力则难以计量。

其实，会馆建立起来后，其更重要的事情是如何使之正常运转，凝聚乡亲，做好事、做实事。在这方面，初期的会馆所能做的，也是最受乡亲欢迎的事情，无疑就是"养生送死"一类的慈善事业，让返乡遥遥无期的乡亲在百年归老时有一处安身之地。为此，他们着手购买葬地，设立了义山。

在后来漫长的岁月里，有关广惠肇会馆生存与发展的资料很少，但可以肯定的是，会馆曾面临着艰难的生存困境，当时会员之间时常发生口角及斗殴事件。

英国殖民政府见此情形，便勒令封闭会馆组织，可见事件闹得甚为激烈。在这样的压力下，会馆不得不改为神庙组织，以掩人耳目。当时成立了"协天宫"，除了供奉关圣帝君、玄天上帝及华佗神医外，还供奉华光大帝，据说在粤剧戏班演出开锣前必祭拜。神庙内也设立恭敬堂，安置过世同乡的神主牌，尤其是那些没有子祠的先贤，交托会馆代为祭祀。[①]

这里值得注意的是"会馆内供奉的华光大帝"和"粤剧戏班演出开锣前必予祭拜"之说。虽然尚不能确定这里所说的粤剧戏班演出是否始于清代，但既然有粤剧戏班演出之事，那么作为群众基础，必有相当多的华侨喜欢传唱粤剧戏曲，而华侨在当地传唱粤剧戏曲可以肯定出现在清代。无论如何，华侨供奉华光大帝一事本身就很引人注目，这里应稍加一提。华光大帝俗称"火神爷"，过去粤剧伶人忌火，便奉华光大帝为祖师爷，凡新戏台落成、开新戏或戏班出外演出，必祭拜华光大帝。每年农历九月二十八日是华光大帝的诞辰，粤剧戏班会举行隆重的祭祖师活动。时至今日，许多粤剧艺人仍保留着过"华光诞"的习俗。如前所述，海峡殖民地的粤籍（主要是广府籍）华侨对粤剧十分钟爱，北婆罗洲的粤籍华侨对粤剧也一样热情不减。这里所提到的"粤剧戏班"，可能是广惠肇会馆自组的戏班，也不排除是从国内邀请前去演出的粤剧团，尚有待确考。但不管怎样，粤剧戏班一事，多少抹去了人们对北婆罗洲"文化沙漠"的印象。不过，冷静地看，当时北婆罗洲华侨对粤剧戏曲的传唱乃至粤剧戏班的演出，只是华侨群体内部的事情，不大可能流传到当地民族中夫。

（三）两个香山籍社团：沙巴中山会馆与香侨公会

沙巴中山会馆应成立于光绪二十三年（1897）年以前，因为该会馆曾从一块石刻中发现有"1897年香邑众乡梓立"的碑文。此石碑出土于大伯公山，此山为该会的香邑（即今中山）坟场。从石刻年代推算，1897年，该会馆先贤已于该会属下的坟场树碑，以志乡众集体在此拜祖，慎终追远。这应是该会春秋二祭之始，亦应为乡众结社的开端，原因是，如果该会馆当时不属社团组织，是不可能获得补拨地来建立香邑专用坟地的。[②] 而"香侨公会"约建于宣统二年（1910），又称"铁城会馆"（1925年改名为"沙巴山打根中山公会"）。

这两个中山籍华侨社团成立的时间相隔不远，但迄今没有资料表明它们之间的关系。从两个社团的名称来看，沙巴中山会馆所"辖"范围为全沙巴，"香侨公会"改名后称"沙巴山打根中山公会"，所"辖"范围只限于山打根，由此可

---

① 据纳闽广惠肇公会网站。
② 据《马来西亚沙巴中山会馆》，《中山旅外侨团》，中山海外联谊会网站，2006年7月4日。

见后者的会员来源主要是山打根一带。就沙巴华侨的发展史而言，山打根是一个重要发祥地。前者当时的总会址所在地不详，可能是在另一个地方。虽然号称所"辖"范围为全沙巴，但一般并不可靠，很可能是因为其会员来源地分散，但仍然集中在某个地方。如果是这样，这两个中山籍社团就应该是各管一边，彼此的会员可能并不重叠。

二、福建籍社团

（一）古晋福建公会

古晋福建公会是同治十年（1871）成立的，但早在道光二十一年（1841）英国人詹姆士·布鲁克成为砂拉越第一代拉者之时，古晋河一带就是福建属人士的侨居地。为祈求平安与福祉，他们建立了神庙以及管理神庙的组织。这便是福建乡属公会组织的雏形。当时的寺庙负责人便是其所属组织的领袖。后来，福建属的漳泉人纷纷从各地蜂拥到砂拉越从商或开垦。由于人数逐渐增加，王友海等人遂认为有必要成立同乡会，借此救济贫困同乡，协助解决福建属对内外的诸多繁杂的事务。于是，在同治十年（1871），古晋福建公会便从寺庙形态蜕变成为以"福建公司"名称出现的社团组织。当时的福建公司在协调同乡内部的摩擦，润滑、缓冲同乡与政府、他属人士之间的关系等方面，均扮演着非常积极的角色。王友海因在各方之间折冲樽俎，劳苦功高，便成为福建公司的总理。后来他定居新加坡，总理一职便由王长水接任。但一直到1930年，"福建公司"才改名"福建公会"，当时仍以漳泉人为主。到了1942年日治期间，福州公会、诏安会馆、兴安会馆、梅山公所均属于福建公会。至此，古晋福建公会才真正名正言顺地成为福建帮的总领导机构。

古晋福建公会一百多年来，除了创立了凤山寺于花香街及友海街交接处，还在姆拉得峇青山区设立青山岩，以庇佑乡侨，并于1912年在达闽路创办福建学校，为乡侨提供教育场所，同时在多地设置义山。

这里值得一提的是位于古晋砂拉越河口左岸的古晋青山岩。今天它是位于古晋北市管辖地区内的一个马来渔村——Kampung Muara Tebas 里的一座大佛庙。光绪二十九年（1903），青山岩主庙进行过大修建。当时庙里的住持为释大庆，监院僧为振福。大雄宝殿牌匾今天仍挂在主殿的横梁上，1903年捐款修建此庙的"大德商号"全部刻在庙里的一块石碑上。在此之前的情况则没有历史记录。1984年5月1日，古晋福建公会正式接管青山岩的行政，此是后话。

一般相信，青山岩原有的小庙经过数次扩建后才成为一个大寺庙。依据 Kampung Muara Tebas 的口传历史，在两百多年前，华巫两族已在这里做生意。

山丘上已经建有青山岩，当时庙宇很小。至于青山岩的建立，则有两种传说。一说在两百多年前，许多中国人乘帆船来到砂拉越，在安全抵达砂拉越河口后，为了答谢妈祖一路保佑平安，就选择在最好的风水地——砂拉越河口左岸山丘上建一座寺庙，按时朝拜。以后到来的移民或回中国的移民，都在这里朝拜，答谢妈祖一路保佑，或祈求回乡一路平安。来者还在青山岩山下的一口井取水冲凉与饮用，以求水土合宜（这一类传说在早期华侨下南洋的故事中颇为流行，是可信的）。另一说是，在两百多年前，许多华侨来到砂拉越做生意，青山岩后面的光头山遂成为一个贸易站。他们将佛祖、菩萨与妈祖供奉在一个好风水的地方——砂拉越河口左岸的山丘上，以求保佑生意兴隆。据说他们需要淡水源头，便依佛祖的指示，在青山岩山下悟玄亭左边处掘得一口大井，果遂其愿，取得了充足的淡水。从此 Kampung Muara Tebas 也就成为砂拉越的河口对外贸易站之一。不表哪一说更为准确（可能两种情况都存在），重要的是，两说都与华侨南渡砂拉越有关。早期从中国来的船舶每到一个码头，都要筹银建庵、建庙，安置所崇拜的水神，也为同胞登岸时有个祈祷和休息的场所。这种庵通常用亚答树木和木材筑成，极为简陋，半遮风、半漏风，半挡雨、半滴雨，聊且落脚。青山岩也应是这样，华侨到达这里后，都在青山岩举行酬谢神灵的活动，久而久之，这里便成了华侨向神灵求佑的圣地和固定的聚会地，后来逐渐成了贸易站。

（二）诗巫福州会馆

诗巫本来只是当地马兰瑙人居住的一个小村庄。英国人詹姆士·布鲁克将砂拉越开拓为殖民地后，处于拉让江中游的诗巫便成为通往内陆船只的中转站，经济活动也开始增多。福州人的到来更使其成为一个贸易中心。随后，来自福州、广州和厦门的商人逐渐将诗巫变成州内重要的木材集散地，华侨社区也在此发展起来。19 世纪后，英国人在诗巫建造了堡垒，促进了当地商业的发展，其中的著名交易点当以丹绒马令（Tanjung Maling）和加拿逸最为著名。

诗巫之有福州籍同乡居住者，始自港主黄乃裳于光绪二十七年（1901）率梅、古两邑乡人来此垦荒时。光绪二十八年（1902），为了让同乡工暇有一个聚首之地，福州同乡便在诗巫市设立"福州会馆"。由于当时人数不多，垦场（即"华侨农业区"）范围不大，大家朝夕相聚，犹如一家，可见会馆初时的主要功能是共话桑梓乡情，功能单一，当然也可力所能及地为乡亲做一些排忧解难的事情。后来，南来的乡亲越来越多，垦场范围越来越广，会馆的日常事务必然越来越多，乡亲对会馆的期望和要求也会越来越高，这促使会馆的功能走向多样化。至宣统元年（1909），有乡贤许逸夫提出扩大会馆组织，将福州会馆改名为"光远社"，共同发展华教事业，同时办理慈善事业。会馆改名的目的显然是要与会

馆功能的扩大相称。到 1925 年，光远社专办同乡慈善事业，遂再改名为"光远慈善社"。会馆的功能复走向专一化。①

三、潮州籍社团

（一）古晋潮州公会

在三代白人拉者统治期间（1841—1947），砂拉越的华侨人数增长很快，由 1 000 人增至 147 000 人，其中有不少是潮州人。②"古晋潮州公会"成立于同治三年（1864），可见其时潮州华侨人数已经不少。

但古晋潮州公会的历史可追溯到更早时候出现的"上帝庙"（潮籍人称"老爷宫"），一说 1864 年潮州人在古晋成立的社团叫"义安郡司事"，后来才改称"古晋潮州公会"。③应以后说在理。那么，该社团经历了"上帝庙—义安郡司事—古晋潮州公会"三个阶段。现在除了义安郡司事可知成立于同治三年（1864）外，其余两者尚不知道其成立时间。

该社团曾先后拥有 4 块墓地，其中最早的一块位于博物馆公园，现为古晋市中心，一个世纪以前那里尚一片荒芜。光绪三年（1877）五月二十六日，当地统治者批准将此片大约 29 英亩的土地免费拨给潮州人作为公冢，④说明当时居住在这里的潮州华侨已经不少。

中国人重视"始祖"或"始源"性的事物，因此最古的"上帝庙"，便成了潮籍人的崇拜之地，今天也成了潮籍人在古晋生存发展的历史见证。但上帝庙不仅属于华侨，也属于居住在这里的所有民族，它已成了古晋历史不可缺少的一部分。估计上帝庙最早为潮州华侨所建，后来为华侨和当地民族所共有。今天的古晋潮州公会大楼离上帝庙不远，是两座建筑物，但实际上二者在历史上密不可分。

上帝庙的历史地位之所以重要，是因为潮州人在古晋历史发展的进程中贡献巨大。据说大约咸丰十年（1860），古晋城 90% 的商店为潮州籍人所经营，当时主要分为"顺丰街"、"长兴街"以及"木扣街"三个区，分别组成三个公司，即"顺丰公司"（1933 年改名为"潮侨公会"，1938 年改名为"潮州公会"）、"长兴公司"和"木扣公司"。三个区中，顺丰街的富商、大贾为多，因而顺丰公司资力雄厚，提缘募捐之事轻而易举。随后，顺丰公司便代表潮籍乡亲主持他们供奉的上帝庙。上帝庙于道光二十四年（1844）曾两次遭火劫，后又多次重

① 福州市地方志编纂委员会编：《福州市志》（第八册），纺织出版社，1998 年。
② 杨锡铭主编：《海外潮人史话》，中国文史出版社，2009 年，第 32 页。
③ 杨锡铭主编：《海外潮人史话》，中国文史出版社，2009 年，第 32 页。
④ 杨锡铭主编：《海外潮人史话》，中国文史出版社，2009 年，第 32 页。

修，公司几经易名，但管理上帝庙的义务一直延续下来。

今天，潮州公会仍每年举行元宵节、中秋节以及春节晚会。在联欢活动上，有用潮州方言举行的"讲古"比赛。这里还会举行一年一度的潮州公会年会。在每年的元宵节，供奉上帝庙的街道一定是人群拥挤，香火鼎盛。上帝庙前，还会按照潮人的习俗，搭戏台，演潮州戏。这一切都是经过精心准备的，场面热闹非凡，潮州锣鼓、舞狮、潮州音乐一样不少。① 可以肯定的是，这些潮州民俗在清代都已经存在，但它起源于何时，在清代时是以怎样的生态形式存在？这些问题还有待仔细考实。

（二）义安郡

光绪七年（1881），英国皇家公司开始管理沙巴州。当时该公司招募华侨到该州开发农业。于是，大量华侨移居该州。在斗湖，潮州华侨移居最早，与当地经济同步发展。山打根是潮州人的主要聚居地之一，据说"斗湖"一词也来自潮语。在此形势下，山打根的"义安郡联谊会"于光绪十五年（1889）成立②（简称"义安郡"，到1923年始改为"山打根潮侨公会"）。

社团初建时，义安郡的组织形式和活动内容比较简单，旨在谋求同乡福祉，主要功能是进行春秋二祭和在当地举办一年一度的"三圣宫"神典，协助同乡办理红白事等。义安郡分设理事会和监事会，首届会长为荣顺行的刘潮合，监事委员会主席为曾少恭。③

有关义安郡的历史资料极少，但基本上可以肯定义安郡的起点与同为潮籍会馆的古晋潮州公会有类似之处。义安郡的会员以潮属商号为单位，说明它是由商人发起成立的。但义安郡跟古晋潮州公会似乎又有细微的区别：前者以商号为单位，说明在捐资时是以某种大家认同的公平方式进行的（当然捐资多少应是力所能及的）；而后者可能是一些富商、大贾自愿捐资成立，还有相当比例的乡亲属于比较贫穷、没有多少能力捐助的阶层。

四、客家籍社团

客家先民早在19世纪下半叶就从广东的梅县、大埔、陆丰、兴宁、揭西、惠阳、东莞、宝安及福建永定来到砂拉越开荒与垦殖、开采金矿，落地生根，繁

---

① 参《古晋的潮州文化》（署名"chaoren"，应是"潮人"之意），潮州风情网网站，2010年3月1日。

② 杨锡铭主编：《海外潮人史话》，中国文史出版社，2009年，第33页。一说该社团名只称"义安郡"，无"联谊会"三字，待考。

③ 据潮州风情网网站。

衍生息。他们重视传承客家文化，弘扬客家精神，勤俭耐劳，崇文重教，爱乡念祖，为故乡和砂拉越的社会经济发展、文化教育事业作了巨大的贡献。从清末起，客家人成立的社团就不少，但在清代，比较重要的客家会馆有古晋嘉应五属同乡会和沙巴客家公会。

（一）古晋嘉应五属同乡会

古晋嘉应五属同乡会成立于同治十三年（1874）。其时夏杰儒捐献工场木屋一隅作为会所，经 11 年努力，于光绪十一年（1885）建成一座两层楼会所。该会所位于古晋市亚答街 52 号，原名应和馆（1928 年经杨鹏修、梁其中等倡议改为今名）。宗旨是：联络乡亲，促进乡谊，谋求福利。1918 年，由夏维汉和梁竹君等在会馆内创办公民学校。①

（二）沙巴客家公会

在沙巴最大的非原住民族群中，客家人居多。客家先民约自 19 世纪 60 年代起就由中国陆续南迁至沙巴山打根一带，沙巴客家公会于光绪十二年（1886）创办。可惜有关清代沙巴客家公会的资料难以寻觅。

五、海南籍社团

（一）古晋海南公会

古晋海南公会创立于光绪十年（1884）以前，前身为天后庙。天后庙之所以改建为公会，是因为南来的海南同乡日渐增多，天后庙不足以应付。但该公会随后在 1884 年的一场大火中焚毁，于光绪十一年（1885）重建。这样说来，天后庙应建于 1884 年以前的很多年。到光绪三十年（1904），古晋海南公会在三角坡增购三间店屋，其中两间作为同乡落脚地，另一间做殡仪馆，命名为"回春馆"。

（二）琼州会馆/山打根海南会馆

沙巴的山打根海南会馆前身为"琼州会馆"，创建于光绪二十八年（1902）。山打根海南会馆也设有天后宫，内供奉天后圣母、水尾圣娘、关帝、财神、福德正神、108 兄弟公等神位和神像。

清代华侨在北婆罗洲建立的社团肯定不只上面所述。就目前所知，清末潮州人建立的社团还有"纳闽潮州公会"和"斗湖潮州公会"，海南人还建立了"纳

---

① 据华夏联通网。

闽海南会馆",另外还有不知地籍的社团如"诗巫光远慈善社"等。由于年深日久,人事与世情变异,有关这些社团的具体情况均已不详。其实,上面所述的各社团情况都不同程度地存在这样或那样的混沌现象。

上面所说的这些地缘社团的创建时间在 19 世纪中叶到清末约半个世纪内。由于北婆罗洲华侨分布的范围非常广,相互联系不方便,故这些地缘社团主要是因应自身需要而成立的。应该看到,在北婆罗洲建立社团所遇到的困难比其他地方大。由于这个地区开发滞后,生存和发展基础较差,成立社团所需要的必要条件诸如资金、房舍和设备等,筹措起来比较困难。在经济比较发达的地方,往往只需一些华侨富商的捐款便可使问题迎刃而解,但在北婆罗洲各个地籍华侨群体中,一般没有明显的华侨富商,成立社团所必需的资金、房屋和设备等往往靠各自地籍的成员集体捐赠,有钱出钱,有力出力。

还有一种情况是,在需要成立一个凝聚乡亲的地缘性组织,但又无力成立的情况下,一些地缘性的华侨群体便以其他的方式来替代社团。如上所述,道光二十一年(1841),古晋河一带的福建属人士建立了神庙以及管理神庙的组织,直到 30 年后的同治十年(1871)才成立福建公会。无论是从会员的聚集频率,还是对会员的服务来看,神庙的功能应远逊于后来的福建公会。又比如,古晋潮州公会在同治三年(1864)成立之前就有一个叫"上帝庙"的组织为乡亲服务,上帝庙自然有宗教和民俗的功能,也有一定的为乡亲进行日常服务的功能,不过后一功能应逊于后来成立的正规社团。至于其他地缘社团,虽然没有发现在其成立之前是否存在这样的情况,但不排除曾经存在过为乡亲服务的松散机构。

与这一落后环境和条件相对应的是,北婆罗洲各个地缘性华侨社团不得不把主要精力集中在社团的基本运作和主要服务事项上,例如,生老病死、柴米油盐等,这些是华侨乡亲最需要和最关心的。社团的基本作用便是集中精力解决这些问题。在温饱问题得到有效解决之前,文化与精神方面的需求往往显得软弱乏力。由此便不难明白,为什么在北婆罗洲华侨社会中,清代的华侨社团传承中华文化一类的活动显得比较薄弱了。

虽然覆盖北婆罗洲华侨社会的基本组织形式是地缘社团,但并不等于地缘社团是这个地区的唯一组织形式。在世界上影响极大的姓氏组织——沙巴州杨氏,便最早与北婆罗洲结缘。据史料记载,明永乐年间(1403—1424),浙江绍兴人杨云川曾随军渡海去北婆罗洲,即今马来西亚沙巴州。杨云川在此长期羁留,并与当地鲁顺族酋长女儿相爱、结婚。公主后因杨云川遇难而为夫跳海殉节,留下了"寡妇山"的美丽传说,今天,这里成了游览胜地。但杨云川没有在沙巴建立过华侨社团。后来还有原籍福建漳州长泰人杨原抄(1858—1925)于光绪三年(1877)只身南渡,抵达新加坡,寄宿同乡宗亲会馆中,后又移居砂拉越,经过

艰苦努力，于古晋创建社团。他也成了当地著名的实业家和华侨领袖。杨姓向海外移民的范围很广，其组织遍布今泰国、马来西亚、印度尼西亚、菲律宾、斯里兰卡、孟加拉、越南、缅甸、老挝、柬埔寨等国家。

又据说，到同治十二年（1873），砂拉越已经成立了各族人士的总商会。该会包括了欧、华、印度和马来各族商业团体。重要的是，华商在其中所起的作用最大，对促进砂拉越的商业所作的贡献也最大。虽然该商会不完全是华侨自己的商会，而是一个跨民族的商会，但它的成立说明在晚清，北婆罗洲的华侨商业已取得了一定的发展。当然，也可以这样理解：当时的华侨商业总的来说还不够强大，故难以离开其他民族成立自己的独立商会。

第二节　华侨教育简况

早在同治九年（1870），古晋就出现了私塾。据记载，当时古晋石龙门沙南坡的华侨设立了一所私塾，招收 10 名学生。这可能是砂拉越最早的华文教育机构。[①]尽管这个私塾规模很小，但这件事本身就可说明，北婆罗洲华侨虽然生存环境极为艰难，却没有忘记对后代的教育，因此，华侨学校的出现就顺理成章了。

光绪二十五年（1899），古达镇已设有一所乐育小学，不过可能属于旧式的私塾学校。[②] 到光绪二十八年（1902），布鲁克在古晋市开办了两间平民学校，专门招收华侨子弟。[③]这两间平民学校带有"官办"性质，不清楚其所教授的是华文课程，还是英文课程。不管怎样，在当时的情况下，这对开展华侨教育是有益的。光绪二十九年（1903），黄乃裳率领华族移民开垦砂拉越诗巫，垦区内集中居住了不少华侨。教会在这些垦区创立学校，并称之为"垦场学校"。这种垦场学校一般规模较小，只办小学。[④]宣统元年（1909），渣打公司成立了一个州教育局管理当地教育事务。到宣统三年（1911），北婆罗洲已有 8 所私立华小。[⑤]

诗巫的福州华侨十分关心后代的教育，在这方面，教会的作用居功至伟。早期，诗巫教会与学校犹如一对孪生姐妹，形影不分。港主黄乃裳本人就是一位虔诚的基督教徒，而很多跟随他南来的华侨也笃信基督教。他们克勤克俭，节衣缩

①　魏华仁：《东南亚华人教育大事志》（一），《华人月刊》1990 年第 1 期，第 40 页。

②　宋哲美编：《北婆罗洲、婆罗乃、砂捞越华侨志》，华侨志编纂委员会，1963 年，第 16 页。

③　魏华仁：《东南亚华人教育大事志》（一），《华人月刊》1990 年第 1 期，第 31 页。

④　魏华仁：《东南亚华人教育大事志》（一），《华人月刊》1990 年第 1 期，第 32 页。

⑤　宋哲美编：《北婆罗洲、婆罗乃、砂捞越华侨志》，华侨志编纂委员会，1963 年，第 16 页。

食，每到一个地方必先集资创办教会，兴办学校。垦场学校就是这样办起来的。

当时到砂拉越古晋进行宣教的教会有：英国圣公会属下的"福音传播会"，于道光二十八年（1848）到此地传教，后该会成为"婆罗洲圣公会"；罗马天主教会，于光绪七年（1881）前来传教；福州美以美会，前来传教的时间是光绪二十七年（1901）；卫理公会，传教时间是光绪二十九年（1903）。上述教会除宣扬教理外，也从事社会福利和教育工作。当时开办垦场学校的是诗巫基督卫理公会，即卫理会。从时间上看，该公会应是在这里传教的同时办起了垦场学校。

除了垦场学校之外，卫理公会和别的教会可能还办过别的学校。一般来说，这些教会开办的学校多半以官方语言——英语为教学媒介。第一代华侨基本上都是前来垦荒的成年人，所以教会学校的学生的主要来源是本地出生的华族男童。对于男童来说，犹如在一张白纸上绘画、写字，是没有任何负担的，关键是家长的态度。当时这里的华侨家长对于后代教育的愿望是双重的，一方面，希望下一代学习中国的语言文化；另一方面，他们极其重视正规教育，又希望他们的子弟在学习统治者的语言与生活习惯后，将来在商业上或政府里可以得到更好的发展机会。更确切地说，是希望两者兼而得之。但现实情况是，当时这里没有华文学校。教会办的学校是英文学校，不是专门面向华侨子弟的（垦场学校可能是个例外），而是面向华侨居住地所有民族的（当然有没有适量的华文课程现在尚不知）。于是，华侨家长只能把自己的子弟送到教会办的英文学校中去。这样，华侨子弟跟别的民族的子弟一起上学。在这样的情况下，教会办的学校虽然可以使在这里生存发展的华侨后代免却文盲之苦，使砂拉越当地各民族获得了多元正规教育的机会，然而也让大多数希望后代学习中国语言文化的华侨留下不少遗憾。当然，当时砂拉越也存在着一些华文学校，却无法让所有华侨后代都有机会接受一定程度的华文教育。结果，砂拉越的华侨社会就因为所受的教育不同——一自华校，一自英校，逐渐形成了两个在思想和生活上截然不同的壁垒。处于两个壁垒的华侨，不但教育不同，经济情况不同，社会地位也相差很远。

顺便一说，在上述基础上，砂拉越的华校在中国辛亥革命后兴办日盛。闽籍华侨经砂拉越政府同意设立了第一所华人学校——福建学校，此后陆续举办的有崇本学校、益群学校、大同学校、民德学校等。1912年至1925年是砂拉越华文教育的自由发展时期。砂拉越政府采取放任、不干涉政策，因此，兴办的学校特别多，学校普遍采用中国出版的课本，并唱中国国歌，学生每天举行仪式向孙中山先生致敬，如同中国内地学校一样。由1920年起，砂拉越各地华校放弃方言教学，普遍采用普通话（华语）教学。[①] 但这些都是1949年前的事情了。

———————————

① 魏华仁：《东南亚华人教育大事志》（四），《华人月刊》1990年第4期，第42页。

第十八章 荷属东印度群岛

从 1 世纪起，印度尼西亚就先后受到印度文化、中国文化、伊斯兰文化和西方文化的影响。荷属东印度群岛也是华侨下南洋最早到达和定居、最早带来自己的民俗文化乃至建立社团的地区，但是，直到清代结束，华侨都还没有遍及如此广袤的区域。然而，华侨在他们已经居住下来的地方，一直致力于社团的建设与中华传统文化的传承。

第一节 荷属东印度各类型华侨社团

一、最早的慈善福利型社团

华侨初到异国他乡，最迫切、最重要的事情莫过于团结互助以应对和解决急难问题。在早期，"悠悠万事唯此为大"的问题就是办理丧葬，救济孤、贫、病、残等属于私人慈善福利的问题。到了后来，随着华侨的安居乐业，慈善、福利问题便逐渐扩大到创办学校、医院等公共慈善福利方面。

清代荷属东印度群岛的私人慈善福利华侨社团应从"华侨义山"说起。

华侨义山，或者华侨义冢，历来就是华侨始创的用作埋葬死者的地方，一般建立于华侨到达居住地之初。其时绝大部分移居南洋的中国移民为男性单身汉，且有相当一部分无法结婚成家，有的因贫病交加或鳏老寡幼逝世，既无直系亲属和足够的钱来料理丧事，也无合适的葬地。有鉴于此，侨居地的一些侨领及侨商出于同胞情谊、宗亲关系和道义责任感，倡议购置一些山地作为义山或义冢。

《开吧历代史记》记载，早在顺治七年（1650），荷属东印度巴城雷珍兰郭训观与其兄郭乔观，因土人不准华侨埋葬于班牙墓地，丧死者因葬地为患，乃以郭乔观为首，招募华侨，请各量力捐金，创建华侨义冢。众人皆从，买东冢之地一所，用一人为土公，管理葬事。而华侨丧葬始无犯禁之苦。这是荷属东印度华侨设置义山、义冢之先导。据认为，这块冢地是南洋地区最早创办的义冢之一。以后荷印各地华侨及侨商相继设立义山或义冢，如三宝垄于嘉庆二年（1797）在詹地（Tjandi）设立华人坟场"同归所"。①

但根据上述资料，这座由华侨于顺治七年（1650）建立的最早义冢还不能被看成是一个社团。因为这段材料没有说明这座义冢是否具备社团所应该具备的组织特征。那么，荷属东印度群岛早期其他华侨建立的义山或者义冢是不是某一种华侨社团的表现形式，抑或孕育着早年华侨社团的雏形？现在回答这个问题似乎为时尚早。但是，换一个角度来看，在华侨建立的义山或者义冢中，至少有大部分（如果不说是全部的话）后来都逐渐演变成了华侨社团。例如，泗水惠潮州嘉会馆便是由华侨义山演变而来。据立于该会馆后堂两侧墙上的两面古老石碑记载，会馆于清嘉庆二十五年（1820）呈请当地政府批准成立时，所取的原名就是"清明众义冢公祠"，到咸丰六年（1856）改名为"广东公祠"。类似的例子肯定还有不少，有待仔细挖掘。同治四年（1865），福建华侨成立了"总义祠"。

除了这些专门处理丧葬事务的"义祠"类组织外，还有范围更大的包括"义祠"事务和救济孤、贫、病、残等事务的社团组织。例如，雍正七年（1729）巴达维亚华侨成立的"养济院"、光绪二年（1876）三宝垄华侨成立的"文献堂"和1895年井里汶华侨成立的"福寿会"等，② 都属于这类社团。可以说，慈善福利型社团的产生并不受时代的限制，它们的成立贯穿于华侨社团历史的始终。不同的是，在华侨移民的早期，这类社团的作用特别突出，几乎主管了华侨社会的全部事务，到了后来，其功能越来越分散，逐渐融汇到其他类型社团（如同乡会一类地缘社团）之中。下面以作为公共社团的宗教寺庙为例做介绍。

这里应提及印度尼西亚爪哇岛三宝垄市仍有供奉郑和的三宝庙。它是海外最古老、规模最大的纪念郑和的庙宇。据说郑和（可能是他的分踪船队）在三宝垄附近登陆时，那里原已有一个清真寺。明永乐九年（1411），郑和在他部所驻扎的石洞内另建了一个清真寺。在明景泰元年至成化十一年（1450—1475）间，当地居民（主要是华侨）把清真寺改为三宝庙，在庙内放置了郑和塑像。在郑和船队曾经到过的东南亚国家，当地的华侨都建起了三宝庙，有的国家的三宝庙还不止一处，一般都是明代所建。三宝垄的三宝庙也是明代所建，后来的每年六月三十日，在爪哇居住的华侨都会到此庙进香，纪念郑和。这一点跟其他地方的三宝庙没有多大区别。但三宝垄的三宝庙有一点不同，就是它在清代的"重建"以及在凝聚华侨乃至形成三宝垄华侨聚居地和城市发展方面发挥的独特作用。

起初三宝垄的三宝庙很简单，庙里除郑和雕像外什么都没有。但是，据说三宝庙很灵验，有求必应。另外还有一个传说很重要：自从郑和船队到达三宝垄的

---

① 吴凤斌主编：《东南亚华侨通史》，福建人民出版社，1994年，第756页。

② 福建省地方志编纂委员会编：《福建省志·华侨志》，福建人民出版社，1992年，第41页。

西蒙岸，原来住在爪哇各地，如南望、杜板、拉参、惹巴拉、维拉汉和普亚兰等地的华侨，也有人搬到那里。西蒙岸背山靠海，据说那里风水好。当时在西蒙岸居住的华侨不少，有的住竹屋，住久的人慢慢有了钱，就盖起了石屋，所以西蒙岸地区也叫克通帕都（Gedung Batu），即"石屋"之意。那个地方属三宝垄西区，而荷兰人的大本营在北区与中区之间的柔哈尔（Johar）地区。荷兰人为了就近管理华侨的商业和其他活动，以新河（Kali Baru）为界，划定华侨居住在北边，东边和南边以河为界，而西部以旱地为界。崇祯元年（1628）左右，荷兰殖民者强迫华侨离开老城西蒙岸石屋风水宝区，搬迁到被指定的新河地区。华侨们商定从西边开始建新城，街道风水是南北走向比较适合。所以华侨所建的第一街为木板街（Beteng），由于这条长两百公尺左右的街道都用木板做大门，整条街像一个大碉堡（Benteng），因而慢慢地，街名也从"Beteng"读成了"Benteng"，直到现在。后来搬迁来的华侨多了，街道越建越多，先后有新街（Gang Baru，后称西街，又称旧街）、中街（Gang Tengah）、东街、后街（Gang Belakang）、甘蜜街（Gambiran，因此街的华商从廖省输入甘蜜、黑儿茶）、甲板街（因此街有很多雕刻木板的木匠，后因街里有了铁店而改叫铁店街，Gang Besen）。这 6 条并行的街道都是南北走向的。后来再建四方形的环城街，东段叫边街（Gang Pinggir），也叫东街。西段因出售藤席而叫藤席街（Pelampitan），南段因刚好有19 个店位而叫"十九间"（Capkaokeng），北边因有许多专卖杂货和小食品等的亚弄店而叫"亚弄街"（Gang Warung）。总之，三宝垄由华侨、华商建立的事实是不可否认的。

华侨每到一地都建寺庙，供奉土地公、财神爷、观音菩萨、关公等祈求平安。最早的寺庙是乾隆十八年（1753）建在新街口、十九间街上的"寿福堂"，是一个供奉土地公的小庙，接着在后街建"观音亭"。乾隆二十一年（1756）在甘蜜街口建"郭六官祠庙"。三宝垄华侨华人集资于乾隆三十六年（1771）在新河的北岸辣椒巷（Gang Lombok）购买了近两千平方米的土地，建筑规模宏伟壮观的"大觉寺"。这个大觉寺不但是三宝垄，也是中爪哇华侨华人首屈一指的大寺院。中国的和尚来到中爪哇，都先到大觉寺，然后才到其他寺庙。此后，观音亭搬到了大觉寺里。

咸丰八年（1858）农历五月初一，三宝垄华侨华人从故乡定做的保生大帝金身用专用船只运到三宝垄港口。华侨华人在祥龙、瑞狮的引路下，去港口迎接。保生大帝金身由大觉寺的住持抬入八人大轿，在祥龙、瑞狮的簇拥下，从港口启程，一路上敲锣打鼓巡游唐人街各街道，然后供奉在大觉寺内进左侧的神殿里。保生大帝金身从祖国南来，也带来了乡亲的关怀与问候。

保生大帝进入大觉寺后，华人除每年一度到三宝洞祭祀外，平时，都是对着保生大帝的金身当三宝公来祭祀。久而久之，人们就把保生大帝当作三宝大人。"宝"和"保"两个字对华人来说，还是"保佑"更重要，所以就在保生大帝的神殿上挂起三保大人的旗幡了。华侨称保生大帝为"小三保"（Sampoo Cilik）。

从咸丰八年（1858）起，三宝垄的华人在每年农历六月三十日去三宝洞祭祀三宝大人时，都把保生大帝金身（小三保）抬去三宝洞。六月二十九日晚上，大觉寺非常热闹，外地的华人也来了。晚上，人们把小三保从神殿中搬出来，放在轿子上。待到二十九日晚上十二时，也就是三十日零时，队伍出发。前头是祥龙、瑞狮开路，后面是小三保金身乘坐的八人大轿，包括友族人士在内的成千上万人跟在后面，半夜里锣鼓喧天，其热闹的程度甚至超过春节（当地华人称"新假"）。后来华侨华人再从中国引进三宝大人雕像，放在大觉寺，代替了保生大帝的位置。这样，三宝垄就有了两尊三宝大人的雕像。原先的一尊在三宝洞为第一尊，后到的一尊放在大觉寺为第二尊。每年农历六月三十日零时，华侨用八人大轿抬着第二尊三宝大人金身在祥龙、瑞狮的引路下，敲锣打鼓地从大觉寺出发，整个三宝垄都沸腾起来了。大约走了十公里路，到了三宝洞，人们把第二尊三宝大人神像放在三宝洞里的第一尊三宝大人神像的前面对坐着，直到中午十二时原班人马从三宝洞把第二尊三宝大人神像抬回大觉寺。这时人们把轿杠向大觉寺的大门一碰，意思是通知三宝大人回来了。这前前后后十二个小时的活动叫做"赴宴"，也称"充电"。

光绪五年（1879），三宝洞附近土地的"岁索路金五百"的犹太人宋仔逝世，土地要出售。当时的富商黄志信（东南亚糖王黄仲涵的父亲）亲自去投标，以高价获得土地，接着就修建三宝洞大殿及凉亭，一直沿用至今。至今留下两块碑石，可为历史见证。上刻："荷兰壹仟捌佰柒拾玖年望山主人黄志信敬勒"字样。黄志信集资购买三宝洞土地，是为了把三宝洞修建好奉献给普罗大众。黄志信又在三宝洞旁，建一凉亭，为前来祭祀的妇女和小孩提供休息的地方。①

昔日巴达维亚（今雅加达）的中式庙宇甚多，其中有四大庙宇比较著名，即金德院、观音庙、神庙和玄天上帝庙。这四大庙宇的所在地相距不远，金德院在班芝兰，观音庙在新巴刹，神庙和玄天上帝庙都在安卒。

四大庙宇中又以金德院最为著名，建筑规模最大，为荷属东印度华侨于顺治七年（1650）建于巴城，属最早的华侨寺庙。庙里还有一张清雍正二年（1724）时的旧木桌，是金德院初建时遗留下来的古物。原称"观音亭"，乾隆四十年（1775），这座观音亭改名为"金德院"，② 金德院正殿供奉观音菩萨，此外还有

---

① ［印尼］林义彪、黄添福：《三宝太监郑和与三宝垄市》，艺龙网，2012 年 12 月 10 日。
② 许云樵校注：《开吧历代史记》，《南洋学报》1953 年第 1 期。

玉皇大帝、福德正神、关圣帝君、天上圣母、泽海真人、城隍爷、达摩祖师、十八罗汉、花公花婆等受到华人广泛崇拜的神明。金德院应是最先供奉观音菩萨，别的神明应是后来附设上去的。

乾隆十五年（1750）左右，三宝垄市华侨也在巴列甘邦（Bale Kampan）建了一座观音亭，为华人甲必丹、华侨糖商陈映（别名文焕）和雷珍兰许鹏（号大忠）所建。

乾隆三十六年（1771），华侨又筹资在江街（后改称龙目巷）新建大觉寺，将上述观音转移到此供奉，并供有"大伯公"土地神像。

到18世纪末，三宝垄华侨社会已先后建立了大觉寺、东街、振兴街、慢帕街、郭六宫等六处寺庙。① 它们都成为华侨共敬神灵、联络感情的聚会之地。

同治四年（1865），由钟应标、钟仕标等十余名客家富商发起，于石桥街（Jembatan Batu）49号建立了巴城义祠，旨在保存当地任何宗族华侨的神主。

这里应指出华人甲必丹在华侨社团建立过程中的作用。在荷属东印度地区，甲必丹制度本是殖民当局"以华制华"、"分而治之"政策的组成部分。甲必丹（广义上也包括玛腰、雷珍兰等），本是荷兰殖民当局委任的华侨领袖。明万历四十七年（1619）十月十一日荷属东印度公审议后指派组织管理华人事务的祖籍福建同安的华商苏鸣岗，便是荷属东印度的第一任甲必丹。到明崇祯六年（1633），又设立一名至数名玛腰和雷珍兰协助甲必丹工作。在荷属东印度，由于讲闽南方言的福建人特别多，故福建人往往成为当地华人甲必丹、玛腰和雷珍兰的首选。如三宝垄一地，自17世纪末到20世纪30年代（几乎覆盖整个清代），先后被任命的18名甲必丹，无一不是闽南人。② 但值得注意的是，这些被殖民地当局委任的华侨富商往往在华侨社团的成立和建设过程中发挥着重要作用。他们不仅为荷印当局及发展当地经济出钱、出力，也在当地华侨社会发展公益事业，包括成立华侨社团，兴办华文教育等。

二、宗亲社团

道光二十一年（1841），三宝垄著名侨商华人甲必丹陈长菁在塞班达兰街修建了一所"漳圣王庙"（后来亦称"陈圣王庙"），是福建漳州陈姓族人为追崇先祖陈元光创置福建漳州的功绩而建的，也是印尼华侨宗族性社团的开山鼻祖。

---

① ［印尼］林天佑著，李学民、陈巽华译：《三宝垄历史：自三宝时代至华人公馆的撤销（1416—1931）》，暨南大学华侨研究所，1984年，第77、84、87、115、137页。

② 福建省地方志编纂委员会编：《福建省志·华侨志》，福建人民出版社，1992年，第29页。

道光二十五年（1845），华人甲必丹、华商许玉顺以及陈烽烟、马荣周出资拆除三宝垄的华人甲必丹旧公馆，合建"公德祠"，以便于华侨求神祈福。石碑刻文表明，公德祠的修建还另有一种意图，就是救济不幸者，救济鳏寡孤儿，并且捐款开办学校，教育儿童。① 石碑下方还列有 123 位捐款者的姓名及捐款数目。公德祠是当地各籍各姓华侨都可加入的共同敬祖的祠堂，因此，这也可说是印尼最早的各姓氏宗族联合社团的雏形。印尼其他岛屿或城镇都有一些类似的观音庙、大伯公庙等庙、宇、祠、院。②

根据可考的历史文载，广东人南来荷属东印度群岛的历史最初始于晚唐（约879 年）。19 世纪前后，中国移民的海外人数日益增加，华侨组织也以各种地缘、族缘、语缘或宗教的形式开始发展起来。而印尼各地的广肇同乡会却大约在 1880 年才开始纷纷成立，与潮州、客家或其他外省人设立社团或庙宇，守望相助。20 世纪 50—60 年代是印尼华社团体的高峰期。可惜好景不长，1965 年的一场军人政变，导致全国"改朝换代"。新政权上台后，所有华人社团、学校全部被封锁、被没收，甚至庙宇也难逃此劫，以至于华文及华人风俗皆一概被禁绝，直到 1998 年新政权上台后方才逐渐解冻。1966—1998 年是印尼华人社团活动的冬眠期。

三、地缘社团

（一）福建公司/福建公所

从 19 世纪 80 年代起，印尼各地一些闽南籍同乡开始组建福建公司，并逐渐向同乡会馆演化，一些秘密会社团体也逐渐改组为同乡社团。

荷属东印度群岛地区最早成立的福建会馆是在棉兰市。光绪六年（1880），随着日里、棉兰地区种植园的开发，福建移民大量增加。由于绝大部分华侨是贫侨或契约华工，死后办理丧葬有困难，因此，当地华人甲必丹等创建了"福建公司"，主要办理丧葬等，为慈善福利机构，不是营利企业。

光绪三十二年（1906），华人甲必丹苏保全和侨商丘德清等把"福建公司"改名为"福建公所"，宣统三年（1911）一月一日正式改名为"福建会馆"。在苏门答腊日里丁宜地区，最初是由甲必丹尤奕庞倡设了福建公司，光绪二十六年（1900）甲必丹张佛寿捐献一块地基筹建会所，1928 年正式易名为"福建会馆"。③

---

① ［印尼］林天佑著，李学民、陈巽华译：《三宝垄历史：自三宝时代至华人公馆的撤销（1416—1931）》，暨南大学华侨研究所，1984 年，第 136 ~ 138 页。

② 吴凤斌主编：《东南亚华侨通史》，福建人民出版社，1994 年，第 753 ~ 754 页。

③ 温广益等编：《印度尼西亚华侨史》，海洋出版社，1985 年，第 436 页。

（二）广东公祠

据今会馆后堂两侧墙上的两面古老石碑记载，会馆于嘉庆二十五年（1820）呈请当地政府批准成立，原名"清明众义冢公祠"；咸丰六年（1856），改名为"广东公祠"。后来由于移民泗水谋生的华侨越来越多，地区及家族观念不断形成和发展，于是广肇华侨先后脱离总组织，另起炉灶，至此，公祠只剩下粤东地区惠州、潮州、嘉应州（今梅州）华侨理事及会员，成为 3 府 25 县乡亲的联谊组织，由此顺理成章更名为"惠潮嘉会馆"。据说，会馆最初的功能只是为了祭拜祖先，并帮助料理在泗水的广东籍华侨丧葬之事。后来，会馆的功能才发展到联络乡亲感情，扶贫济困，促进客家人的团结交流，传承中华文化、客家文化等。

（三）泗水惠潮嘉会馆

荷属东印度的最著名的客籍社团是泗水惠潮嘉会馆，但原先包括其他地籍的华侨。据石碑文字记载，道光十一年（1831），由许浩、詹满、冼永采及彭炬隆等先贤发动兴建会馆，出钱出力，不辞劳苦，四处奔走，向广大同乡募集资金，在 Jalan Slompretan 街 58 号现址购得地皮一块，开始建筑祠堂，但因经济拮据，只得暂时停顿。道光二十年（1840），由石玉君发起第二次建筑祠堂；[①] 咸丰六年（1856），由王容、蓝二、黄欢兴、何柏等先贤再向乡贤等募集资金，进行第三次建筑工程；同治十三年（1874），发起第四次建筑工程，建筑门楼，完成会馆全貌。由石碑文字记载可知，会馆建筑时间历时 43 年方完成，可见当时同侨大众经济上并不宽裕。后来惠潮嘉会馆曾受多次冲击，但都在众乡贤的斡旋下幸免于难。[②] 最近的一次劫难应是 1965 年的"9·30 事件"。幸好当时的申请表格注明以祭祀祖先为宗旨，方得以保存下来，但会务活动处于停滞状态，义山坟墓被挖，会馆也少有人问津。

泗水惠潮嘉会馆从建馆至今，历经沧桑，却没迁过一次会址，一如当年模样，称得上是一个奇迹，在印尼众多客家会馆中，可以说是绝无仅有。先贤在艰难的环境下，出钱、出力，才建有富丽堂皇、宽敞宜人的祠堂传留至今，遗泽后世。大门口对联书曰：广举千秋义；东成百氏祠（对联顶格贯于"广东"二字）。会馆为客式式建筑，柱廊结构，一进三厅，中堂木雕穿花屏风乃清代会馆

---

① 《印尼泗水惠潮嘉会馆》云："清道光十一年，即公元 1820 年，由许浩、詹满、冼永采及彭炬隆等先贤发动兴建会馆。"笔者注："道光十一年"为石碑文字记载，应无误。"1820 年"应为后人错注，故改为"1831 年"。

② 《会馆逸闻：会馆逃过三次关闭"劫难"》，梅州网，2009 年 9 月 17 日。

建馆之初的历史文物。正门有楹联曰："大丈夫，志在四方，破浪乘风，持筹握算，痛哭中原沦落，外患迭兴，时局如斯，身家将适；前后辈，侨居绝域，关山萍水，聚首谈心，话到铁汉楼边，梅花村畔，越台不坠，风水长流。"

（四）华侨公会宗祠（巴城义祠）

华侨公会宗祠，又称巴城义祠（Rumah Abu Hoa Kiauw Kung Hwee Jakatta），是印度尼西亚雅加达华侨的宗祠。据周南京主编的《华侨华人百科全书》载，该宗祠在同治四年（1865）由钟应标、钟仕标等十余名客家富商发起建造于石桥街 49 号，旨在保存当地任何宗族华侨的神主。光绪三十一年（1905）创建义成学校，1928 年成为合法客属团体，1931 年改名为客属总义祠，先后归客属会馆、华侨公会管辖。值得注意的是，20 世纪后，客属公会名称已不完全只限客家籍同侨，因而易名为巴城义祠。客属公会开始属广东嘉应州客家帮，为华侨同乡互助联谊性团体；后来在爪哇、巴城、西婆罗洲、邦加、勿里洞、苏门答腊岛棉兰等客家人聚居众多的地区，凡讲客家话的华侨，不论祖籍何省、何县，大都参加了这个公会。

（五）楠榜福寿会（楠榜客属总祠百氏祠）

据周南京主编的《华侨华人百科全书》载，光绪二十七年（1901），有清末到楠榜开发的 66 位客属同侨，在鹿勿冻埠创立了"楠榜福寿会"，后由谢访梅、谢三伯、徐春麟、张石福等在鹿勿冻埠倡组楠榜客属总祠百氏祠（即今楠榜百氏祠），初期因经费困难曾数度停办。宣统二年（1910）才略具规模，七月举行安炉落成黄礼，定春秋二祭，立规章，设董事会进行管理，并将福寿会并入，使祠与会成一体。

（六）广肇安良堂

印尼广肇安良堂成立于光绪二十八年（1902），翌年（1903）创办"巴城保良会馆"，宣统元年（1909）创办"巴城广肇会馆"，后于 1958 年因时局变迁关闭。1980 年由多位广肇前辈创立"椰城广肇安良堂慈善基金会"，后易名为"雅加达广肇会馆"。印尼广肇总会正式成立于 2002 年 8 月 26 日。

四、革命社团

清末，受国内革命思潮的影响，荷属东印度群岛出现了一些支持孙中山革命党的社团，此为一大特色。

（一）泗水声气会

据周南京主编的《华侨华人百科全书》载，泗水声气会的前身为同义，19世纪末 20 世纪初创建于东爪哇泗水的华侨秘密会社，以保护华侨为宗旨。因与欧印混血儿发生冲突后，于 1905 年被荷兰当局取缔。若干年后，该组织改头换面以"声气会"之名重新出现。其名源于"同声相应，同气相设"。其中部分激进成员曾支持孙中山的革命活动。1914 年声气会也成为殡葬组织，并逐渐发展到东爪哇、马都拉和加里曼丹。1927 年出版机关刊物《声气月报》（*Sing Khie Gwat Poo*），1942 年被日本当局封闭。

（二）中国同盟会巴城分会

该会即中国同盟会在印度尼西亚雅加达的分会。据周南京主编的《华侨华人百科全书》载，光绪三十二年（1906）八月，孙中山在日本东京建立中国同盟会后，翌年即在南洋各地先后建立分会，组织领导华侨支援及参加推翻清朝、建立中华民国的革命斗争。光绪三十三年（1907），张俞人、吴文波奉派到雅加达，与李伟康、陈百朋等成立巴城（今雅加达）分会，不久参加者增至 20 余人。随后在泗水、万隆、三宝垄、棉兰、巨港、坤甸、槟港、勿里洋、烈港（双溪利亚）、流石（巴都鲁萨）、山口洋（辛卡旺）及南巴哇（曼帕瓦）等地建立分会。巴城分会成立后，为免遭荷印殖民政府禁止和干涉，改名为"寄南社"。宣统二年（1910），寄南社与华侨书报社合并，向荷印政府正式立案。主要负责人有谢良牧、李桂中、李天麟、曾连庆等人。主要工作为筹募捐款，支援反清的武装革命斗争；建立书报社，宣传革命和中华文化，兴办学校等。辛亥革命后，1912年改名为中国国民党荷属支部。

五、综合社团：巴城中华会馆

综合社团为不分省籍、地域和帮派，不分政治、经济状况和职业，也不分新客华侨与当地土生华裔，是大家自愿地共同组织在一起的华侨社团组织。这类社团组织与各地中华商会（总商会）一起，成为各地华侨社会的两大重要支柱。

巴城中华会馆是荷属东印度第一个综合性华侨社团。巴城一部分华侨上层人士鉴于华侨社会中封建帮派地域观念严重，各自为政，乃于光绪二十六年（1900）三月十七日在巴达维亚（华侨通常称为"巴城"或"吧城"、"椰城"，今雅加达）创立了该社团，同年六月三日获荷印当局正式批准。创始人为陈金山、李金福、潘景赫、李兴廉、黄尼玉等人。第一届总理潘景赫，副总理丘亚凡

（丘燮亭）、翁寿昌，顾问丘绍荣。据《华侨华人百科全书》载，巴城中华会馆下设6个部（组）：华文学校董事部及一般社会文化组、普通丧事互助组、英文学校董事部、慈善医院组、救济基金组、年老者（50岁以上）丧事互助组等。主要致力于以下几件事：其一，创办中华学校，发展华侨文化教育事业。1901年创办印尼第一所华文中华学校。同年创设图书馆，并成立编译小组，编译出版一些宣传孔子学说的小册子。其二，改革婚丧礼仪，组织及举办各种慈善福利事业，如丧事互助基金、慈善基金、医院、孤老贫幼院等。其三，协助各地建立社团和中华学校，促进华侨社会的团结互助。在巴城中华会馆模范作用的带动下，万隆、文登、展玉、马辰等地的中华会馆纷纷成立。到宣统三年（1911），全荷印已有93个中华会馆，多数独立开展工作，只有部分属巴城中华会馆分局。

据《华侨华人百科全书》载，该馆定有章程，光绪二十六年（1900）七月还发布《致全体华人书》，里面提到该馆的宗旨是：希望改变华侨社会旧有的、狭隘的地缘（地方主义）、血缘（宗亲或姓氏）、帮派观念，组成代表华侨社会各行业、各阶层利益的新型审计署；在不违反荷印政府法令的前提下，宣扬中华民族的传统文化和道德风尚；宣扬儒家（孔子）学说，改革华侨社会举办红白喜事的铺张浪费和陈规陋习。显然，巴城中华会馆成立的最初目的是希望打破原有对立的封建会党组织和陈规旧例，宣扬祖国的民族文化和道德风尚。

巴城中华会馆在华文教育和慈善事业方面的成效尤其显著。光绪二十七年（1901），创办了荷印第一所现代华侨学校——巴城中华会馆中华学堂。同年该会率先创设图书馆，并成立编译小组，编译出版了一些宣传孔子学说的小册子。还在巴城、三宝垄及泗水三地中华会馆的共同领导和合作下，组建了领导全爪哇华侨教育的"爪哇学务总会"，后来又扩展为"荷印华侨学务总会"。[1] 1901年，设立了一个济贫医务所。光绪二十九年（1903），成立了慈善基金会，为改革旧习俗组织了普通丧事互助组等。此外还用各种形式筹款和发动义捐，赈济祖国各地遭受水旱等自然灾害的灾民。巴城中华会馆的成立引起了巨大反响，荷属东印度的各大、中、小城市华侨社会都纷纷仿效。至光绪三十四年（1908），已有50个地区成立了中华会馆（或分局），宣统三年（1911）增至93个。[2] 多数独立开展工作，只有部分从属于巴城中华会馆分局。

① 吴凤斌主编：《东南亚华侨通史》，福建人民出版社，1994年，第786~787页。
② 梁友兰：《巴城中华会馆四十周年纪念刊》，1940年，参温广益等编：《印度尼西亚华侨史》，海洋出版社，1985年。

六、业缘社团

（一）兰芳公司

兰芳公司为加里曼丹华侨建立的金矿开发公司。据周南京主编的《华侨华人百科全书》记载，乾隆四十二年（1777）由罗芳伯联合坤甸的三星、山心、老埔头及新埔头等公司组成。总厅设在曼多尔（又译东万律）。它由一位头人（又称大哥）、两位副头人以及尾哥、老大各一位组成，负责领导及处理公司各项事务。头人由公推产生，首任头人即罗芳伯，又称"罗大哥"。下属各矿公司推举一副头人、尾哥及老大分别处理采矿生产、收税及分配、劳动力分配等事宜。公司的组织系统受天地会组织的影响，具有较浓厚的封建色彩。最盛时其矿工成员有 2 万余人。乾隆五十八年（1793）罗芳伯去世时，遗嘱规定兰芳公司大哥（或太哥）由嘉应州人接应，副头人则由大埔县人接任。道光四年（1824），兰芳公司第五任大哥刘台二被荷兰殖民当局收买，承认加布亚斯河以西属荷印政府，河东仍属兰芳公司。人头税收入归荷印政府，其他捐税仍由公司自收。咸丰四年（1854），兰芳公司头人刘生在荷兰殖民者的胁迫下，派兵与荷军夹攻大港公司。1856 年荷兰殖民者又胁迫刘生订立密约，规定除东万律地区外，其余所有原公司地区归荷兰殖民者管辖，荷兰殖民者仅承认兰芳公司在东万律有自治权。光绪十年（1884），刘生病逝，荷兰殖民者派官员接管东万律，并逼其家属交出历代公司印信，不得再举总长。此事激起广大华侨矿工的义愤，在矿工梁路义的率领下，奋起反抗荷兰殖民者，多次击败荷兰殖民军，坚持斗争 4 年多。光绪十四年（1888），因力量悬殊，终于被荷兰殖民军彻底消灭，兰芳公司从此结束。它共经历了 10 位总长的领导，存在时间达 111 年之久。

最早使兰芳共和国在中国产生较大影响的是梁启超，其在《中国殖民伟人传》中有专条介绍。查对该书可知罗兰芳（芳伯）和兰芳共和国事确实无疑。因其史料有多处来源。如谢清高《海录》中说谢氏曾亲到其地；西人所著《万国地理全图集》中称其自立国家。外国史书中也说"汉人不服他国，自立长领"，建立了很多国家，兰芳共和国是其中较大的。《每月统纪传》中也提到过兰芳共和国史事。梁启超本人亲见报纸记载兰芳共和国事，而罗芳伯同乡梅县余澜馨著有《罗芳伯传》。

（二）日里种植园主联合会

日里种植园主联合会为北苏门答腊种植园主垄断组织，据周南京主编的《华侨华人百科全书》，光绪五年（1879）由日里、朗卡特和色丹地区 61 个烟草种植园主组成，招募华工，从事大规模种植。光绪十五年（1889）六月派出范·德尔·霍尼特（Van der Honert）与在汕头的劳斯和哈洛签订为期 5 年（1889 年 1 月 1 日至 1893 年 12 月 31 日）的贩运华工合同，以后不断延长，至 1913 年 2 月 18 日为止，为期 25 年。后范·德尔·霍尼特成为该会驻中国代理人，专门办理从汕头、厦门、香港、海口、北海到日里的华工事务。日里种植园主联合会拥有行政管理权，设警察和法庭，建有铁路和船舶码头；每年有例会检查各种植园的情况，制订出管理种植园和工人的条规。1952 年 10 月，该联合会并入东苏门答腊橡胶园主联合总会。

（三）巴城中华商会

巴城中华商会是巴城地区的华商于光绪三十二年（1906）二月成立的，是一个综合性的商会。在荷属东印度经商的华侨很多，故在此之前，各地应该存在过专职的行业性社团。1906 年巴城中华商会成立以后，各地各种行业组织便纷纷加入了中华商会，所以中华商会便成了当地华侨商业社团的总机构，在各地的华侨商界中及商业社团起领导作用。各地的中华商会成立后，在团结华商、维护华商正当权益方面发挥了积极作用。

第二节 华侨与中华文化在荷属东印度群岛的传承

一、华侨办学概况

在东南亚地区，荷属东印度华侨是最早办学的。在 20 世纪以前，荷属东印度其他一些大城市的华人官员（甲必丹、玛腰、雷珍兰等）也先后倡办了义学，吸收贫侨子弟及孤儿入学。也有一些来自国内的塾师开办私塾，一般设在祠堂或会馆内。所采用的教材主要是《三字经》、《千字文》和"四书"、"五经"等。

根据许云樵在《开吧历代史记》中的记载，康熙二十九年（1690）六月，东印度（今印尼）巴达维亚（华人简称"巴城"，今雅加达）华人甲必丹郭郡观倡议："建病厝，立义学，额曰'明诚书院'，以利后人……"① 应注意的是，这里明白无误地说要建"义学"，且与后来各地华侨所办的称号毫无二致，或可看作是印尼华人社会创办学校之始。当时，它只是附属于美色甘病厝的一间义学，属华侨贫民孤儿识字班性质，延聘一个老学究，教中国文字。可惜后来没有坚持

---

① 魏华仁：《东南亚华人教育大事志》（一），《华人月刊》1990 年第 1 期，第 39 页。

办下去。

雍正七年（1729），荷属东印度巴城华侨对其创办的养济院进行改组，荷属东印度公司增拨一间房屋，作为开办义学之用，其经费由管理华人的官员公署——"公馆"负担。显然，这所义学应是属于养济院的。到乾隆十八年（1753），荷属东印度公司还派送几名荷兰学童到该义学学习中文。当时该义学学生有三四十名。不过，后来还是因为师资、经费不足，教学效果差及管理不善而停办。[①] 尽管因此，这所义学至少支撑了 20 多年，已经算是一个了不起的成就。

到乾隆四十年（1775），原任巴城武直迷的高根观升任雷珍兰。是年，高根观首会其他六位雷珍兰创设"明诚书院"与"南江书院"，崇祀紫阳圣像。各延师住内，教贫穷生徒，岁设二丁祭祖，畅饮，以文会友，是以文风始盛。[②] 人有谓此为南洋华侨学校之鼻祖，高根观实为南洋华侨教育之开山祖。这两所华校，凡穷困人子弟或孤儿入学皆不收费用，应仍属义学性质。

乾隆五十二年（1787），巴城华人雷珍兰又在北达沈卑兰街的"金德院"（寺院）开办义学，称为"明德书院"，其经费也由巴城公馆捐助。课本为中国的"四书"、"五经"、《千字文》等，学生人数不详。[③]

以上几所华侨办的学校都称"义学"，一方面反映了当时华侨学校的慈善性质，另一方面也反映了华侨希望自己的子弟不忘中华文化的迫切愿望。最困难的是师资水平低，影响了教学效果，学生往往念了四五年，还不能阅读浅易书籍和书写粗浅文字。但即使这样，华侨仍然希望后代上学，学到一点最基本的中华文化。

咸丰十年（1860），荷印殖民地政府取消了禁止华侨及印尼人子女入读政府开设的荷文学校的禁令。不过，直到 19 世纪末，殖民地政府才真正准许华侨子女入读荷文学校。当时入读的华侨人数并不多，大都是华人官员及富商子女。实际上，在华侨新式学校创立前，荷印大多数华侨子弟接受教育的场所，除了华侨官员倡办的义学之外，就是一些私人开设的私塾了，如巴城林金城、万隆李莲根和坤甸陈庭凤等人开办的私塾。[④]

光绪二十六年（1900）三月七日，荷印巴城华侨成立了第一个全侨华人社团——中华会馆。中华会馆成立后，倡导华侨学习中文，发扬中华民族的优秀文化。该会馆下设华文学校董事部及社会文化组。

光绪二十六年（1900）六月，中华会馆成立后三个月，以潘景赫为首，连同梁映堂、丘燮亭、翁秀章、李兴廉、陈金山、丘绍荣、丘香平、许南章、蔡有

---

① 魏华仁：《东南亚华人教育大事志》（一），《华人月刊》1990 年第 1 期，第 39 页。
② 许方樵校注：《开吧历代史记》，《南洋学报》1953 年第 1 期。
③ 吴凤斌主编：《东南亚华侨通史》，福建人民出版社，1994 年，第 825～827 页。
④ 魏华仁：《东南亚华人教育大事志》（一），《华人月刊》1990 年第 1 期，第 40 页。

得、黄玉昆、黄昆兴、许金安、李金福、陈公达、潘立斋、陈天成、胡朝瑞、胡先清、温亚松等董事，联名给荷印华人写了一封公开信，信中阐述了创办华文学校的意义，号召华侨支持这项工作。于是，创办华侨新式学校便被提上了议事日程。光绪二十七年（1901）三月十七日，在巴城中华会馆董事会的积极筹备和广大华人的支持下，荷印第一间正规华侨学校——"巴城中华会馆中华学校"（后改称为"八华学校"）在巴城八帝贯街（华人均简称为"八华"）的中华会馆内正式诞生，是为南洋现代华侨教育的嚆矢。同年四月十三日，成立了一个以翁寿昌为首的六人学校督导委员会，每月负责检查教学及学校经费的使用情况。第一任校长由新加坡著名华人林文庆博士介绍来的卢桂舫（清朝秀才，闽籍人士）担任。初办时，教师只有 2 人，学生 35 人。学校采用普通话教学（以前私塾都用方言教学），课程以中文为主，还设有算术、地理、体操、修身等现代课程。同时，中华学校极力推崇孔子及其教育思想和学说。光绪二十七年（1901）八月五日，中华会馆董事会作出决定，孔子诞辰时学校放假一天，校门内悬挂孔子画像，学生们上学和放学都要向孔子画像行鞠躬礼，以示敬仰。中华学校在 1912年于八华增设中学部。后来，八华偏重英文，学生英语水平比其他学校的学生要高，他们可参加会考，升入香港大学学习，教誉著称于东南亚，乃是后话。

中华学校一成立，就与原来由"公馆"赞助的义学产生了新旧之争。光绪二十八年（1902），由中华学校和义学两校学生举行一次成绩会考，结果证明采用新式教学方法的中华学校的学生成绩远远超过了采用旧式教育方法的义学的学生成绩。华人"公馆"于是决定把附属于金德院的义学合并于中华学校。"会馆"还把原 300 盾的办学经费除留 75 盾作为金德院的开支外，其余的 225 盾转拨给中华学校使用。

光绪二十七年（1901）巴城中华学校的诞生，对荷印华人社会的教育起了很大的促进作用。首先，对本岛的华文教育产生了重大影响。到 1903 年，爪哇岛内先后创办中华学校的计有下列 12 个城市：茂物、文登、丹拿望、井里汶、八马垄、三宝垄、普波舜哥（华人称为"庞越"）、玛琅、岩望、展玉、北加浪岸和万隆。[1] 到 1912 年，爪哇岛内的中华学校已达 65 所，学生 5 451 人。[2] 其次，其影响扩及爪哇岛以外的荷印其他岛屿。光绪二十七年（1901）成立的有：孟加锡的中华学校、巨港的中华学校、勿里洞岛丹绒班澜的中华学校。以后成立的有：光绪三十二年（1906）的苏门答腊巴爷公务中华学校，光绪三十三年（1907）的邦加岛烈港的中华学校、勿里洋中华学校，光绪三十四年（1908）的棉兰的敦本学校、华商学校，宣统元年（1909）年的沙横中华学校，宣统二年

---

① 魏华仁：《东南亚华人教育大事志》（一），《华人月刊》1990 年第 1 期，第 32 页。

② 福建省地方志编纂委员会编：《福建省志·华侨志》，福建人民出版社，1992 年，第 37~38 页。

（1910）的苏岛火水山中华学校及亚齐司吉利图南学校，宣统三年（1911）的苏岛先达中华学校等。总之，荷属东印度是这阶段南洋华侨教育发展最快、建校最多的地区。光绪三十四年（1908）爪哇本岛华校已达44所，宣统三年（1911）增至93所；如加上外岛各地华校，则宣统三年（1911）全荷印约有130所。①

就外岛来说，颇值得一提的是苏门答腊的棉兰学校及其创办人。随着商业发展，到20世纪初，棉兰地区的华侨已有3万多人，华侨商店也多达1 000间。但此地没有一间华文学校，许多华人子弟无法上学。光绪三十四年（1908），张榕轩兄弟捐资在棉兰创办了敦本学校，实行免费入学。这是苏门答腊岛第一间华文学校，开创了棉兰地区民办华文学校的先河。不仅如此，张榕轩兄弟还捐款给荷兰人的子弟学校，以改善教学条件，还为当地原住民创办了一间女工学校。顺便一提，张榕轩兄弟在棉兰还做了几件一直为后人称道的善举，如解救"猪仔"，慷慨解囊为他们赎身；赈济从广东、福建等地来的灾民和当地难民；创立济安医院和麻风医院，收容各族病人，免费治疗；修建义山，收殓那些无人问津的白骨。张榕轩兄弟还捐资在棉兰地区兴建关帝庙、天后宫、观音堂，甚至清真寺。总之，凡棉兰地区的义举，他们都殚精竭虑去做。

在提到华侨创办华校的同时，不应忘记华侨创办的英文学校。当时中华会馆的董事们深感到有必要开设一间以英文为主的学校，以适应当时商业贸易的需要，培养现代商业人才。光绪二十七年（1901），校董们与华侨李登辉（后曾任上海复旦大学校长）商议，将英文学校归中华会馆接办，另成立一个"雅鲁学院"英文学校，由董事部负责领导和管理，它的学校行政、教学和经费与中华学校分开，但董事部规定它亦要教"礼学"，李登辉任校长。至光绪二十九年（1903），改由英人汤玛士·戴维逊任校长。光绪三十年（1904），中华会馆决定取消"雅鲁学院"名称，且将该校搬进中华学校内，但行政经费仍然分开。②

荷印华侨办学的一个重要特征是建立过统一的办学领导和管理机构。

荷印各地自效法巴城成立中华会馆创办中华学校后，三宝垄、玛琅、谏义里的中华会馆曾先后写信给巴城中华会馆，建议由它领头，成立一个联合机构，加强联系，互相帮助，以推动各地社团和华校的发展。光绪三十二年（1906），清朝官员刘士骥到爪哇查学，在万隆召开的侨领座谈会上，谏义里中华会馆总理徐国顺和三宝垄代表陈景然再次提出组织联合机构的建议。会后，经各地社团酝酿筹备，终于于1906年7月15日在三宝垄举行的第二次各地中华会馆负责人会议上，决定成立中华总会，并将其作为荷印各地中华会馆和中华学校的中心组织，同时决定由巴城、三宝垄和泗水三地中华会馆轮流主持会务，任期一年。第一届

① 吴凤斌主编：《东南亚华侨通史》，福建人民出版社，1994年，第849页。
② 魏华仁：《东南亚华人教育大事志》（三），《华人月刊》1990年第3期，第31页。

中华总会会务由三宝垄中华会馆主持，总理为魏家祥。[1]

中华总会在光绪三十二年（1906）成立时，由于没有会章，总会任务性质也不明确，因此当时的会务只是代各地华校聘请教员，有时也派人到尚未设立华校的地方劝华人社会开办华校等。光绪三十三年（1907）五月五日，中华总会在三宝垄举行第二次年会，会议决定把中华总会改名为爪哇学务总会，专管爪哇华人教育事宜。年会还制定了爪哇学务总会的宗旨和会章。其宗旨是促进会员团体间的联系，加强团结；统一各地华校课程并提高质量，筹募基金，促进教育事业发展。会章规定，凡设有华校的华侨社团均可加入为会员；学务总会设立理事会，由巴达维亚、三宝垄和泗水三市的中华会馆每年轮流担任；批核、聘任或辞退教员，协助解决各校师资及经费设备等问题。会议还决定，由巴城中华会馆承办爪哇学务总会的会务。巴城中华会馆为此成立了一个由潘景赫任总理，丘亚凡（雷珍兰）和简福辉为副总理的理事会主持会务。光绪三十四年（1908），爪哇学务总会改由泗水中华会馆主持会务，总理为陈显源，主任干事是潘练精。[2]

因荷印殖民政府从中作梗，进行挑拨分化；清政府特派的视学总董汪凤翔又极力控制总会大权，利用亲信，排除异己，刁难干涉会务；再加上经费来源拮据等原因，泗水中华会馆只好在光绪三十四年至宣统二年（1908—1910）连续主持三年会务。宣统二年（1910）九月，巴城中华会馆宣布退出，对会务及当地侨教事业带来不良影响。宣统三年（1911），三宝垄中华会馆继续接管会务。而到1911 年，爪哇学务总会的团体会员已有 90 多个，如果把一些尚未加入的华侨学校（尤其在外岛）计算在内，荷印华校已有 100 余间。同时，外岛华校迅速发展起来且不断加入爪哇学务总会，因此，就在宣统三年（1911）三宝垄中华会馆主持会务的会议上，决定把爪哇学务总会从领导爪哇一岛的华校工作扩展到整个荷属东印度。荷印华侨学务总会改组后，制定了第一个中文的荷印华侨学务总会会章，以前爪哇学务总会章程以及公文函件都用印尼文，此后总会同学校来往函件才用中文。这期由三宝垄的中华会馆主持的荷印华侨学务总会的总理是周炳喜，文书兼主任干事是韩希琦，一共主持会务达四年之久（1911—1915）。[3] 泗水中华会馆继续接办六年（1916—1921）。1927 年 1 月，该会因经费困难等宣告结束。

应该看到，当时中国国内到处掀起兴办新学的热潮对南洋地区的华文教育产生了良好的影响。国内一些人士还到南洋当地直接推进当地的华文教育。对荷印华侨教育起最大推动作用的主要是国内三大力量：一是以康有为为代表的保皇

---

① 魏华仁：《东南亚华人教育大事志》（三），《华人月刊》1990 年第 3 期，第 36 页。
② 魏华仁：《东南亚华人教育大事志》（三），《华人月刊》1990 年第 3 期，第 37 页。
③ 魏华仁：《东南亚华人教育大事志》（四），《华人月刊》1990 年第 4 期，第 41 页。

派，二是以孙中山为代表的革命党，三是清政府本身。有趣的是，尽管中国国内这三股力量政见相差甚远，甚至水火不容，但在支持海外华侨办学这一点上倒是比较一致的，虽然各自支持华侨办学的目的有别。三大力量中，在荷印华侨办学方面发挥作用最大，支持时间最长且从人力、物力和财力上给予大力支持的，竟是清政府。下面试分别作一概括。

众所周知，康有为流亡国外时曾到过南洋。他对南洋华教影响最大的地方无疑是新加坡，其次就是荷印地区。康有为于光绪二十九年（1903）到达爪哇岛。他发现华人居住印尼多为经营贸易或务农工，只求安居乐业，文化程度偏低，便起而提倡教育。他到过各埠，劝导华人社区创办学校，教授子弟"四书"、"五经"。正是在康有为的倡导下，巴城、泗水、三宝垄等埠华侨纷纷响应，将原有的私塾改为学校。光绪二十九年（1903）康有为到爪哇各地访问时，曾到中华学校倡导兴学办女校，宣扬孔子的教育思想，要他们增设一门"读经"的课程。康有为还为巴城八华学校挥毫题写"砥柱中流，冠冕南极"的对联挂在校门。当时，荷印华侨之所以纷纷响应康有为的办学号召，很大程度上是出于对他的敬仰。变法失败乍到南洋的康有为，其声望在海外华侨社会中正处于顶峰。无论他说什么，华侨总愿意倾听。康有为在南洋的办学号召对海外历史上的华文教育发挥了一定的积极作用。

紧随康有为之后，反清革命党人张继、田桐、苏曼殊、章太炎、许崇智、柏文府等也曾先后到荷印地区宣传革命，倡办书报社和学校。虽然革命党人与康有为的政见有异，但在华侨办学这一点并无多少歧异。结果，在他们的号召下，爪哇的万隆、井里汶、北加浪岸、直葛、展玉和苏门答腊岛的日里等埠陆续办起了20多所华校。①

国内对荷印华侨学校的支持还表现在亲自担任教学人员方面。到1905年，不少中国文化界人士到荷印华校任教。新加坡中兴公司主人张诚忠，受荷印邦加、勿里洞各埠华侨之托，代为聘请教员创办华校。张诚忠和新加坡中国同盟会负责人陈楚楠商议后，请香港冯自由代为从国内引荐一些同盟会会员或文化人到荷印各地任职。在光绪三十一年（1905）前后，先后应聘去的有张继、田桐、易本义、李柱中、时功璧、陈方度、董鸿祎、王文庆、沈钧业、魏兰等20多人。后来曾任国民党参议院议长的张继、曾任浙江临时参议会议长的陶成章、老同盟会会员田桐、文学家苏曼殊等都曾在泗水、惹班等地任教，他们在宣传中国文化和民主自由思想方面发挥了积极的作用。②

清政府在最后几年对南洋华侨的"劝学"行动也有一定的积极意义。光绪

---

① 魏华仁：《东南亚华人教育大事志》（一），《华人月刊》1990年第1期，第32页。
② 魏华仁：《东南亚华人教育大事志》（一），《华人月刊》1990年第1期，第32~33页。

三十一年（1905），清政府派驻新加坡的督学林文庆（祖籍澄海县）专程到爪哇华侨中办学。光绪三十三年（1907），福建督抚提学使派闽绅陈宝琛到爪哇，一方面为漳厦铁路募款，另一方面劝华侨办学。

光绪三年（1877），清政府在新加坡设立南洋第一个领事馆后，开始重视侨务工作。光绪二十四年（1898），光绪皇帝颁布《定国是诏》，在命各省、府、州县设立学堂的同时，还命出使各国大臣督同领事，各就寓洋华人劝办学堂。

尽管南洋各地兴建华校之风方兴未艾，但是办学最大的困难是经费、师资与质量。这三者是互相关联的。光绪三十年（1904），清政府驻马来亚槟榔屿副领事梁廷芳为了解决华校师资等问题，曾函请两广学务处派员前往创办师范学校。1905年，两广总督岑春煊即奏派广西知事兼两广学务处委员刘士骥前往南洋查学。此为清政府正式派遣到南洋查学的第一位官员。刘士骥到过南洋多地，包括于光绪三十一年（1905）三月视察荷属东印度爪哇巴城、万隆等地。在巴城时，刘士骥对华侨办学表示了关怀和赞许，讨论了设立爪哇华侨学校视学员情况而决定，并对巴城中华会馆中华学校提出了八点意见：①学校星期天休息；②每月初一及十五日上课；③学生班级分为甲、乙、丙、丁等班；④教室增设窗户；⑤教员免费住宿；⑥学生增加"读经"课程；⑦增加学生教室；⑧建立学校基金。①

光绪三十二年（1906）秋，清政府学部又派钱恂（原为知府，后曾任驻荷兰使馆参赞）、董鸿炜及王惟忱等到南洋查学。学部在答复爪哇华商领导人的信中说："查南洋华商学务，业经本部奏派董举人鸿炜充当总理。所属各项用费概由部给，不取该商等分文，意在整顿维持，徐图进步。"② 十一月，两广总督府派汪风翔到荷属东印度任巴城华侨劝学所总董兼视学员，由两广总督府支薪。

两广总督对华侨教育的重视，对于众多侨居南洋的闽籍华侨来说，是很大的鼓励。他们也写信给福建提学司，要求派官员前去查学。光绪三十三年（1907），福建提学司派陈华到爪哇查学。同时，闽绅陈宝琛到爪哇为漳（州）厦（门）铁路的修建向华侨招股集资，也曾在爪哇一些地区劝华侨办学，读中国书，习中国文化等。

清廷派官员到南洋侨校的查学活动，表明了清政府对兴办华侨教育事业的关注和期望，也表明了清廷对华侨学校中传播的革命思想是痛恨且惧怕的。有华侨认为，汪风翔充任爪哇华侨视学员，实际上是"阳为劝学，阴以监察革命党"。③

---

① 梁友兰：《巴城中华会馆四十周年纪念刊》，1940年，第80页。
② 陈育崧：《侨民教育行政源流》，《椰阴馆文存》（第二卷），南洋学会，1984年，第278页；熊理：《荷属华侨学务总会过去的历史》，《荷印华侨教育鉴》，1928年，第371页。
③ 羲皇正胤：《南洋华侨史略》，参吴凤斌主编：《东南亚华侨通史》，福建人民出版社，1994年，第836～839页。

刘士骥于光绪三十二年（1906）到南洋查学后回国写的报告中，有一项建议是，对于积极出钱、出力，热心华侨教育事业的侨商、校董和教师，应给予赞扬或褒奖。两广总督岑春煊即据该报告，向清政府"奏请褒办学绅董教习及捐助学费人员"，得到批准。这是清政府对南洋华侨兴学者的第一次褒奖，尽管其中有些贡监生的捐款显然是和他们的捐官连在一起。时南洋各地华侨社会中热心创办学校、出钱出力者不少，如荷属巴城中华会馆总理潘景赫、董事李兴廉、李金福、丘亚凡等，但均未在表彰之列，显然这和清政府官员的政见有关。

清政府还曾拨款补助过荷印的华侨中学，例如，鉴于荷印华人小学渐多，学生毕业后的升学成为问题，于是在泗水中华会馆总理陈显源（一作"然"）的倡议下，爪哇学务总会决定在三宝垄筹建华侨中学。同年，清政府在南京召开了一次"劝学会"，爪哇学务总会派代表徐博兴、潘炼精赴会，并请清政府赞助筹建中的华侨中学，两江总督端方同意并奏请国库拨款 2 万两作为开办费，并由粤海、闽海和江海三关每年拨银 2 000 两为经常费。①

宣统二年（1910），清政府学部鉴于爪哇华侨学务总会总理、泗水中华会馆总理陈显源及潘炼精等兴办学校，办理学务总会，任劳任怨，成绩显著，奏请予以褒奖，赏匾额一方。宣统元年（1909）九月二十五日，喻旨照准。②华侨学校创办之后，首先，一个最大的问题是师资严重匮乏，素质差；其次，是只学习中国语言文化知识，讲授"四书"、"五经"等古老国粹，脱离当地商业社会的现实，难以学以致用，对华侨子弟谋生或辅佐其父兄生意或经营事业帮助不多。

对于师范教育，清政府槟榔屿副总领事梁廷芳曾函请两广学务处派刘士骥去指导创办师范学堂。刘士骥在光绪三十二年（1906）到槟榔屿筹设了第一个师范传习所。后来两广总督岑春煊改派留学日本法政大学的毕业生苏乔荫担任新加坡槟榔屿等地的总视学员。苏乔荫在荷属东印度爪哇苏门答腊等地扩大招生，名额40 名。这种对有志从事学校工作而又有一定文化程度者进行师范培训的做法，是南洋师范教育的嚆矢。刘士骥于光绪三十二年（1906）三月到巴城中华学校视察时，也向校董们提出利用该校教室创办一所师范夜校的建议，以培养更多的当地师资。后来由于经费及师资无着落而作罢。③

光绪二十七年（1901），巴城中华学校诞生后，爪哇各地陆续办起侨校，但当地尚无中学，因而有可接"中学程度者，约三十人，志切归国读书"④。到

---

①　魏华仁：《东南亚华人教育大事志》（四），《华人月刊》1990 年第 4 期，第 41 页。

②　吴凤斌主编：《东南亚华侨通史》，福建人民出版社，1994 年，第 839 ~ 840 页。

③　吴凤斌主编：《东南亚华侨通史》，福建人民出版社，1994 年，第 841 ~ 842 页

④　端方给清政府的奏折，见舒新城：《近代中国教育史料》（第二册），中国人民大学出版社，2012 年，第 175 页。

1906 年底，清朝两江总督端方才一面派人筹办暨南学堂，一面派遣钱恂、董鸿炜到印尼巴城去招收华侨子弟回国学习。光绪三十三年（1907）一月一日，钱恂在巴城中华会馆召开的董事会上，宣布清政府决定在南京正式创办一所"暨南学堂"，专收南洋华侨子弟就读，免收一切膳宿及学杂费，第一批可选送 30 名学生。巴城中华会馆的董事们及一些华侨家长闻讯都很兴奋，专门成立回国学生委员会进行选拔。最后，由爪哇巴城、万隆、玛琅等地挑选了第一批 21 名学生，不久爪哇又选送了 10 名。其时梁映堂以中华会馆副会长身份领导"遴选委员会"，负责考选学生。后来在光绪三十四年（1908）十月五日梁映堂从巴城亲送"中华学堂"第二批毕业生十多人至南京入学，此事在侨社传为美谈。

清政府初办的暨南学堂为补习性质，但对第一、二批爪哇回国的 31 名学生教学一段时间后，感到学生程度不一，有的已小学毕业，有的才初小程度，教学有一定困难。因此，端方向清政府递呈了将暨南学堂改办中学，附设高等小学的奏折，得到批准。此举使暨南学堂得到了一定的扩展。

暨南学堂的开办得到了清政府的深切关注。学生的学习生活条件很好，还说毕业后政府可公费送他们到日本、美国及欧洲各国留学深造，学成后担任外交官等职务。一些爪哇华侨学生写信回家说，他们在学校得到了很好的照顾，毕业前不想回爪哇去了。光绪三十四年（1908）三月又选送了第二批 51 名学生，同年十月五日又选送了第三批 38 名学生回国学习。至 1911 年辛亥革命爆发为止，荷属东印度先后回到暨南学堂学习的华侨学生约 200 人。后来复有新加坡、马来亚的侨生前来就读。在清朝最后几年，前来暨南学堂就读的荷属东印度地区的学生还有：宣统二年（1910）四月，视学员汪凤翔曾到苏门答腊棉兰考选的本学校学生 6 人，华商学校 12 人。辛亥革命爆发后，暨南学堂停办，大多数华侨学生先后返回南洋各地。①

二、华侨家乡曲艺在居住地的传播

在荷属东印度，中国戏剧也很早在那里传播。据资料显示，最早到达西爪哇万丹的一些欧洲旅客，如明万历三十年至天启五年（1602—1625）间多次到达那里的英国人埃蒙特·斯科特就曾提到某种戏剧经常在帆船起帆驶往中国或从中国回来时演出。后来的许多旅客也留下一些记载，描述中国戏在荷属东印度的一些大城市里华侨集中的地区扎根的情况。威廉·托尔少校曾追忆他于 19 世纪前夕在爪哇看到的戏剧都是用华语演出。这些演出内容"大都取材于这个国家奇异的

---

① 梁友兰：《巴城中华会馆四十周年纪念刊》，1940 年。另见《暨南校史资料选辑》（第一辑），第 94 页，参吴凤斌主编：《东南亚华侨通史》，福建人民出版社，1994 年，第 843～844 页。

史料，常常表演中国人与鞑靼人的战争故事"。后来，有爪哇华裔纯用马来语演出中国戏剧，还在爪哇中部创造了一种皮影戏，剧目都是中国的历史剧。在荷属东印度，《梁山伯与祝英台》被改编为地方戏——爪哇的吉多伯拉和巴厘的阿尔嘉——在观众中得到了很高的评价，有马来文、爪哇文、巴厘文，甚至马杜拉文的译本出版。①

根据上述记载，尚难判断这些在欧洲人眼里的中国戏剧是什么地方戏剧，其原剧是用什么方言进行演出的。现在只能根据当时荷属东印度的福建华侨居多的历史，猜测这些从中国传进来的戏剧至少有一部分是闽南戏。不过，如果结合下面的资料来看，很可能有相当一部分戏剧的原装本就是"南音"，一些被改编成当地语言演出的中国戏剧原来或就是"南音"。

南音在东南亚的福建籍华侨社会中十分流行，在福建籍华侨去得较早、后来所占比例最高的荷属东印度地区也是如此。这一说法早已得到公认。不过，如果要寻找清代华侨中的南音社团，目前还只有菲律宾可以找到，荷属东印度地区却只有民国后才成立的南音社团。但如果不考虑是否存在南音社团，一般认为，南音在清代就已在荷属殖民地当地福建籍华侨中流行。早年华侨因生计所迫，不得不背井离乡、浪迹海外时，虽然身无长物，但一些南音爱好者还是将日夜相伴的洞箫、琵琶等南音乐器随身携带出洋。他们很清楚，此去南洋，应是好景良辰虚设，回国返乡之日遥遥无期。带上这些心爱之物，可以在闲暇之时吹拉弹唱，聊慰去国怀乡、思亲念旧之苦。于是，南音这一优美的家乡曲调就在遥远的海岛上飘散开来，渐渐地，形成了南音的结集场所；开始时可能还不定期，慢慢地就会形成固定的聚会周期；开始时可能参加的人不多，慢慢地参与者就会越来越多；开始时可能只是一些爱好者或懂行的人参加，慢慢地连那些不会弹、不会唱的人也参与进来；开始时可能只是个别"高手"吹拉弹唱，自娱自乐，慢慢地连那些对南音很生疏，甚至一窍不通的人也跟着摇头晃脑地吟唱；开始时可能只是寄托乡思乡愁，慢慢地会多了喜庆和娱乐的功能。总之，越来越多的人在美妙的南音的感召下聚集起来，形成具有一定组织形式的南音社团，他们通过闲暇之时或节庆聚会吟唱南音，抒发对家乡、对亲人的梦魂萦绕之情，同时弘扬中华民族优秀的传统文化。

南音还增进了华侨华人与侨居地人民之间的沟通，促进了中华文化与居住国文化的交流、对话与融合。南音不但在华侨社会中扎根，还扩展到当地社区中，与原住民的音乐相互借鉴、相互融合。在印度尼西亚，从 17 世纪开始，巴达维亚就出现了把各国、各民族的音乐融合在一起的民间音乐，甘邦克罗蒙音乐就是

---

① 〔法〕沙蒙：《中国传统文学在亚洲》，中外关系史学会编：《中外关系史译丛》（第三辑），上海译文出版社，1986 年，第 121 页。

受泉州南音、潮乐等中国音乐的影响而形成的，地道的甘邦克罗蒙音乐演奏几十首属于"唐山阿叔调"的器乐曲，并且还演唱华文抒情诗。印度尼西亚学者普拉姆迪亚·阿南达杜尔在《华侨在印度尼西亚》一书中曾指出："在音乐领域，颇感中国音乐的长期影响，以至于人们认为再没有必要去追究它的本质。"①

三、华侨在荷印居住地与当地的民间文化传播交流

中国文学作品在南洋流传，除一部分是由华侨直接带去的外，更多的是将文学小说译成当地文字。根据研究资料显示，《三国演义》被译成印尼文（马来文）是在光绪二十八年至三十二年（1902—1906）。② 华裔文学在 19 世纪前早已产生。作者们除了在报刊发表马来诗歌和故事外，也出版一些诗集，但最突出的是以马来文翻译的中国古典文学著作和通俗小说，这些书在 20 世纪初的海峡殖民地很流行，自然也对马来联邦的华侨产生一定影响。据调查，自光绪十五年（1889）至 20 世纪 50 年代，在马来文世界内零星出版了大约 70 部译作。③

中国文学作品在南洋流传，主要通过两个途径：一是由华侨直接带到居住地，二是译成当地文字。前者主要是在华侨社会内部流传，多限于在第一代华侨中间；后者则主要在已经融入当地的华裔中间流传，同时扩散到当地民族之中。华侨爱读中国历史小说，崇尚英雄演义的故事。19 世纪 70 年代，印尼出版爪哇文译本《薛仁贵》、《杨忠保》、《狄青》、《贵夫人》，随后印行了马来文译本《乾隆君游江南》。光绪二十年（1894），刘永福黑旗军守台湾，消息传到三宝垄，华侨说黑旗是法宝，就像东周列国时代孙膑的旗子一样，只要黑旗一挥，全世界就要变黑，日军不易打败它。显然，人们都知道春秋战国的故事，而这种知识可能来自《东周列国志》。此外，《三国演义》、《水浒传》的故事，也在华侨中流传，人们利用它们分析事情，做出判断④。由此可知古典小说、传说故事对当地华侨的影响之深。

在荷属东印度，中国小说很早就已传入。明万历二十三年至二十六年（1595—1598），荷兰人第一次到东印度时，曾将一些东方书籍带回国，其中有《水浒传》的抄本。有人在三宝垄看到道光八年（1828）的《平闽全传》译本，这部书共 52 回，书前有乾隆二十四年（1759）罗懋登写的序。该序是在鹭江

---

① 吴远鹏：《独具特色的泉州南音信仰与习俗》，《泉州学林》2004 年第 1 期。
② 吴凤斌主编：《东南亚华侨通史》，福建人民出版社，1994 年，第 485 页。
③ 见陈志明：《海峡殖民地的华侨——攒攒华侨的社会与文化》，载林水檺、骆静山编：《马来西亚华人史》，马来西亚留台校友会联合总会，1984 年，第 183 页。
④ ［印尼］林天佑著，李学民、陈巽华译：《三宝垄历史：自三保时代至华人公馆撤销（1416—1931）》，暨南大学华侨研究所，1984 年。

（厦门）刻印的，可能还是华侨带到当地的，那时还没有代理商，只有到一百多年后，即光绪五年（1879）商务印书馆成立以后，中国文学小说在南洋各地的发行主要才由代理商承办。① 显然，到了晚清，中国小说便包括华侨带进和代理商承办两条渠道，大大增加了当地中国小说的流入量。

更多的中国文学作品，特别是小说，是在华侨居住地被翻译成当地文字。被称为"中国四大奇书"的《三国演义》、《水浒传》、《西游记》以及《金瓶梅》，都有印尼文（马来文）的译本，而且还有多种译本。20世纪初，还出现了中国新文学作品的译本，除小说外，如《大学》、《中庸》、《论语》、《孟子》这样的儒学经典也被译成印尼文（马来文）在社会上流传。②

在荷属东印度群岛，到清末，土生华裔作家都用印尼文（马来文）进行创作，作品题材十分广泛，包括历史小说、武侠小说、侦探小说、神怪小说、艳情小说等。华裔文学从19世纪70年代开始衰落了一百多年。但华裔文学曾经对印度尼西亚与马来西亚的社会产生很大影响，意义也很深远。其中最重要的是推广和普及了印尼语（马来语），促进了印尼语（马来语）成为国语的过程。③ 同时活跃繁荣了印、马文坛，对印、马新文学运动起到了一定的推动作用。

在谈到华侨带进居住地的文化时，不应忘记带进的语言元素。印尼语与马来语中存在大量闽南语借词。据认为，印尼语（马来语）中所吸收的大量汉语词汇主要是吸收了闽南语词汇。这些词汇是以闽南语发音，以印尼语（马来语）字母拼成的。有人从8本印尼语和马来语词典中，查出汉语借词511个，初步发现，其中闽南方言借词至少有456个，占全部汉语借词的89.2%。④

印尼语和马来语吸收闽南语的词汇，极为广泛。根据词义的分类，有日用品用语、口头用语、称谓语、食品用语、敬语、交通、赌博、文化娱乐、建筑、文化用具、衡器、地名、动物、植物数词量词等。其中生活用品用语、口头用语、称谓用语和食品用语等类借用闽南语词汇最多，几乎占了借用闽南语词汇总数的一半以上。根据杨贵谊、陈妙华编的《马来语大辞典》（1972年）一书的统计，马来语中的汉语借词大约有300个，如果将未能探明词源的闽南语借词包括进去，将超出上述数字。闽南语借词涉及人们日常生活中的许多方面，在日常生活中的使用率高，有的在古代就已被马来语所借用，因而已融化在马来语中，以至于马来人也感觉不出它们是外来语。据研究，汉语（主要是闽南语）对印尼语

---

① 吴凤斌主编：《东南亚华侨通史》，福建人民出版社，1994年，第484页。

② 参阅杨启光：《试论中华文化对印尼社会的影响》，《华侨史论文集》（第四集），暨南大学华侨研究所，1984年，第226～227页。

③ 吴凤斌主编：《东南亚华侨通史》，福建人民出版社，1994年，第486～487页。

④ 孔远志：《文化交流的历史见证——从闽南方言借词看闽南华侨与印尼、马来西亚人民的友好关系》，《华侨历史》1986年第1～2期合刊，第37页。

和马来语的作用和影响的一个突出表现是汉化马来语的产生，它以马来语为基础，但又有别于马来语，不仅使用大量的汉语借词，而且还制造出许多按照汉语语音或华侨发音习惯改造过来的马来词语（主要是雅加达方言中的词语）①。创造华侨马来语的代表人物是祖籍福建的著名华侨作家李锦福（1853—1912）。他曾用马来语写过许多文艺作品和有关华侨马来语的著作，被誉为"华侨马来语之父"。他的华侨马来语在印尼人的马来语中影响很大，后来它成了一种微妙的、美好的和形象的混合语的标准语。1942 年，荷兰殖民政权垮台后，印尼语完全代替了荷语。通常使用于报刊的华侨马来语也开始对官方的印尼语产生影响。②后来的印尼语是在 19 世纪末至 20 世纪初的混合语基础上形成的，与华侨马来语的形成时间接近。因之华侨马来语（其中有不少是闽南方言借词）是上述混合语的一部分。③

四、荷属东印度群岛的华侨报刊

《特选撮要每月纪传》（以下简称《特选撮要》）由传教士瓦尔特·亨利·美都思于道光三年（1823）七月在爪哇巴达维亚编印出版。美都思在嘉庆二十二年（1817）到马六甲任助理传教士，曾协助米麟编印出版《察世俗每月统记传》（以下简称《察世俗》）三年多，嘉庆二十五年（1820）他到巴达维亚负责宣教工作。《特选撮要》报事实上是《察世俗》报的续版，出版宗旨、目的及编务内容等一脉相承。封面编者名字"尚德者"，即美都思笔名。从道光三年（1823）七月至道光六年（1826）停刊为止，共出了四卷 83 000 份，平均每期约 2 000 份。④

《特选撮要》停刊后，直到 19 世纪末，荷属东印度群岛再没有出现一家华文报。至光绪二十九年（1903），有泗水华侨办的《泗水日报》；光绪三十年（1904），有苏门答腊棉兰华侨办的《苏岛日报》。光绪三十四年（1908），泗水又出现一份《泗槟日报》，得到泗水中华商会及华侨书报社（明新书报社）会员

① 杨启光：《试论中华文化对印尼社会的影响》，《华侨史论文集》（第四集），暨南大学华侨研究所，1984 年，第 229 页。

② ［印尼］杜尔：《印度尼西亚华侨》，转引自孔远志：《文化交流的历史见证——从闽南方言借词看闽南华侨与印尼、马来西亚人民的友好关系》，《华侨历史》1986 年第 1～2 期合刊，第 41 页。

③ ［印尼］达梯尔：《印度尼西亚语的斗争与发展》，转引自孔远志：《文化交流的历史见证——从闽南方言借词看闽南华侨与印尼、马来西亚人民的友好关系》，《华侨历史》1986 年第 1～2 期合刊，第 41 页。

④ 王慷鼎：《从察世俗到东西洋考》，见《南洋商报》1979 年新年特刊，戈公振：《中国报学史》，生活·读书·新知三联书店，1955 年。另参吴凤斌主编：《东南亚华侨通史》，福建人民出版社，1994 年，第 881～882 页。

的支持，主编为光绪三十三年（1907）曾任新加坡《中兴日报》编辑的同盟会会员田桐，可说是荷属东印度第一份革命派办的报纸。它宣传孙中山的革命主张，揭露荷兰的殖民主义统治。田桐在该报写有《南国篇》一文，被荷兰殖民政府诬为涉及荷印政治，不久即被驱逐出境。但《泗槟日报》继续出版，成为东爪哇华侨唯一的华文日报。[①] 光绪三十四年（1908），还出版了泗水的《民铎报》和苏岛棉兰日里的《苏门答腊报》（三月刊），但不久即停刊。

宣统元年（1909）四月，巴达维亚华侨创办了当地第一家华文报《华铎报》，由"巴达维亚华侨书报社"主办，出版者为"华巫编辑所"。它是一份华文、马来文两种文字合刊的报纸，初为周刊，后改为三日刊，采取书本形式，每册约 20 页，宗旨是"培养华侨独立、合群、尚武的品德和国家观念"。主笔为朱茂山、白苹洲。该报宣传革命、民族主义和中华文化。白苹洲在任主笔期间，积极参与反对荷兰推行华侨出门需要有"通行证"（曰"路字"）的歧视规定的活动。该报办了一年四个月，于宣统二年（1910）八月即停刊。[②]

宣统元年（1909）十二月，著名侨生富商马厥猷在三宝垄建立了"爪哇印务有限公司"。为推销中国货和满足当时中华会馆和华侨读者读中文的需要，他出版发行了中文报纸《爪哇公报》和马来文的《中爪哇报》（*Djawa Tengah*）。最初《爪哇公报》由马乃东及苏甘定共同编辑。数月后，马厥猷聘任了一位前清举人，来自中国的新客韩希琦任主编。由于他中文水平高，《爪哇公报》办得很有起色，在当地华人社会中获得了一定声望。后来因三宝垄中华商会以高薪聘他为中文秘书而离开该报。此后该报声誉及质量日减，加之出版经营不善，勉强维持了一年多，终因亏损 1 万多盾而停刊。[③]

---

① 里奥·苏里亚迪拿达（Leo Suryadina，即廖建裕）在所著的《印尼华人报业简史》中说，1909 年在泗水出版了一份《汉文新报》（*Hanwen Xinbao*），该书中文见 1988 年雅加达版，第 85 页。而从冯自由《革命逸史》、冯爱群《华侨报业史》等史料看，泗水只有《泗槟日报》，且为 1908 年创刊，不是 1909 年。

② 《荷印华侨废除路字与"波里西窝"运动之经过》及《白苹洲逸事》，见《南洋研究》1930 年第 12 期。

③ ［印尼］林天佑：《三宝垄历史》，参吴凤斌主编：《东南亚华侨通史》，福建人民出版社，1994 年，第 899～901 页。

第十九章　菲律宾

第一节　各类型华侨社团

在菲律宾，最早出现的华侨社团不是血缘和地缘类社团，而是慈善、宗教和行业等类型社团。之所以如此，是因为菲律宾殖民当局长期以来把华侨社会看作其殖民统治的威胁，企图通过限制乃至打压华侨社团的方式来控制和削弱华侨社会。慈善、宗教和行会等类社团相对来说"敏感度"较低。但实际上，菲律宾的华侨慈善、宗教和行会等类社团在一定程度上也发挥了血缘和地缘等类社团的功能。长期以来，菲律宾华侨社团是在西班牙殖民统治的缝隙里寻求生存发展。不过，就地缘性来说，清代菲律宾的华侨社团主要是来自福建的华侨成立的社团。这无疑是因为福建籍华侨占了全菲华侨的大多数。

菲律宾的华侨社团萌芽于19世纪中后期。菲律宾进入美治时期后，因美菲当局采取所谓的开明民主自由制度，禁锢华侨社团的枷锁逐渐打开，民众的结社自由几乎不再受到限制。与此同时，殖民当局保护菲人权益，限制华侨利益。随着菲律宾华侨的群体意识和结社意识不断觉醒，加上华侨自身经济实力的不断壮大，华侨便开始通过加强华侨社会内部团结来抵御殖民当局的压迫，获取菲律宾社会对其基本权益的尊重和保障。在这种社会背景下，大批华侨团体迅速发展，特别是以血缘和地缘关系为天然纽带的华侨社团组织迅速发展。此外，以业缘为基础的各种行业商会，以秘密团体及帮会为基础发展而来的结义"党"、"社"团体，维护劳工阶层利益的职工社团，各类文学艺术、音乐戏剧社团，以及慈善福利公益性社团组织及宗教性质组织也发展起来。

下面且按照最早出现的社团类型，依次对菲律宾的华侨社团作一简要描绘。

一、宗教社团

菲律宾华侨社会的宗教气氛浓厚。在菲律宾华侨社团中，宗教组织占了一定的比例。菲律宾华侨最主要信仰的宗教有道教、佛教、天主教和基督教。道教和佛教无疑是从中国传入的。

菲律宾的福建籍华侨社团的历史可以追溯到康熙二十六年（1687）在马尼拉成立的"岷仑洛华人公会"。① 岷仑洛是天主教华侨聚居区。菲律宾是以天主教为主的国家，当时信奉天主教的华侨华人已经数以万计，此外还有新教徒。岷仑洛华人公会是个具有宗教（基督教）和行政双重性质的组织，是马尼拉岷仑洛（又译"比农多"）区华人与华菲混血种的宗教和行政的混合组织，实际上亦为马尼拉华人最早的社区机构，一般将之作为菲律宾华侨创设社团之始。菲律宾华侨最早的宗教组织之所以是基督教的，是因为早年华侨只能在经济行业获得谋生的机会，华侨庙宇在西班牙殖民时期几乎难以存在。

岷仑洛发展成为华菲混血种的集中地之后，乾隆六年（1741）华菲混血种与华侨分裂，另组岷仑洛混血种工会。18 世纪末，华侨自巴里安移入岷仑洛和圣克鲁斯后，西班牙殖民当局又组织华人工会，作为管理华侨的机构，原有的岷仑洛华人工会遂转变为纯宗教组织。而华侨与西班牙政府之间的业务问题则由华侨工会处理。乾隆三十五年（1770），华侨甲必丹另立华人公社，专门处理华侨社会内部诸事务，如慈善、商务及教育等。按照周南京主编的《华侨华人百科全书》所说，目前菲律宾唯一的华人区就坐落在马尼拉的岷仑洛区，此处又称"王彬街"，汇集了百货、杂货、首饰、钟表、中药房以及中国餐馆等店铺，还有数座佛教、道教庙宇。

菲律宾华侨信仰天主教和基督教，深受菲律宾两大宗主国——西班牙和美国的影响，其中尤以西班牙的影响为深。西班牙人早年对华侨的宗教影响不是布道式的，而是强制式的。菲律宾人信仰天主教，本来就是西班牙殖民者强制的结果，菲律宾也因而成为亚洲唯一的天主教国家。在西治时期，天主教是菲律宾唯一合法的宗教。华侨不能信仰别的宗教，只能信仰天主教。经过西班牙人几百年的殖民统治，天主教在菲律宾已经根深蒂固，即使到了美治时期，也没有能力动摇和改变这一局面，在菲律宾，天主教徒仍然占绝大多数。

基督教是随着美国人的到来传入菲律宾的。首个华侨基督教会是美国圣公会在马尼拉设立的华侨圣公会，成立于光绪二十九年（1903）。该圣公会在经济及人事上均依赖于美国圣公会，处于依从地位。② 由于菲律宾进入美治时期十多年后清朝就灭亡了，故菲律宾大多数华侨基督教会是在民国时期成立的，这里就从略了。也有华侨自家乡把基督教带进菲律宾的例子。清宣统元年（1909），许声炎牧师（安海前坡人）由晋江金井到菲律宾布道，成立旅菲中华基督教会和一些闽南话礼拜堂。至 1937 年，许声炎等人已在菲设立 9 所基督教教会和一些闽

---

① 曾智良、陈仲初：《晋江人侨居菲律宾大事记》，据晋江市政协网。
② 庄国土、陈华岳：《菲律宾华人通史》，厦门大学出版社，2012 年，第 348 页。

南话礼拜堂。① 但这应是个案。

在菲律宾，道教可分为民众道教和教团道教两种形式。民众道教，主要源自中国故土的各种民间神祇崇拜和地方神崇拜，与此相关的宗教组织便是民间神祇庙宇和地方神庙，而今已经遍及菲律宾各华侨社区。最典型的寺庙就是妈祖庙、关帝庙等，它们最先都源于个别人对神明的供奉，进一步发展为社会团体，最后建庙奉祀。不过，依笔者之见，在中国民间，道教与佛教在大部分情况下是难分彼此的，道即是佛，佛即是道，佛道渗合在一起，便是民俗。因此，上面说的菲律宾华侨的道教信仰，其实就是民俗，因而在很大程度上也可以看作是佛教信仰。20世纪初，还有泉州崇福寺的僧人云果、妙月等曾先后赴菲律宾传经，并主持兴建了宝藏寺和宿燕寺。

有的寺庙并非单纯的宗教寺庙，它们在建立之初就与某个会党、宗亲会、同乡会、商会或行会等社团保持特殊关系，华侨会党行事则往往以宗教组织为名。例如，加牙渊省亚巴里社数位闽籍"三合会"成员供奉广泽尊王（圣王公），始于19世纪末，也有团结侨胞、联络感情的作用。再如，关帝或福德正神多为早期的菲律宾华侨同业公会所供奉，故又称"关夫子会"或"土地公会"。② 后来的"中华布商同业公会"，其前身便是光绪十四年（1888）马尼拉华侨布商创建的"关夫子会"。至于教团形式的道教，以道观、道坛为组织形式，主要出现于"二战"后，在此不赘。

早期的菲律宾华侨都在家里供奉佛像，这是延续从家乡带去的传统习俗。后来，一些地方便渐渐演变为香火中心，亲友、邻人多喜欢到那里烧香礼拜，遂成为佛堂。这类佛堂只是早期菲律宾华侨的弘法场所，多由在家信众主持，一般不筹划大型弘法活动。例如，19世纪末马尼拉的中路观音堂、路夏义街的南海佛祖和三宝颜的福泉寺等，都是菲律宾华侨为消灾祈福的需要而创立的。③

二、慈善福利社团

菲律宾的慈善福利社团始于数百年前的"华侨义冢"。按理，华侨在异国他乡难免有意外身故之事发生，很多情况下只能葬于居住地。最早是散乱的"个葬"，后来才有以地缘关系为基础的集体安葬地，称为"义山"。这时候便会出现负责管理义冢/义山事务的类似于社团的组织。但在菲律宾，这类组织始于何

---

① 曾智良、陈仲初：《晋江人侨居菲律宾大事记》，据晋江市政协网。
② 庄国土、陈华岳：《菲律宾华人通史》，厦门大学出版社，2012年，第348页。
③ 庄国土、陈华岳：《菲律宾华人通史》，厦门大学出版社，2012年，第348页。

时，今已无从考证。菲律宾华侨的义冢/义山之设，一般的说法是在"林旺捐地"之后。在"林旺捐地"之前，还有"林旺竞选甲必丹"之事。当时华人甲必丹的权力非常大，举凡华人出入口之事件，一切纠纷诉讼，均得专权处理。而甲必丹之产生是用选举法，每三年改选一次。历来华侨任甲必丹者颇多。当时瘟疫猖獗，殖民政府以外族宗教不同之关系，不许华人埋葬于同一公冢。于是福建漳州龙溪人林旺站出来竞选甲必丹一职，声明如能当选，愿购一地皮以为华侨公共坟场。林氏当选后，果购地一段，位于马尼拉巴石河以北的拉洛马，将之开辟为华侨义山，即现今华侨义山之"旧仙山"，时间约为同治九年（1870）。其时凡任甲必丹者，须受天主教洗礼，华侨通称为"沾水"，"旧仙山"也被称作"沾水地"。[①]发展到今天，公墓面积为54公顷，围墙高10米，其中许多墓地是由大理石砌造而成，非常豪华。外形像一处高级住宅区，实为一座华人墓园。依照当地华人的习惯，墓地的占地面积很大，每个家族都以钢筋水泥建造像住宅一样的墓园。有些墓地甚至还装了空调和冰箱等，可以想见当地华人的财力。

光绪四年（1878），杨尊亲继任甲必丹，向多米尼克会大主教购得拉洛马右畔一片旷地，扩大义山坟场，同时集资在新义山中心点兴建一座崇福堂，作为奉祀及纪念有功先侨的祠堂。同治十二年（1873），华人甲必丹设立一个华侨慈善、商务及教育的机构，叫"华人公社"，负责处理华侨社会内的有关事务。数年后，由于商务及教育事务分离出去，华人公社变成专门管理慈善事业的"善举公所"（全称为"菲律宾中华总会善举公所"，西班牙名为 Comunidad de Chinos，英文名为 Chinese Community）。

光绪五年（1879），善举公所建立崇仁医院。当时霍乱流行，西班牙殖民者所办的医院拒绝收治华侨商人。甲必丹叶龙钦发起集资，在拉洛马区华侨义山附近兴建崇仁医院，以救治病侨。光绪十七年（1891），甲必丹陈谦善再次集资扩建崇仁医院。几十年来，崇仁医院举办了许多慈善公益事业，如创设中医施诊室、赠药室，义务施医、施药等。

光绪十九年（1893），辖有华侨义山和崇仁医院的善举公所以"菲律宾华侨善举公所"名义向殖民当局申报立案。从其组织章程来看，该公所此时已脱离华侨甲必丹的管理，专营华侨慈善事业。其主要经费依靠"该会杰出成员、热心公益之公民、商家、慈善家之慷慨捐输"[②]。

光绪二十四年（1898），美国占领菲岛，废甲必丹制。公所所办之医院及义

---

① 据中文百科在线网站资料，华人公墓是1850年由华人"区长"林旺（Lim Ong）和 Tan Quien Sien 创建的。这一说法的年代确否，尚有待考实。

② 《菲律宾中华总会善举公所组织规程》，《菲律宾华侨善举公所百年大庆纪念册》，1977年，第4页。

山，暂由代总领事陈谦善管理。光绪二十六年（1900），清政府派黎荣耀为驻菲总领事，黎到任后即改组公所，并向美驻菲总督和清政府立案，改名为"小吕宋华侨善举公所闽粤总会"，由清政府驻菲总领事直接管辖，而华侨义山及崇仁医院则归华侨善举公所管理。该公所成立前后，始终得到当地众多侨商、侨领的热心支持和赞助。光绪三十年（1904），善举公所下属组织单位之一的"小吕宋中华商务局"（"马尼拉中华商会"的前身）从善举公所脱离出来，成为独立组织。

光绪三十二年（1906），小吕宋华侨善举公所闽粤总会重新改组，晋江永宁西岑村人施光铭任总理。[1] 董事人数由 24 人减为 15 人（闽籍 12 人、粤籍 3 人），由华侨自行选举独立办理，不再隶属总领事直接管辖。次年，善举公所、华侨义山及崇仁医院一并向美菲当局注册立案。[2] 光绪三十三年（1907），善举公所又与华侨义山和崇仁医院合并注册。

善举公所组织性质属于非股份制公司，是西治末期仅有的一个超帮派的全侨性华人团体，也是最为著名的慈善公益社团，除慈善事业之外，还涉及华侨社会的商业事务、华侨教育。在华侨善举公所成立后，在其领导下，外埠一些省市都设有相关属下善举公所，展开福利公益性活动。

除马尼拉有菲律宾华侨善举公所外，清代菲岛其他地方也拥有相应的慈善机构。光绪九年（1883），礼智迓社创办"益华善举公所"，后改为"东区善举公所"。宣统元年（1909），宿务华侨成立"宿务兼善公所"和"崇华医院"，附设华侨义山。此外，三宝颜、达沃、古达描岛、依里岸、甲美地、苏洛省、描东岸、甲万那端等地都设有类似的善举公所或华侨义山。[3] 菲律宾华侨全社会不分省籍帮派，齐心协力，出钱、出力，积极参与慈善公益活动。

在此值得一提的是曾任善举公所总理的戴金华（1863—1936），据百度百科提供的资料，他是南安码头大庭村人，同治二年（1863）生。在乡入塾七载，十四岁随兄到菲律宾学商。经十多年积累，开设和联发布庄，渐成富商。戴金华善于为众排难解纷，为侨众谋福利，被举为福联和布商公会会长，连任十余年，并被委任为马尼拉市甲必丹属下的雷珍兰。光绪二十四年（1898），美国取代西班牙成为菲律宾殖民者后，戴金华出任万欣救国社总理六年。任马尼拉华侨善举公所董事时，与善举公所总理蔡联芳、中西学校董事总理杨嘉种和校长施乾力谋学校独立，筹款奠定学校稳固基础。旋任善举公所总理，前后九年，筹款二十余万元扩建崇仁医院院舍及完善医疗设备，并整理、新辟华侨义山坟地。

---

① 曾智良、陈仲初：《晋江人侨居菲律宾大事记》，据晋江市政协网。
② 庄国土、陈华岳：《菲律宾华人通史》，厦门大学出版社，2012 年，第 348 页。
③ 庄国土、陈华岳：《菲律宾华人通史》，厦门大学出版社，2012 年，第 347 页。

三、结义会社

这类社团是作为反清堂会的秘密会社，菲律宾独立战争中著名的将领刘亨赙便是天地会首领之一。

泉籍华侨组建的结义堂、会、所、社约 40 个。这些会社一般均设有家长，对同乡间的互助互济起着不容忽视的作用。早期成立的结义会社带有较浓的宗教及秘密会社性质，与现代的结义会社偏重于成员的慈善福利活动不同。

菲律宾结义社团的代表是洪门组织。菲律宾洪门组织出现的时间比较晚，到光绪二十五年（1899）才由一个广东人自美移居菲岛时传入组织"洪顺堂"，不久会员增至 300 多人，大半为闽人。洪顺堂后改名为"义英堂"。① 光绪二十八年（1902），福建帮华侨另组义福堂，1912 年改名为"中国统一党小吕宋岷里拉支堂"（后又改称中国进步党马尼拉支部）。就现存的资料来看，结义社团在菲华社会的势力远不及新、马华人私会党庞大，也不是当时菲华社会的主流。辛亥革命时期，旅菲晋江华侨纷纷捐献资金支援革命，许维贴、林景书、李文炳等晋江华侨均得到孙中山先生的褒奖。② 1930 年后，相继成立洪门致公堂、洪门秉公社、洪门竹林协义团和洪门协和兢业总社。

四、业缘社团

业缘社团即"同业公会"。菲律宾早期的华侨行业社团有糖业、木业、铁业、烟业、五谷商（即米商）等行业公会。

菲律宾华侨社会中的行业组织是较早成立的。菲律宾最早的商业性行会组织是康熙五十九年（1720）成立的米商同业公会，它是已知的南洋最早组成的业缘性团体。③ 该公会的会长称为"米店甲黎斯"。19 世纪头十年马尼拉税收分款中，有一个华侨货车主的职业行会，④ 可能就是嘉庆十五年（1810）以前成立的"华人马车运输公会"。

此外，华侨在菲律宾的主要工商行业，如糖业、木材（伐木）业、烟草业、

---

① 施振民：《菲律宾华人文化的持续》，李亦园等主编：《东南亚华人社会研究》（上册），正中书局，1985 年，第 158 页。一说 1850 年以前，菲律宾已有洪门组织"义英堂"，存考。参曾智良、陈仲初：《晋江人侨居菲律宾大事记》，据晋江市政协网。

② 曾智良、陈仲初：《晋江人侨居菲律宾大事记》，据晋江市政协网。

③ 曾智良、陈仲初：《晋江人侨居菲律宾大事记》，据晋江市政协网。

④ 魏安国：《菲律宾生活中的华人》（中文本），世界日报社，1989 年。

蓝靛及各种土特产生活杂售零售业中，都可能组织了一些团体，道光三十年（1850）前后达几十个，其头目在行业中被称为"职业头目"。这些行会是当地业缘性华侨社团的雏形，是与西班牙殖民政府进行联络、代征税收的协商代表机构。在19世纪上半叶，各同业公会的头领有权参与甲必丹的选举，他们实际上控制了华人公会。在甲必丹代表华人向殖民政府提交请愿书时，他们还有负责签名的义务。①

19世纪中期以后，更多的行业工会相继出现。它们不仅代表本行业的利益，而且在华侨社会中有重大的影响。

在布业方面，光绪十一年（1885），马尼拉布商先后成立了"福联益布商会"和"关帝爷会"（因布业商人都敬奉关公）。光绪二十年（1894），成立了"义和局布商会"。②到1914年，"关帝爷会"改名为"福联和布商会"。1923年，义和局布商会与福联益布商会合并成为"中华布商会"。

在木材业方面，光绪十四年（1888），吴合发木行的蔡姓木商被害，却无处申冤。木业行侨胞因此组织了"崇宁社"，以联络感情，交换信息，拥护同业，实行互助。③1903年改为"关夫子会"，1921年改组为"中华木商会"。

光绪三十年（1904），由马尼拉著名侨商邱允衡、施光铭、杨尊亲、郑焕彩等发起成立"小吕宋中华商务局"，统管华社事务。首任会长为邱允衡（晋江祥芝厝上村人）。④该会在20世纪前半期既是综合性商业社团，又是菲律宾华侨社会的核心领导机构，参加者包括各同业公会、企业和个人。该会于光绪三十二年（1906）易名为"小吕宋中华商务总会"，1927年改称"菲律宾中华总商会"，1931年改名为"菲律宾马尼拉中华商会"。这个团体在20世纪50年代之前一直是菲律宾华侨社会的最高组织，对外沟通主流社会，对内协调华社内部事务。

清代时，菲律宾已经有地方性商会，据周南京主编《华侨华人百科全书》记载，光绪二十年（1894）创立的淡描戈（Tabaco，塔瓦科，华人俗称"淡描戈"）协议堂，办理华社公共事务。1914年改组为"小吕宋中华商务总会淡描戈事务所"。1918年又改组为"淡描戈中华商会"。

再如"打拉省菲华商会"。打拉省是菲律宾的一个内陆省，位于吕宋岛的中心。打拉省菲华商会又称"丹辘省菲华商会"，宣统三年（1911）创立于菲律宾打拉（Tarlac，华人俗称"丹辘"）省。初名联合公益社，1935年易名丹辘省中华商会，1969年改为今名，以维护菲华商会权益，沟通华菲感情，促进菲国经

---

① 参庄国土、陈华岳：《菲律宾华人通史》，厦门大学出版社，2012年，第235页。
② 《马尼拉中华商会成立三十周年纪念刊》，1936年。
③ 吴凤斌主编：《东南亚华侨通史》，福建人民出版社，1994年，第775～776页。
④ 曾智良、陈仲初：《晋江人侨居菲律宾大事记》，据晋江市政协网。

济繁荣为宗旨。

又如独鲁万市菲华商会，据周南京主编《华侨华人百科全书》记载，该会于 20 世纪首个十年间创立于独鲁万市，发起人为傅孙高，原名和益商会，1921 年改称"礼智省中华商会"，1968 年改为今名。

又如菲律宾怡朗市华人的商业总会，据周南京主编《华侨华人百科全书》记载，该会于宣统三年（1911）一月一日由高标勋等倡议成立，初名"中华国民公会"，首任会长黄启镇。该会创立后，其前身福建会馆所拥有的产业均归中华国民公会继承、管理。翌年（1912）改组为"怡朗中华总商会"。

五、音乐、戏剧社团

音乐、戏剧社团是菲律宾华侨社团的一大特色，大致上可分为两类：一是以中国传统民族音乐、戏剧为主体的社团；二是以闽粤地缘方言戏演唱为主体的社团。菲律宾华侨组织的各类戏社中流行的华语戏曲剧种主要为高甲戏、梨园戏、歌仔戏、粤剧和京剧，但因为菲律宾华侨以福建闽南人居多，故以主唱闽泉南音为业的南音社团最为突出。菲律宾是泉州南音在海外最流行的国家，共有二三十个南音社团活跃在菲律宾各地。

菲律宾华侨的文化、教育社团则多数成立于"二战"后。在菲律宾，有四家非常出名的南音社团（长和郎君社、金兰郎君社、国风郎君社及南乐崇德社），人称"四大郎君社"，应是今人的称呼。但最早的文艺社团有嘉庆二十二年（1817）成立的"菲律宾金兰郎君社"和嘉庆二十五年（1820）成立的"菲律宾长和郎君总社"、道光十一年（1831）成立的"菲律宾南乐崇德社"，三社均系以南音为纽带的闽籍泉属华侨同乡社团。"四大郎君社"中的金兰郎君社以弘扬"泉州南音"为己任，固守以南音活动为形式，以服务侨胞为实质的创社宗旨，众弦友志同道合，情同手足，义结金兰，故取名"金兰"；长和郎君社也是抱着这一宗旨，所以取名"长和"，就是希望弦友间"长期共存、和睦发展"。

菲律宾泉属华侨的文艺社团，除前述南音社外，较早的还有纳卯菲华桃园音乐社、丝竹尚义总社、桑林阳春总社等。[①] 另根据目前可知的资料，菲律宾的南音社团还有东棉省艺群郎君社、西工艺群和鸣郎君社、亚虞山菲华艺声音乐社、南吉岛南声郎君社、独鲁万万江轩郎君社、科任天山南音社、陈埭民族南音社、菲华志义音乐社、三宝颜菲华友谊联艺社、北甘马仁省和鸣郎君社、西黑省华艺社、西黑省菲华艺联郎君社、丹辘省华艺音乐社、拉牛板华侨音乐社、宿务同乐

---

① 泉州市华侨志编纂委员会编：《泉州市华侨志》，中国社会出版社，1996 年，第 379～492 页。

郎君社、硒乙艺群和鸣郎君社、菲律宾中国洪门协和竞业总社南音股、洪门协和竞业总社中北吕宋支社南音组、菲律宾丝竹尚义总社、桑林阳春总社、菲律宾丝竹桑林各团体联合会（九联）、纳卯菲华桃园音乐社、菲律宾乐和郎君社等。对这些社团，现在难以考实其成立时间（大部分应是在清代以后才成立的）。下面拟以菲律宾长和郎君社为例，对菲律宾华侨南音社团的基本情况做一粗略的介绍。顺便说明，由于福建籍华侨遍布东南亚各国，故很多国家的福建籍华侨都曾组织过南音社团，且这些社团至今还存在。但除了菲律宾外，还没有发现其他国家的南音社团是在清代时成立的。

　　传说南音是由清末晋江涵口村南音艺人陈锦戈南渡菲律宾谋生时带到居住地的。可以肯定的是，在长和郎君社成立之前，南音已经在乡侨中广泛流传，只是没有组成社团而已。相传长和郎君社的缘起是：一夜，许多南音爱好者聚集在陈锦戈的竹编厂中品竹调丝。忽然，他灵机一动，为防避西班牙殖民者的耳目，以创立音乐社为名来组织、服务侨胞的想法在他心中显现。于是，嘉庆二十五年（1820）左右，菲律宾华人社会史无前例的第一个侨团——菲律宾长和郎君社成立了。还有说法是把创立长和郎君社过程的主人公说成是陈锦戈。不管细节如何，最后是菲律宾长和郎君社成立了。从此之后，"长和社"丝竹齐鸣，余音绕梁。在长和郎君社内挂有藏头楹联："长歌绕梁南音怡情，和金调石炎岛蜚声；长是千年百代中原曲，和与五湖四海同生根。"为使南音艺术更好地传承下去，菲律宾南音社团纷纷礼聘家乡泉州的著名南音艺师到侨居地设馆授徒、传授技艺。

　　金兰郎君社和长和郎君社等社团在当时表面上是音乐团体，实际上具有漳泉籍华侨地缘性组织的功能。因为当时西班牙殖民统治者对华侨的管制十分严厉，华侨公开组团结社会招来疑忌打击，故而只能以演习家乡音乐——南音为名，成立音乐社团。社团成立后，开展活动，增进乡土情谊，成员之间互相关心，贫病伤亡互救，婚丧喜庆互贺互济，兼有互相助济功能。① 因此，这两个社团当时兼有地缘社团的功能。

　　菲律宾郎君社团成员（亦称南音弦友）唱奏泉州南音并供奉"郎君大仙"。据考证，"郎君大仙"真名孟昶，初名仁赞，字保元，919 年生，965 年卒，乃五代时后蜀国君，居国都锦城（四川成都）而执政。孟昶其人"美丰仪，喜猎，善弹，好属文，尤工声曲"。其妃徐慧妃"才色俱佳、尤长于宫词"，誉称"花蕊夫人"。965 年宋兵入川，蜀亡，孟昶携花蕊夫人赴汴京见宋太祖，被封为秦国公，七日后卒。宋太祖闻花蕊夫人才色俱佳，命居玉真宫，纳之。花蕊夫人虽

---

① 吴凤斌主编：《东南亚华侨通史》，福建人民出版社，1994 年，第 481～482 页。

从宋太祖,心仍思念前夫孟昶,乃私绘像祠奉之,传闻一次宋太祖问此像为何神,夫人巧妙回答:"此神张仙,奉者得子。"太祖听了忙焚香拜祝,后果生子。宋太祖大喜,敕封此神为"郎君大仙",特赐春秋二祭。另一说孟昶"尤工声曲",花蕊夫人"尤长于宫词",两人合创音乐自成一体并流传江南,可能是南音的初始雏形。孟昶在帝位时,让赵崇祚整理出版的《花间集》是唯一传世的燕乐歌词集。南音的前期基础是燕乐,倡导燕乐的孟昶自然被推崇为南音始祖。孟昶就被南音弦友誉为"郎君大仙"、"郎君先师"、"郎君祖师"、"郎君大师"等,后又有春秋二祭。

长期以来,泉州南音的传承均为设馆授徒、师承传授,以前南音馆社还有"祭郎君"、"祀先贤"等重要而独特的民俗活动。这一民俗也被传到海外。据不完全考证,立社拜"郎君大仙"的南音社团,最早的供位是菲律宾金兰郎君社,于嘉庆二十二年(1817)成立后,随南音活动年年奉拜"郎君大仙"至今。长和郎君社于嘉庆二十五年(1820)左右成立后,亦每年举行春秋二祭,其中的秋祭日期是农历八月十二日,为"郎君大仙"升天日,最隆重。

六、同乡社团

同乡会是以地缘为基础的自愿团体。菲律宾华侨最早的同乡社团有1819年创立于马尼拉市的菲律宾金兰郎君社、嘉庆二十五年(1820)成立的菲律宾长和郎君社和道光十一年(1831)成立的菲律宾南乐崇德社,三社均系以南音为纽带的泉属文化社团。这些社团虽然属音乐社团,但早年却有不可取代的地缘社团性质。因史料残缺,关于其早期历史已无从稽考。

在地缘性社团方面,可以发现一个有趣的现象:在福建与广东两大省籍华侨中,福建人占大多数,广东人占少数,例如,直到19世纪末马尼拉市广东人只占1/10,怡朗只占8%,多从事饮食服务行业及小商品零售。但广东籍华侨却较早地建立了省属会馆。

道光三十年(1850)成立于马尼拉的"广东会馆"是菲律宾最早的省属同乡侨团,馆址设在圣克鲁斯。菲律宾广东会馆原名"小吕宋岷里拉广东会馆",又称"马尼拉广东会馆"。到光绪二十六年(1900),粤商林杰生、余硕三等于马尼拉繁华区(贯通达斯马里尼亚斯街与波布雷特街)发起建筑三层新馆。凡粤侨社会内部纠纷多在此裁决,体现自治与团结精神,亦办理捐助各种公益事业。1950年12月4日,该会馆与其他粤籍侨团组成"菲律宾广东会馆总会"。

同治九年（1870）前后，怡朗也成立"广东会馆"。[1] 其主要作用是照料新来的粤籍移民，为他们提供临时住处，提供贷款、介绍职业，以及排解粤籍华人中出现的纠纷或进行仲裁等。

现在知道的菲律宾较早的福建籍地缘社团是 19 世纪中期闽侨成立的半秘密的同乡"杂姓会"。光绪二十九年（1903），在该会基础上成立"闽商会馆"，会员基本上是晋江人，只有少数为泉属其他各县人。20 世纪初，旅菲福建安海同乡曾组建"鸿江公会"，以鸿江流域附近的乡侨为会员，后因组织不健全和经济问题而停顿。宣统二年（1910），晋江旅菲华侨开始以原籍乡村为单位成立同乡会组织，最早组织的是西滨同乡会，会址设在马尼拉。[2]

福建籍华侨社团以县、乡、同宗族团体为多。以县以下的家乡地域为单位成立的同乡会出现于清亡之后，最早的是创会于 1919 年的惠安同乡会，次年改称"菲律宾惠侨联合会"。民国时期这一类同乡会社团数目繁多，不赘。因为菲律宾的华人主要来自福建，福建的华人又大多来自于漳、泉沿海地区的几个县，所以福建的同乡组织不是以省、府来划分，而是以县、乡、村来划分。施振民说："菲律宾人口祖籍的不平衡，使地缘组织变形，从大地域结合的会馆变为小地域以乡村为单位的同乡会，且不少同乡会实际上为宗族世系群，因此与血缘组织宗亲会的关系密切，甚至与宗亲会相结合。"[3] 福建会馆在 20 世纪后才成立起来。

七、宗亲社团

血缘社团的"宗亲会"是以同宗为基础结合而成的自愿团体。宗亲会和同乡会是菲律宾华侨社团组织中最主要、最基本的两种社团。一般来说，在海外华侨华人社团里，宗亲会和同乡会的关系最为密切。因为宗亲会以血缘关系为基础，同乡会以地域关系为基础，很多时候血缘关系与地域关系都在同一个圈子里，都可以获得情感归属与慰藉，都可以得到互助和庇护。故宗亲会和同乡会往往你中有我，我中有你，彼此的关系密不可分。在菲律宾华社中，这种情况更加突出，表现在同姓氏的同乡会聚于宗亲会之下，从而突出了宗亲会的位置。因为菲律宾大部分华侨为闽籍，而闽籍华侨多来自闽南同一地区，闽南地区绝大多数的同乡会以乡或村为单位，而闽南地区以单姓村落为多，同乡会因此兼有血缘和地缘两种特性，加上同一地区存在着密切的宗支关系，同乡会之间就产生了一种

---

① 黄滋生、何思兵：《菲律宾华侨史》，广东高等教育出版社，1987 年，第 276 页。

② 曾智良、陈仲初：《晋江人侨居菲律宾大事记》，据晋江市政协国。

③ 施振民：《菲律宾华人文化的持续》，李亦园等主编：《东南亚华人社会研究》（上册），正中书局，1985 年，第 106 页，转引自庄国土、陈华岳：《菲律宾华人通史》，厦门大学出版社，2012 年，第 234 页。

特殊的关系。①

宗亲会在菲华社会出现的时间大概是晚清。在全世界的宗亲会中，杨姓的宗亲会颇为著名。杨姓比较大范围向海外移民是在元末以后，尤其是在明代郑和下西洋以后，这是中国南部特别是福建、浙江、广东等省杨姓人向海外迁移的发轫时期，主要是为了避免天灾人祸而向海外谋生。移居的主要目的地是泰国、马来西亚、印度尼西亚、菲律宾、斯里兰卡、孟加拉、越南、老挝、柬埔寨等国家。

华人甲必丹杨尊亲（南安人）等人于光绪三年至五年（1877—1879）发起组织的"四知堂"，是菲律宾最早的华侨宗亲社团，时由福建籍华人甲必丹杨尊亲和杨瑞霞、杨硕梓等人发起创办，杨瑞霞为首任总理。四知堂的堂号源于杨氏的祖先、西汉著名人物杨震。杨震拒贿时说过"天知、地知、你知、我知"，故杨氏后裔以此作为堂号。1915 年，"四知堂"易名"弘农俱乐部"，1920 年正式以"弘农杨氏宗亲会"的名称向当地政府登记注册（弘农是杨姓的郡望）。

据知，"四知堂"下面还有礼智三描分会（礼智市）、宿务分会（宿务市）、三宝颜分会（三宝颜市）、纳卯分会（纳卯市）、班乃西黑人省分会（怡朗市）和美骨区分会及五宝杨氏家族会等。这些分会的成立时间不详。杨姓人士大都来自中国福建的泉州市、厦门市及其附近的晋江、金门、同安和安溪等县。今杨姓人士已散布在菲律宾全国各地。"杨姓宗亲总会"成立于 1950 年 3 月 19 日，会址设在马尼拉市。

在清亡之前 10 年，菲律宾福建籍的宗亲社团成立得比较频繁。据《华侨华人百科全书》记载，可举的例子有：

菲律宾陇西李氏宗亲总会由旅菲陇西堂（成立于光绪二十九年即 1903 年，又称李氏宗亲自治会）、旅菲陇西李氏宗亲总会（1933 年）演变而成。陇西堂的创始人为李鹏亮、李文炳等，初期会址设在马尼拉市徐龙巷（今范伦那街靠近花园口处）。堂内附设童蒙学塾，以授课宗亲子弟，仅授习字、珠算、尺牍等，乃适应当地商业社会的需要。

菲律宾曾丘宗亲总会于光绪三十二年（1906）创立于马尼拉，初名三省堂。族长曾云皎、曾瑞文、曾瑞富等先后主持会务。1935 年改名为曾丘家族自治会，后又改称旅菲曾丘同宗会。

菲律宾济阳柯蔡宗亲总会（以晋江华侨为主），前身为光绪三十三年（1907）由蔡联芳等创建的济阳堂。继而先后改名为济阳柯蔡公所、济阳柯蔡宗

---

① 施振民：《菲律宾华人文化的持续》，李亦园等主编：《东南亚华人社会研究》（上册），正中书局，1985 年，第 117 页，转引自庄国土、陈华岳：《菲律宾华人通史》，厦门大学出版社，2012 年，第 342 页。

亲总会、菲律宾济阳柯蔡宗亲总会。

旅菲西河林氏宗亲总会于光绪三十四年（1908）由林广进、描连洛、林亨等人发起创办。宗旨是：联络宗谊，团结族人，并在遭受外侮时为族人做声援，寻求正义。初名西河堂，会员百余人。后逐渐发展，与当时马尼拉的有妫堂、让德堂、济阳堂、临濮堂合称为"五大堂"，包括了莲棣、洋棣、上林、永宁、高山、长福、三林、西边、陇西、山联合等15个林姓同乡会。

菲律宾锦绣庄氏宗亲总会可上溯到宣统元年（1909）旅居菲律宾的庄银绥、庄银河、庄天来发起组织的本族自治会，原名锦绣堂，以晋江旅菲华侨为主。1929年4月正式成立旅菲锦绣庄氏宗亲自治会。1938年改为旅菲锦绣庄氏宗亲总会，20世纪70年代改为今名。

菲律宾让德堂吴氏宗亲总会前身为宣统元年（1909）三月在马尼拉创立的让德堂。目的是敦亲睦族，加强团结，互助互济，大力捍卫华社权益。菲律宾钱江联合会是菲律宾华侨施姓宗亲社团。宣统二年（1910）在马尼拉曾成立施姓宗亲组织旅菲临濮堂，后因钱、浔两大系施姓人事变迁等原因，堂务陷于瘫痪。后当江系施姓先创立临濮青年社，后又扩大为南浔群益社。钱江系族人则于1927年创立旅菲钱江联合会。

旅菲临濮堂，宣统二年（1910）成立于马尼拉，其最初宗旨是：在异邦羁旅，组成本大家庭，敦宗睦族，联络感情，扶持友助，进而谋求造福侨社，贡献乡梓。成立初，鉴于故乡畛域观念，积重难返（清代中叶以来，福建钱、浔两大系施姓人经常械斗，几成世仇），故首要工作为在钱、浔两系施姓人中间化除成见，摒弃交恶积习，和衷共济，切实合作。然后是捐助家乡教育事业，如创办遵导两等小学校，每年津贴各乡全族私塾70所20余年，后各乡私塾次第改为学校，仍不断予以捐助。后因人事变迁，堂务逐渐涣散，乃至停顿。

清亡前10年先后成立的宗亲会还有很多，如"陇西堂"（光绪二十六年即1900年）、"风采堂"（光绪二十六年即1900年）、"颍川堂"（光绪二十六年即1900年）、"宏阳堂"（光绪二十八年即1902年）、"江夏堂"（光绪三十年即1904年）、"伍胥山堂"（光绪三十二年即1906年）、"三省堂"（光绪三十二年即1906年）、旅菲有妫堂总会（光绪三十四年即1908年，以陈姓为主，包括田、胡、姚、虞四姓）、"济阳堂"（宣统元年即1909年）等。这些宗亲会多以"敦宗睦族、团结互助、共谋福利"为宗旨，联络族人感情，发扬宗族社会敦宗睦族、守望相助的传统，其运行机制一般为总理制或委员制。

应该指出的是，清末十来年只是闽籍华侨大建宗亲会的开始，更大的高潮还在民国时期。"二战"后，宗亲会又进一步发展。1958年5月，菲华33个宗亲会在马尼拉联合组建全国性的宗亲联合会（简称"宗联"），成为菲华社会最具

规模的社团。另外，菲律宾的宗亲会有总会、分会。在宗亲总会之下，各地还成立独立的属会。但各分会实际上是独立的，与总会的从属关系只是名义上的。宗亲会最大的福利事业是设置奖学金，奖励优秀学生和资助清贫学生。此是后话。

福建籍宗亲会分单姓和联姓两种。如上所述，闽南地区以单姓村居多，单姓村同乡会可以通过血缘关系与宗亲会相结合。在菲律宾的福建籍华侨中，陈、林、吴、许、蔡等姓都是大姓，故这几个姓的宗亲会在菲律宾成立较早，在清末就建立起来。这些姓氏成立宗亲会也带动了其他姓氏的宗亲会相继成立起来。[①]

广东籍华侨最早的宗亲会是"龙岗公所"，成立于光绪十年（1884）。到宣统三年（1911），菲律宾已有 17 个宗亲会组织。[②]

可以看出，在菲律宾闽籍华侨社会中，泛宗族组织的宗亲会占据更突出的位置。这是因为菲律宾闽籍华侨所祭祀的祖先不是创建本世系群的始祖，也不是本乡、本村的开基近祖，而是本姓的开宗远祖。例如，菲律宾的陈姓及妫纳五姓（胡、芦、田、陈、姚）宗亲会供祀舜帝；烈山五姓（吕、卢、高、纪、许）供奉神农；六兰堂（章、叶、林、龙、沈）的共祖是殷太师比干；吴氏追宗太伯，施氏远溯鲁惠，只有王氏堂号名为太原堂，上溯王氏的发源地太原。[③]

第二节　华侨在当地兴办学校

菲华社会的华文学校的出现可谓姗姗来迟。在大部分东南亚国家，华文学校早在 19 世纪中期以前都已建立，不少学校甚至在 18 世纪就已成立，但菲律宾第一所华文学校迟至 20 世纪初才出现。这种状况是与菲律宾殖民当局的政策及这个时期菲华社会的特点紧密联系的。

首先是西班牙人对天主教的狂热。天主教是西班牙国家的政治和文化核心。西班牙人殖民菲律宾后，殖民政府成了高度集权的政权，对菲律宾的经济、社会组织和宗教文化实施全面控制，并将这种浓厚的天主教色彩植入到菲律宾殖民地社会。殖民者竭力扩张天主教，并对"异教徒"实行极端宗教迫害政策，不允许所谓"异教"及其相关文化的存在。在西班牙殖民者的眼里，一切都要"西班牙化"，而所谓西班牙化就是天主教化。于是，殖民政府对华侨推行强迫宗教同化政策。在 18 世纪到 19 世纪中期，是否为天主教徒几乎成为华人能否不被驱

---

① 福建省地方志编纂委员会编：《福建省志·华侨志》，福建人民出版社，1992 年，第 90 页。
② 据庄国土、陈华岳：《菲律宾华人通史》，厦门大学出版社，2012 年，第 235 页。
③ 福建省地方志编纂委员会编：《福建省志·华侨志》，福建人民出版社，1992 年，第 90 页。

逐出菲律宾的主要依据。留居菲律宾的华人多娶土著妇女，其混血儿后代接受的是菲籍与混血母亲的菲律宾传统和天主教学校的教育，华文教育自然处于真空状态。虽然19世纪中期以后华侨社会人数急剧增长，但主要是由新移民构成。华侨的本土宗教和社团文化活动更被严厉限制。直到美西战争后菲律宾成为美国殖民地，菲律宾的华文教育才得以发展。

西班牙统治时期，华侨在菲律宾生的子女多数接受当地教育，极少数念教会办的高等学府。19世纪中期以后，部分华侨将侨生子女带回家乡或延聘国内塾师往菲律宾在家授业，接受华文教育。

菲律宾的华文教育是在19世纪末开始快速发展起来的。其时几股合力促成了菲律宾华文教育的发展。其一，光绪二十四年（1898）十二月，菲律宾群岛由西班牙统治转为美国统治后，美国当局对华侨兴办学校采取放任的态度。最重要的变化是教育性质的改变。在西班牙殖民时代，当局推行殖民教育的目的是传播宗教，而在美国统治下，则将教育转向平民实用性及大众化。于是，菲律宾的公立学校制度得到广泛推行，而私立性质的菲律宾华文教育也水涨船高地获益，迅速发展起来。其二，清政府也鼓励海外华侨振兴华教，在华埠建立华校。当时清政府在风雨飘摇中的若干改良举措也有助于菲律宾华侨发展华文教育。1898年，光绪皇帝颁布的《定国是诏》命各省、府、州县设立学堂，同时，还命出使各国大臣督同领事向海外华人劝办学堂，驻外使领馆人员也负有督学之责。其三，华侨要提高自身在居住国的社会地位也需要兴办华文教育。菲律宾华侨的经济地位经过几百年的积淀到那时候已经逐渐壮大，因而其民族意识和中华文化意识开始增强，而19世纪后期中国国内风云翻涌的民族觉醒运动也深深地鼓舞了菲律宾华侨。对于菲律宾华侨来说，华文教育提高了华侨学龄子女的受教育程度、文化水平和素质，进而能提高华侨在居住地的适应能力和谋生能力。在这样的形势下，侨胞逐渐产生了"没有华文学校教育就没有华侨社会"的共识，于是华侨学校便陆续建立起来。自1898年至1946年的美治时期，菲律宾华侨社会受益于美国当局相对宽松的政策，华侨的文化教育事业迅猛发展。也因自身经济实力的不断增长，华侨越来越多地参与当地各项社会服务事业，为菲律宾的社会发展做出了巨大的贡献。

光绪二十五年（1899），清政府驻菲律宾第一任领事陈纲在领事馆内开办蒙馆，蒙馆暂设于原为甲必丹府衙的领事馆内，是一所义务私塾。陈纲出生于马尼拉，父陈谦善，为菲律宾著名侨领。陈纲自小被其父送回福建同安家乡，熟读中国史书，中了进士。光绪二十五年（1899），被清政府任命为驻菲律宾马尼拉总领事。同年四月十五日，陈纲在领事署内创设了此义务私塾，招收华侨子弟就学。学校仅开设单一的中文课程，聘请国内塾师前来教授"四书"、"五经"、尺

牍等。① 开办时华侨子弟仅 20 人，由前清举人龚绍庭（鲤城人）、孝廉施乾（晋江人）先后任校长。这是菲律宾第一所华文学校。光绪二十八年（1902），清政府颁布《钦定学部章程》，敕谕各省建立新式学堂，并推行到海外华埠。光绪三十年（1904），蒙馆交华侨善举公所接办，更名为"小吕宋华侨中西学堂"。直到 1912 年以前，它都是菲律宾唯一的华侨学校。经过办学初创期的摸索，华侨中西学校逐渐走上轨道，规模也不断扩大，当时菲律宾华侨对华文教育的兴趣也日益大涨，至宣统三年（1911），该校学生人数增至 200 余人。到了 1912 年第二任校长施乾（施健庵）上任后，进行教学改革，实行"双学制"，增设英文课程，从此开始了双重课程、双语教学。到 1914 年，在校学生已有 300 多人。另外，根据华侨青年的需要，该校还开设了夜校部。夜校部也分为中文部（加授实用商业尺牍）和英文部（加设簿记班、打字班），招收的对象主要是有志于求学的店员、工人等华侨青年，夜校学生近 300 人。② 小吕宋华侨中西学堂开辟了菲律宾华侨教育之先声，更直接推动了马尼拉地区的华侨教育。作为菲律宾经济中心、华侨人口与经济力量集中的马尼拉，同时成了华侨教育的中心，后来"大约每三间侨校，就有一间在马尼拉（包括郊区），每两个侨生就有一个是就读于马市的侨校"③。

　　早期菲律宾的华侨学校约经过了三个发展阶段。第一阶段是私办学校阶段，时间很短，这时候的经费全靠华侨捐款。大众化的华侨捐款虽然是重要财源，但难有稳定保障。于是转入第二阶段——慈善事业阶段，即把办学当作慈善事业，让华侨学校由马尼拉最大的慈善机构——善举公所管理，教职员聘请和经费拨付均由善举公所一手操理。民国时期进入第三阶段——董事会阶段，即将华文学校独立出来，成立由热心侨教的人士组成的董事会进行管理。其实到这一阶段，办学经费也需要捐助，但那却是由董事会成员常年捐助。教师来自福建，教材来自国内，教学内容和制度也参照国内学校。这后来成为海外华文学校的普遍办学模式。顺带说明，民国时期菲律宾的华文教育热情持续高涨。1914 年 12 月 13 日，为了解决随着华侨学生人数迅猛增长以及募捐所得教育经费几近枯竭的双重困难，振兴华侨教育，马尼拉华侨各界代表在中西学堂开会，讨论成立了菲律宾历史上最早的华侨教育管理机构——"菲律宾华侨教育会"。随后成立的华侨学校

---

① 吴凤斌主编：《东南亚华侨通史》，福建人民出版社，1994 年，第 845～846 页。
② 庄国土、陈华岳：《菲律宾华人通史》，厦门大学出版社，2012 年，第 332 页。
③ 陈烈甫：《菲律宾华侨教育》，海外出版社，1958 年，第 81 页。

越来越多，其他地方的华文学校也如雨后春笋般发展起来，① 此是后话。

第三节 华侨从家乡带到居住地的文化

一、南音传奇

华侨旅居菲律宾，以闽南人历史最久，人数最多。因而闽南方言（闽南语）不但在菲律宾应用，而且对菲律宾的他加禄语产生了一定的影响。据估计，有300多个他加禄语词汇来源于汉语（主要是闽南语）。② 其中，以食品、生活用语、农作物技术词汇为最多。主要是由于闽南人移居菲律宾的同时，也带去了许多日用品和食物，菲人以前不曾见过，便借用闽南方言称呼之，日后流传和使用开来，便成为当地语言。③

在清代，菲律宾华侨从故乡带去的最重要文化产品是南音。

据考究，南音与唐宋大曲、法曲、宋词和元散曲有着极其密切的关系。南音相传始于晋唐时期，10世纪中叶传入闽南。南音有泉州腔、厦门腔、漳州腔，但"郎君祭"唱南曲统一用泉州话，海内外均同。用泉州话唱南曲，叫"泉腔南音"，是南音弦友们公认的标准，故这里以"泉州南音"为例。

"泉州南音"又称"弦管"、"南管"、"南曲"、"南乐"、"御"、"郎君乐"等，在历史长河中积淀了多种典型元素，先是集萃唐代以来中原雅乐之遗韵，后来又吸取昆腔、弋阳腔、青阳腔、潮调、佛曲、道情等精华，融汇成格调、韵味自成一格的音乐体系，被认为是保存中国古代音乐文化最丰富、完整的传统音乐之一。清初，南音得到康熙皇帝嘉赏，其艺人被封为"御前清客"。

据认为，泉州南音的独特性表现在：其一，有自成体系的工尺谱。它有别于全国通行的工尺谱，五个基本音及其变化音蕴含了历史悠久的古代乐学理论。其

---

① 以20世纪10年代为例，在马尼拉，1917年普智阅书报社创办普智学校，1919年闽商会馆设立闽商学校，华侨工人联合会（或华侨工党）创建华侨公学，1917年菲律宾美国圣公会开办了华侨女学——圣公会中学。因华侨学童人数激增，1917年至1924年，马尼拉又先后增设了11所学校。在其他地方，怡朗市中华商会于1912年创办菲律宾第二所华侨学校——怡朗中华实业学校（1913年改为工科商业学校）；宿务市中华会所1915年9月20日创建第三所华侨学校——宿务中华学校。同时期，北至阿巴里南抵达沃的外省19埠侨社也相继创办华侨学校共20所，基本上做到了一地一校。据1924年统计，全菲华侨学校共有32所，其中中学1所（华侨中学）。参庄国土、陈华岳：《菲律宾华人通史》，厦门大学出版社，2012年，第333页。

② 阿利普：《十个世纪的菲中关系》，1959年，第100~101页。引菲律宾大学语言学家马努厄尔在《他加禄语中的汉语成分》一书资料。

③ 吴凤斌主编：《东南亚华侨通史》，福建人民出版社，1994年，第478页。

二，有独特的润腔方式，演唱时必须以泉州腔方言（历史上泉州腔为闽南话的代表）为准，唱词中含有大量的泉州方言和泉州梨园戏唱词。其三，具有独特的乐器及演奏方法。这包括南琵琶，保持唐代形制的曲项琵琶，横抱弹奏时，低音醇厚沉抑，中音明快柔和，高音坚实清脆、紧张尖锐；还包括洞箫，古称"尺八"，十"目"九"节"，音孔前五后一，音色典雅浑厚、柔和优美，演奏（演唱）出来的旋律缠绵深沉，格调清丽高雅，曲词古朴曼妙，曲风委婉清脆，节奏具有清、雅、淡、慢等特点，被誉为"中国古典音乐的明珠""东方音乐奇葩"。其四，演奏形式十分独特，采用"四管全"，即演唱者自执拍板坐于内中，右为琵琶、三弦，弹奏骨干音（即工叉谱）；左为洞箫、二弦，润腔演奏，并同唱腔相和谐。行家谓，泉州南音把洞箫、南琵琶、三弦、二弦及拍板的坐奏称"顶四管"，把南嗳（唢呐）、南琵琶、三弦、二弦及拍板的坐奏和响盏、小叫、木鱼、双铃、四宝及扁鼓等乐器的立奏合称"下四管"。[1]从曲谱上说，泉州南音由指、谱、曲三部分组成。指为有词的套曲，共有 48 套，形成于不同时期。据说南音各种旋律大都可以在这些套曲中找到；谱即纯器乐曲，音域宽广，技巧性较强，以《四时景》、《梅花操》、《八骏马》、《百鸟归巢》最为著名，称"四大名谱"；曲即有词之散曲，共 2 000 多首，专门于演唱中使用，许多散曲的唱词和梨园戏曲目相同。另外，据说泉州南音借用了不少唐大曲和其他乐曲的曲牌。乐曲如《摩诃兜勒》、《子夜歌》、《清平乐》、《后庭花》、《三台令》、《梁州曲》、《甘州曲》等，曲牌与宋词曲牌相同，如《长相思》、《鹧鸪天》、《醉蓬莱》等。泉州南音名谱有《梅花操》、《嗳仔指·一身爱到君乡里》、唐风宋韵《千家罗绮管弦鸣》及《远望乡里》等。[2]

当然，上面对南音的概括有现代人总结与提炼的成分。当年福建籍华侨带到菲律宾的南音未必面面俱到，到了今天，一些元素可能有所变化、有所流失。其实在当时，到菲律宾去的华侨也未必懂得有关南音的深奥理论和悠久源流，但泉州南音仍深受海内外众多乡亲中的南音爱好者喜爱。

在很多情况下，历史事件的产生过程带有一定的偶然性，偶然性的出现往往需要某个人物的一个不经意之举，这个人日后可能就会被尊为某一类历史的开拓者或者先驱。就南音在菲律宾的传播来说，这个历史人物非陈锦戈莫属。

中国大地满目疮痍，泉州地区匪盗横行，民不聊生，于是人们不得不南渡谋生。其中，有晋江涵口村南音艺人陈锦戈。在他将要离开乡村之时，南音师傅要他把琵琶带走，师兄弟、众弦友也纷纷以箫、弦相赠。苍天不负苦心人，经过勤

---

① 参吴远鹏：《独具特色的泉州南音信仰与习俗》，《泉州学林》2004 年第 1 期。

② 参吴远鹏：《独具特色的泉州南音信仰与习俗》，《泉州学林》2004 年第 1 期。

奋打拼，陈锦戈很快成为甲末地地区的商界翘楚。这时候，他看到许多和他一样离乡背井寄人篱下的同胞，孑然一身，孤苦无依，遇事束手无策，一筹莫展，于是灵机一动，在嘉庆二十五年（1820）左右组织了菲律宾华人第一个侨团——"菲律宾长和郎君社"。从此之后，才有了南音在菲律宾余音绕梁的历史。陈锦戈在异国他乡开创了一段南音传奇。

南音对慰藉身在异乡的侨胞的心灵，对在艰苦的打拼环境中提高乡人的凝聚力，发挥了不可估量的作用。在社团里，不管是谁，不分贵贱，都可以凭着一曲曲南音的因缘走到一起，感受同一种乡音乡情的温暖。

如果南音仅仅局限于某个范围有限的群体，那么在这个群体消失后，南音在菲律宾的历史也就戛然而止。如果不想这种事情发生，就需要这个群体中的热心人或者有心人做出努力，使之传承下去，发扬光大。庆幸的是，在清代，菲律宾的南音社团中就有这样的热心人。他们纷纷礼聘家乡泉州的著名南音艺师到侨居地设馆授徒、传授技艺。这里可以举出一批这样的传承薪火的人士。

"南音状元"陈武定，字登垣，又名国定，泉州南门后山人，咸丰十一年（1861）生，早年曾当学徒工，先后师承泉州南音名艺人丁梦高、柯豹先、朱的伯（菲律宾归侨），后往台湾开馆传艺，同时与台湾南管名艺人唱和交流，声誉鹊起，菲律宾侨胞不断驰书请他前往任教。光绪二十年（1894），陈武定束装渡菲传艺。在菲期间他不但开馆授徒，且每逢旅菲社团庆典或侨胞家乡传统节日，他无不亲往登台献艺，后因患脚疾，方才回国。[①]

清朝末年，泉州南门外溜石村（今属晋江市池店镇）的南音名艺人朱的伯曾在菲律宾任南音教师多年，在侨胞中享有很高声誉。泉州南音组织"回风阁"名家辈出、人才济济，南音名家柯豹先、陈武定、陈金垣、蒲井等先后往菲律宾授艺。

菲律宾南音的发展不仅需要艺人南下授艺，还需要与家乡的互动。例如，在晋江安海镇，光绪三十三年（1907）成立南音组织——雅颂轩，涌现出一批著名艺人。高铭网，又名文网，安海高厝围人，光绪十八年（1892）生，自幼聪颖，14 岁开始学习南音，先后受业于蔡焕东、刘金镖、许昌等南音师，具有较深的乐理造诣，精通各项乐器。后被菲律宾南音界誉为"一代宗师"。

顺便指出，需要一定的写作技艺和形象思维相结合的华文文学艺术乃至文艺创作，在清代以前的菲律宾华侨中几乎一片空白。只是到了 1919 年以后，由于受五四运动和新文化运动的影响，菲华文艺才进入酝酿期。

---

① 参吴远鹏：《独具特色的泉州南音信仰与习俗》，《泉州学林》2004 年第 1 期。

二、华侨在居住地办报支持晚清时期的维新与革命

19 世纪末以后，随着菲律宾华侨经济规模的壮大，华侨的民族意识开始觉醒，加上当时受华文教育后，年轻一代华侨知文、识字的水平较老一辈华侨已有显著提高，极大地推动了华文报纸在菲律宾的出现。与此同时，19 世纪后半期开始发展起来的中国报业对菲律宾华文报刊也产生了很大的影响。例如，咸丰八年（1858）创刊的香港《中外新报》、同治十一年（1872）创刊的上海《申报》和光绪二十八年（1902）创刊的天津《大公报》等，成为菲律宾华文报刊的效法对象，也为菲律宾华文报业的发展培养了人才。中国报业对菲律宾华文报业的前驱作用是十分明显的。菲律宾的华文报社一直向中国采购机器设备，吸收采编人才，获取相关新闻信息。

菲律宾是继新加坡之后华侨自己出资办报的第二个国家。光绪十四年（1888）至 1918 年是菲律宾华文报纸的萌芽和草创时期。第一家华文日报为《华报》，光绪十四年（1888）由杨维洪（汇溪）独资创办，并得到了侨商陈谦善等人的鼎力支持。杨维洪为一位华商及知识分子，懂中文、英文及西班牙文。创办该报的目的主要是开启华侨同胞的"民智"，"对内号召同侨，对外争取权益"，打破华侨社会的闭塞、落后状态，宣扬中华文化，沟通信息等。杨维洪自任社长兼编辑及翻译，另聘一位广东籍人陆伯州为社外记者，撰著社论等。该报为 16 开式，日出四版，由粤侨印务公司承印。《华报》创刊两年后于光绪十六年（1890）集资扩股，但内容编排和版面设计仍保持原有风格。由于当时菲律宾华侨的识字水平尚低，销路不畅，在有着数万人口的华侨社会中，订报、读报者竟寥寥无几。因订户少，广告来源不足，报社很快就资金周转不畅，未及一年，即被迫停刊。光绪十六年（1890），杨维洪与陆伯州东山再起，创办《岷报》，版式内容与《华报》大致相同。但不及数月，也因销量不畅，广告无人问津而消失。[1] 此后数年，菲华社会无华文日报。虽经此失败，但杨维洪的办报理想始终未消退。光绪三十一年（1905），他要求美菲当局允许 7 个办报专业技术人员来菲，以便再创办一家华侨报纸。同年，他的申请得到美菲当局批准，可惜在当时华侨社会不重视舆论、不阅读报纸的风气中，该计划久久难以实现。[2]

光绪二十四年（1898），中国发生维新变法和戊戌政变，马尼拉一些华侨积极响应康有为、梁启超等人君主立宪的保皇思想，也组织了一个保皇会（帝国宪

---

[1]　颜文初：《三十年来菲律宾华侨报纸事业》，《小吕宋中西学校十周年纪念特刊》，1928 年。
[2]　庄国土、陈华岳：《菲律宾华人通史》，厦门大学出版社，2012 年，第 335 页。

政会），并于光绪二十五年（1899）派源庶蕃（一作"潘遮蕃"）创办了《益友新报》，极力鼓吹马尼拉保皇会的立宪主张，按照梁启超的说法，就是"去塞求通"，"故交换智识，实惟人生第一要件，而报馆之天职，则取万国之新思想以贡于其同胞者也"。[①] 但该报的存在时间也很短，光绪二十六年（1900）改名为《岷报》，实为保皇会的机关报，宣传康梁维新保皇主张。自有铸字机及印刷机，内容也比前两报有所增加。光绪二十七年（1901），该报主笔被遣送回中国，加上资金支绌，遂停刊。

从《岷报》停刊到光绪三十四年（1908），菲律宾华文报业处于空白时期。其间，中国社会风起云涌，波及菲律宾华侨社会，菲律宾华侨深切感受到，为表达华侨自身的情感，沟通华侨社会，迫切需要一份自己办的华文报纸。光绪三十三年（1907），清朝农工部侍郎杨士琦到南洋各地宣慰侨胞，在马尼拉时，西班牙文《商报》刊登一篇记者文章，讥讽和侮辱中国军舰，引起广大华侨极大愤慨，一致加以抵制。这一情势也激发了华侨创办一家华文日报的愿望。于是，一份新的华文报纸应运而生。在中华商会出面组织下，很快征集了8 000余元，购买了原《岷报》的印刷机与铅字，创办了《警铎新闻》，由王汉全任总理，陈三多为义务经理。聘中西学校校长施健庵（晋江龙湖衙口人）兼任总编辑，郭公阙为外勤记者，每周撰写论文。该报每日出两大张共8版，内容有各地及社会新闻、经济信息等，还办了一些文艺副刊，每月报费仅5角。但事与愿违，《警铎新闻》的内容虽然比前期出现的华文报纸更加丰富、报费也更低廉，还有商会的鼎力相助，但订户只有400户左右，最终仍然难逃亏本停刊的命运，只存活了一年左右，即告停办。[②] 此后，没有再创办其他中文报纸。细究《警铎新闻》的失败原因，跟以前一样：一是当时的华侨社会阅报风气未开；二是该报纸只是专注于表达爱国热情，却脱离华侨大众，不能很好地服务于人们的日常生活。

《警铎新闻》停刊前后，中国国内革命运动已趋高涨。中国同盟会在南洋各地展开革命宣传，菲律宾华侨对祖国的时局颇为关注。但苦于信息传播渠道不畅，他们创办华文报纸的愿望复被点燃。宣统三年（1911），中国同盟会小吕宋分会创办了《公理报》。[③] 次年，4开8大版的《公理报》正式出版，并于同年8月13日取得美菲邮政局的立案，被承认为新闻报类。《公理报》的出版时间较长且产生了较大影响。《公理报》是一份党报，原由普智阅书报社筹创。最初，它是中国同盟会菲律宾分会的机关报，后随着该分会改组为中国国民党驻马尼拉支

① 梁启超：《〈清议报〉一百册祝词并论报馆之责任及本馆之经历》，《饮冰室文集点校》（第二集），云南教育出版社，2001年，第753页。

② 颜文初：《三十年来菲律宾华侨报纸事业》，《小吕宋中西学校十周年纪念特刊》，1928年。

③ 曾智良、陈仲初：《晋江人侨居菲律宾大事记》，据晋江市政协网。

部，再改组为中国国民党驻菲总支部后，便成为中国国民党驻菲律宾的党报。长期主持该报笔政的颜文初、黄哲真都是晋江人。早期的《公理报》大力倡导革命、抨击君主立宪，后又对袁世凯的复古逆行大加批判。在接下来的护法运动、大革命和抗日战争中，《公理报》作为中国国民党在菲律宾的喉舌而为该党与国民政府的政策、方针和路线摇旗呐喊。特别是在 1912 年至 1918 年菲律宾的华文报业中，《公理报》可谓独领风骚。与早期的华文报纸相比，《公理报》能够长久发行，经济自立，首先，是时势使然。其时以中介商和零售商为主的菲律宾华侨经济实力稳步增长；因中国革命形势迅猛发展，华侨对祖国相关信息传播有迫切的需求。其次，是华文报纸读者群的适应性有很大提高，读者数量有显著增加，而前期的华文教育到此时终有收获，华侨的文化水平得到了很大程度的提高。1942 年初日军攻占马尼拉后该报被迫停刊，1945 年 2 月马尼拉光复时复刊。

1914 年，华侨创办了《中华日报》，龙湖衙口人施健庵任主编。[①] 1919 年，傅无闷主编的《平民日报》和小吕宋中华商务总会会长李清泉创办的《华侨商报》问世，成为菲律宾销售量最大的华文报纸。20 世纪 20 年代至 30 年代，以泉籍华侨为主创办或主持笔政的报刊还有《侨商公报》、《中西日报》、《民情日报》、《前驱日报》、《建国报》、《民主斗争》、《民族解放》等一些期刊、小报。[②]

据不完全统计，从光绪十五年（1889）到"二战"前，由泉籍华侨参与创办的报刊达 23 家，但大部分均因销路问题，出版仅数月或一两年即停刊。这一期间，菲律宾华文报刊在华侨社会中起到了联结族群的纽带作用和传播中华文化的传媒作用，在整个菲律宾社会中，成为社会政治地位低微的华侨的代言人和舆论工具。华文报纸与国内政局有着千丝万缕的联系，其主要支持者属于国内不同的政治派别。当然，华文报纸对市场需求的适应性，尤其在为华侨的商业活动提供信息服务方面，也在一定程度上有所提高。

---

① 曾智良、陈仲初：《晋江人侨居菲律宾大事记》，据晋江市政协网。
② 泉州市华侨志编纂委员会编：《泉州市华侨志》，中国社会出版社，1996 年，第 379～492 页。

参考文献

1. 福建师范大学历史系华侨史资料选辑组编：《晚清海外笔记选》，海洋出版社，1983年。

2. 李泰山：《越南漫笔》，中国文史出版社，2008年。

3. 吴凤斌主编：《东南亚华侨通史》，福建人民出版社，1994年。

4. ［新加坡］宋旺相著，叶书德译：《新加坡华人百年史》，新加坡中华总商会，1967年。

5. 杨建成主编：《泰国的华侨》，中华学术院南洋研究所，1986年。

6. 杨锡铭主编：《海外潮人史话》，中国文史出版社，2009年。

7. 中国社会科学院历史研究所编：《古代中越关系史资料选编》，中国社会科学出版社，1982年。